"十四五"职业教育国家规划教材

实用药物商品知识

第四版

中国职业技术教育学会医药专业委员会 ◎ 组织编写

杨群华 刘 立 主编　　王若伦 主审

全国百佳图书出版单位

化学工业出版社

·北京·

内 容 提 要

本书是"十四五"职业教育国家规划教材。本书落实立德树人根本任务,由中国职业技术教育学会医药专业委员会组织编写的医药类高职高专教材。第二版和第三版分别入选职业教育"十一五""十二五"国家规划教材。

本书分为基础篇、药物篇和实训篇。基础篇介绍药物商品的基础知识。药物篇共收载药物近600种,分重点、常用、一般三类,依掌握、熟悉、了解的要求分别予以详略不同的介绍。药品名称和分类以2018年版《国家基本药物目录》为依据,按临床应用分章节,具体介绍了药物商品的名称、性状、作用与适应证、不良反应、用药指导、常用药物商品的剂型、规格和使用方法、商品信息、贮存方法等。本书实训篇结合教学,实用性突出。书后附有中文索引,便于查找药物。

本书可供医药类各高等院校药学相关专业学生使用,也可作为函授、成人教育及职工培训的辅导用书。

图书在版编目(CIP)数据

实用药物商品知识/中国职业技术教育学会医药专业委员会组织编写;杨群华,刘立主编. —4版. —北京:化学工业出版社,2020.8(2024.2重印)

"十二五"职业教育国家规划教材 全国职业教育医药类规划教材

ISBN 978-7-122-37079-2

Ⅰ.①实… Ⅱ.①中… ②杨… ③刘… Ⅲ.①药品-商品学-高等职业教育-教材 Ⅳ.①F763

中国版本图书馆CIP数据核字(2020)第089611号

责任编辑:陈燕杰　　　　　　　　　　文字编辑:何　芳
责任校对:李雨晴　　　　　　　　　　装帧设计:关　飞

出版发行:化学工业出版社(北京市东城区青年湖南街13号　邮政编码100011)
印　　装:三河市双峰印刷装订有限公司
787mm×1092mm　1/16　印张23¾　字数616千字　2024年2月北京第4版第5次印刷

购书咨询:010-64518888　　　　　　　售后服务:010-64518899
网　　址:http://www.cip.com.cn
凡购买本书,如有缺损质量问题,本社销售中心负责调换。

定　价:56.00元　　　　　　　　　　　　　　　　　　版权所有　违者必究

本书编审人员

主　　编　杨群华　刘　立

副 主 编　李　雪　肖伯安　朱彩燕

编写人员　杨群华（广东食品药品职业学院）

　　　　　　刘　立（广东食品药品职业学院）

　　　　　　肖伯安（南方医科大学第五附属医院）

　　　　　　朱彩燕（中山大学附属第六医院）

　　　　　　李　雪（广东食品药品职业学院）

　　　　　　徐桂香（江西中医学院高职院）

　　　　　　孙　宇（北京联合大学）

　　　　　　林平发（福建生物工程职业技术学院）

　　　　　　陈　宪（广东食品药品职业学院）

　　　　　　张丽媛（河北化工医药职业技术学院）

　　　　　　王有志（广东南华工商职业学院）

　　　　　　徐　皑（广州欣特药医药有限公司）

主　　审　王若伦（广州医科大学附属第二医院）

前　言

本套教材自2004年以来陆续出版了37种，经各校广泛使用已积累了较为丰富的经验。并且在此期间，本会持续推动各校大力开展国际交流和教学改革，使得我们对于职业教育的认识大大加深，对教学模式和教材改革又有了新认识，研究也有了新成果。概括来说，这几年来我们取得的新共识主要有以下几点。

1. 明确了我们的目标——创建中国特色医药职教体系。党中央提出以科学发展观建设中国特色社会主义。我们身在医药职教战线的同仁，就有责任为了更好更快地发展我国的职业教育，为创建中国特色医药职教体系而奋斗。

2. 积极持续地开展国际交流。当今世界国际经济社会融为一体，彼此交流相互影响，教育也不例外。为了更快更好地发展我国的职业教育，创建中国特色医药职教体系，我们有必要学习国外已有的经验，规避国外已出现的种种教训、失误，从而使我们少走弯路，更科学地发展壮大自己。

3. 对准相应的职业资格要求。我们从事的职业技术教育既是为了满足医药经济发展之需，也是为了使学生具备相应职业准入要求，具有全面发展的综合素质，既能顺利就业，也能一展才华。作为个体，每个学校具有的教育资质有限。为此，应首先对准相应的国家职业资格要求，对学生实施准确明晰而实用的教育，在有余力有可能的情况下才能谈及品牌、特色等更高的要求。

4. 教学模式要切实地转变为实践导向而非学科导向。职场的实际过程是学生毕业就业所必须进入的过程，因此以职场实际的要求和过程来组织教学活动就能紧扣实际需要，便于学生掌握。

5. 贯彻和渗透全面素质教育思想与措施。多年来，各校都十分重视学生德育教育，重视学生全面素质的发展和提高，除了开设专门的德育课程、职业生涯课程和大量的课外教育活动之外，大家一致认为还必须采取切实措施，在一切业务教学过程中，点点滴滴地渗透德育内容，促使学生通过实际过程中的言谈举止，多次重复，逐渐养成良好规范的行为和思想道德品质。学生在校期间最长的时间及最大量的活动是参加各种业务学习、基础知识学习、技能学习、岗位实训等。而这段时间，不能只教业务技术。在学校工作的每个人都要视育人为己任。教师在每个教学环节中都要研究如何既传授知识技能又影响学生品德，使学生全面发展成为健全的有用之才。

6. 要深入研究当代学生情况和特点，努力开发适合学生特点的教学方式方法，激发学生学习积极性，以提高学习效率。操作领路、案例入门、师生互动、现场教学等都是有效的方式。教材编写上，也要尽快改变多年来黑字印刷、学科篇章、理论说教的老面孔，力求开发生动活泼、简明易懂、图文并茂、激发志向的好教材。根据上述共识，本次修订教材，按以下原则进行。

① 按实践导向型模式，以职场实际过程划分模块安排教材内容。
② 教学内容必须满足国家相应职业资格要求。
③ 所有教学活动中都应该融进全面素质教育内容。
④ 教材内容和写法必须适应青少年学生的特点，力求简明生动，图文并茂。

从已完成的新书稿来看，各位编写人员基本上都能按上述原则处理教材，书稿显示出鲜明的特色，使得修订教材已从原版的技术型提高到技能型教材的水平。当前仍然有诸多问题需要进一步探讨改革。但愿本批修订教材的出版使用，不但能有助于各校提高教学质量，而且能引发各校更深入的改革热潮。

四年多来，各方面发展迅速，变化很大，新版书根据实际需要增加了新的教材品种，同时更新了许多内容，而且编写人员也有若干变动。有的书稿为了更贴切反映教材内容甚至对名称也做了修改。但编写人员和编写思想都是前后相继、向前发展的。因此本会认为这些变动是反映与时俱进思想的，是应该大力支持的。此外，本会也因加入了中国职业技术教育学会而改用现名。原教材建设委员会也因此改为常务理事会。值本批教材修订出版之际，特此说明。

中国职业技术教育学会医药专业委员会主任
苏怀德

更多学习内容，读者可登录课程网站 http://moocl.chaoxing.com/course/86347460.html，注册账号登录加入课程即可，或者去课程网站资源学习。

编写说明

由中国职业技术教育学会医药专业委员会组织编写的高职高专教材《实用药物商品知识》一书自2005年第一版问世至今已被广泛应用十五年了,期间为顺应国家医药卫生体制改革和药品使用及市场变化需要陆续出版了第二、三版。社会在发展、科技在进步、市场在变化、医药卫生改革在不断深入,2018年《国家基本药物目录》公布、2019年12月新修订的《中华人民共和国药品管理法》实施,之前几版教材的内容及知识已明显跟不上新法规、新政策、新形势。为满足当今医药行业对药学工作者在药物商品知识的知识与技能的要求,编者依据新版《中华人民共和国药典》《国家基本药物目录》《国家基本医疗保险、工伤保险和生育保险药品目录》的颁布以及各种与药品流通、使用、监督和管理相关的新政策、新规定的陆续出台(如新修订的2016版GSP、2019版药品管理法及2020版药品注册管理办法),结合"十三五"职业教育国家规划教材的要求,在广泛听取前三版教材编写及使用意见的基础上,以党的二十大报告精神为指引,对本书进行了重新修订。修订内容包括:

1. 调整教材部分章节的结构和收载的药物商品品种。本次修订,以2018年版《国家基本药物目录》为依据对教材中个别章节顺序和内容进行了调整,如第十九章增加了抗骨质疏松药。另根据2018年版《国家基本药物目录》、2020年版《中华人民共和国药典》及2021年《国家基本医疗保险、工伤保险和生育保险药品目录》,结合我国医药卫生体制改革新形势下市场用药的实际,调整了教材收载的药物商品品种,删除了一些疗效不佳、临床少用的传统老药,修改并适当加入一些疗效好使用多的新药。此外,根据实际教学使用需求删除了实训三药物的基本作用和实训四给药途径和剂量对药物作用的影响。

2. 修正原教材不妥之处,更新和充实了相关内容。在保留原教材基础篇、药物篇、实训篇三大架构不变的基础上,以理论知识"必需、够用、实用"为标准,围绕社会需求,秉持将"药物知识与商品知识有机融合"这一最大特色,以最新版《新编药物学》《国家基本药物处方集》和《国家基本药物临床应用指南》内容为参考,对原教材中的各药物商品所介绍的商品知识如【作用与适应证】、【不良反应】及【用药指导】等栏目相关内容进行了修正;结合药物商品监督管理和市场销售情况,对各大类药物商品市场销售概况和临床应用新进展、各品种的【药物商品】、【商品信息】等内容予以更新和适时补充。同时,为方便学生在阅读时提取重点信息,删除了一些重复烦冗的内容,并精简了部分【药品性状】和【贮藏】。

本版在对疾病知识、案例分析、相关链接、课堂活动、分析、审核处方等栏目进行完善和更新的同时,针对重点章节增添增设了导课案例以及精品课程中的微课视频二维码,引导教师利用信息化教学手段、结合精品课程网站相关拓展资源进行教学。

3. 完善药品标注。对照2020年版《中华人民共和国药典》、2018年版《国家基本药物目录》、2021年《国家基本医疗保险、工伤保险和生育保险药品目录》,修改右上角标【典】、【基】、【医保(甲)】、【医保(乙)】或【医保(甲,乙)】的标注。

4. 本版书共分三篇三十章,基础篇介绍药物商品的基础知识;药物篇共收载药物近600种,分重点、常用、一般三类,依掌握、熟悉、了解的要求分别予以详略不同的介绍。药品名称和分类以2018年版《国家基本药物目录》为依据、按临床应用分章节,多科应用的品种归在其主要作用处详细论述(内容包括药物商品的名称、性状、作用与适应证、不良反应、用药指导、常用药物商品的剂型、规格和使用方法、商品信息、贮存方法等）。实训篇结合教学，实用性突出。

本教材由广东食品药品职业学院杨群华、刘立主编，广州医科大学附属第二医院王若伦主审。其中第一章、第二章、实训一、实训二由陈宪改编；第三章、第五章、实训三、实训四、实训八由杨群华改编，第四章、第八章由肖伯安改编；第六章、第七章、实训七由朱彩燕、徐皑改编；第九章、第十二章、第十八章由徐桂香改编；第十章、第十三章、第十四章、实训五由李雪改编；第十一章、第十五章由张丽媛改编；第十六章、第二十五章、第二十七章、实训六、实训九、实训十一、实训十二由刘立改编；第十九～二十一章、第二十三章、实训十由孙宇改编；第十七章、第二十二章、第二十四章、第二十六章、第三十章由林平发改编；第二十八章、第二十九章由王有志改编。全书由杨群华、刘立统稿，李雪、肖伯安、朱彩燕负责全书的审核和实训项目编写的指导；杨群华、刘立负责全书排版、校对工作。本教材主要供医药类高职高专院校药品经营与管理、药品服务与管理、医药物流、医药电子商务及其相关专业教学或其他专业辅修、选修使用，也可作为医院、药厂、医药公司及零售药店药学人员的参考书或作为函授、自考和成人教育的辅导用书及医药商业职工培训教材。

本教材教学PPT由刘立、李雪、覃小玲、杨群华制作完成。可以在以下网址免费下载：化学工业出版社教学资源网 www.cipedu.com.cn。

医药科学在飞速发展，知识积累日新月异，信息交流瞬息万变，加之编者水平有限，书中疏漏之处在所难免，敬请读者批评指正。

编者

目 录

基 础 篇

第一章 绪论 ………………………………………………………………… 2
第一节 商品的概念及特征 ……………………………………………… 2
一、商品的概念 ……………………………………………………… 2
二、商品的特征 ……………………………………………………… 2
第二节 有关概念和药品的特殊性 ……………………………………… 3
一、基本概念 ………………………………………………………… 3
二、药品的特殊性 …………………………………………………… 4
第三节 《实用药物商品知识》课程的内容及任务 …………………… 6

第二章 药物商品的分类 …………………………………………………… 8
第一节 按药物商品的来源分类 ………………………………………… 8
一、动物性药物商品 ………………………………………………… 8
二、植物性药物商品 ………………………………………………… 8
三、矿物性药物商品 ………………………………………………… 8
四、人工合成的药物商品 …………………………………………… 8
五、生物药物商品 …………………………………………………… 9
第二节 以剂型为基础的综合分类 ……………………………………… 9
一、注射剂 …………………………………………………………… 9
二、片剂 ……………………………………………………………… 10
三、胶囊剂 …………………………………………………………… 11
四、丸剂 ……………………………………………………………… 11
五、膜剂 ……………………………………………………………… 11
六、软膏剂 …………………………………………………………… 11
七、栓剂 ……………………………………………………………… 12
八、液体制剂 ………………………………………………………… 12
九、气(粉)雾剂和喷雾剂 ………………………………………… 12
十、粉剂类 …………………………………………………………… 12
十一、药物近代剂型简介 …………………………………………… 12
第三节 按我国药品管理制度分类 ……………………………………… 13
一、处方药和非处方药 ……………………………………………… 13
二、国家基本药物 …………………………………………………… 15
三、《国家基本医疗保险、工伤保险和生育保险药品目录》药品 … 16
四、特殊管理的药品 ………………………………………………… 16

第四节　其他分类 ··· 19
　　　一、西药与中药 ··· 19
　　　二、传统药与现代药 ··· 20
　　　三、化学原料药与药物制剂 ··· 20
　　　四、按医药商业保管的习惯分类 ··· 20
　　　五、按药物商品的临床用途分类 ··· 21
第三章　药理学基础知识 ··· 22
　　第一节　药物对机体的作用——药效学 ·· 22
　　　一、药物的作用 ··· 22
　　　二、药物的作用机制 ··· 24
　　第二节　机体对药物的作用——药动学 ·· 25
　　　一、药物的跨膜转运 ··· 25
　　　二、药物的体内过程 ··· 25
　　第三节　影响药物作用的因素 ·· 29
　　　一、药物方面的因素 ··· 29
　　　二、机体方面的因素 ··· 31
第四章　药物商品的合理使用 ··· 33
　　第一节　药物商品的选择和使用 ·· 33
　　　一、问病给药 ··· 33
　　　二、药物商品选择的原则 ··· 33
　　　三、合理用药 ··· 34
　　第二节　特殊人群用药 ·· 36
　　　一、老年人用药 ··· 36
　　　二、儿童用药 ··· 36
　　　三、妊娠期和哺乳期妇女用药 ··· 37
　　　四、肝病患者用药 ··· 39
　　　五、肾功能不全患者用药 ··· 39
　　第三节　药源性疾病 ·· 40
　　　一、药源性疾病的概念 ··· 40
　　　二、药源性疾病的基本类型 ··· 40
　　　三、药源性疾病的治疗 ··· 40
第五章　药物商品的质量、包装、标签和说明书 ····································· 42
　　第一节　药物商品的质量特性 ·· 42
　　　一、药物商品的质量特性 ··· 42
　　　二、药品质量标准 ··· 43
　　　三、如何识别假劣药品 ··· 43
　　第二节　药物商品的包装 ·· 44
　　　一、药物商品包装的概念 ··· 44
　　　二、药物商品包装的作用 ··· 44
　　第三节　药物商品的包装材料与药包材的管理 ·································· 45

一、药物商品常用的包装材料 ……………………………………………………… 45
　　二、药物商品常用的包装容器 ……………………………………………………… 47
　　三、药物商品的辅助包装材料 ……………………………………………………… 47
　　四、直接接触药品的包装材料（药包材）的管理 ………………………………… 47
　　五、药物商品包装的标志 …………………………………………………………… 48
　第四节　药物商品的标签和说明书 …………………………………………………… 51
　　一、药物商品的标签 ………………………………………………………………… 51
　　二、药品的说明书 …………………………………………………………………… 52

第六章　处方及处方调剂 …………………………………………………………… 58
　第一节　处方的基本知识 ……………………………………………………………… 58
　　一、处方的定义 ……………………………………………………………………… 58
　　二、处方的意义 ……………………………………………………………………… 58
　　三、处方的种类 ……………………………………………………………………… 58
　　四、处方的格式 ……………………………………………………………………… 59
　　五、处方的书写规则 ………………………………………………………………… 61
　　六、处方制度 ………………………………………………………………………… 62
　第二节　处方调剂 ……………………………………………………………………… 63
　　一、处方调剂的基本程序 …………………………………………………………… 63
　　二、处方调剂注意事项 ……………………………………………………………… 66

第七章　药物商品的储存 …………………………………………………………… 67
　第一节　影响药物商品质量的因素 …………………………………………………… 67
　　一、内在因素 ………………………………………………………………………… 67
　　二、外在因素 ………………………………………………………………………… 68
　第二节　药物商品的保管方法 ………………………………………………………… 69
　　一、药品储存与保管术语 …………………………………………………………… 69
　　二、不同性质药物商品的保管方法 ………………………………………………… 69
　　三、常见易变质剂型的养护 ………………………………………………………… 71

药　物　篇　　　　　　　　　　　　　　73

第八章　抗微生物药 ………………………………………………………………… 74
　第一节　抗微生物药概论 ……………………………………………………………… 75
　　一、常用术语 ………………………………………………………………………… 75
　　二、抗微生物药的作用机制 ………………………………………………………… 75
　　三、细菌的耐药性及产生机制 ……………………………………………………… 76
　　四、抗菌药的合理使用 ……………………………………………………………… 77
　第二节　抗生素 ………………………………………………………………………… 77
　　一、概述 ……………………………………………………………………………… 78
　　二、β-内酰胺类 …………………………………………………………………… 78
　　　青霉素（80）　阿莫西林（81）　苄星青霉素（81）　哌拉西林（81）　头孢氨苄（82）

头孢呋辛(83) 头孢曲松(83) 头孢他啶(84) 亚胺培南西司他丁(84)
阿莫西林克拉维酸钾(85)

三、氨基糖苷类 ………………………………………………………………… 85
庆大霉素(85) 阿米卡星(86)

四、四环素类 …………………………………………………………………… 87
多西环素(87) 四环素(87)

五、大环内酯类 ………………………………………………………………… 87
红霉素(88) 阿奇霉素(88) 克拉霉素(89)

六、林可霉素类 ………………………………………………………………… 89
克林霉素(89)

七、糖肽类抗生素 ……………………………………………………………… 90
万古霉素(90)

八、其他类别抗生素 …………………………………………………………… 90
氯霉素(90) 磷霉素(91)

第三节 化学合成的抗菌药 ………………………………………………………… 91
一、磺胺类药 …………………………………………………………………… 91
复方磺胺甲噁唑(92)

二、喹诺酮类 …………………………………………………………………… 92
诺氟沙星(93) 左氧氟沙星(93) 环丙沙星(94)

三、硝基呋喃类 ………………………………………………………………… 94
呋喃妥因(94)

第四节 抗结核病药 ………………………………………………………………… 94
异烟肼(95) 利福平(95) 乙胺丁醇(96) 吡嗪酰胺(96)

第五节 抗真菌病药 ………………………………………………………………… 96
氟康唑(97) 制霉素(97) 两性霉素B及衍生物(98) 咪康唑(98) 酮康唑(98)
伊曲康唑(98) 伏立康唑(98) 替沙康唑(98) 拉夫康唑(98) 氟胞嘧啶(98)
特比萘芬(98) 卡泊芬净(98) 米卡芬净(98) 阿尼芬净(98)

第六节 抗病毒药 …………………………………………………………………… 98
阿昔洛韦(99) 拉米夫定(100) 奥司他韦(100) 齐多夫定(100)

第九章 抗寄生虫用药 ………………………………………………………………… 103
第一节 抗疟药 ……………………………………………………………………… 103
氯喹(104) 青蒿琥酯(104) 伯氨喹(105) 乙胺嘧啶(105) 羟氯喹(105) 青蒿素(105)

第二节 抗阿米巴病药及抗滴虫病药 ……………………………………………… 105
甲硝唑(105) 替硝唑(106)

第三节 抗血吸虫病药 ……………………………………………………………… 107
吡喹酮(107)

第四节 驱肠虫药 …………………………………………………………………… 108
阿苯达唑(108) 甲苯咪唑(108) 左旋咪唑(109)

第十章 麻醉药 ………………………………………………………………………… 111
第一节 全身麻醉药 ………………………………………………………………… 111
一、吸入麻醉药 ………………………………………………………………… 111

        七氟烷（111）
    二、静脉麻醉药 ·· 112
        硫喷妥钠（112） 氯胺酮（112） 丙泊酚（113）
  第二节 局部麻醉药 ·· 113
      利多卡因（114） 普鲁卡因（114） 丁卡因（114） 布比卡因（114） 左布比卡因（114）
      罗哌卡因（114）
  第三节 麻醉辅助药 ·· 115
      氯化琥珀胆碱（115） 罗库溴铵（115）

第十一章 镇痛、解热、抗炎、抗风湿、抗痛风药 ··· 117
  第一节 镇痛药 ·· 117
      吗啡（117） 哌替啶（118） 芬太尼（119） 美沙酮（119） 罗通定（119） 曲马多（120）
  第二节 解热镇痛、抗炎、抗风湿药 ··· 120
      阿司匹林（121） 对乙酰氨基酚（122） 布洛芬（123） 双氯芬酸钠（123） 吲哚美辛（123）
      美洛昔康（124） 塞来昔布（124） 尼美舒利（124）
  第三节 抗痛风药 ·· 124
      秋水仙碱（125） 别嘌醇（126） 苯溴马隆（126） 非布司他（126）

第十二章 神经系统用药 ·· 128
  第一节 抗震颤麻痹药 ··· 128
      卡比多巴/左旋多巴（129） 溴隐亭（129） 多巴丝肼（130） 苯海索（130）
      金刚烷胺（130）
  第二节 抗重症肌无力药 ·· 131
      新斯的明（131） 溴吡斯的明（132）
  第三节 抗癫痫药 ··· 132
      苯妥英钠（132） 卡马西平（133） 地西泮（133） 乙琥胺（133） 苯巴比妥（133）
      丙戊酸钠（133） 奥卡西平（133） 拉莫三嗪（133）
  第四节 脑血管病用药及降颅内压药 ·· 133
      尼莫地平（134） 氟桂利嗪（134） 吡拉西坦（135） 倍他司汀（135） 甘露醇（135）
  第五节 中枢神经兴奋药 ·· 135
      胞磷胆碱（136） 尼可刹米（136） 洛贝林（136） 咖啡因（137）
  第六节 抗痴呆药 ·· 137
      石杉碱甲（137）

第十三章 治疗精神障碍药 ··· 139
  第一节 抗精神病药 ·· 139
      氯丙嗪（140） 奋乃静（141） 三氟拉嗪（141） 氟奋乃静（141） 硫利达嗪（141）
      氟哌啶醇（141） 利培酮（141） 五氟利多（142） 癸氟奋乃静（142） 舒必利（142）
      氨磺必利（142） 氯氮平（143） 奥氮平（143） 喹硫平（143） 帕利哌酮（143）
      阿立哌唑（143）
  第二节 抗抑郁药 ·· 144
      氯米帕明（144） 氟西汀（145） 米氮平（145） 文拉法辛（146） 丙米嗪（146）
      阿米替林（146） 多塞平（146） 帕罗西汀（146） 西酞普兰（146） 艾司西酞普兰（147）
      度洛西汀（147）

第三节 抗焦虑药 …………………………………………………………………… 147
　　地西泮（147）　丁螺环酮（148）　咪达唑仑（148）　劳拉西泮（148）　艾司唑仑（148）
　　阿普唑仑（149）　奥沙西泮（149）　氯硝西泮（149）　坦度螺酮（149）
第四节 抗躁狂药 …………………………………………………………………… 149
　　碳酸锂（149）
第五节 镇静催眠药 ………………………………………………………………… 150
　　唑吡坦（150）　佐匹克隆（151）　右佐匹克隆（151）　扎来普隆（151）　司可巴比妥（151）
　　异戊巴比妥（151）

第十四章 心血管系统用药 …………………………………………………………… 154
第一节 抗心绞痛药 ………………………………………………………………… 154
　一、硝酸酯类药物 ………………………………………………………………… 155
　　硝酸甘油（155）　硝酸异山梨酯（155）　单硝酸异山梨醇酯（155）
　二、β受体阻滞药 ………………………………………………………………… 156
　　普萘洛尔（157）　比索洛尔（157）　阿替洛尔（157）　拉贝洛尔（157）
　　阿罗洛尔（157）　美托洛尔（157）
　三、钙通道阻滞药 ………………………………………………………………… 158
　　硝苯地平（158）　氨氯地平（158）　左氨氯地平（158）　拉西地平（158）
　　非洛地平（158）　尼群地平（158）　尼莫地平（158）　地尔硫䓬（158）　维拉帕米（158）
　四、其他抗心肌缺血药物 ………………………………………………………… 159
　　尼可地尔（159）
第二节 抗心律失常药 ……………………………………………………………… 160
　　美西律（160）　普罗帕酮（161）　索他洛尔（161）　胺碘酮（162）　维拉帕米（162）
　　奎尼丁（163）　普鲁卡因胺（163）　利多卡因（163）　莫雷西嗪（163）　伊布利特（163）
第三节 抗心力衰竭药 ……………………………………………………………… 163
　　地高辛（165）　去乙酰毛花苷（166）　伊伐布雷定（166）　毒毛花苷K（166）
　　毛花苷丙（166）　米力农（166）
第四节 抗高血压药 ………………………………………………………………… 166
　一、概述 …………………………………………………………………………… 167
　二、常用抗高血压药 ……………………………………………………………… 168
　　氨氯地平（168）　卡托普利（169）　依那普利（169）　赖诺普利（170）　培哚普利（170）
　　贝那普利（170）　福辛普利（170）　雷米普利（170）　缬沙坦（170）　氯沙坦（171）
　　厄贝沙坦（171）　替米沙坦（171）　坎地沙坦（171）　奥美沙坦酯（171）
　　阿利沙坦酯（171）　吲达帕胺（171）　哌唑嗪（172）　利血平（172）　硝普钠（172）
　　硫酸镁（173）　酚妥拉明（173）　乌拉地尔（173）　多沙唑嗪（173）　波生坦（173）
第五节 抗休克药 …………………………………………………………………… 174
　　去甲肾上腺素（174）　多巴酚丁胺（175）　肾上腺素（175）　去氧肾上腺素（175）
　　异丙肾上腺素（175）　多巴胺（175）　间羟胺（175）
第六节 调脂及抗动脉粥样硬化药 ………………………………………………… 175
　一、主要降低TC的药物 …………………………………………………………… 176
　　辛伐他汀（176）　阿托伐他汀（177）　瑞舒伐他汀（177）　普伐他汀（177）　洛伐他汀（177）
　　氟伐他汀（177）　匹伐他汀（177）　依折麦布辛伐他汀（177）　普罗布考（178）

    考来烯胺（178）
  二、主要降低 TG 的药物 ·· 178
    非诺贝特（178）　烟酸（178）　多烯康（179）

第十五章　呼吸系统用药 ································· 181
第一节　祛痰药 ·· 181
一、恶心性祛痰药和刺激性祛痰药 ·································· 182
    氯化铵（182）　碘化钾（182）
二、黏痰溶解药 ··· 182
    氨溴索（182）　乙酰半胱氨酸（183）　溴己新（183）　桉柠蒎（183）　羧甲司坦（183）
第二节　镇咳药 ·· 184
一、中枢性镇咳药 ·· 184
    可待因（184）　喷托维林（185）　右美沙芬（185）
二、外周性镇咳药 ·· 186
    复方甘草（186）
第三节　平喘药 ·· 186
一、支气管扩张药 ·· 187
    沙丁胺醇（187）　福莫特罗（188）　麻黄碱（188）　克仑特罗（189）　特布他林（189）
    氯丙那林（189）　肾上腺素（189）　异丙肾上腺素（189）　氨茶碱（189）
    茶碱（190）　异丙托溴铵（190）　噻托溴铵（190）
二、抗炎性平喘药（糖皮质激素类平喘药） ······················· 190
    布地奈德（191）　氟替卡松（191）
三、抗过敏性平喘药 ··· 191
    色甘酸钠（191）　富马酸酮替芬（191）　曲尼司特（191）
四、影响白三烯的药物 ·· 192
    孟鲁司特（192）
第四节　抗感冒药复方制剂 ··· 192
    复方盐酸伪麻黄碱（193）　酚麻美敏（193）　美息伪麻（193）　氨咖黄敏（193）
    复方美沙芬片（194）　复方氨酚葡锌（194）　复方氨酚烷胺（194）　维 C 银翘片（194）
    999 感冒灵（194）　感冒清（194）

第十六章　消化系统用药 ································· 196
第一节　抗酸及抗溃疡病药 ··· 196
一、抗酸药 ·· 197
    复方氢氧化铝（197）　铝碳酸镁（197）　氢氧化铝（198）　氧化镁（198）　三硅酸镁（198）
    碳酸氢钠（198）　碳酸钙（198）
二、胃酸分泌抑制药 ··· 198
    雷尼替丁（198）　法莫替丁（199）　西咪替丁（199）　奥美拉唑（200）
    艾司奥美拉唑（200）　兰索拉唑（201）
三、胃黏膜保护药 ·· 201
    枸橼酸铋钾（201）　胶体果胶铋（202）　硫糖铝（202）　瑞巴派特（202）　吉法酯（202）
    替普瑞酮（202）
四、抗幽门螺杆菌药 ··· 202

第二节　助消化药 …… 203
乳酶生（203）　稀盐酸（203）　胃蛋白酶（204）　胰酶（204）　多酶片（204）　干酵母（204）

第三节　胃肠解痉药及胃动力药 …… 204
一、胃肠解痉药（抑制胃肠动力药） …… 204
阿托品（204）　颠茄（205）　山莨菪碱（205）

二、胃动力药和止吐药 …… 205
丁溴东莨菪碱（206）　溴丙胺太林（206）　匹维溴铵（206）　甲氧氯普胺（206）
多潘立酮（207）　莫沙必利（207）　昂丹司琼（208）

三、其他胃肠道用药 …… 208
二甲硅油（208）

第四节　泻药及止泻药 …… 208
一、泻药 …… 208
开塞露（208）　乳果糖（209）　聚乙二醇（209）　硫酸镁（209）　酚酞（210）
比沙可啶（210）　甘油（210）

二、止泻药 …… 210
蒙脱石（210）　洛哌丁胺（211）　药用炭（211）　口服补液盐（211）

第五节　微生态药物 …… 211
地衣芽孢杆菌（211）　双歧杆菌活菌（212）　枯草杆菌活菌制剂（212）

第六节　肝胆疾病辅助用药 …… 212
一、治疗肝昏迷药 …… 212
谷氨酸（212）　精氨酸（212）　乳果糖（212）

二、治疗肝炎辅助药 …… 213
联苯双酯（213）　水飞蓟宾（213）　促肝细胞生长素（213）　葡醛内酯（213）
多烯磷脂酰胆碱（213）　辅酶Q10（213）

三、利胆药 …… 214
去氢胆酸（214）　苯丙醇（214）　熊去氧胆酸（214）

第七节　治疗炎性肠病药 …… 214
小檗碱（214）　柳氮磺吡啶（214）

第十七章　泌尿系统用药 …… 216
第一节　利尿药及良性前列腺增生用药 …… 216
一、利尿药 …… 216
呋塞米（217）　布美他尼（218）　氢氯噻嗪（218）　螺内酯（219）　依他尼酸（219）
氯噻酮（219）　氨苯蝶啶（219）　乙酰唑胺（219）　阿米洛利（220）

二、良性前列腺增生用药 …… 220
黄酮哌酯（220）　非那雄胺（220）　特拉唑嗪（221）　普适泰（221）
前列康（221）

第二节　脱水药及尿崩症用药 …… 221
一、脱水药 …… 221
甘露醇（222）　甘油果糖（222）　山梨醇（222）　葡萄糖（222）

二、尿崩症用药 …… 222
垂体后叶粉（223）　鞣酸加压素（223）

第十八章 血液系统用药 ………………………………… 224

第一节 抗贫血药 ………………………………… 224
硫酸亚铁（225） 叶酸（225） 维生素 B_{12}（226） 右旋糖酐铁（227） 腺苷钴胺（227）
重组人促红素（227）

第二节 抗血小板药 ………………………………… 227
氯吡格雷（228） 吲哚布芬（228） 双嘧达莫（228）

第三节 促凝血药 ………………………………… 228
维生素 K_1（229） 氨甲苯酸（229） 氨甲环酸（229） 凝血酶（230）

第四节 抗凝血药及溶栓药 ………………………………… 230
肝素（230） 华法林（231） 尿激酶（231） 达比加群酯（232） 利伐沙班（232）
重组人组织型纤溶酶原激酶衍生物（232）

第五节 血容量扩充药 ………………………………… 232
羟乙基淀粉 130/0.4（232）

第十九章 激素及影响内分泌类药 ………………………………… 234

第一节 肾上腺皮质激素类药物 ………………………………… 234
一、糖皮质激素类药 ………………………………… 235
氢化可的松（235） 泼尼松（236） 地塞米松（236） 泼尼松龙（237） 甲泼尼龙（237）
曲安奈德（237） 莫米松（237） 倍氯米松（237） 倍他米松（237） 哈西奈德（237）

二、盐皮质激素类药 ………………………………… 238
9α-氟氢可的松（238）

第二节 胰岛素及其他降血糖药 ………………………………… 238
一、胰岛素类药 ………………………………… 239
胰岛素（240） 精蛋白锌胰岛素（241） 低精蛋白锌胰岛素（241） 人胰岛素（241）
门冬胰岛素（241） 甘精胰岛素（241）

二、口服及其他降血糖药 ………………………………… 241
格列齐特（242） 格列本脲（242） 格列吡嗪（243） 格列喹酮（243） 格列美脲（243）
二甲双胍（243） 阿卡波糖（244） 瑞格列奈（245） 吡格列酮（246） 西格列汀（246）
艾塞那肽（246） 达格列净（246）

第三节 甲状腺激素及抗甲状腺类药 ………………………………… 247
一、甲状腺激素类药 ………………………………… 247
左甲状腺素（247） 甲状腺片（247）

二、抗甲状腺类药 ………………………………… 248
丙硫氧嘧啶（248） 甲巯咪唑（248） 卡比马唑（248） 碘和碘化物（248）

第四节 性激素类药 ………………………………… 248
一、雄激素和同化激素类药 ………………………………… 249
丙酸睾酮（249） 甲睾酮（249） 达那唑（249） 十一酸睾酮（249）
苯丙酸诺龙（250）

二、雌激素和孕激素类药 ………………………………… 250
雌二醇（251） 己烯雌酚（251） 炔雌醇（251） 尼尔雌醇（252） 黄体酮（252）
甲羟孕酮（252） 炔诺酮（253）

三、促性腺激素类药 ………………………………… 253

绒促性素（253）　枸橼酸氯米芬（253）
　　第五节　抗骨质疏松药 ··· 253
　　　阿仑膦酸钠（254）　唑来膦酸（254）　伊班膦酸钠（255）

第二十章　抗变态反应药 ··· 257
　　一、抗组胺药 ··· 257
　　　苯海拉明（258）　氯苯那敏（258）　异丙嗪（259）　氯雷他定（259）　地氯雷他定（259）
　　　枸地氯雷他定（259）　赛庚啶（260）　西替利嗪（260）　左西替利嗪（260）
　　　咪唑斯汀（260）　特非那定（261）
　　二、过敏介质阻释药 ··· 261
　　　色甘酸钠（261）　酮替芬（262）
　　三、其他抗变态反应药 ··· 262
　　　粉尘螨注射液（262）　组胺（262）

第二十一章　抗肿瘤药 ··· 264
　　第一节　抗恶性肿瘤药的作用及分类 ··· 265
　　　一、对生物大分子的作用及药物分类 ··· 265
　　　二、对细胞增殖动力学的影响及药物分类 ··· 265
　　　三、按药物性质及来源分类 ··· 265
　　第二节　常用抗肿瘤药 ··· 265
　　　一、烷化剂 ··· 265
　　　　氮芥（265）　环磷酰胺（266）　司莫司汀（266）　六甲蜜胺（266）　白消安（266）
　　　二、抗代谢抗肿瘤药物 ··· 267
　　　　甲氨蝶呤（267）　氟尿嘧啶（267）　阿糖胞苷（267）　巯嘌呤（268）　羟基脲（268）
　　　　吉西他滨（268）　培美曲塞（268）
　　　三、抗肿瘤抗生素 ··· 268
　　　　多柔比星（268）　丝裂霉素（269）　放线菌素D（269）
　　　四、植物类抗肿瘤药 ··· 269
　　　　长春新碱（269）　紫杉醇（270）　长春地辛（270）　依托泊苷（271）
　　　　高三尖杉酯碱（271）　多西他赛（271）　羟喜树碱（271）
　　　五、激素类抗肿瘤药 ··· 271
　　　　他莫昔芬（271）　甲羟孕酮（272）　来曲唑（272）　亮丙瑞林（272）　戈舍瑞林（272）
　　　六、其他抗肿瘤药 ··· 272
　　　　顺铂（272）　卡铂（273）　奥沙利铂（273）　利妥昔单抗（274）　伊马替尼（274）
　　　　门冬酰胺酶（275）　维A酸（275）　亚砷酸（275）　亚叶酸钙（275）

第二十二章　免疫系统用药 ··· 277
　　第一节　免疫抑制药 ··· 277
　　　环孢素（277）　雷公藤多苷（278）　硫唑嘌呤（278）　环磷酰胺（278）　泼尼松（278）
　　第二节　免疫增强药 ··· 278
　　　左旋咪唑（279）　人-干扰素（279）　丙种球蛋白（279）　卡介菌多糖核酸（279）
　　　卡介苗（279）　胸腺素（279）　转移因子（279）

第二十三章　维生素、矿物质及肠外营养药 ··· 281
　　第一节　维生素 ··· 281

一、脂溶性维生素 ·· 282
　　维生素A（282）　维生素D（282）　骨化三醇（283）　阿法骨化醇（283）　维生素E（283）
二、水溶性维生素 ·· 284
　　维生素C（284）　维生素B_2（284）　维生素B_1（285）　烟酰胺（285）　烟酸（285）
　　维生素B_6（285）　复合维生素B（285）　多维元素（286）
第二节　矿物质 ·· 286
　一、钙制剂 ·· 287
　　碳酸钙（287）　葡萄糖酸钙（287）　乳酸钙（287）　枸橼酸钙（287）　醋酸钙（288）
　二、铁制剂 ·· 288
　　硫酸亚铁（288）　富马酸亚铁（288）　葡萄糖酸亚铁（288）
　三、锌制剂 ·· 288
　　葡萄糖酸锌（288）
第三节　肠外营养药 ·· 288
　一、氨基酸输液 ·· 289
　二、静脉脂肪乳剂 ·· 290
　三、其他肠外营养类药 ·· 290
　　右旋糖酐40氨基酸注射液（290）　木糖醇（290）　多种微量元素注射液（Ⅱ）（290）
　　脂溶性维生素注射液（Ⅱ）（290）　注射用水溶性维生素（291）

第二十四章　调节水盐、电解质及酸碱平衡药 ·· 292
第一节　水、电解质平衡调节药 ·· 292
　　氯化钠（293）　氯化钾（293）　口服补液盐（293）　葡萄糖（293）　腹膜透析液（294）
第二节　酸碱平衡调节药 ·· 294
　　乳酸钠溶液（294）　乳酸钠林格注射液（295）　碳酸氢钠（295）

第二十五章　解毒药 ·· 296
　　硫代硫酸钠（296）　氯解磷定（297）　亚甲蓝（297）　纳洛酮（298）　乙酰胺（298）
　　氟马西尼（298）　青霉胺（299）　依地酸钙钠（299）　亚硝酸钠（299）
　　贝美格（299）　药用炭（299）

第二十六章　生物制品 ·· 300
第一节　概述 ·· 300
　一、生物制品的分类 ·· 300
　二、生物制品的保管及使用注意事项 ·· 301
第二节　常用生物制品 ·· 302
　　重组乙型肝炎疫苗（302）　人免疫球蛋白（302）　乙型脑炎灭活疫苗（303）
　　麻疹减毒活疫苗（303）　口服脊髓灰质炎减毒活疫苗（303）　人用狂犬病疫苗（303）
　　破伤风抗毒素（304）　多价精制气性坏疽抗毒素（304）　精制肉毒抗毒素（304）
　　精制抗炭疽血清（304）　精制抗狂犬病血清（304）　抗蛇毒血清（305）
　　乙肝疫苗（305）　卡介苗（305）　脊灰灭活疫苗（305）　百白破疫苗（305）
　　白破疫苗（305）　麻风疫苗（305）　麻腮风疫苗（305）　乙脑减毒活疫苗（305）
　　A群流脑疫苗（305）　A＋C流脑疫苗（305）　甲肝减毒活疫苗（305）
第三节　诊断用生物制品 ·· 305
　　布氏菌素（305）　结核菌素纯蛋白衍生物（306）

第二十七章 放射诊断用药 · 307
第一节 概述 · 307
一、对比剂的分类及其特点 · 307
二、对比剂的毒副反应 · 307
三、对比剂毒副反应的预防 · 307
第二节 胆系、泌尿系、子宫输卵管、胃肠道对比剂 · 308
硫酸钡（308） 胆影葡胺注射液（308） 碘番酸（308）
第三节 脊髓及其他体腔的对比剂 · 308
碘苯酯（308） 碘曲仑（309） 甲泛葡胺（309）
第四节 磁共振成像（MRI）的对比剂及CT增强扫描的对比剂 · 309
泛影葡胺注射液（309） 钆喷酸葡胺（310） 优维显（310） 碘海醇（310）

第二十八章 计划生育用药 · 311
第一节 甾体激素类避孕药 · 311
复方左炔诺孕酮（311） 甲地孕酮（312） 炔诺酮（313） 炔雌醇（313） 左炔诺孕酮（313）
去氧孕烯炔雌醇（313） 屈螺酮炔雌醇（313） 炔雌醇环丙孕酮（314）
复方庚酸炔诺酮（314） 壬苯醇醚（314）
第二节 其他计划生育用药 · 314
米索前列醇（314） 依沙吖啶（315） 米非司酮（315）

第二十九章 消毒防腐药 · 317
乙醇（317） 碘酊（318） 聚维酮碘（318） 高锰酸钾（318） 苯扎溴铵（319）
氯己定（319） 过氧化氢溶液（320） 过氧乙酸（320） 甲醛溶液（320） 戊二醛（320）
苯酚（320） 水杨酸（320） 苯甲酸（320）

第三十章 专科用药 · 322
第一节 皮肤科用药 · 322
咪康唑（322） 维A酸（323） 莫匹罗星（323） 阿昔洛韦（324） 克霉唑（324）
尿素软膏（324） 鱼石脂（324） 水杨酸（324） 氢化可的松（324）
第二节 眼科用药 · 324
毛果芸香碱（325） 阿托品（326） 氯霉素（326） 左氧氟沙星（326） 可的松（326）
噻吗洛尔（326） 乙酰唑胺（326） 利福平（326） 红霉素（326）
第三节 耳鼻喉科用药 · 326
盐酸地芬尼多（326） 复方硼砂（326） 羟甲唑啉（327） 氧氟沙星滴耳液（327）
麻黄碱滴鼻液（327） 复方氯己定含漱液（327）
第四节 妇产科用药 · 327
缩宫素（327） 垂体后叶（328） 甲硝唑（328） 咪康唑（328） 麦角新碱（328）
替硝唑（328） 制霉素（328）

实训篇

实训一　药品知识 · 332
实训二　《中华人民共和国药典》查阅 · 333
实训三　各种剂型外用药物的使用 · 334

实训四　知名医药企业宣传及产品介绍 …………………………………………… 336
实训五　处方审查、调配操作训练 ……………………………………………… 337
实训六　抗感冒药的用药咨询 …………………………………………………… 340
实训七　药房调查 ………………………………………………………………… 342
实训八　常用药品真伪外观鉴别 ………………………………………………… 343
实训九　常见消化系统疾病用药咨询 …………………………………………… 345
实训十　维生素类及矿物质药物的用药咨询 …………………………………… 348
实训十一　新药介绍 ……………………………………………………………… 349
实训十二　药品陈列 ……………………………………………………………… 350

索　引

基 础 篇

- 第一章　绪论
- 第二章　药物商品的分类
- 第三章　药理学基础知识
- 第四章　药物商品的合理使用
- 第五章　药物商品的质量、包装、标签和说明书
- 第六章　处方及处方调剂
- 第七章　药物商品的储存

第一章 绪 论

学习目标

知识目标：
- 明确医药商品的概念，了解商品的特征。
- 掌握药品的概念，理解其内涵；掌握假药、劣药、新药和仿制药的概念，明确药物与药品的不同特点。
- 掌握药物商品的特殊性。

能力目标：
- 树立正确的药品质量观念。

医药商品是指与医药有关的商品，包括药品、医疗器械、化学试剂、玻璃仪器等。其中，药品由于与公众的生命健康密切相关，且具有质量标准严格、专业技术性强、缺乏需求价格弹性和消费者低选择性等特点，故属于一类特殊的医药商品。

第一节 商品的概念及特征

一、商品的概念

商品是指用于交换的劳动产品，具有价值和使用价值两个基本要素。价值在设计和生产商品时已被赋予，而使用价值只有通过流通，也就是通过"交换"才产生，通过使用才实现。就商品消费者而言，更注重的是商品的使用价值。

二、商品的特征

商品是社会生产发展到一定阶段的产物，是为交换而生产的劳动产品。所以，商品有别于物品和产品，具有以下特征。

① 商品是具有使用价值的劳动产品。商品必须是劳动产品，天然产物不是商品。例如，可以自由取得的水不是商品，但经过生产加工后的瓶装纯净水就具有了商品的内涵。

② 商品生产的目的是为了进入市场交换，而不是生产者自己使用，这就决定了商品离不开市场。市场是一种以商品交换为内容的经济联系形式，也是商品经济的必然产物。比如农民为自己食用而生产的蔬菜不是商品，只有进入市场用于出卖，才成为商品。

③ 商品必须通过交换才能实现其价值向使用价值的转换。没有实现交换的不是商品，只能说是物品或产品，只有经过交换过程，产品才转化为商品。卖不出去的产品不是商品；交换之后的产品也不是商品，是消费品。因此，交换之前的物品只能说具有潜在的商品价值。

④ 商品必须满足人或社会的需要。商品是按照人和社会的需要生产出来的，这种需要包括个人和社会的、个体和群体的、物质和精神的。在人和商品的关系中，人的需要是出发

点，而满足了人的需要是归宿，人的需要是生产商品的动力。

 讨论产品与商品的区别？

第二节　有关概念和药品的特殊性

一、基本概念

（一）药物与药品

1. 药物

是指用于防治人类和动物疾病及对人体生理功能有影响的物质。

2. 药品

是指用于预防、治疗、诊断人的疾病，有目地地调节人的生理功能并规定有适应证或者功能主治、用法和用量的物质，包括中药、化学药和生物制品等。药品的定义包含以下要点。

第一，药品的使用目的和使用方法是区别药品与食品、毒品等其他物质的基本点。任何物质只有当人们为防治疾病，遵照医嘱或说明书，按照一定方法和数量使用，用于预防、治疗、诊断人的某些疾病，或有目地地调节某些生理功能时，才称其为药品。而食品或毒品的使用目的显然与药品不同，使用方法也不同。

第二，我国法律上明确规定传统药和现代药均是药品，这和一些西方国家不完全相同。

第三，我国《药品管理法》定义的药品是指人用药品，这和美国、日本、英国等不同，他们的药品定义包括了人用药和兽用药。

> **知识拓展**
>
> WHO对药品的定义是：任何生产、出售、推销或提供治疗、缓解、预防或诊断人和动物的疾病、身体异常或症状的；或者恢复、矫正或改变人或动物的器官功能的单一物质或混合物。
>
> 美国《联邦食品、药品和化妆品法》将药品定义为：药品是指在《美国药典》《美国顺势疗法药典》《国家处方集》以及任何增补本所认可的任何物品；用于诊断、治疗、缓解、处理或预防疾病的药物；除食品外，用于影响人体或其他动物的组织或功能的药品；以及上述三款所规定的物品的成分之一。

值得注意的是，药物与药品的概念并不完全相同，药品属法律概念。药物涵盖的范围比药品大得多，且适用的对象更广。《现代药学名词手册》中将药物定义为：药物是指用于防治及诊断疾病的物质，在理论上说，凡能影响机体器官生理功能和（或）细胞代谢活动的化学物质都属于药物范畴。从广义而言，一些具有保健作用的食品（如保健糖、保健酒、保健茶等）也可称为药物。因为药品的定义具有法定的意义，故药品的内涵更严谨、更科学，其要求非常严格。

（二）新药与仿制药品

1. 新药

是指未曾在中国境内外上市销售的药品。根据物质基础的原创性和新颖性不同，又将新药分为原创药和改良型新药两类。值得注意的是新药在非临床研究中尚不属于药品，只有经批准生产或上市的才属于药品。

2. 仿制药品

是指与商品名药在剂量、安全性和效力（不管如何服用）、质量、作用以及适应证上相同的一种仿制品。商品名药（专利药）过了专利保护期，其他企业均可仿制。在美国，专利药是有商品名的药，仿制药不能有商品名，只能用通用名，所以仿制药又叫通用名药。例如，辉瑞公司生产的氨氯地平片叫络活喜，其他仿制药厂的产品都叫氨氯地平。

（三）假药与劣药

1. 假药

《药品管理法》规定，有下列情形之一的，为假药：

① 药品所含成分与国家药品标准规定的成分不符；
② 以非药品冒充药品或者以他种药品冒充此种药品；
③ 变质的药品；
④ 药品所标明的适应证或者功能主治超出规定范围。

2. 劣药

《药品管理法》规定，有下列情形之一的，为劣药：

① 药品成分的含量不符合国家药品标准；
② 被污染的药品；
③ 未标明或者更改有效期的药品；
④ 未注明或者更改产品批号的药品；
⑤ 超过有效期的药品；
⑥ 擅自添加防腐剂、辅料的药品；
⑦ 其他不符合药品标准的药品。

案例 1-1　　　　　　　　　　　假药分辨

浙江省宁波市的张某服用某公司生产的朱砂安神丸之后，出现了沉睡、迷糊的症状。经浙江省药检所检验，该批朱砂安神丸的微生物含量严重超标，细菌数是标准限量的40倍，霉菌数为标准限量的近2倍。此外，作为中成药，这批朱砂安神丸却含有一种西药成分——地西泮。请分析该药品是假药还是劣药？

请同学们通过本案例学习，加深对假药概念的理解。

二、药品的特殊性

药物商品作为一种特殊商品，它除了像一般商品一样具有价值和使用价值的两个基本要素，受价值规律约束和受供求关系影响，存在市场竞争外，由于是用于防病治病、计划生育和抢险救灾的特殊商品，故还具有国际公认的一般商品所没有的特殊性。

1. 药品与人的生命健康密切相关

药品用于人的疾病诊断、预防、治疗，与人民群众的生命健康密切相关。无论是从公众意识、国家意识出发，还是从国家宪法法律出发，生命和健康权利都是最基本的人权。正确使用合格药品可以挽救人的生命，增进人的健康；不合格药品或不合理用药可能延误治疗或因毒副作用损害人体的健康甚至危及生命。

> **知识拓展**
>
> 世界卫生组织调查指出,全球的患者有三分之一是死于不合理用药,而不是疾病本身。不合理用药已经成为当今全球的第四号杀手。与药物不良事件相关的费用1360亿/年,比心血管疾病和糖尿病的支出要高。数据显示,目前我国抗癌药物的有效率仅为25%,常用的五类抗高血压药的有效率普遍在50%左右。同一种药,有些患者使用就能得治愈,而有些患者使用就无效甚至出现不良反应。

2. 药品质量的特殊性

(1) 药品的质量与一般商品不同,一般商品可根据质量的优劣分为一、二、三等品,甚至还可以有等外品,按质论价在市场上销售。药品的使用价值集中表现为质量,因此,其物理性质、化学性质、生物药剂学性质、有效性、安全性、稳定性、均一性、经济性等质量指标必须符合规定的标准。质量不合格的药物商品,一律不得生产、流通和使用。

(2) 药品质量标准严格。《药品管理法》明确规定:"药品应当符合国家药品标准。"

> **相关链接**
>
> 国务院药品监督管理部门颁布的《中华人民共和国药典》和药品标准为国家药品标准。国务院药品监督管理部门会同国务院卫生健康主管部门组织药典委员会,负责国家药品标准的制定和修订。国务院药品监督管理部门设置或者指定的药品检验机构负责标定国家药品标准品、对照品。

3. 药品作用的双重性

药品作用的双重性是指药品在发挥防治作用的同时,也不可避免地引起不良反应的性质。迄今为止,人类研制出的药物还不能完全达到有益无害的标准,只能通过对药物使用权限、过程、结果的监管和药物不良反应监测,力求应用得当、趋利避害。

4. 药品的强专业技术性

药品具有较强的专业技术性,主要体现在:①药品的质量检验只能由药学专业技术人员利用其具备的相关药学和法律知识来判断,并且还必须借助专门的检验方法和仪器,一般的药品消费者是没有能力进行判断的。②大多数药品,尤其是处方药的正确合理使用,一般必须依靠具备专业知识的执业医师、执业药师指导进行。

5. 药品的社会公共性

人的生物禀赋本能促使人类一直在不懈地追求尽可能地增进健康、延长生命、保证人类的繁衍。药品作为增进健康、延长生命和提高生命质量的必要手段,必然受到人类社会的重视。现代社会中,健康权和生命权是基本人权,因此药品关系到整个人类社会的繁衍和发展也就不难理解了。

6. 药品经营的特殊性

(1) 需求迫切性 药品与公众生命健康密切相关的特殊性,决定了药品具有需求迫切性,即所谓"不用不买、买则急需"。尤其是在解毒、急救、灾情、疫情、战争等紧急需要药品的情况下,能否及时提供足够的药品关系到一个人甚至成千上万人的生死存亡。这就要求国家对药品要有超前性、预测性和适当的储备。

(2) 价格与社会需求之间缺乏紧密的联系 一般商品可用价格来调节市场需求,或者根据市场需求来调整价格,可以搞"清仓处理"或按时令进行"削价处理",但药物商品作为治病救人、抢险救灾的特殊商品，药品的"社会公共性"和其使用的"专属性"决定了药品经营企业不能一味地只考虑赢利，也不能利用价格来完全调节市场需求。国家对药品价格实行政府定价、政府指导价或者市场调节价。从另一方面来说，药品对于患者而言是必需品，为了治疗疾病、恢复健康、维持生命，患者不会也不能因为药品价格上升而减少或停止购买使用药品。但是，对于健康人群来说药品是无用的产品，他们也不会因为药品价格下降而购买、使用药品。从这里可以看出，药品价格的变化不会明显影响公众对药品的需求。

(3) 经营企业的特殊性　药品经营企业必须持有药品监督管理部门发给的《药品经营许可证》方可从事药品经营，且无论是批发企业还是零售企业，必须通过《药品经营质量管理规范》(GSP)认证。国家明确规定，凡未取得GSP认证的企业，一律不得从事药品经营。

7. 药品使用的专属性和消费者的低选择性

(1) 专属性　药品不像一般商品在使用上有一定的随意性，一般商品之间可以任意替代，但对于药品使用而言，则必须"对症下药"。目前，药源性疾病不断增多，不顾药品使用范围的专属性，滥用药品就是主要原因。

(2) 消费者的低选择性　由于诊断、治疗用药需要专业的医学和药学知识，消费者一般不可能自行诊断疾病、选择使用药物，而需要依靠执业医师和执业药师。为了用药安全、有效，国家规定处方药必须凭医师的处方购买、零售和使用。所以，消费者不可能自行选择使用处方药。对于非处方药，特别是甲类非处方药来说，专业知识匮乏或用药慎重的人群仍倾向于而且也有必要依靠执业药师的指导。因此，总体而言，药品属于使用范围专属性很强、消费者选择性较低的商品。

第三节　《实用药物商品知识》课程的内容及任务

《实用药物商品知识》专门介绍药品中的化学原料药及其制剂、抗生素、生化药品、放射性药品、血清、疫苗、血液制品和诊断药品等医药商品的基础知识（中药材、中药饮片和中成药等中药商品知识不在本书介绍）。按照高等职业技术教育的功能划分，《实用药物商品知识》属于医药营销专业的技术类核心课程。本教程分三大模块，包括：①基础篇，主要内容包括药物商品基础知识、相关药理学和药剂学基础知识；②药物篇，内容涉及药物商品的品名、性状、作用与适应证、不良反应、用药注意事项、常用商品及商品信息；③实训篇，主要为药物商品知识有关的实践技能训练。

本课程的主要任务是使学生树立药品质量观，具备必需的药物商品基本知识和基本技能，能从事药品经营和仓储管理等与药品流通有关的工作，能提供合格的药品以及指导患者安全、合理、有效用药。

【本章小结】

1. 药物商品具有一般商品的属性和药物商品的特殊性这二重性。
2. 药品的作用具有防治作用和不良反应的二重性。
3. 药品使用的目的在于预防、治疗、诊断疾病和调节机体功能，其应用对象是人，使用时规定有适应证、用法用量和功能主治。
4. 药品是一种特殊商品，具有一般商品所不同的特殊性。

【思考题】

1. 药品与药物有什么区别？

2. 根据我国《药品管理法》规定，如何判定为假药、劣药？
3. 什么是药物作用的二重性？请举例说明。
4. 为什么说药品是一种特殊商品？请说明之。

【信息搜索】

近几十年来世界上的重大药害有哪些？近年来我国发生的较大的药品安全事故又有哪些？

第二章 药物商品的分类

学习目标

知识目标：
- 掌握处方药与非处方药的概念及特征；国家基本药物的概念、遴选原则及特点。
- 掌握各种常用药物剂型的概念及特点。
- 掌握特殊药品的概念。
- 熟悉按药品的来源进行分类的方法和按我国药品管理制度的其他分类方法。
- 了解药物商品的其他分类方法。

能力目标：
- 能够分辨药品的类别，并能说出其为何种剂型、如何使用。

药物商品是人类防病治病过程中必不可少的一大类商品，迄今为止，我国的药物商品接近2万种，且门类齐全、品种繁多，其生产、销售、消费特点各不相同。依据生产、经营、管理和使用的实际需要以及各自的特点，药物商品有多种分类方法，每种方法角度不同，各有侧重，但均以有利于本领域药物的管理和研究为目的。本教材主要介绍与药品流通领域关系密切的分类方法。

第一节 按药物商品的来源分类

药物商品按来源的不同，可分为动物性药物商品、植物性药物商品、矿物性药物商品、人工合成的药物商品和生物药物商品五大类，其中动物性药物商品、植物性药物商品和矿物性药物商品又可统称为天然药品。

一、动物性药物商品

动物性药物商品是利用动物的某些组织、器官或代谢产物制成的药物商品。如胃蛋白酶源自猪、牛、羊的胃黏膜，胰岛素最早来源于动物的胰脏，甲状腺粉是家畜甲状腺的干燥粉末。一些源于动物的药如肾上腺素、胰岛素等现已可人工合成。

二、植物性药物商品

植物性药物商品是利用植物制成的药物商品。如吗啡是从罂粟果的液汁提取得到的中枢镇痛药，利血平是从印度萝芙木的根中提取得到的抗高血压药。现在许多源于植物的药品如小檗碱已可人工合成。

三、矿物性药物商品

矿物性药物商品一般是指直接利用矿物或经过加工而制成的药物，如硫黄、硼砂以及一些无机盐类、酸类、碱类等。

四、人工合成的药物商品

人工合成的药物商品指人们有目的地用化学方法合成的药物商品。该类药可分为全人工合成品（如阿司匹林、磺胺类药、环丙沙星等）和半人工合成药（如阿莫西林、头孢唑啉钠等）。

五、生物药物商品

生物药物商品是指运用微生物学、生物学、医学、生物化学等的研究成果，从生物体、生物组织、细胞、体液等，综合利用微生物学、化学、生物化学、生物技术、药学等科学的原理和方法制造的一类用于预防、治疗和诊断的生物医药产品。

第二节 以剂型为基础的综合分类

一般而言，原料类药物商品是不能直接供患者使用的，必须制成适合于患者应用的给药形式，如片剂、胶囊、软膏、注射剂等，这些为适合于治疗或预防的需要而制备的不同给药形式称为药物制剂。药物制剂的种类有几十种，在药剂学中，常按物质形态、分散体系或给药途径进行分类。为了更好地反映出药物商品的形态、用途、制备方法及储存养护要求，以适合药物商品的经营、管理需要，此处重点介绍以剂型为基础的药物商品的综合分类方法。

```
           ┌ 注射剂 ┌ 液体注射剂 ┌ 小容量注射剂
           │        │            └ 输液剂
           │        └ 固体注射剂（注射用无菌粉末）
           │
药物制剂 ──┤ 口服制剂 ┌ 固体制剂：如片剂、胶囊、丸剂、滴丸剂、颗粒剂等
           │          └ 液体制剂：如口服液、芳香水剂、糖浆剂、乳剂、合剂等
           │
           │ 外用制剂 ┌ 固体或半固体制剂：如软膏剂、眼膏剂、栓剂等
           │          ├ 液体制剂：如搽剂、洗剂、滴眼剂、滴鼻剂、灌肠剂等
           └          └ 气雾剂和喷雾剂：外用喷雾剂和口腔喷雾剂等
```

此外尚有一些新剂型，如分散片、缓释制剂、控释制剂、微型胶囊、脂质体、单克隆抗体等。

一、注射剂

注射剂系指由药物制成的供注入人体内的灭菌溶液、乳状液或混悬液，以及供临用前配成溶液或混悬液的无菌粉末或浓溶液。注射剂是目前临床应用最广泛的剂型之一，其优点有：①作用迅速、剂量准确、疗效可靠。因药液直接注入组织或血管，无吸收过程或吸收过程很短，故作用迅速；又因不经消化道，不受胃肠液及胃肠内容物的影响，且无首关效应，所以疗效准确。②适用于不宜口服给药的药物。如易被消化液破坏的药物（胰岛素等）或首过效应显著的药物或对胃肠道刺激性较大的药物以及口服不易吸收的药物，均可设计制成注射剂。③适用于不宜口服给药的患者，如不能吞咽、昏迷或严重呕吐的患者。④可发挥局部定位给药的作用，如局麻药的局麻作用和对比剂的局部移动造影。缺点是：①研制和生产过程较复杂。由于注射剂的质量要求高，在具体生产中，对厂房、设备、人员及物料的要求也相对严格，故生产费用较大，价格也较高。②注射液在生产和贮存过程中药物的稳定性比固体制剂差。③安全性和机体适应性差；剂量不当、注射过快或药品质量存在问题，均可能给患者带来危险；另外注射时引起疼痛、注射局部硬结、患者自己不能给药等都是临床存在的问题。注射剂按形态可分为小容量注射剂、注射用无菌粉末（固体注射剂）与输液剂。

（1）小容量注射剂　常称为注射液或针剂，包括水溶液型和非水溶液型。其适用于一些遇热或在水溶液中稳定性较高的药物。如氯化钠注射液、氨茶碱注射液等。一般盛装于1mL、2mL、5mL、10mL、20mL 的曲颈安瓿中。

(2) 注射用无菌粉末　注射用无菌粉末又称粉针剂。其为药物的无菌粉末或疏松的冻干块状物，临用前以适当溶剂溶解或使其混悬，而后供注射用。适用于一些遇热或在溶液中（尤其是水溶液中）稳定性较差的药品，如注射用青霉素钠、注射用头孢他啶等。一般严封在带药用丁基橡胶塞的玻璃瓶（又称抗生素瓶）中。

(3) 输液剂　输液剂系指由静脉滴注输入体内的大剂量注射液，常称大输液。一般盛装于100mL、250mL、500mL的输液玻璃瓶或塑料输液瓶（袋）中，其在用法、用量、生产工艺、质量要求及包装规格等方面比一般注射剂更加严格。种类主要有电解质输液，如氯化钠注射液、碳酸氢钠注射液等；营养输液，如葡萄糖注射液、复方氨基酸注射液和静脉脂肪乳注射液等；代血浆输液剂，如右旋糖酐注射液、羟乙基淀粉注射液等。

二、片剂

片剂系指药物与适宜的辅料均匀混合，通过制剂技术压制成的圆片状或异形片状的固体制剂。片剂可供内服或外用，是目前使用最广泛的剂型，也是药物商品中销量最大的类别。其优点是：①剂量准确，应用方便；②生产机械化、自动化程度高，产量大，成本较低；③质量稳定，携带、运输和贮存方便；④能适应治疗、预防的多种要求。缺点是：①不便于婴幼儿和昏迷患者服用；②由于辅料的添加和压制的原因，容易出现溶出度和生物利用度方面的问题。

按制备方法的不同，片剂可分为以下几类。

1. 单压片（素片）

单压片系指药物与辅料混合后一次压制而成的片剂。绝大多数的片剂都属于这一类，多数为扁圆形，也有双面凸形或椭圆形等形状。如去痛片（索米痛片）、维生素 B_1 片等。

2. 多层片（层压片、包心片）

多层片系将两种或两种以上的药物与辅料混合后，经过一次以上压制而成的片剂。其优点有：①因压片中各层所含的药物不同，可避免复方药物的配伍变化；②使药物分别释放而呈现不同的疗效或兼有速效与长效的作用。如维仙优是双层胃药片，外层为制酸剂，内层为抗溃疡素，具有抗酸和抗溃疡的双重效能，又如用速效与长效两种颗粒制成的双层复方氨茶碱片兼有速效与长效的作用。

3. 包衣片

包衣片系指在压制片的表面包上适当材料的衣层，起保护片剂、改善片剂某些缺点和控制药物释放的作用。根据所用衣料的不同分为以下几种。

(1) 糖衣片　糖衣片的包衣材料主要是蔗糖和食用色素，有掩盖苦、臭等不良气味及美化片剂、便于识别的作用，如硫酸亚铁糖衣片、乙酰螺旋霉素糖衣片。

(2) 肠溶衣片　肠溶衣片的包衣材料主要为酸不溶、碱易溶的高分子化合物。肠溶片能使药物安全通过胃部，防止药物在胃内分解失效，减少药物对胃的刺激和控制药物在肠道内定位释放，如阿司匹林肠溶片、胰酶肠溶片等。

(3) 薄膜衣片　薄膜衣料一般多为高分子材料，选用不同的衣料进行包衣，固体制剂（片剂）可取得稳定蔽光、蔽臭、蔽味、减少刺激性、延缓或控释以及改善或美化外观的不同效果。薄膜衣片是目前较常用的包衣材料。薄膜包衣技术现已基本取代糖包衣技术。如感冒通薄膜衣片、环丙沙星薄膜衣片。

资料卡

按使用方法的不同，片剂也可分为内服片（阿司匹林素片）、咀嚼片（胃康咀嚼片）、纸型片（苯丁酸氮芥纸型片）、舌下片（盐酸克仑特罗舌下片）、含片（西洋参含片）、口腔贴片（替硝唑口腔贴片）、分散片（罗红霉素分散片）、泡腾片（维生素C泡腾片）、外用片（高锰酸钾外用片）、植入片（醋酸去氧皮质酮植入片）、阴道片（克霉唑阴道片）等。根据释药速度的不同，还可分为速释片（复方丹参口含速释片）、缓释片（茶碱缓释片）或控释片（硫酸吗啡控释片）等。

三、胶囊剂

胶囊剂系指药物或加有辅料充填于空心胶囊或软质囊材中的制剂，供口服应用。此种剂型不仅外表美观、整洁，还可掩盖药物的不适苦味、异味，且能在胃中迅速崩解，生物利用度较高。因在胃中溶解后局部浓度较高，对胃黏膜有一定的刺激作用，故不适宜儿童和消化道溃疡者服用。胶囊剂分硬胶囊剂、软胶囊剂（胶丸）、肠溶胶囊剂，也可根据释药速度的不同分为速释、缓释与控释胶囊剂。

1. 硬胶囊剂

硬胶囊剂系指将药物或药物与辅料充填于空心胶囊中制成。可作内服，如诺氟沙星胶囊、头孢氨苄胶囊等；也可外用，如妇炎平胶囊。

2. 软胶囊剂（胶丸）

软胶囊剂系指将一定量的液体药物直接包封或将固体药物溶解或分散在适宜的赋形剂中制备成溶液、混悬液、乳状液或半固体状物，密封于球形、椭圆形或其他形状的软质囊材中，可用滴制法（如维生素AD胶丸）或压制法（如月见草油胶丸）制备。软质囊材是用明胶、甘油或和其他适宜的药用材料制成的。

3. 肠溶胶囊剂

肠溶胶囊剂系指硬胶囊或软胶囊的囊材经药用高分子材料处理或用其他适宜方法加工而成。其囊壳不溶于胃液，但能在肠液中崩解而释放有效成分。例如奥美拉唑肠溶胶囊、红霉素肠溶胶囊（新红康）等。

四、丸剂

丸剂是指药物与适宜的辅料均匀混合，以适当方法制成的球状或类球状制剂。丸剂包括中药丸剂和化学药品丸剂。中药丸剂分为蜜丸、水蜜丸、水丸、糊丸和微丸等类型，化学药品丸剂分为滴丸和糖衣丸、肠溶丸等。

滴丸剂系指固体或液体药物与适宜的基质加热熔融后，使药物溶解、乳化或混悬于基质中，再滴入不相混溶、互不作用的冷凝液中，由于表面张力的作用使液滴收缩成球状而制成的制剂，主要供口服，亦可供外用。如复方丹参滴丸、氯霉素耳用滴丸、联苯双酯糖衣丸等。

五、膜剂

膜剂系指药物与适宜的成膜材料经加工制成的膜状制剂。供口服或黏膜外用。如盐酸克仑特罗膜剂（口服）、硝酸甘油贴膜剂（口腔贴膜）、克霉唑药膜（阴道用）。

六、软膏剂

软膏剂系指药物与适宜基质制成的半固体外用制剂。常用基质分为油脂性、水溶性和乳剂型三类，用乳剂型基质制成的易于涂布的软膏亦称乳膏剂。软膏剂主要起保护、润滑和局部治疗作用，如红霉素软膏、氧化锌软膏、吲哚美辛乳膏。

七、栓剂

栓剂系指药物与适宜基质制成的供腔道给药的制剂。栓剂在常温下为固体，塞入腔道后，在体温下能迅速软化熔融或溶解于分泌液中，逐渐释放药物。按药物发生作用的范围不同，分为局部作用栓剂（如甘油栓）及全身作用栓剂（如对乙酰氨基酚栓），按给药部位的不同又可分为肛门栓（如化痔栓）和阴道栓（如灭滴灵栓）。

八、液体制剂

液体制剂系指药物分散在液体介质上所制成的内服或外用的制剂。其给药途径广泛、药物分散度大、吸收快、服用方便，但稳定性较差、易生霉、易破损、体积大，给经营、保管、携带与运输带来困难。一般分为以下几种。

1. 内服的液体制剂

包括：芳香水剂（如薄荷水）、露剂（如金银花露）、合剂（氯化铵合剂）、糖浆剂（如葡萄糖酸亚铁糖浆）、醋剂（如樟脑醋）、滴剂（如鱼肝油滴剂）、部分溶液剂（如氯化铵溶液）、凝胶剂（氢氧化铝凝胶）、乳剂（如乳白鱼肝油）。

2. 外用的液体制剂

包括：洗剂、搽剂、滴眼剂、滴耳剂、含漱剂、滴鼻剂、部分溶液剂（如过氧化氢溶液）、某些酊剂（如碘酊）、灌肠剂等。

从广义上说，注射液、输液也属于液体制剂，但因它们的工艺独特，质量要求特殊，故予以专门介绍。

九、气（粉）雾剂和喷雾剂

气（粉）雾剂和喷雾剂是一种或一种以上药物，经特殊的给药装置给药后，药物进入呼吸道深部、腔道黏膜或皮肤等发挥全身或局部作用的一种给药系统。该系统应对皮肤、呼吸道黏膜和纤毛无刺激性、无毒性。气（粉）雾剂可分为吸入气（粉）雾剂和非吸入气（粉）雾剂和外用气雾剂。气雾是指药物与适宜抛射剂装于具有特制阀门系统的耐压密封容器中制成制剂，借抛射剂的压力将内容物呈细雾状物质喷出。喷雾剂为不含抛射剂、借助手动泵的压力将内容物以雾状等形态释出的制剂。

十、粉剂类

粉剂类包括粉状原料药（如葡萄糖、硼酸）、颗粒剂（如依托红霉素颗粒剂、盐酸左旋咪唑颗粒剂）、散剂（如阿片粉）等。

十一、药物近代剂型简介

分散片系指在水中能迅速崩解、均匀分散的片剂。其服用方便，生物利用度高。分散片的制备工艺同普通片，成品可于水中分散后口服、吞服、咀嚼或含服。

缓释制剂也称长效制剂或延效制剂，系指通过适宜方法延长药物在体内作用的时间，减少给药次数的制剂。其释放药物的速度随药物的转运而按比例减少，主要通过延缓药物的释放、吸收、代谢、排泄及改变药物的化学结构等途径来实现。缓释制剂包括口服制剂、注射剂、外用制剂，近年发展最快的是口服制剂，如氨茶碱缓释片。

控速释药体系系指药物的释放控制近于恒定，其释药速度较缓释制剂理想。它能按预定的速度徐徐释放药物，在作用部位达到一定的血药浓度并维持相当时间。控速释药体系可以用于不同的药物剂型，包括控释眼膜，如周效眼用毛果芸香碱膜；控释贴膏，如硝酸甘油贴膏、东莨菪碱贴膏。

微型胶囊简称微囊，系指固态或液态药物被辅料包封成的微小胶囊。通常粒径在1～250μm的称微囊，而粒径在10～1000nm的称纳米囊。微囊可看成是一种将药物包裹于囊膜内而形成的微型无缝胶囊，外观呈粒状或圆球形。微囊可直接制成制剂供药用，如对乙酰氨基酚微囊供药用；也可作为原料制成其他剂型，如制成散剂、胶囊剂、软膏剂、栓剂、注射剂、膜剂等；还可选用不同的囊材制成释放速度不同的缓释制剂，如复方甲地孕酮注射剂。

脂质体也称类小球，是将药物包封于类脂双分子层形成的薄膜中所制成的超微型球状载体制剂。它是一种类似微囊的新制剂。作为一种药物的载体，可作为原料制成不同的剂型，如口服液、注射液、软膏、霜剂、洗剂、眼用制剂等。

微球剂是以白蛋白、明胶、聚丙交酯等材料制成的含药物的凝胶球状实体，大小因使用目的不同而异，一般为1～500μm，常用为1～3μm，微球剂对癌细胞有一定亲和力，常作为抗癌药的载体，可以改善药物体内吸收、分布。

磁性微球剂系在微球剂中加入适宜磁铁粉制成的微球剂。这种剂型具有明显的靶向性，可借助外磁场引导到达靶部位，使靶区治疗浓度升高，减少药物毒性。

单克隆抗体也称肿瘤"生物导弹"。有些单克隆抗体本身就能杀伤肿瘤细胞；但大多数单克隆抗体被用作抗恶性肿瘤药物的载体。

透皮给药制剂是指药物由皮肤吸收进入全身血液循环并达到有效血药浓度，实现疾病治疗或预防的一类制剂。相比传统的口服和注射给药方式，透皮给药具有无血药浓度峰谷现象、避免毒副作用、避免药物首过效应和胃肠道灭活、降低毒副作用、依从性好等优势。从20世纪70年代开始，现代化透皮给药制剂率先从日本、美国市场爆发，至今全球已经有上百种透皮产品上市（不包括中国中药贴膏）。

黏膜给药制剂是指将药物与适宜的载体材料制成供人体腔道黏膜部位给药，起局部作用或吸收进入体循环起全身治疗作用的制剂。药物通过黏膜给药可以产生局部或全身治疗作用，与口服药物相比没有首过作用。

时间脉冲释药系统是根据人体的生物节律变化特点，按照生理和治疗的需要而定时、定量释放有效治疗剂量药物的一类释药系统。区别于老式给药系统仅仅改变服药时间的给药方案，它可选择疾病发作的重要时刻在预定时间内自动快速释放有效治疗剂量的药物，从而保证疗效，减少毒副作用，同时大大增加患者的依从性。例如采用渗透泵片制备新技术研发的一日一次用盐酸地尔硫䓬择时控释片。

第三节　按我国药品管理制度分类

一、处方药和非处方药（数字资源2-1）

药品分类管理是国际通行办法。它是根据药品的安全性使用方便的原则，依其品种、规格、适应证、剂量及给药途径不同，对药品分别按照处方药和非处方药进行管理。在实施药品分类管理以前，我国上市的药品中，除毒、麻、精、放和戒毒药品实行特殊管理外，其他药品在社会零售药店基本处于自由销售状态，对药品在大众媒体的宣传也没有明确的限制。为了加强处方药的管理，规范非处方药的管理，减少不合理用药的发生，保证人民用药安全有效，1999年6月1日经国家药品监督管理局审议通过，并于1999年6月18日发布了《处方药与非处方药分类管理办法（试行）》，从2000年1月1日起，我国正式对处方药与非处方药的审批、广告、标识和销售等实行分类管理。

数字资源2-1
认识处方药和非处方药

> **相关链接**

2003年，国家明确规定自2004年7月1日起，凡未列入非处方药目录的抗菌药物必须凭医师处方销售。为了保证药品分类管理工作的真正实施，2004年，国家食品药品监督管理局（SFDA）又提出将药品分类管理工作落实情况与药品零售企业GSP认证和《药品经营许可证》发证工作结合起来，对零售药店分类进行管理，即在2005年底之前，经原发证部门审查，符合药品分类管理要求的零售药店可以继续销售处方药与非处方药，发给处方药定点销售标志；若在2006年1月1日后达不到药品分类管理要求的零售药店，只能销售甲类非处方药和乙类非处方药，或只能销售乙类非处方药。国家发改委、商务部印发的《市场准入负面清单（2019年版）》中规定，"药品生产、经营企业不得违反规定采用邮寄、互联网交易等方式直接向公众销售处方药"，将其列为禁止项。

1. 处方药（R_x）

处方药是为了保证用药安全，由国家药品监督管理部门批准，需凭执业医师或执业助理医师处方才可调配、购买和使用的药品。处方药是医生为患者在临床上用药的主体。所以开此类药的医生必须有医师的职业资质，而患者必须在医生的监护指导下购买、使用。

国家药品监督管理部门将药理作用大、治疗较重病症、容易产生不良反应的各类药品规定为处方药，患者只能在医生的指导下方可使用。处方药大多属于以下几种情况。

（1）上市的新药　对其活性或副作用还要进一步观察。

（2）可产生依赖性的某些药物　例如吗啡类镇痛药及某些镇静催眠药物等。

（3）药物本身毒性较大　例如抗癌药物等。

（4）用于治疗某些疾病所需的特殊药品　如心脑血管疾病的药物，必须经医师确诊后开出处方并在医师指导下使用。

国际规定的管制药品（麻醉药品、精神药品、放射性药品）均列入处方药的范围。非肠道给药的全身用制剂均列为处方药。抗微生物药、心血管系统用药等也都属于处方药。此外，处方药只准在专业性医药报刊进行广告宣传，并印有"本广告仅供医学药学专业人士阅读"的患告语，不准在大众传播媒介进行广告宣传。

2. 非处方药（OTC）

非处方药是指由国务院药品监督管理部门公布的，不需要凭执业医师或执业助理医师处方，消费者可以自行判断、购买和使用的药品。因此，非处方药又称为柜台发售药品（over the counter drug），简称OTC。其特点是安全、有效、方便、质量稳定。

非处方药主要包括感冒药、止咳药、镇痛药、助消化药、抗胃酸药、维生素类、驱虫药、滋补药、通便药、外用药、避孕药、护肤药等。被列入非处方药的药物，一般都经过较长时间的全面考察，具有疗效确切、毒副作用小、使用方便、便于贮存等优点。

从严格意义上讲，某种药物被批准为非处方药，只是获得了非处方药的身份，经法规许可放宽其出售和使用的自由度。事实上，许多药物既有处方药身份，又有非处方药身份。非处方药制定实施后，每隔3～5年进行一次再评价，推陈出新，优胜劣汰，确保OTC的有效性和安全性。

非处方药又进一步根据安全程度分为甲类非处方药和乙类非处方药，前者安全性相对较低，后者安全性相对较高。非处方药的包装上有椭圆形的OTC标志，甲类为橙红色椭圆形底阴文，乙类为墨绿色椭圆形底阴文。将非处方药分为甲类和乙类管理的根本目的是在保障用药安全的前提下最大限度地方便大众用药。乙类非处方药除可以在药店出售外，还可在经药品监督管理部门批准的超市、宾馆、百货商店等处销售。

甲类非处方专有标识色标　M100Y100（■为红色、□为白色）
乙类非处方专有标识色标　C100M50Y70（■为绿色、□为白色）

> **知识拓展**
>
> ① 处方药与非处方药的关系不是一成不变的。非处方药主要来自处方药。一般经临床实践6~8年，由医学专家评审遴选后由国家药品监督管理局颁布；药品生产企业也可按OTC药物申报的要求，经国家药品监督管理局审批颁布。
> ② 非处方药也并非"终身制"，在一定条件下仍可转为处方药，甚至被淘汰。
> ③ 处方药转换为非处方药后，适应证、剂量也会随之改变。
> ④ 同一药物因剂型、剂量的不同，既可作为非处方药，也可作为处方药。如用于解热镇痛的阿司匹林泡腾片剂型为非处方药，而阿司匹林肠溶片则为处方药。

二、国家基本药物

国家基本药物系指适应基本医疗卫生需求，剂型适宜，价格合理，能够保障供应，公众可公平获得的药品。国家基本药物目录是医疗机构配备使用药品的依据，其包括基层医疗卫生机构配备使用部分和其他医疗机构配备使用部分两部分。国家基本药物的遴选原则是"防治必需、安全有效、价格合理、使用方便、中西药并重、基本保障、临床首选"，在充分考虑我国现阶段基本国情和基本医疗保障制度保障能力的基础上，结合我国用药特点和基层医疗卫生机构配备的要求，参照国际经验，合理确定基本药物的品种（剂型）和数量。

国家基本药物目录中的药品包括化学药品、生物制品、中成药和中药饮片三部分。化学药品和生物制品主要依据临床药理学分类，中成药主要依据功能分类。药品的使用不受目录分类类别的限制，但应遵照有关规定。国家基本药物目录中的化学药品、生物制品、中成药，应当是《中华人民共和国药典》收载的，国家药品监督管理部门颁布药品标准的品种。对列入基本药物的品种国家要保证生产和供应，政府举办的基层医疗卫生机构全部配备和使用基本药物，其他各类医疗机构也都必须按规定使用基本药物。根据经济社会的发展、医疗保障水平、疾病谱变化、基本医疗卫生需求、科学技术进步等情况，不断优化基本药物品种、类别与结构比例。目录需定期开展评估，实行动态调整，调整周期原则上不超过3年；对新审批上市、疗效较已上市药品有显著改善且价格合理的药品，可适时启动调入程序。

> **相关链接**
>
> 国家基本药物目录（简称基药目录），是国家卫健委组织专家遴选、制定，并由国家基本药物委员会审核通过的药物目录的总称，是医疗机构配备使用药品的依据。国家基本药物目录从1982年发布第一版至2018年版，共发布了9个版本，为保障我国人民群众用药安全，缓解群众"看病难、看病贵"等问题做出了重大贡献。2018年9月，调整后的2018年

版国家基本药物目录总品种由原来的 520 种增至 685 种，包括西药 417 种、中成药 268 种。在覆盖临床主要病种的基础上，重点聚焦癌症、儿童疾病、慢性病等，新增品种包括了抗肿瘤用药 12 种、临床急需儿童用药 22 种以及世卫组织推荐的全球首个也是国内唯一一个全口服、泛基因型、单一片剂的丙肝治疗新药。

基本药物制度是一个全球化概念，是一个国家药物政策的核心。"基本药物"的概念由世界卫生组织于 1977 年提出，原因在于各国公共医疗保障体系都不可能为民众的所有药物开支付账，因此对所有上市的药品进行适当的遴选，编制出基本药物目录。我国于 1979 年 4 月在卫生部的组织下成立了"国家基本药物遴选小组"，着手国家基本药物目录的制定工作。1982 年发布了第一版《国家基本药物目录（西药部分）》，至 2004 年我国国家基本药物目录调整过 5 次，期间我国基本药物制度有了一定的发展和完善。但是在 2009 年之前，我国的基本药物目录并未得到很好的落实，处于"有目录，无制度"的状态。为了推动我国基本药物制度的建立，更好地保障人民群众用药需求，2009 年 8 月 8 日，国家发改委、卫生部等部委发布了《关于建立国家基本药物制度的实施意见》，标志着我国建立国家基本药物制度的正式启动。

三、《国家基本医疗保险、工伤保险和生育保险药品目录》药品

为了贯彻落实党中央、国务院深化医药卫生体制改革文件的重要举措，完善医疗、工伤、生育保险制度，提高群众的保障水平，逐步实现人人享有基本医疗保障的目标。我国从 1998 年开始全面建立城镇职工基本医疗保险制度。为了保证城镇职工的基本医疗需求，保证基本医疗保险基金的收支平衡，国家配套制定了《国家基本医疗保险、工伤保险和生育保险药品目录》（简称《基本医疗保险药品目录》）。政府会根据实际情况，每几年对《基本医疗保险药品目录》进行调整。2021 年，国家医保局会同人力资源社会保障部等部门对国家《基本医疗保险药品目录》进行了再次调整，并于 11 月 24 日颁布了新的《国家基本医疗保险、工伤保险和生育保险药品目录》。调整后的 2021 年《基本医疗保险药品目录》共收载西药和中成药共 2860 种，其中西药 1486 种，中成药 1374 种，基金可以支付的中药饮片 892 种。并于 2022 年 1 月 1 日起正式实施新版目录。

为提高医保基金的使用效益，《基本医疗保险药品目录》对部分药品的医保支付范围进行了限定。其中，西药部分和中成药部分分为甲、乙两类。医保甲类药品是指全国基本统一的，能够保证临床治疗基本需要的，使用广泛、疗效好，同类药品中价格较低的药物，这类药物的费用纳入基本医疗保险基金给付范围，并按基本医疗保险的给付标准支付费用。医保乙类药品是指可供临床选择使用，疗效好，同类药品中比甲类药品价格略高，基本医疗保险基金有能力部分支付费用的药物，此类药物先由职工自付一定比例的费用后再纳入基本医疗保险基金给付范围，并按基本医疗保险给付标准支付费用。

甲类目录由国家统一制定，各地不得调整。乙类目录由国家制定，各省、自治区、直辖市可根据当地经济水平、医疗需求和用药习惯，适当进行调整，增加和减少的品种数之和不超过国家制定的"乙类目录"药品总数的 15%。

四、特殊管理的药品

在药品管理中，需要特殊管理的药品称特殊药品，包括麻醉药品、精神药品、医疗用毒性药品、放射性药品。

1. 麻醉药品

麻醉药品是指连续使用后易产生生理依赖性、能成瘾癖的药品，如阿片、吗啡等，

医疗上使用的麻醉性镇痛药都是麻醉药品。如果不是为了医疗、科研、教学上的正当需要，而是为了嗜好供吸毒用，就是毒品。值得注意的是，麻醉药品与外科手术中所用的"能使感觉消失，特别是痛觉消失，以利于手术的药物"的麻醉药概念不同，勿混为一谈。

根据国家食品药品监督管理总局、中华人民共和国公安部、中华人民共和国国家卫生和计划生育委员会2013年11月发布的《麻醉药品品种目录》，《麻醉药品品种目录（2013版）》共121个品种，其中我国生产及使用的品种及包括的制剂、提取物、提取物粉共有27个品种。

(1) 醋托啡　　　　　　　　(2) 乙酰阿法甲基芬太尼　　　(3) 醋美沙多
(4) 阿芬太尼　　　　　　　(5) 烯丙罗定　　　　　　　　(6) 阿醋美沙多
(7) 阿法美罗定　　　　　　(8) 阿法美沙多　　　　　　　(9) 阿法甲基芬太尼
(10) 阿法甲基硫代芬太尼　　(11) 阿法罗定　　　　　　　 (12) 阿尼利定
(13) 苄替啶　　　　　　　　(14) 苄吗啡　　　　　　　　(15) 倍醋美沙多
(16) 倍他羟基芬太尼　　　　(17) 倍他羟基-3-甲基芬太尼　 (18) 倍他美罗定
(19) 倍他美沙多　　　　　　(20) 倍他罗定　　　　　　　(21) 贝齐米特
(22) 大麻和大麻树脂与大麻浸膏和酊　　　　　　　　　　(23) 氯尼他秦
(24) 古柯叶　　　　　　　　(25) 可卡因*　　　　　　　　(26) 可多克辛
(27) 罂粟浓缩物*　　　　　 (28) 地索吗啡　　　　　　　(29) 右吗拉胺
(30) 地恩丙胺　　　　　　　(31) 二乙噻丁　　　　　　　(32) 地芬诺辛
(33) 二氢埃托啡*　　　　　 (34) 双氢吗啡　　　　　　　(35) 地美沙多
(36) 地美庚醇　　　　　　　(37) 二甲噻丁　　　　　　　(38) 吗苯丁酯
(39) 地芬诺酯*　　　　　　 (40) 地匹哌酮　　　　　　　(41) 羟蒂巴酚
(42) 芽子碱　　　　　　　　(43) 乙甲噻丁　　　　　　　(44) 依托尼秦
(45) 埃托啡　　　　　　　　(46) 依托利定　　　　　　　(47) 芬太尼*
(48) 呋替啶　　　　　　　　(49) 海洛因　　　　　　　　(50) 氢可酮*
(51) 氢吗啡醇　　　　　　　(52) 氢吗啡酮　　　　　　　(53) 羟哌替啶
(54) 异美沙酮　　　　　　　(55) 凯托米酮　　　　　　　(56) 左美沙芬
(57) 左吗拉胺　　　　　　　(58) 左芬啡烷　　　　　　　(59) 左啡诺
(60) 美他佐辛　　　　　　　(61) 美沙酮*　　　　　　　 (62) 美沙酮中间体
(63) 甲地索啡　　　　　　　(64) 甲二氢吗啡　　　　　　(65) 3-甲基芬太尼
(66) 3-甲基硫代芬太尼　　　(67) 美托酮　　　　　　　　(68) 吗拉胺中间体
(69) 吗哌利定　　　　　　　(70) 吗啡*　　　　　　　　 (71) 吗啡甲溴化物
(72) 吗啡-N-氧化物　　　　 (73) 1-甲基-4-苯基-4-哌啶丙酸酯　(74) 麦罗啡
(75) 尼可吗啡　　　　　　　(76) 诺美沙多　　　　　　　(77) 去甲左啡诺
(78) 去甲美沙酮　　　　　　(79) 去甲吗啡　　　　　　　(80) 诺匹哌酮
(81) 阿片*　　　　　　　　 (82) 奥列巴文　　　　　　　(83) 羟考酮*
(84) 羟吗啡酮　　　　　　　(85) 对氟芬太尼　　　　　　(86) 哌替啶*
(87) 哌替啶中间体A　　　　 (88) 哌替啶中间体B　　　　 (89) 哌替啶中间体C
(90) 苯吗庚酮　　　　　　　(91) 非那丙胺　　　　　　　(92) 非那佐辛
(93) 1-苯乙基-4-苯基-4-哌啶乙酸酯　　　　　　　　　　(94) 非诺啡烷
(95) 苯哌利定　　　　　　　(96) 匹米诺定　　　　　　　(97) 哌腈米特
(98) 普罗庚嗪　　　　　　　(99) 丙哌利定　　　　　　　(100) 消旋甲啡烷
(101) 消旋吗拉胺　　　　　 (102) 消旋啡烷　　　　　　 (103) 瑞芬太尼*
(104) 舒芬太尼*　　　　　　(105) 醋氢可酮　　　　　　 (106) 蒂巴因*
(107) 硫代芬太尼　　　　　 (108) 替利定　　　　　　　 (109) 三甲利定
(110) 醋氢可待因　　　　　 (111) 可待因*　　　　　　　(112) 右丙氧芬

(113) 双氢可待因*　　　　(114) 乙基吗啡*　　　　(115) 尼可待因
(116) 烟氢可待因　　　　(117) 去甲可待因　　　　(118) 福尔可定*
(119) 丙吡兰　　　　　　(120) 布桂嗪*　　　　　 (121) 罂粟壳*

注：①上述品种包括其可能存在的盐和单方制剂。②上述品种包括其可能存在的化学异构体及酯、醚。③品种目录有*的麻醉药品为我国生产及使用的品种。

2. 精神药品

精神药品是指作用于中枢神经系统，使之兴奋或抑制，连续使用可产生精神依赖性的药品。精神药品与治疗精神障碍药或神经系统用药是两个不同的概念，不可混淆。根据对人体产生依赖性和危害人体健康的程度，精神药品分为第一类和第二类，共计149种。

第一类：(1) 布苯丙胺　　　　　　(2) 卡西酮　　　　　　　　　　　(3) 二乙基色胺
(4) 二甲氧基安非他明　　　　　(5) (1,2-二甲庚基)羟基四氢甲基二苯吡喃
(6) 二甲基色胺　　　　　　　　(7) 二甲氧基乙基安非他明　　　　 (8) 乙环利定
(9) 乙色胺　　　　　　　　　　(10) 羟芬胺　　　　　　　　　　　(11) 麦角二乙胺
(12) 乙芬胺　　　　　　　　　 (13) 二亚甲基双氧安非他明　　　　(14) 麦司卡林
(15) 甲卡西酮　　　　　　　　 (16) 甲米雷司　　　　　　　　　　(17) 甲羟芬胺
(18) 4-甲基硫基安非他明　　　　(19) 六氢大麻酚　　　　　　　　　(20) 副甲氧基安非他明
(21) 赛洛新　　　　　　　　　 (22) 赛洛西宾　　　　　　　　　　(23) 咯环利定
(24) 二甲氧基甲苯异丙胺　　　 (25) 替苯丙胺　　　　　　　　　　(26) 替诺环定
(27) 四氢大麻酚　　　　　　　 (28) 三甲氧基安非他明　　　　　　(29) 苯丙胺
(30) 氨奈普汀　　　　　　　　 (31) 2,5-二甲氧基-4-溴苯乙胺　　　(32) 右苯丙胺
(33) 屈大麻酚　　　　　　　　 (34) 芬乙茶碱　　　　　　　　　　(35) 左苯丙胺
(36) 左苯甲丙胺　　　　　　　 (37) 甲氯喹酮　　　　　　　　　　(38) 去氧麻黄碱
(39) 去氧麻黄碱外消旋体　　　 (40) 甲喹酮　　　　　　　　　　　(41) 哌醋甲酯*
(42) 苯环利定　　　　　　　　 (43) 芬美曲秦　　　　　　　　　　(44) 司可巴比妥*
(45) 齐培丙醇　　　　　　　　 (46) 安非拉酮　　　　　　　　　　(47) 苄基哌嗪
(48) 丁丙诺啡*　　　　　　　　(49) 1-丁基-3-(1-萘甲酰基) 吲哚　 (50) 恰特草
(51) 2,5-二甲氧基-4-碘苯乙胺　 (52) 2,5-二甲氧基苯乙胺　　　　　(53) 二甲基安非他明
(54) 依他喹酮　　　　　　　　 (55) [1-(5-氟戊基)-1H-吲哚-3-基] (2-碘苯基) 甲酮
(56) 1-(5-氟戊基)-3-(1-萘甲酰基)-1H-吲哚　(57) γ-羟丁酸*　　　(58) 氯胺酮*
(59) 马吲哚*　　　　　　　　　(60) 2-(2-甲氧基苯基)-1-(1-戊基-1H-吲哚-3-基) 乙酮
(61) 亚甲基二氧吡咯戊酮　　　 (62) 4-甲基乙卡西酮　　　　　　　(63) 4-甲基甲卡西酮
(64) 3,4-亚甲二氧基甲卡西酮　 (65) 莫达非尼
(66) 1-戊基-3-(1-萘甲酰基)吲哚 (67) 他喷他多　　　　　　　　　　(68) 三唑仑*。

第二类：(1) 异戊巴比妥*　　　　(2) 布他比妥　　　　　　　　　　(3) 去甲伪麻黄碱
(4) 环己巴比妥　　　　　　　　(5) 氟硝西泮　　　　　　　　　　(6) 格鲁米特*
(7) 喷他佐辛*　　　　　　　　 (8) 戊巴比妥*　　　　　　　　　　(9) 阿普唑仑*
(10) 阿米雷司　　　　　　　　 (11) 巴比妥*　　　　　　　　　　 (12) 苄非他明
(13) 溴西泮　　　　　　　　　 (14) 溴替唑仑　　　　　　　　　　(15) 丁巴比妥
(16) 卡马西泮　　　　　　　　 (17) 氯氮䓬　　　　　　　　　　　(18) 氯巴占
(19) 氯硝西泮*　　　　　　　　(20) 氯拉䓬酸　　　　　　　　　　(21) 氯噻西泮
(22) 氯噁唑仑　　　　　　　　 (23) 地洛西泮　　　　　　　　　　(24) 地西泮*
(25) 艾司唑仑*　　　　　　　　(26) 乙氯维诺　　　　　　　　　　(27) 炔己蚁胺
(28) 氯氟䓬乙酯　　　　　　　 (29) 乙非他明　　　　　　　　　　(30) 芬坎法明
(31) 芬普雷司　　　　　　　　 (32) 氟地西泮　　　　　　　　　　(33) 氟西泮
(34) 哈拉西泮　　　　　　　　 (35) 卤沙唑仑　　　　　　　　　　(36) 凯他唑仑
(37) 利非他明　　　　　　　　 (38) 氯普唑仑　　　　　　　　　　(39) 劳拉西泮*

(40) 氯甲西泮	(41) 美达西泮	(42) 美芬雷司
(43) 甲丙氨酯*	(44) 美索卡	(45) 甲苯巴比妥
(46) 甲乙哌酮	(47) 咪达唑仑*	(48) 尼美西泮
(49) 硝西泮*	(50) 去甲西泮	(51) 奥沙西泮*
(52) 奥沙唑仑	(53) 匹莫林*	(54) 苯甲曲秦
(55) 苯巴比妥*	(56) 芬特明	(57) 匹那西泮
(58) 哌苯甲醇	(59) 普拉西泮	(60) 吡咯戊酮
(61) 仲丁比妥	(62) 替马西泮	(63) 四氢西泮
(64) 乙烯比妥	(65) 唑吡坦*	(66) 阿洛巴比妥
(67) 丁丙诺啡透皮贴剂*	(68) 布托啡诺及其注射剂*	(69) 咖啡因*
(70) 安钠咖*	(71) 右旋芬氟拉明	(72) 地佐辛及其注射剂*
(73) 麦角胺咖啡因片*	(74) 芬氟拉明	(75) 呋芬雷司
(76) 纳布啡及其注射剂	(77) 氨酚氢可酮片*	(78) 丙己君
(79) 曲马多*	(80) 扎来普隆*	(81) 佐匹克隆。

注：①上述品种包括其可能存在的盐和单方制剂（除非另有规定）。②上述品种包括其可能存在的化学异构体及酯、醚（除非另有规定）。③品种目录有 * 的精神药品为我国生产及使用的品种。

3. 医疗用毒性药品

系指毒性剧烈，治疗剂量与中毒剂量相近，使用不当可使人中毒或死亡的药品。值得注意的是，它与人们常说的为满足嗜好吸毒用的"毒品"没有必然联系。毒性药品品种有如下几种。

(1) **毒性中药** 砒石（红砒、白砒）、砒霜、水银、生马钱子、生川乌、生草乌、生白附子、生附子、生半夏、生南星、生巴豆、斑蝥、青娘虫、红娘子、生甘遂、生狼毒、生藤黄、生千金子、生天仙子、闹羊花、雪上一枝蒿、白降丹、蟾酥、洋金花、红粉、轻粉、雄黄。

(2) **西药毒药** 去乙酰毛花苷 C、阿托品、洋地黄毒苷、氢溴酸后马托品、三氧化二砷、毛果芸香碱、升汞、水杨酸毒扁豆碱、亚砷酸钾、氢溴酸东莨菪碱、士的宁、亚砷酸注射液、A 型肉毒毒素及其制剂。

4. 放射性药品

系指用于临床诊断或者治疗的放射性核素制剂或者其标记化合物。按放射性核素的不同分为 13 类。它们是 ^{32}磷、^{51}铬、^{67}镓、^{123}碘、^{125}碘、^{131}碘、^{131}铯、^{133}氙、^{169}镱、^{198}金、^{203}汞、^{99m}锝、^{133m}铟。

第四节　其他分类

一、西药与中药

从医学理论体系的角度及国人传统习惯，药物商品可分为西药和中药两大类。

(1) **西药** 长期以来，人们习惯于把由国外研制生产的药品称为西药。如今，西药常指以西医理论体系为基础的药品，主要指化学药品和生物药品（含生物制品和生化药品）。本教材所介绍的药物商品均为这一类。

(2) **中药** 人们习惯于把我国传统使用的药物称为中药，又称之为国药。它是我国的国粹，有数千年的研究和使用历史。中药最本质的特点是在中医理论指导下应用。通常我们把从自然界中采集、未经加工炮制的原药称为中药材；中药材经过加工炮制而成的片、段、丝、块等称为中药饮片；中药经过加工制成一定的剂型后便称之为中成药。因此，中药在经营形式上就形成了中药材、中药饮片和中成药三大类。

> **知识拓展**
>
> 随着医药科学技术的发展,中药现代化的探索以及中西结合药物的不断涌现,尤其是用现代医学观点表述其特性的中成药的不断出现,传统的中药、西药分类方法越来越不能反映其实际情况,因此中药、西药分类的界线越来越趋于模糊,其概念将逐渐为传统药与现代药所取代。

二、传统药与现代药

《药品管理法》规定"国家发展现代药和传统药"。

(1) 传统药　传统药又称民族药,是指按照传统医学理论指导用于预防和治疗疾病的物质,包括中药、藏药、蒙药、维药等。其主要来源为天然药物及其加工品,包括植物药、动物药、矿物药及部分化学、生物发酵制品等。

我国传统药的应用历史源远流长,沿袭至今,长盛不衰,对中华民族的繁衍昌盛起到了重大作用,至今仍在我国人民的医疗保健中占有重要地位。传统药具有疗效确切、成分多样、毒性较低等特点。不仅在治疗常见病和康复保健方面发挥着巨大作用,而且在心脑血管疾病以及肿瘤、艾滋病等重大疑难病症的防治方面显示了巨大潜力,且以毒副作用低受到世界医药界的瞩目。

(2) 现代药　一般是指19世纪以来发展起来的化学药品、抗生素、生化药品、放射性药品、血清疫苗、血液制品等。现代药是用现代医学的理论和方法筛选确定其药效、指导防治疾病的。一般通过合成、分离提取、化学修饰、生物技术等手段制取,结构基本清楚,有控制质量的标准和方法。1935年磺胺药的问世,1941年青霉素应用于临床,以此二者为代表的现代药,在治疗和预防疾病方面产生了划时代的作用,开创了现代药的新纪元。20世纪后半期,随着科学技术的高速发展,新的化学合成药物、抗生素、生化药物以及通过生物工程和基因工程在内的高科技生物技术手段制成的新药不断问世,在现代药的发展史上又写下了新篇章。

三、化学原料药与药物制剂

(1) 化学原料药　化学原料药是指生产药品和调配处方中的有效成分和活性物质。原料药属于药品的范畴,不是一般"原料"的概念或以往认为的"生产资料"。按《药品管理法》规定:化学原料药及其制剂都是药品。因此,原料药的生产和使用也必须按照药品审批程序进行申报,通过审批程序获得批准文号后方可生产、经营和使用。

(2) 药物制剂　系指为适应治疗或预防的需要而将原料药制成的不同给药形式,如片剂、注射剂等。本教材【药物商品】栏目下介绍的商品均为临床常用的药物制剂。

四、按医药商业保管的习惯分类

在医药商业运作中,常会在药物制剂分类法的基础上,按照医药商品的仓储保管及店堂商品陈列习惯,将不同种类的各种剂型按外观大致分为针、片、水、粉四大类,在每一大类中则再按药效归类进行商品存放和陈列。此种分类方法虽然不太严谨,但易从商品外观上加以区别,且在药物商品的包装、贮藏、保管和运输等方面各大类有共同特点而为药品流通提供了很多方便,因而在医药商业中被广泛采用。

(1) 针剂类　包括液体注射剂、固体注射剂、输液剂等。

(2) 片剂类　包括片剂、丸剂和滴丸剂、胶囊剂等。

（3）水剂类 包括液体制剂、半固体制剂（软膏剂、眼膏剂、霜剂等）、栓剂、气雾剂、药膜等。

（4）粉剂类 包括原料药、颗粒剂、散剂、干糖浆等。

五、按药物商品的临床用途分类

按临床用途分类是依据药物的作用和临床应用而实行的一种分类方法，国家基本药物、非处方药物及医院药房均采用此法分类，药品使用单位多按此法进行分类。这种分类方法有利于指导医生和患者用药，使治疗不同疾病的药品名目清晰，也更便于学生学习掌握。本教材即按这种分类方法，系统地向学生介绍各类药物商品。

【本章小结】

1. 按来源药品分为：动物性药品、植物性药品、矿物性药品、人工合成药品、生物药品等。

2. 按剂型药品分为：注射剂、口服制剂、外用制剂等；各种剂型具有自己的使用和工艺特点。

3. 按我国现行管理药品分为：处方药与非处方药；国家基本药物和非国家基本药物；《国家基本医疗保险、工伤保险和生育保险药品目录》药品以及需特殊管理的药品包括麻醉药品、精神药品、医疗用毒性药品、放射性药品和戒毒药品。

4. 按医药商业保习惯药品分为：片剂类、针剂类、水剂类和粉剂类四大类。

5. 药品使用单位多按药品的药理作用及临床用途进行分类。

【思考题】

1. 注射剂、片剂各有何优点？某些药物为何要包肠溶衣？
2. 需特殊管理药品的要求有哪些？
3. 非处方药需符合哪些条件？

【信息搜索】

当今世界药品市场有哪些最新剂型？

第三章 药理学基础知识

学习目标

知识目标：
- 掌握药物的基本作用、作用类型及药物作用的两重性。
- 了解药物的作用机制。
- 熟悉药物的体内过程、明确影响药物体内过程的因素和血浆半衰期的含义与意义。
- 掌握药物作用的影响因素。

药理学是研究药物与机体相互作用及作用规律的一门学科。包括药物效应动力学（简称药效学）和药物代谢动力学（简称药动学）。前者研究药物对机体的作用，包括药物的作用、作用机制、不良反应等；后者研究机体对药物的影响，包括药物在体内的吸收、分布、代谢、排泄等动态过程，以及血药浓度随时间而变化的规律。二者在体内是同时进行并相互联系的。

药理学是药学与医学之间的桥梁学科，通过药效学和药动学的研究，为指导临床合理用药提供理论基础；为开发研制高效、安全的新药提供线索；为探索生命的本质提供重要的科学资料。

数字资源 3-1　药品不良反应
数字资源 3-2　药物的体内奇妙之旅
数字资源 3-3　首关消除动画
数字资源 3-4　影响药物作用的因素

第一节　药物对机体的作用——药效学

一、药物的作用

药物作用是指药物与机体细胞间的初始作用。药物效应是指继发于药物作用之后所引起机体器官原有功能的变化。药物作用是起因，药物效应是结果。二者常相互通用，药物作用是药理学研究的中心，也是药物防治疾病的依据。

（一）药物的基本作用

1. 兴奋作用

凡能使机体原有生理、生化功能增强的作用称为兴奋作用。如腺体分泌增多、血压升高、呼吸频率加快等。

2. 抑制作用

凡能使机体原有生理、生化功能减弱的作用称为抑制作用。如肌肉松弛、呼吸减慢、中枢神经兴奋性降低、胃酸分泌减少等。

（二）药物作用的方式

1. 局部作用与吸收作用

药物未被吸收入血，在用药部位产生的作用称为局部作用。如抗酸药碳酸氢钠中和胃酸作用。药物从给药部位吸收后，随着血液循环分布到机体各组织器官而产生的作用称为吸收作用或全身作用。如口服阿司匹林的退热作用。

2. 药物作用的选择性

机体不同组织器官对药物的敏感性是不一样的，大多数药物在治疗剂量时只对某组织或器官有明显作用，而对其他组织或器官无作用或无明显作用，这种特性称为药物作用的选择性。例如抗慢性心功能不全药洋地黄，对心肌有很强的选择性，小剂量就有正性肌力作用。药物作用的选择性是药物分类的依据和临床选择用药的基础。

但药物的选择作用是相对的而非绝对的。就是说一种药物往往同时对几个组织或器官的功能产生影响，只是强度有量的差别而已，目前临床应用的药物几乎没有一个具有唯一的选择性。一般而言选择性高的药物不良反应少、疗效较好但应用范围窄，选择性低的药物作用广泛、应用范围广但不良反应较多。

（三）防治作用和不良反应

药物在发挥防治作用的同时，也会出现不良反应，这就是药物作用的两重性。

1. 防治作用

防治作用包括预防作用和治疗作用。预防作用是指提前用药以防止疾病或症状发生的作用，如接种卡介苗预防结核病，使用维生素D预防佝偻病等。治疗作用是指药物针对疾病的需要所呈现的作用。治疗作用又分为对因治疗和对症治疗。对症治疗不能消除病因、达到根治，但在病因未明或对因治疗尚未显效而需要立即控制症状以缓解病情时，如患者处于休克、高热或惊厥状态，对症治疗就显得更为重要。

2. 不良反应（数字资源3-1）

不良反应是指合格药品（假冒伪劣药品不在此范畴）在正常用法用量下出现的与用药目的无关的或意外的有害反应（英文缩写ADR）。包括副作用、毒性反应、变态反应、后遗效应、继发反应、依赖性和"三致"作用等。

（1）副作用　是指在使用治疗剂量的药物时，伴随出现的与用药目的无关的作用。是药物本身所具有的药理特性，随着治疗目的改变与治疗作用可相互转化。如麻黄碱具有兴奋中枢神经系统和收缩血管升高血压的作用，如用于治疗低血压，那么兴奋中枢神经系统引起的失眠就是副作用；反之，如果用于治疗精神抑郁性疾病，那么引起血压升高就是副作用。

（2）毒性反应　是指药物引起机体比较严重的功能紊乱，甚至造成器官组织病理变化的不良反应。除了个别体质特别敏感外，大多数是由于用药剂量过大或用药时间过长引起的。

（3）变态反应　也叫过敏反应，是指使用某种药物后产生的对机体有损害的异常免疫反应，主要表现为瘙痒、皮疹、荨麻疹及过敏性休克等。过敏反应的发生与药物本身的药理性质无关，与药物剂量也没有直接关系，一般仅见于少数过敏体质的患者。发病率不高，但有时后果严重，甚至可以致命。

（4）后遗效应　指停药后血药浓度已降到最小有效浓度以下，仍表现出一定的效应。如使用异戊巴比妥催眠时，次日早晨可出现嗜睡的现象。

（5）继发反应　是指由于应用药物治疗疾病而造成的不良后果。如长期应用广谱抗生素时，体内敏感细菌被抑制，不敏感细菌乘机大量繁殖，又引起新的感染，称为"二重感染"。

（6）依赖性　包括精神依赖性和躯体依赖性。当长期用药后，患者心理上对药物产生一种周期的或连续的用药欲望，以便获得满足或避免不适感。停药后患者只表现为主观上的不适，没有客观上的体征表现，称为精神依赖性（以往曾称为"习惯性"）。如一旦停药后患者产生精神和躯体生理功能紊乱的戒断症状，称为躯体依赖性（以前称为"成瘾性"）。

此外，有的药物尚可有"三致"反应，即致癌（导致恶性肿瘤）、致畸（导致胎儿畸形）或致突变（导致基因突变）反应，极少数人用药后出现特异质反应等。

> **相关链接**
>
> **反应停事件**
>
> 　　反应停（沙利度胺）最早于1956年在西德上市，主要治疗妊娠呕吐反应，其临床疗效明显，因此迅速流行于欧洲、亚洲（以日本为主）、北美、拉丁美洲的17个国家，美国由于种种原因并未批准该药在美国上市，只有少数患者从国外自己购买了少量药品。到1960年左右，上述国家突然出现许多新生儿的上肢、下肢特别短小，甚至没有臂部和腿部，手脚直接连在身体上，其形状酷似"海豹"，部分新生儿还伴有心脏和消化道畸形、多发性神经炎等。大量的流行病学调查和大量的动物实验证明这种"海豹肢畸形"是由于患儿的母亲在妊娠期间服用沙利度胺所引起。"海豹肢畸形"患儿在日本大约有1000名，在西德大约有8000名，全世界超过1万人。这就是"反应停事件"。

二、药物的作用机制

　　药物作用机制是说明药物为什么能起作用和如何产生作用的。学习药物作用机制，有助于了解药物作用和不良反应的本质，从而为合理用药提供理论基础。药物的种类繁多、作用性质各异，其作用机制也多不相同，归纳起来主要有如下几种。

1. 改变理化性质

　　有些药物通过改变细胞周围环境的理化性质而发挥作用。如口服碳酸氢钠能中和胃酸，可用于治疗胃酸过多症；静注高渗葡萄糖注射液可提高血浆渗透压，能引起组织脱水而用于消除脑水肿。

2. 对酶的影响

　　有些药物通过抑制或增强体内某些酶的活性而发挥作用。如阿司匹林可抑制环氧酶，使前列腺素合成减少，从而呈现解热镇痛作用；肝素激活抗凝血酶Ⅲ，加速凝血因子的灭活而发挥抗凝血作用。

3. 参与或干扰机体的代谢过程

　　有些药物如维生素、无机盐或激素等，其本身就是机体生化过程所需要的物质，应用后可直接参与机体的代谢过程而防治相应的缺乏症；有些药物由于其化学结构与机体的正常代谢物相似，可掺入代谢过程中，干扰机体的某些生化过程产生药理作用，如巯嘌呤可干扰嘌呤代谢而呈现抗癌作用。

4. 作用于离子通道

　　有些药物可直接作用于细胞膜上的 K^+、Na^+、Ca^{2+}、Cl^- 离子通道影响离子跨膜转运而发挥作用，如硝苯地平为钙通道阻滞药，可抑制 Ca^{2+} 进入细胞内，从而影响心肌、血管平滑肌细胞的功能呈现药理作用。

5. 影响细胞膜的功能

　　有些药物能影响细胞膜的物质转运功能而发挥作用，如利尿药通过抑制肾小管上皮细胞对 Na^+、Cl^- 的重吸收而呈现利尿作用。

6. 影响免疫功能

　　有些药物通过增强或抑制机体的免疫功能而发挥作用。如转移因子能增强机体的细胞免疫功能，可用于细胞免疫缺陷的辅助治疗；糖皮质激素类药物能抑制机体的免疫功能，可用于防止器官移植时的排斥反应及自身免疫性疾病。

7. 与受体结合

　　随着分子药理学的发展，对受体的认识逐步深入，目前已有许多药物可利用受体学说来阐明其作用机制。

(1) 受体概念　受体是存在于细胞膜、细胞质或细胞核中的大分子物质，具有识别并特异性地与神经递质、激素、活性肽、抗原、抗体、代谢物等相结合，产生特定生物效应的能力。与受体特异性结合的生物活性物质称为配体，配体与受体结合的部位称为结合位点或受点。

(2) 受体的特性

① 灵敏性：只需与极低浓度的配体结合就能产生显著的效应。

② 特异性：一种特定受体只与其特定配体结合，产生特异的生物效应。

③ 饱和性：受体数目是一定的，配体与受体结合具有可饱和性，作用于同一受体的配体之间存在竞争现象。

④ 可逆性：配体与受体的结合多数是可逆的，配体与受体复合物可以解离，也可被其他特异配体置换。

⑤ 多样性：同一受体可分布到不同细胞而产生不同效应，受体数目受生理、病理及药理因素调节。

(3) 药物与受体的相互作用　药物与受体结合产生效应，必须具备两种特性：一是药物与受体相结合的能力，即亲和力；二是药物与受体结合后产生效应的能力，即内在活性。药物对受体既有亲和力、又有内在活性者称为受体的激动药（或兴奋药）。药物对受体只有亲和力而无内在活性者为拮抗药（或阻滞药）。受体拮抗药本身不能引起受体激动效应，但占据一定量受体则可阻断激动药的作用。

讨论各种药物的不良反应的区别。

第二节　机体对药物的作用——药动学

药动学是借助动力学原理及其数学计算方法研究体内药物浓度的变化过程，从而说明药物在吸收、分布、生物转化和排泄中的特点，为临床制订合理的用药方案提供依据（数字资源 3-2）。

一、药物的跨膜转运

药物在吸收、分布和排泄时，需通过各种生物膜的过程，称为药物跨膜转运。主要有被动转运和主动转运两种方式。

1. 被动转运

被动转运是指药物由高浓度侧向低浓度侧、不耗能的顺差转运，包括简单扩散、膜孔扩散、易化扩散。绝大多数药物以简单扩散方式转运。一般极性低、解离度小、脂溶性较高的药物易跨膜转运，反之则不易跨膜转运。

2. 主动转运

主动转运是指药物依靠载体由低浓度侧转向高浓度侧、耗能的逆差转运。其特点为有高度特异性、饱和现象和竞争性抑制现象。

二、药物的体内过程

药物的体内过程指药物进入体内至排出体外的过程。包括药物的吸收、分布、生物转化（代谢）和排泄过程。

（一）吸收

药物从给药部位进入血液循环的过程称为吸收。吸收快而完全的药物，血浆中药物浓度升高得快,故显效快、作用强;反之,吸收慢的药物,则显效慢、维持时间长。

1. 消化道的吸收(图 3-1,数字资源 3-3)

(1)口服给药 这是最常用的给药方法。由于胃的吸收面积小,排空迅速,所以吸收量很少。在胃液的酸性环境中,弱酸性药物脂溶性高可被吸收,弱碱性药物则难吸收。小肠是吸收的主要部位,弱酸性和弱碱性药物在此均易被吸收。

由胃肠吸收的药物,进入门静脉后都要经过肝才能进入体循环。因此,有些口服的药物在首次通过肝脏时即发生转化灭活,使进入体循环的药量减少、药效降低,此现象称为首关消除(也叫首过效应)。首关消除较多的药物生物利用度低,疗效差,不宜口服给药。

(2)舌下给药 脂溶性较高、用量较小的药物,可用舌下给药的方法。此法具有吸收迅速和避开首关消除的特点,也不受胃液和胃内容物的影响,但吸收面积小,药物用量受限。

(3)直肠给药 药物经肛门灌肠或使用栓剂进入直肠或结肠,可避开首关消除和胃肠液

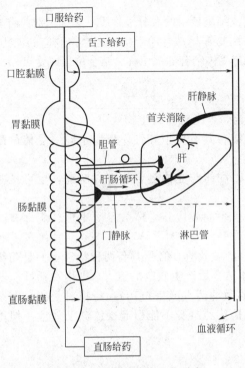

图 3-1 消化道给药的吸收示意

影响,但吸收面积不大,吸收量较少,使用不太方便。

2. 注射部位的吸收

临床常用的皮下或肌内注射由注射部位吸收。其吸收速度与局部血流量和药物制剂有关,一般肌内注射较皮下注射吸收快。休克时周围循环衰竭,皮下或肌内注射吸收速度减慢,需静脉给药方能即刻显效。静脉注射时无吸收过程。

3. 皮肤黏膜和呼吸道的吸收

完整皮肤的吸收能力很差,仅可使脂溶性高的药物如硝酸甘油、敌百虫通过。黏膜吸收能力虽比皮肤强,但除口腔黏膜外,其他部位的黏膜给药其吸收作用的治疗意义不大。气体或挥发性药物可直接进入肺泡,药物溶液需经喷雾器雾化后呼吸道给药由肺泡吸收,肺泡血流丰富且表面积较大,吸收极其迅速。

不同给药途径药物吸收快慢的顺序依次为:静脉注射>吸入>舌下给药>肌内注射>皮下注射>口服>直肠>皮肤给药。

影响药物吸收的因素较多,除用药部位、局部组织特点及血流情况外,尚与下列因素有关。

(1)药物的理化性质 药物的分子大小、脂溶性高低、溶解度和解离度等均可影响吸收。一般认为,分子小、脂溶性高的药物易被吸收,易溶解者易吸收,水和脂肪均不溶的药物则难吸收。但也有例外,如硫酸镁易溶于水,其水溶液口服则难吸收,常用作泻药。

(2)药物的剂型 口服给药时,溶液剂较固体制剂吸收快。皮下或肌内注射时,水溶液吸收迅速,混悬剂或油制剂由于在注射部位的滞留而吸收较慢,故显效慢、作用时间久。

药物制剂被机体吸收的速度和程度称为生物利用度,亦即一种药物其不同类型的制剂进入体循环的相对数量和速度。虽然药物制剂中的主药含量相等,但由于制剂类型不同,应用后药物进入体循环的量和速度不能保证完全相等,故疗效有所差别。如地高辛片剂和溶液剂

其主药含量相等时,片剂的吸收率仅为溶液剂的75%;又如不同药厂生产的地高辛片剂或同一药厂不同批号的地高辛片剂,虽然每片含量相同,其实际吸收量也有差异。因此,可用"生物利用度"这一概念间接判断药物制剂的临床疗效。

药物制剂生物利用度的测定,一般是用非血管途径给药(如口服)的药时曲线下面积AUC与该药等量静脉注射AUC的比值,以吸收百分率表示。根据试验制剂和参比制剂给药途径的异同,可分为绝对生物利用度和相对生物利用度,其计算公式如下:

$$绝对生物利用度(\%) = (口服制剂 AUC / 静注制剂 AUC) \times 100\%$$
$$相对生物利用度(\%) = (被试制剂 AUC / 参比制剂 AUC) \times 100\%$$

(3) 吸收环境　口服给药时,胃的排空功能、肠蠕动的快慢、pH值、肠内容物等均可影响药物的吸收。

① 加强胃肠蠕动的药物如多潘立酮可使胃中的其他药物迅速入肠,使其在肠道的吸收提前。反之,抗胆碱药会抑制胃肠蠕动,延迟肠中药物的吸收。

② 某些药物在消化道内有固定的吸收部位:如维生素 B_2 和地高辛只能在十二指肠和小肠的某一部位吸收,甲氧氯普胺等能增强胃肠蠕动,使肠内容物排泄加速、吸收减少而疗效降低。相反,抗胆碱药能减弱胃肠蠕动,使消化道内其他药物吸收增加而疗效增强。

③ 消化液分泌:消化液是某些药物吸收的重要条件。如硝酸甘油片(舌下含服)需要充分的唾液帮助其崩解和吸收。若使用抗胆碱药,由于唾液分泌减少而使之降效。

(二) 分布

药物被吸收之后,经血液循环到达各组织器官的过程称为分布。药物在体内的分布是不均匀的,血流丰富的组织,药物分布得快且量多。一般来说,药物的分布与药物作用关系密切,分布浓度高者,药物在此部位的作用也较强。但有的药物并非如此,如吗啡作用于中枢神经系统,却大量分布于肝。影响分布的因素有如下几种。

1. 药物的理化性质和体液 pH

脂溶性药物或水溶性小分子药物均易透过毛细血管壁进入组织;水溶性大分子药物或离子型药物则难以透出血管壁进入组织。如右旋糖酐由于其分子体积较大,不易透出血管壁,故静脉注射后,一方面可补充血容量,另一方面通过其胶体渗透压作用,吸收血管外的水分而扩充血容量。

体液 pH 也能影响药物的分布,生理情况下细胞内液 pH 约为 7.0,细胞外液约为 7.4。细胞外液的弱酸性药物在碱性环境下解离型多,不易进入细胞内,因此在细胞内的浓度略低于细胞外液;弱碱性药物则相反。升高血液 pH 可使弱碱性药物向细胞内转移,弱酸性药物向细胞外转移,如苯巴比妥中毒时,应用碳酸氢钠碱化血液和尿液,有利于药物自脑组织向血浆中转移及促进药物自尿排出。

2. 药物与血浆蛋白的结合

进入血液的药物可与血浆蛋白结合形成结合型药物,不易跨膜转运,从而影响药物的分布。药物与血浆蛋白的结合是可逆的,结合后暂时失去药理活性;未结合的药物为游离型,具有药理活性。结合型药物与游离型药物以一定比例处于动态平衡。

不同药物的血浆蛋白结合率不同,结合率高的药物,生效慢,作用时间较长。由于某些原因(如白蛋白低下,药物不能充分与之结合或由于药物相互作用)使结合率降低,则体内未结合型药物的比率相应增多,而药物的组织分布也随之增多,药物效应增强。

不同的药物分子与血浆蛋白的结合能力有差别,同时使用两种药物可竞争与同一蛋白结合而发生置换现象。致使结合力较弱的药物中未结合型的在体内浓度升高而显示较强的效应。如水合氯醛、氯贝丁酯、依他尼酸、萘啶酸、甲芬那酸、吲哚美辛、阿司匹林、保泰松、长效磺胺等均有较强的蛋白结合能力，它们与口服降糖药、口服抗凝药、抗肿瘤药（如MTX）等联合应用，可使后者的未结合型血药浓度升高，影响较大。

3. 药物与组织的亲和力

有些药物与某些组织细胞有特殊的亲和力，使药物在其中的浓度较高，从而表现出药物分布的选择性。如碘在甲状腺中的浓度比血浆中浓度高约25倍。

4. 血脑屏障与胎盘屏障

血脑屏障是血浆与脑细胞或脑脊液间的屏障。此屏障能阻止某些大分子、水溶性和脂溶性低的药物通过。当脑膜发生炎症时，血脑屏障的通透性增加，使某些药物进入脑脊液中的量增多。如青霉素在一般情况下即使大剂量注射亦难进入脑脊液，但在脑膜炎患者的脑脊液中可达有效浓度。

胎盘屏障是将母体与胎儿血液隔开的屏障。脂溶性高的药物易通过胎盘屏障，脂溶性低的药物则难通过。有些药物对胎儿有毒性或者导致畸形，故孕妇用药应慎重。

（三）生物转化

药物在体内发生的化学变化称为生物转化或代谢。多数药物经过生物转化后失去活性，并转化为极性高的水溶性代谢物而利于排出体外。也有些药物在体内几乎不被转化，以原型药物排出。药物在体内的转化方式有两种类型：Ⅰ相反应与Ⅱ相反应。有些药物只进行Ⅰ相反应，有些药物只进行Ⅱ相反应，有些药物进行两相反应。

Ⅰ相反应包括氧化、还原或水解反应。多数药物经过第一步的化学反应转化为无活性的代谢物，称为灭活；少数药物需经转化后才具有药理活性，称为活化。还有的药物转化后的代谢物仍具有药理活性（如阿司匹林转化为水杨酸），甚至活性增强或毒性更大（如乙醇转化为乙醛，毒性更大）。所以，药物经Ⅰ相反应过程往往会引起药理活性的改变。

Ⅱ相反应是结合反应。经Ⅰ相反应转化后的代谢物或某些原形药物，可与体内的葡萄糖醛酸、乙酰基、甲基、甘氨酸或硫酸等结合，使其药理活性降低或消失、水溶性和极性增加，易经肾排出。有些药物只有结合过程这一步。

肝是药物转化的主要器官。药物进行生物转化需要酶的参与，肝微粒体酶系是促进药物生物转化的主要酶系统，又称肝药酶或药酶。肝药酶活性、含量个体差异大，易受某些药物的影响。联合用药时应注意药物间的相互影响。

凡能使肝药酶的活性增强或合成加速的药物称为药酶诱导剂。酶诱导剂可加速药物自身和其他某些药物的转化，使其药效降低。有药酶诱导作用的药物有：巴比妥类（苯巴比妥为最）、卡马西平、乙醇（乙醇慢性中毒者）、灰黄霉素、氨甲丙酯、苯妥英、格鲁米特、利福平等。

凡能使药酶活性降低或合成减少的药物称为药酶抑制剂。酶抑制剂可减慢其他某些药物的生物转化，使药效增强。有药酶抑制作用的药物有：氯霉素、氯丙嗪、西咪替丁、环丙沙星、右丙氧芬、乙醇（急性中毒时）、红霉素、丙米嗪、异烟肼、酮康唑、美托洛尔、甲硝唑、咪康唑、去甲替林、口服避孕药、羟布宗、奋乃静、保泰松、伯氨喹、普萘洛尔、奎尼丁、丙戊酸钠、磺吡酮、磺胺药、甲氧苄啶、维拉帕米等。

另外，存在于血浆、细胞质和线粒体中的多种酶系，也可对水溶性较大、脂溶性较小的药物或其他物质进行生物转化。

> **知识拓展**
>
> 酶是一种蛋白质，它在体内起催化作用，生物体内的任何代谢都离不开酶的参与。而肝药酶是生物体内一种重要的代谢酶，大多数药物都是经肝药酶代谢的。所以对肝药酶有影响的药物，也会影响到药物的代谢。

（四）排泄

药物排泄是指药物以原型或代谢产物排出体外的过程。

1. 药物排泄的途径

多数药物主要经肾排泄，有的也经胆道、呼吸道、乳腺、汗腺等排泄。口服未被吸收的药物经肠道随粪便排出。

（1）肾排泄　肾是排泄药物最重要的器官。药物及其代谢产物经肾小球滤过，进入肾小管可有不同程度的重吸收。脂溶性药物重吸收得多，排泄速度慢；水溶性药物重吸收得少，排泄速度快。改变尿液 pH 值可影响药物的排泄，一般来说，酸性药物在碱性尿中排泄较快，碱性药物在酸性尿中排泄较快，这一规律可用于某些药物中毒的治疗。

两种或两种以上通过相同机制排泄的药物联合应用，可以在排泄部位上发生竞争。易于排泄的药物占据了转运载体，使那些相对较不易排泄的药物的排出量减少而潴留，使之效应加强。如丙磺舒可减少青霉素、头孢菌素类的排泄而使之增效，丙磺舒减少甲氨蝶呤（MTX）的排泄而加剧毒性反应，保泰松使氯磺丙脲潴留而作用加强等。

（2）胆汁排泄　某些药物及其代谢物可经胆汁排泄进入肠道并随大便排出体外。有的抗菌药在胆道内的浓度高，有利于肝胆系统感染的治疗；有的药物经胆汁排泄在肠中，其中一部分再次被吸收进入肝脏形成肝肠循环，可使药物作用时间延长。

（3）乳汁排泄　由于乳汁略呈酸性，又富含脂质，所以脂溶性高的药物和弱碱性药物如吗啡、阿托品等可自乳汁排出，故哺乳期妇女用药应加以注意，以免对婴幼儿引起不良反应。

2. 药物消除速度

不同药物的排泄速度不同。一般将药物经生物转化和排泄使药理活性消失的过程称消除。药物消除的快慢多用"半衰期（$t_{1/2}$）"表示。半衰期是指药物在血液中的浓度下降一半所需的时间。一般可根据该药物的半衰期的长短决定给药的间隔时间。对于肝肾功能不全的患者，药物消除减慢，半衰期相对延长，为防止药物蓄积中毒，应考虑减少用药剂量或延长给药间隔时间。

反复多次用药，体内药物不能及时消除，血药浓度逐渐升高可产生药物蓄积。在任何情况下，只要药物进入体内的速度大于消除的速度，都可发生蓄积作用。临床上可利用药物的蓄积性使血药浓度达到有效水平，然后再长期维持。但过度蓄积可引起中毒。

第三节　影响药物作用的因素

药物的作用性质和强弱受诸多因素的影响，了解和掌握这些影响因素的规律可以更好地发挥药物的作用。除了药物的体内过程对作用的影响外，还有以下几个方面（数字资源3-4）。

一、药物方面的因素

1. 药物的化学结构

药物的结构决定了药物的作用，而不是影响药物的作用。一般来说，结构不同的药物作用不同，结构相似的药物作用相似，但有的也可相反。

2. 药物剂型

药物的剂型可影响药物的吸收和消除，同一药物的不同剂型吸收速度一般不同。口服液体制剂比固体制剂吸收得快；肌内注射时吸收速度为水溶液＞混悬液＞油剂。

3. 给药途径

给药途径不同可直接影响药效的快慢和强弱，有时也可影响药物作用的性质。如硫酸镁口服发挥导泻作用，肌内注射则起抗惊厥、降压的全身作用。

4. 用药剂量

剂量即用药的分量，一般是指成人一次的平均用量。不同年龄的人所用药物的剂量不同，60岁以上的老人，一般可用成人剂量的3/4；小儿用药剂量一般可根据年龄或体重进行计算。现在市场上有标准剂量的儿童用药，更方便服用，也更科学。

剂量的大小决定着血药浓度的高低和药物作用的强弱。在一定范围内，剂量越大，药物在体内的浓度就越高，作用也越强。剂量过小，达不到有效治疗目的；剂量过大，可能引起中毒现象。药物剂量与效应关系见图3-2。

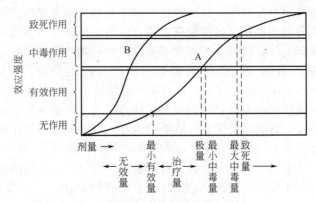

图3-2 药物剂量与效应关系示意图

（1）最小有效量 指开始产生有效作用的剂量。

（2）治疗量 指能产生治疗作用的剂量。为了疗效可靠、安全，一般情况下，临床上多用比最小有效量大些、比极量小些的剂量作为常用量。

（3）极量（最大有效量） 指药物产生最大疗效的剂量。是临床用药的极限，超过该量就有中毒的危险。超过极量而又无科学依据，导致医疗事故者应负法律责任。

（4）最小中毒量 指能够引起中毒的最小剂量。

（5）半数有效量（ED_{50}） 系指使50%实验动物产生有效作用的剂量。

（6）半数致死量（LD_{50}） 系指使50%实验动物死亡的剂量，可作为表示药品毒性大小的指标，即LD_{50}越大则该药的毒性越小。

为了表示药物安全性的大小，经常用"治疗指数"来表示。"治疗指数"是指LD_{50}与ED_{50}的比值。一般情况下，某药物治疗指数越大，即表示该药品的安全性越大。

5. 用药时间和次数

用药时间可影响药物的疗效。一般来说，饭前服药吸收较好，起效快。但对胃有刺激性的药物应于饭后服；催眠药应在临睡前服；胰岛素应在饭前注射；有明显生物节律变化的药物应按其节律用药。

用药次数一般根据药物的半衰期以及药物在体内的消除速率来决定。半衰期越短，给药次数相应增多；半衰期越长，给药次数相应减少。肝肾功能不全者可适当调整给药间隔时间，给药间隔时间短易致累积中毒；反之，给药间隔时间延长血药浓度波动加大。

6. 联合用药

同时使用两种或两种以上药物称联合用药或配伍用药。多种药物联合应用时，可产生协同作用或拮抗作用，使疗效加强或副作用减轻，但也可使药效减弱或出现毒副作用。因此，应根据临床需要，合理地联合使用药物。

协同作用指药物联合应用导致疗效加强的作用。如青霉素与链霉素合用、阿莫西林与克拉维酸合用，可使抗菌作用增强。

拮抗作用指药物联合应用导致疗效减弱的作用。拮抗作用可使疗效相互抵消而减弱，也可纠正不良反应的发生或用于药物中毒的解救。如用复方氢氧化铝中的三硅酸镁的导泻作用可抵消氢氧化铝的便秘作用，阿托品可以对抗有机磷农药中毒等。

联合用药可以出现有益的药物相互作用，也可以出现不利的药物相互作用。一般来说疾病治疗选用药物时，应掌握"少而精"的原则，能用一种药物治疗就尽量不选用两种。合并用药的数量越多，不良反应的发生率就越高。

> **知识拓展**
>
> 药物相互作用的研究发展很快，主要表现在以下几方面：研究内容更宽泛，除了药物之间的相互作用外，还包括药物与食物的相互作用，如含糖食物与可的松类配伍可使血糖更高，葡萄柚汁与特非那定同时服用可造成心律失常。药物与烟、酒、茶的相互作用，烟草中含有烟酸，烟酸可以诱导药物代谢，吸烟者服药后血药浓度低于治疗浓度因而无效。茶叶中含有茶碱、鞣质，鞣质与生物碱类药物和铁剂都可以发生化学反应，产生难溶性的化合物，影响吸收。

7. 长期用药

某些药物反复连续用药，使机体对药物的反应性发生变化。连续用药后出现的机体对药物反应性降低称耐受性。若病原体和肿瘤细胞在长期用药后对药物敏感性降低，称耐药性。有些药物长期反复使用导致机体对药物产生依赖，甚至引起生理功能紊乱，称药物依赖性，包括精神依赖性和躯体依赖性。

另有些药物长期用药后突然停药，还可使疾病复发或加重，称为反跳现象，又称停药症状。如长期应用肾上腺皮质激素突然停药会产生停药症状（见肌痛、关节痛、疲乏无力、情绪消沉等），可采取逐渐减量停药的方法避免发生反跳现象。

二、机体方面的因素

1. 年龄与体重

年龄是影响药物作用的一个重要因素，尤其是生理功能与成人有较大差异的小儿和老年人。儿童的各个器官和组织正处于生长发育阶段，其生理功能和调节机制还不完善，对药物的反应较敏感，因此，必须考虑他们的生理特点，严格按规定用药。老年人由于组织器官及其功能逐渐衰退，药物代谢和排泄速率相应减慢，对药物的耐受性较差，多数伴有不同程度的老年性疾病，如心脑血管病、糖尿病、痴呆症、骨代谢疾病、前列腺增生症、胃肠疾病等，应用药物时应高度重视。

体重对药物作用也有一定的影响，因此比较科学的给药剂量应以体表面积为计算依据。

2. 性别

性别的不同也会影响药物的作用。女性在用药时应考虑"三期"即月经期、妊娠期和哺乳期对药物作用的反应。在月经期子宫对泻药、刺激性较强的药物及能引起子宫收缩的药物较敏感，容易引起月经过多、痛经等。在妊娠期使用上述药物还容易引起流产、早产等。哺乳期的妇女，有些药物可通过乳汁排泄被哺乳儿摄入体内引起药物反应。

3. 个体差异

有些个体对药物反应非常敏感，低于常用量即可产生较好疗效称为高敏性；反之，有些个体需高于常用量方能出现药物效应称为低敏性。某些患者用药后可发生变态反应。还有一些患者对某些药物发生特异质反应等。

4. 精神因素

患者的精神因素与药物的疗效关系密切。消极心理可影响治疗效果，甚至可使病情加重，特别是在慢性病、功能性疾病及较轻的疾病中。精神因素与患者的文化素质、人格特点以及外界环境、医生和护士的语言、表情、态度、信任程度、技术操作熟练程度、工作经验、暗示性等有关。因此药学工作者应运用各种手段帮助患者解除精神压力、恢复心理平衡、提高对疾病的认识，增强患者的抗病能力，积极配合药物治疗，可获得较好的治疗效果。

5. 病理因素

病理状态能改变药物在体内的药动学，并能改变机体对药物的敏感度，从而影响药物的疗效。例如解热镇痛药只对发热患者有效，但对正常人并无降低体温的作用。肝功能严重不足时，在肝内代谢的药物如氯霉素的作用将会加强；而在肝内活化的药物如泼尼松，其作用将减弱。主要经肾排泄的药物，在肾功能不全时易造成药物在体内的蓄积，若不改变给药剂量或给药间隔时间，容易引起中毒。血浆蛋白含量下降可使血中游离药物浓度增加，进而引起药物效应增强。

另外，遗传因素、时间因素、生活习惯与环境等也会影响药物的作用。

【本章小结】

1. 药物的基本作用有兴奋作用和抑制作用。
2. 药物作用的类型有局部作用与吸收作用，药物作用的选择性是药物分类的依据和临床选择用药的基础。
3. 药物作用的两重性指药物的防治作用和不良反应。
4. 不良反应是指合格药品（假冒伪劣药品不在此范畴）在正常用法用量下出现的与用药目的无关的或意外的有害的反应，包括副作用、毒性反应、变态反应、后遗效应、继发反应、依赖性和"三致"作用等。
5. 药物的作用是通过改变理化性质、对酶的影响、参与或干扰机体的代谢过程、作用于离子通道、影响细胞膜的功能、影响免疫功能或与受体结合而实现的。
6. 药物的体内过程包括药物的吸收、分布、生物转化和排泄。
7. 影响药物作用的因素包括药物方面的因素（药物的化学结构、药物剂型、给药途径、用药剂量、用药时间和次数等）和机体方面的因素（年龄与体重、性别、个体差异、精神因素、病理因素等）。

【思考题】

1. 肝药酶抑制剂和肝药酶诱导剂对联合用药有哪些影响？
2. 精神依赖性和躯体依赖性有何不同？

【信息搜索】

中国十大药害事件。

第四章 药物商品的合理使用

学习目标

知识目标：
- 掌握合理选择和使用药物商品。
- 熟悉特殊人群用药。
- 了解药源性疾病的预防和治疗。

能力目标：
- 树立正确选择和使用药物观念。

第一节 药物商品的选择和使用

一、问病给药

问病给药是药店为广大群众提供药学服务的重要方式之一，系指不需医师处方而根据患者所求，由具有一定医药理论水平和实践经验的药学技术人员，凭患者主述病症后售给对症的药物，并指导患者合理用药。问病给药主用于非处方药的使用指导。

问病给药所针对的通常都是一些轻微病症，如呼吸系统的感冒、咳嗽、痰症、支气管哮喘；消化系统的消化不良、腹泻、便秘、轻症的胃痛；神经系统的头痛、偏头痛、牙痛；皮肤的一般炎症；妇科的月经痛、阴道炎；儿科的消化不良、咳嗽；五官科的鼻炎、咽喉炎、眼部轻微感染；计划生育的避孕用药等。一部分患者具有一定的自我诊断和自我治疗经验，明确待购药物基本情况及其用法；而另一部分患者缺乏一定的自我诊断和治疗经验，需要药店药学技术人员提供购药用药指导。

问病给药要求药学技术人员正确诊断、合理选药，并向购药者提供科学、合理、客观、可靠的用药指导和咨询等服务，对不适合自我药疗的、不能确切肯定推荐的药品、拟购买的药品是否对症时，应向购药者提出到医院诊治或向医院临床药师寻求合理的用药意见。

二、药物商品选择的原则

药物商品选择的基本原则是：保障用药的安全性、有效性、经济性、适当性，维护人民身体健康。

1. 安全性、有效性、经济性的含义

（1）安全性　安全性是合理用药的首要条件，直接体现了药学技术人员对患者和公众切身利益的保护，安全性不是药物的毒副作用最小，或者无不良反应这类绝对的概念，强调让用药者承受最小的治疗风险、获得最大的治疗效果，风险/效益尽可能小。

（2）有效性　人们使用药物，就是想通过药物的作用达到预定的治疗目的。医学目的用药要求的有效性在程度上也有很大的差别，如根除致病原，治愈疾病；延缓疾病进程；缓解临床症状；预防疾病发生；避免某种不良反应的发生；调节人的生理功能。非医学目的的用药，要求的有效性有避孕、减肥、美容、强壮肌肉等。有效性的程度受到现阶段药疗和药物发展水平的限制。

（3）经济性　经济性并不是指尽量少用药或使用廉价药品，其正确含义应当是获得单位用药效果所投入的成本（成本/效果）应尽可能低，获得最满意的治疗效果。经济地使用药物，强调以尽可能低的治疗成本取得较高的治疗效果，合理用药，减轻患者及社会的经济负担。

2. 给药的适当性

适当性是指选适当的药物、适当的剂型，以适当的剂量，在适当的时间和间隔，经适当的途径，给适当的患者，使用适当的疗程，达到适当的治疗目标。

（1）适当的药物　根据疾病与患者机体条件，权衡多种因素的利弊，选择最为适当的药物满足治疗的需要，需要多种药物联合使用的情况，还必须注意适当的合并用药。

（2）适当的剂型　综合考虑药物性质的要求、治疗目的与给药途径的要求，以及应用、携带、保管方便的要求，选择适当的剂型。

（3）适当的剂量　强调因人而异的个体化给药的原则，指以药品说明书或医药书籍推荐的给药剂量为基础，按照患者的年龄、体重或体表面积以及病情轻重，确定适宜的用药剂量。

（4）适当的时间　依据药物在体内作用的规律，设计给药的时间和间隔，以确保血药浓度的坪值上限不高于出现毒性的浓度水平，下限不低于有效浓度水平。

（5）适当的途径　综合考虑用药目的、药物性质、患者身体状况以及安全、经济、简便等因素，选择适当的给药途径。

（6）适当的患者　充分考虑用药对象的生理状况和疾病情况，遵循对症用药的原则，区别对待。对于不需要药物治疗或者可以采用其他更经济的替代疗法的患者，则应当避免安慰用药或保险用药。对老人、儿童、妊娠期和哺乳期妇女、肝肾功能不良者、过敏体质者和遗传缺陷者等特殊患者应强调其用药禁忌。即使一般患者，对同一药物的反应也存在很大的个体差异，不宜按一种药物治疗方案实施。

（7）适当的疗程　按照治疗学原则，确定药物治疗的周期。单纯为增加治疗保险系数而延长给药时间不仅浪费，而且容易产生蓄积中毒、细菌耐药性、药物依赖性等不良反应。仅仅为了节省药费开支，症状一得到控制就停药，往往不能彻底治愈疾病，反而为疾病复发和耗费更多的医药资源留下隐患。

（8）适当的治疗目标　患者受到病痛困扰，往往希望药到病除，根治疾病，或者不切实际地要求使用没有毒副作用的药物。药物治疗的目标受到现阶段药疗和药物发展水平的限制，需要在实施者和接受者之间达成共识。药物治疗对有些疾病能够治愈，有的则只能起到减轻或者延缓病情发展的作用。因此，双方都应采取积极、客观和科学的态度，确定双方都可以接受的、现实条件下可以达到的治疗目标。

三、合理用药

合理用药是指以当代药物和疾病的系统知识和理论为基础，安全、有效、经济、适当地使用药物。不仅要求选药对症，联合用药适当，用药剂量、疗程适宜，给药时间、间隔、途径适当，还要避免用药过多或重复给药、给患者安慰性或保险性用药以及无必要地使用价格昂贵的药品等。

1. 按时给药

要根据病情的轻重缓急，确定适宜给药时间，充分发挥药物的疗效，减少不良反应。如驱虫药、盐类泻药应空腹（清晨）；泻药、催眠药、驱虫药应睡前（一般指睡前15～30min）；苦味药、收敛药、胃壁保护药、吸附药、抗酸药、胃肠解痉药、利胆药、肠道抗感染药、肠用丸剂应饭前（食前30~60min）；助消化药应饭时；刺激性药物、驱虫药应饭后（食后15~30min）。

2. 按"法"给药

要使药物适时发挥最佳药效，给药方法不容忽视。常用给药方法简介如下。

（1）丸剂、冲剂等　用水或药引送服给药。

（2）片剂、胶囊剂　送药水量不少于100mL，咽下药后保持站立最少1.5min；泡腾片必须在水中完全溶解后口服；肠溶片剂必须整粒吞服，不得压碎。

（3）液体药剂　宜摇匀后服；止咳、润喉的药液服后不必用水送服，使其在咽喉、食管粘一薄层效果更好。

（4）散剂　内服散剂，直接倒入口中用水送服容易呛入气管，量少可用水或药引送服；散剂量大或者应用于小儿和不能吞咽的患者，一般宜用糖水、乳汁或温开水调成糊状后服用。耳内、咽喉或牙龈患处散剂：用纸卷成直径2~3mm的小管，一端挑少许药粉，从另一端把药吹入。外用散剂可撒一薄层或用适当的液体（如茶水、白酒、黄酒、醋、香油等）调成糊状，于患处敷一厚层，再用纱布包扎。眼用散剂可用所附圆头小玻璃棒先蘸凉开水蘸取散剂后点入眼大眦角处，如眼睑有赤烂溃疡者，宜用生理盐水或温热水将脓痂洗净后再用药。

（5）含化丸（片）　将药含于口腔中，使缓缓溶解，再慢慢咽下。

（6）外用膏剂　黑膏药微热烘软后贴患处；巴布膏剂、橡胶膏剂直接贴患处或规定部位。

（7）栓剂　①肛门栓：患者左侧卧位，张口呼吸，松弛括约肌，给药者戴指套（成人食指，婴儿第4指），将栓剂轻轻推入约2cm深处，患者维持体位约20min方可起床。②阴道栓：患者仰卧，用食指或器械将栓剂送至阴道治疗部位，之后平卧至少20min，亦可临睡前放入。

（8）滴耳剂　药液宜先加温至与体温相近，患耳清洗后朝上，成人患者外耳拉向后上方（3岁以下小儿拉向后下方），滴药液于外耳道，维持体位数分钟，轻塞纱布或棉花于耳道，以保持鼓室湿润。当填塞物不能再吸收药液或已污染时，应及时更换。

（9）眼用制剂　①眼膏剂：掰开下睑，挤一小条眼膏于玻璃棒上或者直接挤在下睑内，药膏涂入后可轻轻按摩2~3min以增加疗效，眼膏宜晚上临睡前用，使患处与药膏有较长的接触时间。②滴眼剂：患者平卧或坐位时头后仰，先清洁眼睑、睫毛，滴管靠近眼球（但不能触及眼睑、睫毛），滴入眼睑内1~2滴，闭眼1~2min，并转动眼球使药液均匀。

> **知识拓展**
>
> **药品说明书中"慎用""忌用""禁用"的区别**
>
> "慎用"：提醒服药的人服用此药时要小心谨慎。就是在服用之后，仍要细心地观察有无不良反应，如有就必须立即停止服用。比如哌甲酯对大脑有兴奋作用，高血压、癫痫患者应慎用。
>
> "忌用"：最好避免使用。标明"忌用"的药，说明其不良反应比较明确，发生不良后果的可能性很大，但人有个体差异而不能一概而论，故用"忌用"一词以示警告。比如患有白细胞减少症的人，忌用苯唑西林钠，因为该药可减少白细胞。
>
> "禁用"：是绝对不能使用。比如对青霉素有过敏反应的人，禁用青霉素类药物；青光眼患者绝对不能使用阿托品。

第二节 特殊人群用药

特殊人群是指老年人、儿童、妊娠和哺乳期妇女。特殊人群的生理、生化功能与一般人群相比存在明显差异。这些差异影响着特殊人群的药动学和药效学。高度重视特殊人群的特点，做到有针对性地合理用药，对保护特殊人群的健康尤为重要。对于特殊人群及肝肾功能不全的患者，选择用药时首先要根据患者的具体病情，同时还要根据患者的年龄、性别及一些特殊情况来考虑用药的选择和剂量。

一、老年人用药

由于老年人在生理、心理等方面均处于衰退状态，许多老年人同时患有多种疾病，通常为慢性病，需长期治疗，因此用药种类较多，容易出现药物相互作用和药物蓄积，药物引起的不良反应也明显增加。老年人用药应特别慎重。

1. 选药原则
（1）用药要有明确的指征。除急症或器质性病变外，一般应尽量少用药物。
（2）应用最少药物和最低有效量来治疗。一般合用的药物控制在3~4种，因为合用作用类型相同或副作用相似的药物在老年人常更易产生不良反应。
（3）不可滥用滋补药或抗衰老药。
（4）中药和西药不能随意合用。

2. 剂量原则
（1）从小剂量开始逐渐增加至最合适的剂量。这样的剂量原则，对主要以原型经肾排泄的药物、安全性差的药物以及多种药物同时合用更为重要。
（2）老年人药物清除率下降，为了避免药物在体内蓄积中毒，临床上可以：①减少每次给药剂量；②延迟每次给药间隔时间；③二者都改变。

3. 用药原则
（1）重视老年人用药的依从性。治疗方案应尽量简单，最好应用每天1次的给药方案，这样可以减轻患者负担。
（2）选用适合老年人服用方便的药物剂型，一般液体剂型较为适宜。
（3）药物的名称、标记（剂量与服法）应简明醒目，并应将用药注意事项向患者或家人交代清楚。
（4）患急性疾病的老年人，病情好转后要及时停药。做好老年患者的病史及用药史的记录。
（5）如需长期用药时，应定期检查用药情况是否与病情需要相符，同时定期检查肝肾功能，以便及时减量或停药。

二、儿童用药

1. 儿童用药常出现的不良反应
（1）神经系统反应　癫痫患者用药后可发生惊厥。婴儿应用皮质激素或维生素A等可引起脑脊液压力增高。儿童应用皮质激素易引起手足搐搦症。
（2）消化道反应　口服铁剂易引起呕吐，大剂量应用皮质激素可引起消化道溃疡。6个月以内婴儿应用氯丙嗪可引起麻痹性肠梗阻。依托红霉素可引起婴幼儿胆汁淤积性黄疸。
（3）生长障碍　长期应用皮质激素及免疫抑制药可影响生长发育。大剂量应用维生素A可造成骨生长延迟及骨骺早期愈合。

(4) 肾脏反应 氨基糖苷类抗生素对婴幼儿肾脏有毒性作用。大剂量维生素 D 可引起肾脏钙化。

(5) 血液系统影响 氯霉素可引起再生障碍性贫血。磺胺类及水杨酸盐类药物可致血小板减少。磺胺和大剂量青霉素可引起溶血性贫血。磺胺、氯丙嗪及对氨基水杨酸钠等可致高铁血红蛋白血症。甲氧嘧啶可抑制二氢叶酸还原酶影响叶酸代谢，导致巨幼细胞性贫血。

(6) 牙齿、骨骼、皮肤等反应 四环素族抗生素可致牙齿发黄及缺损，也可致骨骼生长停滞。因此，8 岁以下儿童禁止使用四环素类。

(7) 其他 磺胺等药物可致新生儿核黄疸。新霉素等可以阻碍药物解毒。

2. 儿童用药注意事项

儿童安全用药目前越来越多地受到注意和重视，儿童用药尤应注意以下几个问题。

(1) 熟悉儿童特点，合理选择药物 应根据儿童不同发育时期的生理特点、药物特性合理用药，才能取得良好疗效。特别要避免滥用药物。

(2) 严格掌握剂量 药物使用剂量应随儿童成熟程度、体质强弱及病情不同而异。个体化给药是当前研究的新课题。还要注意给药间隔时间，切不可过多、过频给药。

(3) 根据儿童特点，选好给药途径 一般来说，应尽量采用口服给药。皮下注射不适用于新生儿。早产儿也最好不用肌内注射。婴幼儿静脉给药，一定按规定速度滴注，切不可过快过急。不断变换注射部位，防止反复应用同一血管引起血栓静脉炎。另外，还要注意婴幼儿皮肤角化层薄，药物很易透皮吸收，甚至中毒，因此外用药的用药时间不要太长。儿童禁用的药物见表 4-1。

表 4-1 儿童禁用的药物

药物	禁用范围	药物	禁用范围
四环素类	8 岁以下儿童	吗啡	1 岁以下幼儿
氯霉素	新生儿	芬太尼	2 岁以下幼儿
磺胺类	新生儿	左旋多巴	3 岁以下幼儿
去甲万古霉素	新生儿	硫喷妥钠	6 个月以内幼儿
呋喃妥因	新生儿	丙磺舒	2 岁以下幼儿
氟喹诺酮类	18 岁以下儿童	依他尼酸	婴儿
氟哌啶醇	婴幼儿	苯海拉明	早产儿、新生儿
吲哚美辛	14 岁以下儿童	酚酞	婴儿
地西泮	6 个月以下幼儿	甲氧氯普胺	婴幼儿

三、妊娠期和哺乳期妇女用药

有些药物可通过胎盘屏障进入胎儿体内，对胎儿发育产生不良影响。有些药物能从母亲的乳汁中排泄，影响婴儿的生长发育，也有可能引起中毒。因此妊娠期和哺乳期妇女用药应考虑药物对胎儿或乳儿的影响。

(一) 妊娠期用药（数字资源 4-1）

1. 妊娠期用药的不良影响

妊娠期用药不当主要涉及药物对胎儿的有害影响，包括致死、致畸、致病及生长发育不良等。如妊娠早期使用四环素可致胎儿四肢畸形，先天性白内障，妊娠 4 个月以后使用可致胎儿骨骼和牙齿发育障碍；妊娠期服用解热镇痛药阿司匹林等可造成胎儿中枢神经系统和肾脏畸形；卡那霉素、庆大霉素、链霉素可使胎儿听神经受到损伤，造成先天性耳

数字资源 4-1
妊娠期安全用药

聋；大剂量皮质激素（泼尼松）可致胎儿多发性畸形，如唇裂和腭裂；性激素可致胎儿内分泌改变，如丙酸睾酮可使女性胎儿外生殖器男性化；镇静药（氯丙嗪、奋乃静等）、抗过敏药（氯苯那敏、苯海拉明等）、利尿药（氢氯噻嗪等）、萘甲唑啉长期应用，可致胎儿神经系统发育障碍，并有其他潜在性致畸作用等。

妊娠期用药不当也可对孕妇产生不良影响。孕妇静脉滴注大剂量四环素可使孕妇发生坏死性脂肪肝、胰腺炎和肾损害。妊娠晚期服用阿司匹林可引起过期妊娠、产程延长和产后出血。泻药、利尿药和刺激性较强的药物可能引起早产或流产等。

2. 妊娠期用药原则

（1）了解不同妊娠时期药物对胎儿的影响，在妊娠头3个月应尽量避免服用药物，尤其是已确定或怀疑有致畸作用的药物。要谨慎使用可引起子宫收缩的药物，不要滥用抗菌药。

（2）如果确需药物治疗，应选用疗效确切，在流行病学调查中被认为对胎儿比较安全的药物，在医师和执业药师的指导下慎重使用。

（3）合理使用药物

① 避免大剂量、长时间对胎儿造成有害影响。多数药物在常规剂量下对胎儿无害，但大剂量则有可能对胎儿产生有害影响。

② 优先选用多年广泛用于孕妇的药物。

③ 能单独用药就要避免联合用药。

④ 在用药的时候，获得患者的同意。

美国食品和药物管理局（FDA）根据药物对胎儿致畸的情况，将药物对胎儿的危害等级分为A、B、C、D、X五个级别。

A级药物：对孕妇安全，对胚胎、胎儿无危害，如适量的维生素B_1、B_2、C、D、E等。

B级药物：对孕妇比较安全，对胎儿基本无危害，如青霉素、红霉素、地高辛、胰岛素等。

C级药物：仅在动物实验研究时证明对胎儿致畸或可杀死胚胎，未在人类研究证实，孕妇用药应权衡利弊，确认利大于弊时方能应用，如庆大霉素、异丙嗪、异烟肼等。

D级药物：对胎儿危害有确切证据，除非孕妇用药后有确切效果，否则不考虑应用。如硫酸链霉素（使胎儿第Ⅷ对脑神经受损，听力减退等）、盐酸四环素（使胎儿发生腭裂、无脑儿）万不得已时，方能使用。

X级药物：可使胎儿异常，在妊娠期禁止使用。如甲氨蝶呤（可使胎儿唇裂、腭裂、无脑儿、脑积水、脑膜膨出等）、己烯雌酚（可致阴道腺病、阴道透明细胞癌等）。

在妊娠前3个月以不用C、D、X级药物为好，孕产妇出现紧急情况必须用药时，也应尽量选用确经临床验证无致畸作用的A、B级药物。

（二）哺乳期用药

几乎所有能进入母乳血液循环的药物均可进入乳汁。由于哺乳儿各组织器官及生理功能发育不完善，对药物的解毒和排泄能力低下，从而引起中毒，故哺乳期患者用药应十分注意。

哺乳期用药的原则如下。

（1）选药慎重，权衡利弊 用药前应充分估计其对母婴双方的影响，可用可不用的药物最好不用。

（2）适时哺乳，防止蓄积 避免在乳母血药浓度高峰期间哺乳，可在乳母用药前、血药浓度较低时段哺喂婴儿。避免使用长效药物及多种药物联合应用，尽量选用短效药物。

（3）非选不可，选好替代 乳母必须用药时，应选择对母亲和婴儿危害和影响小的药物替代。尽可能使用半衰期短的药物，避免使用长效制剂，并采用最佳给药途径。

（4）代替不行，人工哺育　如果乳母必须使用某种会对婴儿带来危害的药物进行治疗，可考虑暂时采用人工喂养。

（5）哺乳期禁止使用的药物　如抗甲状腺素药、抗菌药、镇静催眠药、锂盐、氯霉素、四环素、抗肿瘤药物、雌激素等。

（6）哺乳期慎用药物　如解热镇痛药、抗组胺药、抗结核药、抗精神病药、治疗甲亢的药物等。

四、肝病患者用药

肝脏是人体内进行解毒及药物转化的器官，最容易遭受药物或毒物侵袭而损害其结构和功能。在应用可能损害肝脏的药物时，应予足够的注意，以防止药源性肝损害的发生。

（一）肝功能不全患者用药原则

① 明确诊断，合理选药。
② 避免或减少使用对肝脏毒性大的药物。
③ 注意药物相互作用，特别应避免与肝毒性的药物合用。
④ 肝功能不全而肾功能正常的患者可选用对肝毒性小并且从肾脏排泄的药物。
⑤ 初始剂量宜小，必要时进行 TDM，做到给药方案个体化。
⑥ 定期监测肝功能，及时调整治疗方案。

（二）肝功能不全者给药方案调整

肝功能不全时根据肝功能减退时，对有关药物药动学影响和发生毒性反应的可能性可将药物分为以下四类，作为给药方案调整时的参考。

① 由肝脏清除，但并无明显毒性反应的药物必须谨慎使用，必要时减量给药。
② 要经肝或相当药量经肝清除，肝功能减退时其清除或代谢物形成减少，可致明显毒性反应的药物，这类药在有肝病时尽可能避免使用。
③ 肝肾两种途径清除的药物，在严重肝功能减退时血药浓度升高，加之此类患者常伴功能性肾功能不全，可使血药浓度更明显升高，故必须减量应用。
④ 要经肾排泄的药物，在肝功能障碍时，一般无须调整剂量。但这类药物中的肾毒性明显的药物，在用于严重肝功能减退者时，仍需谨慎或减量，以防肝肾综合征的发生。

五、肾功能不全患者用药

肾功能不全患者可使药物的排泄减慢、半衰期延长，增加药物的毒性。对肾功能不全患者进行药物治疗时，应注意剂量和品种的选择，并应注意避免同时使用对肾脏有毒性的药物。

（1）药物对肾脏的损害因素很多，在实际应用中可按药物的有效成分，由肾脏排出的百分率来估计药物的肾毒性。凡药物有效成分由肾脏排出少于 15% 者，一般认为无害，如红霉素、林可霉素等。由肾脏排出大于 50% 者又可分为两大类：一类认为无害，如青霉素类和多数头孢菌素类，若无过敏反应可认为无害；另一类可导致肾脏损害，如头孢菌素类、氯霉素、乙胺丁醇、万古霉素、庆大霉素、卡那霉素等和大多数利尿药，这些药物 80% 以上都是以原型由肾脏排出，如肾功能不全时，应严格控制。

（2）对肾功能不全的病例，根据肾功能的情况调整用药剂量和给药间隔时间，必要时进行 TDM，设计个体化给药方案。

（3）肾功能不全而肝功能正常者可选用双通道（肝肾）排泄的药物。

第三节　药源性疾病

一、药源性疾病的概念

药源性疾病，又称药物诱发性疾病，指在药物使用过程中，如预防、诊断或治疗中，通过各种途径进入人体后诱发的生理生化过程紊乱、结构变化等异常反应或疾病，是药物不良反应的后果。如"镇痛药肾病""庆大霉素聋""阿司匹林胃""四环素牙"等。

药源性疾病与药品不良反应既有联系，也有区别，主要表现在以下几点。

1. 反应程度和持续时间不同

药源性疾病的反应程度较重，持续时间较长。而药品不良反应的发作程度则有轻有重，持续时间有短有长。一些程度轻且为一过性的不良反应如恶心、头昏等够不上称为药源性疾病。

2. 发生的条件不同

药品不良反应系指在正常剂量和正常用法条件下所发生的反应，排除了非正常应用引起的反应。药源性疾病既包括了不良反应，还包括由于超量、误服、错误使用以及不正当应用药物等情况而引起的疾病在内。

药源性疾病可分为两大类，第一类是由于药物副作用、剂量过大导致的药理作用或由于药物相互作用引发的疾病。这一类疾病是可以预防的，其危险性较低。第二类为过敏反应或变态反应或特异反应。这类疾病较难预防，其发生率较低但危害性很大，常可导致患者死亡。影响药源性疾病的因素一方面与患者本身状况有关，如年龄、营养状况、精神状态、生理周期、病理状况等。另一方面与医药人员在用药过程中不当有关，如过量长期用药、不恰当使用药品、多种药品的混用等。一般不包括药物极量所引起的急性中毒。

二、药源性疾病的基本类型

（1）中毒型　有些药物会抑制细胞生长，有严重的细胞毒作用；有些药物对酶有毒性，如抗代谢药甲氨蝶呤、秋水仙碱有纺锤体毒性，抑制细胞分裂。

（2）炎症型　此型多见于药物引起的各种皮炎。

（3）畸形发育型　有些药物用于妊娠3个月内的孕妇能导致胚胎损害，引起胎儿畸形发育；如妊娠期间为预防先兆流产注射孕激素，结果造成女婴的生殖器男性化。

（4）发育不全型　如婴幼儿服用四环素引起牙齿釉质发育不全。

（5）增生型　如服用苯妥英钠引起的牙龈增生，多见于儿童。

（6）萎缩型　如糖皮质激素注射后所引起注射部位皮肤发生萎缩性变化，此时可见表皮变薄，表皮乳突消失。

（7）变性和浸润型　某些药物性皮炎的表现形式，组织学显示此时表皮有嗜酸粒细胞坏死及多形核细胞浸润。

（8）血管水肿型　多见于药物变态反应时发生的血管神经性水肿。

（9）血管栓塞型　如血管对比剂引起的血管栓塞。

（10）赘生型和癌变　如长期使用砷剂时掌跖部可产生疣状损害并可演变成鳞癌或基底细胞癌。又如乙双吗啉治疗牛皮癣引起的白血病。

三、药源性疾病的治疗

1. 及时停药，去除病因

及时停药，去除病因是药源性疾病最根本的治疗措施，绝大多数轻型患者在停用相关药物后疾病可以自愈或停止进展。如不停药，疾病可能恶化，甚至造成死亡。

2. 加强排泄，延缓吸收

对于一些与剂量相关的药源性疾病，可采用静脉输液、利尿、导泻、洗胃、催吐、使用毒物吸附剂以及血液透析等方法加速药物的排泄，延缓和减少药物的吸收。如磺胺药、甘露醇引起的肾损害可通过输液、利尿，疏通肾小管，促进药物在肾小管中的排泄。

3. 及时拮抗，消除症状

利用药物的相互拮抗作用来降低药理活性，减轻药物不良反应。如鱼精蛋白能与肝素结合，使后者失去抗凝活性，可用于肝素过量引起的出血。贝美格有中枢兴奋作用，可用于巴比妥类及其他催眠药引起的深昏迷。

4. 过敏反应，积极处理

过敏反应可使用抗组胺类药物，如异丙嗪、氯苯那敏、苯海拉明等，也可使用维生素C及葡萄糖酸钙等药物。过敏性休克的治疗必须争分夺秒，就地抢救，切忌延误时机。肾上腺素是治疗过敏性休克的首选药物，病情严重者可静脉滴注肾上腺皮质激素，发生心跳、呼吸骤停者，立即按心肺复苏抢救治疗。对过敏性皮肤损害可对症局部用药，缓解瘙痒的症状；对恶心、呕吐等消化道反应可给予止吐药治疗；对药物引起的发热可用解热镇痛药治疗等。

需要注意的是，有不少患者可能对多种药物敏感，因此，在进一步治疗和选择药物时，应尽量简化治疗措施，避免因同类药物的重复使用，加重已经发生的药源性疾病。

5. 器官受损，对症治疗

对药物引起的各种系统器官损害的治疗与其他病因引起的相应器官损害治疗方法相同。

> **案例 4-1　　　　　　　　　药源性疾病偷袭都市人**
>
> 近日，家住南京市的李先生突发胃出血，被送到省人民医院救治。医生经检查询问后判断，李先生的胃出血是长期服用阿司匹林所致。据介绍，患有心脏病的李先生两年前看到一篇阿司匹林能治心脏病的报道后，便开始每天服用，不料旧病未除又添新患。无独有偶，南京市第二医院日前也收治了一名因超量服用感力克、头孢克洛胶囊导致药物性肝炎的患者。

【本章小结】

1. 药物选择的原则　保障用药的安全性、有效性、经济性、适当性，维护人民身体健康。

2. 对特殊人群用药应根据年龄性别、不同的生理期及不同的病情分别用药，确保疗效，避免不良反应。

3. 药源性疾病，又称药物诱发性疾病，指在药物使用过程中，如预防、诊断或治疗中，通过各种途径进入人体后诱发的生理生化过程紊乱、结构变化等异常反应或疾病，是药物不良反应的后果。其治疗主要是及时停药，加强排泄，延缓吸收，及时拮抗，消除症状，对于过敏反应应积极处理，如果器官受损应对症治疗。

【思考题】

1. 比较药源性疾病、药物不良反应的区别与联系。
2. 儿童用药应注意哪些问题？

【信息搜索】

近年来我国发生的较大的药源性事故有哪些？

第五章 药物商品的质量、包装、标签和说明书

学习目标

知识目标：
- 掌握药物商品的质量特性。
- 了解药物商品的包装对其质量的影响。
- 熟悉药物商品常用的包装材料及管理办法。
- 熟悉药物商品的包装标记与包装标志。
- 掌握药物商品的标签与说明书的主要内容。

能力目标：
- 能够正确理解药品包装、说明书内容，能从外观简便鉴别伪劣药品。

第一节 药物商品的质量特性

一、药物商品的质量特性

药物商品质量是指能满足规定要求和需要的特征总和。药物商品的质量特性是指药品与满足预防、治疗、诊断人的疾病，有目的地调节人的生理功能的要求有关的固有特性。表现在以下四个方面。

（1）**有效性** 是指在规定的适应证、用法和用量条件下，能达到药品使用功能。药品的有效性是人们使用药品的唯一目的，是评价药品质量最重要的指标之一。药物商品的有效程度的表示方法，在国外采用"完全缓解""部分缓解""稳定"等来区别，国内采用"痊愈""显效""有效"予以区别。

（2）**安全性** 是指药物商品在按规定的适应证、用法和用量使用的情况下，人体产生毒副反应的程度。安全性也是药物商品的基本特征。由于药品具有两重性，其不良反应是客观存在的，所以安全性也是评价药品质量最重要的指标之一。假如某物质对防治、诊断疾病有效，但对人体有致癌、致畸、致突变的严重损害，甚至致人死亡，则不能作为药物商品。

（3）**稳定性** 是指药物商品在规定的条件下保持其有效性和安全性的能力。规定的条件包括药物商品的有效期限以及药物商品生产、储存、运输和使用的要求。假如某物质不稳定，极易变质，虽然具有防治、诊断疾病的有效性和安全性，但也不能作为药物商品。稳定性是药物商品的重要特征。

（4）**均一性**是指药物商品的每一单位产品（制剂的单位产品，如一片药、一支注射剂等；原料药的单位产品，如一箱药、一袋药等）都符合有效性、安全性的规定要求。由于人们用药剂量与药品的单位产品有密切关系，特别是有效成分在单位产品中含量很小的药品，若不均一，则可能因用量过小而无效，或因用量过大而导致中毒甚至死亡。均一性也是药物商品的重要特征。

二、药品质量标准

药品标准是指国家对药品的质量指标、生产工艺和检验方法所作的技术要求和规范,是药品的生产、流通、使用及检验、监督管理部门共同遵循的法定依据。

2019年8月修订的《药品管理办法》明确规定"药品应当符合国家药品标准。经国务院药品监督管理部门核准的药品质量标准高于国家药品标准的,按照经核准的药品质量标准执行;没有国家药品标准的,应当符合经核准的药品质量标准"。

《药品管理办法》明确"国务院药品监督管理部门颁布的《中华人民共和国药典》和药品标准为国家药品标准"。国家药品标准是国家对药品质量、规格及检验方法所作的技术规定;是药品生产、供应、使用、检验和药政管理部门共同遵循的法定依据。

三、如何识别假劣药品

假劣药品的权威可靠的鉴别还需要药检所专业人员使用专业设备,按照《中华人民共和国药典》标准检验是鉴别假劣药品的法定依据。但消费者可以从以下几个方面简单识别假劣药品。

(1) **看药品批准文号**　目前,我国已经对药品的批准文号进行了统一的换发,如果格式不符合,就应当进一步鉴别。国药准字H(Z、S、J)+8位数字组成。假药常使用废止批准文号或假批准文号。

(2) **看生产批号和有效期**　合格药品的包装上都有激光打印的产品批号、生产日期和有效期,三者缺一不可,打印批号不透纸盒。假药常有缺项或油印粘贴的批号、日期,打的钢印批号透过纸盒。

(3) **看药品外包装**　合格药品的包装都必须经药监部门批准,且外观颜色纯正,印刷精美,字迹清晰。假药外包装质地较差,外观颜色不纯正,字体和图案印刷粗糙,防伪标志模糊。包装药品的铝箔板,正品印刷字色纯正,字迹清晰,边缘整齐。假药边缘不整齐,印刷字迹有些模糊、重影,字色深浅不一。电码防伪技术是近几年才开始使用的一种非常有效的防伪技术,每盒药品的包装盒上都有一个唯一的识别代码,一般为21位。揭开代码标签,拨打防伪电话就可以识别药品真假。

(4) **看药品外观**　合格药品片剂颜色均匀,表面光滑,片上所压字体深浅一致、清晰,无花斑、裂片、潮解等。假药片剂多颜色不均匀,有花斑,糖衣褪色露底、开裂等。假注射剂、假水剂出现沉淀、结晶、变色,有絮状物等。假颗粒剂黏结成块,不易溶解。假膏剂失水、发霉或有油败气味。

(5) **看生产厂家**　所有药品外包装或说明书内要详细注明生产企业名称、地址、邮编、电话、网址等内容,有的还设辨别真伪查询专线电话,便于患者联系查询。假药这些项目不齐全或编造假信息。

(6) **看药品说明书**　经批准合法生产的药品说明书内容准确齐全,包括药物组成、性状、作用类别、药理作用、适应证、用法用量、注意事项、不良反应、贮藏方法等详细内容。假药说明书内容不全,印刷质量差,字迹模糊。

(7) **依据药品的特有气味进行鉴别**　如皮炎平软膏,其成分中含有樟脑,而樟脑有特异芳香,若无此气味则可疑。胃苏颗粒,正品内容物有较浓的芳香气味(陈皮、香橼等),假药则没有。

学习用肉眼从外观辨别假劣药品。

第二节　药物商品的包装

一、药物商品包装的概念

药物商品包装是指用适当的材料或容器、利用包装技术对药物制剂的半成品或成品进行分（灌）、封、装、贴签等操作，为药品提供品质保证、鉴定商标与说明的一种加工过程的总称。它是药物商品品质的重要组成部分。在药品包装上同时标有商品原料组成、化学成分、适应证、使用方法、禁忌、储存养护方法等，充分表现药物商品的有用性、特殊性，为实现商品使用价值提供了充足条件。

药品的包装分**内包装**与**外包装**。**内包装**系指直接与药品接触的包装（如安瓿、注射剂瓶、铝箔等）。内包装应能保证药品在生产、运输、贮藏及使用过程中的质量，并便于医疗使用。**外包装**系指内包装以外的包装，按由里向外分为中包装和大包装。外包装应根据药品的特性选用不易破损的包装，以保证药品在运输、贮藏、使用过程中的质量。

> **知识拓展**
>
> 药品包装包括了两层含义。一层是静态的含义：药品包装是指盛装包扎药品时使用的有关容器、材料及辅助物等。另一层是动态的含义：包装是指采用有关的容器、材料及辅助物等盛装包扎商品时所采用的技术方法，是工艺及操作过程。

二、药物商品包装的作用

1. 保护商品

药物商品从生产、流通到使用，需要经过多次装卸、运输、储存、销售等各个环节，在周转过程中，难免会发生碰撞、摩擦、震动甚至跌落，还会受光线、空气、水分、温度变化及微生物与昆虫等因素的影响，致使药品质量发生变化，甚至失效。因此良好的包装，可最大限度地减少甚至避免上述不良因素对药品质量的影响，有效地保护商品质量的安全和数量的完整。保护商品是包装最基本的作用。

> **相关链接**
>
> 保护功能主要包括两方面。
>
> 阻隔作用：药品包装应有效地阻隔药品与外界的空气、光线、水分、热及微生物等的接触，以降低对药品的危害。
>
> 缓冲作用：药品包装应有效地缓冲药品在流通过程中受到的各种外力的震动、碰撞、摩擦和挤压。

2. 便于流通

药物商品在流通过程中要经过数量的交接、搬运和销售等环节，将药物商品按一定的数量（或重量）、形状、尺寸规格、大小相互配套包装并标明数量、规格、价格等，有利于在流通过程的管理中对商品进行识别和销售统计。包装还加速药物商品流转，提高药物商品在流通过程中的经济效益。离开了包装，药物商品就难以进入流通，更无法使用。由此可见，包装在药物商品流通过程中必不可少。

3. 商品宣传、美化以促进销售

在市场经济中，药物商品间销售竞争激烈。优质的药物商品包装体现了产品的高质量，增强了药物商品的竞争力。新颖别致的药物商品包装设计与造型，能诱导和激发消费者的购买欲望。因此，包装和装潢在购买者与药物商品之间起着连接（媒介）作用；药物商品通过包装能够起到宣传、美化，推销自身的作用。由此可见，包装可称得上是"无声的推销员"。

4. 方便应用

随着人们消费水平的提高，绝大多数的销售包装都是随着药物商品一起交给消费者的。药物商品包装大小适宜、形式多样，对消费者来说，使用方便、携带方便、保管方便是极其重要的。药物商品包装的标示既可保证药物商品不被假冒，又介绍了药物商品的成分、性质、用途和使用方法，对消费者能起到指导作用。由此可见，包装可称得上是"无声的讲解员"。

第三节 药物商品的包装材料与药包材的管理

药物商品的包装材料是指用来包装药品的或用来包装医疗器械的包装材料，它是可服用的、接触药物商品的，或用作功能性（如防潮、阻隔、运输、装潢、印刷）外包装的包装材料和包装辅助材料的总称。**药包材**是指直接接触药品的包装材料和容器。

药物商品的包装材料既包括塑料、纸、玻璃、金属、陶瓷、食用淀粉、明胶、蜡、竹木与野生藤类、天然纤维与化学纤维、复合材料等，又包括缓冲材料、涂料、胶黏剂、装潢与印刷材料和其他辅助材料等。

一、药物商品常用的包装材料

1. 玻璃

玻璃具有能防潮、易密封、透明和化学性质较稳定等优点，是目前使用较多的药品包装材料之一，但玻璃也有许多缺点，如可因受到水溶液的侵蚀而释放出碱性物质和不溶性脱片。还有较重、易碎，给运输带来不便。常用的玻璃有普通玻璃、中性玻璃、含钡玻璃、含锆玻璃等。为保证药品质量，药典规定的安瓿、大输液玻璃瓶必须采用硬质中性玻璃。遇光易变质的药品，应储存于棕色玻璃容器内。因棕色玻璃能较好地阻断紫外线的通过，防止紫外线对药物的破坏。

2. 塑料

塑料是现代包装工业中常用的包装材料。可用于药品的内、外包装，具有包装牢固、容易封口、色泽鲜艳、透明美观、重量轻、携带方便、价格低廉等优点。但是由于塑料在生产过程中常加入附加剂，如增塑剂、稳定剂、抗氧剂、防腐剂及着色剂等，作为直接接触药品的包装材料，这些附加剂可与药品发生化学反应，以致药品质量发生变化。塑料还具有透气、透光、易吸附等缺点，这些缺点均可加速药品氧化变质的速度，引起药品变质。塑料按其对人体的毒性情况可分为无毒塑料、低毒塑料和有毒塑料三种，目前广泛用作药品容器的为无毒塑料。

3. 纸制品

纸质包装材料的优点是：成本低廉、体积和重量较小、加工性能好、便于成型，适合于大规模机械化生产；易于印刷，图案、字迹清晰牢固；具有一定的弹性和强度，能满足各类包装需求，有效保护商品；无毒、无味，对包装物品不产生污染；来源广泛，可以回收进行二次利用，不会造成环境污染；可与塑料薄膜、铝箔等复合，成为性能更优良的包装材料；

品种多样，可以满足不同药物商品的包装需要。缺点是：耐水性差，强度较低，易变形。常见的有各型黄板、瓦楞纸箱、纸盒、纸袋及纸桶等。这是当今使用最广泛的包装材料之一。

4. 金属

金属作包装材料已有很长的历史了，常用的是黑铁皮、镀锌铁皮、马口铁、铝箔等。一般用于盛装需要密封的软膏、液体药物、化学危险品、压缩气体等。该类包装耐压，密封性能好，但成本比较高。

> **相关链接**
>
> **常见金属包装材料**
>
> (1) 锡　锡具有良好惰性、冷锻性好的优点，纯锡管包装常用于一些眼用软膏的包装。
> (2) 铅　铅容器常用于日用品的包装，由于铅本身毒性的问题，内服制品一般不用铅。
> (3) 铁　药物包装中不用铁，但镀锡钢应用于制造桶、旋转帽盖与气雾剂容器，马口铁是包涂纯锡的低碳钢皮，它具有钢的强度与锡的抗腐蚀力。
> (4) 铝　铝具有质轻、延展性好、可锻性、无气、无味、无毒、不透性好的优点。

5. 木材

木制品具有耐压性能，是常用的外包装材料，主要有木箱、胶合板箱、木桶、木格箱等。但由于木材资源短缺，有逐步被纸和塑料制品取代的趋势。

6. 复合材料

复合材料是用塑料、纸、铝箔等进行多层复合而制成的包装材料。常用的有纸-塑复合材料、铝箔-聚乙烯复合材料、铝箔-聚氯乙烯复合材料等。这些复合材料具有良好的机械强度、耐生物腐蚀性能、保持真空性能及耐高压性能等。复合材料是包装材料中的新秀，是药包材今后发展的主要趋势。

7. 橡胶制品

药用包装上使用橡胶制品最多的是各种瓶塞，主要用于严封包装抗生素粉针剂、冻干粉、输液、血浆等瓶装药品。由于与药品直接接触，故要求具有非常好的生化稳定性及优良的密封性，以确保药品在有效期内不因空气及湿气的渗透而变质。用于输液瓶的药用橡胶塞应采用丁基橡胶而不用天然橡胶。

现在药品包装材料向以纸代木、以塑代纸或向以纸、塑、铝箔等组成各种复合材料的方向发展。特种包装材料，如聚四氟乙烯塑料、有机硅树脂、聚酯复合板或发泡聚氨酯等的使用都处于上升趋势。

> **知识拓展**
>
> **纳米抗菌性包装材料**
>
> 纳米抗菌性包装材料在药品包装领域具有十分广阔的应用前景，代表性的抗菌性包装材料主要有纳米纸、纳米复合抗生素薄膜等，主要技术就是将一些纳米级的无机抗菌剂加入造纸浆料或者薄膜中，制成抗菌性能极强的纳米纸、纳米薄膜。通过对非离子型表面活性剂对聚乙烯-层状硅酸盐的纳米复合材料的剥离和综合性能（拉伸和气体透过性）的研究发现，该种复合材料可以大大改善剥离强度和气体阻隔性能，可以提供一个高阻气和高阻湿的包装环境，作为食品和药品的包装材料极为有利。但这些研究还刚刚起步，纳米抗菌性包装材料应用于药品包装前还需要进一步研究其相容性、广谱性和长效性等问题，但这将是今后药品包装材料开发与应用的一个热点和主要方向。

二、药物商品常用的包装容器

1. 密闭容器

指能防止尘埃、异物等混入的容器,如玻璃瓶、纸袋、纸盒、塑料袋、木桶及纸桶(内衬纸袋或塑料袋)等。凡受空气中氧、二氧化碳、湿度影响不大,仅需防止损失或尘埃等杂质混入的药品均可使用此类容器。

2. 密封容器

指能防止药品风化、吸湿、挥发或与异物污染的容器,如带紧密玻塞或其他材料塞子的玻璃瓶、软膏管、铁罐等,最好用适宜的封口材料辅助密封,适用于盛装易挥发的液体药品及易风化、潮解、氧化的固体药品。

3. 熔封和严封容器

系指将容器熔封或以适宜的材料严封,能防止空气、水分进入与细菌污染的容器,如玻璃安瓿或输液瓶等。用于注射剂、血清、血浆及各种输液的盛装。

4. 遮光容器

指能阻止紫外线的透入,保护药品不受光化作用的一种容器。如棕色玻璃瓶,普通无色玻璃瓶外面裹以黑纸或装于不透明的纸盒内也可达到遮光的目的。主要用于盛装遇光易变质的药品。

三、药物商品的辅助包装材料

1. 橡胶塞

橡胶一般需硫化处理。它具有良好的弹性,耐磨、机械强度和化学耐蚀性也较好。橡胶塞不仅有形状和规格上的区别,而且在组成上也各不相同,有的为天然橡胶,有的为合成橡胶(如丁基橡胶)。天然橡胶在割胶和加工过程中不可避免地受到细菌、植物枝叶、花粉等的污染,造成其成分复杂,存在异性蛋白等杂质引起注射剂热源、澄明度和不溶性微粒等,给用药安全留下严重隐患的问题,我国于1995年作出了按时限逐步淘汰普通天然胶塞包装药品的部署。2004年国家食品药品监督管理局下发的《关于进一步加强直接接触药品的包装材料和容器监督管理的通知》明确规定:从2005年1月1日起禁止所有药品采用普通天然胶塞包装。在药品保管中,应注意因橡胶质量不好或处理不当而引起的药液浑浊或沉淀现象。

2. 塑料盖塞

塑料盖塞化学性质稳定,不与药液发生反应,不被药液腐蚀;光洁美观,不落屑,不易吸收药液,较少引起药量改变;有一定弹性,如和瓶口大小吻合,则密闭度较好。其缺点是弹性较橡胶塞差,和瓶口大小稍有不合适,即易造成药液挥发、渗漏或吸潮而发生理化性质改变;有些塑料盖塞表面也有吸着作用。

在药品保管中,要经常观察有无因塑料盖塞大小不合适或弹性差而造成封口不严等情况,以便及时发现问题,早做妥善处理,避免或减少药品损失。

3. 玻璃瓶塞

有些药液能腐蚀橡胶塞,其容器可用磨砂玻璃塞封闭,例如浓硫酸、浓盐酸、浓硝酸等。但对含苛性碱及树脂的药液则不适合应用。玻璃塞质脆易碎且成本高,现多以塑料盖塞代替。

四、直接接触药品的包装材料(药包材)的管理

直接接触药品的包装材料和容器是药品不可分割的一部分,它伴随药品生产、流通及使用的全过程。尤其是药品制剂,一些剂型(如胶囊剂、气雾剂、水针剂等)本身就是依附包装而存在的。由于药品包装材料、容器组成配方、所选择原辅料及生产工艺不同,有的组分可能被所接触的药品溶出、或与药品互相作用、或被药品长期浸泡腐蚀脱片而直接影响药品

质量。而且有些对药品质量及人体的影响具有隐患性（即通过对药品质量及人体的常规检验不能及时发现问题）。例如安瓿、输液瓶（袋），如果不是针对不同药品采用不同配方和生产工艺，常常会有组分被溶出及玻璃脱片现象，一般在常规药检时不能发现，例如，天然橡胶塞中溶出的异性蛋白对人体可能是致热源，溶出的吡啶类化合物是致癌、致畸、致突变的肯定因素，而细微的玻璃脱片是堵塞血管形成血栓或肺肉芽肿的隐患，等等。另外，由于药品的种类多且有效活性基团复杂，所以对与其直接接触的包装材料和容器的要求相对于其他产品来说要高得多。《药品管理法》规定：直接接触药品的包装材料和容器，应当符合药用要求，符合保障人体健康、安全的标准。对不合格的直接接触药品的包装材料和容器，由药品监督管理部门责令停止使用。原国家食品药品监督管理局公布的《直接接触药品的包装材料和容器管理办法》，明确了实施注册管理的药包材产品种类，加强了对药包材生产流通环节的抽查，规范了药包材的质量标准与检验方法以及药品包装的详细规定，对保障药品质量、方便药品运输和指导患者用药等方面起到了重要作用。

五、药物商品包装的标志

药品包装标志是为了便于货物交接、防止错发错运，便于识别，便于运输、仓储和海关等有关部门进行查验等工作，也便于销售和使用，包装标志有以下类型。

1. 运输标志，即唛头

这是贸易合同、发货单据中有关标志事项的基本部分。它一般由一个简单的几何图形以及字母、数字等组成。唛头的内容包括：目的地名称或代号，收货人或发货人的代用简字或代号、件号（即每件标明该批货物的总件数），体积（长×宽×高），重量（毛重、净重、皮重）以及生产国家或地区等。

中国运输包装收发货标志如图 5-1 所示（以医药商品为例）。

图 5-1 中国运输包装收发货标志（GB 6388—86）

2. 指示性标志

按商品的特点，对于易碎、需防湿、防颠倒等商品，在包装上用醒目图形或文字标明"小心轻放""防潮湿""此端向上"等。见图 5-2。

   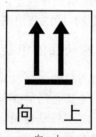

易碎物品　　　　防　晒　　　　防辐射　　　　向　上

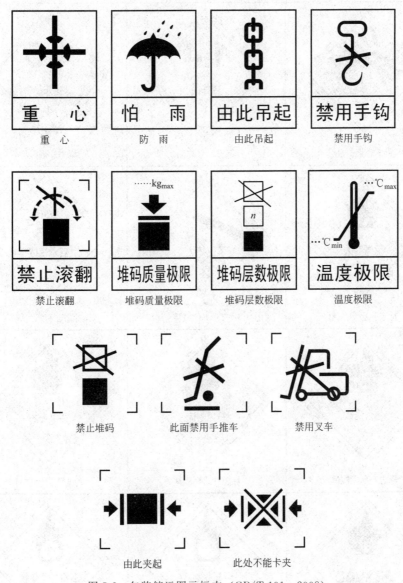

图 5-2 包装储运图示标志（GB/T 191—2008）

3. 警告性标志

对于危险物品，例如易燃品、有毒品或易爆炸物品等，在外包装上必须醒目标明，以示警告。见图 5-3、图 5-4。

图 5-3 我国政府规定的毒、麻、精、放、外用药品标识

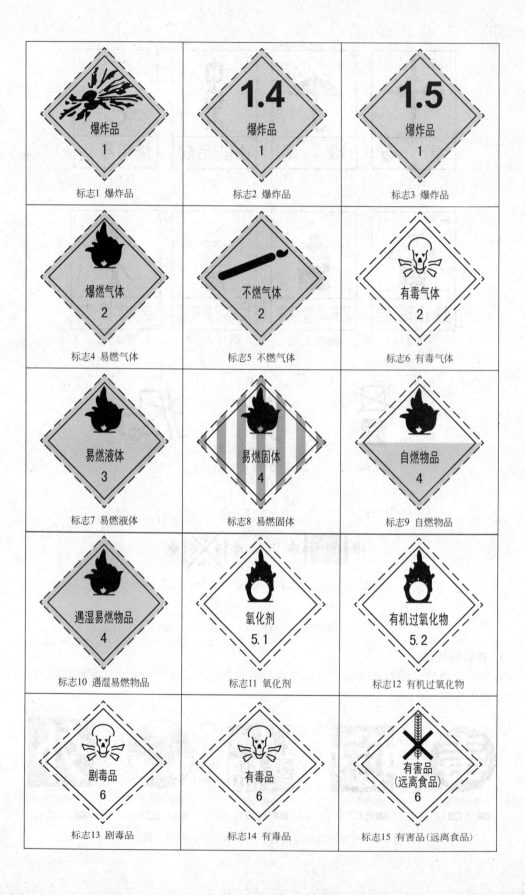

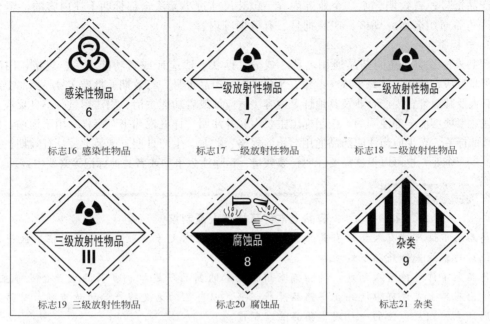

图 5-4 中国危险货物包装标志（GB 190—2009）

第四节 药物商品的标签和说明书

药物商品的标签和说明书是国务院药品监督管理部门核准的药品的重要包装内容之一，是向大众宣传介绍药物商品的特性、指导合理用药和普及医药知识的主要媒介，也是药品生产企业报请审批药品生产的必备资料之一。

国家对药品标签和说明书实行严格管理。2019年8月新修订的《药品管理办法》第四十九条明确规定：药品包装应当按照规定印有或者贴有标签并附有说明书。标签或者说明书应当注明药品的通用名称、成分、规格、上市许可持有人及其地址、生产企业及其地址、批准文号、产品批号、生产日期、有效期、适应证或者功能主治、用法、用量、禁忌、不良反应和注意事项。标签、说明书中的文字应当清晰，生产日期、有效期等事项应当显著标注，容易辨识。目前药物商品的说明书和标签人仍依据和 2006 年 3 月原国家食品药品监督管理局也公布人《药品说明书和标签管理规定》（局令第 24 号）实行管理。相信与新修订的《药品管理办法》规定配套的规章、规范性文件和技术指南等相关文件发布后药品标签和说明书的一些要求会有新的调整。

一、药物商品的标签

药物商品标签指药品包装上印有或者贴有的内容。一般用纸张印刷粘贴或储存在容器中或记载在容器身上。标签是药品包装的组成部分；主要有向消费者说明、介绍药品特性的作用；同时也是我们从外观识别假、劣药的依据之一。

药品标签分为内标签与外标签。**药品内标签**指直接接触药品的包装的标签，**外标签**指内标签以外的其他包装的标签。药品标签的内容不得超出国家食品药品监督管理局批准的药品说明书所限定的内容；文字表达应与说明书保持一致。

1. 内标签

药品的内标签应当包含药品通用名称、适应证或者功能主治、规格、用法用量、生产日期、产品批号、有效期、生产企业等内容。包装尺寸过小无法全部标明上述内容的,至少应当标注药品通用名称、规格、产品批号、有效期等内容。

2. 外标签

药品外标签应当注明药品通用名称、成分、性状、适应证或者功能主治、规格、用法用量、不良反应、禁忌、注意事项、贮藏、生产日期、产品批号、有效期、批准文号、药品上市许可持有人及其地址、生产企业及其地址等内容。适应证或者功能主治、用法用量、不良反应、禁忌、注意事项不能全部注明的,应当标出主要内容并注明"详见说明书"字样。用于运输、储藏的包装的标签,至少应当注明药品通用名称、规格、贮藏、生产日期、产品批号、有效期、批准文号、生产企业,也可以根据需要注明包装数量、运输注意事项或者其他标记等必要内容。

相关链接

药品上市许可持有人及制度

药品上市许可持有人指持有药品注册证书(药品批准文号、进口药品注册证、医药产品注册证)的企业或者药品研制机构。

药品上市许可持有人制度:是指拥有药品技术的药品研发机构、药品生产企业等主体,通过提出药品上市许可申请并获得药品注册证书,以自己的名义将产品投放市场,对药品全生命周期承担相应责任的一种现代药品管理制度。

根据新修订的药品管理法,自2019年12月1日起我国全面实施药品上市许可持有人制度。该制度是当今国际社会特别是发达国家普遍采用的现代药品管理制度。其采用药品上市许可与生产许可分离的管理模式,允许药品上市许可持有人自行生产药品,或者委托其他生产企业生产药品。新修订的药品管理法建立上市许可持有人制度,一是落实药品全生命周期的主体责任,二是可以激发市场活力,鼓励创新,优化资源配置。

资料卡

原料药的标签应当注明药品名称、贮藏、生产日期、产品批号、有效期、执行标准、批准文号、生产企业,同时还需注明包装数量以及运输注意事项等必要内容。

二、药品的说明书

药品说明书是随药品一起附入装盒或箱内的有关该药品的资料,也是药品包装内容之一。药品的说明书应列有以下内容(见化学药品与生物制品说明书格式)。

××××说明书

【药品名称】
通用名:
商品名:
英文名:
汉语拼音:
本品主要成分及其化学名称为:
注:1. 复方制剂本项内容应写为:"本品为复方制剂,其组分为:"。
  2. 生物制品本项内容为主要组成成分。
其结构式为:
分子式:
分子量:
【性状】
【药理毒理】

【药代动力学】
【适应证】
【用法用量】
【不良反应】
【禁忌】
【注意事项】
【孕妇及哺乳期妇女用药】
【儿童用药】
【老年患者用药】
【药物相互作用】
【药物过量】
【规格】
【有效期】
【贮藏】
【批准文号】
【生产企业】（药品上市许可持有人及其地址、生产企业及其地址、联系电话）

如某一项目尚不明确，应注明"尚不明确"字样；如明确无影响，应注明"无"。

药品的用法用量除单位含量标示外，还应使用通俗易懂的文字，如："一次×片，一日×次""一次×支，一日×次"等，以正确指导用药。

对于麻醉药品、精神药品、医疗用毒性药品、放射性药品等特殊管理的药品及外用药品、非处方药品，必须在其中包装、大包装和标签、说明书上印有符合规定的标志；对有特殊贮藏要求的药品，必须在包装、标签的醒目位置和说明书中注明。

药品的包装、标签及说明书在申请该药品注册时依药品的不同类别按照相应的管理规定办理审批手续。已注册上市的药品，凡修订或更改包装、标签或说明书的，均须按照原申报程序履行报批手续。

药品说明书的有关内容简介如下。

（一）药品名称（数字资源5-1）

数字资源5-1
认识药品名称

药品名称是药品标签上的主要内容，药品的名称又可分为通用名、商品名、英文名、汉语拼音及其化学名称等。值得注意的有如下几点。

1. 通用名

药品的通用名是指在世界各国通用的名称。我国《药品管理法》中规定，列入国家药品标准的药品名称为药品通用名称。药品通用名称也称"法定名称"。通用名应做到：①科学、明确、简单，（一般3~4字），如阿莫西林、阿司匹林；②避免采用可能给患者以暗示的有关药理学、治疗学或病理的药品名称并不得使用代号，如"安定"改为"地西泮"。《药品管理法》和《药品说明书和标签管理规定》规定，在药品包装上或药品说明书上应标有药品通用名。药品通用名称应当显著、突出，其字体、字号和颜色必须一致，并符合以下要求。

① 对于横版标签，必须在上三分之一范围内显著位置标出；对于竖版标签，必须在右三分之一范围内显著位置标出。

② 不得选用草书、篆书等不易识别的字体，不得使用斜体、中空、阴影等形式对字体进行修饰。

③ 字体颜色应当使用黑色或者白色，与相应的浅色或者深色背景形成强烈反差。

④ 除因包装尺寸的限制而无法同行书写的，不得分行书写。

2. 商品名

药品的商品名又称为商标名，是经国家药品监督管理部门批准的特定企业使用的该药品专用的商品名称。许多生产厂家或企业为了树立自己的形象和品牌，往往给自己的产品注册商品名（品牌名），以示区别。如通用名为罗红霉素的药物，法国罗素优克福公司生产的其商品名为"罗力得"，哈药六厂生产的其商品名为"严迪"。

在商品经济活动中，商品名也属于知识产权的范畴，它具有参与市场竞争的特殊功能。凡注册的商品名在其包装、标签的药名上均有注册标记，任何其他企业未经授权不得擅自使用他人已注册的商品名，否则构成侵权。

在我国药品一药多名的现象比较严重，主要是由于我国的药厂非常多，同一通用名药品常有多种不同的商品名，少则几个，多则几十个甚至上百个。如阿奇霉素有希舒美、泰力特、芙奇星、丽珠奇乐等几十个商品名称；对乙酰氨基酚有泰诺、扑热息痛、百服宁、必理通、醋氨酚、泰诺止痛片、退热净、雅司达、泰诺林、斯耐普、一粒清等上百个名称。一药多名在用药上存在较大的安全隐患，易致重复用药、用药过量或导致中毒。因此，药品的使用必须看清它的通用名称是否一个，以避免重叠服用而导致中毒、不良反应甚至死亡。

3. 外文名

为了避免药品名称的混乱带给人们用药的潜在危害，世界卫生组织与各国专业术语委员会密切协作，为每一种在市场上按药品销售的活性物质起了一个世界范围内都可以接受的唯一名称，即药品的国际非专利名称（International Nonproprietary Name，INN）。本教材中药物商品的外文名均采用国际非专利名称。

采用国际非专利名称的目的在于便于识别药品，有利于对药品的监督管理，便于国际协作和交流。我国专业术语系统命名的权力归国家食品药品监督管理局药典委员会。

4. 化学名

根据药物的化学结构，按照一定的命名原则对药物制定名称，如抗甲结核病药对氨基水杨酸钠其化学名为 4-氨基-2-羟基苯甲酸钠盐二水合物。对药品的化学名称的阅读，可以帮助医药工作者了解药品的结构，判断其性质、作用和分类。

（二）有效期

药品的有效期是药品被批准的使用期限。也即指在一定的储存条件下，能够保证药品质量的期限。我国《药品管理法》第九十八条规定："未标明有效期或者更改有效期的药品按劣药论处。"根据这一规定，所有药品都要制定有效期，且应在药品说明书及标签（至每一最小包装单位上）标明该药品的有效期。

药品标签中有效期的标示是按照年、月、日的顺序标注，年份用四位数字表示，月、日用两位数表示。其具体标注格式为"有效期至××××年××月"或者"有效期至××××年××月××日"；也可以用数字和其他符号表示为"有效期至××××.××."或者"有效期至××××/××/××"等。

（三）药品的批准文号

1. 批准文号概念

药品批准文号是国家药品监督管理部门批准药品生产企业生产药品的文号，是药品生产合法性的重要标志。每一个生产企业的每一个品种每一规格都有一个特定的批准文号。国外以及中国香港、澳门和台湾地区生产的药品进入国内上市销售的，必须经国家药品监督管理部门批准注册，并取得相应药品批准文号。

2. 药品批准文号格式

国家市场监督管理总局 2020 年新发布的《药品注册管理办法》明确规定如下。

境内生产药品批准文号格式为：国药准字 H（Z、S）＋四位年号＋四位顺序号。

中国香港、澳门和台湾地区生产药品批准文号格式为：国药准字 H（Z、S）C＋四位年号＋四位顺序号。

境外生产药品批准文号格式为：国药准字 H（Z、S)J＋四位年号＋四位顺序号。

其中，H 代表化学药，Z 代表中药，S 代表生物制品。

药品批准文号，不因上市后的注册事项的变更而改变。

目前药品批准文号中的数字前四位有从 1998 开始至今的年份和特定的"××02"两种形式。含有"××02"形式的批准文号为 2002 年各省、自治区、直辖市地方药品标准升为国家药品标准后由国家食品药品监督管理局审批的药品批准文号格式，"××"为各省、自治区、直辖市行政区划代码。见表 5-1。如"国药准字 S44020568"是指原广东省地方标准上升为国家药品标准后统一批准文号格式的药品文号。

表 5-1　药品批准文号采用的中华人民共和国行政区划代码

代码	省(自治区、直辖市)	代码	省(自治区、直辖市)	代码	省(自治区、直辖市)	代码	省(自治区、直辖市)
11	北京市	31	上海市	42	湖北省	53	云南省
12	天津市	32	江苏省	43	湖南省	54	西藏自治区
13	河北省	33	浙江省	44	广东省	61	陕西省
14	山西省	34	安徽省	45	广西壮族自治区	62	甘肃省
15	内蒙古自治区	35	福建省	46	海南省	63	青海省
21	辽宁省	36	江苏省	50	重庆市	64	宁夏回族自治区
22	吉林省	37	山东省	51	四川省	65	新疆维吾尔自治区
23	黑龙江省	41	河南省	52	贵州省		

课堂活动　讨论药物商品的注册证书号和药品的批准文号的关系。

（四）药品的产品批号

药品的产品批号是用于识别某一批产品的一组数字或数字加字母。一般把在规定限度内具有同一性质和质量，并在同一连续生产周期中生产出来的一定数量的药品为一批。每批药品均应编制产品批号，药品的包装上必须标明产品批号。药品的产品批号的作用有：①追溯和审查该批产品的生产历史；②是留样观察的最小单位，借以考察其质量情况。在药品的抽样检验或临床应用出现问题时，可根据药品的批号，将不合格药品的同一批次进行处理。

相关链接

药品的产品批号不等同于其生产日期

根据我国《药品管理法》有关规定：药品包装上必须按照规定印有或者贴有产品批号、生产日期、有效期。必须注意的是药品的产品批号并不等同于药品生产日期，如某产品批号可标示为 20020215、20031245、200507AD 等，其与产品的生产日期没有直接联系，从批号上也不能确定生产日期。

（五）药品的商标

商标，是指生产者、经营者为使自己的商品或服务与他人的商品或服务相区别，而使用在商品及其包装上或服务标记上的由文字、图形、字母、数字、三维标志和颜色组合，以及上述要素的组合所构成的一种可视性标志。世界知识产权组织（WIPO）对商标的定义为：商标是用来区别某一工业或商业企业或这种企业集团的商品的标志。

商标注册可使药品更有效地获得法律保护，增强其市场竞争力，也有助于消费者认牌购物，正确地选择安全有效的药品，支持其对药品与生产厂家的信心。

注册商标是指国家工商行政管理局商标局依照法定程序核准注册（即在商标局设置的《注册商标簿》上予以登记）的商标。按照法律的规定，商标一旦获准注册，注册人即享有该商标的专用权，任何人不经注册人同意，不得在相同或类似的商品上使用该商标或与该商标近似的商标。否则将构成商标侵权，要追究法律责任。注册商标有效期为10年。

使用在商标上的符号通常有：①"TM"——商标符，TM是TRADEMARK的缩写，它与R不同，标注TM的文字、图形或符号是商标，但不一定已经注册（未经注册的不受法律保护）。TM表示的是该商标已经向国家商标局提出申请，并且国家商标局也已经下发了《受理通知书》，进入了异议期，这样就可以防止其他人提出重复申请，也表示现有商标持有人有优先使用权。②R——注册符，R是REGISTER的缩写，意思是该商标已在国家商标局进行注册申请并已经商标局审查通过，成为注册商标。注册商标具有排他性、独占性、唯一性等特点，属于注册商标所有人独占，受法律保护，任何企业或个人未经注册商标所有权人许可或授权，均不可自行使用，否则将承担侵权责任。我国《商标法实施条例》规定，使用注册商标，可以在商品、商品包装、说明书或者其他附着物上标明"注册商标"或者注册标记。注册标记包括㊟和®。使用注册标记，应当标注在商标的右上角或者右下角。

《药品管理法》规定药品的通用名不得作为药品商标使用。

相关链接

药品不一定需使用注册商标

根据最新颁布的《商标法》（2001年颁布）和《药品管理法》（2001年颁布）的有关规定：国家已经取消了对人用药品必须使用注册商标的规定。不过许多医药企业为了提高药品的知名度、提高产品的竞争力、保障药品质量、使消费者对本企业的产品产生偏爱从而认牌购买，仍然注册商标。

（六）条形码

条形码是一组规则的条、空及对应字符组成的用于表示一定信息的标志，是商品利用光电扫描阅读设备给计算机输入数据的特殊代码。它具有可靠性高、输入快、适用性广、简便易行的特点，条形码的外形是印在商品包装上的粗细不等的深色线条，线条下编有数字码。凡是规则包装的商品都可以使用条形码标志。每一种产品的条形码是不同的，所以又称为商品代码。见图5-5。

图5-5 某药物商品的条形码

【本章小结】

1. 药物商品质量的特征表现在有效性、安全性、稳定性、均一性。
2. 药品应当符合国家药品标准。国务院药品监督管理部门颁布的《中华人民共和国药典》和药品标准为国家药品标准。

3. 消费者可简单识别假劣药品的方法有：看批准文号、看生产批号和有效期、看外包装、看外观、看生产厂家、看药品说明书、看颜色、依据药品气味。

4. 药物商品的包装有保护商品；便于流通；商品宣传、美化以促进销售；方便应用四方面的作用。药物商品的包装分为内包装与外包装。内包装系指直接与药品接触的包装，外包装系指内包装以外的包装，按由里向外分为中包装和大包装。

5. 药品的标签和说明书是药品的重要包装内容之一，是药品生产企业报请审批药品生产的必备资料之一。

【思考题】

1. 药物商品有哪些质量特征？
2. 什么是药品的批号和批准文号，它们有何作用？
3. 为什么要实行药品上市许可持有人制度？
4. 简述密封和密闭的异同。

【信息搜索】

1. 2019 年国家新修订的《药品管理法》中对药品上市许可持有人的权利和责任作出了哪些规定？
2. 药品商品包装上有哪些与药品信息相关的电子码？

第六章 处方及处方调剂

学习目标

知识目标：
- 掌握处方的内容、处方制度及处方调剂的基本程序。
- 熟悉处方的种类及处方调剂的注意事项。
- 了解处方的意义。

能力目标：
- 准确调剂处方，把好处方质量关，促进合理用药，保障医疗安全。

第一节 处方的基本知识

数字资源 6-1
认识处方

一、处方的定义

处方是指由注册的执业医师和执业助理医师（以下简称医师）在诊疗活动中为患者开具的、由取得药学专业技术职务任职资格的药学专业技术人员（以下简称药师）审核、调配、核对，并作为患者用药凭证的医疗文书。它具有法律、技术和经济上的意义。

二、处方的意义

①在法律上，因开写或调剂处方所出现的任何失误所造成的医疗事故，医师和药师分别负有相应的法律责任。处方是追查医师或药剂人员法律责任的依据。②在经济上，处方还用于检查药价，统计调配药品工作量、药品消耗量（尤其是贵重药品、医疗用毒性药品、麻醉药品、精神药品）等的原始资料，作为报销、预算及采购的依据。③在技术上，它说明了药品的名称、剂型、规格、数量及用法用量。

因此处方的正确书写，对于确保疗效，杜绝差错事故，有着极其重要的意义。

三、处方的种类

根据原卫生部发布的《处方管理办法》，处方可分为普通处方、急诊处方、儿科处方、麻醉药品和第一类精神药品处方、第二类精神药品处方。

(1) 普通处方 用于非急诊十四岁及十四岁以上患者的开写除麻醉药品、精神药品以外的其他药品的处方。

(2) 急诊处方 用于急诊患者的开写除麻醉药品、精神药品以外的其他药品的处方。

(3) 儿科处方 用于十四岁以下患儿的开写除麻醉药品、精神药品以外的其他药品的处方。

(4) 麻醉药品和第一类精神药品处方 开写麻醉药品和第一类精神药品的特殊处方。

(5) 第二类精神药品处方 开写第二类精神药品的特殊处方。

另外，处方还包括医疗机构病区用药医嘱单。

四、处方的格式

(一) 处方的印制及颜色

处方由各医疗机构按卫健委统一规定的处方标准和省级卫生行政部门统一制定的处方格式印制。

① 普通处方印刷用纸为白色。
② 急诊处方印刷用纸为淡黄色,右上角标注"急诊"。
③ 儿科处方印刷用纸为淡绿色,右上角标注"儿科"。
④ 麻醉药品和第一类精神药品处方印刷用纸为淡红色,右上角标注"麻、精一"。
⑤ 第二类精神药品处方印刷用纸为白色,右上角标注"精二"。

(二) 处方的内容

处方包括前记、正文和后记三部分,开写处方时依次填写。

1. 处方前记

包括医疗、预防、保健机构名称,费别、患者姓名、性别、年龄、门诊或住院病历号、科别或病区和床位号、临床诊断、开具日期等。可添列特殊要求的项目。麻醉药品和第一类精神药品处方还应当包括患者身份证明编号,代办人姓名、身份证明编号。

2. 处方正文

为处方的主要部分,以印在左上角的 Rp 或 R(拉丁文 Recipe "请取"的缩写)标示,分列药品名称、剂型、规格、数量、用法用量。

(1) 处方的药品名称 药品名称应当使用经药品监督管理部门批准并公布的药品通用名称、新活性化合物的专利药品名称和复方制剂药品名称,院内制剂也应使用经药品监督管理部门批准的名称,还可以使用由药品监督管理部门公布的药品习惯名称,用中文或英文书写。处方使用通用名称或习惯名称,药剂师可根据经济学的原则选择不同厂家的产品,尽可能减轻患者经济负担。另一方面,不同厂家的新产品在生产工艺、赋形剂、附加剂等方面有所不同,药物的生物利用度、患者的依从性等亦有不同,因此对临床疗效有不同的影响,所以医师可以指定具体厂家的药品。

药名不能用汉语拼音或化学元素符号(如碳酸氢钠写成 $NaHCO_3$,氯化钾写成 KCl 等)书写。

同一种药物可能有不同的剂型,原则上处方中应注明药物的剂型。用中文开写的处方,剂型写在中文药名后;而用外文开写的处方,剂型则写在外文药名前。如中文开写的头孢拉定胶囊、头孢拉定注射剂,英文分别写为 Caps. Cefradine 和 Inj. Cefradine。

案例 6-1

一患者因呼吸道感染到某医院就诊,该患者对磺胺过敏,医生为其开了"百炎净"等药进行治疗,用药后患者出现了严重的过敏反应(剥脱性皮炎),使患者的生命受到了威胁。

"百炎净"为复方磺胺甲噁唑的商品名,由于商品名大多不能体现出药物的类别,且一种药物有多个商品名,致使开药医生不知道"百炎净"属于磺胺类药物,给患者造成了巨大的伤害。因此,在《处方管理办法》中规定处方中的药品名称应当使用经药品监督管理部门批准并公布的药品通用名称。

请同学们通过本案例学习,加深对药品使用通用名称重要性的认识。

---

(2) 药品的剂量与数量 药品剂量与数量一律用阿拉伯数字书写。剂量应当使用法定剂

量单位：重量以克（g）、毫克（mg）、微克（μg）、纳克（ng）为单位；容量以升（L）、毫升（mL）为单位；国际单位（IU）、单位（U）；中药饮片以克（g）为单位。

片剂、丸剂、胶囊剂、颗粒剂分别以片、丸、粒、袋为单位；溶液剂以支、瓶为单位；软膏及乳膏剂以支、盒为单位；注射剂以支、瓶为单位，应当注明含量；中药饮片以剂为单位。

药品剂量书写，重量用克（g）时，可以省去单位，其他不能随便省去。小数点前要加零，如0.25；整数后如无小数，也必须用小数点和零，如5.0。每次剂量不应超过药典规定的极量，若因病情需要超过极量时，医师应在超剂量药物旁签名，否则药房有权拒绝配药及发药。

（3）用法用量　用法主要有内服、注射和外用三大类别，处方中Signature是对患者发出用药指示的意思，通常缩写为Sig。具体内容有：每次剂量、每日次数、给药途径及给药时间。

处方中常见的外文缩写见表6-1、表6-2。

表6-1　处方中常见的外文缩写（用药方法）

缩　写	中文含义	缩　写	中文含义
qm	每日早晨	am	上午,午前
did(od)	每日	pm	下午,午后
qd(sid)	每日1次	12n	中午
bid	每日2次	im	肌内注射(肌注)
tid	每日3次	ih	皮下注射(皮下)
qid	每日4次	iv	静脉注射(静注)
q2d(qod)	每2日1次（隔日一次）	ivgtt 或 ivdrip	静脉滴注(静滴)
qh	每1小时	gutt(gtt)	滴
q4h	每4小时	CT	皮试
qn	每晚	po	口服
bin	每晚2次	deg	吞服
ad	睡前	inspir	吸入
hs	睡觉时	instill	滴入
qs	适量	ac	饭前
aa	各	pc	饭后
us Ext	外用	ic(intc)	饭间
us Int	内服	prn	必要时
Stat！或 St！	立即	sos	需要时
Cito！	急！急速地！	ad	加至

表6-2　处方中常见的外文缩写（制剂名称）

缩　写	中文含义	缩　写	中文含义
Amp	安瓿	Aq	水、水剂
Caps	胶囊	Co 或 Comp	复方
Dec	煎剂	Extr	浸膏
Gutt	滴剂	Inj	注射剂
Lin	擦剂	Liq(Sol)	溶液剂
Mist(Mixt)	合剂	Neb	喷雾剂
Ocul	眼膏	Pl	油
Pig	涂剂	Pil	丸剂
Pot	饮剂药水	Supp	栓剂
Tab	片剂	ug;ung	软膏
NS	生理盐水	GS	葡萄糖溶液

对于外用药还有很多暂无略语表示的，可用中文具体写清楚用法，如雾化吸入、漱口、浸泡等。每次用药剂量可以准确操作的，应写明具体剂量，难以操作的，可写"适量"。对多部位用药者可简写为"患处"。

3. 处方后记

医师签名或者加盖专用签章，药品金额以及审核、调配、核对、发药药师签名或者加盖专用签章。

如某三级甲等医院处方示例如下。

×××××医院处方笺

费别：　　　　　　　医疗证/医保卡号：　　No1030522

姓名：　　　　　　　性别：　　　　　　　年龄：

门诊/住院病历号：　　　　　　科别（病区/床位号）：

临床诊断：　　　　　　开具日期：　年　月　日

住址/电话：

Rp　①氨酚待因片　9片
　　　　用法：1片　必要时服用
　　　②复方美沙芬糖浆　120mL×2
　　　　用法：10mL　3/日　口服

医师：　　　　　　　　　　药品金额：

审核药师：　　　　　　　调配药师/士：　　　　　　　核对、发药药师：

五、处方的书写规则

① 处方一律以蓝色或黑色钢笔（或圆珠笔）书写，字迹清楚，不得涂改，如需修改，应当在修改处签名并注明修改日期，以示负责。

② 每张处方限于一名患者的用药。

③ 处方前记应认真填写，不能有缺项，患者一般情况、临床诊断填写清晰、完整，并与病历记载相一致。姓名、年龄和性别完全相同者较多，此时门诊号或住院号就成为唯一的重要区别。年龄应当填写实足年龄，不得以"成人"替代。新生儿、婴幼儿写日龄、月龄，必要时应注明体重。电话或地址应准确，若误发药后可及时追回及通知。日期亦很重要，一般只有当日处方有效。

④ 药品名称应当使用规范的中文名称书写，没有中文名称的可以使用规范的英文名称书写，医疗机构或者医师、药师不得自行编制药品缩写名称或者使用代号；书写药品名称、剂量、规格、用法、用量要准确规范，药品用法可用规范的中文、英文、拉丁文或者缩写体书写，但不得使用"遵医嘱""自用"等含糊不清的字句。若一张处方有两种以上的药物时，允许甲药用中文书写、乙药用外文书写，但一种药物不得用不同文字混写。

⑤ 西药和中成药可以分别开具处方，也可以开具一张处方，但每一种药品应当另起一行，每张处方不得超过5种药品。中药饮片、中药注射剂应当单独开具处方。

⑥ 中药饮片处方的书写，一般应当按照"君、臣、佐、使"的顺序排列；调剂、煎煮的特殊要求注明在药品右上方，并加括号，如布包、先煎、后下等；对饮片的产地、炮制有特殊要求的，应当在药品名称之前写明。

⑦ 药品用法用量应当按照药品说明书规定的常规用法用量使用，特殊情况需要超剂量使用时，应当注明原因并再次签名。

⑧ 处方正文以下空白处画一斜线以示处方完毕，防止他人擅自添加。医师不可请他人代写处方内容而自己签名。

⑨ 处方的具体书写方法：根据药品的剂型及计算方法分两种，即单量法和总量法。

a. 单量法：药品名称应写出该药剂型的规格量或一次量，再乘上总次数或总量。适用于片剂、丸剂、注射剂、胶囊剂、栓剂等可数的剂型。

如：某患者因病情需要口服头孢拉定 3 天，每次 0.5g，每日 3 次。开写处方如下：

中文开写处方——Rp 头孢拉定胶囊 0.25×18
　　　　　　　　　　Sig 0.5 tid po

英文或拉丁文开写的处方——Rp Caps Cefradine 0.25×18
　　　　　　　　　　　　　　Sig 0.5 tid po

b. 总量法：即先开出药剂的总量，然后在用法中说明一次用量，适用于酊剂、合剂、溶液剂、软膏剂等不可数的剂型。

如：某患者因病情需要口服复方非那根止咳糖浆 3 天，每次 10mL，每日 3 次。开写的处方如下：

中文开写的处方——Rp 复方非那根止咳糖浆 100mL
　　　　　　　　　　Sig. 10mL tid po

英文或拉丁文开写的处方——Rp Compound Promethazine Syrup 100mL
　　　　　　　　　　　　　　Sig. 10mL tid po

六、处方制度

1. 处方权的获得

① 经注册的执业医师在执业地点取得相应的处方权。经注册的执业助理医师在医疗机构开具的处方，须经所在执业地点执业医师签字或加盖专用签章后方有效。

② 经注册的执业助理医师在乡、民族乡、镇、村的医疗机构独立从事一般的执业活动，可以在注册的执业地点取得相应的处方权。

③ 医师应当在注册的医疗机构签名留样或者专用签章备案后，方可开具处方。

④ 试用期人员开具处方，应当经所在医疗机构有处方权的执业医师审核、并签名或加盖专用签章后方有效。

⑤ 进修医师由接收进修的医疗机构对其胜任本专业工作的实际情况进行认定后授予相应的处方权。

医师被责令暂停执业、被责令离岗培训期间，被注销、吊销执业证书，不按照规定开具处方、造成严重后果的，不按照规定使用药品、造成严重后果的，因开具处方牟取私利的，其处方权即被取消。

> **相关链接**
>
> 医疗机构应当按照有关规定，对本机构执业医师和药师进行麻醉药品和精神药品使用知识和规范化管理的培训。执业医师经考核合格后取得麻醉药品和第一类精神药品的处方权，药师经考核合格后取得麻醉药品和第一类精神药品调剂资格。医师取得麻醉药品和第一类精神药品处方权后，方可在本机构开具麻醉药品和第一类精神药品处方，药师取得麻醉药品和第一类精神药品调剂资格后，方可在本机构调剂麻醉药品和第一类精神药品。

2. 处方的开具

① 处方开具当日有效。特殊情况下需延长有效期的，由开具处方的医师注明有效期限，但有效期最长不得超过3天。

② 处方一般不得超过7日用量；急诊处方一般不得超过3日用量；对于某些慢性病、老年病或特殊情况，处方用量可适当延长，但医师应当注明理由。医疗用毒性药品、放射性药品的处方用量应当严格按照国家有关规定执行。

③ 医师应当按照卫健委制定的麻醉药品和精神药品临床应用指导原则，开具麻醉药品、第一类精神药品处方。为门（急）诊癌症疼痛患者和中重度慢性疼痛患者开具麻醉药品、第一类精神药品处方时应建立相应的病历，并留存相关的材料。

④ 为门（急）诊患者开具的麻醉药品、第一类精神药品注射剂，每张处方为一次常用量，并仅限于医疗机构内使用；控缓释制剂，每张处方不得超过7日常用量；其他剂型每张处方不得超过3日常用量。对于癌症疼痛患者和中重度慢性疼痛患者，处方用量可按国家有关规定延长。

第二类精神药品一般每张处方不得超过7日常用量；对于慢性病或某些特殊情况的患者，处方用量可以适当延长，医师应当注明理由。

⑤ 医师利用计算机开具、传递普通处方时，应当同时打印出纸质处方，其格式与手写处方一致；打印的纸质处方经签名或者加盖签章后有效。药师核发药品时，应当核对打印的纸质处方，无误后发给药品，并将打印的纸质处方与计算机传递处方同时收存备查。

3. 留样

具有处方权的医师须将本人的签名或专用签章留样于药剂科。药剂科凭此接受医师的处方，给予调配。签名的字样不可擅自更改，需要更改签名式样时需重新登记留样，否则无效。

4. 保存期

处方由调剂处方药品的医疗机构妥善保存。普通处方、急诊处方、儿科处方保存期限为1年，医疗用毒性药品、第二类精神药品处方保存期限为2年，麻醉药品和第一类精神药品处方保存期限为3年。处方保存期满后，经医疗机构主要负责人批准、登记备案，方可销毁。

5. 点评制度

医疗机构应当建立处方点评制度，填写处方评价表，对处方实施动态监测及超常预警，登记并通报不合理处方，对不合理用药及时予以干预。

 讨论处方的意义。

第二节　处方调剂

《药品经营质量管理规范》明确规定：处方调配指销售药品时，营业人员根据医生处方调剂、配给药品的过程。

一、处方调剂的基本程序

处方调剂基本程序分为审方、划价及收费、调配、核对、发药以及安全用药指导五个环节。取得药学专业技术职务任职资格的人员方可从事处方调剂工作。

1. 审方

药师收方后首先应审查处方，审查处方是调剂工作的第一步，是保证用药安全，有效预防和纠正差错事故的措施之一。包括如下内容。

（1）药师应当认真逐项检查处方前记、正文和后记书写是否清晰、完整，并确认处方的合法性。

（2）药师应当对处方用药适宜性进行审核，审核包括如下内容。

① 规定必须做皮试的药品，处方医师是否注明过敏试验及结果的判定。如医师处方中使用青霉素钠（钾）等需要皮试的药品时，必须注明"皮试"，审方时如有此类药品，与患者说明先做皮试，待皮试后如为阳性，需让医生考虑改用其他药品；皮试阴性者，必须在处方上注明"皮试阴性"，同时写明皮试所用药品的详细批号，方可收方。头孢菌素类与青霉素母核相似，易产生交叉或不完全交叉过敏反应，对青霉素过敏者慎用。

知识拓展

需要皮试的药物

需要皮试的药物有青霉素钠（钾）、硫酸链霉素、精制破伤风抗毒素（TAT）、盐酸普鲁卡因、细胞色素C、结核菌素、有机碘对比剂、门冬酰胺酶等。

② 处方用药与临床诊断的相符性。

③ 剂量、用法的正确性。用药剂量是指每次的使用量，临床上为了保证疗效和安全，采用比最小有效量大、比极量小的剂量作为"常用量"。处方中，医师开写的剂量与患者的年龄、性别、患者的病理状态有非常重要的相关性，所以在审方时应特别注意，要全面地分析和判断。对于肝肾功能不良的患者，采用减少药物剂量或延长给药间隔时间，在保证治疗的同时减少药品的不良反应。

④ 选用剂型与给药途径的合理性。

⑤ 是否有重复给药现象。

⑥ 是否有潜在临床意义的药物相互作用和配伍禁忌。药品在体外配伍可能出现的变化（药理作用的增强或减弱、变色、沉淀等）称为配伍禁忌；体内的配伍变化（吸收、分布、代谢、排泄）称为药物相互作用。如抗酸药的复方制剂中常有 Ca^{2+}、Mg^{2+}、Al^{3+} 等离子，若与四环素同服，可形成难溶性的配位化合物（络合物）而不利于吸收，影响疗效，因此两药不可同服。一些能改变胃排空或肠蠕动速度的药物可影响一些药物的吸收，从而影响疗效，审方时要注意，同时还应注意药品在体内与血浆蛋白结合、对肝微粒体酶活性的影响（增强、抑制）及在肾小管分泌和重吸收等方面的作用。审核中药时要注意"十八反""十九畏"。

⑦ 对精神药品、麻醉药品是否按相关管理办法执行。

⑧ 其他用药不适宜情况。妇女在妊娠期，为了胎儿的发育健康，用药要特别小心谨慎；哺乳期妇女在用药时也要考虑对乳母和婴儿的双重影响，避免使用对乳母和婴儿有害的药物等。

案例 6-2

一名56岁的女性患者，因四肢关节反复疼痛12年，多饮、多尿、多食、消瘦6个月后到医院就诊。经风湿三项（抗"O"、血沉和类风湿因子）及血糖检查后，诊断为类风湿关节炎和糖尿病，给予格列齐特片（达美康）、保泰松等药口服。患者第一次服药1h后即出现饥饿、头晕、心悸和出汗症状，再过30min出现昏迷不醒，家人将其急送医院。医生急查尿常规、尿糖、尿酮体及血糖后，诊断为低血糖昏迷，经静脉注射高渗葡萄糖后症状缓解。

> 提示：格列齐特为第二代磺酰脲类降糖药，口服吸收快，3~4h血药浓度达高峰，半衰期10~12h，代谢后大部分从肾脏排出；老年人肾功能减退，药物在体内半衰期延长，排出减慢。本例中患者为老年患者，病程长，肾功能估计有一定减退，加上联用可与磺酰脲类药发生竞争性置换、增强其降糖作用的保泰松，以致格列齐特血药浓度过高、血糖骤降而出现低血糖昏迷。
>
> 请同学们通过本案例学习，在审方时注意药物的不合理配伍。

药师经处方审核后，认为存在用药不适宜时，应当告知处方医师，请其确认或者重新开具处方。

审方是一项技术性要求较高的工作，要求药师有较全面的药学知识，同时，又必须有认真的态度。如发现严重不合理用药或者用药错误，应当拒绝调剂，及时告知处方医师，并应当记录，按照有关规定报告。

2. 划价及收费

（1）划价 医师处方经收方审查后，按处方所列药品的剂量、用法和用药天数，计算药品价格标明在处方上。

（2）收费 一般由收费处的财务人员执行，也有为方便患者把划价及收费安排在一起，划价后处方直接传送到收费处，患者可减少一次排队时间。

3. 调配

调配是处方调剂工作中的重要一环，为使配方准确无误，药师在接到处方后必须从头到尾认真读一遍，如发现有疑问，应与审方药师共同核对解决，无误后方可进行调配。调配处方时要专心、认真。药师必须仔细辨认一些易混淆的药品名。配方药师应按处方要求在所调配药品的包装上填写好患者的姓名和药品名称、用法用量，然后传递给发药窗口的药师。

4. 核对

药师调剂处方时必须做到"四查十对"：查处方，对科别、姓名、年龄；查药品，对药名、剂型、规格、数量；查配伍禁忌，对药品性状、用法用量；查用药合理性，对临床诊断。

5. 发药及安全用药指导

发药是处方调剂工作的最后环节，把好这一关才能避免差错出门。发药师必须具备知识全面、工作经验丰富、服务态度好等条件。

发药时再认真全面审核一遍处方内容，核对药物及取药患者的姓名，无误后把药交到患者手中，同时态度和蔼地向患者交代清楚每个药品的用法用量、使用注意事项，使患者能明确了解按医嘱用药的意图，增强患者用药的依从性及安全性。

发药窗口是医院重要工作窗口之一，也是药剂科与患者进行交流的重要地方。医师对患者的药疗工作能否顺利执行，窗口药师负有重要责任。在整个取药过程中，药房调剂室各岗位认真执行检查、核对工作是保证发药安全的关键。

> **知识拓展**
>
> 2018年6月29日颁布的《医疗机构处方审核规范》规定，药师是处方审核工作的第一责任人。药师应当对处方各项内容进行逐一审核。经药师审核后，认为存在用药不适宜时，应当告知处方医师，建议其修改或者重新开具处方；药师发现不合理用药，处方医师不同意修改时，药师应当作好记录并纳入处方点评；药师发现严重不合理用药或用药错误时，应当拒绝调配，及时告知处方医师并记录，按照有关规定报告。

二、处方调剂注意事项

处方前记中最常见的问题是年龄项，有些医师常不写具体年龄，只写"成"字，这给药师审方带来一定困难（《中国药典》规定，60岁以上老人的用药参考剂量，只是成人用量的3/4；婴儿和儿童年龄不同，用量相差更大，见表6-3）；有些签名字迹潦草等，这些都是书写中存在的问题。药师发现问题，应及时与医师取得联系，改正后再进行调剂。

表 6-3 《中国药典》老幼剂量折算表

年　　龄	剂量（成人＝1）	年　　龄	剂量（成人＝1）
初生～1个月	1/18～1/14	6～9岁	2/5～1/2
1～6个月	1/14～1/7	9～14岁	1/2～2/3
6个月～1岁	1/7～1/5	14～18岁	2/3～1
1～2岁	1/5～1/4	18～60岁	1～3/4
2～4岁	1/4～1/3	60岁以上	3/4
4～6岁	1/3～2/5		

小儿还可以按体重或体表面积计算。

（1）按体重计算剂量　此法特点是简单易记，但可能对年幼儿偏小、对年长儿或体重过重儿偏大，应视情况调整。

小儿剂量＝成人剂量×小儿体重/60kg（60kg为成人体重）

1岁以上体重按下式计算：实足年龄×2＋8＝体重（kg）

（2）按体表面积计算剂量　此方法计算比较合理且较为精确。

小儿用量＝成人剂量×小儿体表面积（m^2）/$1.7m^2$（$1.7m^2$为60kg成人体表面积）

小儿体表面积＝体重×0.035＋0.1（10岁以上儿童，每增加5kg体重，增加$0.1m^2$体表面积）

【本章小结】

1. 处方是由医师在诊疗活动中为患者开具的，由药师审核、调配、核对，并作为患者用药凭证的医疗文书。它具有法律、技术和经济上的意义。处方可分为普通处方、急诊处方、儿科处方、麻醉药品和第一类精神药品处方及第二类精神药品处方五种。

2. 处方的内容包括前记、正文和后记三部分，处方的书写规则是对处方内容书写的具体要求，而处方的开具则是对不同患者开药量的限制。

3. 处方调剂基本程序是审方、划价、调配、核对、发药以及安全用药指导五个环节。在处方调剂过程中应注意一些事项。

【思考题】

处方调剂中"四查十对"的内容是什么？

# 第七章

药物商品的储存

学习目标

知识目标：
- 掌握影响医药商品稳定性的因素。
- 掌握药品保管术语、不同性质药品的保管方法及易变质剂型的养护办法。
- 掌握毒、麻、精、放及危险药品的保管。

能力目标：
- 能够掌握不同性质药品的保管方法。

药物商品的储存是指药品离开生产过程直至到达消费者手中的一种暂时的停留，主要是药品流通企业待销商品的储存，也包括工厂储存和医院储存。药物商品的储存是药品流通过程的组成部分，是药品质量管理工作在流通领域中的继续，是维护药品使用价值的一项重要工作。其主要任务是：掌握药品在储存期间的变化规律、质量检查和维护的有关理论、方法和技术；积极创造适宜的储存条件，采取有效措施，以保护药品质量，降低药品损耗，最大限度地实现药品的使用价值（数字资源7-1）。

第一节 影响药物商品质量的因素

在药物商品储存中，影响其质量的因素很多，主要是药品本身的内在因素和储存环境的外界因素，且各种因素间对药物商品质量的变化是相互促进、相互影响的。因此必须根据药物商品的特性，全面考虑可能引起变质的各种因素，选择适当的储存条件和保管方法，以防止药品变质或减缓变质速度。

数字资源7-1
药品的储存

一、内在因素

1. 药物的化学结构与质量的关系

药物的稳定性取决于药物的理化性质，药物的性质则是由药物分子的化学结构所决定的。化学结构不稳定的药物包括如下品种。

（1）易水解的药品　化学结构中含有酯、酰胺、酰脲、酰肼、醚、苷键等具水解性结构的药物，可发生水解反应而导致失效甚至产生不良反应。如青霉素分子中的β-内酰胺环，在酸性、中性或碱性溶液中易发生分解、失效，并可能引起过敏反应。

（2）易被氧化的药品　化学结构中含有酚羟基、巯基、芳伯胺、不饱和键、醇、醚、醛、吡唑酮、吩噻嗪等具有还原性基团的药物，易被空气中的氧或其他氧化剂氧化而变质。如肾上腺素、吗啡等含酚羟基的药物，在日光、空气、湿气的作用下易被氧化成醌而变色、变质，导致失效。

此外具有氧化性的某些药物，如硝基化合物、银盐、过氧化物等久贮可被空气中的还原性物质还原而变质；具有光学异构体的药物，受外界因素的影响久置可发生异构化或变旋，从而使药效下降。

2. 药物的物理性质与质量的关系

（1）**挥发性** 系指液态药物能变为气态扩散到空气中的性质。一般而言，沸点低的药物挥发性大。具有挥发性的药物如果包装不严或储存时的温度过高，可造成挥发减量，如麻醉乙醚、乙醇。药物的挥发还可引起串味，如碘仿、樟脑酊等。

（2）**吸湿性** 系指药物自外界空气中不同程度地吸附水蒸气的性质。药物吸湿后可导致结块粘连（如蛋白银、枸橼酸铁铵）、潮解（如 $CaCl_2$）、稀释（如甘油、乳酸）、发霉（如胃蛋白酶）、分解变质（如注射用青霉素钠、洋地黄粉）等。

（3）**吸附性** 有些药物能够吸收空气中的有害气体或特殊臭气的性质称为药物的吸附性。吸附性不仅降低药物本身药效且引起"串味"。例如淀粉、药用炭、白陶土等药物因表面积大而具有显著的吸附作用，从而使本身具有所吸附气体的气味，称之为"串味"。

（4）**冻结性** 是指以水或乙醇作溶剂的一些液体药物遇冷可凝结成固体的性质。冻结的结果主要可引起药品的体积膨胀而导致容器破裂，还可致乳浊液型药剂（如鱼肝油乳）中的乳化剂失去作用而析出结晶、乳浊液破裂分层。还可使混悬液型药物发生沉降。

（5）**风化性** 某些含结晶水的药品在干燥空气中易失去全部或部分结晶水，变成白色不透明的晶体或粉末的现象称为风化。风化后的药物其药效虽然未变，但因失水量不定而影响剂量的准确性，尤其是一些特殊管理的药品，如硫酸可待因、咖啡因等可因此导致剂量超标，造成医疗事故。

（6）**色、臭、味** 药品的色、臭、味是药物重要的外观性状，也是药物的物理性质之一，当色、臭、味发生变化时，经常意味着药物性质发生了变化，所以它们是保管人员实施感官检查的重要根据。如维生素C片被氧化后由白色变为黄色；阿司匹林片因吸湿水解出现针状结晶或浓厚的醋酸味；某些药品的异臭、异味可能是微生物所引起的发酵、腐败等。

此外，药品的含水量及污染情况是发霉、虫蛀、变色的重要影响因素。药品的升华性、熔化性、溶解性等均是影响药品质量的内在因素。

二、外在因素

空气、光线、温度、湿度、微生物与昆虫、时间是影响药物商品质量的主要外在因素。

1. 空气

（1）**氧** 许多具有还原性的药物可被空气中的氧所氧化，发生分解、变色、变质，甚至产生毒性。如 SD-Na 注射液氧化后，可由无色变为黄色而失效。

（2）**二氧化碳** 空气中的二氧化碳可使某些药物因发生碳酸化而变质。如某些氢氧化物和氧化物易吸收二氧化碳而生成碳酸盐；磺胺类钠盐与二氧化碳作用后，可生成难溶于水的游离磺胺而析出沉淀。

2. 光线

紫外线是药物发生分解、氧化、还原、水解等化学反应的催化剂之一。在紫外线作用下可引起药物氧化、变色、分解。如肾上腺素受到光照的影响可发生氧化反应逐渐变为红色至棕色，使疗效降低或失效。

3. 温度

温度对药物质量的影响很大。尤其是生物制品、脏器制剂、抗生素对温度要求更严。其影响包括以下两方面。

（1）**温度过高** 可加速药物的挥发与风化；可破坏药品的剂型；还会加速药物的氧化、水解和变质。

（2）**温度过低** 可使一些药物析出沉淀、发生聚合；乳剂及胶体制剂析出沉淀或变性分层;生物制品、蛋白制剂和活菌制剂变性、失活;液体制剂冻结、容器破裂等。

4. 湿度

湿度是指空气中水蒸气的含量。正常的湿度一般在相对湿度35%～75%。35%以下过于干燥,75%以上则过于潮湿,两种情况均会引起许多药物发生质量变化。

(1) 湿度过高引起药物潮解、液化、稀释、水解、加速发霉变质。如溴化钠因吸湿而发生潮解;水合氯醛在潮湿空气中易液化,活性炭及干燥氢氧化铝等不溶于水的药物也可因物理吸附作用而潮解;颗粒剂、栓剂因吸湿而变形、变质。

(2) 湿度过低可加速含结晶水药物的风化;胶囊也会因失水而脆裂;栓剂在过于干燥的环境中会开裂。

5. 微生物与昆虫

微生物(细菌、霉菌、酵母菌等)和昆虫很容易进入包装不严的药品内,它们的生长、繁殖是造成药物腐败、发酵、蛀蚀等变质现象的一个主要原因。尤其是一些含有营养物质(如糖、蛋白质等)的制剂及一些中草药制剂更易发生霉变和虫蛀。

6. 时间

所有药品贮存一定时间后都会降效或变质。尤其是一些稳定性较差的药品,即使贮存条件适宜,久存也易降低效价,如抗生素、生物制品等。《药品管理法》规定:任何药品均必须制定有效期,并在其包装、标签和说明书上予以标示,否则按劣药论处。

除了上述因素外,药物商品的包装容器及材料等因素也可对药品的质量产生影响。

第二节 药物商品的保管方法

一、药品储存与保管术语

《中国药典》2020年版贮藏项下的规定:系为避免污染和降解而对药品贮存与保管的基本要求。以下列名词述语表示。

(1) 遮光 系指用不透光的容器包装,例如棕色容器或适宜黑色材料包裹的无色透明、半透明容器。

(2) 避光 系指避免日光直射。

(3) 密闭 系指将容器密闭,以防止尘土及异物进入。

(4) 密封 系指将容器密封以防止风化、吸潮、挥发或异物进入。

(5) 熔封或严封 系指将容器熔封或用适宜的材料严封,以防止空气与水分的侵入并防止污染。

(6) 阴凉处 系指不超过20℃。

(7) 凉暗处 系指避光并不超过20℃。

(8) 干燥处 系指储存和保管药品的处所不潮湿,没有水分或水分很少,即药品贮藏处的相对湿度应在35%～75%。

(9) 冷处 2～10℃。

(10) 常温 10～30℃。

除另有规定外,凡贮藏项未规定储存温度的一般系指常温;除另有规定外,生物制品应在2～8℃避光贮藏。

二、不同性质药物商品的保管方法

药物商品常见的变异现象有氧化、还原、分解、潮解、粘连、风化、沉淀、挥发、变色、霉变等。应根据药物商品的不同性质采取不同的储存方法。

1. 易受光线影响而变质的药品

① 应采用棕色玻璃瓶或用黑色纸包裹的遮光容器，并尽量采用小包装。

② 放在阴凉干燥或光线不易直射到的地方。库房门、窗可悬挂黑布帘或用黑纸遮光。

③ 不常使用的药品，可储存于严密不透光的药箱或药柜内，以防阳光照入。

2. 易受湿度影响而变质的药品

① 对极易吸湿的药品，应根据药物的不同性质采取密封、严封甚至熔封方法储存。对少数易受潮的药品，可采用石灰干燥器储存。

② 易挥发的药品，应密封置于阴凉干燥处、相对湿度为35%～75%的地方。

③ 控制药库内的湿度，以保持相对湿度在35%～75%为宜，否则需采取相应的升湿措施或降湿措施。

3. 易受温度影响而变质的药品

（1）常温贮藏　一般药品储存于常温下，亦即10～30℃为宜，凡《中国药典》未规定储存温度者，均可在常温下储存。

（2）低温贮藏　如指明须于"阴凉处""凉暗处"或"冷处"储存的药物均应按药典规定的相应温度条件储存。对挥发性大的药品如浓氨溶液、乙醚等，在温度高时容器内压力大，不应剧烈振动。开启前应充分降温，以免药液冲出（尤其是氨溶液）造成伤害事故。

（3）保暖贮藏　对易冻裂或经冻结后易变质和失效的药品，必须采取保暖贮藏。保暖措施可采用保暖箱，有条件者可建立保暖库。另外亦可利用地窖、坑道、山洞等处贮藏药品，其特点为冬暖夏凉。

4. 麻醉药品、精神药品和放射性药品

① 麻醉药品、一类精神药品和放射性药品应严格执行专库（柜）存放，专库应当设有防盗防火设施并安装报警装置、双人双锁保管，专人、专账记录制度。

② 第二类精神药品经营企业应当在药品库房中设立独立的专库或者专柜储存第二类精神药品，并建立专用账册，实行专人管理。

③ 放射性药品的储存应具有与放射剂量相适应的防护装置；放置放射性药品的铅容器应避免拖拉或撞击。

④ 入库、出库均应执行双人验收或双人复核制度。

⑤ 由于破损、变质、过期失效而不可供药用的药品，应清点登记，列表上报当地药品监督管理部门处理。

5. 医疗用毒性药品

① 必须储存在设有必要安全设施的单独仓间内（如窗加铁栅、铁门）或专柜加锁并由专人保管，专账记录。

② 毒性药品的验收、收货、发货，均应由第二人复核并共同在单据上签名盖章。严防收假、发错，严禁与其他药品混杂。

③ 对不可供药用的毒性药品，经单位领导审核，报当地有关主管部门批准后，按毒性药品的理化性质采取不同方法，由熟知药品性质和毒性的人员指导销毁，并建立销毁档案。

6. 易燃、易爆等危险性药品

危险品指易受光、热、空气等外来因素影响而引起自燃、助燃、爆炸或具有强腐蚀性、刺激性、剧烈毒性的药品。保管危险性药品应熟悉其性质、注意安全，设立专用仓库，分类保管、单独存放。并采取坚固、耐压、耐火、耐腐蚀的严密包装和堆放。

7. 近效期药品

近效期的药品特别是稳定性较差的药品,如大多数抗生素及生物制品等,在储存期间,因受外界因素的影响,当储存一定时间后,可能引起药效降低、毒性增高,甚至不能再供药用。因此,除了要严格按照规定的储存条件尤其是温湿度条件储存外,为确保所销售或使用药品的质量,避免造成浪费,应经常注意期限,随时检查。药品出库更应做到"先产先出、先进先出、近期先出、近期先用"。同时健全近效期药品的催售或使用管理制度。凡过期的药品,不可再销售和使用。

三、常见易变质剂型的养护

(1) 片剂 因片剂中含淀粉等辅料,在湿度较大时,淀粉等辅料吸湿而产生碎片、潮解、粘连等现象。糖衣片吸潮后产生花斑、变色、无光泽,严重的产生粘连、膨胀、霉变等现象,因此一般片剂的保管主要是防潮,糖衣片最好储存于阴凉库;其次是避光,某些片剂的活性成分对光线敏感,受光照易变质。

(2) 糖浆剂 糖浆剂受热、光照等因素影响,易产生霉败和沉淀,且因含丰富糖分等营养物质,很易受细菌污染而霉变。因此应存放于阴凉库,避免阳光直射和采取有效措施防止微生物污染。

(3) 水剂类 温度过高,含乙醇的制剂会受热挥发或产生沉淀影响质量;芳香水剂也会挥发;乳剂温度过高会凝结。温度过低会冻结分层。所以储存水剂类药品时应控制库房温度,存放在30℃以下的常温库或置于凉暗处,冬季应有防冻措施。

(4) 胶囊剂 胶囊在受热、吸潮后容易粘连、变形或破裂。有色胶囊会出现变色、色泽不均等现象,所以胶囊剂的保养主要是控制温度和湿度,应存放于阴凉库,保持合适的温度,但不要过于干燥,过于干燥的胶囊也会因失水而脆裂。

(5) 软膏剂 乳剂基质和水溶性基质制成的软膏,在冬季应注意防冻,以免水分和基质分离,一般在常温库保存,此外还要防止重压,以免锡管变形。

(6) 栓剂 栓剂基质的熔点一般都较低,储存温度过高会熔化变形,影响质量,温度过低或环境太干燥则会开裂,故栓剂一般宜在30℃以下的常温库密闭保存,并控制好相对湿度。

(7) 注射剂 大部分注射剂都怕日光照射,因日光中的紫外线能加速药品的氧化分解,因此储存注射剂的仓库门窗应采取遮光措施。其中水针剂注意防冻,温度低于0℃以下时易冻裂受损;抗生素、生物制品、酶制剂等注射剂,受温度的影响较大,最适宜的温度是2~10℃,除冻干制剂外,一般不能在0℃以下保存以免因冻结而致蛋白质变性而变质。粉针剂由于压盖、储存、运输中的原因,可能造成密封不严,在潮湿空气中易出现吸潮、粘瓶、结块等现象,影响质量,因此在储存保管中要注意防潮,不宜置于冰箱中,应严格控制空气湿度,相对湿度保持在45%~75%。

【本章小结】

1. 影响药物商品质量的因素有内在因素和外在因素;内在因素包括药物的化学结构(水解、氧化)、物理性质(挥发性、吸湿性、吸附性、冻结性、风化性和色、臭、味);外在因素包括空气(氧气和二氧化碳)、光线、温度、湿度、微生物和时间。

2. 不同性质或不同剂型的药品应分别采取遮光、密封、严封或熔封、置于干燥处、阴凉处、冷处等不同的储存方法。

3. 毒、麻、精、放、危险品应特殊保管。

4. 药品出库更应做到"先产先出、先进先出、近期先出、近期先用"。

【思考题】
1. 药物的物理性质是怎样影响药品质量的？
2. 空气、光线、温湿度对药物商品稳定性有何影响？
3. 哪些药品需避光？哪些药品需严封或熔封？
4. 医药用毒性药品应如何保管？

【信息搜索】
什么是药品的召回制度？我国近年来药品召回的执行情况如何？

药物篇

- 第八章 抗微生物药
- 第九章 抗寄生虫用药
- 第十章 麻醉药
- 第十一章 镇痛、解热、抗炎、抗风湿、抗痛风药
- 第十二章 神经系统用药
- 第十三章 治疗精神障碍药
- 第十四章 心血管系统用药
- 第十五章 呼吸系统用药
- 第十六章 消化系统用药
- 第十七章 泌尿系统用药
- 第十八章 血液系统用药
- 第十九章 激素及影响内分泌类药
- 第二十章 抗变态反应药
- 第二十一章 抗肿瘤药
- 第二十二章 免疫系统用药
- 第二十三章 维生素、矿物质及肠外营养药
- 第二十四章 调节水盐、电解质及酸碱平衡药
- 第二十五章 解毒药
- 第二十六章 生物制品
- 第二十七章 放射诊断用药
- 第二十八章 计划生育用药
- 第二十九章 消毒防腐药
- 第三十章 专科用药

第八章 抗微生物药

学习目标

知识目标：
- 掌握抗微生物药、抗生素、抗菌药的定义及分类。熟悉抗微生物药的常用术语。
- 掌握抗菌药的作用机制、细菌产生耐药性的原因及抗菌药的合理使用的原则。
- 掌握各类抗生素的共性，各典型代表药的作用、用途、不良反应、用药指导及特点。
- 了解磺胺类及甲氧苄啶类抗菌药的作用机制、共性，掌握代表药物的特点。
- 掌握第三代喹诺酮类抗菌药的抗菌作用及不良反应。
- 掌握抗结核病药的分类、用药原则及常用药物的作用、不良反应及特点，了解二线抗结核病药。
- 了解常用的抗真菌药、抗病毒药的分类，掌握常用品种的作用特点。

能力目标：
- 能指导合理使用抗微生物药。

    抗感染药是指用于治疗病原体、原虫、蠕虫等所致感染的各种药物，包括抗微生物药和抗寄生虫药两大类。抗微生物药系指具有杀灭或抑制各种病原微生物（细菌、真菌、病毒、立克次体、衣原体、支原体、螺旋体）作用的药品，其中治疗细菌、支原体、衣原体、立克次体、螺旋体、真菌等病原微生物所致感染性疾病的药物为抗菌药。通常所说的抗微生物药是指口服或注射等全身应用的各种化学药品，而那些不可内服、毒性较强、仅供局部使用的抗微生物药称为消毒防腐药（详见第二十九章）。抗微生物药主要包括抗生素、合成抗菌药、抗分枝杆菌类药（主要有抗结核病药、抗麻风病药）、抗真菌药、抗病毒药（见图 8-1）。

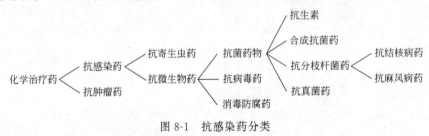

图 8-1 抗感染药分类

> **知识拓展**
>
> **抗微生物药的市场特点**
>
> （1）品种繁多、数量庞大、发展快 在所有供临床使用的药物中，抗感染药物是数量最大、种类最多、发展最快的药物。
>
> （2）用量巨大 中国是抗生素生产和使用大国，细菌耐药问题日益突出。在国家治理抗菌药滥用的大背景下，我国全身用抗细菌药物市场规模增速有所放缓。但近五年我国全身用抗细菌制剂用药金额呈总体上升趋势。2014 年销售额超过 1500 亿元，2018 年已上升至接近 1800 亿元，市场发展平稳。

(3) 伴随而来的是细菌的耐药性快速流行,世界卫生组织 (WHO) 援引英国一份研究报告指出,各国政府若不作为,到了 2050 年,耐药问题每年将导致全球 1000 万人早死,相当于每三秒就有一个人因此而死,损失 GDP 100 万亿美元,中国每年将有 100 万人因此死亡,损失 GDP 20 万亿美元。

(4) 除黄连素片及耳鼻喉科、眼科和皮肤科等一些外用制剂的少数品种外,抗微生物药大多数属于处方药。

第一节 抗微生物药概论

一、常用术语

(1) 化学治疗 指对细菌和其他病原微生物、寄生虫以及癌细胞所致疾病的药物治疗,简称化疗。用于化学治疗的药物称为化疗药物,包括抗微生物药、抗寄生虫药和抗肿瘤药等。

(2) 抑菌药 指仅能抑制病原菌生长繁殖而无杀灭作用的药物。如四环素类、红霉素、磺胺类等。

(3) 杀菌药 指不仅能抑制病原菌生长繁殖,而且对其具有杀灭作用的药物。如青霉素类、头孢菌素类。有些抗菌药在低浓度时呈抑菌作用,而高浓度呈杀菌作用。

(4) 抗菌谱 指药物的抗菌范围,是临床选药的重要依据。如青霉素的抗菌谱主要包括革兰阳性菌和某些革兰阴性球菌,链霉素的抗菌谱主要是部分革兰阴性杆菌,两者抗菌谱的覆盖面都较窄,因此属于窄谱抗生素。而四环素类的抗菌谱覆盖面广,包括一些革兰阳性菌和革兰阴性细菌,以及立克次体、支原体、衣原体等,因此为广谱抗生素。

(5) 抗菌活性 是指抗菌药抑制或杀灭病原微生物的能力。可用体外抑菌试验和体内实验治疗法测定。体外抑菌试验对临床用药具有重要参考意义。能够抑制培养基内细菌生长的最低浓度为最小抑菌浓度 (minimal inhibitory concentration, MIC)。以杀灭细菌为评定标准时,使活菌总数减少 99% 或 99.5% 以上,称为最小杀菌浓度 (minimal bactericidal concentration, MBC)。抗菌药物品种的选用,原则上应根据细菌药物敏感试验的结果而定。

二、抗微生物药的作用机制

抗微生物药的作用主要是通过干扰病原微生物的代谢过程,影响其结构与功能而实现的。抗菌药的主要作用机制见图 8-2。

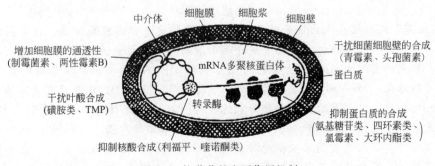

图 8-2 抗菌药的主要作用机制

(1) 干扰细菌细胞壁的合成　β-内酰胺类抗生素、万古霉素、磷霉素、杆菌肽等药物通过不同环节阻碍敏感细菌细胞壁的合成，致使细胞壁缺损，菌体内部高渗，水分不断进入，引起菌体膨胀、破裂而死亡。

(2) 增加细胞膜的通透性　多黏菌素、两性霉素 B、制霉素等药物能增加真菌细胞膜的通透性，导致菌体的氨基酸、蛋白质及离子等物质外漏而发挥抑制或杀灭真菌的作用。

(3) 抑制细菌蛋白质合成　四环素类、大环内酯类、氨基糖苷类和氯霉素类抗生素通过抑制蛋白质合成过程中的不同环节而发挥抗菌作用。由于抗菌药物对细菌的核蛋白体有高度的选择性，故不影响哺乳动物蛋白质合成。

(4) 影响细菌叶酸代谢　人体细胞能直接利用外源性叶酸，而细菌细胞则只能利用外源性的对氨基苯甲酸、二氢蝶啶、谷氨酸等原料在菌体内合成叶酸。磺胺类、甲氧苄啶、抗麻风病药中的砜类、抗疟疾药乙胺嘧啶等可干扰病原体中叶酸代谢的不同环节，从而抑制细菌的生长和繁殖。

(5) 抑制细菌核酸合成　喹诺酮类药能特异性地抑制细菌 DNA 回旋酶，从而影响细菌 DNA 的合成，利福平可抑制 DNA 依赖的 RNA 多聚酶，影响 mRNA 的合成，从而妨碍细菌的生长、繁殖，核酸类似物齐多夫定、阿昔洛韦等通过抑制病毒 DNA 合成的反转录酶，终止病毒核酸复制。

三、细菌的耐药性及产生机制

耐药性又称抗药性，是指由于反复用药或用药量不足而引起病原体对某些药物敏感性下降直至消失的现象。目前多认为耐药性的产生是细菌基因突变造成的。细菌耐药性产生机制主要有下列几种。

(1) 产生灭活酶　这是细菌产生耐药性的主要原因。灭活酶有两种：一种为水解酶，如 β-内酰胺酶；另一种为钝化酶（又称合成酶），如氨基糖苷类钝化酶。

(2) 改变通透性和主动外排机制　细菌通过各种途径改变细胞膜的通透性，使抗微生物药不易进入细胞内，某些细菌能将进入菌体的药物泵出体外，从而难作用于靶位。

(3) 改变靶位结构　抗菌药物对细菌的原始作用靶点称为靶部位。细菌体内药物受体和靶酶蛋白质构型发生变化，不利于菌体与药物结合。

(4) 改变自身代谢途径或增加对药物具有拮抗作用的底物浓度　如细菌对磺胺耐药属于此种耐药。

(5) 细菌生物被膜的形成　细菌黏附于固体或有机腔道表面，形成微菌落，并分泌细胞外多糖蛋白复合物将自身包裹其中而形成膜状物。当细菌以生物被膜形式存在时耐药性明显增强（10～1000 倍）。

资料卡

"超级细菌"

"超级细菌"泛指临床上出现的对多种抗菌药产生多重耐药性的细菌。这种病菌的可怕之处并不在于它对人的杀伤力，而是它对普通杀菌药物的抵抗能力。对这种病菌，人们几乎无药可用。常见的有耐甲氧西林金黄色葡萄球菌（MRSA）、抗万古霉素肠球菌（VRE）、耐多药肺炎链球菌（MDRSP）、多重耐药性结核杆菌（MDR-TB）以及产碳青霉烯酶肺炎克雷伯菌（KPC）等。特别是后者，免疫力低的患者一旦感染这种菌后，常常会引起败血症、肺炎等并发症，危及生命，对产妇、老人、儿童来说都相当危险。2019 年，一种叫做"耳念珠菌"的超级真菌席卷美国，造成感染的爆发性流行，致死率高达 60%。在中国同样也导致多人感染。大多数感染者会出现不明原因高热，各种药物治疗无效并伴随着器官衰竭、呼吸衰竭等表现。虽然这些耐药性极强的超级细菌看起来都很恐怖,治疗起来也很棘手,但是我们是有办法预防的。这些细菌很大可能都是在医院里感染的,在日常用药时避免滥用抗生素是最重要的办法。

四、抗菌药的合理使用

正确合理应用抗菌药物是提高疗效、降低不良反应发生率以及减少或减缓细菌耐药性发生的关键。抗菌药物临床应用是否正确、合理,基于以下两方面:①有无指征应用抗菌药物;②选用的品种及给药方案是否正确、合理。

(1) 严格掌握适应证,诊断为细菌性感染者方有指征使用抗菌药物,对于病毒感染,除有继发细菌感染,否则不宜使用。

(2) 尽早查明病原菌,根据病原种类及药物敏感性试验结果选用抗菌药物。

(3) 要根据抗菌药物的抗菌活性、抗菌谱、药动学特征和不良反应,结合疾病严重程度选择药物。

(4) 综合患者病情、病原菌种类及抗菌药物特点制定抗菌治疗方案,包括抗菌药物的选用品种、剂量、给药次数、给药途径、疗程及联合用药等。

(5) 联合用药仅限用于病原菌未明的严重感染;单一抗菌药不能控制的严重感染或混合感染;需长疗程治疗,致病菌有产生耐药性可能,或病原菌含不同生长特点的菌群,需不同机制的药物联合使用;毒性较大的抗菌药物,联合用药可适当减量。

(6) 尽量避免不必要的预防用药或局部应用。

相关链接

世卫组织对医患双方提出建议

医师只能在患者真正需要时才可开具抗菌药,而且处方和发药都要注意药品正确、剂量正确、服药疗程正确。这样要求的原因主要是抗菌药滥用容易造成耐药菌产生,导致现有抗菌药物在人体应用失效,且抗菌药具有很多副作用,长期使用将造成菌群失调、二重感染等。

对患者的建议是:"当你并不需要时,别要求医生开抗菌药;只有在专业医务人员开具处方时才服用;即便感染好转,也一定要按疗程服药;不要服用之前剩余的抗菌药,也不要把自己的分予他人;要经常洗手,预防感染,避免接触患者,及时接种所需疫苗。"

第二节 抗生素

【导课案例——抗生素用药案例】

1岁6月男性患儿,1天前出现发热,无寒战、抽搐,口痛,无咳嗽,无鼻塞、流涕等。体格检查:T 39℃,P 108次/分,R 32次/分,神清,呼吸顺,咽部充血,双侧扁桃体Ⅰ°肿大,咽峡部可见疱疹,双肺呼吸音粗,无啰音,心律齐,腹部平软,肠鸣音正常。

实验室检验:白细胞计数$5.64×10^9$/L;中性粒细胞占比75.1%;C反应蛋白3.95mg/L。

诊断:疱疹性咽峡炎。

处理:氯化钠注射液0.9% 100mL+注射用头孢噻肟钠舒巴坦钠0.9g qd 静滴

分析:①疱疹性咽峡炎为病毒感染,实验室检查结果不高,亦无合并细菌感染的相关症状，无指征使用抗菌药物；②即使合并细菌感染，轻中度上呼吸道感染应选青霉素、第一或二代头孢菌素；③时间依赖型抗菌药物应每日2~3次使用。

一、概述

1. 抗生素的定义

抗生素系指由细菌、真菌或其他微生物在生活过程中所产生的具有抗病原体或其他活性的一类物质。临床常用的抗生素有微生物培养液中的提取物以及用化学方法合成或半合成的化合物。本节主要介绍具有抗微生物作用的抗生素。有些具有抗肿瘤或其他作用的抗生素则在有关章节介绍。

2. 抗生素的分类

按化学结构，抗生素可分为下列几类。

(1) β-内酰胺类　如青霉素类、头孢菌素类。

(2) 氨基糖苷类　如庆大霉素、阿米卡星等。

(3) 大环内酯类　如红霉素、罗红霉素、阿奇霉素、克拉霉素等。

(4) 四环素类　如四环素、多西环素等。

(5) 酰胺醇（氯霉素）类　如氯霉素等。

(6) 林可霉素类　如克林霉素。

(7) 糖肽类　如万古霉素、去甲万古霉素。

(8) 其他抗生素类　如多黏菌素、磷霉素等。

(9) 抗真菌抗生素　如氟康唑、咪康唑、制霉素、两性霉素等。

(10) 抗肿瘤抗生素　如丝裂霉素、放线菌素D、博来霉素、阿霉素等。

> **知识拓展**
>
> **抗生素商品规格的标示**
>
> (1) 以重量单位表示　合成及半合成的抗生素，标示的重量单位是指药品中所含活性物质的重量。如注射用苯唑西林钠0.5g/瓶、氨苄西林钠0.125g/片。
>
> (2) 以效价单位表示　对于非合成的抗生素，由于大多化学结构未定，常需按微生物方法测定效价，习惯上以效价单位表示其规格，如黏菌素片：每片50万单位。
>
> (3) 以效价单位表示，并加注重量单位（或以重量单位表示，在括号内注明效价单位）这些抗生素的化学结构大都明确，有的用理化方法测定含量，有的用微生物方法测定效价。但由于它们的单位规定很不一致，有些用盐基、有些用盐表示，为避免误解，这些抗生素商品标签上的标示量常以效价单位表示，并加注重量单位。如注射用硫酸链霉素每瓶含100万单位（相当于纯链霉素碱1g）；也可以重量单位表示，在括号内注明效价单位，如注射用青霉素钠0.24g（40万单位）/瓶。

二、β-内酰胺类

β-内酰胺类抗生素是指结构中含有β-内酰胺环的一类抗生素（基本结构见图8-3）。本类药物结构中的β-内酰胺环与抗菌作用密切相关，此环若被破坏则抗菌活性消失。酰胺侧链接上不同的基团，可得到具耐酸、耐酶或广谱作用的其他半合成β-内酰胺类抗生素。根据结构，β-内酰胺类可分为以下几类。

(1) 青霉素类　如青霉素、青霉素V、阿莫西林、哌拉西林等。

(2) 头孢菌素类　如头孢唑林、头孢呋辛、头孢曲松、头孢他啶等。

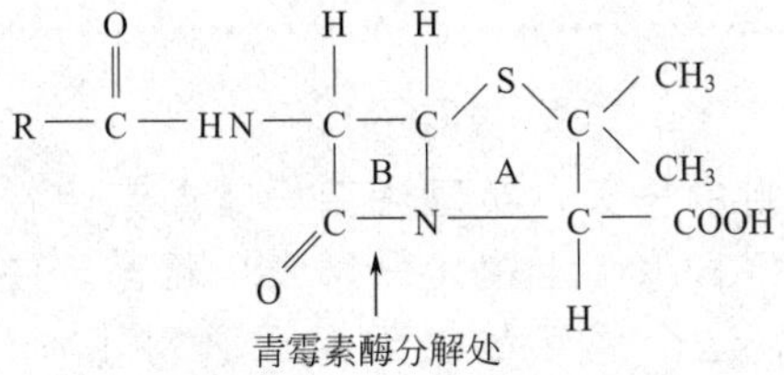

图 8-3 β-内酰胺类抗生素基本结构
A—噻唑环；B—β-内酰胺环

(3) 其他 β-内酰胺类　包括头霉素类、氧头孢烯类、碳青霉烯类、单环 β-内酰胺类等。

(4) β-内酰胺酶抑制剂及复方制剂　如克拉维酸钾、舒巴坦等 β-内酰胺酶抑制剂及氨苄西林舒巴坦钠、阿莫西林钠克拉维酸钾、哌拉西林他唑巴坦、头孢哌酮钠舒巴坦钠等 β-内酰胺酶抑制剂复方制剂。

由于具有共同的基本结构，β-内酰胺类抗生素具有共同的特点：①都是通过抑制敏感细菌细胞壁的合成而发挥抗菌作用的，因人类细胞无细胞壁，故这类抗生素对人类的毒性微弱；②都是繁殖期杀菌药；③抗菌活性强，毒性低，适应证广，临床疗效好；④易致过敏，尤其是青霉素可发生严重的过敏性休克。

相关链接

β-内酰胺类抗生素是一个巨大的药品家族，种类最多，临床使用率最高。抗生素市场中β-内酰胺类份额最大，原料药及中间体需求同样领先。抗生素主要包括青霉素、头孢菌素、大环内酯、四环素和氨基糖苷等七大种类，其中头孢菌素全球市场份额最大，约占 25%；其次为青霉素类，约占 20%。头孢菌素与青霉素均属于 β-内酰胺类抗生素，是抗生素领域中最为活跃、最具生命力的类别之一。特别是各种新的头孢菌素及非典型 β-内酰胺类抗生素更是有突破性的进展，它们活跃于世界抗生素的销售市场，其品种、产量在世界抗生素生产中均居首位。

(一) 青霉素类

自 1940 年青霉素用于临床以来，国内外医药界一致公认它是高效、低毒的抗生素，加之价格低廉，易于大规模生产，迄今仍不失为重要的抗生素之一。但由于其具有抗菌谱窄、不耐酸、易为青霉素酶破坏等缺点，人类对它的化学结构进行了改造，获得了具有耐酸、耐酶、广谱等特点的多种半合成品。目前用于临床的青霉素分为天然青霉素和半合成青霉素两类（见表 8-1）。

表 8-1　青霉素的分类及各类特点

类别		特点	药物商品
天然青霉素类（窄谱青霉素类）		主要对革兰阳性菌有效，主治化脓性球菌感染，不耐青霉素酶	青霉素、青霉素 V（耐酸）、苄星青霉素、普鲁卡因青霉素
半合成青霉素	耐酸青霉素类	抗菌谱与青霉素相同，耐酸，可口服	非奈西林（苯氧乙基青霉素）、丙匹西林
	耐酶青霉素类	对 β-内酰胺酶稳定性高，具有抗耐药金葡菌的能力，耐酸	氯唑西林、甲氧西林、苯唑西林、双氯西林、氟氯西林
	作用于革兰阴性菌的青霉素	主要作用于革兰阴性菌	美西林、匹美西林、替莫西林
	广谱青霉素	广谱，耐酸，可口服。对革兰阳性、革兰阴性菌都有杀菌作用；不耐酶，对耐药金葡菌无效	阿莫西林、氨苄西林、匹氨西林
	广谱、抗铜绿假单胞菌青霉素	对铜绿假单胞菌有强大作用，主要用于铜绿假单胞菌感染	哌拉西林、羧苄西林、美洛西林、阿洛西林、磺苄西林、替卡西林、他唑西林

> ### 知识拓展
>
> **青霉素的发现**
>
> 　　青霉素是人类发现的第一种抗生素。1928年9月的一天，英国细菌学家弗莱明在他培养葡萄球菌用的琼脂上发现，由于盖子没有盖好，琼脂上附了一层青色霉菌。使他感到惊讶的是，在青霉菌的近旁细菌都不见了。这个偶然的发现深深吸引了他，他设法培养这种霉菌并提取其分泌物进行多次试验，证明其可以在几小时内将葡萄球菌全部杀死。弗莱明据此发明了葡萄球菌的克星——青霉素。由于青霉菌能长出像铅笔（pencil）一样笔直的绒毛，弗莱明便把这种青色霉菌分泌出来的杀菌物质定名为Penicillin。由于青霉素的发现和大量生产，拯救了千百万肺炎、脑膜炎、脓肿、败血症患者的生命，及时抢救了许多的伤病员。青霉素的出现，当时曾轰动世界。为了表彰这一造福人类的贡献，弗莱明、钱恩、弗罗里于1945年共同获得诺贝尔医学和生理学奖。

青霉素【典】【基】【医保(甲)】　Benzylpenicillin

【商品名或别名】　青霉素G，苄青霉素，盘尼西林，Penicillin G。

【性状】　其钠盐、钾盐均为白色结晶性粉末；无臭或微有特异性臭；有引湿性；干燥品稳定，室温下保存数年也不变质。极易溶于水。遇酸、碱或氧化剂等即迅速失效，水溶液室温放置易失效。

【作用与适应证】　本品为杀菌药。青霉素、其他青霉素类和头孢菌素类等β-内酰胺类抗生素系通过干扰细菌细胞壁的合成，对繁殖期细菌起杀菌作用。对革兰阳性球菌（溶血性链球菌、肺炎球菌、敏感的葡萄球菌）及革兰阴性球菌（脑膜炎球菌、淋球菌）的抗菌作用较强，对革兰阳性杆菌（白喉杆菌）、螺旋体（梅毒螺旋体、回归热螺旋体、钩端螺旋体）、梭状芽孢杆菌（破伤风杆菌、气性坏疽杆菌）、放线菌以及部分拟杆菌有抗菌作用，但对革兰阴性杆菌（如大肠埃希菌、铜绿假单胞菌、痢疾杆菌）以及病毒、真菌无效。主要用于敏感菌所致的急性感染，如溶血性链球菌引起的咽炎、扁桃体炎、猩红热、心内膜炎、丹毒、蜂窝织炎、产褥热等，肺炎球菌引起的肺炎、中耳炎、脑膜炎、菌血症等，梭状芽孢杆菌引起的破伤风、气性坏疽等。

【不良反应】　①本品毒性较低，但过敏反应较常见，在各种抗感染药物中居首位。其中最严重的是过敏性休克。②电解质紊乱：大剂量钾盐静脉给药时易致高钾血症，故不宜做静脉推注或快速滴注。③赫氏反应：治疗梅毒、钩端螺旋体等感染时可有症状加剧现象，系大量病原体被杀灭引起的全身反应，称为赫氏反应。④二重感染：青霉素治疗期间可出现耐青霉素金黄色葡萄球菌等感染。

【用药指导】　用药需做到"一问、二试、三观察"。应问清患者有无青霉素过敏反应史，未用过青霉素者均应进行青霉素皮试，阳性反应者、有青霉素过敏史者禁用；有变态反应性疾病、药物过敏史者慎用；避免在过分饥饿的情况下注射本品。

> ### 知识拓展
>
> **青霉素过敏**
>
> 　　青霉素是过敏反应发生率最高的药物。一旦发生青霉素过敏，轻则肺部水肿、呼吸困难，重则过敏性休克。各种年龄、各种用药途径均可发生，以注射最易。一个对青霉素

高度过敏的患者，只要吸入微量飘浮在空气中的青霉素分子，即可引起憋气、哮喘，严重者可引起过敏性休克。因此，国内要求使用青霉素前必须进行皮试。然而，欧美国家却不需要皮试。因为青霉素过敏主要是由于青霉素制剂里的杂质，而国内青霉素纯度稍低，欧美国家纯度较高故一般不需要皮试。

【药物商品】 注射用青霉素钠、注射用青霉素钾。可肌内注射或静脉给药，以每天多次给药为宜。

【商品信息】 ①本品为天然青霉素，是世界上第一个应用于临床的抗生素。1928年发现，1938年提纯成功，1940年用于临床。由于其作用强、疗效好、毒性较小，很长一段时间，均作为抗感染的首选药物。近十多年来，由于耐药菌株的不断出现、新药的大量问世，其市场份额逐年降低，但仍是全球广泛应用的一线抗感染药物。②我国青霉素的生产厂家众多，常见的有广药白云山、齐鲁制药、上海医药、复星医药、石药集团等。

【贮存】 严封，在干燥、阴凉处保存。勿置冰箱中，以免瓶装品吸潮，若吸潮发生粘瓶、结块和分解变色，均不可药用。溶液必须保存时，应置于冰箱中，以当天用完为宜。

阿莫西林【典】【基】【医保（甲）】 Amoxicillin

【商品名或别名】 羟氨苄青霉素，阿莫仙，再林。

【性状】 白色或类白色结晶性粉末；味微苦；微溶于水；对酸稳定，在碱性溶液中则很快被破坏。

【作用与适应证】 本品为广谱、耐酸、不耐酶的半合成口服青霉素。抗菌谱较青霉素广，对革兰阳性球菌作用与青霉素相仿，对部分革兰阴性杆菌亦具抗菌活性。用于敏感菌所致的呼吸道、尿路和胆道感染以及伤寒等。与克拉霉素、兰索拉唑三联用药治疗幽门螺杆菌有良好疗效。

【不良反应】 本品可致过敏性休克，皮疹发生率较其他青霉素为高，可达10%或更多。儿童口服时胃肠道反应较为多见。

【用药指导】 ①用药前必须做青霉素皮肤试验，皮试阳性及对青霉素过敏者禁用。②可空腹或与食物、牛奶同服，但口服制剂仅用于轻中度感染。

【药物商品】 ①阿莫西林片。②阿莫西林胶囊。③阿莫西林颗粒。④注射用阿莫西林钠。

【商品信息】 ①本品为临床上应用最广泛的基础抗感染药，由于品质优良、疗效好、服用方便、价格合理、安全性高而被大众普遍接受，是目前市场重要的β-内酰胺类抗生素。②主要生产厂家有石药集团（阿林新）、山东鲁抗（珍棒）、广州白云山（抗之霸）、联邦制药（阿莫仙）、先声药业（再林）等数十家。

【贮存】 阿莫西林原料及制剂应遮光、密封保存。

其他常用青霉素类

(1) 苄星青霉素【典】【基】【医保（甲）】 （长效西林）Benzathine Benzylpenicillin 为长效青霉素，本品肌注后自局部缓慢释出，水解成青霉素，故血药浓度甚低，但作用持续时间长。主要用于预防风湿热、治疗各期梅毒，也可用于控制链球菌感染的流行。

(2) 哌拉西林【典】【基】【医保（甲）】 （氧哌嗪青霉素）Piperacillin 本品为半合成的氨脲苄类抗假单胞菌青霉素。对革兰阳性菌的作用较青霉素广，对肠球菌有较好的抗菌作用，对于某些拟杆菌和梭菌也有一定作用。对革兰阴性菌的作用强，抗菌谱包括淋球菌、大肠埃希菌、变形杆菌、克雷伯肺炎杆菌、铜绿假单胞菌、枸橼酸杆菌、肠杆菌属、嗜血杆菌等，本品不耐酶。用于治疗铜绿假单胞菌和敏感革兰阴性杆菌所致的败血症、尿路感染、呼吸道感染、胆道感染、腹腔感染、盆腔感染以及皮肤、软组织感染。

(二) 头孢菌素类

头孢菌素（又称先锋霉素）是一类含有 7-氨基头孢烷酸（7-ACA）结构的半合成广谱 β-内酰胺类抗生素。本类药可破坏细菌的细胞壁，并在繁殖期杀菌。对细菌的选择作用强，而对人几乎没有毒性，具有抗菌谱广、抗菌作用强、耐青霉素酶、过敏反应较青霉素类少见等优点。所以是一类高效、低毒、临床广泛应用的重要抗生素。自 1964 年礼来公司上市第一个头孢菌素头孢噻吩以来，世界头孢菌素市场发展迅猛，为当今世界市场上销售份额最大的抗生素。

根据抗菌谱、抗菌活性、对 β-内酰胺酶的稳定性的差异，目前可将头孢菌素分为五代（见表 8-2）。

表 8-2 常用头孢菌素分类

分类	剂型	常用药物商品
第一代	注射	头孢唑啉钠、头孢拉定、头孢替唑、头孢噻吩
	口服	头孢拉定、头孢氨苄、头孢羟氨苄
第二代	注射	头孢呋辛钠、头孢孟多、头孢替安
	口服	头孢呋辛酯、头孢克洛、头孢丙烯
第三代	注射	头孢曲松钠、头孢噻肟钠、头孢唑肟、头孢地嗪 可抗铜绿假单胞菌：头孢他啶、头孢哌酮钠
	口服	头孢克肟、头孢泊肟酯
第四代	注射	头孢吡肟、头孢匹罗
第五代	注射	头孢洛林、头孢吡普

从第一代发展到第五代，其抗菌范围和抗菌活性也不断扩大和增强。各代头孢菌素又各具抗菌特点。第一代头孢菌素对革兰阳性菌的抗菌作用优于第二代和第三代，但对革兰阴性杆菌作用差，且对肾有一定的毒性。第二代头孢菌素对革兰阴性杆菌的作用不及第三代；对革兰阳性菌的作用与第一代接近或稍弱。第三代头孢菌素则对革兰阴性菌产生的 β-内酰胺酶稳定，而且还可渗入炎性脑脊液中。第四代头孢菌素的抗菌活性高，抗菌谱更广，对 β-内酰胺酶高度稳定，对多数耐药菌株的活性超过第三代头孢菌素及氨基糖苷类抗生素。基本无肾毒性。第五代头孢菌素对包括 MRSA 等多重耐药菌在内的革兰阳性菌具有较强的抗菌活性，对部分革兰阴性菌仍具有良好抗菌活性。

头孢氨苄【典】【基】【医保(甲)】 Cefalexin

【商品名或别名】 头孢立新，先锋霉素Ⅳ，头孢菌素Ⅳ，Cephalexin。

【性状】 白色或微黄色结晶性粉末；微臭。微溶于水。

【作用与适应证】 为半合成的第一代口服头孢菌素。对金黄色葡萄球菌（包括耐青霉素菌株）、溶血性链球菌、肺炎链球菌等阳性球菌高度敏感，对淋球菌有抗菌作用，对部分大肠埃希菌、奇异变形杆菌、肺炎克雷伯菌、沙门菌等有一定的抗菌作用，但对铜绿假单胞菌、结核杆菌不敏感。本品耐酸、耐酶，口服吸收好。口服后 75%~100% 以原型从尿中排出，为治疗尿路感染较理想的品种。主要用于口服治疗敏感细菌所致的呼吸道、泌尿道、皮肤和软组织、生殖器官（包括前列腺）等部位的感染，也常用于中耳炎。一般用于轻中度感染，不宜用于重度感染。

【不良反应】 ①胃肠道反应较常见，有恶心、呕吐、腹泻、胃部不适等反应，但较轻微。②偶见转氨酶升高、嗜酸粒细胞增多及白细胞减少。

【用药指导】 ①对头孢菌素过敏者禁用，对青霉素过敏或过敏体质者慎用。②肾功能严重损害者应酌减用量。

【药物商品】 ①头孢氨苄片。②头孢氨苄胶囊。③头孢氨苄干混悬剂。此外还有颗粒剂、泡腾片、缓释胶囊等多种口服剂型。本品空腹给药吸收率可达90％，宜空腹服用。

【商品信息】 本品为老牌抗生素品种，在新品种层出不穷的今天，以其疗效确切、毒性低、不用做过敏试验、口服方便、价格便宜的优势，依然深得老百姓青睐。由于口服抗生素在临床上的大力推广应用，本品占有不小的市场份额。生产的企业有北京双鹤药业、山东鲁抗、石药集团、广州白云山、哈药集团等。

【贮存】 原料及制剂均应避光、密封，在阴凉处保存。

头孢呋辛【典】【基】医保(甲) Cefuroxime

【商品名或别名】 头孢呋肟，达力新，西力欣，新福欣，伏乐新。

【性状】 白色、类白色或微黄色粉末或结晶性粉末；无臭，味苦，有引湿性。

【作用与适应证】 本品为半合成的第二代头孢菌素。特点是对阴性杆菌产生的β-内酰胺酶稳定，抗阴性杆菌的作用比第一代强；而对革兰阳性菌的作用则与第一代头孢菌素相近或稍弱。适用于敏感革兰阴性菌所致的下呼吸道、泌尿系、骨、关节、皮肤和软组织、女性生殖器等感染。

【不良反应】 常见皮肤瘙痒、胃肠道反应等。肌内注射可致局部疼痛。

【用药指导】 ①对青霉素过敏和过敏体质者、严重肾功能不全者、结肠炎患者慎用。对头孢菌素过敏者禁用。②不可与氨基糖苷类置于同一容器；与高效利尿药合用，可致肾损害。

【药物商品】 ①注射用头孢呋辛钠。②头孢呋辛酯（新菌灵）薄膜衣片，不可掰碎服用。

【商品信息】 ①本品由葛兰素公司研制开发，商品名"西力欣"。由于剂型多、具有治疗与巩固作用、用药方便的特点，而且不同剂型可联合应用，故市场快速攀升，是目前世界上较为畅销的抗生素。近年市场销售排行榜表明口服头孢呋辛酯和注射用头孢呋辛钠已成为第二代头孢市场的领军品种，近年来的销售额在城市大医院中一直保持在前10位。②目前市场上还有美国礼来亚洲公司的"力复乐"、广州天心药业的"新福欣"、苏州中化的"伏乐新"等不同品牌的产品。

【贮存】 原料及制剂均应遮光，密封，在阴凉干燥处保存

头孢曲松【典】【基】医保(甲) Ceftriaxone Sodium

【商品名或别名】 头孢三嗪，菌必治，罗氏芬。

【性状】 常用其钠盐，为白色或类白色结晶性粉末；无臭。易溶于水。

【作用与适应证】 本品为半合成的第三代头孢菌素，对革兰阳性菌有中度的抗菌作用。对革兰阴性菌的作用强，抗菌谱包括大肠埃希菌、肺炎杆菌、流感嗜血杆菌、产气肠细菌、变形杆菌属、双球菌属及金葡菌等。本品对β-内酰胺酶稳定。临床主要用于敏感菌感染的脑膜炎、肺炎、皮肤软组织感染、腹部感染、泌尿系感染、淋病、外科创伤、败血症及生殖器感染等。目前已作为治疗淋病的第一线药物。

【不良反应】 主要有过敏反应、胃肠道反应等不良反应。

【用药指导】 ①对青霉素过敏和过敏体质者、严重肾功能不全者慎用。对头孢菌素过敏者禁用。②长期用药可致二重感染，如念珠菌病、假膜性肠炎等。③与氨基糖苷类药合用，有协同抗菌作用，但同时可能加重肾毒性。

【药物商品】 注射用头孢曲松钠。

【商品信息】 ①本品由瑞士罗氏公司开发，商品名"罗氏芬"，为全球最畅销的50种药品之一。②其他生产厂家有台湾泛生制药（泛生舒复）、齐鲁制药（英派琦）、上海新亚、上海先锋、哈尔滨制药、广州天心、广州白云山、石家庄制药等。

【贮存】 遮光，密闭，阴凉干燥处保存。

抗假单胞菌头孢菌素

头孢他啶【典】【基】【医保(乙)】 Ceftazidime 本品为半合成的第三代头孢菌素，对革兰阴性菌的作用突出，对铜绿假单胞菌的作用超过其他 β-内酰胺类和氨基糖苷类抗生素。适用于敏感革兰阴性杆菌所至的败血症、下呼吸道感染、腹腔胆系感染、复杂性尿路感染和严重皮肤软组织感染。对于由多种耐药革兰阴性杆菌引起的免疫缺陷者感染、医院内感染以及革兰阴性杆菌或铜绿假单胞菌所致中枢神经系统感染尤为适用。

相关链接

服用头孢切勿喝酒——双硫仑样反应

"双硫仑"为戒酒硫类药物通用名。双硫仑作为乙醇增敏剂，被作为一种治疗慢性乙醇中毒和乙醇中毒性精神病的药物使用，其可阻止酒精在体内代谢，即使少量喝酒也会出现严重不适，使好酒者对酒产生厌恶而达到戒酒目的。目前临床上一些药物其化学结构或作用机理与双硫仑相似，若在用药期间饮酒或接触酒精，也可能出现上述反应，在医学上称之为"双硫仑样反应"。

双硫仑样反应最快可在五分钟内出现症状，如面部潮红、出汗、心悸、喉头水肿、头痛、头晕、恶心、呕吐，甚至呼吸困难、血压下降、过敏性休克。剧烈反应者如出现呼吸抑制、心血管性虚脱、惊厥等症状时，应立即采取相应抢救措施，对症治疗。

大多数头孢菌素类药物如头孢哌酮、硝咪唑类药物、氯霉素等可引起双硫仑样反应。在使用上述抗菌药期间及停药后 14 天内，均应避免饮酒或进食含乙醇制品（包括饮料、食物、药物），如白酒、黄酒、啤酒、酒芯巧克力、藿香正气水、氢化可的松注射液、用酒精进行皮肤消毒，尤其老年人、心血管疾病患者更应注意。

（三）其他 β-内酰胺类

亚胺培南西司他丁（泰能）Imipaem-Cilastatin（Tienam） 本品是美国默克公司 1987 年创制的第一个碳青霉烯类抗生素。亚胺培南为碳青霉烯类抗生素，有极高的抗菌活性，但进入机体后约 80% 被肾肽酶水解失效。西司他丁为肾肽酶抑制剂，可阻断亚胺培南在肾脏的代谢，继而增加尿液中未经改变的亚胺培南的浓度，起到协同增效作用。本药对革兰阳性、革兰阴性的需氧和厌氧菌具有抗菌作用。有高效、广谱、耐酶、与青霉素类无交叉过敏的优点。尤其适合于耐药菌感染和多种细菌混合感染，特别是尚未确定病原菌前的感染早期治疗。常被用作对付其他抗感染药治疗失败的耐药菌感染。药物商品有注射用亚胺培南西司他丁钠。国内目前有杭州默沙东（泰能）、山东新时代（君宁）、瀚晖制药（俊特）、珠海联邦制药等厂家生产本品。另外，1994 年上市的第二代碳青霉烯类抗生素美罗培南也在临床广泛应用。

（四）β-内酰胺酶抑制剂及其复方制剂

β-内酰胺酶抑制剂是一类新型 β-内酰胺类药物。其本身并没有或仅有较弱的抗菌活性，抗菌谱较窄，但能与 β-内酰胺酶较紧密结合，使该酶不能与 β-内酰胺类抗生素作用，从而保持后者的抗菌活性。与 β-内酰胺类抗生素合用后，还可扩大其抗菌谱，增强抗菌作用，且不易产生耐药性，从而显示出独特的临床使用价值。目前国内外用于临床应用的主要有克拉维酸（棒酸）、舒巴坦、他唑巴坦三种，且使用的均是它们的复方制剂。目前主要有阿莫西林克拉维酸钾（奥格门汀、安灭菌）、头孢哌酮舒巴坦（舒普深）、氨苄西林舒巴坦（优立新）、哌拉西林他唑巴坦（特治星）和替卡西林克拉维酸（特美汀）5 个品种。这些 β-内酰胺酶抑制剂的复合制剂对临床常见致病菌都有较强的抗菌活性，尤其对产 β-内酰胺酶菌株引起的中重度感染有显著疗效，从而体现了本类药物的特殊临床价值。

阿莫西林克拉维酸钾【典】【基】【医保(甲,乙)】 Amoxicillin and Clavulanate Potassium

【商品名或别名】 羟氨苄青霉素棒酸钾，奥格门汀，安美汀，安灭菌，Augmentin。

【性状】 淡黄色粉末；味微苦；有引湿性。

【作用与适应证】 克拉维酸钾是不可逆的 β-内酰胺酶抑制剂。不仅对葡萄球菌产生的酶有作用，而且对多种革兰阴性菌产生的酶也有作用。合用不耐酶的 β-内酰胺类如阿莫西林，抗菌谱有所扩大，抗菌活性增强，并可使原来对阿莫西林和青霉素耐药的细菌也被抑制。主要用于产 β-内酰胺酶的金葡菌、表皮葡萄球菌、肠球菌以及各种敏感细菌所引起的下呼吸道、中耳、鼻窦、皮肤组织、尿路等部位感染。

【不良反应】 少数患者可出现轻度的腹泻、恶心、呕吐等胃肠道反应且可能较单用阿莫西林常见。偶见荨麻疹和皮疹。

【用药指导】 ①应用前必须做青霉素皮肤试验，皮试阳性者禁用；孕妇、哺乳期妇女慎用。②注射剂不可用于肌内注射。③口服进食不影响其吸收，与食物同服可减少胃肠道反应。

【药物商品】 ①阿莫西林克拉维酸钾（薄膜衣）片。②注射用阿莫西林钠克拉维酸钾。③本品目前还有干糖浆剂、胶囊、混悬液、咀嚼片、冲剂等不同剂型。

【商品信息】 ①"奥格门汀"是 1981 年由葛兰素史克成功开发的世界第一个 β-内酰胺酶抑制剂复方制剂。由于对耐药菌的独特疗效，使其自 1984 年投放市场以来，被广泛应用于各种感染，为解决耐药性问题做出了突出贡献。曾连续十多年保持世界畅销药地位，居世界抗感染药前列，成为抗生素复方制剂的经典。②国内最早由华北制药厂生产，商品名为"安灭菌"。目前有山东鲁南药厂（君尔清）、香港澳美制药（奥先）、广州白云山（金力舒）和南京先声药业（安奇）等生产。

【贮存】 片剂密封；粉针密闭，均在凉暗处保存。

三、氨基糖苷类

氨基糖苷类抗生素的共同特点有：①主要是抑制蛋白质的合成的多个环节而发挥杀菌作用，为静止期杀菌剂。②抗菌谱较广，对革兰阳性菌、革兰阴性菌均有效，尤其对革兰阴性杆菌作用突出。③毒副作用较大，主要是耳毒性和肾损性，还有神经肌肉接头阻滞和过敏反应等。④细菌对本类抗生素易产生耐药性，且本类抗生素间有部分或完全交叉耐药性，通常不单独使用。⑤口服难吸收，仅作肠道感染用；全身感染必须注射给药。

尽管本类抗生素存在耳毒性、肾毒性和交叉耐药性等缺点，但因其价格低廉，对假单胞菌、大肠埃希菌和不动杆菌等有显著抑制效果，可用于治疗某些难治感染性疾病，近年还不断发现本类抗生素的新药理作用，且随着新型氨基糖苷类抗生素衍生物的陆续开发，氨基糖苷类这类抗生素老产品有望重新焕发生机，并成为国际医药市场的畅销产品。

目前常用的氨基糖苷类老品种有链霉素、卡那霉素、庆大霉素、阿米卡星等；较新的品种有妥布霉素、核糖霉素、小诺霉素、西索霉素、奈米米星和壮观霉素等；最新品种有依替米星。

庆大霉素【典】【基】【医保(甲)】 Gentamycin

【商品名或别名】 正泰霉素。

【性状】 常用其硫酸盐，为白色或类白色的粉末；无臭；有引湿性。易溶于水。

【作用与适应证】 对大肠埃希菌、产气杆菌、克雷伯菌、铜绿假单胞菌等革兰阴性菌有抗菌作用。革兰阳性菌中，金葡菌对本品可有一定敏感性；链球菌均对本品耐药。用于敏感细菌引起的系统或局部感染。临床上多采用庆大霉素与其他抗菌药联合应用。与青霉素（或氨苄西林）合用可治疗肠球菌感染。本品还可口服用于肠道感染、肠道术前准备及局部用于皮肤感染。

【不良反应】 ①对耳前庭的影响较大，而对耳蜗损害较小。②常用量对肾有轻度损害，疗程过长或用量过大时，可引起耳毒性、肾毒性。

【用药指导】 ①严重肾功能不全者、儿童慎用。②不可静脉推注或大剂量快速静脉滴注，以免引起呼吸抑制。③禁止与强效利尿药合用，以免增加耳毒性。

资料卡

药物的耳毒性

2005年春晚节目舞蹈"千手观音"在带给观众华美震撼的同时，也带来了另一种震撼。参与"千手观音"舞蹈演出的21名演员全部是聋哑演员，而21名演员中，有18名演员全部是药物致聋，致聋元凶主要是一类在20世纪70～80年代广泛使用的抗生素——氨基糖苷类（又称为氨基甙类）抗生素，其代表是链霉素、庆大霉素和卡那霉素，其中又以庆大霉素使用最为广泛。庆大霉素的耳毒性较为明显，而且往往是不可逆的，部分敏感患者只需一针庆大霉素就可能导致永久致聋，小儿往往更加敏感，因此以庆大霉素为代表的氨基糖苷类抗生素在当时导致小儿药物致聋的案例相当多，某些小儿一针庆大霉素导致终身致残的情况并不少见。

【药物商品】 ①硫酸庆大霉素注射液：一日量宜分2～3次给药。②硫酸庆大霉素片：用于肠道感染或肠道手术前准备。③硫酸庆大霉素滴眼剂：用于敏感菌所致的结膜炎和角膜炎。

【商品信息】 ①本品是我国独立自主研制成功的广谱抗生素，是新中国成立以来的伟大科技成果之一。开始研制于1967年，成功鉴定在1969年底，取名"庆大霉素"，意指庆祝"九大"以及庆祝工人阶级的伟大。②本品因价格低廉、杀菌力强、起效快而一度成为感染药市场上的主流品种，但由于其有肾毒性和耳毒性，目前注射剂型临床应用越来越少。

【贮存】 原料密封，在干燥处保存；口服制剂密封，在凉暗干燥处保存；注射液、滴眼液密闭，在凉暗处保存。

阿米卡星【典】【基】【医保(甲)】 Amikacin

【商品名或别名】 丁胺卡那霉素，阿米卡霉素，Amikacin Sulfate。

【性状】 常用其硫酸盐，为白色或类白色结晶性粉末；几乎无臭，无味。极易溶于水。

【作用与适应证】 抗菌谱与庆大霉素相似且为本类最宽，但抗菌活性略低于庆大霉素。对铜绿假单胞菌作用强于庆大霉素。最突出的优点是对许多肠道革兰阴性菌和铜绿假单胞菌所产生的钝化酶稳定，因而主要适用于对庆大霉素或妥布霉素耐药的革兰阴性菌感染，尤其是铜绿假单胞菌所致的感染，且对结核杆菌有效。

【不良反应】 ①耳毒性以损害耳蜗功能为主，且缺乏先症状，可致不可逆听力减退。②长期用药可致菌群失调。其他参见庆大霉素。

【用药指导】 ①不宜直接静脉推注，以免引起神经肌肉接头阻滞或呼吸抑制。②肾功能不全、脱水、应用强效利尿药的患者以及老年患者慎用。

【药物商品】 注射用硫酸阿米卡星：通常每日总量分两次给药。

【商品信息】 ①本品为半合成氨基糖苷类，被认为是最优秀的氨基糖苷类抗生素，尤其在治疗耐药性铜绿假单胞菌感染和淋病方面是其他抗菌药无法取代的。但由于耐药性和不良反应，临床用量有所减少。②目前国内生产厂家以上海旭东海谱药业、山东齐鲁制药、上海信宜金朱药业、哈药集团、上海禾丰制药等占据较大市场份额。

【贮存】 原料严封；粉针密闭，均在干燥处保存。注射液密闭，在凉暗处保存。

四、四环素类

四环素类抗生素是由链霉菌所产生的或经半合成的具有骈四苯母核基本结构的一类广谱抗生素。四环素、土霉素、金霉素属于天然四环素类抗生素，也称为第一代四环素类。半合成的四环素包括多西环素、美他环素（甲烯土霉素）、米诺环素（二甲胺四环素）和地美环素（去甲基金霉素）等。本类药物具有下列共性：①为广谱抗生素，除对革兰阳性菌、革兰阴性菌均有抗菌作用外，突出特点是对螺旋体、立克次体、支原体、衣原体、原虫、放线菌、阿米巴原虫等也有抑制作用。②作用机制是干扰菌体蛋白质的合成，同时还可以改变细菌细胞膜的通透性。属快效抑菌剂，在高浓度时也具有杀菌作用。③不良反应多，包括妨碍骨、牙的生长，损害肝脏，加重氮质血症毒性反应，还有胃肠道反应、局部刺激，还会因二重感染引起菌群失调而导致 B 族、K 族维生素缺乏症。④耐药性严重。目前本类抗生素已不作为常见细菌感染的选用药物，主要用于立克次体、支原体、衣原体等非细菌性感染及布氏杆菌病（与其他药联用）、霍乱等敏感细菌所致的感染。四环素类曾广泛应用于临床，由于常见病原菌对本类药物的耐药性普遍升高及其不良反应多见，目前本类药物的临床应用已受到很大限制。

多西环素【典】【基】【医保(甲、乙)】 Doxycycline

【商品名或别名】 脱氧土霉素，强力霉素。

【性状】 常用其盐酸盐，为淡黄色或黄色结晶性粉末；无臭，味苦；有引湿性。遇光不稳定。

【作用与适应证】 为半合成四环素，抗菌作用较四环素强，具有抗菌谱广、强效、长效、肾毒性小、价格便宜等特点，为四环素中的优良品种，主要用于支原体属感染、衣原体属感染、立克次体病、回归热、霍乱等；对耐药菌也有效，现已取代天然四环素作为各种适应证的治疗药。由于本品对肾脏损害较少，故比较适用于对四环素敏感而合并肾功能不全的患者，且无须调整剂量。

【不良反应】 ①常会引起胃肠反应（约20%），如恶心、呕吐、腹泻等（饭后服用可减轻）。②长期服用可引起肝脏损害及二重感染。

【用药指导】 ①本品口服吸收良好，不受食物和牛奶影响。与碳酸氢钠、铁剂、氢氧化铝等含金属离子药物或食物同服，本药吸收降低。作用持久，有效血药浓度可维持24h以上，可一天给药1次。②有四环素过敏史者及 8 岁以下儿童禁用。

【药物商品】 ①盐酸多西环素片。②盐酸多西环素胶囊。

【商品信息】 ①本品于1962年合成，我国于1971年投产。②因本品广谱、长效、肾毒性小、价格便宜而广泛应用。

【贮存】 原料及片剂遮光，密封保存。胶囊密封，在阴凉干燥处保存。

其他常用四环素类

四环素【典】【医保(甲、乙)】 Tetracycline 常用其盐酸盐。本品对立克次体、衣原体、支原体、放线菌、螺旋体等有良好作用，主要用于立克次体病（斑疹伤寒、恙虫病）、衣原体病（淋巴肉芽肿、沙眼、鹦鹉热）、支原体肺炎、回归热、霍乱、布氏杆菌病等。孕妇、哺乳期妇女、8岁以下儿童禁用；肝、肾功能不全者慎用。不宜长期大量使用，以免出现二重感染和维生素缺乏；不应与卤素、碳酸氢钠、含多价金属的药品、凝胶类药品、牛奶等同服。

五、大环内酯类

大环内酯类抗生素是一类具有14～16元环内酯结构的弱碱性抗生素。它们是通过阻碍细菌蛋白质的合成而起抗菌作用的，属于生长期快速抑菌剂。其特点有：①抗菌谱窄，但比青霉素略广，主要作用对象为革兰阳性菌和军团菌属（首选药物）、衣原体属、支原体属等。②大多数品种供口服，但对胃酸极不稳定，故常制成肠溶衣片或酯化衍生物，以增加口服吸收率。由于血药浓度低，一般不宜用于严重感染，仅适用于轻中度感染。③无严重不良反应，毒副作用较低，与β-内酰胺类抗生素无交叉过敏反应，常用于对前者过敏的患者。

红霉素【典】【基】医保(甲) Erythromycin

【商品名或别名】 威霉素，福爱力，新红康。

【性状】 白色或类白色结晶或粉末；极微溶于水。

【作用与适应证】 属窄谱抗生素，抗菌谱与青霉素相似但较广，作用弱于青霉素。对革兰阳性菌如金葡菌、肺炎链球菌、白喉杆菌、梭状芽孢杆菌等具有较强抗菌作用，尤其对耐青霉素的金葡菌有效。对某些革兰阴性菌如脑膜炎双球菌、军团菌、幽门螺杆菌、百日咳杆菌有较强作用，还能抑制支原体、放线菌、螺旋体、立克次体、衣原体等。主要应用于链球菌引起的扁桃体炎、猩红热、白喉及白喉带菌者、淋病、李斯特菌病、肺炎链球菌下呼吸道感染（以上适用于不耐青霉素的患者）。可作为军团菌肺炎和支原体肺炎首选药。还可应用于流感杆菌引起的上呼吸道感染、金黄色葡萄球菌皮肤及软组织感染、梅毒、肠道阿米巴病等。

【不良反应】 少而轻微，主要有：①胃肠道反应，可见恶心、呕吐、腹痛、腹泻等。②过敏反应，偶有药热、皮疹。③久服可有肝损害，不宜与四环素合用，否则可加重肝毒性。

【用药指导】 ①本品为生长期抑菌性药物，给药应按一定时间间隔进行，并需空腹服（餐前1h或餐后3~4h），以保持体内有效血药浓度。②幼儿可服对酸稳定的酯化红霉素，但肝毒性大。

【药物商品】 ①红霉素片：肠溶衣片或肠溶薄膜衣片，应整片吞服，掰碎则受胃酸破坏而降效。②红霉素眼膏OTC：用于结膜炎、眼睑缘炎、角膜炎及眼的外部感染等症。③红霉素软膏OTC。④注射用乳糖酸红霉素：不可肌注以免刺激；静滴易引起静脉炎，速度宜放慢。

【商品信息】 ①本品是1952年美国礼来公司开发的临床上第一个使用的大环内酯类抗生素，产自红色链丝菌，是大环内酯类抗生素中的经典药物。本品在临床已使用了60多年，目前在市场上依然有其一定的地位。②口服红霉素片剂有红霉素碱糖衣片、琥乙红霉素和依托红霉素三种。

【贮存】 原料及片剂密封，在干燥处保存。软膏密闭，在阴凉干燥处保存。

阿奇霉素【典】【基】医保(甲,乙) Azithromycin

【商品名或别名】 维宏，希舒美，泰力特，舒美特，Zithromax。

【性状】 白色或类白色结晶性粉末几乎不溶于水。

【作用与适应证】 本品的抗菌谱与红霉素相近，作用较强，对流感嗜血杆菌、淋球菌的作用比红霉素强4倍；对军团菌则强2倍；对绝大多数革兰阴性菌和梭状芽孢杆菌也具有更高的抗菌活性，在应用于金黄色葡萄球菌感染中也比红霉素有效。此外，本品对弓形体、梅毒螺旋体也有良好的杀灭作用。用于敏感微生物所致的呼吸道、皮肤和软组织感染，衣原体及非多种耐药淋病奈瑟菌所致的尿道炎、宫颈炎及盆腔炎。

【不良反应】 本品的总不良反应率约为12%，消化道反应（包括呕吐、腹泻、腹痛等）约9.6%，其他包括神经系统反应、皮疹、转氨酶升高等。

【用药指导】 半衰期长，每日一次给药即可。另外，阿奇霉素具有较长的抗生素后效应，临床上通常"用3天，停4天"。

【药物商品】 阿奇霉素胶囊（片）。还有分散片、注射剂、干混悬剂、颗粒剂和干糖浆剂等剂型。

【商品信息】 ①本品是 20 世纪 70 年代末由克罗地亚普利瓦医药公司（Pliva）开发的一种全新的大环内酯类抗生素，1988 年上市，而后 Pliva 公司将本品的全球销售权转让给美国辉瑞公司，商品名"希舒美"（Zithromax）。由于其口服广谱强效的特点，很快成为世界上销路最好的抗生素之一，曾连续 8 年进入全球畅销药前 50 强。②国内生产阿奇霉素的企业有几十家，其中包括如山东鲁抗（西乐欣）、利君制药（派奇）、天方药业、信谊制药和国药集团等。

【贮存】 原料及制剂密封，在阴凉干燥处保存。

相关链接

阿奇霉素的"用三停四"

阿奇霉素在治疗儿童支原体肺炎时，有用 3 天或 5 天（重症）停 4 天，再重复第 2 疗程的用法，为什么要停 4 天呢？原因有以下 4 点。

① 阿奇霉素半衰期长，血清半衰期 35~48h。且在组织中分布广，代谢慢。因此服药 3 天后即使停用，阿奇霉素依然能在体内持续作用 3~4 天。

② 阿奇霉素有明显的抗菌药物后效应。抗菌后效应是指停用抗菌药物后，药物的血药浓度即使低于最低抑菌浓度，而细菌仍在一定时间内处于被抵制状态，不能生长。因此表面上阿奇霉素使用 3 天或者 5 天后停用，但病原体仍旧处于被抑制的状态。

③ 阿奇霉素的胃肠道反应和用药时间成正比。长期连续静滴或口服治疗，患儿易出现严重的胃肠反应，还伴有穿刺处疼痛、皮疹、静脉炎等症状。间歇式给药可以减少不良反应的发生。

④ 连续长时间用药易产生耐药。

其他常用大环内酯类抗生素

克拉霉素【典】【基】【医保（乙）】（甲红霉素，克拉仙，克拉红霉素） 其特点是高效、耐酸、耐酶，口服吸收好，抗菌谱类似红霉素但更广，抗菌活性（尤其对革兰阳性菌、嗜肺军团菌、肺炎衣原体）为大环内酯类中最强的，对流感杆菌作用优异。毒性只有红霉素的 1/2~1/24。但此药首过消除大，生物利用度约 50%。临床上主要用于敏感菌所致的上、下呼吸道感染，皮肤软组织感染和泌尿生殖系统感染。主要有消化道反应、头痛等，一般较轻。偶见皮疹、瘙痒等过敏反应、肝毒性和假膜性肠炎。孕妇禁用；哺乳期妇女、肝功能不全者慎用。

药物商品有：①克拉霉素片。②克拉霉素胶囊。

六、林可霉素类

本类抗生素的结构、作用机制、作用各异，但因结构特殊，细菌对其不易产生耐药性或因与其他类别抗生素之间无交叉耐药性而体现出它们独特的临床使用价值。常用的有克林霉素、林可霉素。

克林霉素【典】【基】【医保（甲,乙）】 Clindamycin

【商品名或别名】 氯洁霉素，氯林霉素，可林达霉素，林大霉素。

【性状】 其盐酸盐为白色结晶性粉末；无臭；极易溶于水。

【作用与适应证】 本品为窄谱抗生素。通过抑制肽链延长而影响细菌蛋白质的合成而起抗菌作用。对革兰阳性菌有较强的抗菌作用，对革兰阴性菌作用弱，但对厌氧的革兰阴性菌作用较好；抗菌作用机制与红霉素相同，与红霉素合用时产生竞争性拮抗，故不宜合用。可用于青霉素无效或对青霉素过敏的革兰阳性球菌感染，本品可渗入骨组织内，骨髓药物浓度高，是用于急慢性金黄色葡萄球菌性骨髓炎的首选药。

【不良反应】①可致假膜性肠炎，应立即停药，必要时可用去甲万古霉素治疗。②最常见的不良反应是过敏反应，通常以轻到中度的麻疹样皮疹最为多见，严重者可致过敏性休克。

【用药指导】①本品不能透过血脑屏障，故不能用于脑膜炎。②与红霉素之间有拮抗作用，不可联合应用。③新生儿禁用。

【药物商品】①盐酸克林霉素胶囊。②克林霉素磷酸酯注射液。③克林霉素磷酸酯片。④克林霉素磷酸酯凝胶。

【商品信息】①本品为林可霉素的衍生物，1970年在我国上市。因疗效较好、用药量少、耐药性较小，市场销售增长迅速。②2009年针对克林霉素注射剂全身性损害、呼吸系统损害、泌尿系统损害为主的不良反应较为严重，其中导致急性肾功能损害，血尿问题相对突出，SFDA下发通知对克林霉素注射剂说明书"不良反应"一栏内容进行修订。③具有口服剂、注射剂、输液、外用和儿童专用口服剂等多种剂型，有盐酸盐、棕榈酸酯盐酸盐（以上两者供口服，后者供儿童应用）和磷酸酯（供注射）等不同的盐类，其中克林霉素磷酸酯类产品应用最广泛。生产厂家有北京双鹭药业、浙江九旭药业、山西好医生等。

【贮存】本品原料密闭保存；胶囊密封保存。

七、糖肽类抗生素

糖肽类抗生素是治疗耐甲氧西林金黄色葡萄球菌（MRSA）等革兰阳性菌重症感染的"王牌"药物，对难辨梭状芽孢杆菌所致的肠道感染、耐氨苄西林的肠道球菌感染有特效。临床使用的有万古霉素、去甲万古霉素和替考拉宁。

万古霉素【典】【医保(乙)】（凡古霉素、凡可霉素、盐酸万古霉素）Vancomycin 本品为窄谱抗生素，抑制细菌细胞壁的生物合成，属快速杀菌药。仅对革兰阳性菌尤其革兰阳性球菌有强大抗菌作用，特点是对耐药的金黄色葡萄球菌和肠球菌很有效，对难辨梭状芽孢杆菌、炭疽杆菌及白喉杆菌有较高的抗菌活性。由于结构特殊，与其他抗生素无交叉耐药性。自20世纪90年代以来曾经被国际抗生素专家誉为"人类对付顽固性耐药菌株的最后一道防线"。主要用于敏感菌所致的系统感染和肠道感染，如心内膜炎、败血症、假膜性肠炎等。通常仅作为二线药物在常用抗菌药无效或不能应用时才用。不良反应较大，包括：①大剂量可引起耳毒性和肾毒性。②静脉给药可引起静脉炎。③偶有恶心、寒战、皮疹、药物热等。④快速注射可出现类过敏反应，如血压降低、呼吸困难甚至心搏骤停以及上部躯体发红（红颈综合征）等。故用药时应缓慢静脉滴注，注意监测听觉功能；定期监测肾功能等；肌内注射疼痛感强，仅供静脉注射；不应与氨基糖苷类等有耳毒性、肾毒性的药物合用。

药物商品有注射用盐酸万古霉素。粉针剂密闭于凉暗处保存。

八、其他类别抗生素

（1）氯霉素【典】【医保(甲)】 Chloramphenicol 本品为广谱抑菌剂。对伤寒、副伤寒杆菌作用最强，对流感杆菌、百日咳杆菌、痢疾杆菌作用也较强。主要用于伤寒、副伤寒，比复方磺胺甲噁唑或氨苄西林疗效好；也用于立克次体病及敏感菌所致的严重感染和治疗其他药品疗效较差的脑膜炎；外用治疗沙眼衣原体引起的沙眼和眼部细菌感染。可致骨髓抑制、灰婴综合征等严重不良反应。

> **资料卡**
>
> **氯霉素严重不良反应——灰婴综合征与再生障碍性贫血**
>
> 灰婴综合征指在妊娠期,尤其是妊娠末期和临产的24h内孕妇使用氯霉素,可致使出生的新生儿出现呕吐、呼吸急促或不规则、皮肤发灰、低体温、软弱无力等症状,甚至造成死亡。因胎儿肝脏内某些酶系统发育不完全,使氯霉素与葡萄糖醛酸结合能力较差,蓄积在体内,进而影响新生儿心血管功能。
>
> 再生障碍性贫血是指骨髓未能生产足够或新的细胞来补充血液细胞的情况。一般患者的红细胞、白细胞及血小板均出现低统计的情况。药物性再障最常见是由氯霉素引起的,据国内调查,半年内有服用氯霉素者发生再障的危险性为对照组的33倍。

(2) **磷霉素**【典】【基】医保(甲、乙) Fosfomycin 为人工合成的广谱抗生素。抗菌谱广,对葡萄球菌、脑膜炎双球菌、淋球菌、大肠埃希菌和伤寒杆菌、大部分链球菌、铜绿假单胞菌、奇异变形杆菌、肠球菌等均有抑制作用。与其他抗菌药物合用常有协同作用而无拮抗作用。和其他抗生素之间无交叉耐药性。钙盐主要用于敏感菌所致的肠道和尿道感染。钠盐则用于敏感菌所致的上呼吸道感染、腹膜炎、骨髓炎,也可用于败血症和脑膜炎。本品钙盐的口服生物利用度低,仅适用于轻度感染,传统的钠盐粉针因呈碱性刺激性较大而影响其应用,目前国内市场已有加了适量赋形剂的中性磷霉素钠粉针和磷霉素氨丁三醇口服制剂,较好地解决了刺激性和吸收率问题。

第三节 化学合成的抗菌药

一、磺胺类药

磺胺类药是20世纪30年代发现的能有效防治全身性细菌性感染的第一类化疗药物。磺胺药物的发现开创了化学治疗的新纪元。虽然目前临床上已大部分被抗生素及喹诺酮类药取代,磺胺药的应用受到影响,但磺胺药对某些感染性疾病(如流脑、鼠疫)有疗效良好,还具有性质稳定、易于组织生产、价格低廉、服用方便等优点,在抗菌药物中始终占有重要的地位。尤其是磺胺类药与磺胺增效剂甲氧苄啶合用,使疗效明显增强,抗菌范围增大。

> **相关链接**
>
> **红色百浪多息,开创了化学治疗的新纪元**
>
> 磺胺类药物是在20世纪30年代开始应用的。最先被使用的磺胺药物是I.G.法本公司的百浪多息。1932年,德国化学家多马克发现当时一种名叫百浪多息的橘红色染料,对老鼠的链球菌感染非常有效。
>
> 多马克通过非常直接的途径发现百浪多息的作用对人类也是适用的。他唯一的女儿因为手指被刺破,感染了链球菌,生命垂危,无药可救,多马克在绝望中对她注射了大剂量的百浪多息,挽救了爱女的生命,因而在1935年世界上知道了这种新药。当百浪多息被用来挽救因感染而生命垂危的美国总统的儿子——小F.D.罗斯福时,这种新药便获得了更大的名声。英国首相温斯顿·丘吉尔也是因为得到百浪多息的治疗而恢复健康的。1939年,多马克由于这一发明而获得了诺贝尔医学或生理学奖。

磺胺类药物都具有对氨基苯磺酰胺的基本化学结构(见图8-4),有以下共性。

(1) **抗菌机制** 因其化学结构与细菌合成叶酸所需原料对氨基苯甲酸(PABA)相似,

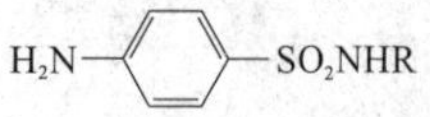

$$H_2N-\!\!\!\bigcirc\!\!\!-SO_2NHR$$

图 8-4 对氨基苯磺酰胺的基本化学结构

通过抑制细菌体内二氢叶酸合成酶，使叶酸代谢障碍而起抑菌作用。

（2）抗菌谱　为广谱抑菌剂。对金葡菌、溶血性链球菌、脑膜炎球菌、志贺菌属、大肠埃希菌、伤寒杆菌、产气杆菌及变形杆菌等有良好抗菌活性，此外对少数真菌、衣原体、原虫（疟原虫和弓形体）也有效。

（3）临床用途　包括：①防治流行性脑脊髓炎。磺胺嘧啶（SD）为首选，疗效不显著者可改用青霉素或氯霉素。②治疗敏感细菌所致的急慢性尿路感染。泌尿道感染多选用尿中浓度较高的复方磺胺甲噁唑（SMZ＋TMP）。③治疗伤寒选复方磺胺甲噁唑，鼠疫用磺胺嘧啶＋链霉素。④烧伤、烫伤选用 SD-Ag、SD-Zn、SML 等外用磺胺；眼部感染用磺胺醋酰钠（SA-Na）、磺胺嘧啶眼膏；炎症性肠病用柳氮磺吡啶。

（4）不良反应较多　较为常见的是过敏反应，主要表现为药疹，严重者可发生渗出性多形性红斑、剥脱性皮炎，也可表现为对光敏感性增强、药物热、关节及肌肉疼痛等反应；血液系统可出现粒细胞减少症、再生障碍性贫血、溶血性贫血等；还可能引起肝、肾损害，严重者可发生急性肝坏死、血尿、结晶尿、管型尿等。

（5）易产生耐药性　这是磺胺药应用受到限制的主要原因，且细菌对各种磺胺药间有交叉耐药性。

常用磺胺药物
复方磺胺甲噁唑【典】【基】【医保(甲)】　Compound Sulfamethoxazole

【商品名或别名】　复方磺胺甲基异噁唑，复方新诺明，SMZ-TMP。

【性状】　白色结晶性粉末；几乎不溶于水。

【作用与适应证】　磺胺甲噁唑属中效全身用磺胺。与抗菌增效剂甲氧苄啶联合应用，后者抑制菌体内二氢叶酸还原酶、妨碍细菌二氢叶酸合成的作用，可使细菌的叶酸代谢受到双重阻断，从而使磺胺类药的抑菌作用增强数十倍，甚至转为杀菌，并可减少耐药菌株的出现，临床应用范围也扩大。复方磺胺甲噁唑的主要适应证为敏感菌株所致的尿路感染、成人慢性支气管炎急性发作、伤寒、痢疾等，也是治疗卡氏肺孢子虫肺炎的首选药。

【用药指导】　易出现结晶尿、血尿、蛋白尿、尿少、腰痛等，服药期间注意多饮水。发现药物过敏（皮疹），应立即停药，并采取抗过敏措施。

【药物商品】　①复方磺胺甲噁唑片（复方新诺明，SMZ-TMP）。②联磺甲氧苄啶片（增效联磺片）：作用与复方磺胺甲噁唑片相似。

【商品信息】　本品是目前磺胺类药物中抗菌最强而且较常用的复方制剂，对尿路感染、菌痢的效果很好，价格低廉但不良反应较大，临床应用受到一定限制。

【贮存】　遮光，密封保存。

二、喹诺酮类

喹诺酮类药物是人工合成的含 4-喹诺酮母核的抗菌药物，其对细菌的 DNA 螺旋酶具有选择性抑制作用，从而抑制细菌的 DNA 合成，导致 DNA 降解及死亡。该类药物因其具有抗菌谱广、抗菌活性强、不良反应少、给药方便、与其他常用抗菌药无交叉耐药性等优点，在临床上得到了广泛应用，并已成为化学合成抗感染药品中发展最为迅速的类别。

第一代（20 世纪 60 年代初）：代表产品有萘啶酸、吡咯酸。目前基本属于淘汰品种。

第二代（20 世纪 60 年代末至 70 年代末）：代表产品有吡哌酸、西诺沙星。目前已少用。

第三代（20世纪80年代初至90年代中期）：喹诺酮进入快速发展时期，化学修饰在其主环上加入氟原子后又被称为氟喹诺酮，代表产品有诺氟沙星、氧氟沙星、环丙沙星、左氧氟沙星。

第四代（20世纪90年代中期以后）：为保留第三代特点，又增加了抗厌氧菌活性的新氟喹诺酮类。代表品种有莫西沙星、加替沙星。

氟喹诺酮类具有下列共同特性：①抗菌谱广，对革兰阴性杆菌活性最好，对其他抗生素耐药的细菌也具有良好的抗菌作用，无交叉耐药性。②细菌对本类药物发生耐药突变的概率低。③口服吸收好，半衰期长，使用方便。④与头孢菌素类药物相比，抗菌作用相似。⑤不良反应少，主要是胃肠道症状、中枢神经系统反应和一般变态反应。

诺氟沙星【典】【基】医保（甲） Norfloxacin

【商品名或别名】 氟哌酸，淋克星。

【性状】 在空气中能吸收水分，遇光色渐变深。

【作用与适应证】 本品具有抗菌谱广、作用强的特点，尤其对革兰阴性菌，如大肠埃希菌、痢疾杆菌、变形杆菌有高度抗菌活性。对青霉素耐药的淋病奈瑟菌、流感嗜血杆菌和卡他莫拉菌也有较好抗菌作用。血药浓度低，但尿、肠道中浓度高。主要用于泌尿道、肠道和妇科感染。

【不良反应】 ①主要有上腹不适感，一般不需停药。②偶见转氨酶升高、口唇炎、口角炎、心悸等，停药后可恢复。③少数人可出现周围神经刺激症状，四肢皮肤有针扎感或灼热感，加服维生素 B_1、维生素 B_{12} 可减轻。

【用药指导】 妊娠期妇女、哺乳期妇女、18岁以下不宜使用。

【药物商品】 ①诺氟沙星胶囊②诺氟沙星滴眼液③诺氟沙星软膏。

【商品信息】 ①诺氟沙星作为喹诺酮类第三代的第一个药物，由于上市时间早，其市场风头早已被后来者盖过。②国内厂家众多，市场分散。包括浙江医药、石药集团、北京双鹤、广东邦民制药等。

【贮存】 遮光，密闭保存。

左氧氟沙星【基】医保（甲，乙） Levofloxacin

【商品名或别名】 可乐必妥，来立信，利复星，左克。

【性状】 遇光渐变色。

【作用与适应证】 本品是氧氟沙星的左旋体。具有疗效确切、抗菌谱广、口服生物利用度高、不良反应小、服用方便、价格适中的优点。除对临床常见的革兰阳性菌和革兰阴性菌抗菌活性极强外，对支原体、衣原体及军团菌也有较强的杀灭作用。对麻风杆菌和结核杆菌也有效。用于敏感菌所致的呼吸道、尿道、皮肤、胆道感染和性传播疾病。

【不良反应】 不良反应较少，偶有横纹肌溶解症，引起跟腱炎或跟腱断裂。有光敏毒性。

【用药指导】 肾功能减退或老年患者应减量。18岁以下不宜使用。用药期间多饮水，避免过度暴露于阳光下。

【药物商品】 ①左氧氟沙星片。②左氧氟沙星注射剂。

【商品信息】 ①本品最早由日本第一制药株式会社于1994年研制成功并在日本上市，其抗菌作用强、使用量小、不良反应小、服用方便等优点顺应了市场更新的潮流，使其市场销售额连年创新高，不但数年稳居喹诺酮类药物第一，且为我国医院用药金额排行榜的龙头老大，成为我国抗感染药的新霸主。②本品1995年正式进入中国市场，1997年实现国产化。该产品包括有第一三共（可乐必妥）、扬子江药业（左克）、浙江医药（来立信）、四川科伦药业（瑞科沙）、山东罗欣药业（宁沙）、山东鲁抗（亮跃）等众多品牌。

【贮存】 遮光，密封保存。

其他常用喹诺酮类

环丙沙星【典】【基】【医保(甲、乙)】 具有广谱、高效的特点，尤其对需氧革兰阴性杆菌的抗菌活性高，对肠杆菌科的大部分细菌、铜绿假单胞菌、流感嗜血杆菌、沙眼衣原体、支原体、军团菌等有良好抗菌活性，对肺炎链球菌、肠球菌等仅具有中等活性。主要用于敏感菌所致的泌尿生殖系统感染、下呼吸道感染、胃肠道感染、血流感染、皮肤软组织感染、骨和关节感染等。消化道反应较常见。可致中枢症状和皮肤过敏反应，少数患者有光敏感。服药期间避免过多光照。遮光，密封保存。

三、硝基呋喃类

硝基呋喃类是一类合成的广谱抗菌药。因其具有杀菌能力强、抗菌谱广、不易产生耐药性、价格低廉和疗效好等优点，曾经在临床被广泛使用，医疗上应用较广的有呋喃妥因，主要用于治疗泌尿系感染。

呋喃妥因【典】【基】【医保(甲)】 Nitrofurantoin

【商品名或别名】 呋喃坦啶，硝呋妥因。

【性状】 极微溶于水和乙醇。遇光色渐深。

【作用与适应证】 本品具有广谱抗菌性质，对葡萄球菌、肠球菌、大肠埃希菌、奈瑟球菌（淋球菌等）等有良好的抗菌作用。口服吸收迅速，尿中浓度高，主要用于敏感菌所致的泌尿系感染，也用于尿路感染的预防。

【不良反应】 有周围神经炎（服药量大或时间长时易发生，表现为手足麻木，久之可致肌萎缩，往往迁延难愈）、过敏反应（包括气喘、胸闷、皮疹、药物热、嗜酸粒细胞增多）、胃肠道反应和中毒性精神症状如幻听、幻觉、烦躁等。此外，尚可引起溶血性贫血、黄疸、肺部并发症（咳嗽、气急、呼吸困难）等。

【用药指导】 ①肾功能不全者、葡萄糖磷酸脱氢酶缺乏者、周围神经病变者慎用。孕妇及新生儿不宜使用本品。②宜与食物同服，以减少胃肠道刺激。③口服可使尿液呈棕色。

【药物商品】 ①呋喃妥因肠溶片。②呋喃妥因栓。

【商品信息】 本品因广谱、疗效好、不易产生耐药性且价格低廉入选国家基本药物目录，适宜于我国广大城镇基层用药。但由于低廉的价格很多供应商不积极供货，导致经常缺货。

【贮存】 遮光，密闭保存。

第四节 抗结核病药

> ### 知识拓展
>
> #### "白色瘟疫"——结核病（数字资源8-1）
>
> 结核病是一种由结核杆菌感染引起的慢性传染病。结核杆菌可能侵入人体的各个器官，但以肺结核最常见。
>
> 由于结核患者大多面色苍白，也为了和当时的另一个人类杀手"黑色瘟疫"——黑死病区分开，人们把结核病称为"白色瘟疫"。我国则把结核病称为"痨病"，肺结核称为"肺痨"。"十痨九死"是我国当时广为流传用来形容肺结核患者悲惨结局的俗语。

WHO 发布的《2018 结核病年度报告》显示，结核病仍然是全球十大死因之一，是高于艾滋病在内的单一传染病中的头号杀手。2017 年，全球范围内估算有 1010 万结核病新发病例，其中男性 580 万例，女性 320 万例，儿童 100 万例，因结核病死亡例数为 130 万例。结核病患者 90% 为成年患者（≥15 岁），9% 为 HIV 感染者（其中非洲占 72%），2/3 患者来自以下 8 个国家：印度（27%）、中国（9%）、印度尼西亚（8%）、菲律宾（6%）、巴基斯坦（5%）、尼日利亚（4%）、孟加拉国（4%）和南非（3%）。

抗结核病药根据其作用特点可分为两类。

（1）对结核杆菌有杀灭作用的药物　异烟肼、利福平、吡嗪酰胺、链霉素、阿米卡星、环丙沙星、左氧氟沙星等。

（2）对结核杆菌有抑制作用的药物　乙胺丁醇、对氨基水杨酸钠等，均为抑菌剂，与其他抗结核药合用有协同作用且可延缓耐药菌株的产生。

数字资源 8-1
肺结核疾病知识

按临床应用可分为一线、二线两类。一线药主要是疗效高、不良反应少、应用方便的抗结核病药，为初始结核病治疗的首选药，包括异烟肼、利福平、乙胺丁醇、链霉素、吡嗪酰胺等。二线抗结核病药则主要有对氨基水杨酸钠，其他还有丙硫异烟胺、乙硫异烟胺、卡那霉素，此类药因毒性较大或疗效较差，仅作为细菌对一线药产生耐药性或患者不能耐受一线药时的替换治疗药。对以上药物耐药者可酌情选用阿米卡星、环丙沙星、左氧氟沙星。

异烟肼【典】【基】医保（甲）　Isoniazid

【商品名或别名】　雷米封，异烟酰肼，Rimifon，INH。国际通用代号为"H"。

【性状】　无臭，味微甜后苦；遇光渐变质。易溶于水。

【作用与适应证】　本品能选择性地抑制分枝杆菌酸酶，使细菌丧失耐酸性、疏水性和增殖力而死亡。具有疗效高、毒性小、口服方便、价廉等优点。主要用于各型肺结核的进展期、溶解播散期、吸收好转期，尚可用于结核性脑膜炎和其他肺外结核等。

【不良反应】　常用量时很少，大剂量或长期用药可引起周围神经炎及肝脏毒性。其他不良反应还有胃肠道症状、血液系统症状、内分泌失调、中枢症状等。

【用药指导】　①本品单独使用易产生耐药性，除作为预防用药可单独使用外，常与其他药品合并使用，可降低耐药性并增强疗效。②加服维生素 B_6 可预防或减轻周围神经炎。③用药期间应注意检查肝功能。

【药物商品】　①异烟肼片：白色片。②注射用异烟肼：用于重症病例。

【商品信息】　本品是 20 世纪 50 年代初瑞士罗氏公司开发的产品，商品名为"雷米封"。本品的发明使治疗结核病起了根本性的变化。异烟肼在这接近 50 年的使用历史中，虽然有的患者所感染的结核菌已经产生了耐药性，但绝大多数医生仍认为它是治疗结核病的一个不可缺少的主药。

【贮存】　避光，严封保存。制剂遇光、受潮、受热可变黄色，不可供药用。

其他常用抗结核病药见表 8-3。

表 8-3　其他常用抗结核病药

名称	作用与适应证	药品商品	用药指导
利福平【典】【基】医保（甲） Rifampicin	为高效、广谱抗菌药	①利福平片（胶囊）；②利福平滴眼液	服药期间尿、痰、汗、粪便可带橙红色

续表

名称	作用与适应证	药品商品	用药指导
乙胺丁醇【典】【基】【医保（甲）】 Ethambutol	只对生长繁殖期的分枝杆菌有较强的抑制作用	盐酸乙胺丁醇片	视神经炎患者、乙醇中毒者、婴幼儿禁用
吡嗪酰胺【典】【基】【医保（甲）】 Pyrazinamide	仅对分枝杆菌有较好的抗菌作用	吡嗪酰胺片	对苯肼类药过敏者不宜使用；孕妇禁用

资料卡

肺结核治疗药物副作用记忆口诀

为了提高抗结核药的疗效，减少毒副作用的发生，做到安全用药，结核患者应当熟知药物的不良反应及注意事项。

以后一周练听力，利肝安胃肠。

以（乙胺丁醇）后（球后视神经炎），一（异烟肼）周（周围神经炎），练（链霉素）听力（听神经损害），利（利福平）肝（肝功能损害），安（吡嗪酰胺）胃肠（胃肠道反应）。

抗结核病药的应用原则：早期、联合、适量、规律和全程用药。

① 早期用药：病灶内血液供应好，药物易渗入，对药物的敏感性高，用药效果好。

② 联合用药：利用多种抗结核药物的交叉杀菌作用，提高杀菌能力，防止结核菌产生耐药性。

③ 适量用药：过量使用会增加不良反应发生率，用量不足则易诱发耐药性的产生，应根据患者的年龄、体重，给予适当的治疗剂量。

④ 规律用药：严格遵照化疗方案所规定的品种、剂量、给药次数及间隔时间，以保持稳定有效的血药浓度。

⑤ 全程用药：用药疗程应维持 6~8 个月，并定期复查，防止复发和耐药。

另外，用药期间应定期检查肝、肾功能，及时调整药物或剂量。

相关链接

抗结核固定复合制剂（FDC）和板式组合药

抗结核固定复合制剂（FDC）是将数种不同的抗结核药物按一定的剂量配方制成的一种复方制剂，而板式组合药则是将每次顿服的各种抗结核药物的片剂或胶囊按一定的方案和剂量压在同一泡眼或薄膜板上的包装形成。目前大多使用的免费抗结核药物以国家提供的板式组合药为主。与板式组合药相比，FDC 可以简化处方，减小药物滥用，服用方便，提高患者的顺从性，改善药物供应系统，降低结核病的耐药发生率。

目前临床常用的固定剂量复合剂有：①异福片（胶囊）；②异福酰胺（胶囊）；③帕司烟肼片（异烟肼/对氨基水杨酸钠）。

第五节　抗真菌病药

真菌感染可分为浅表真菌感染和深部真菌感染两类，前者是由癣菌侵犯皮肤、毛发、指（趾）甲等体表部位造成的，发病率高，危害性较小。后者主要由念珠菌和隐球菌侵犯内脏器官及深部组织造成的，发病率低，危害性大、病死率高。随着免疫抑制药、肾上腺皮质激素、广谱抗菌药、实体器官移植、造血干细胞移植等的应用增多，深部真菌感染的发病率显著增高，从而推动了抗真菌药物市场的迅猛增长。统计数据显示，2017年国内约44.7万家实体药店抗真菌及皮肤药物零售额为142亿元，同比上一年增长了4.10%，占据了药物总体零售市场的3.88%，抗真菌及皮肤药物零售市场处于逐渐上升的态势，其中外资厂商占据了TOP10厂家的半壁江山。常用抗真菌药按照作用部位分为：①治疗浅表真菌感染药物有制霉素、克念菌素、克霉唑、咪康唑、益康唑、联苯苄唑、酮康唑等。②抗深部真菌感染药物有氟胞嘧啶、两性霉素B、氟康唑、伊曲康唑（斯皮仁诺）、伏立康唑、卡泊芬净等。

氟康唑 [典][基][医保(甲,乙)] Fluconazole

【商品名或别名】 大扶康，麦尼芬，依利康。

【性状】 无臭或微带特异臭，味苦。微溶于水。

【作用与适应证】 属三唑类广谱抗真菌药。本品具有抗菌谱广、抗菌活性强、可渗入脑脊液的特点，尤其对念珠菌、隐球菌具有较高的抗菌活性。可用于：①念珠菌病，用于治疗口咽部和食管念珠菌感染；播散性念珠菌病，包括腹膜炎、肺炎、尿路感染等；念珠菌外阴阴道炎。②隐球菌病，用于治疗脑膜炎以外的新型隐球菌病或治疗隐球菌脑膜炎，本品可作为两性霉素B联合氟胞嘧啶初治后的维持治疗药物。③用于接受化疗、放疗和器官移植患者预防念珠菌感染。

【不良反应】 毒性较低，患者一般能耐受。常见的不良反应有：①轻度消化道反应。②皮疹等过敏反应。③少数人有头痛、头晕、失眠等神经系统反应。④长期应用可有转氨酶一过性升高。

【用药指导】 本品口服吸收良好，口服吸收不受进食影响。哺乳妇女及儿童禁用。

【药物商品】 ①氟康唑胶囊：每粒50mg、100mg、150mg。②氟康唑注射液：每支100mL：200mg。用于病情较重者及隐球菌脑膜炎。

【商品信息】 本品为氟代三唑类抗真菌药。由美国辉瑞公司研制，1990年以商品名Difucan（大扶康）在美国上市，由于其抗菌谱广、生物利用度高、耐受性好、可口服和注射而广泛用于深部、浅部真菌感染，很快成为畅销药之一。目前仍是抗真菌药的重要品种之一。国内有多家生产厂商仿制生产氟康唑。国内氟康唑主要剂型有注射液、粉针剂、胶囊、片剂、分散片、颗粒剂、气雾剂以及氟康唑葡萄糖注射液和氟康唑氯化钠注射液。临床上使用较多的品牌是辉瑞公司进口药。国产有扬子江药业（康锐）、齐鲁制药（抗亢）、上海医药、天津药业等数十家生产。

【贮存】 原料和胶囊密封，在干燥处保存；注射剂遮光、密闭保存。

制霉素 [医保(甲,乙)] Nysfungin

【商品名或别名】 制霉菌素，米可定。

【性状】 为黄色或棕色粉末；有类似谷物气味；有引湿性；遇光、热、水分、空气、酸或碱均不稳定。

【作用与适应证】 本品是多烯类广谱抗真菌抗生素，具有广谱抗真菌作用，对念珠菌属的抗菌活性高，新型隐球菌、曲菌、毛霉菌、小孢子菌、组织胞浆菌、皮炎芽生菌及皮肤癣菌通常对本品亦敏感；对滴虫也有抑制作用，对细菌无效；对肠道正常菌也无作用。在体外，一般不易产生耐药性。但因毒性大，不宜注射用药，口服难吸收，对全身真菌感染无治疗作用。口服仅用于治疗消化道念珠菌病，局部用药用于治疗皮肤、黏膜念珠菌病，也适用于口腔、阴道、眼、耳等念珠菌感染，如真菌性甲沟炎、阴道炎、口腔炎（鹅口疮）。

【不良反应】 ①口服后可引起恶心、胃痛、腹泻等反应。②阴道用药偶见白带增多。

【用药指导】 ①妊娠和哺乳期妇女慎用。②对深部霉菌病无效，阴道及体表感染时需外用。

【药物商品】 ①制霉素片：糖衣片，片心显黄色或棕黄色。②制霉素阴道泡腾片（米可定阴道泡腾片）：外用泡腾片。③制霉素栓：阴道栓。④硝呋太尔制霉素阴道软胶囊：为复方制剂。制霉素软膏。

【商品信息】 制霉素（Nysfungin）为国产品，制霉菌素（Nystatin）为进口品，两者作用、用途、不良反应相同，但组分不完全相同，前者含有 A1、A3 和 B，而后者含 A0、A1、A2、A3、B 五个组分。为加以区别，1990 年 9 月 1 日，我国卫生部通知把原名为制霉菌素的国产品更名为制霉素。临床上使用的制霉素以外用剂型为主，生产的企业有北京双吉制药、哈药集团、广东三才医药、上海信宜药厂等。

【贮存】 遮光，密封于凉暗、干燥处保存。

其他常用抗真菌病药物见表 8-4。

表 8-4 其他常用抗真菌病药物

分类		代表药物	特点
多烯类		两性霉素 B 及衍生物	广谱、高效、高毒，不用于非侵袭性真菌病
咪唑类	第一代	咪康唑	对五官、阴道、皮肤等部位的真菌感染也有效，通常外用
	第二代	酮康唑	高毒，主要用于皮肤、阴道真菌感染
三唑类	第三代	氟康唑	广谱、中效、中毒，可用于浅表或深部真菌感染
		伊曲康唑	
	新一代	伏立康唑	主要用于深部或全身真菌感染
		替沙康唑	
		拉夫康唑	
嘧啶类		氟胞嘧啶	窄谱、高效、中毒，常与两性霉素 B 联用
丙烯胺类		特比萘芬	主要用于股癣、足癣、皮肤、指甲感染
棘白菌素类		卡泊芬净	主要用于深部或全身真菌感染
		米卡芬净	
		阿尼芬净	

第六节 抗病毒药

病毒是引起感染性疾病的主要元凶，约 60% 流行性传染病是由病毒感染引起的。病毒引起的常见疾病有流行性感冒、普通感冒、麻疹、腮腺炎、水痘、乙型肝炎、脊髓灰质炎、狂犬病、皮肤及黏膜单纯疱疹、疱疹性脑炎、乙型脑炎及 20 世纪 80 年代初发现的死亡率极高的艾滋病（AIDS）和近年对人类肆虐的非典、禽流感、猪流感等及与肿瘤有关的某些病毒。由于病毒性疾病发病率高、传播快、流行广、变异性大、治疗效果差、对人类危害极大。大多数的病毒既无有效的疫苗，又无有效的治疗药物。目前抗病毒药物种类不多，但抗病毒范围窄，选择性不高、疗效也不理想。研发出具有高度选择性、作用于细胞病毒代谢、对宿主无明显损害、有效治疗病毒性感染疾病的药物，仍是目前全球医学领域一个棘手的难题。

抗病毒药在某种意义上说只是病毒抑制剂，不能直接杀灭病毒和破坏病毒体，否则也会损伤宿主细胞。抗病毒药的作用在于抑制病毒的繁殖，使宿主免疫系统抵御病毒侵袭，修复被破坏的组织，或者缓和病情使之不出现临床症状。临床使用的药物如下。

（1）主要用于治疗呼吸道病毒感染的药物 金刚烷胺、金刚乙胺、奥司他韦。

(2) 主要用于治疗疱疹病毒感染的药物　阿昔洛韦、伐昔洛韦、泛昔洛韦、更昔洛韦、阿糖腺苷。

(3) 主要用于治疗乙肝病毒感染的药物
① 干扰素类：干扰素、聚乙醇化干扰素。
② 核苷或核苷类似物：拉米夫定、阿德福韦酯（贺维力、代丁）、恩替卡韦等。

(4) 主要用于治疗人类免疫缺陷病毒感染的药物　齐多夫定、二脱氧肌苷、扎西他滨。

相关链接

病毒与治疗药

新型冠状病毒肺炎简称"新冠肺炎"。2020年3月11日，世界卫生组织总干事谭德塞宣布，根据评估，世卫组织认为当前新冠肺炎疫情可被称为全球大流行。新冠疫情大流行进入第3年，奥密克戎变异株已经替代德尔塔变异株成为左右全球新冠疫情走势的主导病毒株。它是迄今为止变异程度最深、突变最多、具有最高传染性的变异株。

传染源主要是新型冠状病毒感染者，在潜伏期即有传染性，发病后5天内传染性较强。传播途径包括：①经呼吸道飞沫和密切接触传播是主要的传播途径。②在相对封闭的环境中经气溶胶传播。③接触被病毒污染的物品后也可造成感染。公众需要正确佩戴口罩，做好手卫生，减少污染物感染的风险。接种新型冠状病毒疫苗可以明显减少新型冠状病毒感染和发病，是降低重症和死亡发生率的有效手段，符合接种条件者均应接种。

抗病毒治疗药物方面，国家药监局先后批准安巴韦单抗/罗米司韦单抗和奈玛特韦片/利托那韦片，用于治疗轻型和普通型且伴有进展为重型高风险因素的新冠患者。

阿昔洛韦【典】【基】【医保(甲,乙)】　Aciclovir

【商品名或别名】　无环鸟苷，无环鸟嘌呤，舒维疗，克毒星。

【性状】　微溶于水。其钠盐易溶于水。

【作用与适应证】　本品为第二代广谱抗病毒药，属嘌呤核苷酸类。通过干扰病毒DNA聚合酶的作用而抑制病毒DNA的复制。体外对单纯性疱疹病毒、水痘带状疱疹病毒、巨细胞病毒等具有抑制作用，对疱疹病毒作用强，具有强效、快效的特点。对乙型肝炎病毒也有一定作用。主要用于单纯疱疹和带状疱疹病毒引起的皮肤和黏膜感染，为治疗疱疹病毒感染的首选药。

【不良反应】　①局部刺激性：见注射部位炎症或静脉炎、皮肤瘙痒或荨麻疹。②内服偶有头痛、关节痛、恶心、呕吐、腹泻等症状。③少数人全身用药可引起贫血、肝肾功能损害。国家药品不良反应监测中心病例报告数据库的数据显示，阿昔洛韦导致急性肾功能损害和头孢拉定导致血尿的问题依然突出。

【用药指导】　①过敏患者、孕妇、哺乳期妇女禁用。②静滴时药液勿外溢，以免引起局部炎症。

【药物商品】　①阿昔洛韦片（胶囊）。②注射用阿昔洛韦。③阿昔洛韦滴眼剂：用于单纯性疱疹性角膜炎。④阿昔洛韦眼膏：用于单纯性疱疹性角膜炎及疱疹性角膜溃疡。⑤阿昔洛韦软（乳）膏。

【商品信息】　①本品为英国葛兰素威康公司创制的较新的抗病毒药品，是1981年上市的第一个特异性抗疱疹病毒的核苷类药物。上市以来，市场销售额迅猛增长，很快取代了碘苷、阿糖腺苷，从1988年起就进入全球最畅销药物行列。阿昔洛韦曾因其极高的选择性和低细胞毒性而被视为是抗病毒治疗的新时代的开始，其发明者美国药理学家格特鲁德 B. 埃利恩因此而获得1988年诺贝尔生理学或医学奖。②生产阿昔洛韦的企业较多，在国内医院销售的企业有英国威尔康公司、湖北潜江制药厂、丽珠集团丽珠制药厂、湖北省医药工业研究所科益制药厂、湖北益康制药厂等。

【贮存】 密闭,干燥凉暗处保存。

知识拓展

乙型肝炎

乙型肝炎是由乙型肝炎病毒(又称HBV)引起的,以肝脏炎性病变为主并可引起多器官损害的一种传染病。本病广泛流行于世界各国,主要侵犯儿童及青壮年,少数患者可转化为肝硬化或肝癌。因此,已成为严重威胁人类健康的世界性疾病。

乙肝传播主要途径有三:血液传播;母婴垂直传播(我国现有HBsAg阳性者中的85%是通过母婴传播);性传播。乙肝不通过消化道和呼吸道传播,所以日常接触如握手、拥抱、一起工作、吃饭等一般不会传播乙肝,完全没必要谈肝色变。

避免乙肝感染最简单有效的方法是注射乙肝疫苗,与乙肝患者接触应注意避免皮肤、黏膜的破损。特别提醒:补牙、修面、修脚,医疗器械如针具、口腔器材、内镜等消毒不彻底,也可能引起乙肝的传播。

其他常用抗病毒药

(1) 拉米夫定【医保(乙)】(贺普丁,雷米夫定)Lamivudine 本品为核苷类反转录酶抑制剂。乙肝病毒和艾滋病病毒均有经反转录形成DNA的复制过程,故可有效地对抗乙肝和艾滋病病毒。对乙肝病毒的抑制作用强于干扰素,但e抗原转阴率尚不太高。优点是可以口服,抗病毒作用强而持久,还可提高机体的免疫功能。适用于乙肝病毒所致的乙型肝炎,长期应用(1~3年)效果明显。还与齐多夫定合用治疗艾滋病。常见有上呼吸道感染样症状、头痛、恶心、身体不适、腹痛和腹泻。对拉米夫定过敏者及孕妇禁用。哺乳期妇女慎用。

药物商品有拉米夫定片剂及胶囊剂。

本品是Biochem Pharma公司转让给葛兰素史克公司的抗病毒药,1995年获美国FDA认证,国外商品名为Zeffix,1999年以商品名"贺普丁"进入中国,迅速成为继干扰素之后医生治疗乙肝的最佳选择,且作为中国市场上唯一针对乙肝的核苷类抗病毒药物独霸市场多年。拉米夫定的出现,很大程度地推动了乙肝药物市场,使乙肝病毒感染从"无药"可治到"有药"可治。

(2) 奥司他韦【基】【典】【医保(乙)】(达菲、特敏福,克流感)Oseltamivir(Tamiflu) 本品在体内转化为对流感病毒神经氨酸酶具有抑制作用的代谢产物,有效地抑制病毒颗粒的释放,阻抑甲、乙型流感病毒的传播,适用于成人和1岁及1岁以上青少年的甲型和乙型流感治疗;成人和13岁及13岁以上青少年的甲型和乙型流感的预防。

本品于1999年在瑞士上市,2001年10月在我国上市,是一种非常有效的流感治疗用药,并且可以大大减少并发症(主要是气管炎与支气管炎、肺炎、咽炎等)的发生和抗生素的使用;也是公认的抗禽流感最有效的药物。目前市场上销售的达菲为罗氏制药生产,随着禽流感疫情在全球蔓延,本品也已经成为炙手可热的药品。目前国产有宜昌长江药业(可威)、上海三维制药(奥尔菲)、广州南新制药(力纬)等。

(3) 齐多夫定【医保(乙)】(叠氮胸腺)Zidovudine(ZDV,AZT) 属核苷类反转录酶抑制剂,可抑制HIV病毒,用于治疗艾滋病,可延缓疾病的进程,延长患者的存活期。不良反应主要有抑制骨髓,表现为巨细胞性贫血和粒细胞减少;肝功能不全者易引起毒性反应;还有头痛、发热、寒战、衰弱等。用药期间应定期检查血象。对本品过敏者禁用。药物商品有:①齐多夫定胶囊。②齐多夫定片。③齐多夫定注射液。静脉注射剂需避光。

本品是美国FDA第一个批准用于治疗艾滋病病毒感染的药物。1987年8月在美国上市，上市企业为英国威尔康公司，至 1997 年 11 月已有 90 多个国家批准使用，并在十多个国家申请注册，目前已成为世界治疗艾滋病的基本药物并列入多国药典。我国目前有东北制药集团（克度）、河南天方药业、山东新时代药业、山东凤凰制药等企业生产该产品。

> **知识拓展**
>
> **超级癌症——艾滋病**
>
> 艾滋病即获得性免疫缺陷综合征，是由人类免疫缺陷病毒（HIV）引起的一种严重传染病。HIV 是一种能攻击人体免疫系统的病毒。它把人体免疫系统中最重要的 T_4 淋巴细胞作为攻击目标，大量吞噬、破坏 T_4 淋巴细胞，从而破坏人的免疫系统，最终使免疫系统崩溃，使人体因丧失对各种疾病的抵抗能力而发病并死亡。艾滋病可通过直接接触黏膜组织的口腔、生殖器、肛门等或带有病毒的血液、精液、阴道分泌液、乳汁而传染。感染初期可出现类感冒样或血清病样症状，然后进入较长的无症状感染期，继之发展为获得性免疫缺陷综合征前期，最后发生各种严重机会性感染和恶性肿瘤，成为获得性免疫缺陷综合征。至今尚无有效防治手段，几乎无救治成功的病例，故被称为超级癌症。

【本章小结】

1. 抗感染药包括抗微生物药和抗寄生虫药。抗微生物药主要包括抗生素、合成抗菌药、抗分枝杆菌类药、抗真菌药、抗病毒药等。

2. 抗微生物药的作用主要是通过干扰病原微生物的生化代谢过程，影响其结构与功能而使其失去正常的繁殖能力，达到抑制或杀灭病原体。耐药性是微生物对抗微生物药物产生的耐受和抵抗，多认为是微生物发生基因突变造成的。

3. β-内酰胺类抗生素包括青霉素类、头孢菌素类、其他 β-内酰胺类、β-内酰胺酶抑制剂及复方制剂，本类结构中的 β-内酰胺环与抗菌作用密切相关，此环若被破坏则抗菌活性消失。它们都是通过抑制敏感细菌细胞壁的合成而杀菌的，为繁殖期杀菌药；抗菌活性强，毒性低，抗菌谱广，临床疗效好；但易致过敏反应。它们的复方制剂如阿莫西林克拉维酸钾、头孢哌酮钠舒巴坦钠等抗菌效果好，不易产生耐药性。

4. 氨基糖苷类主要是抑制蛋白质的合成的多个环节而杀菌的，为静止期杀菌剂。对革兰阴性杆菌作用突出。但毒副作用较大，表现为耳毒性和肾损性，使用时应注意。

5. 四环素类是广谱的快速抑菌剂，耐药性较严重，主要用于立克次体、支原体、衣原体等非细菌性感染及布氏杆菌病。

6. 大环内酯类药物的抗菌谱比青霉素略广，主要用于革兰阳性菌感染，作为青霉素过敏患者的替代药物和军团菌感染的首选药物，但一般不宜用于严重感染，仅适用于轻中度感染。

7. 糖肽类抗生素是治疗耐甲氧西林金黄色葡萄球菌（MRSA）等革兰阳性菌重症感染的"王牌"药物，对难辨梭状芽孢杆菌所致的肠道感染、耐氨苄西林的肠道球菌感染有特效。

8. 氯霉素毒性大，虽为治疗伤寒、副伤寒的首选药，但要严格掌握适应证，必要时才用，切忌滥用。克林霉素和磷霉素等抗生素因不易产生耐药性或因与其他类别抗生素之间无交叉耐药性而体现出它们独特的临床使用价值。克林霉素因骨髓浓度高，而成为金黄色葡萄球菌骨髓炎的首选治疗药。

9. 合成的抗菌药包括磺胺类、喹诺酮类和硝基呋喃类。磺胺药是资格最老的抗菌药，目前常用的有复方磺胺甲噁唑和磺胺嘧啶。沙星类特别是诺氟沙星、环丙沙星、左氧氟沙星、氧氟沙星是常用的合成抗菌药。硝基呋喃类曾经在临床被广泛使用：呋喃妥因主要用于治疗泌尿系统感染；呋喃唑酮主要用于肠道细菌感染；呋喃西林只用于皮肤创伤感染。

10. 抗结核病药可分为一线、二线两类。一线药疗效高、不良反应少、应用方便，为初始结核病治疗的首选药。抗结核病药的使用原则是早、联、全、规。

11. 抗真菌药分为抗浅部真菌药（特比萘芬、制霉素、克念菌素、克霉唑、咪康唑、酮康唑等）、抗深部真菌药（两性霉素B、氟胞嘧啶、氟康唑、伊曲康唑、伏立康唑、卡泊芬净）。

12. 大多数的病毒既无有效的疫苗，也无有效的治疗药物。目前抗病毒药物疗效确切的不多、抗病毒范围窄，选择性不高、疗效也不理想。

【思考题】

1. 抗微生物药是如何发挥作用的？
2. 青霉素为何不可做成口服，只可做成粉针剂？
3. β-内酰胺酶抑制剂有什么作用？是如何发挥作用的？
4. 氨基糖苷类有什么主要不良反应，不宜合用的药物有哪些？
5. 抗结核病药的应用原则有哪些？联合用药的目的何在？

【信息搜索】

1. 上呼吸道感染在何种情况下可选用抗菌药治疗？可选用的抗菌药有哪些？你有何建议？
2. 分析常用抗菌药物给药频次有何不同，请查找其中原理？
3. 抗真菌、抗病毒药的新进展。

【处方分析】

病例，女，35岁，2天前无明显诱因发热，体温40℃，伴畏寒，咽痛，扁桃体Ⅱ°肥大。
疾病诊断：急性细菌性上呼吸道感染。
处方：阿奇霉素肠溶片0.25g，2次/天，头孢克肟胶囊100mg，2次/天，均口服3天。
请分析上述用药是否合理，为什么？

第九章 抗寄生虫用药

学习目标

知识目标：
- 掌握抗寄生虫用药的作用特点。
- 掌握本类药品的常用品种及合理使用方法。
- 熟悉常见抗寄生虫用药的复方制剂。

能力目标：
- 能够正确指导抗寄生虫药的使用。

寄生虫病是寄生虫侵入人体而引起的疾病。因虫种和寄生部位不同，引起的病理变化和临床表现各异。这类疾病分布广泛，世界各地均可见到，但以贫穷落后、卫生条件差的地区多见，热带和亚热带地区更多。因此，狭义的热带病即指寄生虫病。非洲、亚洲的发展中国家发病较多，感染的人群主要是接触疫源较多的劳动人民及免疫力较低的儿童。为此，人们一直致力于研究可以治疗此类疾病的药物。

抗寄生虫药系指能杀灭、抑制寄生虫，或使之排出人体外的药物。根据其作用对象不同，可分为抗疟药、抗阿米巴病药及抗滴虫药、抗血吸虫病药及驱肠虫药等。

> **知识拓展**
>
> 现在我国寄生虫病的发病率明显下降。我国抗寄生虫药物的种类和用药格局也发生了相应的改变。最早应用的药物多为植物性制剂如槟榔、绵马贯众、鱼藤等，现在多用人工合成的广谱、高效、低毒的抗寄生虫药。

第一节 抗疟药

疟疾是由疟原虫引起的一种传染病，感染人体的疟原虫有三种，分别引起间日疟、三日疟和恶性疟，前两种为良性疟。抗疟药是用于治疗或预防疟疾的药物。

> **知识拓展**
>
> 疟疾俗称打摆子，是疟原虫寄生于人体所引起的传染病，经按蚊叮咬或输入带疟原虫者的血液而感染。不同的疟原虫分别引起间日疟、三日疟、恶性疟及卵圆疟。本病主要表现为周期性规律发作，全身发冷、发热、多汗，长期多次发作后，可引起贫血和脾大。本病于夏秋季发病较多。在热带及亚热带地区一年四季都可以发病，并且容易流行。

根据疟原虫在人体内的无性生殖可分为以下阶段。

① 红细胞前期：受感染雌蚊叮咬人时，将其唾液中的子孢子输入人体。此期不发生症状，为疟疾的潜伏期。对此期有杀灭和预防作用的药物，如乙胺嘧啶等。

② 红细胞外期：此期也无临床症状，是疟原虫复发的根源。对此期有杀灭和阻止复发作用的药物，如伯氨喹。

③ 红细胞内期：疟疾的临床症状发作期，引起寒战、高热等症状。对此期疟原虫有杀灭作用并有控制症状发作和预防作用的药物，如氯喹、青蒿素等。

④ 配子体的形成：无临床症状，但为疟疾传播的根源。伯胺喹可防止疾病的传播。

常用的品种有氯喹、青蒿琥酯、伯胺喹、乙胺嘧啶、羟氯喹、青蒿素类等药物。

氯喹【典】【基】【医保（甲）】 Chloroquine

【商品名或别名】 磷酸氯喹，Chloroquine Phosphate。

【性状】 常用其磷酸盐，为白色结晶性粉末，无臭、味苦，遇光渐变色。

【作用与适应证】 本品能有效地控制疟疾症状发作。恶性疟、间日疟及三日疟，也用于治疗肠外阿米巴病、结缔组织病、光敏感性疾病（如日晒红斑）。

【不良反应】 头痛、头晕、胃肠道反应、耳鸣、皮肤瘙痒等。偶见粒细胞减少和角膜浸润或视网膜受影响所引起的视力障碍，其发生与血药浓度有关。

【用药指导】 ①本品与伯氨喹合用可根治间日疟。②与氯丙嗪合用，易加重肝脏损害。③超过极量用药有中毒或致命危险。

【药物商品】 ①磷酸氯喹片。②磷酸氯喹注射液。

【商品信息】 本品具有作用快、效力强、作用持久的特点，是目前控制症状的首选药品；1939年由德国合成，我国于1959年在上海投产，获批生产企业有上海等多家药业公司。据最新研究发现，该药物在细胞水平上能有效抑制新型冠状病毒2019-nCoV的感染，目前已经被纳入新型冠状病毒肺炎的诊疗方案中。

【贮存】 原料及片剂遮光，密封保存；注射剂遮光，密闭保存，色变深即不可药用。

青蒿琥酯【典】【基】【医保（甲）】 Artesunate

【商品名或别名】 青蒿酯。

【性状】 白色结晶性粉末，室温2～3年保持稳定。

【作用与适应证】 对疟原虫无性体有较强的杀灭作用，能迅速控制疟疾发作。主要用于脑性疟疾及各种危重疟疾的抢救。症状控制后，宜再用其他抗疟药根治。

【不良反应】 临床治疗中未见毒副作用。

【用药指导】 ①本品溶解后应及时注射，如出现浑浊不可使用。②极度严重患者，首次剂量可加倍。③疟疾症状控制后，宜再用其他抗疟药根治。④静脉注射速度不宜太快。

【药物商品】 ①青蒿琥酯片。②注射用青蒿琥酯。③复方制剂：青蒿琥酯阿莫地喹片【医保（乙）】。

【商品信息】 本品是我国医药工作者由青蒿素经结构改造所得的速效抗疟药。1987年由广西桂林制药厂投产，已有3家获批生产企业，目前已在全球36个国家和地区注册销售青蒿琥酯。复方制剂青蒿琥酯阿莫地喹片是WHO推荐的一种剂量固定的新型复方抗疟用药，已被普遍认为是治疗恶性疟的最佳方案。目前全球大约有50个国家在使用此方案。这种新型复方制剂价格定位较低，更适合广大的发展中国家。我国于2011年5月3日批准生产。

【贮存】 遮光、密闭，在凉暗处保存。

相关链接

1972年，我国科学家从中药菊科植物黄花蒿中提取并结晶出青蒿素（有效抗疟疾成分），2015年的诺贝尔生理学或医学奖就颁给了在这一方面取得重大突破的中国中医科学院的屠呦呦教授"发现了一种针对疟疾的新疗法"。目前除了青蒿素以外，全球范围内至今还没有全新化学结构的有效抗疟化合物出现，因此，WHO倾向于青蒿素类药物的联合用药（简称ACT），通过其他药物的配伍来增加药效时间。

其他常用抗疟药见表9-1。

表9-1 其他常用抗疟药

名　称	作用与适应证	药物商品	用药指导
伯氨喹【典】【基】【医保(甲)】 Primaquine	为阻止疟疾复发、中断传播的有效药物	伯氨喹片	现主要用于根治间日疟和控制疟疾传播，常与氯喹或乙胺嘧啶合用，必须连续用药
乙胺嘧啶【典】【基】【医保(甲,乙)】 Pyrimethamine	对恶性疟及间日疟原虫红细胞前期有效，常用作病因性预防药	乙胺嘧啶片	长期较大量口服可致叶酸缺乏，应定期检查血象
羟氯喹【基】【医保(乙)】 Hydroxychloroquine	疟疾的预防和治疗，也可用于风湿性关节炎及红斑狼疮的治疗	硫酸羟氯喹片。睡前服	严重急性肝、肾及心脏功能障碍患者禁用
青蒿素【典】【基】【医保(乙)】 Artemisinin	高效杀灭疟原虫裂殖体，可用于间日疟、恶性疟等各型疟疾，以及耐氯喹虫株疟疾的治疗	①青蒿素片 ②青蒿素栓	青蒿素毒性低，使用安全，一般无明显不良反应。不推荐用于妊娠早期妇女

第二节　抗阿米巴病药及抗滴虫病药

阿米巴病是由溶组织内阿米巴原虫及相关虫种引起的感染性疾病。抗阿米巴病药根据其在体内的分布和临床用药目的的不同，可分为肠内抗阿米巴病药和肠外抗阿米巴病药。急性阿米巴痢疾和肠外阿米巴病首选甲硝唑、替硝唑、巴龙霉素等。

滴虫病主要指阴道滴虫病，为妇科常见病，易于传播，治疗后易复发。但阴道毛滴虫也可寄生于男性尿道内，对男性也可引起尿道炎及前列腺炎。甲硝唑是治疗阴道滴虫病的首选药物。

> **知识拓展**
>
> 阿米巴病见于全世界各地，其感染率的高低与各地环境卫生和居民营养状况等关系极大。在热带、亚热带、温带地区发病较多，以秋季为多，夏季次之。发病率农村高于城市，男子多于女子，成年多于儿童，幼儿患者很少，可能与吞食含包囊食物机会的多少有关，有肠内、肠外两大类。20世纪70年代以前，主要用吐根素和卡巴砷治疗，即时疗效达98.34%；70年代以后以甲硝唑治疗为主。

甲硝唑【典】【基】【医保(甲,乙)】　Metronidazole

【商品名或别名】　灭滴灵，甲硝基羟乙唑。

【性状】　白色或微黄色结晶或粉末，微臭、味苦而略咸。微溶于水。

【作用与适应证】　本品有较强的抑制厌氧菌、抗滴虫和抗阿米巴原虫作用。为治疗阴道滴虫病的首选药物。临床可用于急慢性阿米巴痢疾，阿米巴肝脓肿及带虫者，阴道滴虫病、阴道炎，也可用于防止妇科分娩、手术等厌氧菌感染，还可用于口腔厌氧菌感染。

【不良反应】 本品毒性小。常见有过敏性皮疹、胃肠不适、口干、头痛、眩晕等；偶有白细胞一过性降低。

【用药指导】 ①与土霉素合用可干扰本品清除阴道滴虫的作用，不宜同用。②服药期间禁与含酒精的饮料同用；本品可减缓口服抗凝血药（如华法林等）的代谢，而加强其作用。③孕妇及哺乳期妇女禁用。

【药物商品】 ①甲硝唑片（胶囊）。②阴道泡腾片，洗剂。③甲硝唑栓：乳白色至淡黄色鱼雷形栓（阴道栓）。治疗滴虫病。④甲硝唑氯化钠注射液。

【商品信息】 ①本品于1969年被证实有抗滴虫作用，我国于1965年在湖北武汉投产，目前全国几十家企业生产本品。②本品用途广泛、价格低廉、剂型多、使用方便、临床应用广，目前广泛用于内科、外科、口腔科、五官科等各科疾病的治疗，成为临床不可缺少的抗感染药品。③本品已被WHO及我国选为治疗厌氧菌感染的基本药品。④甲硝唑复方制剂中的栓剂、外用溶液剂、泡腾片为OTC品种。

【贮存】 密闭在凉暗干燥处保存。

相关链接

复方甲硝唑药品有很多，如人工牛黄甲硝唑胶囊（牙痛灵、牙痛安胶囊、亚宁）、甲硝唑芬布芬胶囊（牙周康胶囊）、复方氯己定甲硝唑栓（舒荫）、复方甲硝唑气雾剂（含甲硝唑、苯扎溴铵）、复方甲硝唑片（甲硝唑维生素B_6片）等。

其他常用抗阿米巴药、抗滴虫病药

替硝唑【典】【基】【医保（甲、乙）】 Tinidazole 本品为白色或淡黄色结晶或结晶性粉末；味微苦。本品在丙酮或氯仿中溶解，在水或乙醇中微溶。本品为抗厌氧菌及抗滴虫药，用于：①各种厌氧菌感染，如败血症、骨髓炎、腹腔感染、盆腔感染、肺支气管感染、鼻窦炎、皮肤蜂窝织炎、牙周感染及术后伤口感染。②结肠直肠手术、妇产科手术及口腔手术等的术前预防用药。③肠道及肠道外阿米巴病、阴道滴虫病、贾第虫病、加得纳菌阴道炎等的治疗。④也可替代甲硝唑用于幽门螺杆菌所致的胃窦炎及消化性溃疡的治疗。不良反应少见且轻微，主要为恶心、呕吐、食欲下降及口腔异味，可有头痛、眩晕、皮肤瘙痒、皮疹、便秘及全身不适等。对本品或硝基咪唑类药物过敏者，妊娠初期者禁用，用药期间不宜饮用含酒精的饮料。

药物商品信息：①剂型有替硝唑胶囊（片）、替硝唑阴道泡腾片、替硝唑栓（阴道给药）、替硝唑注射液。②本品由美国辉瑞公司开发，国内首次由湖北省研制，是继甲硝唑后的新一代疗效更高、疗程更短、耐受性好、不良反应低的抗厌氧菌及抗滴虫的甲硝咪唑类药物。国际上广泛用于厌氧菌感染和原虫疾病的预防和治疗，优于甲硝唑。原料及制剂遮光、密封、阴凉处保存。

案例 9-1

张女士，29岁，已婚，某单位职工。主诉阴道瘙痒，白带量多2年多。现外阴瘙痒剧烈，夜间更甚，带下量多，色黄如涕状，腥臭，阴道分泌物涂片镜检发现滴虫，诊断为滴虫性阴道炎。

诊疗策略

①全身用药甲硝唑400mg，每日2~3次，7日为一个疗程。②甲硝唑片200mg每晚塞入阴道1次，10次为一个疗程。局部用药前，先用1%乳酸液或0.1~0.5醋酸液冲洗阴道。经后复查白带3次，检查均阴性，治愈。

第三节 抗血吸虫病药

凡能治疗血吸虫病的药，均称为抗血吸虫病药。抗血吸虫病药分为锑剂和非锑剂两大类。半个多世纪以来，一直沿用三价锑剂，疗效虽然较好，但毒性大。20世纪70年代发现非锑剂的高效、低毒、可口服、疗程短的吡喹酮广谱驱虫，现已完全取代了酒石酸锑钾。

> **知识拓展**
>
> 血吸虫病俗称"大肚子病"，人和家畜都能感染。血吸虫病主要感染季节是4~10月份，人或哺乳动物接触疫水10s，血吸虫尾蚴即可侵入皮肤，就可能造成人或哺乳动物感染发病。世界上共有埃及血吸虫、曼氏血吸虫、日本血吸虫、间插血吸虫、湄公血吸虫五种寄生于人体的血吸虫。日本血吸虫病目前主要流行于中国、菲律宾和印度尼西亚，其传播环节多、流行因素复杂，是所有人体血吸虫病中对健康危害最严重的血吸虫病。

吡喹酮【典】【基】【医保(甲)】 Praziquantel

【商品名或别名】 环吡异喹酮。

【性状】 白色或类白色粉末，味苦，不溶于水。

【作用与适应证】 本品为一广谱抗寄生虫药，是治疗血吸虫病的首选药。对日本血吸虫病以及绦虫病、华支睾吸虫病、肺吸虫病等均有效。由于本品对尾蚴、毛蚴也有杀灭效力，故也用于预防血吸虫感染。也有以本品治疗脑囊虫病。

【不良反应】 不良反应轻微，短暂。在服首剂1h后可出现头昏、头痛、乏力、腹痛、关节酸痛、腰酸、腹胀、恶心、腹泻、失眠、多汗、肌束震颤等，一般无须处理，于停药数小时至1~2日内即消失。偶见心电图改变。

【用药指导】 ①成年患者服药后大多心率减慢，儿童则多数心率增快。②严重心、肝、肾病者及有精神病史者慎用。

【药物商品】 ①吡喹酮片。②吡喹酮颗粒。

【商品信息】 本品1975年由Seubere等人首先合成，德国E-merck和Bayer两家药厂成功开发出该种药品。1980年，E-metck公司以商品名Cesol率先上市，目前已在世界范围内广泛应用。本品在一般血吸虫病高发地区的医院或者防疫部门应该有储备。近几年，我国吡喹酮的生产和销售一直呈稳定增长的态势，特别是外贸出口逐年增长，在上海、武汉、南京、浙江等地生产。

【贮存】 遮光，密封保存。

案例9-2

急性血吸虫病多发生于夏秋季，以7~9月份为最常见。男性青壮年与儿童居多，患者常有明显疫水接触史，常为初次重度感染，以发热、消化系统症状、肝脾大为主。急性血吸虫病患者22例治疗。

诊疗策略

采用青蒿琥酯结合吡喹酮治疗。

治疗除一般护肝支持、对症治疗外，成人给青蒿琥酯每次3片，每日一次，服用一天后，第二天起加用吡喹酮，总量为120mg/kg，平均6天，每日3次服完。从临床效果来看青蒿琥酯结合吡喹酮治疗优于单用吡喹酮。

第四节　驱肠虫药

凡能驱除或杀死寄生于肠道内的蠕虫的药物为驱肠虫药。肠道寄生虫病是由肠道寄生虫在人体肠道内寄生而引起。常见的有蠕虫类和原虫类。蠕虫类有蛔虫、钩虫、蛲虫、鞭虫、旋毛虫、绦虫、姜片虫。原虫类有梨形鞭毛虫。

常用驱虫剂药品有阿苯达唑、甲苯咪唑、左旋咪唑等。

> **知识拓展**
>
> 肠道寄生虫病儿童较成人多见，主要在农村流行，感染率可高达 50%～80%。蛔虫病多见于 5～15 岁儿童。轻者无症状，稍重者有消化道症状、营养不良，严重者可引起胆道蛔虫或蛔虫性肠梗阻等并发症。钩虫，一面吸血一面排血，并分泌抗凝血物质，使伤口继续流血，导致钩虫性贫血。蛲虫病多见于幼儿。症状较轻，主要为肛周奇痒、厌食等。绦虫病有轻微胃肠病症状。眼囊虫病可影响视力，甚至造成失明。脑囊虫病可导致癫痫、瘫痪，以致死亡。姜片虫的症状为胃肠症状、发育不良等。

阿苯达唑【典】【基】【医保(甲)】　Albendazole

【商品名或别名】　丙硫咪唑，肠虫清，抗蠕敏，扑尔虫，Zental。

【性状】　白色或类白色粉末，无臭，无味，不溶于水。

【作用与适应证】　本品为一高效低毒的广谱驱虫药。临床可用于蛔虫、蛲虫、十二指肠钩虫及鞭毛虫病等。

【不良反应】　本品不良反应较少，可有轻度头痛、头昏、恶心、口干、乏力等，一般不需特别处理。

【用药指导】　孕妇、哺乳期妇女及 2 岁以下儿童禁用；化脓性或弥漫性皮炎及有癫痫病患者，不宜服用；肝、肾功能不全者慎用。

【药物商品】　①阿苯达唑片（胶囊）[OTC]。②阿苯达唑颗粒[OTC]。

【商品信息】　①本品于 1975 年由捷瑞克（Gyurik）和 Theodorides 经化学合成而制得，美国史克（SmithKline）公司开发，首先用于兽类，而后用于治疗人类的蠕虫病。目前已在亚、非、拉丁美洲 100 多个国家应用。②我国于 1979 年首次合成，1981 年开始生产。本品是最优秀的驱虫药之一。史克"肠虫清"由中美天津史克制药有限公司生产。

【贮存】　原料、片剂及胶囊密封保存，颗粒剂密闭，在干燥处保存。

> **知识拓展**
>
> 为了提高驱肠虫药的疗效，减少药物不良反应，在选用驱肠虫药时，应注意：①根据肠虫类别选用相应的驱虫药；②在安全用药剂量范围内，保障足够的用药剂量；③半空腹服药，如睡前服药，效果较好；④检查粪便，对根治者，应再给予驱虫治疗，但应注意，第二疗程与第一疗程的间隔时间应在 1～2 周以上，左旋咪唑的间隔时间则应达 1 个月。

其他驱肠虫药

(1) 甲苯咪唑【典】【医保(甲)】（甲苯达唑，安乐士，一片灵，速效肠虫净）Mebendazole　白色或类白色结晶性粉末，无臭，不溶于水。本品为广谱驱肠虫药，具有显著的杀灭幼虫、抑制虫卵发育的作用，但不影响人体的血糖水平。临床可用于防治钩虫、蛔虫、蛲虫、鞭虫、粪类圆线虫等肠道寄生虫病，也可用于猪肉绦虫等。不良反应较少，偶可出现短暂腹痛、腹泻、嗜睡、皮肤瘙痒，无须处理。除习惯性便秘者外，不需服泻药。孕妇禁用。

药物商品信息：①剂型有甲苯咪唑片^OTC；橙黄色片；甲苯咪唑口服混悬液^OTC；复方制剂为处方药，如复方甲苯咪唑片（速效肠虫净片），每片含甲苯咪唑100mg和左旋咪唑25mg。②由西安杨森生产的"安乐士"制剂有片剂、胶囊剂、香味口服混悬液。制剂密封、遮光、干燥处保存。

（2）左旋咪唑【典】Levamisole　主要用于驱蛔虫及钩虫。由于本品单剂量有效率高，故适于集体治疗。可与噻嘧啶合用治疗严重钩虫感染。本品可提高患者对细菌及病毒感染的抵抗力。目前试用于肺癌、乳腺癌手术后或急性白血病、恶化淋巴瘤化疗后作为辅助治疗。此外，尚可用于自身免疫性疾病如类风湿关节炎、红斑性狼疮以及上感、小儿呼吸道感染、肝炎、菌痢、疮疖、脓肿等。不良反应和注意事项为：偶有头晕、恶心、呕吐、腹痛、食欲缺乏、发热、嗜睡、乏力、皮疹、发痒等不良反应，停药后能自行缓解。个别患者可有白细胞减少症、剥脱性皮炎及肝功能损伤。

药物商品有，盐酸左旋咪唑片。盐酸左旋咪唑颗粒。

相关链接

中医药的应用是千百年来我国劳动人民在长期的医疗实践中总结出来的，常见的驱虫中药有南瓜子、槟榔、使君子、榧子、苦楝皮、乌梅丸等，对人体内的寄生虫有毒杀、麻痹作用，促使其排出体外。主要用于驱杀体内寄生虫，如蛔虫、蛲虫、姜片虫、绦虫、钩虫等。驱虫药一般应在空腹时服用。

常用驱肠虫药作用比较见表9-2。

表9-2　常用驱肠虫药作用比较

药物	蛔虫	蛲虫	钩虫	鞭虫	绦虫	华支睾吸虫	猪囊尾蚴	其他
阿苯达唑	＋	＋	＋	＋	＋	＋	＋	类圆线虫
甲苯咪唑	＋	＋	＋	＋	＋	－	－	丝虫
左旋咪唑	＋	＋	＋	－	＋	－	－	－
哌嗪	＋	＋	－	－	－	－	－	－
氯硝柳胺	－	－	－	－	＋	－	－	－
噻嘧啶	＋	＋	＋	－	－	－	－	－
吡喹酮	－	－	－	－	＋	＋	＋	血吸虫、姜片虫

注："＋"表示有作用，"－"表示无作用。

【本章小结】

1. 抗寄生虫药系指能杀灭、抑制寄生虫或使之排出人体外的药物。根据其作用对象不同，可分为抗疟药、抗阿米巴病药及抗滴虫药、抗血吸虫病药及驱肠虫药等。

2. 抗寄生虫药物其作用对象较多，各种药物临床用途有很大的差异，在应用过程中应注意以下原则：①与治疗其他疾病的药物相比，抗寄生虫药物尚属有限。②注意临床上使用较多的是驱肠虫药，并尽量减少此类药物的吸收以保持肠道内的药物浓度。③选用抗寄生虫药应注意符合高效、广谱、低毒、给药方便、价格低廉、无残留和不易产生耐药性等条件。

3. 抗疟药是用于治疗或预防疟疾的药物。青蒿琥酯目前在临床上未见毒副作用。

4. 抗阿米巴病药及抗滴虫药，甲硝唑是治疗滴虫病最有效的药物之一。

5. 凡能驱除或杀死寄生于肠道内的蠕虫的药物为驱肠虫药。临床常用广谱驱虫药有阿苯达唑、甲苯咪唑等。在使用阿苯达唑时孕妇、哺乳期妇女及 2 岁以下儿童禁用。

6. 凡能治疗血吸虫病的药，均称为抗血吸虫病药。吡喹酮为广谱驱虫药，属非锑剂，具有高效、低毒、可口服、疗程短的特点，现已完全取代了酒石酸锑钾。

【思考题】

1. 阿苯达唑和甲苯咪唑目前有哪些商品名？其临床用途有哪些？
2. 比较肠虫清和安乐士的市场占有情况？二者其临床作用有何异同？
3. 近年来 OTC 驱肠虫药发展近况及新动向？要提高其销售额，主要应该加大哪些销售方向？

【信息搜索】

上网搜索抗寄生虫药、驱肠虫药市场药品发展近况、新品种、新动向；我国驱肠虫药市场主要集中销售力度和社会药房市场占有情况。

【处方分析】

1. 患者，兰某，男，40 岁，该患者初始出现发热、寒战、出汗等症状，开始时隔天发热（下午 2 点左右开始发热），体温 40℃左右。期间在多家基层医疗机构治疗未见好转，后经血检检出疟原虫。处方如下，分析是否合理，为什么？

Rp：青蒿琥酯静脉注射 60mg 每日 1 次，首剂加倍。

2. 患者，女，6 岁，经常出现脐周腹痛，经大便化验为感染肠道蛔虫。医生处方如下，分析是否合理，为什么？可否使用氯硝柳胺？

Rp：阿苯达唑　400mg×1　顿服

第十章 麻醉药

学习目标

知识目标：
- 熟悉麻醉药的分类和常用的麻醉药的特点。
- 了解麻醉辅助药的应用。

麻醉药系指能使感觉消失，特别是痛觉消失，以利于外科手术的药物。麻醉药主要包括全身麻醉药、局部麻醉药和麻醉辅助药三部分。麻醉过程可分为三期：诱导、维持和复苏。从给予麻醉药到患者实际进入外科麻醉状态的这一段时期为诱导期。维持期中患者处于持续的外科麻醉状态。从终止给予麻醉药到患者恢复知觉的这一段时期为复苏期。

麻醉是手术中至关重要的环节，麻醉药临床应用非常广泛，在一定程度上决定着患者的安危。随着国内手术数量的不断增加，麻醉药市场规模持续稳定扩大，而麻醉用药专业性壁垒高、受国家严格监控，所以竞争格局相对稳定，整个行业以外企和有影响力的国内企业（恒瑞医药、人福医药、恩华医药、扬子江药业）为主导。

第一节 全身麻醉药

全身麻醉药（简称全麻药）是作用于中枢神经系统并可逆性引起不同程度的感觉和意识丧失，从而可实施外科手术的药物。全身麻醉药按照给药的途径可分为吸入麻醉药和静脉麻醉药。

一、吸入麻醉药

经呼吸道进入而产生全身麻醉作用的药物称为吸入麻醉药。多为惰性挥发性液体（如乙醚、氟烷等），少数为气体（如氧化亚氮）。常用药物有氟烷、七氟烷、异氟烷、恩氟烷、氧化亚氮、麻醉乙醚等。

七氟烷【典】【基】【医保(乙)】　Sevoflurane

【商品名或别名】　凯特力。

【性状】　无色透明液体，易挥发，不易燃。

【作用与适应证】　本品全麻效能高，诱导麻醉及苏醒均较快。机体内生物转化极少，几乎全部以原型经呼吸道排出。有一定镇痛作用，骨骼肌松弛作用较好，可用于各种手术的麻醉诱导与维持。

【不良反应】　本品毒性低，不良反应少而轻，但过量仍可引起呼吸、循环衰竭。诱导时出现咳嗽、刺激喉痉挛，可发生呼吸抑制及低血压。复苏期寒战、恶心及呕吐的发生率低。

【用药指导】　①可明显增强非去极化肌松药的神经肌肉阻滞作用，合用时肌松药用量仅需常用量的1/3。②对本品或其他卤化麻醉药过敏者禁用，孕妇禁用（剖宫产除外），颅内压增高者慎用。

【药物商品】　七氟烷吸入溶液剂。

【商品信息】　同其他类吸入麻醉药物相比，七氟烷具有不燃烧、诱导时间短、起效快、麻醉深度适宜的优势，是目前我国吸入麻醉剂销售最好的品种，国内上市厂家有原研雅培、日本丸石、百特制药、鲁南贝特、上海恒瑞等。

【贮存】 遮光，密封，在阴凉处保存。

二、静脉麻醉药

静脉麻醉药又称非挥发性全身麻醉药。这类药物通过静脉注射给药，优点是麻醉作用迅速，对呼吸道无刺激作用；缺点为麻醉深度较难掌握，剂量过大时难以迅速排出，有引起呼吸抑制的危险，且麻醉作用不完善，无肌松作用。除氯胺酮外，其他药物无明显镇痛作用。单独使用范围不广，常于吸入全麻的诱导以及复合全麻中使用。根据结构分为巴比妥类（如硫喷妥钠）和非巴比妥类（如氯胺酮、丙泊酚、依托咪酯等）。

硫喷妥钠【典】【医保（甲）】 Thiopental Sodium

【商品名或别名】 戊硫巴比妥钠。

【性状】 淡黄色粉末；有特殊蒜味，味苦，有潮解性。易溶于水，水溶液不稳定，放置后分解，水溶液呈强碱性。

【作用及适应证】 为超短时作用的巴比妥类药物。静脉注射后 15~30s 内意识丧失，约 1min 达其最大效应，15~20min 出现初醒，继续睡眠 3~5h。无兴奋现象，无肌松作用，无显著镇痛作用。现已少单独使用，主要用于全麻诱导、抗惊厥或其他短小手术。

【不良反应】 ①对循环系统有明显抑制作用，心功能不全、严重高血压、低血容量以及正在使用 β 受体阻滞药的患者，可出现严重低血压。②对呼吸产生明显抑制作用，易咳嗽、喉痉挛与支气管痉挛，甚至呼吸暂停。③麻醉后胃贲门括约肌松弛，易致反流。④个别患者可出现异常反应，如神智持久不清、兴奋乱动、幻觉、皮肤及面部红晕、口唇或眼睑肿胀、瘙痒或皮疹、腹痛、全身发抖或局部肌肉震颤、呼吸不规则或困难，甚至出现心律失常。

【用药指导】 ①易致呼吸抑制，静注时速度宜缓慢，使用时应备以气管插管、人工呼吸机及氧气。②麻醉前可给予阿托品预防喉痉挛及支气管痉挛。③如心搏减少、血压降低，立即注射肾上腺素或麻黄碱。④药液不可漏出血管外或皮下，其强碱性可引起动脉强烈收缩，肢体和指端剧痛，皮肤苍白，动脉搏动消失，处理不及时可造成肢体坏死。⑤心肝疾病、糖尿病、低血压、严重贫血、严重酸中毒、有脑缺氧情况者、休克或休克先兆以及哮喘患者及对巴比妥类过敏者禁用，新生儿、哺乳幼儿慎用。⑥潮解后或配成溶液后，易变质而增加毒性，故安瓿已破裂、粉末不易溶解而有沉淀、溶液带颜色，即表示已变质，不能再用。

【药物商品】 注射用硫喷妥钠（含无水碳酸钠 6%）。

【商品信息】 1936 年由雅培研发上市，我国 1968 年投产，上海新亚药业等生产。为临床应用最早的也是目前唯一常用的巴比妥类麻醉药。

【贮存】 避光，密闭，在常温下保存。避免受潮。

氯胺酮【典】【基】【医保（甲）】 Ketamine

【商品名或别名】 开他敏，凯他敏，可达眠。

【性状】 常用盐酸盐为白色结晶粉末；无臭。水中易溶，乙醚与苯中不溶。

【作用及适应证】 本品为短效非巴比妥类静脉麻醉药，能诱导一种分离麻醉状态，此时患者看似清醒但已丧失知觉和痛觉，可产生镇静、遗忘和运动不能。无肌松作用，镇痛作用强，尤其是体表镇痛效果好。静注可维持 5~10min，肌注可维持 10~30min。临床主要用于小手术或外科检查，也作为其他全身麻醉的诱导剂使用，还可辅助麻醉性能较弱的麻醉药进行麻醉，或与其他全身或局部麻醉复合使用。亦常用于 14 岁以下的儿童。

【不良反应】 ①麻醉恢复期少数患者出现恶心或呕吐，个别患者可呈现错觉甚至幻觉，有时伴有谵妄、狂躁等，恢复期中避免外界刺激（包括语言等）等措施可减少此种不良反应。②一般患者引起血压升高及心率加快，但对失代偿的休克患者或心功能不全患者可引起血压剧降、心动过缓，甚至心脏停搏。③连续使用可产生耐受性和依赖性，过量时可产生呼吸抑制。

【用药指导】 ①有严重高血压、肺心病、肺动脉高压、颅内压增高、心功能不全、甲状腺功能亢进、精神病患者禁用。②青光眼患者慎用。③对心功能障碍和血容量不足的患者可引起严重的循环抑制，应用前应补充血容量、改善心肌功能、纠正水电解质紊乱。

【药物商品】 氯胺酮注射液。给药前禁食。肌注主要用于儿童。

【商品信息】 ①本品滥用时称为"K粉"。20世纪90年代以来，氯胺酮作为合成毒品在世界范围内流行，目前在我国滥用毒品中排名第三。最常滥用剂型为粉剂，多以鼻吸和口服方式使用。长期吸食可对心、肺、神经造成致命损伤，对中枢神经的损伤比冰毒还严重。自2008年1月1日起我国将其列为"一类精神药品"。②目前国内生产企业有江苏恒瑞制药、齐齐哈尔第二制药厂等。

【贮存】 避光，冷藏。药液出现变色或沉淀禁用。

其他常用静脉麻醉药

丙泊酚【典】【基】【医保(甲)】（异丙酚）Propofol 本品不溶于水，具有高度脂溶性，注射液每毫升含丙泊酚10mg，同时内含精制大豆油、纯化卵磷脂及甘油，使用前需振荡混匀。本品是一种速效（30s）、短效的全身麻醉药，诱导平稳，偶有轻度兴奋现象，恢复迅速（8min）。其代谢产物无活性，不易蓄积，故适合于连续静脉输注维持麻醉。镇痛作用弱，无肌松作用，因此常与镇痛药、肌松药及吸入性麻醉药合用。目前普遍用于麻醉诱导、麻醉维持及镇静，特别适用于门诊患者的胃肠镜诊断性检查、人工流产等短小手术。不良反应少见，诱导时最明显的副作用是呼吸和循环系统的抑制，此外可引起注射部位疼痛。对丙泊酚或其中的乳化剂成分过敏者禁用。

药物商品有丙泊酚注射液。若不能耐受丙泊酚引起的注射痛，可选丙泊酚中/长链脂肪乳注射剂。本类制剂应贮存在25℃以下，不宜冷冻。丙泊酚为全球最畅销静脉麻醉药，2018年国内市场超过40亿元，但除国外主要厂家（阿斯利康和费森尤斯卡比）外，国内生产厂家较多，竞争激烈。

第二节　局部麻醉药

局部麻醉药（简称局麻药）是一类可逆地阻断神经冲动的产生和传导，在意识清醒状态下使局部疼痛暂时消失的药物，较高浓度时也抑制运动神经的功能。局麻药的作用主要与其阻滞细胞膜钠离子通道有关，但有时其经局部血管吸收入血或是不慎直接误注入血管，超过一定阈值可出现不同程度毒性反应，表现为引起中枢神经系统先兴奋后抑制的中枢系统毒性和抑制心脏、扩张血管，引起低血压、休克的心血管系统毒性，因此常加入少量肾上腺素以收缩血管，减慢药物吸收，延长局麻药的作用时间和避免吸收中毒。常用的局部麻醉方法如下：

（1）表面麻醉　药物直接点滴涂抹或喷射于黏膜表面，使黏膜下感觉神经末梢麻痹，用于口腔、鼻、咽喉、眼及尿道黏膜等手术。

（2）浸润麻醉　药物溶液注射于皮内、皮下组织或手术野深部，以阻断神经传导。

（3）阻滞麻醉　又称传导麻醉。通过将药液注射于外周神经干附近，使该神经所支配区域产生麻醉，常用于四肢、面部及口腔等手术。

（4）腰麻　又称蛛网膜下腔阻滞麻醉。药液自低位腰椎间注入蛛网膜下腔内，麻醉该部位脊神经根，常用于下腹部和下肢手术。

（5）硬膜外麻醉　又称为硬脊膜外腔阻滞麻醉。药液注入硬脊膜外腔后沿脊神经根进入椎间孔，阻滞椎间孔内的神经干，达到躯干某一截段的麻醉。从颈部至下肢的手术都可采用，尤其是腹部手术。

 讨论麻醉药和麻醉药品、全麻药与局麻药的区别。

利多卡因【典】【基】【医保(甲,乙)】　Lidocaine

【商品名或别名】　赛罗卡因。

【性状】　常用其盐酸盐，为白色结晶性粉末；无臭，味苦，继有麻痹感。其也有碳酸盐。

【作用及适应证】　本品为中效局麻药。其盐酸盐局部麻醉作用较普鲁卡因强，维持时间长1倍，但毒性也相应加大。广泛用于各种局部麻醉，由于弥散广，脊神经阻滞范围不易控制，一般不用于腰麻。尚具有抗心律失常作用，对室性心律失常疗效较好。其碳酸盐则无抗心律失常作用，但麻醉作用起效更快，作用更强，肌肉松弛效果也较好。

【不良反应】　利多卡因碳酸盐的毒性与盐酸盐相比无显著性差异。①血液吸收后，对中枢神经系统有明显的抑制和兴奋双相作用。血药浓度较低时，出现镇痛与嗜睡。随剂量加大，可引起肌颤和惊厥，心肌收缩显著抑制，可导致心动过缓、房室传导阻滞或心搏骤停。②变态反应罕见，一般不要求做皮试。

【用药指导】　①本品及其他局部麻醉药过敏者禁用，二度、三度房室传导阻滞，癫痫大发作病史、严重肝功能不全及休克患者禁用。②与西咪替丁及普萘洛尔等β受体阻滞药合用时，利多卡因经肝脏代谢受抑制，易于发生心脏和神经系统不良反应。

【药物商品】　①碳酸利多卡因注射液。②盐酸利多卡因注射液。③盐酸利多卡因胶浆剂。目前胶浆剂主要用于上消化道内镜检查时的局部麻醉。④利多卡因气雾剂：内含利多卡因1.75g。⑤复方利多卡因软膏：每1g本品含丙胺卡因25mg，利多卡因25mg。⑥林可霉素利多卡因凝胶[OTC]：皮肤科常用外用药，用于轻度烧伤、创伤以及蚊虫叮咬引起的各种皮肤感染。⑦利多卡因凝胶贴膏：用于缓解带状疱疹后神经痛。

【商品信息】　利多卡因是全球最畅销局部麻醉药，我国生产厂家众多。

【贮存】　密闭，在10～30℃保存。

常用局麻药作用比较见表10-1。

表10-1　常用局麻药的作用比较

药品	作用特点	穿透力	稳定性	毒性	主要用途
普鲁卡因【典】 Procaine	快、弱、短效	差	较差	小	除表面麻醉外的各种麻醉
丁卡因【典】【医保(甲,乙)】 Tetracaine	慢、强、长效	强	较差	大	除浸润麻醉外的各种麻醉
利多卡因【典】【基】【医保(甲,乙)】 Lidocaine	快、中、中效	强	良好	中	各种麻醉(腰麻一般不用)
布比卡因【典】【基】【医保(甲)】 Bupivacaine	强、长效	良	好	大	除表面麻醉外的各种麻醉、术后止疼
左布比卡因【典】【医保(乙)】 Levobupivacaine	强、长效	良	好	大	限布比卡因注射剂不能耐受的患者
罗哌卡因【典】【基】【医保(乙)】 Ropivacaine	强、长效	良	良好	小	主要用于外科手术区域阻滞和硬膜外麻醉及硬膜外术后或分娩镇痛

第三节 麻醉辅助药

麻醉辅助药是用于补充全麻药临床应用上的不足或纠正其缺点的药物,多应用于外科手术复合麻醉。常用的麻醉辅助药物有:骨骼肌松弛药、镇静药以及氯丙嗪类药物等。本节重点介绍骨骼肌松弛药(简称肌松药),这类药物选择性作用于骨骼肌神经肌肉接头,与 N_2 胆碱受体相结合,暂时阻断神经肌肉之间的兴奋传递,从而产生肌肉松弛作用。与全麻药配合使用,使外科手术不再依靠深度麻醉来满足肌松要求,有利于插管,将骨骼肌张力降低至适合手术的程度,成为全麻中重要的辅助用药之一。根据其作用机制不同,分为去极化肌松药如氯化琥珀胆碱和非去极化肌松药如维库溴铵、罗库溴铵、阿曲库铵等。

氯化琥珀胆碱【典】【基】【医保(甲)】 Suxamethonium Chloride

【商品名或别名】 司可林,琥珀胆碱,Anectine,Succinolin。

【性状】 白色或几乎白色的结晶性粉末;无臭,味咸。极易溶于水,水溶液呈酸性。

【作用及适应证】 N_2 受体阻断药,结构与乙酰胆碱相似,与受体结合后产生较持久而稳定的去极化作用,从而引起骨骼肌松弛。本品有起效快、作用强但时效短的特点,为超短效肌松药。该药对喉肌松弛作用较强,静脉注射适用于快速气管内插管、食管镜检查等短时操作,静脉持续滴注也可用于较长时间手术。

【不良反应】 ①用后可引起短暂心搏缓慢,大剂量可引起呼吸麻痹。②可使颅内压、眼内压、胃内压、血钾升高,肌痛、肌肉强直、肌肉痉挛。③诱发恶性高热,长期麻痹,一旦发生,死亡率极高。

【用药指导】 ①忌在清醒状态下给药,麻醉前应用阿托品防治本品引起的窦性心动过缓。②脑出血、青光眼、白内障、视网膜剥离及高血钾患者禁用。③本药水溶液呈酸性,忌与碱性的硫喷妥钠配伍。④非去极化型与去极化型肌松药可相互拮抗。成人先静注筒箭毒碱,能解除琥珀胆碱的肌束震颤。⑤呼吸麻痹时不能应用抗胆碱酯酶药如新斯的明解救。

【药物商品】 氯化琥珀胆碱注射液。

【商品信息】 目前临床上唯一应用的去极化肌松药。国内生产厂家有上海旭东海普药业有限公司、西安力邦制药有限公司。

【贮存】 原料密封;注射液密闭保存。

罗库溴铵【基】【医保(乙)】 Rocuronium Bromide

【商品名或别名】 爱可松。

【性状】 为无色至微黄色的澄明液体。

【作用及适应证】 非去极化肌松药,其作用强度与维库溴铵相当,但起效快、时效短,适用于全身麻醉、使骨骼肌松弛和气管内插管。

【不良反应】 本品组胺释放作用弱,少见支气管痉挛及过敏反应。可见注射部位疼痛。

【用药指导】 ①与琥珀胆碱不同,本品不引起肌纤维成束颤动。②与吸入麻醉药同用时,本品应减量。③过量中毒可使用抗胆碱酯酶药如新斯的明解救。④罗库溴铵或溴离子过敏史者禁用。

【药物商品】 罗库溴铵注射液。

【商品信息】 理想肌松药的特点主要有作用明显、起效快、恢复快、无组胺释放、无蓄积、无副作用、其代谢产物无活性,本品是目前应用于临床的最接近理想条件的肌松药之一。此外本品起效时间接近于琥珀胆碱,时间在 60~90s,为非去极化类别中最快的。

【贮存】 原料密封;注射液 2~8℃下避光贮存。也可在 8~30℃保存 12 周。

【本章小结】

1. 麻醉药系指能使感觉消失，特别是痛觉消失，以利于外科手术的药物。主要包括全身麻醉药、局部麻醉药和麻醉辅助药三部分。临床使用的主要目的是为了消除疼痛，保障安全，便于外科手术的进行，预防和治疗意外情况。

2. 全麻药中吸入性麻醉药多为惰性挥发性化学气体，经呼吸道进入体内迅速发挥麻醉作用，如七氟烷、氟烷、恩氟烷、异氟烷等。静脉麻醉药无诱导期，患者能够迅速进入麻醉状态，但难以控制麻醉程度，如硫喷妥钠、氯胺酮等。

3. 局麻药包括局部麻醉作用的局部作用、中枢神经系统作用和心血管系统作用的吸收作用。使用局麻药时应加入少量肾上腺素以收缩血管，减慢药物吸收，延长局麻药的作用时间和避免吸收中毒。

4. 局麻药普遍应用于口腔科、眼科、妇科和外科小手术。主要包括：①芳香酯类，如丁卡因、普鲁卡因等；②酰胺类，如利多卡因、布比卡因、罗哌卡因等。

5. 麻醉辅助药是用于补充全麻药临床应用上的不足或纠正其缺点的药物，多应用于外科手术复合麻醉。骨骼肌松弛药可与全麻药配合使用，可减少全麻药的用量，使骨骼肌在较浅的麻醉下能得到充分的松弛，以利于手术的进行。主要有氯化琥珀胆碱、维库溴铵、罗库溴铵等。

【思考题】

1. 从理想麻醉药的角度解释为何七氟烷逐渐取代其他氟烷成为吸入麻醉药的主流。
2. 何为麻醉前给药、基础麻醉和诱导麻醉？可选择哪些药？

【信息搜索】

麻醉药和麻醉药品在管理、概念及用途上的区别是什么？

第十一章 镇痛、解热、抗炎、抗风湿、抗痛风药

学习目标

知识目标：
- 掌握非甾体抗炎药解热、镇痛、抗炎、抗风湿药的作用特点。
- 掌握本类药品的常用品种及合理使用方法。
- 熟悉常见解热镇痛药的复方制剂。
- 熟悉麻醉镇痛药的作用原理、作用特点、使用注意事项及管理方法。
- 了解常用抗痛风药。

能力目标：
- 能够正确指导解热、镇痛、抗炎、抗风湿药、抗痛风药的使用。

第一节 镇痛药

镇痛药是指作用于中枢神经系统，在不影响意识和其他感觉的情况下，选择性减轻和缓解疼痛的药品。本类药品镇痛作用强大，缓解疼痛的同时也缓解了因疼痛引发的精神紧张、烦躁不安等不愉快情绪，从而使患者耐受疼痛。因连续多次应用后易产生成瘾性，本类药品又称"麻醉性镇痛药"，仅限于急性剧烈疼痛的短期治疗或晚期癌症疼痛。镇痛药大多数通过激动阿片受体而产生镇痛和呼吸抑制效应，中毒剂量可抑制呼吸导致死亡。

目前临床应用的多数镇痛药属于阿片类生物碱，如吗啡、可待因（见第十五章第二节）等；还有些是人工合成的代用品，如哌替啶、芬太尼和美沙酮等。非阿片类的有罗通定、曲马多等。

相关链接

癌痛的经典治疗方案是 1986 年由 WHO 提出的三阶梯镇痛原则：轻度疼痛（Ⅰ级）一般可以忍受，能正常生活，睡眠基本不受干扰。主要选用 NSAID，如阿司匹林、布洛芬、对乙酰氨基酚等。中度疼痛（Ⅱ级）常为持续性疼痛，睡眠已受到干扰，食欲有所减退。此时采取逐步向第二阶梯过渡的原则，即在给予 NSAID 的同时辅以弱阿片类药，如可待因、曲马多等，目前市场上还有复方制剂，即二阶梯药物加一阶梯药或辅助药，如氨酚待因、氨酚曲马多等。重度疼痛（Ⅲ级）指睡眠和饮食受到严重干扰，晚间入睡困难、疼痛加剧，此时用弱阿片类药已基本无效。治疗应由二阶梯向三阶梯过渡，正规使用强阿片类药及加减一、二阶梯药物或辅助药，代表药为吗啡，多采用口服缓释或控释制剂，也可选用芬太尼、美沙酮等。

吗啡【典】【基】【医保(甲、乙)】 Morphine

【性状】 白色有丝光的针状结晶或结晶性粉末，无臭，遇光易变质，易溶于水，微溶于

乙醇。

【作用与适应证】 为阿片受体激动剂。①镇痛：有强大的镇痛作用，对一切疼痛均有效，对持续性钝痛比间断性锐痛及内脏绞痛效果强。作用维持4～6h，但易成瘾，现仅用于创伤、手术、烧伤等引起的剧痛。②镇静：具有明显镇静作用，有时产生欣快感，可改善疼痛患者的紧张情绪，可用于全身麻醉。③抑制呼吸：可抑制呼吸中枢，降低呼吸中枢对二氧化碳的敏感性。④镇咳：可抑制咳嗽中枢，产生镇咳作用。因有成瘾性，并不用于临床。⑤对平滑肌的作用：可使消化道平滑肌兴奋，可致便秘；并使胆道、输尿管、支气管平滑肌张力增加。⑥心血管系统：可促进内源性组胺释放而使外周血管扩张、血压下降；使脑血管扩张，颅压增高。

【不良反应】 ①本品不良反应形式多样，常见：瞳孔缩小如针尖样，视力模糊或复视；便秘；排尿困难；直立性低血压；眩晕、恶心、呕吐、嗜睡等。少见：呼吸抑制、幻觉、耳鸣、惊厥、抑郁、皮疹、支气管痉挛和喉头水肿等。②连续应用3～5d即可产生耐受性，1周以上可成瘾。

【用药指导】 ①脑外伤颅内高压、支气管哮喘、肺源性心脏病、肝功能减退、前列腺肥大、甲状腺功能减退、皮质功能不全患者及哺乳期妇女、妊娠期妇女、新生儿和婴儿禁用。②老年人和儿童慎用。③忌用于不明原因的疼痛，以防掩盖症状，贻误诊治。④胆绞痛、肾绞痛需与阿托品合用，单用本药反加剧疼痛。⑤应用过量可致急性中毒，主要表现为昏迷、针状瞳孔、呼吸浅弱、血压下降、发绀等。中毒解救可用吗啡拮抗剂纳洛酮。

【药物商品】 ①盐酸吗啡片；②盐酸吗啡注射液；③盐酸或硫酸吗啡控（缓）释片：本品为控（缓）释片，必须整片完整的吞服，切勿嚼碎或掰开服用。

【商品信息】 WHO推荐吗啡为中重度癌痛治疗的首选药物。盐酸吗啡和硫酸吗啡自20世纪30年代以来先后应用于临床，两者理化性质均极相似。其原料药主要为青海制药厂有限公司提供，主要制剂厂家有沈阳第一制药有限公司、西南药业股份有限公司、萌蒂制药有限公司等。其原料及制剂按"麻醉药品"管理。

【贮存】 遮光、密闭、在25℃以下保存。

相关链接

使用阿片类药物期间，常需要辅助使用缓泻药，约一半的患者需要使用1～2周的止吐药。如果镇痛药物用量已足够，仍不能控制疼痛，应对患者进行评价，分析疼痛的性质、药物剂量和给药方法，尤其是否存在情绪障碍等。恶性肿瘤患者的精神、心理状态和社会经济因素可加重疼痛的程度。对三阶梯治疗难以控制的疼痛，可以考虑加用抗抑郁药，这样既可改善患者情绪，又可增强阿片类药物疗效。如果患者存在焦虑情绪，也应适当进行抗焦虑治疗。

哌替啶【典】【基】【医保（甲）】 Pethidine

【商品名或别名】 度冷丁，唛啶，地美露。

【性状】 常用其盐酸盐，白色结晶性粉末；无臭，在水或乙醇中易溶。

【作用与适应证】 阿片受体激动剂。镇痛作用相当于吗啡的1/10～1/8，作用维持2～4h，代替吗啡用于各种剧痛，如创伤、烧伤、烫伤、术后疼痛等；常与氯丙嗪、异丙嗪组成人工冬眠合剂；也用于心源性哮喘、麻醉前辅助给药及内脏剧烈绞痛（胆绞痛、肾绞痛需与阿托品合用）。

【不良反应】 ①副作用有头晕、头痛、出汗、口干、恶心、呕吐等。过量可致瞳孔散大、惊厥、心动过速、幻觉、血压下降、呼吸抑制、昏迷等。②皮下注射局部有刺激性；静脉注射后可出现外周血管扩张、血压下降。

【用药指导】 ①哌替啶适用于分娩止痛,但需监视其对新生儿的呼吸抑制作用。②慎用于孕妇、哺乳期妇女和儿童。③纳洛酮可使哌替啶中毒出现的兴奋惊厥等症状加重,此时只能用地西泮或巴比妥类药物解除。其他禁忌同吗啡。

【药物商品】 ①盐酸哌替啶片;②盐酸哌替啶注射液。

【商品信息】 ①由于本品成瘾性比吗啡轻,在我国曾一度几乎取代了吗啡镇痛方面的应用,但是其代谢产物去甲哌替啶蓄积可导致中枢神经系统中毒,因此建议减少其使用,提倡癌症患者使用吗啡控释制剂。②原料及制剂按"麻醉药品"管理。主要原料药与制剂生产厂家有青海制药厂有限公司、沈阳第一制药有限公司、宜昌人福药业有限公司等。

【贮存】 原料及片剂密封保存;注射液密闭保存。

芬太尼【典】【基】【医保(甲,乙)】 Fentanyl

【商品名或别名】 多瑞吉。

【性状】 常用其枸橼酸盐,白色结晶性粉末,味苦,水溶液呈酸性反应。

【作用及适应证】 阿片受体激动剂,属强效麻醉性镇痛药。镇痛作用为吗啡的80倍,与吗啡和哌替啶相比,芬太尼作用快而短,对呼吸的抑制作用弱于吗啡。可用于各种疼痛及外科、妇科等手术后和手术过程中的疼痛;也用于防止或减轻手术后出现的谵妄;还可与麻醉药合用,作为麻醉辅助用药;可与氟哌利多配伍产生神经安定麻醉。

【不良反应】 可能出现恶心、呕吐,约1h后自行缓解,还可引起视觉模糊、发痒和欣快感。

【用药指导】 ①禁用于支气管哮喘、重症肌无力,慎用于颅脑肿瘤或颅脑外伤引起昏迷的患者以及18岁以下体重不足50kg的患者。②快速推注或大剂量易抑制呼吸。③贴片禁用于急性或术后疼痛、非阿片类镇痛药有效者。

【药物商品】 ①枸橼酸芬太尼注射液;②芬太尼透皮贴剂。芬太尼注射剂一般用于麻醉前给药、诱导麻醉、维持麻醉及术后镇痛,而芬太尼透皮贴剂一般用于癌症止痛以及其他镇痛药无法有效控制的慢性疼痛。

【商品信息】 ①1990年以前,芬太尼主要与其他药物配合用于短小手术麻醉;1990年以后,随着控释技术的发展,芬太尼在重度疼痛治疗中的应用越来越普遍,目前有130多个国家将其用于临床;1999年其透皮贴剂由强生在华子企业西安杨森公司(商品名"多瑞吉")引入中国,特别适用于消化道症状较多且疼痛性质为慢性持续性疼痛患者,可72h持续镇痛。②国内主要生产厂家有宜昌人福药业和常州四药制药、河南羚锐制药等。芬太尼也是当前临床麻醉中最常用的麻醉性镇痛药,近年来其衍生物舒芬太尼和瑞芬太尼的应用也逐渐增多。原料及制剂按"麻醉药品"管理。

【贮存】 避光、密封保存。

其他常用镇痛药

(1) 美沙酮【医保(乙)】 (美散痛) Methadone 常用其盐酸盐,为无色结晶或白色结晶性粉末;无臭,溶于水。本品为强效镇痛药,镇痛效力与吗啡相等或略强,作用持续时间较长,但镇静、抑制呼吸、缩瞳、引起便秘及升高胆内压等作用均较吗啡弱。可用于创伤性、手术后、晚期癌痛等各种剧痛。20世纪90年代初至今,美沙酮一直是我国阿片类物质脱毒治疗的重要药物之一,可有效控制海洛因依赖的戒断症状。本品不宜静脉注射,成瘾性较小,但久用亦能成瘾,原料及制剂按"麻醉药品"管理。

药物商品有:①盐酸美沙酮缓释片;②盐酸美沙酮胶囊;③盐酸美沙酮注射液;④盐酸美沙酮口服液。

(2) 罗通定【典】【医保(乙)】 (颅通定) Rotundine 为白色或微黄色结晶,无臭,无味,遇光受热易变黄。在水中不溶,在稀硫酸中易溶。本品为防己科植物华千金藤中提取的生物碱左旋四氢帕马丁，现可人工合成。具有镇痛和催眠作用，较长期应用也不致成瘾。

药物商品有：①罗通定片；②硫酸罗通定注射液。原料及制剂应遮光，密封，阴凉处保存。

（3）曲马多【医保(乙)】（马伯龙，奇曼丁，曲马朵）Tramadol 常用其盐酸盐，为白色或类白色结晶性粉末，无臭，味苦。易溶于水。镇痛强度为吗啡的 1/10～1/8。无抑制呼吸作用，依赖性小。有镇咳作用，强度为可待因的 1/2，不影响组胺释放，无致平滑肌痉挛作用。适用于中重度急慢性疼痛。不良反应与其他镇痛药相似，偶有出汗、眩晕、恶心、呕吐、口干、疲劳等。长期使用也可能产生耐药性或药物依赖性，我国按"第二类精神药品"管理。

药物商品有：①曲马多胶囊；②曲马多注射液；③曲马多缓释片。原料及片剂密闭保存，注射液遮光、密闭保存。

> **知识拓展**
>
> **镇痛泵**
>
> 镇痛泵是控制疼痛的一种工具。使用的镇痛药物主要有以下几种。
>
> ① 局麻药：通过硬膜外导管输入硬膜外腔，或连续腰麻管进入蛛网膜下腔阻滞机体感觉神经的传导，从而减少疼痛。
>
> ② 麻醉性镇痛药：如吗啡、芬太尼及曲马多等。通过硬膜外、蛛网膜下腔或静脉给药。术后疼痛属于急性、短期的疼痛，短期使用阿片类药物不必担心导致成瘾的问题。但需注意不良反应如呼吸抑制、恶心呕吐、尿潴留、皮肤瘙痒等。
>
> ③ 非麻醉性镇痛药：主要是非甾体抗炎药，如氯诺昔康，其作用部分主要在外周，适用于中等强度的疼痛。需注意胃肠道症状如恶心、诱发消化道溃疡发作等。因其解热消炎的作用，常用于骨科患者的镇痛。
>
> ④ 神经安定药：如氟哌利多、咪达唑仑等。这些药物无镇痛作用，但可强化镇痛药的作用。因氟哌利多有强的止吐作用，还用于对抗麻醉性镇痛药的胃肠道症状。
>
> ⑤ 镇吐药：常用 5-羟色胺受体阻滞药如阿扎司琼。

第二节　解热镇痛、抗炎、抗风湿药

数字资源 11-1　非甾体抗炎药的作用机制
数字资源 11-2　阿司匹林的前世今生
数字资源 11-3　认识对乙酰氨基酚

【导课案例——解热镇痛抗炎药案例】

某女童感冒发热后，家长一股脑地给孩子先后服用"一休"口服液、"小儿氨酚黄那敏颗粒"和"退热栓"，一天后，女童的体温下降，但却变得没有精神，皮肤颜色似乎比生病前明显变黄，父母觉得不对劲，赶紧送院就诊。在医院里，医生给孩子做了详细的身体检查，发现正常情况下不超过 40IU/L 的转氨酶升高到了 9000IU/L 以上，凝血功能也有明显异常，医生根据总体表现和实验室检查结果，判断孩子发生了急性肝功能衰竭，在和父母沟通后，紧急转入 ICU，医护人员马上给孩子进行血液净化、护肝、降酶等处理，总算把孩子从死亡边缘拉了回来。

请问：

1. 患儿所服"一休"口服液、"小儿氨酚黄那敏颗粒"和"退热栓"中有何药物成分，发生急性肝功能衰竭的可能原因是什么？

2. 以本案例中解热镇痛药为例，说一下该类药物的不良反应（包括过量）？

解热镇痛、抗炎、抗风湿药是一类具有解热镇痛作用，而且大多数还有抗炎、抗风湿作用的药物。本类药物按化学结构主要分为如下几类。①水杨酸类：代表药物如阿司匹林等。②苯胺类：如对乙酰氨基酚等。③乙酸类：如吲哚美辛、双氯芬酸、舒林酸等。④丙酸类：如布洛芬、芬布芬、萘普生等。⑤吡唑酮类：包括安乃近、氨基比林、保泰松等。⑥萘酰碱酮类：萘丁美酮、尼美舒利等。⑦昔康类：如吡罗昔康、美洛昔康等。⑧昔布类：如塞来昔布、罗非昔布等。这类药物的化学结构及作用机制与甾体抗炎药糖皮质激素不同，故又称为非甾体抗炎药（NSAID）。本类药物的具体作用如下。

(1) 解热作用 本类药物使散热增加（皮肤血管扩张、出汗增加），达到解热目的，但对正常人体温几乎无影响。高热及持续不断的发热是严重疾病的信号，如连续3日使用该类药物不退热，应请医生诊疗。

(2) 镇痛作用 具中等程度的镇痛作用。主要对头痛、牙痛、神经痛、关节痛、肌肉痛及月经痛等慢性钝痛以及中等程度的术后疼痛、初期肿瘤疼痛效果良好，对外伤性剧痛、内脏平滑肌绞痛、肿瘤晚期剧痛无效。镇痛剂量下不抑制呼吸，无镇静催眠作用，不产生欣快感和依赖性。如服用5日仍不见疼痛症状缓解或消失，应向医生咨询。

(3) 抗炎、抗风湿作用 本类药物除苯胺外，适用于治疗风湿性、类风湿性疾病，但不能影响疾病本身的免疫病理反应而改变病程，因此必须与能控制病情的药物合用。抗风湿作用主要是由于抗炎，同时也与解热镇痛作用有关。

本类药物的共同作用机制是抑制体内环氧酶（COX，前列腺素合成酶），减少PG的生物合成。COX主要有COX-1和COX-2两种同工酶。COX-2与炎症、疼痛有关，解热镇痛抗炎药的作用可能主要与抑制COX-2有关，而COX-1主要存在于血管、胃肠壁、肾等组织中，一旦受到抑制，正常生理功能受损，就会出现胃、肾和血小板功能障碍，发生胃部不适、恶心、呕吐、胃溃疡、胃穿孔、血液不易凝结、出血、水肿、电解质紊乱、一过性肾功能不全等不良反应。根据该类药物对COX作用的选择性，分为非选择性的COX抑制剂和选择性的COX抑制剂（数字资源11-1）。目前临床常用的为非选择性的COX抑制剂，药理作用和不良反应具有许多共同点。

阿司匹林【典】【基】【医保(甲,乙)】　**Aspirin**（数字资源11-2）

【商品名或别名】 乙酰水杨酸，醋柳酸，Acetylsalicylic Acid。

【性状】 白色结晶或结晶性粉末；无臭或微带醋酸臭，味微酸。易溶于乙醇，微溶于水，遇湿气缓慢水解。

【作用及适应证】 本品为非选择性的COX抑制剂，作用如下。①镇痛、解热：对轻中度体表疼痛，尤其是炎症性疼痛有明显疗效。临床常用于感冒发热头痛、偏头痛、牙痛、神经痛、关节痛、肌肉痛和痛经等。②抗炎、抗风湿：用药后减少急性风湿热的临床症状，为治疗风湿热、风湿性关节炎及类风湿关节炎的首选药。③抗血栓：小剂量对血小板功能有强烈和长时间的抑制作用，可用于预防一过性脑缺血发作、心肌梗死、心房颤动、人工心脏瓣膜、动静脉瘘或其他术后的血栓形成。也可用于治疗不稳定型心绞痛。

【不良反应】 一般用于解热镇痛的剂量很少引起不良反应，长期大量用药如治疗风湿热时，尤其当血药浓度大于200μg/mL时较易出现不良反应。①胃肠道反应（发生率3%～9%）：常见恶心、呕吐、上腹部不适或疼痛，停药后多可消失。长期或大剂量服用可引起胃肠道出血、溃疡或穿孔。②凝血障碍：一般治疗量即可延长出血时间，大剂量则可造成出血。③中枢神经系统反应：出现可逆性耳鸣、听力下降，多在服用一定疗程、血药浓度达 200～300μg/mL 后出现。④过敏反应：出现于 0.2% 的患者，表现为哮喘、荨麻疹、血管神经性水肿或休克，严重者可致死亡。⑤肝、肾功能损害：与剂量有关，血药浓度达 250μg/mL 时易发生，停药后可恢复。

【用药指导】 ①本品仅缓解症状，如必要则需同时针对病因进行治疗。②禁用于对阿司匹林或其他非甾体抗炎药过敏者，尤其是服药后曾诱发哮喘、神经血管性水肿或休克者；禁用于活动性消化道溃疡或其他原因引起的消化道出血者；禁用于血友病、血小板减少症或出血体质者；禁用于妊娠期妇女。③年老体弱或体温在 40℃ 以上者，解热时宜用小量，以免大量出汗而引起虚脱。解热时应多喝水，以利排汗和降温，否则因出汗过多而造成水与电解质平衡失调或虚脱。④胃及十二指肠溃疡病患者应慎用或不用，如需用应与抗酸药同服或使用肠溶片，肠溶片应整片服用，但治疗心肌梗死时，第 1 片应捣碎或嚼碎后服用。⑤不应与含有本品的同类制剂及其他非甾体抗炎药通用，与抗凝药、溶栓药同用，可增加出血风险。

【药物商品】 ①阿司匹林片；阿司匹林肠溶片；阿司匹林泡腾片；阿司匹林肠溶胶囊；阿司匹林咀嚼片。②阿司匹林栓，直肠给药。③阿苯片：阿司匹林和苯巴比妥组成的复方制剂，可用于儿童退热，并可预防发热所致惊厥，但易引起小儿出血，婴幼儿禁用。

【商品信息】 拜耳制药的阿司匹林肠溶片（拜阿司匹灵）是相对较老的产品，但在非甾体抗炎药数百种产品的市场上一直稳占一席之地，阿司匹林肠溶片一开始只应用于解热镇痛，后经研究发现可用于预防冠心病和心肌梗死，于是该药又开拓了抗血栓用药的新市场。

【贮存】 原料、片剂、肠溶片密封，在干燥处保存；肠溶片应遮光保存；栓剂密封，在阴凉干燥处保存。

案例 11-1

患者，女，65 岁，因"呕血、黑粪"入院。入院前 2h 呕吐暗红色血液 1 次，混有胃内容物，量约 300ml，同时解黑色稀大便 5～6 次，伴有头昏、乏力、心慌，无腹痛。既往有类风湿关节炎病史 12 年，长期间断服用"双氯芬酸钠、贝诺酯"。停用"双氯芬酸钠、贝诺酯"，禁食，奥美拉唑 40mg ivgtt bid，输血等治疗，3 天后出血停止，胃镜检查胃体大弯及胃体与胃底交界处分别可见大小 1.0cm×0.8cm 及 1.5cm×1.0cm 的椭圆形溃疡，覆白苔，周围黏膜充血、水肿；幽门螺杆菌 Hp 检测（—）。

对乙酰氨基酚【典】【基】【医保(甲，乙)】 Paracetamol（数字资源 11-3）

【商品名或别名】 扑热息痛，醋氨酚，必理通。

【性状】 白色结晶或结晶性粉末；无臭，味微苦。略溶于水。

【作用及适应证】 有解热、镇痛作用，类似阿司匹林，但抗炎作用较弱，对凝血无明显影响。用于感冒发热、关节痛、神经痛及偏头痛、癌性痛及手术后疼痛。还可用于对阿司匹林过敏、不耐受或不适于应用阿司匹林的患者（水痘、血友病以及其他出血性疾病等）。

【不良反应】 常规剂量不良反应少，偶有恶心、呕吐、出汗、腹痛、皮肤苍白等。少数病例出现过敏性皮炎、粒细胞缺乏、血小板减少、高铁血红蛋白血症、贫血、肝肾功能损害等，很少引起胃肠道出血。

【用药指导】 ①过敏者禁用；严重肝、肾功能不全患者禁用；3 岁以下儿童因其肝肾功能发育不全，禁用本品小儿灌肠液。②可干扰血糖、血清尿酸、肝功能、凝血酶原时间等的测定。③本品不宜大量或长期服用，以免引起造血系统及肝肾损害。

【药物商品】 ①对乙酰氨基酚片。②对乙酰氨基酚胶囊。③对乙酰氨基酚注射液。④对乙酰氨基酚栓，直肠给药。⑤对乙酰氨基酚复方制剂：以对乙酰氨基酚为主，可含咖啡因、阿司匹林和异丙安替比林、氢溴酸右美沙芬、盐酸伪麻黄碱、马来酸氯苯那敏或盐酸苯海拉明等。常用药物商品有日夜百服宁、加合百服宁、非斯特、泰诺、泰诺林、康利诺、可利得、银得菲、康得、帕拉辛、白加黑等。

【商品信息】 ①本品于1893年首次应用于临床，是目前应用量最大的解热止痛药物，也是WHO推荐的儿童解热镇痛药；②我国1960年开始生产，目前生产企业有山东新华制药、广东环球制药、上海罗氏制药等。

【贮存】 原料和片剂密封保存；注射液遮光，密闭保存；栓剂密封，在阴凉处保存。

布洛芬【典】【基】【医保(甲,乙)】 Ibuprofen

【商品名或别名】 异丁洛芬，异丁苯丙酸，拔怒风，芬必得。

【性状】 白色结晶性粉末，稍有特异臭，几乎不溶于水。

【作用及适应证】 非选择性的COX抑制剂，有较强的解热止痛、抗炎、抗风湿作用，其作用强度与阿司匹林、保泰松相似，比对乙酰氨基酚好。常用于治疗风湿及类风湿关节炎，也可用于解热镇痛。

【不良反应】 不良反应与服用剂量正相关，主要包括消化不良、胃烧灼感、胃痛、恶心等，出现于16%长期用药者，停药则上述症状消失，不停药者大多数亦可耐受。1%~3%的患者出现头痛、嗜睡、晕眩、耳鸣等神经系统症状，偶见下肢水肿、皮疹、白细胞减少等。

【用药指导】 禁用于对阿司匹林或其他非甾体抗炎药过敏者、活动性溃疡病患者，孕妇和乳母不宜使用。慎用于支气管哮喘、心肾功能不全、高血压、血友病和有消化性溃疡史者。长期用药时应定期检查血象及肝肾功能。

【药物商品】 ①布洛芬片。②布洛芬缓释胶囊。③布洛芬混悬液。本品剂型甚多，除上述剂型外还包括乳膏剂、栓剂、搽剂、滴剂、凝胶剂、糖浆剂及复方制剂锌布片、布洛伪麻片等。且均为甲类OTC药品。本品是WHO和FDA唯一共同推荐的儿童解热药。

【商品信息】 布洛芬是一种常用的解热镇痛抗炎药，目前布洛芬的生产厂家有上海强生制药有限公司、石药集团中诺药业（石家庄）有限公司、沈阳圣元药业有限公司、江苏恒瑞医药股份有限公司、中美天津史克制药有限公司等。

【贮存】 原料及制剂均密封保存。

其他解热镇痛、抗炎、抗风湿药

(1) 双氯芬酸钠【典】【基】【医保(甲,乙)】 （双氯灭痛，扶他林，戴芬）Diclofenac 为非选择性的COX抑制剂，强效镇痛抗炎药。本品对PG合成的抑制作用强于阿司匹林和吲哚美辛等，用于类风湿关节炎、神经炎、红斑狼疮及癌症、手术后疼痛，各种原因引起的发热。最常见胃肠道不良反应，主要为胃不适、腹痛、恶心、呕吐、胀气等，其中少数可出现溃疡、出血、穿孔。神经系统表现有头痛、眩晕、嗜睡、感觉障碍、记忆障碍、视觉障碍、听力损害等。血液系统表现有血小板减少、白细胞减少、粒细胞缺乏、溶血性贫血、再生障碍性贫血。作为抗炎镇痛的二线用药，只能在至少一种其他非甾体抗炎药治疗失败的情况下使用。最大单次剂量不超过100mg，疗程不能超过15天。禁用于胃肠道溃疡、对本品和其他非甾体抗炎药过敏者和妊娠3个月内的妇女。慎用于胃肠道溃疡史、溃疡性结肠炎或克罗恩病以及严重肝功能损害的患者。用药期间常规随访检查肝、肾功能。

药物商品有：①双氯芬酸钠肠溶片。②双氯芬酸钠栓剂，直肠给药。③双氯芬酸钠注射液。④双氯芬酸钠凝胶。⑤双氯芬酸二乙胺凝乳胶剂，涂擦、按摩患处。遮光，密闭，在干燥处保存。

(2) 吲哚美辛【典】【基】【医保(甲,乙)】 （消炎痛）Indometacin 本品为非选择性的COX抑制剂，最强的前列腺素合成酶抑制药之一。抗炎、抗风湿作用为阿司匹林的10~40倍，解热镇痛作用与阿司匹林相似。本品不良反应发生率高达 30%～50%，约 20% 的患者必须停药，故仅用于其他药物不能耐受或疗效差的患者，如急慢性风湿性关节炎、痛风性关节炎及癌性疼痛，也可用于滑囊炎、腱鞘炎及关节囊炎等，还用于恶性肿瘤引起的发热或其他难以控制的发热。不良反应如下。①胃肠道反应：严重的可致胃溃疡及出血甚至穿孔。②神经系统反应：头痛、眩晕。③血液系统反应：白细胞减少，偶有再生障碍性贫血。④过敏反应：各型皮疹、哮喘。⑤肾脏毒性：出现血尿、水肿、肾功能不全，在老年人多见。孕妇、哺乳期妇女禁用，小儿、老年人慎用，活动性溃疡病、帕金森病、精神病、癫痫、支气管哮喘、肝肾功能不全患者禁用。可干扰血小板凝集，应避免与抗凝血药同用；与阿司匹林有交叉过敏反应，故对阿司匹林过敏者不宜使用。

药物商品有：①吲哚美辛片，为肠溶片。②吲哚美辛栓，直肠给药。③吲哚美辛软膏剂。④吲哚美辛滴眼剂，用于眼科手术及非手术因素引起的非感染性炎症。原料及制剂遮光，密闭，阴凉处保存。

（3）美洛昔康【典】【医保（乙）】（莫比可）Meloxicam　本品对 COX-2 的选择性抑制作用比 COX-1 高 10 倍，在起解热抗炎作用的同时减少了应用非甾体抗炎药后所普遍存在的胃肠黏膜损害，但剂量过大或长期服用仍可致消化道出血、溃疡。半衰期为 20h，每日给药一次。适用于类风湿性关节炎和骨关节炎等的疼痛、肿胀及软组织炎症、创伤性疼痛、手术后疼痛的对症治疗。

药物商品主要有：①美洛昔康片。②美洛昔康胶囊。③美洛昔康注射液。④美洛昔康凝胶。

（4）塞来昔布【医保（乙）】（塞来考昔，西乐葆）Celecoxib　为白色粉末，不溶于水。本品对 COX-2 的选择性抑制作用比 COX-1 强，为典型的选择性 COX 抑制剂。适用于急慢性骨关节炎和类风湿关节炎。本品不良反应如下。①心血管系统反应：可使严重心血管血栓事件、心肌梗死、脑卒中的发生风险增加，甚至可致死。风险随用药时间延长而增加。②胃肠道反应：常见上腹疼痛、腹泻与消化不良等。③其他：偶见肝、肾功能损害和视力障碍，但本品不抑制血小板聚集，也不延长出血时间。

药物商品主要有塞来昔布胶囊。

（5）尼美舒利【典】【医保（甲）】（美舒宁）Nimesulide　本品高度选择性抑制 COX-2 的活性，此外还具有抗组胺作用，因此胃肠道反应轻微，很少需要中断治疗。临床适用于类风湿关节炎和骨关节炎、痛经、手术后痛和发热等。偶见胃灼热、恶心和胃痛、出汗、面部潮红、兴奋过度、皮疹、红斑和失眠。曾有肝损害报道。慎用于阿司匹林或其他非甾体抗炎药过敏者和哺乳期妇女。出现肝损害导致的黄疸或肝药酶上升至正常值 3 倍，应立即停药。12 岁以下儿童禁用。

药物商品主要有尼美舒利片（胶囊、干混悬）剂。

第三节　抗痛风药

【导课案例——痛风治疗用药导课案例】

十多年前，老王刚发病的时候为足趾肿痛，曾至医院就诊，经过消炎止痛等治疗后疼痛缓解，但只要老王一饮酒、吃海鲜或吃火锅，就会引起关节红肿疼痛。肿痛部位也从最初的足部关节逐渐发展至踝关节、膝关节、双手关节、肘关节等，发作也越来越频繁，由开始时的一年发作 1～2 次，逐渐变为一月一次，最后增至每月数次。近一年来关节肿痛甚至没有完全缓解的时候。此外，老王的手上、耳朵上、双足部都出现大小不等的结节，小的如米粒大小，大的如鸡蛋大小，日常生活受到严重影响，外出需依靠轮椅。这次因为疼痛加重，老王到医院住院治疗。入院后查血尿酸780μmol/L（正常范围是90~420μmol/L），血肌酐也高出了正常值，双肾B超发现双肾多发结节，双肾间质弥漫性回声增粗。医生下的诊断是：痛风、痛风性慢性关节炎、痛风石、痛风性间质性肾病、慢性肾功能不全。

请问：
1. 预习课本，了解痛风的症状、病因及相关健康指导各是什么？
2. 抗痛风药物的作用机制、不良反应及注意事项各是什么？

知识拓展

痛风是一种由体内嘌呤代谢紊乱所致的慢性疾病，具有间歇性发作的特点。它的主要特点是体内尿酸盐生成过多或肾脏排泄尿酸减少，从而引起血液中尿酸盐浓度升高，临床上称为高尿酸血症。由于尿酸在关节、肾脏及结缔组织中析出结晶，引起关节局部炎症反应，发作时患者拇指、足背、足跟、踝、指、腕等小关节都可红肿且剧痛，反复发作，严重者会造成关节活动障碍、畸形，临床上称为痛风性关节炎。其严重发作时发生的肾功能衰竭及尿毒症是导致痛风患者死亡的主要原因之一。到目前为止，尚无根治的办法，其治疗的原则是饮食控制及有效的药物治疗。

根据作用方式，治疗痛风的药物主要如下。①抑制粒细胞浸润药：秋水仙碱等。②非甾体抗炎药：吲哚美辛、保泰松、双氯芬酸、萘普生、布洛芬等。③促肾上腺皮质激素或糖皮质激素：促肾上腺皮质激素（ACTH）或泼尼松（见第十九章）。④促进尿酸排泄药：丙磺舒、磺吡酮、苯溴马隆。⑤抑制尿酸合成药：别嘌醇、非布司他等。痛风急性发作的治疗可以应用抑制炎症反应药物如秋水仙碱、非甾体抗炎药、促肾上腺皮质激素或糖皮质激素，发作间歇期或急性期后，需使用促进尿酸排泄药和抑制尿酸合成药，使血尿酸维持在正常范围，预防急性期的发作及防止痛风石的形成。痛风的防治及药物选用见数字资源11-4"痛风防治小知识"微课视频。

抗痛风药物主要是临床用药，从目前医院抗痛风制剂的销售数量与销售金额来看，这类药物的销售呈现上升趋势，并体现出夏秋季高发的季节性特点，这与流行病学发病高峰时间基本一致。

秋水仙碱【典】【基】【医保（甲）】　Colchicine

数字资源11-4
痛风防治小知识

【商品名或别名】　秋水仙素，阿马因。

【性状】　淡黄色结晶性粉末，无臭，遇光色变深，可溶于水。

【作用及适应证】　抑制痛风急性发作时的粒细胞浸润，可用于痛风性关节炎的急性发作、预防复发性痛风性关节炎的急性发作、家族性地中海热。

【不良反应】　不良反应较多，与剂量大小有明显相关性。①胃肠道反应：腹痛、腹泻、呕吐及食欲缺乏为常见的早期不良反应，发生率可达80%，严重者可造成脱水及电解质紊乱等表现。长期服用者可出现严重的出血性胃肠炎或吸收不良综合征。②肌肉、周围神经病变：有近端肌无力和（或）血清肌酸磷酸激酶增高。在肌细胞受损的同时可出现周围神经轴突性多神经病变，表现为麻木、刺痛和无力。肌神经病变并不多见，往往在预防痛风而长期服用者和有轻度肾功能不全者中出现。③骨髓抑制：出现血小板减少，中性粒细胞下降，甚至再生障碍性贫血，有时可危及生命。④休克：表现为少尿、血尿、抽搐及意识障碍。死亡率高，多见于老年人。⑤其他：脱发、皮疹、发热等。

【用药指导】　①尽量避免长期口服给药，不宜长期应用预防痛风性关节炎发作。②骨髓增生低下、肝肾功能不全、妊娠和2岁以下儿童禁用，必须定期监测血常规及肝肾功能。

③本品可导致可逆性的维生素 B_{12} 吸收不良。

【药物商品】 秋水仙碱片剂。

【商品信息】 本品最初是从百合科植物秋水仙中提取出来的生物碱，故也称秋水仙素。可通过抑制细胞有丝分裂而产生抗肿瘤作用，但毒性大，现已少用。目前主要用于急性痛风，对一般疼痛、炎症和慢性痛风无效。国内 1988 年注册。价格低廉，主要生产厂家有昆明制药集团、广东彼迪药业有限公司等。

【贮存】 遮光，密闭，防潮保存。

别嘌醇【典】【基】医保(甲,乙) Allopurinol

【商品名或别名】 别嘌呤醇。

【性状】 白色或类白色结晶性粉末；几乎无臭。易溶于氢氧化钠等碱性溶液。

【作用及适应证】 本品及其代谢产物抑制体内黄嘌呤氧化酶，使次黄嘌呤和黄嘌呤不能转化为尿酸，尿酸合成减少，进而降低血中尿酸浓度，减少尿酸盐在骨、关节及肾脏沉着，适用于慢性原发性或继发性痛风、痛风性肾病。

【不良反应】 ①患者对本品的耐受性较好，不良反应较少，个别患者可出现皮疹、腹泻、腹痛、低热、暂时性转氨酶升高或粒细胞减少。停药给予相应治疗一般可恢复。②服用初期本品促使尿酸结晶重新溶解时可再次诱发并加重关节炎急性期症状，故开始 4~8 周内可与小剂量秋水仙碱合用。

【用药指导】 ①用药期间应多饮水，使尿液呈中性或碱性以利尿酸排泄。②肾功能不良的患者可使别黄嘌呤体内蓄积，使本药不良反应增多。③可引起过敏性肝坏死、肝肉芽肿形成伴胆囊炎、胆管周围炎、剥脱性皮炎等，常见于用药后 3~4 周，应予注意。也可致血液系统异常和骨髓抑制。④慎用于肝功能损害及老年人。

【药物商品】 ①别嘌醇片剂。②别嘌醇缓释片（胶囊）。③复方别嘌醇片（通益风宁）。

【商品信息】 本品安全有效，价格低廉，可以长期使用。主要生产厂家有上海信谊万象药业股份有限公司、广东彼迪药业有限公司等。

【贮存】 遮光、密闭保存。

其他抗痛风药

（1）苯溴马隆【典】【基】医保(乙) （立加利仙，痛风利仙）Benzbromarone 为强力促尿酸排泄药。具有抑制肾小管对尿酸的重吸收作用，因而降低血中尿酸浓度。适用于原发性高尿酸血症、痛风性关节炎间歇期及痛风石患者。不良反应可见胃肠道反应、肾绞痛及激发急性关节炎发作。少数患者可出现粒细胞减少，很少发生皮疹、发热。已有发生严重的细胞溶解性肝损害的报道，包括死亡病例及需要肝移植的患者。对本品过敏者、中至重度肾功能损害及患有肾结石的患者、妊娠和哺乳期患者禁用。服用本品时应保证每日约 2000mL 的饮水或碱化尿液。服用本品的过程中，如有痛风性关节炎急性发作，可加用非甾体抗炎药。

药物商品有：①苯溴马隆片。②苯溴马隆胶囊。

（2）非布司他 医保(乙) （非布索坦，风定宁）Febuxostat 为新型非嘌呤类黄嘌呤氧化酶（XO）抑制剂，通过抑制尿酸合成降低血清尿酸浓度。用于痛风患者高尿酸血症的长期治疗。不良反应大多轻微，具有自限性。常见的有恶心、皮疹、关节痛和肝功能异常。与别嘌醇相比，本品可能增加心脏相关性死亡的风险，因此服药期间应监测心肌梗死和脑卒中的症状和体征。服用本品初期可能会引起痛风发作，建议预防性服用非甾体抗炎药或秋水仙碱。

药物商品有非布司他片。

【本章小结】

1. 镇痛药是主要作用于中枢神经系统，选择性抑制痛觉的药品。目前临床应用的多数镇痛药属于阿片类生物碱，如吗啡、可待因等；还有些是人工合成的代用品，如哌替啶、美沙酮等。在应用过程中要注意以下原则：①连续使用可成瘾，需慎用。②婴儿及哺乳妇女忌用，临产妇女禁用。③支气管哮喘、肺源性心脏病患者禁用。④颅内高压、颅脑损伤等患者禁用。⑤胆绞痛、肾绞痛需与阿托品合用。⑥在疼痛原因未明确前，忌用本品。

2. 解热镇痛、抗炎、抗风湿药是一类具有解热止痛作用，而且大多数还有抗炎、抗风湿作用的药物。这类药物的化学结构及作用机制与甾体抗炎药糖皮质激素不同，故又称为非甾体抗炎药（NSAID）。其作用包括：①解热作用。可降低发热体温，但不影响正常人体温（异于氯丙嗪）。②镇痛作用。主要是对中度疼痛效果较好，对外伤性剧痛及内脏绞痛无效。镇痛剂量下不抑制呼吸，无镇静催眠作用，不产生欣快感和依赖性（异于吗啡类）。③抗炎、抗风湿作用（苯胺类除外）。适用于治疗风湿性、类风湿性疾病，但不能影响疾病本身的免疫病理反应而改变病程，因此必须与能控制病情的药物合用。④抗血小板聚集作用如阿司匹林可用于预防或减轻动脉粥样硬化的发生和加重，预防心肌梗死和术后血栓形成。

3. 痛风急性发作的治疗可以应用抑制炎症反应药物如秋水仙碱、非甾体抗炎药、促肾上腺皮质激素或糖皮质激素，发作间歇期于急性期后，需使用促进尿酸排泄药和抑制尿酸合成药，使血尿酸维持在正常范围，预防急性期的发作及防止痛风石的形成。

【思考题】

比较解热镇痛药和镇痛药的镇痛作用及临床应用。

【信息搜索】

1. 查询痛风疾病的饮食治疗。

2. 以经典代表药物阿司匹林为参照，查询本书中未详细介绍的其他常见解热镇痛抗炎药物如贝诺酯、舒林酸、萘普生、氯诺昔康、帕瑞昔布等与阿司匹林相比有何特点。

【处方分析】

1. 患者，男，56岁，类风湿关节炎急性期，关节疼痛、肿胀和渗出明显。处方如下，分析是否合理，为什么？哪些药物可替代本处方中吡罗昔康的作用。

Rp：吡罗昔康片　10mg×14
　　　Sig　10mg　bid　po
　　　泼尼松片　5mg×7
　　　Sig　5mg　qd　po

2. 患者，女，29岁，妊娠39周，分娩过程中腹部阵发性剧痛。医生处方如下，分析是否合理，为什么？如不合理可否使用哌替啶？

Rp：盐酸吗啡注射液　10mg×1
　　　Sig　5mg　ih　St！

第十二章
神经系统用药

学习目标

知识目标：
- 掌握神经系统用药的作用特点。
- 掌握本类药品的常用品种及合理使用方法。
- 熟悉常见神经系统用药的复方制剂。
- 了解痴呆症、阿尔茨海默病及常用的药物。

能力目标：
- 能够正确指导神经系统药的使用。

神经系统用药是指作用于中枢神经和传出神经的药品。神经系统用药品种繁多，应用广泛，是药品经营中销售量很大的一类，包括抗震颤麻痹药（抗帕金森病药）、抗重症肌无力药、抗癫痫药、脑血管用药及降颅内压药、中枢兴奋药及抗痴呆药等。本类药品的特点是及时性、针对性强，一般需要反复用药以防疾病发作。

据资料统计，帕金森病多见于中老年人，男性多于女性，40岁以前发病者甚少，而60岁以上人口患病率达1%。本病的产生可能与遗传和环境因素有关。蛋白质、水果、乳制品等摄入不足，嗜酒、外伤、过度劳累及某些精神因素等，均可能是致病的危险因素。

> **知识拓展**
>
> 当今世界全球性的人口老龄化，神经系统疾病为重要的慢性病之一。在全球药品市场中，神经系统药物一直是占比较大的领域之一，在我国，神经系统药物市场也是药企"兵家必争"之地。目前帕金森病的药物治疗都是对症治疗治疗。阿尔茨海默病的治疗有胆碱酯酶抑制剂、精神症状的治疗、抗乙酰胆碱分解酵素、神经元保护剂等其他疗法。

第一节 抗震颤麻痹药

震颤麻痹又称帕金森病，是中老年人常见的神经系统退行性疾病，主要病变在黑质和纹状体通路，为神经递质多巴胺（主抑制）生成减少致使乙酰胆碱（主兴奋）的功能相对增强产生失衡所致。可以采用药物调节其平衡而进行对症治疗。抗震颤麻痹药分为拟多巴胺类药和抗胆碱药两类。拟多巴胺类药有左旋多巴、卡比多巴、溴隐亭、多巴丝肼、金刚烷胺等；抗胆碱药有苯海索等。两类药品合用可增强疗效。

> **疾病知识**
>
> 帕金森病（PD）又名原发性震颤麻痹，是一种常见于中老年的神经性病变，平均发病年龄为60岁左右，临床上以静止性震颤、运动迟缓、肌强直等为主要特征。

> 阿尔茨海默病（AD）是一种起病隐匿的进行性发展的神经系统退行性疾病。临床上以记忆障碍、失语、失用、失认、视空间技能损害等为特征。65 岁以前发病者，称早老性痴呆；65 岁以后发病者，称老年性痴呆。

抗震颤麻痹药一般不能根治疾病，需长期服药。由于患者多为老年人，许多患者已患心血管疾病，故使用期间更应注意药品对心血管的不良作用，若发现异常，应减量或改变用其他药品。

相关链接

4 月 11 日是世界帕金森病（震颤麻痹）日。据美国国立卫生研究院（NIH）数据，全球范围内大约有 400 万～600 万帕金森病（PD）患者，2018 年 1 月 8 日，复星医药以 1800 万美元收购了葡萄牙 Bial 制药公司新型帕金森治疗药物奥皮卡朋口服胶囊在中国大陆境内的独家销售权，目前大多数治疗帕金森病的医疗资源集中在北京、上海、广州等大城市。另外治疗该病的大多数药品主要依赖进口，价格偏高，也限制了该类药品市场的规模。但有充足的证据表明良好的生活习惯和加强体力活动对预防这一类疾病是有益的。

卡比多巴/左旋多巴【典】【医保(乙)】 Carbidopa and Levodopa（数字资源 12-1）

数字资源 12-1
知否知否，抗帕金森病药左旋多巴

【商品名或别名】 息宁，复方左旋巴，帕金宁，心宁美，神力酶。

【作用与适应证】 左旋多巴在脑内通过脱羧形成多巴胺来缓解帕金森病的症状。卡比多巴不能通过血脑屏障，只抑制外周左旋多巴的脱羧，从而使更多的左旋多巴进入脑内继而转化成多巴胺。这样就避免了频繁大剂量地服用左旋多巴。减少左旋多巴的用量可以减少不良反应。用于原发性帕金森病和帕金森综合征（一氧化碳或锰中毒等）。

【不良反应】 恶心、呕吐、直立性低血压、心律失常、异动症等。

【用药指导】 ①本品合用，既可减少后者的副作用，又可提高疗效。②精神病及青光眼患者禁用。高血压、消化性溃疡病患者慎用。

【药物商品】 ①卡比多巴/左旋多巴片 125mg（卡比多巴 10mg 和左旋多巴 100mg）。②卡左双多巴控释片 125mg（卡比多巴 25mg 和左旋多巴 100mg）。

【商品信息】 ①本品为一新型抗震颤麻痹药，是目前治疗震颤麻痹的领先品种。②卡比多巴/左旋多巴的原研制和市场领先厂商为默沙东制药公司，其产品的商品名为息宁。其占据了国内卡比多巴/左旋多巴市场 90% 以上的份额。

【贮存】 原料及片剂遮光，密封保存。

溴隐亭【典】【基】【医保(乙)】 Bromocriptine

【商品名或别名】 甲磺酸溴隐亭，溴麦角隐亭，Pralode Methansulfonate。

【性状】 黄白色结晶性粉末。

【作用与适应证】 本品为麦角碱衍生物。结构与多巴胺相似，是多巴胺受体的激动剂。临床用于抗震颤麻痹，催乳激素过高引起的溢乳及伴随的闭经或不排卵、经前综合征，肢端肥大症。本品的抗震颤麻痹作用疗效虽不及左旋多巴，但优于苯海索。

【不良反应】 ①主要为恶心，也可有呕吐、眩晕、直立性低血压及用药开始时的晕厥。②尚可有头痛、腿部痉挛、心动过缓、嗜睡、幻觉、口干、便秘、腹泻、鼻充血等。

【用药指导】 ①哺乳期妇女、严重缺血性心脏病、高血压疾病患者及对本类药物过敏者禁用。②用于治疗闭经或溢乳，可产生短期疗效，不宜久用。③禁与抗高血压药、吩噻嗪类药物合用。

【药物商品】 溴隐亭片。

【商品信息】 ①本品为进口药品,特点是显效快、持续时间长。②该药在世界药品市场领先厂商为诺华制药,其生产的溴隐亭占62.8%市场份额。其他还有瑞士雪兰诺制药、匈牙利吉瑞大药厂,分别占据了22.3%和15%市场份额。③溴隐亭等所占据的多巴胺受体激动剂市场逐渐扩大,保持了第二的市场份额。

【贮存】 密闭,在阴凉干燥处保存。

多巴丝肼【典】【基】【医保(甲)】 Levodopa and Benserazide

【商品名或别名】 复方左旋多巴,美多芭。

【作用与适应证】 本品为苄丝肼与左旋多巴的复方制剂,其作用同左旋多巴,但由于苄丝肼为脱羧酶抑制剂,能抑制左旋多巴在脑外脱羧而使脑中的左旋多巴含量增加,故可减少左旋多巴的用量,从而减少其引起的不良反应,增强了患者的耐受性。可用于原发性震颤麻痹(帕金森病)、脑炎后或合并有脑动脉硬化的症状性帕金森综合征,但不包括药物引起的震颤麻痹。

【不良反应】 可有失眠、不安等不良反应。

【用药指导】 ①严重心血管疾病、内分泌失调、肝肾疾病、精神病患者禁用。孕妇不宜使用。②开始时先服低含量的每日1片,以后逐渐增量,每日量最多不超过8片,分3~4次服用。疗效稳定后改为高含量的片数减半。

【药物商品】 多巴丝肼胶囊:每粒0.25g(0.2g:0.05g);0.125g(0.1:0.025g)。每粒含左旋多巴:苄丝肼的复方制剂。

【商品信息】 ①多巴丝肼药品是市场上治疗震颤麻痹的领先品种,在国内的销量也多年位居第一位。②罗氏制药作为多巴丝肼的原研厂家,其生产的美多芭在此品种的竞争中独占鳌头,美多芭/上海罗氏制药有限公司占领了多巴丝肼大部分的市场份额。③国内的生产厂家有上海三维制药、上海东方制药。

【贮存】 原料及胶囊遮光,密封保存。

其他常用抗震颤麻痹药

(1) 苯海索【典】【基】【医保(甲)】 Trihexyphenidyl(安坦,Benzhexol,Artane) 其盐酸盐为白色轻质结晶性粉末;无臭,味微苦而后有刺痛麻痹感。微溶于水。本品为中枢性抗胆碱作用,可解除肌肉痉挛、僵直、运动障碍,临床用于中枢性或药物性震颤麻痹,外周抗胆碱作用较弱。可有口干、头晕、视物模糊、心率加快、便秘等不良反应。少数患者有烦躁不安、幻觉、谵妄等反应。有蓄积作用,用量应缓慢调整,停药的剂量应逐步递减。服药期间不得从事危险工作;青光眼患者禁用。

药物商品有盐酸苯海索片:每片2mg。原料及制剂密封保存。

(2) 金刚烷胺【典】【基】【医保(甲)】 Amantadine(金刚胺,三环癸烷胺) 常用其盐酸盐,为白色结晶或结晶性粉末;无臭,味苦。易溶于水。本品为抗甲Ⅱ型流感病毒药。进入脑组织后能增加多巴胺释放或延缓多巴胺的降解,而起抗震颤麻痹作用。临床主要用于抗震颤麻痹,也可用于流感。不良反应较轻,除可有嗜睡、眩晕等外,网状青斑和踝关节肿胀较为多见。每日剂量超过0.3g,可引起失眠、不安和运动失调等。

药物商品信息:①剂型为盐酸金刚烷胺片(胶囊)。本品市售商品还有糖浆剂、颗粒剂等。②遮光,密封保存。

案例 12-1

一位70岁女性患者患PD6年,目前出现视幻觉。她时常看到有其他人或者动物在她的卧室里,然后她会起身检查是真的有这些人或者是幻觉。目前服用的药物包括信尼麦

25/100（每次一片半，qid），培高力特（1mg，qid），金刚烷胺（100mg，bid）。

诊疗策略

幻觉是帕金森病常见并发症之一，在服用大剂量左旋多巴或者多巴胺受体激动剂的老年患者中更容易出现。当视幻觉短暂出现并且患者知道那不是事实，可以暂不治疗。当患者不认为那是幻觉时应该开始治疗。首先要停用抗帕金森病作用较弱而可能加重幻觉的药物，如金刚烷胺。如果该患者依然有幻觉而帕金森病运动症状较重不能停服培高力特，在睡前服用喹硫平（25～75mg）可以缓解幻觉症状。

第二节 抗重症肌无力药

重症肌无力是一种神经-肌肉接头部位因乙酰胆碱受体减少而出现传递障碍的自身免疫性疾病。临床主要为部分或全身骨骼肌无力和易疲劳，活动后症状加重，经休息后症状减轻。患病率为（77～150）/100 万，年发病率为（4～11）/100 万。女性患病率大于男性，约 3:2，各年龄段均有发病，儿童 1～5 岁居多。用抗胆碱酯酶药物后可以缓解。

目前临床应用的多数抗重症肌无力药为胆碱酯酶抑制剂，如新斯的明、溴吡斯的明等。

相关链接

重症肌无力药物治疗

（1）胆碱酯酶抑制药　是对症治疗的药物，治标不治本，不能单药长期应用，用药方法应从小剂量渐增。常用的有新斯的明、溴吡斯的明。

（2）免疫抑制药　常用的免疫抑制药为肾上腺皮质类固醇激素如泼尼松、甲泼尼龙等。

（3）血浆置换　通过将患者血液中乙酰胆碱受体抗体去除的方式，暂时缓解重症肌无力患者的症状，如不辅助其他治疗方式，疗效不超过 2 个月。

（4）静脉注射免疫球蛋白　人类免疫球蛋白中含有多种抗体，可以中和自身抗体、调节免疫功能。

（5）中医药治疗　重症肌无力的中医治疗越来越受到重视。重症肌无力属中医"痿证"范畴，在治疗上加用中医中药，可以减少免疫抑制药带来的副作用，而且能重建自身免疫功能。

新斯的明【典】【基】【医保(甲)】　Neostigmine

【商品名或别名】　普洛色林，普洛斯的明。

【性状】　为白色结晶性粉末，无臭，味苦，极易溶于水，易溶于乙醇。

【作用与适应证】　新斯的明可抑制胆碱酯酶活性而发挥完全拟胆碱作用，并能直接激动骨骼肌运动终板上的 N_2 受体。其作用特点为对骨骼肌和胃肠道作用较强，增加骨骼肌紧张性。本品皮下注射和肌内注射吸收良好，用于重症肌无力和用作筒箭毒碱等非去极化肌松剂的拮抗剂，以及治疗手术后腹部胀气和尿潴留等。

【不良反应】　①大剂量时可引起恶心、呕吐、腹泻、流泪、流涎等。②当本品注射给药时，应随时准备使用阿托品以对抗过量的药物作用，在某些过敏体质患者，应避免口服给药，以防本品引起过敏药疹。

【用药指导】　①心绞痛、癫痫、支气管哮喘、机械性肠梗阻、室性心动过速、尿路梗阻及甲状腺功能亢进症等患者禁用。②对于刚进行肠或膀胱手术的患者，使用本药应非常小心。③在某些患者中如出现心律失常、心率减慢、血压下降、迷走神经张力升高和帕金森病等,也应小心使用本品。

【药物商品】 ①甲硫酸新斯的明注射液。②溴新斯的明片。

【商品信息】 ①本品的医药商品有甲硫酸新斯的明、溴新斯的明两种。②生产厂商有上海信谊金朱药业有限公司、珠海市健雄医药有限公司、安徽华益医药咨询有限公司、上海中西三维药业有限公司等。

【贮存】 遮光、密闭保存。

溴吡斯的明【典】【基】【医保(甲)】 Pyridostigmine Bromide

【性状】 为白色或类白色结晶性粉末;味苦;有引湿性。

【作用与适应证】 本品为可逆性胆碱酯酶抑制药。其效价为新斯的明的1/4,但时效长。用于重症肌无力、手术后功能性肠胀气及尿潴留。

【不良反应】 本品长期口服后可出现溴化物的反应,如皮疹、乏力、恶心和呕吐等,且比溴新斯的明严重。

【用药指导】 ①本品作用潜伏期和时效比新斯的明长。②毒性反应轻。③对心脏的效应远比新斯的明弱,不与阿托品合用时也不会引起严重的心动过缓,更少引起心律失常。④对心脏的效应远比对胃肠系统的效应轻微。

【药物商品】 溴吡斯的明片:每片60mg。

【商品信息】 本品生产企业有上海中西三维药业有限公司、上海信谊药厂有限公司等。

【贮存】 遮光,密封保存。

第三节 抗癫痫药

癫痫是人类由于多种病因引起脑局部病灶神经元突发性的异常高频率放电,并向周围扩散引起的大脑功能短暂失调综合征,表现为突然发作、短暂运动感觉功能或精神异常。

抗癫痫药能预防和控制癫痫的发作,可使发作减少、减轻,病情缓解,但一般不能根治。

本类药品多需要长期使用,不可中途骤然停用,以免癫痫复发加剧。临床常用的药物有苯妥英钠、卡马西平、奥卡西平、苯巴比妥、丙戊酸钠、地西泮、乙琥胺、拉莫三嗪等。

> **知识拓展**
>
> 癫痫是一种神经系统的慢性疾病,俗称"羊角风",发病率较高,可发生于任何年龄,青少年尤为多见,对人体健康造成的危害的程度与癫痫病的严重程度有关。癫痫发作时,患者往往大叫一声,昏倒在地,四肢抽搐,两眼上视,口吐涎沫,小便失禁,数秒或几分钟消失;也有的患者出现短暂的意识障碍,但不倒地,称为小发作。
>
> 癫痫病因分型:分为原发性、隐源性癫痫和症状性癫痫。
> ① 原发性癫痫:遗传倾向的癫痫。
> ② 隐源性癫痫:目前的检查手段未能发现原因,癫痫发作为该疾病的唯一症状。
> ③ 症状性癫痫:可以发现明确病因和脑器质性病变的癫痫。

苯妥英钠【典】【基】【医保(甲)】 Phenytoin Sodium

【商品名或别名】 大仑丁,Dilantin。

【性状】 为白色粉末;无臭,味苦;有吸湿性;易溶于水。

【作用与适应证】 本品能阻止脑部病灶发生的异常电位活动向周围正常脑组织的扩散,为抗癫痫大发作和精神运动性发作药,对癫痫小发作无效。也可用于快速型室性心律失常、三叉神经痛及坐骨神经痛。

【不良反应】 大量快速静注可出现房室传导阻滞，偶见心动过缓或心脏停搏，短时心脏收缩力减弱，并扩张血管，血压降低等。

【用药指导】 ①孕妇慎用。②低血压、心动过缓、高度房室传导阻滞、充血性心力衰竭、严重心肌损害、糖尿病及有过敏反应等患者忌用。③定期检查血象。④长期服用宜加维生素 D 预防。

【药物商品】 ①苯妥英钠片。②注射用苯妥英钠。

【商品信息】 ①目前本品仍然是临床常用的抗癫痫药之一，疗效可靠，价格便宜。②原料有供口服用和注射用两种，勿混淆。

【贮存】 遮光、密封保存。

卡马西平【典】【基】【医保(甲,乙)】 Carbamazepine

【商品名或别名】 酰胺咪嗪，痛惊宁，痛痉宁，叉颠宁，卡巴咪嗪。

【性状】 为白色或几乎白色结晶性粉末。几乎无臭。易溶于氯仿，略溶于乙醇。

【作用与适应证】 为广谱抗癫痫药。对精神运动性发作最有效，对大发作、局限性发作和混合型癫痫也有效；减轻精神异常，对伴有精神症状的癫痫尤为适宜。对三叉神经痛、舌咽神经痛的疗效较苯妥英钠好，有抗利尿、预防或治疗躁狂抑郁症、抗心律失常的作用。

【不良反应】 有头晕、嗜睡、乏力、恶心、呕吐，偶见粒细胞减少、可逆性血小板减少，甚至引起再生障碍性贫血和中毒性肝炎等。

【用药指导】 ①应定期检查血象。②剂量从小量开始，不致不良反应又能控制症状。③减药要缓慢，强直阵挛性发作的减药过程至少 1 年，失神性发作为 6 个月。

【药物商品】 卡马西平片（胶囊）。

【商品信息】 ①本品于 1953 年合成用于治疗癫痫。由诺华公司研制、生产，商品名为得理多。②1962 年开始用于治疗三叉神经痛，我国于 1975 年在北京投产，现有上海、江苏、湖南等企业生产。③本品在国际市场上居世界药品销售榜前 20 名。

【贮存】 遮光、密封保存。

各种常用抗癫痫药及其作用比较见表 12-1。

表 12-1 各种常用抗癫痫药及其作用比较

药品名称	抗癫痫作用首选适应证	用药指导
苯妥英钠	大发作首选药之一，也用于精神运动性发作和控制癫痫持续状态	定期检查血象
地西泮	控制癫痫持续状态的首选药	第二类精神药品管理
乙琥胺	小发作的首选药	常见嗜睡、恶心等
苯巴比妥	主要用于癫痫大发作	第二类精神药品管理
丙戊酸钠	主要用于单纯或复杂失神发作，大发作的单药或合并用药治疗	限用于对其他抗癫痫药治疗无效的病例
卡马西平	精神运动性发作和大发作首选药之一	易致神经中毒症状
奥卡西平	原发性全面性强直阵挛发作和部分性发作，继发性全面发作	服药期间应避免饮酒
拉莫三嗪	主要用于部分性发作或全身强直阵挛性癫痫	常见中枢神经系统反应

第四节　脑血管病用药及降颅内压药

脑血管病是指脑血管破裂出血或血栓形成，引起的以脑部出血性或缺血性损伤症状为主要临床表现的一组疾病，又称脑血管意外或脑卒中，俗称脑中风。脑血管病是一类严重威胁人类健康和寿命的常见病。心脑血管疾病具有"发病率高、死亡率高、致残率高、复发率高、并发症多"又称"四高一多"的特点。在我国，心脑血管病的发病率和死亡率均居各种疾病之首。目前，我国心脑血管疾病患者已经超过2.7亿人。

常用的脑血管病治疗药物有尼莫地平、氟桂利嗪、吡拉西坦、倍他司汀及中药的活血化瘀药等。降颅内压药常用脱水药甘露醇，用于治疗各种原因的脑水肿（详见第十七章泌尿系统用药）。

> **知识拓展**
>
> 脑血管病通常分为缺血性脑血管病和出血性脑血管病两大类。
>
> 缺血性脑血管病包括：①短暂性脑缺血发作（又叫小中风或一过性脑缺血发作），其病因与脑动脉硬化有关，是脑组织短暂性、缺血性、局灶性损害所致的功能障碍。②脑血栓，多由动脉粥样硬化、各种动脉炎、外伤及其他物理因素、血液病引起脑血管局部病变形成的血凝块堵塞而发病。③脑栓塞，可有多种疾病所产生的栓子进入血液，阻塞脑部血管而诱发。临床上以心脏疾病为最常见的原因；其次是骨折或外伤后脂肪入血；虫卵或细菌感染；气胸等空气入血，静脉炎形成的栓子等因素，栓塞了脑血管所致。
>
> 出血性脑血管病包括：①脑出血，系指脑实质血管破裂出血，不包括外伤性脑出血。多由高血压、脑动脉硬化、肿瘤等引起。②蛛网膜下腔出血，常见原因有动脉瘤破裂、血管畸形、高血压、动脉硬化、血液病等。

尼莫地平【典】【基】【医保(甲,乙)】 Nimodipine

【商品名或别名】 尼莫同，硝苯砒酯，尼达尔，尼莫通，尼立苏。

【性状】 为浅黄色粉末，不溶于水，无臭、无味，对光敏感，对热、潮湿、氧和水都较敏感。

【作用与适应证】 本品是钙通道阻滞药。能有效地阻止钙离子进入血管平滑肌细胞，松弛血管平滑肌，从而解除血管痉挛，发挥抗血管收缩和抗缺血作用。用于缺血性脑血管病、偏头痛、轻度蛛网膜下腔出血所致脑血管痉挛、突发性耳聋及轻中度高血压。

【不良反应】 最常见的有血压下降、肝炎、皮肤刺痛、胃肠道出血、血糖升高、血小板减少、恶心、呕吐等，严重的为心力衰竭等不良反应。

【用药指导】 本品慎与其他抗高血压药合用，肝功能损害患者慎用。免与β受体阻滞药或其他钙通道阻滞药合用。不推荐尼莫地平与抗癫痫药物同时服用。

【药物商品】 ①尼莫地平片（胶囊）。②尼莫地平分散片。

【商品信息】 本品是目前国际上公认的治疗脑血管病的首选药物，属于第二代二氢吡啶类钙通道阻滞药。尼莫同是德国拜耳公司生产的原研药品，尼达尔是天津市中央药业有限公司研制生产的高效尼莫地平片的商品名，具有溶出速率快、溶出度高等特点。

【贮存】 遮光，密闭，在干燥处保存。

氟桂利嗪【典】【基】【医保(甲)】 Flunarizine

【商品名或别名】 孚瑞尔，西比灵，氟桂嗪，氟脑嗪，Sibelium。

【性状】 其盐酸盐为白色或类白色结晶性粉末；无臭、无味；溶于水。

【作用与适应证】 本品为钙通道阻滞药，能直接扩张血管平滑肌。其用于偏头痛的治疗和预防，脑动脉硬化、脑血栓形成、脑栓塞、高血压所致的脑循环障碍、脑供血不足，脑出血等。此外本品对记忆力减弱、记忆障碍及平衡功能障碍、眩晕等均有一定疗效。

【不良反应】 嗜睡，倦怠，口干、恶心，少数出现皮疹等。

【用药指导】 用药后疲惫症状逐步加重者应当减量或停药，孕妇慎用，有抑郁症病史、帕金森病或其他锥体外系疾病症状者禁用，驾驶员和机械操作者慎用。在应用抗癫痫药物治疗基础上加用本品可以提高抗癫痫效果。

【药物商品】①盐酸氟桂利嗪片（胶囊）。②盐酸氟桂利嗪口服液。本品还有分散片和滴丸的制剂。

【商品信息】本品于1970年合成，西安杨森生产的该品的商品名为西比灵。盐酸氟桂利嗪胶囊现有58家获批生产企业，盐酸氟桂利嗪片有11家获批生产企业，盐酸氟桂利嗪分散片和滴丸各有1家获批生产企业。

【贮存】遮光，密封保存。

> **知识拓展**
>
> 到目前为止，治疗脑血管病的药物，除化学药物外，尚有肯定疗效的中药、中成药等活血化瘀药：银杏叶提取物（银杏叶片、胶囊）、川芎嗪、三七、丹参（复方丹参片、胶囊、滴丸）、血塞通、蜈蚣胶囊等。

其他脑血管病用药及降颅内压药

（1）吡拉西坦【典】【医保(乙)】（脑复康，吡乙酰胺）Piracetam 白色结晶性粉末；无臭、味微苦。易溶于水。具有激活、保护和修复脑细胞的作用，能改善脑缺氧、活化大脑细胞。用于脑动脉硬化、脑血管意外所致的记忆及思维功能减退、一氧化碳中毒患者脑功能的恢复及某些低能儿童的智力提高，对老年性痴呆、老年精神衰退综合征、脑外伤引起的记忆和思维障碍也有一定的疗效。个别人有失眠、口干、食欲下降等，长期使用未见毒性。本品仅限于脑功能（记忆、意识）的改善，精神兴奋作用弱。

药物商品有：①吡拉西坦片，每片0.4g。②吡拉西坦胶囊（脑复康）。③吡拉西坦口服液。④吡拉西坦注射液。本品为临床常用的治疗老年痴呆药，市场销售平稳。密封、干燥处保存。

（2）倍他司汀【基】【医保(甲、乙)】（培他啶，抗眩啶，甲胺乙吡啶）Betahistine 常用其盐酸盐，为白色或类白色结晶或结晶性粉末；无臭、味微苦；易潮解，易溶于水。临床用于内耳眩晕症（梅尼埃综合征），对脑动脉硬化、缺血性脑血管病、头部外伤或高血压所致直立性眩晕、耳鸣等亦可用。偶有口干、胃部不适、心悸、皮肤瘙痒等。消化性溃疡、支气管哮喘及嗜铬细胞瘤患者慎用。

药物商品有：①盐酸倍他司汀片。②盐酸倍他司汀口服液。③盐酸倍他司汀注射液。本品临床应用广泛，销售量较大。盐酸倍他司汀与甲磺酸倍他司汀为两种不同的商品。密闭、干燥处保存。

（3）甘露醇【典】【基】【医保(甲、乙)】Mannitol 主要用于脑水肿，可降低颅内压。其他参阅脱水药。

> **相关链接**
>
> 常用治疗缺血性脑血管病的有效药物还有抗血小板聚集类药物，如阿司匹林；脑保护营养药物，如脑活素片、尼莫地平；氧自由基清除剂，如维生素E、维生素C；活血化瘀芳香开窍、降脂抗凝双效类现代中药，如天欣泰血栓心脉宁片。这些有效防治药的合理并用，能够达到增效减毒的治疗效果，可供脑梗死及后遗症患者在恢复期进行二级预防，是在有效改善症状的同时防止复发的理想用药组合。

第五节 中枢神经兴奋药

中枢兴奋药系指能提高中枢神经系统功能活动的药物。各种中枢兴奋药对整个中枢神经系统均能兴奋,但对中枢不同部位有一定程度的选择性。随着药物剂量的提高不仅作用强度增加,而且对中枢的作用范围也将扩大,引起广泛的兴奋,甚至导致惊厥,也可因能量的耗竭而转入抑制,故应注意用量。同时各种药物的作用性质和机制不完全相同,应注意配伍或交替应用。

> **知识拓展**
>
> 本类药物主要分为以下几类。
> (1) 大脑功能改善药　能促进脑细胞代谢、改善脑功能。主要品种有胞磷胆碱、甲氯酚酯等。
> (2) 呼吸兴奋药　能选择性地兴奋延髓呼吸中枢,主要用于中枢性呼吸衰竭。主要品种有尼可刹米、洛贝林、二甲弗林等。
> (3) 大脑皮质兴奋药　主要作用于大脑皮质使精神振奋。主要品种有咖啡因、哌甲酯等。

胞磷胆碱【典】【基】【医保(甲)】 Citicoline

【商品名或别名】　胞二磷胆碱,尼古林,尼可灵。

【性状】　白色粉末,无臭,有引湿性,易溶于水。

【作用与适应证】　为脑功能改善药。主要用于急性颅脑外伤和脑手术后的意识障碍。对脑卒中而导致的偏瘫,可逐渐恢复四肢的功能。

【不良反应】　一过性低血压、恶心、皮疹、头晕、头痛、惊厥、失眠、倦怠感。

【用药指导】　脑内出血急性期不宜用大剂量,不可与含有甲氯芬酯的药物合用。

【药物商品】　①胞磷胆碱钠片(胶囊)。②胞磷胆碱钠注射液。

【商品信息】　胞磷胆碱是一种价格较为低廉的常用药,国内有长春、大理等众多厂家生产本品,国产药已主导市场。

【贮存】　原料及胶囊、注射液遮光,密封保存。

尼可刹米【典】【基】【医保(甲)】 Nikethamide

【商品名或别名】　可拉明,二乙烟酰胺,尼可拉明,烟酰乙胺。

【性状】　无色或微黄色油状液体或结晶性团块,略带特臭,味微苦,溶于水。

【作用与适应证】　能选择性地兴奋延髓呼吸中枢,也可通过颈动脉体和主动脉体化学感受器反射地兴奋呼吸中枢,使呼吸加深加快,当呼吸中枢被抑制时其兴奋作用更为明显。临床主要用于疾病或中枢抑制药中毒引起的呼吸及循环衰竭。对肺心病引起的呼吸衰竭及吗啡过量引起的呼吸抑制疗效显著,对吸入麻醉药中毒时的解救效果次之。

【不良反应】　不良反应少见。用量过大时出现血压升高、心悸、出汗、呕吐、震颤及阵挛性惊厥等。

【用药指导】　惊厥发作可静注地西泮或硫喷妥钠加以控制。

【药物商品】　尼可刹米注射液。皮下注射、肌内或静脉注射。

【商品信息】　①本品是临床呼吸三联针(尼可刹米、洛贝林及回苏林)的成分之一。价格便宜,但由于应用范围较窄,市场需要量不大。②1922年合成,瑞士汽巴-嘉基制药厂首先生产,我国于1959年制成投产。

【贮存】　遮光、密闭保存。

其他中枢神经兴奋药

(1) 洛贝林【典】【基】【医保(甲)】(山梗菜碱,祛痰菜碱)Lobeline　本品为白色结晶或颗粒状粉末;在乙醇或氯仿中易溶,在水中溶解。兴奋颈动脉体化学感受器而反射性兴奋呼吸中枢。

用于新生儿窒息、一氧化碳引起的窒息、吸入麻醉药及其他中枢抑制药（如阿片、巴比妥类）引起的中毒及肺炎、白喉等传染病引起的呼吸衰竭。静注必须缓慢；大剂量可引起心动过速、传导阻滞、呼吸抑制甚至惊厥。

药物商品有洛贝林注射液。遮光、密封保存。

（2）咖啡因【典】【基】【医保(乙)】（咖啡碱，茶素）Caffeine 白色或极微黄绿色、有丝光的针状结晶；无臭，味苦，有风化性。有去除疲劳、兴奋中枢作用。临床上用于治疗早产新生儿的原发性呼吸暂停；也用作儿童注意缺陷障碍伴多动症和促智的精神兴奋药。与麦角胺合用治疗偏头痛，与阿司匹林、对乙酰氨基酚制成复方制剂用于一般头痛等。大剂量或长期使用有成瘾性，一旦停用会出现精神委顿、浑身困乏疲软等各种戒断症状，还能直接兴奋延髓，引起阵发性惊厥和骨骼震颤，损害肝、胃、肾等重要内脏器官，诱发呼吸道炎症、妇女乳腺瘤等疾病，不宜大剂量长期使用，孕妇慎用。

药物商品：①枸橼酸咖啡因注射剂【基】。②许多抗感冒复方制剂中含有本品，如阿咖酚散片[OTC]、复方乙酰水杨酸片[OTC]（A.P.C片）等。本品单方制剂被列入受国家管制的精神药品范围。遮光、密封保存。

第六节 抗痴呆药

痴呆症是一种因脑部伤害或疾病所导致的渐进性认知功能退化，且此退化的幅度远高于正常老化的进展。特别会影响到记忆、注意力、语言、解题能力。严重时会无法分辨人事时地物。

相关链接

最常见的痴呆症是老年痴呆症（即阿尔茨海默病，AD）。其典型的起始症状为记忆障碍。患者会遗忘刚刚发生的事（短期记忆差），而较久以前的记忆（长期记忆）则相对在发病初期不受影响。年龄是痴呆症最主要的危险因子。根据流行病学研究，65岁以上的人有5%有失智症，75岁以上均为10%，85岁以上则增加到25%。

早年发现，在AD患者脑内，ACh合成明显减少，但ACh的变化与痴呆之间尚缺乏直接关系。理论上，将增加认知功能和延缓痴呆病程的药物合用，或几种抗痴呆药物合用可能比单用更好，但事实并不尽然。然而，实际临床中许多有经验的医生还是会选用某些药物的联合治疗，以期获得更好的疗效。总之，抗痴呆药物尚待更大的发展。

抗痴呆药物是一个总称，因为痴呆实际上有退行性（AD）和血管性（VD）两类病变，尽管临床上均呈现为痴呆综合征，但其病因和病理变化大相径庭，因此，治疗AD和VD的药物不尽相同，尤其是针对病因的治疗药物，两者不应混淆。本类药品虽很多，但都无特效。

石杉碱甲【典】【基】【医保(甲)】 Huperzine A

【商品名或别名】 哈伯因，双益平。

【性状】 本品为白色或类白色至微黄色结晶性粉末；无臭，味微苦，几不溶于水。

【作用与适应证】 本品为是一种可逆性胆碱酯酶（ChE）抑制剂，易通过血脑屏障，但维持时间较长。适用于良性记忆障碍，提高患者指向记忆、联想学习、图像回忆、无意义图形再认及人像回忆等能力。对痴呆患者和脑器质性病变引起的记忆障碍亦有改善作用。

【不良反应】 一般不明显，剂量过大时可引起头晕、恶心、乏力、视力模糊等反应，一般可自行消失，反应明显时减量或停药后可缓解、消失。

【用药指导】 其用量有个体差异，一般应从小剂量开始，逐渐增量。心动过缓、支气管哮喘者慎用。

【药物商品】 ①石杉碱甲片（胶囊）。②石杉碱甲注射液。

【商品信息】 片剂有上海复旦复华药业有限公司、河南太龙药业股份有限公司、浙江巨都药业集团有限公司等8家获批生产企业。

【贮存】 密封，在阴凉干燥处保存。

【本章小结】

1. 神经系统用药品种繁多、应用广泛，是药品经营中销售量很大的一类，包括抗震颤麻痹药、抗重症肌无力药、抗癫痫药、脑血管病用药及降颅内压药、中枢兴奋药及抗痴呆药等。

2. 抗震颤麻痹药分为拟多巴胺类药和抗胆碱药两类。拟多巴胺类药有左旋多巴、卡比多巴、金刚烷胺、溴隐亭等；抗胆碱药有苯海索等。两类药物合用可增强疗效。

3. 抗重症肌无力药主要为胆碱酯酶抑制剂，如新斯的明、溴吡斯的明等。

4. 抗癫痫药能预防和控制癫痫的发作，可使发作减少、减轻，病情缓解，但一般不能根治。本类药物多需要长期使用，不可中途骤然停用，以免癫痫复发加剧。临床常用的药物有苯妥英钠、地西泮、苯巴比妥、丙戊酸钠、卡马西平、乙琥胺、奥卡西平、拉莫三嗪等。

5. 常用的脑血管病治疗药物有尼莫地平、氟桂利嗪、吡拉西坦、倍他司汀、甘露醇及中药的活血化瘀药等。

6. 中枢兴奋药系指能提高中枢神经系统功能活动的药物。本类药物主要分为大脑功能改善药、呼吸兴奋药、大脑皮质兴奋药。本类药物使用时应注意用量、配伍或交替应用。

7. 抗痴呆药能提高患者的指向记忆，目前主要的国家基本药物有石杉碱甲片等制剂。

【思考题】

神经系统用药的使用特点和市场需求情况。

【信息搜索】

上网搜索抗震颤麻痹药、抗老年痴呆药的市场发展近况、新品种、新动向。

【处方分析】

1. 患者孙某，女，48岁，入睡困难、多梦2年余，诊断为：失眠症。处方如下，分析是否合理，为什么？哪些药物可替代本处方中苯巴比妥的作用？

Rp：苯巴比妥钠注射液　1mL：100mg×3
　　　Sig　100mg　im　tid

2. 患者蔡某，男性，38岁，工人。自幼有抽搐发作及发作性昏倒史。6年来有阵发性发呆，持续数秒即恢复。经医生诊断为"癫痫精神运动性发作"。医生处方如下，分析是否合理，为什么？可否使用苯妥英钠？

Rp：卡马西平0.1g，日服3次，连用7天

第十三章
治疗精神障碍药

学习目标

知识目标：
- 掌握抗精神病药常用品种的作用、适应证、不良反应及用药注意事项。
- 明确抗焦虑药的作用、用途及应用管理特点。
- 掌握抗抑郁药、躁狂药及镇静催眠药常用品种及其特点。

能力目标：
- 对精神障碍药、镇静催眠药的应用和管理。

精神障碍指的是大脑功能活动发生紊乱，导致认知、情感、行为和意志等精神活动不同程度障碍的总称，常见的有精神病（精神分裂症）、抑郁障碍（抑郁症）、双向情感障碍（躁狂症和焦虑症）等。治疗精神障碍药是指用来控制幻觉、妄想、兴奋躁动等严重精神症状的药物，但小剂量也可治疗其他疾病或症状，近年来有较大发展。本章药物包括抗精神病药、抗抑郁药、抗焦虑药、抗躁狂药和镇静催眠药。

> **知识拓展**
>
> 根据中国疾病预防控制中心的统计，中国的重症精神病患者有1600万人。一个最新的统计数字，中国的重症精神病患者享受到良好治愈的情况还不到30%，也就是说有70%的患者并没有得到很好的完整的治疗。就算是完整的治疗，复发率也在40%以上，非常的高。而且这1600万患者中有暴力倾向的占10%，即有160万人有暴力倾向。

第一节　抗精神病药

抗精神病药主要指用于治疗精神分裂症等精神障碍的药物。本类药物的特点是对精神活动具有较大的选择性抑制，能治疗各种精神病和多种精神症状，常规剂量下并不影响患者的智力和意识，并能有效地控制患者的精神运动兴奋、烦躁、焦虑、幻觉、妄想、敌对情绪、思维障碍和儿童行为异常等，达到安定的作用。精神分裂症临床症状多样，主要包括阳性症状（幻觉、妄想、思维障碍、攻击行为等）和阴性症状（情感淡漠、意志减退、社会功能衰退、抑郁、焦虑等），以及认知功能障碍（信息处理、记忆功能、学习和执行能力等减退或缺陷）。

目前临床常用的抗精神病药按药理作用可分为两大类。第一代典型抗精神病药：主要包括以氯丙嗪、奋乃静等为代表的吩噻嗪类，以氯普噻吨为代表的硫杂蒽，以氟哌啶醇为代表的丁酰苯类等。这类药物主要通过阻断中脑-边缘系统和中脑-皮质的DA通路D_2受体发挥抗精神病作用，能改善精神分裂患者的阳性症状，但对阴性症状疗效差。第二代非典型抗精神病药的作用特点主要是相较于第一代而言，其锥体外系副作用不明显。该类药品通过阻断D_2受体、5-羟色胺4型（5-HT_4）受体以及α_1受体发挥作用，不仅对精神分裂症的阳性症状有效，对阴性症状效果也较好，可有效治疗一些经典抗精神病药无效的患者。其中的代表药物有氯氮平、奥氮平、喹硫平和利培酮等。此外，还有一些长效制剂，如吩噻嗪类、丁酰苯类和硫杂蒽类的酯化物。长效制剂的使用可减少用药次数，有利于维持期巩固疗效。

氯丙嗪【典】【基】【医保(甲)】 Chlorpromazine

【商品名或别名】 冬眠灵，可乐静，Wintermin。

【性状】 常用其盐酸盐，为白色或乳白色结晶性粉末；有微臭，味极苦。有引湿性；遇光渐变色；水溶液呈酸性。易溶于水。

【作用及适应证】 本品通过阻断中枢不同部位的多巴胺受体而呈现下列作用。

① 抗精神病作用：可使幻觉、妄想、躁狂及精神运动性兴奋逐渐消失，理智恢复，情绪安定，生活自理。用于治疗精神分裂症及其他精神失常的躁狂症，但对Ⅱ型精神分裂症患者无效，甚至加重病情。

② 镇吐作用：具有强大镇吐作用，小剂量抑制催吐化学感受器，大剂量则直接抑制呕吐中枢。对刺激前庭引起的呕吐无效。对顽固性呃逆有效。临床用于治疗各种原因引起的呕吐及顽固性呃逆，但对晕车、晕船引起的呕吐效差。

③ 降温作用：可阻断体温调节中枢的多巴胺受体，使体温调节失灵，体温随外环境变化而变化。如合用某些中枢抑制药，可使患者处于深睡，体温、代谢及组织耗氧量均降低的状态，称为人工冬眠疗法。可用作严重感染、中毒性高热及甲状腺危象等病症的辅助治疗及麻醉前给药。

④ 加强麻醉药、镇静催眠药、镇痛药及乙醇等中枢抑制药的作用。

⑤ 对心血管系统的作用：阻断外周α受体，直接扩张血管，使血压下降，大剂量时可引起直立性低血压，应注意。

⑥ 对内分泌系统的影响：可使生长激素、促性腺激素减少、催乳素分泌增加，出现乳房肿大、溢乳，可试用于治疗巨人症（见图 13-1）。

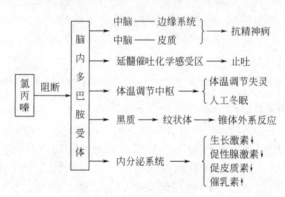

图 13-1　氯丙嗪作用示意

【不良反应】 ①主要不良反应有嗜睡、无力、视力模糊、鼻塞、心动过速、口干、心悸、便秘等副作用。长期应用可致泌乳、乳房肿大、闭经及生长减慢等。静注或肌内注射后，可出现直立性低血压。②长期大量使用常见锥体外系反应，产生帕金森综合征，出现急性肌张力障碍、静坐不能等症状。本药还可出现迟发性运动障碍，表现为不自主、有节律的刻板运动如吸吮、舐舌、咀嚼等。③常见皮疹、光敏性皮炎等过敏反应，也有少数患者出现急性粒细胞缺乏，应立即停药。④可引起眼部并发症，表现为角膜和晶状体浑浊，或眼压升高。

【用药指导】 ①用药后应静卧 1～2h 后方可缓慢起立。②本品有时引起抑郁状态，用药时应注意。③昏迷患者、有癫痫史者禁用。④肝功能不全、尿毒症、高血压及冠心病患者慎用。⑤高剂量长期应用时,应做眼部检查。夏季最好戴太阳镜以保护角膜和晶状体。⑥锥体外系反应可用苯海索对抗。

【药物商品】 ①盐酸氯丙嗪片。②盐酸氯丙嗪注射液。

【商品信息】 本品为第一个应用于临床的抗精神病药,至今仍是临床广泛应用的抗精神病药物,有"精神科的阿司匹林"之称。我国于1957年研制生产。由于药物不良反应较多,目前已是精神分裂症的二线用药。

【贮存】 原料及片剂遮光,密封保存;注射剂遮光,密闭保存。

吩噻嗪类抗精神病药的作用比较见表13-1。

表13-1 吩噻嗪类抗精神病药的作用比较

通用名	外文名	抗精神病作用强度	镇静	降压	镇吐	锥体外系反应
氯丙嗪【典】【基】【医保(甲)】	Chlorpromazine	1	+++	++	++	++
奋乃静【典】【基】【医保(甲)】	Perphenazine	10	++	+	+++	+++
三氟拉嗪【典】【基】【医保(甲)】	Trifluoperazine	10～12	+	+	+++	+++
氟奋乃静【典】【医保(乙)】	Fluphenazine	23～30	+	+	+++	+++
硫利达嗪	Thioridazine	1/2～1	+++	++	+	+
氟哌啶醇【典】【基】【医保(甲)】	Haloperidol	20～40	+	+	++	++

注:+++表示作用强;++表示作用中等;+表示作用弱;-表示无作用。

利培酮【典】【基】【医保(乙)】 Risperidone

【商品名或别名】 维思通,利司培酮,瑞斯哌酮。

【性状】 白色结晶粉末。

【作用及适应证】 本品是一种选择性单胺能拮抗剂,为新一代的抗精神病药,对5-HT_2受体、D_2受体、$α_1$及$α_2$受体和H_1受体亲和力高,其治疗精神分裂症的机制尚不清楚,可能是对D_2受体及5-HT_2受体拮抗产生的联合效应的结果。用于治疗急性和慢性精神分裂症以及其他各种精神病性状态的明显的阳性症状(如幻觉、幻想、思维紊乱、敌视、怀疑)和明显的阴性症状(如反应迟钝、情绪淡漠、社交淡漠、少语)。对于急性期治疗有效的患者,在维持期治疗中,本品可继续发挥疗效。

【不良反应】 ①与经典抗精神病药引起的锥体外系副作用少而轻,主要常见不良反应为与剂量相关的锥体外系症状,因泌乳素水平升高引发的闭经、溢乳和性功能障碍。②可有焦虑、嗜睡、头晕、恶心、便秘、消化不良、鼻炎、皮疹等。③会出现体重增加、水肿和肝药酶水平升高的现象。④偶尔会出现直立性低血压、反射性心动过速或高血压的症状。

【用药指导】 ①已知对本品过敏的患者以及15岁以下的儿童禁用。癫痫患者慎用。②患有心血管疾病(如心衰、心肌梗死、传导异常、脱水、失血及脑血管病变)的人应慎用,从小剂量开始并应逐渐增加剂量。③因具有α受体阻断作用,用药初期或加药速度过快时会发生直立性低血压,此时则应考虑减量。④如果出现迟发性运动障碍,应停止服用所有的抗精神病药。⑤患有帕金森综合征的患者应慎用本品,因为在理论上该药会引起此病的恶化。⑥服用本品的患者应避免进食过多,以免发胖。⑦鉴于本品对中枢神经系统的作用,在与其他作用于中枢的药物同时服用时应慎重;此外本品对需警觉性的活动如驾驶汽车或操作机器有影响,在了解患者对该药的敏感性前,建议患者避免服用。

【药物商品】 ①利培酮片。②利培酮分散片。③利培酮口腔崩解片:置于舌上,几秒内崩解,无须用水即可吞服(也可以用水吞服)。④利培酮口服液。

【商品信息】 非典型抗精神病药利培酮在抗精神病类用药市场中占据重要地位,为一线用药。原研药"维思通"由美国强生公司开发,目前国内已获批生产的利培酮制剂包括片剂、胶囊剂、口服溶液、口腔崩解片和分散片,其中分散片为恩华药业的独家剂型。

【贮存】 15~30℃密闭保存。

其他常用抗精神病药

见表 13-2。

表 13-2 其他常用抗精神病药

名称	作用与适应证	药物商品	用药指导
五氟利多【典】【基】医保(甲) Penfluridol	具有强而持久抗精神病作用,口服1次维持数天至1周,可用于各型精神分裂症,更适用于病情缓解的维持治疗,防止复发	片剂。口服1周1次。宜从低剂量开始,每1周或2周增加10mg~20mg,以减少锥体外系反应。通常治疗量为1周30~60mg,待症状消失用原剂量继续巩固3个月,维持剂量1周10~20mg	①基底神经节病变、帕金森病、帕金森综合征、骨髓抑制,对本品过敏者禁用。肝、肾功能不全者慎用。②不宜与其他抗精神病药合用,避免增加锥体外系反应的危险性。③应定期检查肝功能与白细胞计数。④用药期间不宜驾驶车辆、操作机械或高空作业
癸氟奋乃静【典】【基】医保(乙) Fluphenazine Decanoate	为氟奋乃静的长效酯类化合物,作用时间较前者长9~20倍,1次注射体内维持2~4周或更长,适用于拒绝服药或需长期服药维持治疗的患者	注射液。根据患者具体情况,每2~5周肌内注射1次	①既往有抽搐史或皮质下有器质性病变者、6岁以下儿童、老年患者及肝、肾功能不全患者、青光眼患者均慎用。②对其他吩噻嗪类过敏者禁用。③严重抑郁症禁用,不推荐用于12岁以下儿童
舒必利【典】【基】医保(甲) (舒宁)Sulpiride	非典型抗精神病药。具有较强抗精神病和中枢性止吐作用,对淡漠、退缩、木僵、抑郁、幻觉、妄想等有较好疗效,但无明显镇静和抗躁狂作用,可用于精神分裂症的抑郁状态,也可用于治疗呕吐、良性消化性溃疡和溃疡性结肠炎	①片剂。开始剂量:1次100mg,1日2~3次,逐渐增至600~1200mg;维持剂量:1日200~600mg。止呕,一次100~200mg,一日2~3次。②注射液。肌内注射	①嗜铬细胞瘤、高血压患者、严重心血管疾病和严重肝病患者,对本品过敏者禁用。②出现迟发性运动障碍,应停用所有的抗精神病药。③出现过敏性皮疹及恶性症状群应立即停药并进行相应的处理。④躁狂症患者慎用,可能使症状加重。基底神经节病变、帕金森综合征、严重中枢神经抑制状态者慎用
氨磺必利【基】医保(乙) (索里昂)Amisulpride	非典型抗精神病药。用于治疗以阳性症状(如谵妄、幻觉、认知障碍)和(或)阴性症状(如反应迟缓、情感淡漠及社会能力退缩)为主的急性或慢性精神分裂症	片剂。阴性症状占优势阶段:推荐剂量为50~300mg/d。阳性及阴性症状混合阶段:治疗初期应主要控制阳性症状,剂量为400~800mg/d。若每天剂量小于或等于400mg,应1次顿服,若每天剂量超过400mg,应分为2次服用	①与其他精神抑制类药物合用时,可产生恶性综合征(高热、肌肉强直、自主神经功能紊乱、意识障碍、磷酸肌酸激酶含量升高)。高热时,应停止抗精神病治疗。②与剂量相关,本药延长Q-T间期,可导致严重的室性心律失常。③本药主要通过肾脏排泄,所以对于患有肾功能不全的患者,应减少服药剂量

续表

名称	作用与适应证	药物商品	用药指导
氯氮平【典】【基】医保(甲、乙) Clozapine	非典型抗精神病药。急性与慢性精神分裂症的各个亚型,对一些传统抗精神病药治疗无效或疗效不好的患者,改用本品可能有效。因导致粒细胞减少症,一般不宜作为优选药	片剂。从小剂量开始,首次剂量为1次25mg,每日2～3次,逐渐缓慢增加至常用治疗量每日200～400mg,高量可达1日600mg。维持量为每日100～200mg	①中枢神经抑制状态者、尿潴留患者慎用。②用药出现过敏性皮疹、恶性综合征及不明原因发热,应立即停药。③治疗头3个月内应坚持每1～2周检查白细胞计数及分类,以后定期检查。④定期检查肝功能、心电图及血糖。⑤用药期间不宜驾驶车辆、操作机械或高空作业
奥氮平【典】【基】医保(乙) (再普乐)Olanzapine	非典型抗精神病药。适用于治疗有严重阳性或阴性症状的精神分裂症,中重度躁狂发作,还可用于预防双相情感障碍的复发	片剂。本品用于精神分裂症,建议起始剂量为10mg/d,每日1次,与进食无关。停用本药时应逐渐减少剂量。若治疗躁狂发作,单独用药时起始剂量为15mg/d	①可引起嗜睡,从事危险作业时应谨慎。②患者长期服用该药,如果出现迟发性运动障碍的体征或症状,应减药或停药。③若出现恶性综合征,应立即停用所有抗精神病药
喹硫平【典】【基】医保(甲、乙) (思瑞康)Quetiapine	非典型抗精神病药。对精神分裂症阳性症状有效,对阴性症状也有一定效果	片剂。1日2次。治疗精神分裂症初期第1日50mg,第2日100mg,第3日200mg,第4日300mg。从第4日以后,将剂量逐渐增加到有效剂量范围,一般为每日300～450mg	①出现过敏性皮疹应停药。②用药期间应定期检查肝功能、白细胞计数;定期检查晶状体,监测白内障的发生。③用药期间不宜驾驶车辆、操作机械或高空作业
帕利哌酮【基】医保(乙)（芮达、善思达)Paliperidone	非典型抗精神病药。本品为利培酮的代谢产物,用于精神分裂症急性期和维持期的治疗,还可用于精神分裂症、双相情感障碍的躁狂期及孤独症的治疗	①缓释片。1日1次,早上服用。调整剂量间隔时间通常应大于5天。本品必须在液体帮助下整片吞服,不应咀嚼、掰开或压碎片剂。②(棕榈酸酯)注射液。棕榈酸帕利哌酮在体内水解为帕利哌酮,起始治疗首日注射150mg,1周后再次注射100mg,前2剂起始治疗药物的注射部位均为三角肌,第2剂之后,每月1次注射的部位可以为三角肌或臀肌	①会增高痴呆相关性精神病老年患者的死亡率。②可能出现恶性综合征、Q-T间期延长、迟发性运动障碍、高血糖和糖尿病、高催乳素血症、胃肠道梗阻、直立性低血压和昏厥,可能的认知和运动功能障碍及癫痫
阿立哌唑【典】【基】医保(甲) (安律凡)Aripiprazole	用于各类型的精神分裂症,本品对精神分裂症的阳性和阴性症状都有效	片剂、胶囊、口腔崩解片。口服,1日1次。服用口腔崩解片应注意保持手部干燥,迅速取出药片置于舌面,数秒内即可崩解,不需用水或只需少量水,借吞咽动作入胃起效,患者不应试图将药片分开或咀嚼	①与其他抗精神病药一样,本品应慎用于有癫痫病史或癫痫阈值较低的情况(如阿尔茨海默病)。②具有α₁受体的拮抗作用,可引起直立性低血压。③不良反应较轻,体重增加、锥体外系反应等发生率低,患者耐受性较好

第二节 抗抑郁药

抑郁症又称抑郁障碍，是一种常见的心境障碍，可由各种原因引起，以显著而持久的心境低落、愉快感缺失为核心症状，且心境低落与其处境不相称，临床表现可以从闷闷不乐到悲痛欲绝，甚至发生木僵；部分病例有明显的焦虑和运动性激越；严重者可出现幻觉、妄想等精神病性症状。多数病例有反复发作的倾向，每次发作大多数可以缓解，部分可有残留症状或转为慢性。流行病学资料显示，中国人中有20％存在抑郁症状，其中7％为重度抑郁。抑郁症占中国疾病负担的第2位，其中仅有不足10％抑郁症患者得到正规治疗。随着人类的进步和全社会的关注，必将推动抗抑郁治疗市场的发展。目前，国内外多个临床治疗指南推荐抗抑郁症药作为中重度抑郁症治疗首选。

目前抑郁症的病因、病理生理学机制等尚不明确。长期研究表明，其生理学基础可能与脑内单胺类递质5-羟色胺（5-HT）和去甲肾上腺素（NA）的缺乏相关。抗抑郁药是能直接或间接增强5-HT能神经和NA能神经功能而振奋精神的药物。目前，抗抑郁药主要由以下几类。

① 三环类抗抑郁药（TCA），代表药物如氯米帕明、阿米替林、多塞平、丙米嗪等。TCA能抑制突触前膜对5-HT和NA的再摄取，增加突触间隙中有效5-HT和NA的水平，延长5-HT和NA作用于相应受体的时间，发挥抗抑郁作用，但同时具有拮抗M胆碱受体、α受体和组胺受体的作用。

② 单胺氧化酶抑制剂（MAOI），如苯乙肼、异卡波肼。本类药物影响单胺类递质的降解，使其蓄积在突触前膜，增加单胺类神经递质的释放。

③ 选择性5-HT再摄取抑制剂（SSRI），如帕罗西汀、氟西汀、西酞普兰、艾司西酞普兰等。本类药物选择性抑制5-HT转运体，拮抗突触前膜对5-HT的再摄取，使突触间隙5-HT浓度增高。

④ 5-HT及NA再摄取抑制剂（SNRI），包括文拉法辛、度洛西汀、曲唑酮等。可同时抑制5-HT和NA的再摄取，但没有对肾上腺素受体、胆碱能受体和组胺受体的亲和力，故没有TCA、MAOI常见的不良反应，其安全性和耐受性较好。

⑤ NA及特异性5-HT能抗抑郁药（NaSSA），代表药物如米氮平、米安色林等。其作用机制不同于以往抗抑郁药，不是通过阻断泵的再摄取，而是拮抗突触前膜的 $α_2$ 受体，削弱5-HT和NA释放的抑制作用，使5-HT和NA释放增加。

除TCA和MAOI作为经典的第一代抗抑郁症药，上述药物多属于新一代抗抑郁症药。根据目前国内外抑郁症药物治疗指南，一般推荐SSRI、SNRI、NaSSA等新一代抗抑郁症药作为首选药物。

氯米帕明【典】【基】【医保(甲)】 Clomipramine

【商品名或别名】 氯丙米嗪，安拿芬尼。

【性状】 常用其盐酸盐，为白色或微黄色结晶性粉末；无臭，味苦。遇光渐变黄色。溶于水和乙醇。

【作用及适应证】 本品是安全可靠、起效迅速的三环类抗抑郁药。主要抑制神经元对5-HT和NA的再摄取而产生抗抑郁作用，同时还有抗焦虑与镇静作用。用药后能明显提高情绪，振奋精神。主要用于治疗各型抑郁症和强迫症。

【不良反应】 ①最常见为治疗初期可能出现阿托品样作用的口干、视物模糊、便秘、排尿困难、心悸等。②心血管系统可出现直立性低血压、心律失常、心肌梗死、心衰等。③中枢神经系统不良反应可出现嗜睡、震颤、眩晕。某些患者用药后可自抑制状态转为躁狂兴奋状态，剂量大时尤易发生。偶见癫痫发作、心电图异常、骨髓抑制或中毒性肝损害等。

【用药指导】 ①因易致尿潴留及升高眼内压，故前列腺增生症及青光眼患者禁用。②肝肾功能严重不全、老年或心血管疾病患者慎用，使用期间应监测心电图。③患者有转为躁狂倾向时，应立即停药。④忌与MAOI合用。应在停用MAOI类药品14天后使用本品。⑤用药期间不宜从事驾驶或高空作业。

【药物商品】 ①氯米帕明片。②氯米帕明注射液。

【商品信息】 传统的TCA和MAOI由于不良反应较大，应用明显减少。但在我国部分地区，由于经济限制，以氯米帕明为代表的TCA仍作为一线治疗药物。国内的主要生产厂家沈阳科瑞斯德医药科技有限公司和徐州恩华药业集团有限责任公司。

【贮存】 原料及片剂遮光，密封保存。

氟西汀【典】【基】【医保(甲)】 Fluoxetine（数字资源13-1）

数字资源13-1
你是我的氟西汀

【商品名或别名】 百忧解，优克。

【性状】 常用其盐酸盐，为白至灰色结晶，易溶于水。

【作用及适应证】 通过对中枢神经5-HT再摄取的抑制，强化中枢5-HT的功能，临床用于治疗抑郁症及其伴随的焦虑，尤其适宜老年抑郁症患者，此外还可治疗强迫症、神经性贪食症（暴食症）等。

【不良反应】 ①中枢神经系统：如头痛、神经质、失眠、目眩、头重脚轻和出汗等。约1%的患者大剂量用药（每日40~80mg）后发生躁狂或轻躁症。②胃肠道反应：如恶心、腹泻、口干和厌食。③4%的患者会发生皮疹或荨麻疹。

【用药指导】 ①慎用于有过敏史、心脏梗死和其他未经控制的心血管疾病、惊厥性疾病、糖尿病及肝、肾功能不全的患者。②如出现皮疹或发热，应立即停药，对症处理。③对于有自杀意图的高危患者，在治疗期间应严密监视，必要时住院治疗。④因本药半衰期较长（慢性给药可长达4~6天），故肝肾功能较差者或老年患者应适当减少剂量。有癫痫史者、妊娠或哺乳期妇女慎用。⑤不宜与MAOI并用。必要时应停用本药5周后才可换用MAOI。

【药物商品】 ①盐酸氟西汀片。②盐酸氟西汀胶囊。③盐酸氟西汀分散片。④盐酸氟西汀肠溶片。每周用药1次，不可咀嚼。急性期建议使用普通片，肠溶片用于巩固和维持期治疗。待抑郁症状缓解4周以上再使用本品。推荐每周固定某一天早晨饭后服用。由于氟西汀从体内清除较慢，由服用每日1次20mg氟西汀普通片转为服用肠溶片时，需间隔7天。

【商品信息】 ①氟西汀为全球第一个SSRI，1986年在比利时上市，1995年首次获准进入我国市场，商品名百忧解（现更名百优解），同年上海医药工业研究院和常州第四制药厂联合开发的国产氟西汀也被批准作为二类新药上市，商品名优克。目前原研厂家礼来的盐酸氟西汀胶囊占据我国大部分市场份额。②2002年药品专利保护到期后，国内主要生产厂商有上海中西制药、常州四药、重庆涪陵制药、常州华生等。③相比常规抗抑郁药，氟西汀疗效确切，副作用较轻，应用安全，因停药及漏服所产生的撤药反应轻，服药方便（每天1次，每次1片，每片20mg），对三环类药物无效的以及抑制相关障碍（如强迫症）均有效，被认为是抗抑郁药发展的一个重要里程碑。目前在国际上，氟西汀已成为SSRI的一个"金标准"广泛应用。

【贮存】 室温、避光、密闭保存。

其他常用抗抑郁药

(1) 米氮平【典】【基】【医保(甲)】（米塔扎平）Mirtazapine 本品为NA及特异性5-HT能抗抑

郁药（NaSSA），现用于抑郁症尤其严重时的治疗。本品在用药 1～2 周后起效。当服用药物适量时，2～4 周内应有疗效。最常见不良反应包括嗜睡、镇静、口干、体重增加、食欲增加、头晕和疲乏。米氮平禁止与 MAOI 合并使用或在停用 MAOI 治疗的 2 周内使用。

本品率先由美国欧加农公司于 1994 年在荷兰上市，而后于 2001 年在中国上市，商品名瑞美隆。国内主要生产厂家有哈尔滨三联、华裕制药、山西康宝等。药物商品有米氮平片。于避光干燥处保存。

（2）文拉法辛【典】【基】【医保（甲）】（怡诺思，博乐欣）Venlafaxine　常用其盐酸盐。本品为第一个 5-HT 和 NA 再摄取双重抑制剂，增强中枢神经系统 5-HT 和 NA 神经递质活性，发挥抗抑郁作用，尤其对较严重的抑郁症以及焦虑症状有更好的疗效，起效较快，已成为治疗抑郁症的一线药物。本药对肾上腺素受体、胆碱能受体和组胺受体几乎无亲和力，从而避免了类似 TCA 药物引起的不良反应，几乎无抗胆碱能、直立性低血压和镇静等不良反应。常见不良反应为恶心、头晕、嗜睡、失眠、口干，不良反应的临床表现多为轻中度，患者大多能耐受。其不良反应多发生在治疗 2 周内，与药物剂量有关，随着治疗时间的延长，不良反应逐渐减轻。突然停药可见撤药综合征如失眠、焦虑、恶心、出汗、震颤、眩晕或感觉异常等，可在停药 1 周后症状消失。

本品原研厂家为美国惠氏，商品名怡诺思。国内生产厂家主要有成都恒瑞、常州四药、成都康弘、北京万生等。药物商品有：①盐酸文拉法辛片。②盐酸文拉法辛胶囊。③盐酸文拉法辛缓释片。④盐酸文拉法辛缓释胶囊。其中，缓释剂型销售额占比超过 50%。

其他常用抗抑郁药

见表 13-3。

表 13-3　其他常用抗抑郁药

名称	作用与适应证	药物商品	用药指导
丙米嗪【典】【医保（甲）】（米帕明）Imipramine	本品为第一个 TCA，用于各类型抑郁症，疗效较慢（2 周以上起效），对精神分裂症伴发抑郁症几乎无效。可用于惊恐发作及小儿遗尿	片剂。推荐剂量 50～200mg/d bid，不宜晚上服药，易引起失眠	参见氯米帕明
阿米替林【典】【基】【医保（甲）】（依拉维）Amitriptyline	本品为临床常用的 TCA，其作用与丙米嗪相似，用于各种抑郁症，其镇静作用较强，主要用于治疗焦虑性或激动性抑郁症，疗效优于丙米嗪。一般用药后 7～10 日可产生明显疗效。还可以通过作用于中枢阿片类受体，缓解慢性疼痛	片剂。推荐剂量 50～200mg/d	参见氯米帕明
多塞平【典】【基】【医保（甲）】（多虑平）Doxepin	本品为临床常用的 TCA，治疗抑郁症及焦虑性神经症	片剂。推荐剂量 50～200mg/d	参见氯米帕明
帕罗西汀【典】【基】【医保（甲,乙）】（赛乐特）Paroxetine	本品为强效、高选择性的 SSRI，仅微弱抑制 NA 和 DA 的再摄取，对单胺氧化酶无抑制作用。用于治疗抑郁症，亦可治疗强迫症、惊恐障碍或社交焦虑障碍	片剂及肠溶缓释片。建议每日早餐时顿服，药片完整吞服勿咀嚼。推荐剂量为每日 20～50mg/d	参见氟西汀
西酞普兰【典】【医保（乙）】（喜普妙）Citalopram	本品为一种 SSRI 的外消旋体，适用于抑郁型精神障碍	氢溴酸西酞普兰片剂。每日服用 1 次，晨起或晚间顿服	参见氟西汀

续表

名称	作用与适应证	药物商品	用药指导
艾司西酞普兰【典】【基】【医保(乙)】（百适可）Escitalopram	本品属于 SSRI，为西酞普兰的左旋体，其作用是西酞普兰的 5~7 倍。治疗重症抑郁症，还可用于伴有或不伴有广场恐怖症的惊恐障碍及广泛性焦虑	草酸艾司西酞普兰片剂。每日服用1次	参见氟西汀
度洛西汀【典】【医保(乙)】（欣百达）Duloxetine	本品属于 SNRI。适用于严重的抑郁症、广泛焦虑症等，近年来也用于糖尿病周围神经痛的治疗	盐酸度洛西汀肠溶片（肠溶胶囊）	参见文法拉辛

第三节 抗焦虑药

焦虑是多种精神疾病的常见症状，如焦虑障碍就是以持久、无法控制的紧张和焦虑为特征的精神障碍性疾病，常表现为交感神经系统活动过度、坐立不安、睡眠障碍、易激惹、肌肉紧张及惊觉性增高等。抗焦虑药是指用于焦虑症和焦虑状态治疗的药物，以往也称弱安定剂。目前临床常用抗焦虑药主要包括以下几类。

（1）苯二氮䓬类药物（BZD） 为苯二氮䓬受体激动剂，本类药物主要通过选择性激动海马及杏仁核部位苯二氮䓬受体，加强 γ-氨基丁酸（GABA）能神经的中枢抑制作用，常用的 BZD 类都有抗焦虑作用，同时具有镇静催眠、抗惊厥、抗震颤以及中枢性肌肉松弛的作用。按照作用持续时间的长短，分为短、中、长效三种，目前常用有短效类如三唑仑、咪达唑仑，$t_{1/2}$ 为 2~10h，作用迅速短暂，一般无延续反应，此类药物易形成依赖，撤药后容易产生反跳性失眠；中效类如艾司唑仑、阿普唑仑、劳拉西泮等，$t_{1/2}$ 为 10~20h，主要用于易醒、睡眠较浅的患者；长效类如地西泮、硝西泮、氯硝西泮、氟西泮，$t_{1/2} > 30h$，治疗时间长，作用缓慢，因此容易有蓄积作用和延续反应，容易抑制呼吸。苯二氮䓬类药物可以延长浅睡眠的时间，但对深睡眠改善不明显。该类药物虽能使患者易于入睡，但醒后容易产生乏力感，该类药物不良反应包括宿醉效应，日间困倦、头晕、呼吸抑制、遗忘、成瘾及撤药后的戒断症状等。老年患者使用时要注意药物的肌松作用和跌倒风险，苯二氮䓬类药物禁用于妊娠、哺乳期、肝肾功能异常、阻塞性睡眠呼吸暂停综合征的患者及重度通气功能不全者。此类药物应用以短期、小剂量、缓慢递增为原则，尽可能在 2~4 周内逐渐撤药。值得注意的是本类药物的滥用和严重依赖使其逐渐丧失抗焦虑一线治疗药物的地位。

（2）丁螺环酮类 本类药物可选择性地作用于脑内 5-HT$_{1A}$ 受体，减弱 5-HT 神经元兴奋活动。疗效与 BZD 相似，副作用比 BDZ 类小，但肝肾疾病患者禁用。代表药物有丁螺环酮、坦度螺酮等。

（3）抗抑郁药（详见本章第二节） 本类药物在抗抑郁的同时也对广泛性焦虑症、惊恐症、社交恐惧症、精神创伤后应激反应及强迫症等有良好疗效，代表药物如 SNRI（文拉法辛、度洛西汀）、SSRI（帕罗西汀等）为广泛性焦虑障碍的首选药物。

其他如钙通道调节剂普瑞巴林能调节过度兴奋的神经元，减少神经递质的释放，抑制中枢敏化，在治疗焦虑方面具有起效快（≤1周）、效果佳的特点。

地西泮【典】【基】【医保(甲)】 Diazepam

【商品名或别名】 安定，苯甲二氮䓬。

【性状】 白色或类白色的结晶粉末；无臭，味苦。不溶于水。

【作用与适应证】 本品为长效、中等强度 BZD，具有抗焦虑、镇静、催眠、抗惊厥、抗癫痫及中枢性肌肉松弛作用。目前多用于治疗酒精依赖的戒断反应以及癫痫持续状态。

【不良反应】 ①主要有嗜睡、轻微头痛、乏力等，大剂量可致共济失调。②长期连续用药可产生依赖性，久用突然停药可能发生戒断症状，过量可发生中毒。

【用药指导】 ①孕妇、妊娠期妇女、新生儿禁用或慎用。②重度重症肌无力，病情可能被加重。③苯二氮䓬受体拮抗剂氟马西尼可用于该类药物过量中毒的解救和诊断。

【药物商品】 ①地西泮片。②地西泮注射液。

【商品信息】 按"第二类精神药品"管理。其半衰期长，重复给药可在体内积聚；此外，地西泮用于老年人的安全性较低，可能引起跌倒，增加外伤风险，目前地西泮已较少应用于抗焦虑与助眠。

【贮存】 密封保存。

丁螺环酮【典】【基】【医保(甲)】 Buspirone

【商品名或别名】 盐酸丁螺环酮，苏新，一舒。

【性状】 常用其盐酸盐，白色结晶粉末，易溶于水。

【作用与适应证】 本品非苯二氮䓬类抗焦虑药，其抗焦虑作用可能与其激动 5-HT_{1A} 受体，同时还能选择性阻断 DA 受体有关，疗效与 BZD 相似。适用于各种焦虑症。

【不良反应】 有头晕、头痛、恶心、呕吐及胃肠功能紊乱。

【用药指导】 ①青光眼、重症肌无力、白细胞减少及对本品过敏者禁用。肝肾功能不全者，肺功能不全者慎用。②用药期间应定期检查肝功能与白细胞计数。③用药期间不宜驾驶车辆，操作机械或高空作业。服药期间勿饮酒。

【药物商品】 盐酸丁螺环酮片。

【商品信息】 德国 Bristol-Myers 公司于 1985 年正式将该药推向市场，无镇静、催眠、中枢性肌肉松弛和抗惊厥作用，目前尚未发现其依赖性与耐药性，可以长期服用，且对认知功能不产生影响，被认为是迄今为止较理想的抗焦虑药。但本药半衰期短（2～4h），需每天 2～3 次给药，近年来主要集中于该药的长效缓释新剂型研发。

【贮存】 避光、密封、室温保存。

其他常用抗焦虑药

见表 13-4。

表 13-4 其他常用抗焦虑药

名称	作用与适应证	药物商品	用药指导
咪达唑仑【典】【基】【医保(甲、乙)】（速眠安）Midazolam	短效 BZD，作用快（20min），持续时间短。用于失眠症，注射剂常用于外科手术或诊断检查时作诱导睡眠用	①片剂。②注射液	参见地西泮，按"第二类精神药品"管理
劳拉西泮【典】【基】【医保(甲)】（氯羟安定）Lorazepam	中效 BZD，抗焦虑作用强，是地西泮的 2～5 倍，主要用于焦虑、失眠、惊厥及癫痫持续状态	①片剂。②注射液	参见地西泮，按"第二类精神药品"管理
艾司唑仑【典】【基】【医保(甲)】（舒乐安定）Estazolam	中效 BZD，用于各种类型的失眠。催眠作用强，口服后 20～60min 可入睡，维持 5h。还用于焦虑、紧张、恐惧及癫痫大、小发作，亦可用于术前镇静	①片剂。②注射液	参见地西泮，按"第二类精神药品"管理

续表

名称	作用与适应证	药物商品	用药指导
阿普唑仑【典】【基】【医保(甲)】（佳静安定）Alprazolam	中效 BZD，抗焦虑作用比地西泮强 10 倍，可用于治疗焦虑症、抑郁症、失眠，也可作为抗惊恐药	①片剂。②胶囊	参见地西泮，按"第二类精神药品"管理
奥沙西泮【典】【医保(甲)】（舒宁）Alprazolam	中短效 BZD，$t_{1/2}$ 为 4～15h，地西泮的主要代谢产物，主要用于焦虑症及焦虑症相关的失眠的短期治疗，还用于控制乙醇戒断症状	片剂	参见地西泮，按"第二类精神药品"管理
氯硝西泮【典】【基】【医保(乙)】（氯硝安定）Clonazepam	长效 BZD，作用类似氯西泮、硝西泮，抗惊厥作用比前两者强 5 倍。主要用于治疗各型癫痫，也可用于焦虑、失眠等	①片剂。②注射液	参见地西泮，按"第二类精神药品"管理
坦度螺酮【典】【基】【医保(乙)】（律康，希德）Tandospirone	各种神经症所致的焦虑状态，若患者病程长（3 年以上）、病情严重或其他药物如 BZD 无效的难治型焦虑患者，本药可能也难以产生疗效	枸橼酸坦度螺酮片（胶囊）。口服，每日 3 次。但不得超过 1 日 60mg	本药可引起嗜睡、眩晕等，服药期间不得从事机械性作业

第四节　抗躁狂药

躁狂症是指以心境显著而持久的高涨为临床表现，并伴有相应思维和行为异常的一类精神疾病，是躁狂抑郁症的一种发作形式。以情感高涨、思维奔逸以及言语动作增多为典型症状。通常有反复发作的倾向。其病因可能与脑内单胺类功能失衡有关，在 5-羟色胺缺乏的基础上，若去甲肾上腺素、肾上腺素增多功能不足则表现为躁狂。

抗躁狂药又称情绪稳定药，不是简单的抗躁狂，而是有调整情绪稳定作用，防止双相情感障碍的复发；是对躁狂症具有较好的疗效和预防发作的药物，专属性强，对精神分裂症往往无效。

目前抗躁狂药为锂制剂，最常用的是碳酸锂。卡马西平、丙戊酸盐也有确切的疗效，氯丙嗪、氟奋乃静、氟哌丁醇和氯氮平等，也常用来控制躁狂状态。

碳酸锂【典】【基】【医保(甲,乙)】　Lithium Carbonate

【商品名或别名】　Camcolit，Eskalith，Hypnorex。

【性状】　白色结晶性粉末；无臭，无味；水溶液呈碱性反应，微溶于水。

【作用及适应证】　本品有明显的抑制躁狂症作用，可以改善精神分裂症的情感障碍，治疗量时对正常人的精神活动无影响，作用机制可能为抑制脑内神经突触部位去甲肾上腺素的释放并促进再摄取，对升高外周区细胞有作用，主要治疗躁狂症，对躁狂和抑郁交替发作的双相情感性精神障碍有很好的治疗和预防复发作用，对反复发作的抑郁症也有预防发作作用。也用于治疗分裂-情感性精神病。本药小剂量用于子宫肌瘤合并月经过多有一定治疗作用，小剂量也可用于急性菌痢。

【不良反应】　①常见有口干、烦渴、多饮、多尿、便秘、腹泻、恶心、呕吐、上腹痛等。②神经系统反应有双手细震颤、萎靡、无力、嗜睡、视物模糊、腱反射亢进。可引起白细胞升高。

【用药指导】　①用药时加强对血锂的浓度监测；长期服药者应定期检查肾功能和甲状腺功能。②肾功能不全者、严重心脏疾病患者及妊娠头 3 个月者禁用。脑器质性疾病、严重躯体疾病和低钠血症患者慎用。③服本品时需注意体液大量丢失,如持续呕吐、腹泻、大量出汗等情况易引起锂中毒。④哺乳期妇女使用本品期间应停止哺乳。

【药物商品】 ①碳酸锂片。②碳酸锂胶囊。

【商品信息】 本品用于治疗躁狂症疗效显著,但因副作用而被一度停用。后通过对锂血药浓度的监测,使副作用得以控制,而再次使用并成为治疗躁狂症的主要药物。

【贮存】 原料密封,在干燥处保存,片剂密封保存。

第五节 镇静催眠药

> **知识拓展**
>
> 失眠症是以频繁而持续的入睡困难和(或)睡眠维持困难并导致睡眠感不满意为特征的睡眠障碍。失眠症可孤立存在或者与精神障碍(焦虑、抑郁等)、躯体疾病或物质滥用共存,可伴随多种觉醒时功能损害。失眠症对患者日常生活造成恶劣影响,逐渐成为临床关注的公共卫生问题。失眠症分为慢性失眠症、短期失眠症及其他类型的失眠症。与慢性失眠症相比,短期失眠症的诊断不要求病程≥3个月以及频度≥3次/周。

镇静催眠药是一类抑制中枢神经系统功能、起镇静催眠作用的药物。镇静和催眠并无严格区别,常因剂量不同产生不同效果。此类药品一般小剂量可使患者安静、活动减少和缓和激动,此时称为镇静作用;中等剂量时,引起近似生理性睡眠,称为催眠作用;剂量继续加大,则产生麻醉、抗惊厥作用。长期使用几乎都可以产生耐受性和依赖性,突然停药可产生戒断症状,大多属国际管制的精神药品。

常用的镇静催眠药有:①巴比妥类,可根据用药后睡眠时间维持长短分为长效类(苯巴比妥,6~8h)、中效类(异戊巴比妥,4~6h)、短效类(司可巴比妥,2~3h)及超短效类(硫喷妥钠,0.25h)。这类药物除司可巴比妥外,目前已很少用于失眠症的治疗。②苯二氮䓬类(BZD),如地西泮、咪达唑仑等(见本章第三节)。相较于巴比妥类,本类药物治疗指数高、对内脏毒性低且使用安全。截至目前,仍是治疗失眠的常用药物。③环吡咯酮类,能选择性结合激动GABA受体,又称为非苯二氮䓬类苯二氮䓬受体激动剂。主要包括唑吡坦、佐匹克隆、右佐匹克隆、扎来普隆等。相比传统BZD,其特点为起效快,半衰期短,增加深睡眠,几乎无宿醉感,对正常睡眠结构破坏较少,催眠效应类似BZD,但更安全,日间镇静和其他不良反应较少,近年来有逐渐替代BZD的趋势。④其他类,包括溴化物、甲丙氨酯、水合氯醛等。此外,某些具有镇静作用的抗抑郁症药、抗精神病药、抗癫痫药、有中枢抑制作用的抗组胺药物(如苯海拉明)等也可用于失眠症的治疗。药物治疗的原则应按照按需、间断和足量的原则,从小剂量开始,遵从个体化治疗,逐渐减药,维持有效的最低剂量。

唑吡坦【典】【基】【医保(乙)】 Zolpidem

【商品名或别名】 思诺思。

【性状】 白色无臭结晶性粉末,少量溶于水和乙醇。

【作用及适应证】 本品主要用于治疗偶发性、暂时性和慢性失眠症,其突出优点是后遗效应小,不良反应发生率较低,没有明显的停药反跳及戒断反应,对肝肾功能、心血管疾病等不良影响小,对原发性失眠及伴发于脑卒中、抑郁症、精神分裂等疾病的失眠均有较为显著的疗效。

【不良反应】 ①以头痛、困倦、头晕、恶心及腹泻为主,与传统镇静催眠药相比,无明显撤药后反跳及戒断反应，但近年来有快速减量或突然停药导致戒断体征和症状的报道。若与其他中枢神经系统抑制药物或酒精联合使用，则不良反应发生风险增高。②首次服用本品初期可能出现过敏性休克（严重过敏反应）和血管性水肿（严重面部浮肿）。③服用本品可能引起睡眠综合征行为，包括驾车梦游、梦游做饭和吃东西等潜在危险行为。

【用药指导】 ①禁用于对本品过敏者，失代偿的呼吸功能不全患者，重症肌无力、重症睡眠呼吸暂停综合征患者。②含酒石酸唑吡坦成分的各制剂（舌下片除外）于临睡前使用，不推荐增加夜间服药次数。③治疗时间应尽可能短，最短为数日，最长为4周（包括逐渐减量期），用药需超过4周者应先进行评估。如用药7～10d后未改善，可能预示患者存在原发性身体和（或）精神疾病；如用药期间出现失眠恶化或思维、行为异常，可能由未诊断出的身体和（或）精神疾病所引起。④不推荐唑吡坦与其他镇静催眠药同时服用。用药期间不宜饮酒。⑤用药次日如存在精神运动能力受损（如头晕、困倦、乏力、精神警觉度降低）或用药不足8h，不推荐驾驶、操作机械或从事其他需精神警觉的活动。

【药物商品】 详见表13-5。

【商品信息】 本品为非苯二氮䓬类催眠药中首先面市药物，1988年法国获批上市，1992年美国上市，1995年我国上市，CFDA于2001年5月将唑吡坦列入第二类精神药品管理。目前我国市场上常用的酒石酸唑吡坦商品名有思诺思（赛诺菲制药有限公司）、君乐宁（鲁南制药股份有限公司）、诺宾（江苏豪森药业股份有限公司）等。唑吡坦对原发性、继发性失眠均有良好疗效，与传统的催眠药物（如艾司唑仑、阿普唑仑）治疗效果相当，且不良反应较小，具有一定的经济性。

其他常用镇静催眠药

见表13-5。

表13-5 其他常用镇静催眠药

名称	作用与适应证	药物商品	用药指导
佐匹克隆【典】【医保（乙）】（忆梦返）Zopiclone	短效。口服吸收迅速，达峰时间1.5～2.0h，半衰期约5h。有一定的镇静和肌肉松弛作用，用于失眠症，尤其适用于不能耐受次晨残余作用的患者	片剂	口苦，其他同唑吡坦。第二类精神药品管理
右佐匹克隆【典】【医保（乙）】（艾司匹克隆）Eszopiclone	短效。右佐匹克隆是佐匹克隆的立体异构体，吸收快速完全，达峰时间1.0～1.5h，半衰期6h。用于成人和中老年人暂时性、慢性失眠症，第一个被批准用于长期治疗失眠症的药物	片剂	味觉异常，其他同唑吡坦
扎来普隆【典】【医保（乙）】（安维得）Zaleplon	短效。口服吸收迅速，达峰时间1h，半衰期约1h。适用于入睡困难的失眠症的短期治疗	片剂	镇静、眩晕，剂量相关的记忆障碍，其他同唑吡坦。第二类精神药品管理
司可巴比妥【典】【医保（乙）】（速可眠）Secobarbital	短效。服用后15min左右即能发挥催眠与入睡作用，所以适用于不易入睡的失眠患者，还可用于麻醉前用药及抗惊厥	①胶囊剂。②片剂。③粉针剂	可致依赖性，第一类精神药品管理。严重肝功能不全者禁用，严重肺功能不全患者慎用
异戊巴比妥【典】【医保（乙）】（阿米妥）Amobarbital	中效。主要用于催眠、镇静、抗惊厥（小儿高热惊厥、破伤风惊厥、子痫、癫痫持续状态）以及麻醉前给药	①片剂。②注射剂	可致依赖性，第二类精神药品管理。严重肝功能不全者慎用

案例 13-1

患者男，78岁。因左侧面部麻木伴左眼闭合不全1周，住院治疗。因入睡困难（1~2h方能入睡），给予唑吡坦片10mg，1次/晚口服。4月30日21：00，患者口服唑吡坦片10mg后入睡，22：00护士查房证实其已经入睡。服药3h后，患者起床走入他人病房，向病友询问自己的住处，后在护士帮助下回到自己病房，安然入睡。次晨对前晚发生的事情毫无记忆。第2天晚将唑吡坦片减量为5mg；第3天晨起患者诉晚间睡眠差，上床2h左右方入睡。当晚21：00再次给予唑吡坦片10mg后入睡；第4日凌晨2：00患者走到楼道中，四处张望，看到护士后询问自己身在何处，自己的住所在哪里，后在护士帮助下回到病房睡下；次日晨对所发生事件全然不知。停唑吡坦片，其他治疗不变，未再出现上述症状。

（1）在用药时应告诉患者及家属有发生睡行症的可能，以便随时观察，消除其潜在的危害。

（2）对于老年患者，应从小剂量开始，争取以最小剂量达到最佳疗效。

【本章小结】

1. 目前临床常用的抗精神病药按药理作用可分为两大类。第二代非典型抗精神病药的作用特点相较于第一代而言锥体外系副作用不明显。该类药品通过阻断 D_2 受体、5-羟色胺4型（$5-HT_4$）受体以及 $α_1$ 受体发挥作用，不仅对精神分裂症的阳性症状有效，对阴性症状效果也较好，可有效治疗一些经典抗精神病药无效的患者。

2. 抗抑郁药是能直接或间接增强5-HT能神经和NA能神经功能而振奋精神的药物。目前抗抑郁药类别众多，主要有三环类抗抑郁药（TCA）、选择性5-HT再摄取抑制剂（SSRI）、5-HT及NA再摄取抑制剂（SNRI）、NA及特异性5-HT能抗抑郁药（NaSSA）。根据目前国内外抑郁症药物治疗指南，一般推荐SSRI、SNRI、NaSSA等新一代抗抑郁症药作为首选药物。

3. 常用的苯二氮䓬类药物（BZD）都有抗焦虑作用，同时具有镇静催眠、抗惊厥、抗震颤以及中枢性肌肉松弛的作用。长期应用可产生精神依赖性，大多按精神药品管理。常用的有地西泮、氯硝西泮、劳拉西泮、艾司唑仑、阿普唑仑。丁螺环酮类疗效与BZD相似，副作用比BDZ类小，但肝肾疾病患者禁用。此外抗抑郁药在抗焦虑方面的治疗也日渐广泛。

4. 抗躁狂药有调整情绪稳定作用，防止双相情感障碍的复发。最常用的抗躁狂药是锂制剂。

5. 镇静催眠药是具有广泛的中枢神经系统抑制作用的一类药物。一般小剂量能镇静；中等剂量可催眠；大剂量则产生麻醉、抗惊厥作用。长期使用可产生耐受性和依赖性，突然停药可产生戒断症状，大多属国际管制的精神类药品。常用地西泮、佐匹克隆、咪达唑仑、唑吡坦等。

【思考题】

1. 相较于传统的氯丙嗪等第一代抗精神药物而言，第二代非典型抗精神病药作用的特点和优势是什么？

2. 苯二氮䓬类药物（BZD）类抗焦虑药的作用特点和优劣势？

【处方分析】

患者，男，精神抑郁症，近3周反复咳嗽、咳痰伴咯血，胸部X线片检查诊断为"肺结核"。

处方：多塞平片　0.1g　tid
　　　异烟肼片　0.3g　qd
　　　利福平片　0.45g　qd

请问该处方是否合理？说明原因。

第十四章
心血管系统用药

学习目标

知识目标：
- 掌握心血管系统用药的分类及各类药物的基本经营品种。
- 熟悉抗高血压药的分类、作用特点及抗高血压药的合理使用原则。
- 熟悉抗心律失常药、抗心绞痛药及血脂调节药的分类及作用特点。
- 熟悉抗心力衰竭药的分类及作用特点、用药指导。
- 了解休克的成因及临床用药。

能力目标：
- 学会正确的心血管系统用药指导。

心血管疾病是严重危害人民健康和社会劳动力的重要疾病，发病率高、死亡率高，已成为当今世界及我国人口的第一大死因。据《中国心血管病报告 2018》数据显示，2016 年城乡居民死亡构成比中，心血管病死亡率仍居首位，高于肿瘤及其他疾病。2016 年，农村、城市心血管病死亡占全部死因的比率分别为 45.50％ 和 43.16％，每 5 例死亡中就有 2 例死于心血管病。心血管疾病无论是住院人数还是住院费用，都呈现快速增长态势。随着医疗手段的进步和新型药物的不断出现，患者在得到高水平诊疗和救治的同时，家庭和社会的疾病负担也在不断增加。

数字资源 14-1　知己知彼，你真的了解冠心病吗
数字资源 14-2　硝酸酯类药物，可别傻傻分不清楚
数字资源 14-3　心绞痛防治小知识
数字资源 14-4　给你的心功能打个分吧
数字资源 14-5　降压药，你用对了吗
数字资源 14-6　血脂异常、冠心病与他汀类药物治疗视频
数字资源 14-7　他汀这么多，适合的才是最好的

第一节　抗心绞痛药

> **知识拓展**
>
> **心绞痛（数字资源 14-1）**
>
> 冠状动脉粥样硬化性心脏病简称冠心病，是动脉粥样硬化导致器官病变的最常见类型。心绞痛是冠心病的常见症状，是冠状动脉供血不足，心肌急剧的、暂时的缺血和缺氧所引起的临床综合征。心绞痛的主要病理生理基础是心肌需氧与供氧失去平衡。发作时胸骨后部及心前区出现阵发性压榨性疼痛或闷痛，可放射至左上肢，疼痛历时数分钟。当管腔狭窄＜50％时，心肌供血一般不受影响；管腔狭窄 50％～75％ 时，静息时心肌供血不受影响，但当运动、心动过速或激动时，心脏耗氧量增加，可暂时引起心肌供血不足，引发慢性稳定型（劳力性）心绞痛；当粥样斑块破裂、糜烂或出血，形成血栓堵塞

血管时可引发急性心肌梗死。不稳定型心绞痛是介于稳定型心绞痛和心肌梗死之间的临床状态，包括除稳定型（劳力性）心绞痛以外的初发型、恶化型、劳力性、自发性和变异型心绞痛。

抗心绞痛药可通过降低心肌耗氧量，增加心肌供血及供氧量，恢复心肌氧的供需平衡而发挥其抗心绞痛作用。目前改善缺血、减轻症状的药物主要包括硝酸酯类药物、β受体阻滞药、钙通道阻滞药（calcium channel blocker，CCB）及尼可地尔等。除此之外，冠心病的治疗药物还包括抗血栓药物、血管紧张素转换酶抑制药（ACEI）、血管紧张素Ⅱ受体阻滞药（ARB）和他汀类等药物，详见本章后续章节。

一、硝酸酯类药物

硝酸酯类药物是首选用于抗心肌缺血的血管扩张药，能够通过扩张动脉、静脉降低心脏前、后负荷保护心脏；扩张冠状动脉，增加缺血区心肌供血量，缩小心肌梗死范围；降低心力衰竭发生率和心室颤动发生率。临床上，硝酸酯类药物经常联合负性心率药物如β受体阻滞药或非二氢吡啶类CCB治疗，联合用药作用优于单独用药。

舌下含服或喷雾用短效、速效的硝酸甘油可作为心绞痛发作时缓解症状用药，也可于运动前数分钟使用，以减少或避免心绞痛发作。可间隔5min重复用药，最多3次，如疼痛仍未能缓解可静脉给药。长效硝酸酯药物硝酸异山梨酯或5-单硝酸异山梨酯等用于降低心绞痛发作的频率和程度，并可能增加运动耐量，此类药物不适宜治疗心绞痛急性发作，而适宜慢性长期治疗。每天用药时应注意给予足够的无药间期，以减少耐药性的发生。如劳力性心绞痛患者日间服药、夜间停药，皮肤敷贴片白天敷贴、晚上除去（参见表14-1）。

表14-1 常用硝酸酯类药物（数字资源14-2）

名称	给药途径	起效时间	作用持续时间	剂量	用药指导
硝酸甘油【基】【典】【医保(甲,乙)】Nitroglycerin	舌下含服	2~3min	20~30min	0.3~0.6mg/次，最大1.5mg，5min后可重复含服	①可能出现头痛、头晕、低血压。②避免用于严重低血压、贫血、机械性梗阻性心力衰竭、外伤性及出血性颅内高压者；其有眼压升高作用，青光眼患者慎用。③舌下含服需保证舌下黏膜湿润。④舌下重复含服最多不超过3次；服间隔应在每日8~12h以上以免耐药
	喷剂	2~3min	20~30min	0.4mg/次舌下喷用，5min后可重复含服	
	透皮贴剂	30~60min	8~12h	5~10mg/次	
	静脉给药	立即	连续静脉滴注12~24h即产生耐药	5~200mg/min	
硝酸异山梨酯【基】【典】【医保(甲,乙)】Isosorbide Dinitrate	舌下含服	3~5min	1~2h	2.5~15mg/次，5~10min后可重复含服	
	平片	15~40min	4~6h	5~80mg/次，bid~tid	
	缓释制剂	60~90min	10~14h	40mg/次，qd~bid	
	静脉给药	立即	连续静脉滴注12~24h即产生耐药	1.25~5.0mg/h，bid	
单硝酸异山梨醇酯【基】【典】【医保(甲,乙)】Isosorbide Mononitrate	平片	30~60min	3~6h	10~20mg/次，bid	
	缓释制剂	30~60min	10~14h	30~60mg/次，qd	

硝酸甘油【典】【基】【医保(甲,乙)】　Nitroglycerin

【商品名或别名】　耐较咛。

【性状】　近无色不透明油状液体,有穿透性香甜味。微溶于水,易溶于乙醇。

【作用及适应证】　可直接松弛血管平滑肌特别是小血管平滑肌,使外周血管扩张,以扩张静脉为主,使回心血量减少,从而降低心脏的前、后负荷,降低心肌耗氧量。对冠状动脉也有明显的舒张作用,并能促进侧支循环的形成,增加心肌缺血区的血流量,保护缺血的心肌细胞,减轻缺血损伤。用于预防和治疗心绞痛和心肌梗死,还可用于降低血压或治疗充血性心力衰竭。

【不良反应】　①常见的有头痛、面色潮红、心率反射性加快和低血压,以应用短效硝酸甘油时最为明显。②对此类药物降压效应特别敏感者,可出现恶心、呕吐、无力、出汗、苍白和虚脱等。

【用药指导】　①对于急性发作,首选舌下含服或口腔内喷雾,若5min未显著好转,可追加剂量,若连续使用2次仍不能缓解,应尽快静脉滴注硝酸甘油。②如舌下黏膜明显干燥需用水湿润,否则含化无效。③含服时应尽可能取坐位,以免加重低血压反应。第1次含服硝酸甘油时,应特别注意发生直立性低血压的可能。④对心绞痛发作频繁者,可在用力大便或劳动前5~10min预防性含服。⑤对有机硝酸酯类过敏者禁用本品。早期心肌梗死、严重贫血、颅内压升高患者及已知对硝酸甘油高度敏感者,禁用本品。正在服用磷酸二酯酶-5抑制药(如西地那非等)者,24h内不能应用硝酸甘油等硝酸酯类药物,避免引起低血压,危及患者生命安全。⑥硝酸甘油含片有效期较短,须避光保存于密闭的棕色小玻璃瓶中,3个月更换一次。

【药物商品】　①硝酸甘油片剂。含于舌下。②硝酸甘油气雾剂。口腔舌下黏膜喷射。③硝酸甘油贴膜。将贴膜贴于左前胸皮肤,每次1张,每日1次。④硝酸甘油注射剂。静脉注射。

【商品信息】　本品临床应用已有130余年历史,可用于各型心绞痛治疗,迄今仍然是应用最广泛、最常用的一线抗心绞痛药物,为常规急救用药。由于本品在心绞痛的治疗中无法替代,加之价格低廉,使用方便,疗效确切,随着喷雾剂、贴膜剂等新剂型的出现,其市场发展始终保持平稳增长的态势。

【贮存】　原料、片剂及注射液遮光,密封,在阴凉处保存。片剂应放置于深色瓶内。

二、β受体阻滞药

β受体阻滞药能够抑制心脏β受体,减慢心率,减弱心肌收缩力,降低血压,减少心肌耗氧量和心绞痛发作,增加运动耐量。β受体阻滞药尤其适用于伴快速型心律失常、冠心病、慢性心力衰竭、主动脉夹层、交感神经活性增高以及高动力状态的高血压患者。伴严重心动过缓和高度房室传导阻滞、窦房结功能紊乱、明显支气管痉挛或支气管哮喘者禁用β受体阻滞药。外周血管疾病及严重抑郁均为应用β受体阻滞药的相对禁忌证。慢性肺源性心脏病患者可谨慎使用高度选择性$β_1$受体阻滞药。如无禁忌证,β受体阻滞药应作为稳定型心绞痛的初始治疗一线药物。

目前用于治疗心绞痛的β受体阻滞药有多种,给予足够剂量均能有效预防心绞痛发作。根据β受体阻滞药的作用特性不同将其分为3类。①选择性$β_1$受体阻滞药:特异性阻断$β_1$受体,对$β_2$受体的影响相对较小,是临床常用的β受体阻滞药。常用药物为美托洛尔、比索洛尔、阿替洛尔、艾司洛尔等。②非选择性$β_1$受体阻滞药:竞争性阻断$β_1$和$β_2$受体,导致对糖脂代谢和肺功能的不良影响;阻断血管上的$β_2$受体,相对兴奋α受体,增加周围动脉血管阻力。常用药物为普萘洛尔,目前已较少应用。③非选择性β受体阻滞药:可同时作用于β和α₁受体，具有扩张外周血管的作用，常用药物为阿罗洛尔和拉贝洛尔（参见表14-2）。

无固定狭窄的冠状动脉痉挛造成的缺血，如变异型心绞痛，不宜使用β受体阻滞药，此时CCB是首选药物。推荐使用无内在拟交感活性的β受体阻滞药。β受体阻滞药的使用剂量应个体化，应由较小剂量开始，逐渐增加，当达到静息心率55～60次/分时维持当前剂量。

表14-2 常用β受体阻滞药

类别	药品名称	起始剂量	目标剂量	达峰时间	半衰期	用药指导
非选择性β₁受体阻滞药	普萘洛尔（心得安）Propranolol	5～10mg/次，tid～qid	200mg/次，tid～qid	1～1.5h	2～3h	①支气管哮喘、严重心动过缓、房室传导阻滞；重度心力衰竭、急性肺水肿禁忌 ②可能掩盖甲状腺功能亢进和低血糖表现 ③长期应用者避免突然停药，在1～2周内逐渐减量
选择性β₁受体阻滞药	美托洛尔 Metoprolol	酒石酸美托洛尔片：12.5～25mg/次，bid。琥珀酸美托洛尔缓释片：47.5mg/次，qd	50～100mg/次，bid 47.5～190mg/次，qd	1～2h 3～7h	3～4h 12～24h	
	比索洛尔 Bisoprolol	2.5mg/次，qd	2.5～10mg/次，qd	3～4h	10～12h	
	阿替洛尔 Atenolol	6.25～12.5mg/次，qd	25～50mg/次，qd	2～4h	6～10h	
α₁和β受体阻滞药	拉贝洛尔 Labetalol	100mg/次，bid	200～400mg/次，bid	1～2h	5.5h	
	阿罗洛尔 Arotinolol	5mg/次，bid	5～15mg/次，bid	2h	10～12h	

美托洛尔【典】【基】【医保(甲,乙)】 Metoprolol

【商品名或别名】 倍他乐克，美多心安。

【性状】 为白色或类白色的结晶性粉末；无臭，味苦。在水中极易溶解。

【作用及适应证】 为选择性的β₁受体阻滞药，无内在拟交感活性，有较弱的膜稳定作用。对心脏有较大的选择性，但较大剂量时对血管及支气管平滑肌也有作用。本品可减慢心率，减弱心肌收缩力，减少心排血量，降低收缩压。用于治疗各型高血压、心绞痛、心律失常、心肌梗死和心力衰竭、肥厚型心肌病。也可用于治疗甲状腺功能亢进和预防偏头痛。

【不良反应】 ①心血管系统：如心率减慢、传导阻滞、血压降低、心衰加重。出现肢端循环障碍如四肢冰冷、发绀、脉搏不能触及、雷诺现象等。②本药脂溶性高，易于通过血脑屏障，疲乏、眩晕、抑郁等较常见，其他如头痛、多梦、失眠等，偶见幻觉。③消化系统反应如恶心、胃痛、便秘、腹泻，因不严重，很少影响用药。④其他：气短、关节痛、瘙痒、腹膜后腔纤维变性、耳聋、眼痛等。

【用药指导】 ①服用本品期间，应经常检查心率、血压。②冠心病患者使用本品不宜突然停药。③显著窦性心动过缓、房室传导阻滞、低血压、急性心力衰竭及心源性休克时禁用。④糖尿病患者、哮喘患者、孕妇及肝、肾功能不全者慎用。

【药物商品】 ①酒石酸美托洛尔片（及缓释片）。②琥珀酸美托洛尔片（及缓释片）。该药普通片应空腹服用，因为进餐时服药使其生物利用度增加40%。所有缓释片或控释片严禁嚼碎或压碎后服用，但注意其琥珀酸盐缓释片为膜控型缓释微丸压制而成，不可随意掰碎，但可正确沿片剂表面刻痕分割，而其酒石酸盐缓释片属骨架型缓释片，不可掰开服用。其缓释剂型生物利用度不受食物影响，但宜固定时间如早晨服用。③酒石酸美托洛尔注射液。

【商品信息】 目前国内临床使用的多为无锡阿斯利康公司的倍他乐克品牌产品[酒石酸美托洛尔片（及缓释片）、琥珀酸美托洛尔片（及缓释片）]，该药应用范围广，是目前世界心血管药物市场上销量最好的β受体阻滞药。

【贮存】 遮光密闭保存。

三、钙通道阻滞药

本节介绍的选择性钙通道阻滞药（CCB）通过抑制L-型钙离子通道，通过阻滞Ca^{2+}内流，降低细胞内Ca^{2+}浓度，主要对心血管方面产生影响，对心脏产生负性变时、变力、变传导作用，对血管平滑肌产生松弛舒张作用，对血小板聚集和内部活性物质释放也有一定抑制作用。非选择性钙通道阻滞药如氟桂利嗪等参见第十二章第四节。

该类钙通道阻滞药分为二氢吡啶类和非二氢吡啶类，均可用于心绞痛治疗（见表14-3）。CCB通过改善冠状动脉血流和减少心肌耗氧量发挥缓解心绞痛的作用，是变异型心绞痛或以冠状动脉痉挛为主的心绞痛的一线治疗药物。

表 14-3 常用 CCB 类药物

类别	名称	剂型	起始剂量	目标剂量	达峰时间	半衰期	用药指导
二氢吡啶类	硝苯地平 Nifedipine	平片	10mg/次, tid	10~30mg/次, tid	0.5~1h	1.7~3.4h	①可出现头痛、面部潮红、血管源性水肿、便秘、心功能恶化、心动过缓 ②非二氢吡啶类CCB可导致：房室分离、房室传导阻滞、心动过缓、窦房结功能障碍 ③短效二氢吡啶类CCB药物存在增加心血管意外风险 ④失代偿性心力衰竭患者禁用二氢吡啶类CCB
		缓释片	10mg/次, bid	10~20mg/次, bid	1.6~4h	1.7~3.4h	
		控释片	30mg/次, qd	30~60mg/次, qd	6~12h	1.7~3.4h	
	氨氯地平 Amlodipine	平片	2.5mg/次, qd	2.5~10mg/次, qd	6~12h	35~50h	
	左氨氯地平 Levamlodipine	平片	2.5mg/次, qd	2.5~5mg/次, qd	6~12h	35~50h	
	拉西地平【典】 Lacidipine	平片	4mg/次, qd	4~8mg/次, qd	0.5~1.5h	8~10h	
	非洛地平 Felodipine	缓释片	2.5mg/次, qd	2.5~10mg/次, qd	2.5~5h	10~22h	
	尼群地平 Nitrendipine	平片	10mg/次, qd	20mg/次, bid	1.5h	10~22h	
	尼莫地平 Nimodipine	平片	40mg/次, tid	40~240mg/次, tid	—	—	
非二氢吡啶类	地尔硫䓬 Diltiazem	平片	30mg/次, bid~tid	30~90mg/次, bid~tid	1~2h	3.5h	
		缓释片	90mg/次, qd	90mg/次, qd~bid	6~11h	3.5h	
	维拉帕米 Verapamil	平片	120mg/次, qd~bid	120~240mg/次, qd~bid	5~7h	12h	

CCB常见不良反应包括心悸、低血压、面红、头痛及下肢水肿等，有时还会出现牙龈增生。当稳定型心绞痛合并心力衰竭必须应用长效CCB时，可选择氨氯地平或非洛地平等。β受体阻滞药和长效CCB联用比单药更有效。此外，两药联用时，β受体阻滞药还可减轻二氢吡啶类CCB引起的反射性心动过速。非二氢吡啶类CCB地尔硫䓬或维拉帕米可作为对β受体阻滞药有禁忌患者的替代治疗，但非二氢吡啶类CCB和β受体阻滞药的联用能使传导阻滞和心肌收缩力的减弱更明显，需特别警惕。老年人、已有心动过缓或左心室功能不良患者应避免联用。

硝苯地平【典】【基】【医保(甲,乙)】　Nifedipine

【商品名或别名】 心痛定，硝苯吡啶，拜新同，伲福达。

【性状】 黄色结晶性粉末；无臭，无味。不溶于水，遇光不稳定。

【作用及适应证】 二氢吡啶类钙通道阻滞药，抑制心肌和血管平滑肌细胞 Ca^{2+} 内流，松弛血管平滑肌，同时能扩张冠状动脉，增加冠脉血流量，使外周血管阻力降低，血压下降，降低心肌耗氧量，提高心肌对缺血的耐受性。对心脏传导系统无明显影响。常用于防治心绞痛及各型高血压。

【不良反应】 不良反应轻微，常见面部潮红、心悸、窦性心动过速、头痛、头晕。少见有舌根麻木、口干、恶心、食欲缺乏、牙龈肿胀、低血压等。长期服用可引起水钠潴留，表现为踝部水肿。

【用药指导】 ①用药期间需监测血压，尤其合用其他抗高血压药如β受体阻滞药时。②妊娠20周内妇女禁用。心源性休克患者禁用。低血压者慎用。③和硝酸盐类一样，在使用过程初期出现头痛等症状，一部分人继续用药后可消失。但头痛剧烈或继续用药头痛不消失者应停药。

【药物商品】 ①硝苯地平片。②硝苯地平缓释片。③硝苯地平控释片。

【商品信息】 本品最早由德国拜耳公司研发，是短效类CCB的经典代表，国内生产厂家众多。硝苯地平因过度降低血压和增快心率作用，除治疗高血压急症时舌下含服其普通片外，目前普通片已较少使用，而多选用其缓释或控释制剂，特别适用于心动过缓和合并高血压的冠状动脉痉挛综合征。相比其他CCB药品，其价格较低，仍占有一定优势。

【贮存】 原料及片剂遮光，密封保存。

四、其他抗心肌缺血药物

尼可地尔【典】【基】【医保(甲)】（喜格迈、瑞科喜）Nicorandil 该药具有ATP敏感性钾通道开放和类硝酸酯类双重作用机制，其冠状动脉扩张作用与KATP通道开放及鸟苷酸环化酶有关。与硝酸酯类药物相比，通过双重冠状动脉扩张作用，在增加冠状动脉血流量的同时不影响血压、心率及心脏传导系统，无耐药性，给药后24h持续有效，与硝酸酯类无交叉耐药，头痛发生率低（仅3.6%）。与硝酸酯类药物不同的是，尼可地尔还可治疗冠状动脉微循环障碍。由于其作用机制与目前的抗心绞痛药物不同，当其他药物疗效不佳时可与之联用。禁用于心源性休克、伴左心衰竭、低血压、青光眼及严重的肝肾功能障碍和特异性体质的患者。正在服用磷酸二酯酶-5抑制药治疗勃起障碍（如西地那非、伐地那非、他达拉非）的患者禁用。常用剂量为5~10mg/次，每日3次。本药目前作为抗心肌缺血的首选治疗药物之一。药物商品主要有尼可地尔片：每片5mg。原料及片剂遮光，密封保存。

案例 14-1

患者，女，50岁，因心前区疼痛到医院就诊，诊断为冠心病心绞痛，给予硝酸异山梨酯等药治疗，病情明显好转，但近日偶于夜间睡眠时出现心前区疼痛。目前服药为硝酸异山梨酯（10mg，tid）、阿司匹林片（50mg，qd）。

诊疗策略

患者安静状态下，无诱因出现心前区疼痛，一般是由于冠状动脉痉挛所致，而冠状动脉痉挛引起的自发性心绞痛，首选药物为钙通道阻滞药，故该患者应加用硝苯地平。

数字资源14-3。

第二节 抗心律失常药

> **知识拓展**
>
> **心律失常**
>
> 心律失常是指心脏冲动的频率、节律、起源部位及冲动传导的异常,临床分为缓慢型心律失常和快速型心律失常两大类。前者包括窦性心动过缓、窦性停搏、窦房传导阻滞、各种逸搏、房室传导阻滞等。后者则包括窦性心动过速、各种早搏、室上性和室性心动过速、心房扑动、心房颤动、心室扑动、心室颤动等。引起心律失常的原因是多方面的,而冠心病、风湿性心脏病、心肌炎等心脏疾病是引起心律失常的主要原因。另外甲状腺功能亢进症、电解质紊乱及正常人过量抽烟、饮酒、情绪激动等,均可诱发心律失常。

心率是指单位时间内心脏搏动的次数,一般指每分钟的心跳次数。正常成年人安静时的心率平均在75次/分左右(60~100次/分)。按心律失常的频率快慢可以分为缓慢型与快速型心律失常,前者一般选择增强心肌自律性和(或)加速传导的药物,如异丙肾上腺素或阿托品类药物。本节主要介绍抗快速型心律失常的药物,临床上常用的有下列四大类。

Ⅰ类:钠通道阻滞药(膜稳定药)。能阻滞钠通道,抑制0相去极化,延缓复极过程。根据作用特点本类又分为三个亚类。ⅠA类:适度阻滞钠通道,对0相去极化与复极过程抑制作用均较强,如奎尼丁、普鲁卡因胺等。ⅠB类:轻度阻滞钠通道,对0相去极化与复极过程抑制作用均较弱,如利多卡因、苯妥英钠、美西律、莫雷西嗪等。ⅠC类明显阻滞钠通道,明显抑制0相去极化上升速度并轻度延长复极时间,减慢传导性的作用最为明显,如普罗帕酮、氟卡尼等。

Ⅱ类:β受体阻滞药。通过阻断β受体而起作用,减慢心率,如普萘洛尔、美托洛尔等(参见本章第1节)。

Ⅲ类:延长动作电位时程药,属此类的有胺碘酮、伊布利特、索他洛尔等。

Ⅳ类:钙通道阻滞药,阻滞钙通道而抑制Ca^{2+}内流,降低窦房结的自律性,减慢房室结的传导性,如维拉帕米、地尔硫䓬等(参见本章第一节)。

美西律【典】【基】医保(甲) Mexiletine

【商品名或别名】 慢心律,脉律定,脉舒律,Mexitil。

【性状】 常用其盐酸盐,为白色或类白色结晶性粉末;几乎无臭,味苦。易溶于水。

【作用及适应证】 属ⅠB类抗心律失常药,可以抑制心肌细胞钠离子内流,降低动作电位0相除极速度,缩短浦肯野纤维的有效不应期。具有局麻、抗惊厥及抗心律失常作用。用于室性心律失常,如室性早搏、室性心动过速、急性心肌梗死和洋地黄中毒引起的心律失常。特别适用于顽固的心律失常患者长期口服用药。

【不良反应】 不良反应较多,常见有头痛、震颤、复视、共济失调、皮疹以及恶心、呕吐等胃肠道反应。大剂量也可出现心率减慢、血压下降和房室传导阻滞。静注给药不良反应发生率更高,可致窦性停搏等。故已基本不用静脉给药。

【用药指导】 ①用药期间要注意测血压及心率。②本药可透过胎盘屏障并向乳汁移行,本品90%在肝脏代谢,10%以原型从尿液排泄。故孕妇、哺乳期妇女及肝、肾功能不全者慎用。③低血压、室内传导阻滞、严重心动过缓慎用。④心源性休克、二度或三度房室传导阻滞者禁用。

【药物商品】 ①盐酸美西律片（胶囊）。②盐酸美西律注射液。

【商品信息】 ①本品由美国 Bechringel 公司开发。原是一个局部麻醉和抗惊厥药，1972年发现其具有抗心律失常作用，许多方面作用显著优于利多卡因。②在本类药品中美西律占据第二的主导地位，但其销售金额将呈现出逐步下降的趋势。③主要生产厂家有德国勃林格殷海姆公司、上海九福药业有限公司、北京益民制药厂等。

【贮存】 原料及片剂密封保存；胶囊遮光，密封保存；注射液密闭，在凉暗处保存。

普罗帕酮【典】【基】【医保(甲)】 Propafenone

【商品名或别名】 心律平，丙胺苯丙酮，悦复隆。

【性状】 常用其盐酸盐，为白色的结晶性粉末；无臭，味苦。极微溶于水。

【作用及适应证】 属ⅠC类的抗心律失常药。本品还有较弱的β受体阻滞作用及微弱的钙拮抗作用，具有与普鲁卡因相似的局部麻醉作用。本药为广谱抗心律失常药，用于室性及室上性异位搏动、心动过速、预激综合征及缺血性和难治性心律失常。

【不良反应】 ①不良反应少，常见的有口干、舌唇麻木，可能由于其局麻作用所致。此外有头晕、头痛、闪耀，其后出现恶心、呕吐、便秘等胃肠道不良反应。②出现房室传导阻滞，并可使原有的心律失常或心力衰竭加重。

【用药指导】 ①严重心力衰竭、心动过缓、房室传导阻滞患者禁用。②孕妇、哺乳期妇女、肝肾功能不全者慎用。③由于其局麻作用，宜在饭后或与食物同时吞服，不得嚼碎。

【药物商品】 ①普罗帕酮片剂。②普罗帕酮注射液。

【商品信息】 本品由联邦德国基诺公司开发。具有疗效确切、起效迅速、作用持久、毒副作用小等特点，是临床最常用的抗心律失常药物之一。对冠心病、高血压引起的心律失常也有较好疗效。

【贮存】 原料与片剂遮光，密封保存；注射剂遮光，密闭保存。

索他洛尔【典】【基】【医保(乙)】 Sotalol

【性状】 常用其盐酸盐，白色结晶。

【作用及适应证】 本药兼有Ⅱ类和Ⅲ类抗心律失常药物特性，既是非心脏选择性、无内在拟交感活性类的β受体阻滞药，有$β_1$和$β_2$受体阻滞作用，同时能延长心肌动作电位、有效不应期，抑制窦房结、房室结传导时间，并延长房室旁路的传导。本药列入Ⅲ类抗心律失常药物的范围内。可一线用于预防心房颤动复发，对于室性心律失常、房性早搏、房性心动过速也有较好疗效，也可用于植入型心律转复除颤器术后的长期辅助治疗。

【不良反应】 与阻滞β受体相关的心动过缓、低血压、支气管痉挛。本品可有疲劳、呼吸困难、虚弱、头晕、恶心、呕吐、皮疹等。本品严重的不良反应是致心律失常作用，严重时可出现扭转型室性心动过速、多源性室性心动过速、心室颤动等，多与剂量大、低钾、Q-T 间期延长、严重心脏病变等有关。

【用药指导】 ①用药前及用药过程要查电解质，注意有无低钾、低镁，需及时纠正。②用药过程需注意心率及血压变化。③监测心电图 Q-T 期变化，Q-T 间期延长是发生严重心律失常，特别是尖端扭转型室速的危险因素，Q-T 间期＞500ms 应停药。④肾功能不全，需慎用或减量。孕妇、哺乳妇女慎用。

【药物商品】 ①盐酸索他洛尔片。②盐酸索他洛尔注射液。

【商品信息】 本品 1974 年首次在英国上市，由最初用于高血压治疗转向抗心律失常治疗，临床广泛使用，疗效确切。索他洛尔是一个兼有Ⅱ类和Ⅲ类抗心律失常作用的药物。适应证涵盖多种室性心律失常、心房扑动和心房颤动等，相较于其他Ⅲ类抗心律失常药物，其长期用药的安全性良好。

【贮存】 原料与片剂遮光，密封保存；注射剂遮光，密闭保存。

胺碘酮【典】【基】【医保(甲)】 Amiodarone

【商品名或别名】 可达龙,安律酮,Atlansil,Cordarone。

【性状】 常用其盐酸盐,为白色至微带黄白色结晶性粉末;无臭,无味。几不溶于水。

【作用及适应证】 属Ⅲ类抗心律失常药。本品为广谱抗心律失常药,用于各种室性和室上性心律失常,包括各种早搏、心房扑动与颤动、室性和室上性心动过速、预激综合征等,也可用于伴有充血性心力衰竭和急性心肌梗死的心律失常患者。还可用于冠心病。

【不良反应】 ①常见如胃肠道不良反应如便秘、恶心、呕吐、食欲下降、腹胀、腹痛等。②心血管系统不良反应主要见于长期大剂量使用和伴有低血钾时,如心动过缓、房室传导阻滞及 Q-T 间期延长,偶尔发生尖端扭转型室性心动过速。③出现甲亢或甲状腺功能减退,部分患者停药后数月可消退,少数需进行干预治疗。④光过敏,角膜色素沉着。⑤肺纤维化(300mg/d 以下很少发生)。

【用药指导】 ①宜饭后服或与食物(特别是奶)同服。②长期服药者应定期做 T_3、T_4 测定。③用药期间应监测血压及心率,定期复查心电图。④长期服药者尽可能保持最小有效维持量,定期复查肺片。⑤服药期间,皮肤对光敏感性增强,在户外活动时应注意遮阳保护。⑥甲状腺功能异常、碘过敏史的患者及房室传导阻滞及心动过缓者禁用。⑦本品服用4～5天作用开始,5～7天达最大作用,有时可在1～3周才出现。停药后作用可持续8～10天,偶可持续45天。故停药后换用其他抗心律失常药时应注意相互作用。

【药物商品】 ①片剂(胶囊)。②注射液。

【商品信息】 专家指南建议Ⅰ类抗心律失常药物不适于应用在有器质性心脏病(特别是心肌梗死、心力衰竭)患者,而此类患者又是心律失常高发人群,这类患者主要选择Ⅲ类抗心律失常药物。本品由法国赛诺菲-圣德拉堡公司开发,是国内最常用的Ⅲ类抗心律失常药物,但由于心外毒副作用发生率高,限制了其长期应用。

【贮存】 原料及片剂胶囊遮光,密封保存;注射液遮光,密闭保存。

维拉帕米【典】【基】【医保(甲,乙)】 Verapamil

【商品名或别名】 异搏定,异搏停。

【性状】 常用其盐酸盐,为白色粉末;无臭。可溶于水。

【作用及适应证】 属第Ⅳ类抗心律失常药,为钙通道阻滞药。抑制跨膜 Ca^{2+} 内流,可降低心脏舒张期自动去极化速率,使窦房结发放冲动减慢,自律性降低,传导减慢。对心肌收缩力有抑制作用,松弛血管平滑肌,使血管扩张,血压下降,可扩张冠状动脉。用于房性早搏、室上性心动过速、心房扑动和颤动,心绞痛及高血压患者的心律失常。

【不良反应】 常见眩晕、头痛、恶心、呕吐、便秘、口干、腹胀、踝部水肿。静脉给药可致窦性心动过缓、低血压和心脏传导阻滞。

【用药指导】 ①禁用于心力衰竭、房室传导阻滞、心源性休克、低血压、严重窦房结病变、预激综合征合并心房扑动或颤动者及孕妇。②服药期间,应经常检查心率、血压。③不宜与β受体阻滞药合用。④与地高辛合用可使后者的血药浓度升高,应适当调整剂量。

【药物商品】 ①维拉帕米片。②维拉帕米缓释片。③维拉帕米注射液。

【商品信息】 本品由联邦德国基诺公司、美国 Elan 公司开发,国内1980年生产。本品对阵发性室上性心动过速最有效,对预激综合征并发室上性心动过速疗效亦佳,在临床上具有较好的抗快速型心律失常作用,对高血压和冠心病也有一定的疗效。

【贮存】 原料及片剂密封保存;注射液遮光,密闭保存。

其他抗心律失常药

见表 14-4。

表 14-4　其他抗心律失常药

名称	适应证	药物商品	用药指导
奎尼丁【典】【医保(甲)】 Qunidine	ⅠA类抗心律失常药,广谱抗心律失常药。主要用于阵发性心动过速、心房颤动和期前收缩	片剂	因其不良反应较多,宜在其他药物无效时再用;一般剂量可有胃肠道反应,较大剂量则可引起"金鸡纳反应"。严重时可出现精神症状,重度房室传导阻滞,尖端扭转型室性心动过速或室颤。强心苷中毒,高血钾,心衰或低血压患者应慎用或禁用
普鲁卡因胺【典】 Procainamide	ⅠA类抗心律失常药,作用与奎尼丁相似,但较弱。静脉注射抢救危急患者时较奎尼丁安全	①片剂 ②注射液	常见胃肠道反应。少数患者可出现红斑狼疮样综合征。大剂量引起房室传导阻滞、心脏停搏或尖端扭转型室性心动过速与室颤,但较奎尼丁少见
利多卡因【典】【基】【医保(甲,乙)】 Lidocaine	ⅠB类抗心律失常药,作用同美西律	注射剂	高度房室传导阻滞、严重病窦综合征、肝功能不全者禁用
莫雷西嗪【典】【基】【医保(甲)】 Moricizine	ⅠB类抗心律失常药,口服主要用于室性心律失常,包括室性早搏及室性心动过速	片剂	常见不良反应如头晕、口干、胃肠不适等,致心律失常发生率3.7%。心源性休克与过敏者、严重房室传导阻滞及双束支传导阻滞且无起搏器者禁用
伊布利特【典】【基】【医保(乙)】 Ibutilide	Ⅲ类抗心律失常药,注射液适用于近期发作的房颤或房扑,对持续时间超过90天的心律失常患者的疗效还未确定	注射液:富马酸伊布利特注射液	伊布利特心脏以外的不良反应小,其最重要的不良反应是发生尖端扭转型室性心动过速,用药过程中进行严密的监测

案例 14-2

患者,男,50岁,1个月前患急性心肌梗死合并阵发性心房颤动,当时给予胺碘酮等药治疗,病情控制很好。期间曾因停用胺碘酮使心房颤动复发,后又继续小剂量使用。但近日患者多汗、烦躁,查血发现T_3、T_4增高,考虑为甲亢。初步诊断:①急性心肌梗死合并阵发性心房颤动。②甲状腺功能亢进。目前服用药物为硝酸异山梨酯片10mg(tid)、阿司匹林片75mg(qd)、洛伐他汀片10mg(qn)、胺碘酮片0.2g(qd)。

诊疗策略

该患者为急性心肌梗死合并阵发性心房颤动,在用药过程中出现甲亢。胺碘酮对心房颤动有较好的疗效,但长期服用可引起甲状腺功能亢进或减退。目前该患者应停用胺碘酮,换用β受体阻滞药美托洛尔,该药可减慢心房颤动时的心室率,近来的研究表明,对于心房颤动的治疗,减慢心室率其预后与经复律后维持窦律者并无显著差别,而且β受体阻滞药是心肌梗死二级预防的常规用药,能降低心肌梗死后猝死发生率、再梗死率和总死亡率。

第三节　抗心力衰竭药

> **知识拓展**
>
> **心力衰竭（数字资源 14-4）**
> 心力衰竭（以下简称心衰）是多种原因导致心脏结构和（或）功能的异常改变,使

第十四章　心血管系统用药

心室收缩和（或）舒张功能发生障碍，从而引起的一组复杂的临床综合征，主要表现为呼吸困难、疲乏及液体潴留（肺淤血、体循环淤血及外周水肿）等。心衰的病理生理机制主要是血流动力学障碍和神经内分泌系统的异常激活，其中神经内分泌系统则主要是交感神经系统和肾素-血管紧张素-醛固酮系统（renin-angiotensin-aldosterone system，RAAS）的异常激活，参与并促进心肌重构，是心衰不断进展恶化的基础。冠心病所致心肌缺血、梗死及瘢痕形成是引起心衰的最常见原因，约占46.8%。

根据《中国心血管病报告2018》，中国35～74岁人群慢性心衰患病率为0.9%，其中男性0.7%，女性1.0%，北方（1.4%）高于南方（0.5%），城市（1.1%）高于农村（0.8%），住院心衰患者病死率为5.3%。心衰是各种心血管事件的最终结果和各种心脏异常的累积效应，最终导致心脏泵功能下降。心血管患者一旦出现心衰的临床表现，提示预后差。心衰越重，死亡风险越高。与欧美国家相比，我国心衰疾病的防治形势更为严峻，已经成为我国解决心血管疾病所面临的主要挑战。本类药品在药品市场中所占的份额非常大，主要类别如下。

1. 利尿药

心衰时，心排血量减少及神经-内分泌系统过度激活是水钠潴留的重要病理生理基础。利尿药促进尿钠排泄，消除水钠潴留，有效缓解心衰患者呼吸困难及水肿症状，改善心功能和运动耐量。对于有液体潴留的心衰患者，利尿药是唯一能充分控制和有效消除液体潴留的药物，是心衰标准治疗中必不可少的组成部分。具体药物参见第十七章第一节利尿药。

2. RAAS抑制药

RAAS在心室重塑和心衰的发展过程中具有重要作用。RAAS的激活情况与心衰的严重程度相关。RAAS激活对于短期维持循环稳态具有关键作用。然而，RAAS的持久激活却导致心脏功能和心脏重构的进行性恶化、肾脏及其他器官损伤。

（1）ACEI ACEI不但可以扩张血管、改善心衰症状，而且更重要的是降低心衰患者代偿性神经-体液的不利影响，限制心肌、小血管的重塑，以达到维护心肌的功能，推迟充血性心力衰竭的进展，降低远期死亡率的目的。ACEI是被大量循证医学证据证实能降低心衰患者病死率的第一类药物，被公认是治疗心衰的基石和首选药物。具体药品参见本章第四节抗高血压药。

（2）ARB 在血流动力学方面的作用与ACEI类似，可以降低肺毛细血管楔压及平均肺动脉压，减轻全身血管阻力，降低前负荷，增加心排血量。推荐用于不能耐受ACEI的患者。具体药品参见本章第四节抗高血压药。

3. β受体阻滞药

交感神经兴奋性增强是心衰时机体的重要适应机制之一。心脏交感神经兴奋可产生正性的变时、变力、变传导作用，即心率加快、心肌收缩力加强、房室传导加速。但持续、过度的交感神经系统激活对心脏、肾脏及血管功能均产生不利影响。β受体阻滞药可拮抗过高的交感神经活性，从而减慢心率、减少心肌耗氧量，改善心功能，延缓病变进展，降低死亡率。目前已被推荐作为治疗慢性心力衰竭的常规用药。具体药品参见本章第一节。

4. 醛固酮受体拮抗药

醛固酮对心肌重构，特别是促进心肌细胞外基质纤维增生的影响是独立和叠加于AngⅡ的。心衰患者的醛固酮生成及活化增加与心衰严重程度成正比。醛固酮受体拮抗剂螺内酯（参见第十七章第一节利尿药）具有防止心肌纤维化与心室重塑、抗心律失常作用，从而发挥心血管保护作用，降低慢性心衰患者病死率。

5. 正性肌力药物

此类适用于低血压（收缩压＜90mmHg）和（或）组织器官低灌注的患者。短期静脉应用正性肌力药物可增加心排血量，升高血压，缓解组织低灌注，维持重要脏器的功能。

（1）强心苷类（洋地黄类）药物　本类药物是 Na^+-K^+-ATP 酶抑制药，发挥正性肌力作用，降低交感神经兴奋性，该类药物还能延缓房室传导抑制肾脏的 Na^+-K^+-ATP 酶，使肾脏分泌肾素减少。可轻度增加心排血量、降低左心室充盈压及改善症状。主要适应证是房颤伴快速心室率（＞110次/分）的急性心衰。以洋地黄类药物为主的强心苷能增强心肌收缩力，增加心排血量，减慢心率，降低心肌耗氧量，从而控制心衰症状。根据它们对心脏作用的快慢、长短不同分为慢效如洋地黄毒苷、中效如地高辛、速效如去乙酰毛花苷等。强心苷的安全范围小，治疗量与中毒量较为接近，属毒性药品，必须遵从医嘱用药。

（2）非强心苷类药物　急性心力衰竭常用缩血管药物如多巴胺、多巴酚丁胺、去甲肾上腺素等，通过兴奋心脏 β_1 受体产生正性肌力作用，正在应用 β 受体阻滞药的患者不推荐使用。具体参见本章第五节。

磷酸二酯酶抑制药通过抑制环磷酸腺苷（cAMP）降解，升高细胞内 cAMP 浓度，增强心肌收缩力，同时有直接扩张血管的作用，能降低心脏前后负荷，改善心功能。主要药物为米力农、氨力农。短期应用对难治性心衰和慢性心衰加重期有积极作用。

6. 其他

扩血管药常用的有硝酸甘油、硝普钠等。该类药物主要是通过扩张血管来减轻心脏负荷，改善心功能。常用于急性心力衰竭。

本节重点介绍正性肌力药及伊伐布雷定。

地高辛【典】【基】【医保（甲）】　　Digoxin

【商品名或别名】　狄戈辛，可力。

【性状】　白色结晶或结晶性粉末；无臭，味苦。不溶于水。

【作用及适应证】　为中效强心苷，增强心肌收缩力，减慢心率，增加心排血量。适用于急慢性心衰，尤其适用于伴快速心室率的房颤患者。

【不良反应】　①心律失常：最常见为室性期前收缩，快速性房性心律失常伴传导阻滞是洋地黄中毒的特征性表现；②胃肠道症状（厌食、恶心和呕吐）；③神经精神症状（视觉异常、定向力障碍、昏睡及精神错乱）。不良反应常出现于血清地高辛药物浓度＞2.0ng/mL 时，也见于地高辛水平较低时，如低钾、低镁、心肌缺血、甲状腺功能减退。老年患者更易发生中毒症状。

【用药指导】　①本品安全范围狭窄，治疗量与中毒量非常接近，个体差异较大，目前推荐维持疗法，即开始小剂量（0.25mg/d），本品半衰期为36h，连续口服相同剂量5个半衰期（约7d）后血药浓度可达稳态。对70岁以上或肾功能不良的患者宜减量（0.125mg/d），每日1次或隔日1次。②影响地高辛血药浓度的因素很多，包括剂量、年龄、性别（女性更应谨慎）、体重、肾功能、应用利尿药、联用其他可影响地高辛血药浓度的药物（如胺碘酮）等。③近期用过其他洋地黄类强心药者慎用。严重心肌损害及肾功能不全者慎用。室性心动过速、心室颤动及预激综合征伴心房颤动或扑动者禁用。④长期应用应严格监测地高辛中毒等不良反应及药物浓度，一旦确定中毒，立即停药，根据具体情况采取相应的抢救措施，如纠正低钾血症和低镁血症。出现快速型室性心律失常，可使用对房室传导影响最小的利多卡因或苯妥英钠；若出现缓慢型心律失常，无症状者可密切观察。有症状者可给予阿托品，必要时临时起搏。⑤禁与钙注射剂合用。

【药物商品】　①地高辛片。②地高辛注射液。

【商品信息】 为中效强心苷。其特点是排泄较快而蓄积性较小,临床使用比洋地黄毒苷安全。本品近20年来在心衰治疗中的地位受到挑战,尤其是ACEI治疗心衰时,在改善患者心功能方面相似于或优于地高辛,且长期应用ACEI治疗的患者存活率明显高于本品。但是在延缓心衰恶化、降低入院率和提高患者生活质量等方面本品有不可替代的价值,其价格低廉、疗效确切,仍是临床上最受欢迎的洋地黄类药物。

【贮存】 原料及片剂,密封保存;注射液遮光,密闭保存。

其他常用抗心力衰竭药

(1) 去乙酰毛花苷【典】【基】【医保(甲)】 Deslanoside 白色结晶性粉末。无臭,味苦;有引湿性。本品为速效强心苷,能加强心肌收缩力,减慢心率和传导,对冠状动脉收缩作用及心脏传导系统作用很小。用于急性心力衰竭及心房颤动、扑动等。可有恶心、呕吐、食欲缺乏、头痛、心动过缓等不良反应。严重心肌损害及肾功能不全者慎用。其他注意事项与地高辛基本相同。

药物商品有去乙酰毛花苷注射液。遮光密闭保存。

(2) 伊伐布雷定【典】【基】【医保(乙)】 (可兰特) Ivabradine 本药是心脏窦房结起搏电流(If)的特异性抑制剂,以剂量依赖性方式抑制If电流,降低窦房结发放冲动的频率,减慢心率,而对心内传导、心肌收缩力或心室复极化无影响。目前临床推荐用于窦性心律,心率≥70次/分,β受体阻滞药有禁忌证或不能耐受的患者。一般联合其他药物一起使用。因食物导致该药吸收延迟约1h,并使血浆浓度增加20%~30%,建议固定早、晚2次,进餐时服用,避免与强效CYP3A4抑制药(如唑类抗真菌药、大环内酯类抗生素、HIV蛋白酶抑制药)合用。避免同时服用西柚汁。还应注意监测有无房颤的发生,如果心率低于50次/分,或心搏徐缓症状持续,应停止用药。

本品原研发公司施维雅,药物商品有盐酸伊伐布雷定片。遮光密闭保存。

其他抗心力衰竭药见表14-5。

表14-5 其他抗心力衰竭药

名称	作用与适应证	药物商品	用药指导
毒毛花苷K【医保(甲)】 Strophanthin K	速效强心苷。用于急性心力衰竭或慢性心力衰竭急性加重者	注射液	注意事项同地高辛。不宜与碱性溶液配伍
毛花苷丙【医保(甲)】 (毛花苷C、西地兰) Lantoside C	速效强心苷。其作用较洋地黄、地高辛快,但比毒毛花苷稍慢	注射液	注意事项同地高辛。作用快、蓄积性小,治疗量与中毒量间差距大于本类其他品种
米力农【医保(甲)】 (护坦、鲁南力康) Milrinone	作用较氨力农强10~30倍。耐受性较好。适于对洋地黄、利尿药、血管扩张药治疗无效或效果欠佳的急慢性心衰	除米力农注射液外,还有米力农葡萄糖、米力农氯化钠注射液	常见不良反应包括低血压、心律失常,不宜长期使用(3~5d);低血压、心动过速、心肌梗死慎用,不宜用于严重瓣膜狭窄及梗阻性肥厚型心肌病,肾功能不全者应减量,使用时应监测血压、心率和节律

第四节 抗高血压药

高血压分类

高血压可分为原发性和继发性两大类,90%以上为原发性高血压,其病因有遗传因素和环境因素两个方面。继发性高血压是某些疾病的一种表现。原发性高血压的发病机制不明,但已知体内有许多系统与血压的调节有关,其中交感神经系统、肾素-血管紧张素-醛固酮系统起着重要的作用,许多抗高血压药物往往是通过影响这些系统而发挥其降压效应的。

一、概述

1. 高血压的定义

高血压是多种心、脑血管疾病的重要病因和危险因素,影响心、脑、肾的结构与功能,最终导致这些器官的功能衰竭,迄今仍是心血管疾病死亡的主要原因之一。目前我国采用国际上统一的标准,将高血压定义为:在未服抗高血压药的情况下,成人收缩压≥140mmHg 和(或)舒张压≥90mmHg。根据血压升高水平,可进一步将高血压分为 1~3 级(参见表 14-6)。在改善生活方式的基础上,血压仍≥140/90mmHg 和(或)高于目标血压的患者应启动药物治疗。通过降低血压,有效预防或延迟脑卒中、心肌梗死、心力衰竭、肾功能不全等并发症发生,有效控制高血压的疾病进程,预防高血压急症、亚急症等重症高血压发生。除高血压急症和亚急症外,对大多数高血压患者而言,应根据病情,在 4 周内或 12 周内将血压逐渐降至目标水平。

表 14-6 血压水平分类和定义

分类	收缩压/mmHg	舒张压/mmHg
正常血压	<120 和	<80
正常高值	120~139 和(或)	80~89
高血压	≥140 和(或)	≥90
1 级高血压(轻度)	140~159 和(或)	90~99
2 级高血压(中度)	160~179 和(或)	100~109
3 级高血压(重度)	≥180 和(或)	≥110
单纯收缩期高血压	≥140 和	<90

注:当收缩压和舒张压分属于不同级别时,以较高的分级为准。

2. 抗高血压药的分类及其发展

根据各种药物的作用和作用部位可将抗高血压药分为:①钙通道阻滞药(CCB)如硝苯地平、尼群地平、氨氯地平等。②血管紧张素转换酶抑制药(ACEI)如卡托普利、依那普利等。③血管紧张素Ⅱ受体阻滞药(ARB)如氯沙坦、缬沙坦等。④利尿药如氢氯噻嗪等。⑤β受体阻滞药如普萘洛尔、美托洛尔等。⑥α受体阻滞药如哌唑嗪等。⑦直接血管扩张药如肼屈嗪、硝普钠等。⑧干扰肾上腺素能神经药物如利血平、可乐定、甲基多巴等。传统抗高血压药品市场正在逐渐萎缩,曾多年用于临床的α受体阻滞药如哌唑嗪;直接血管扩张药如肼屈嗪;干扰肾上腺素能神经药物如利血平等因副作用较多,现已较少单独应用。目前常用的抗高血压药是 CCB、ACEI、ARB、利尿药和β受体阻滞药这五大类,以及由上述药物组成的固定配比复方制剂。

3. 药物应用原则

抗高血压药品种较多,选用主要取决于其降压效果、不良反应以及长期使用的成本/效益。①个体化治疗:根据患者合并症的不同和药物疗效及耐受性,以及患者个人意愿或长期承受能力,选择适合患者个体的抗高血压药物、用量、给药方法等。②逐渐降压:除高血压急症外，用药应从小剂量开始，逐步递增剂量。一般患者采用常规剂量，而老年人尤其高龄老年人初始治疗时通常应采用较小的有效治疗剂量。根据需要可考虑逐渐增加至足量。足量后仍不能有效控制血压，则可联合用药。③联合用药：对血压≥160/100mmHg、高于目标血压20/10mmHg的高危患者，或单药治疗未达标的高血压患者应进行联合降压治疗，包括自由联合或单片复方制剂。对血压≥140/90mmHg的患者，也可起始小剂量联合治疗。若三种抗高血压药合理的联合治疗方案必须包含利尿药。④平稳降压：优先使用长效抗高血压药物，以有效控制24h血压，更有效预防心脑血管并发症发生。如使用中、短效制剂，则需每天2~3次给药，以达到平稳控制血压。⑤保护靶器官：首先要有效降低血压，另外可选择ACEI、ARB等对靶器官有良好保护作用的药物。⑥长期用药：因为降压治疗的益处主要是通过长期控制血压达到的，所以高血压患者需要长期降压治疗。血压控制理想、稳定后，药量可以减到最低维持量，注意不要随意停止治疗或频繁改变治疗方案。

二、常用抗高血压药

1. CCB

主要通过阻断血管平滑肌细胞上的钙离子通道发挥扩张血管降低血压的作用。二氢吡啶类CCB可与其他4类药联合应用，尤其适用于老年高血压、单纯收缩期高血压、伴稳定型心绞痛、冠状动脉或颈动脉粥样硬化及周围血管病患者。常见不良反应包括反射性交感神经激活导致心跳加快、面部潮红、脚踝部水肿、牙龈增生等。二氢吡啶类CCB没有绝对禁忌证，但心动过速与心力衰竭患者应慎用。急性冠状动脉综合征患者一般不推荐使用短效硝苯地平。临床上常用的非二氢吡啶类CCB，也可用于降压治疗，常见不良反应包括抑制心脏收缩功能和传导功能，二度至三度房室阻滞；心力衰竭患者禁忌使用，有时也会出现牙龈增生。因此，在使用非二氢吡啶类CCB前应详细询问病史，进行心电图检查，并在用药2~6周内复查。

氨氯地平【典】【基】【医保（甲）】 Amlodipine

【商品名或别名】 阿洛地平，络活喜。

【性状】 黄色结晶或结晶性粉末。

【作用及适应证】 为长效二氢吡啶类CCB，有较强的血管扩张作用及显著而持久（半衰期35~50h）的降压效果。对冠状动脉的选择作用更佳，对缺血性心肌有保护作用。可单用或与其他药物联用于高血压、冠心病的治疗。通常本品高血压治疗起始剂量为5mg，每日1次，最大剂量为10mg。

【不良反应】 本品不良反应偶有外周水肿、便秘、心悸、面部潮红、低血压，其他不良反应还包括头痛、头晕、虚弱无力等。但多为轻或中度，患者耐受性较好。

【用药指导】 ①直立性低血压多发生于老年患者，老年患者应减少剂量。若心动过速，必要时可以与β受体阻滞药联用以减少其发生。②便秘可以同时使用中药缓泻药物以减轻症状，必要时换用其他药物；出现胫前、踝部水肿可与利尿药联用减轻或消除水肿症状。③对本品过敏、严重主动脉瓣狭窄者禁用。

【药物商品】 （苯磺酸盐、马来酸盐）片剂：每片2mg；5mg；10mg。

【商品信息】 氨氯地平最早由美国辉瑞公司研发，商品名络活喜。因其疗效确切、降压作用持久、安全性好，上市后受到市场青睐，2017年某网数据统计，中国公立医疗机构终端市场苯磺酸氨氯地平片剂用药金额55.12亿元，排名抗高血压药物之首，其中辉瑞的络活喜占据一半以上销售份额。在药店零售市场，国内22城市药店抗高血压药品销售金额前三的CCB类药物依次为氨氯地平、硝苯地平、左氨氯地平，三个药物占据抗高血压药药店市场38%的份额，已形成三足鼎立的局面。目前进入国内市场的CCB类药物生产厂家有近

180家，竞争十分激烈。

【贮存】 原料、片剂及胶囊遮光，密封保存。

2. ACEI

主要通过抑制血管紧张素转换酶，阻断肾素血管紧张素Ⅱ的生成，抑制激肽酶的降解而发挥降压作用。ACEI降压作用明确，对糖脂代谢无不良影响。限盐或加用利尿药可增加ACEI的降压效应。尤其适用于伴慢性心力衰竭、心肌梗死后心功能不全、心房颤动预防、糖尿病肾病、非糖尿病肾病、代谢综合征、蛋白尿或微量白蛋白尿患者。最常见不良反应为干咳，多见于用药初期，症状较轻者可坚持服药，不能耐受者可改用ARB。其他不良反应有低血压、皮疹，偶见血管神经性水肿及味觉障碍。长期应用有可能导致血钾升高，应定期监测血钾和血肌酐水平。禁忌证为双侧肾动脉狭窄、高钾血症及妊娠妇女。

卡托普利【典】【基】【医保(甲)】 Captopril

【商品名或别名】 开博通，巯甲丙脯酸，刻浦定，甲巯丙脯酸等。

【性状】 白色或类白色结晶性粉末；有类似蒜的特臭，味咸，可溶于水。

【作用与适应证】 为第1代血管紧张素转换酶抑制药（ACEI），抑制血管紧张素转换酶，降低血管紧张素Ⅱ的水平，舒张小动脉，并通过抑制醛固酮分泌，减少水钠潴留。本品还可通过干扰缓激肽的降解扩张外周血管。对多种类别高血压均有明显降压作用，并能改善充血性心力衰竭患者的心脏功能。还可抑制心肌重构，逆转心室肥大；改善胰岛素抵抗和减少尿蛋白，具有保护心脏和肾脏的作用。用于治疗轻中度高血压，重症高血压可与其他抗高血压药合用，特别适用于伴有心力衰竭、心肌梗死后、糖耐量减退或糖尿病肾病的高血压患者。还可用于心力衰竭。

【不良反应】 ①主要有刺激性干咳，发生率为10%～20%，皮疹、瘙痒、味觉障碍等。②个别有蛋白尿、粒细胞缺乏症、中性白细胞减少，减量或停药后可自行消失。③偶见血管神经性水肿及高血钾，可能致胎儿畸形。

【用药指导】 ①宜在餐前1h服药，最好每日同一时间服药。②妊娠妇女和双侧肾动脉狭窄患者禁用。肾功能不全、高钾血症患者慎用。③当降压效果不佳时可加用利尿药，但不宜与保钾利尿药合用。

【药物商品】 ①卡托普利片。②卡托普利注射液。③复方卡托普利：每片含卡托普利10mg，氢氯噻嗪6mg。

【商品信息】 ①本品由美国施贵宝公司开发，既是第一线抗高血压药，也是高血压伴有充血性心力衰竭者的首选治疗药物。由于价格便宜，该药适用于广大基层医院，但随着同类新产品的推出，该药的城市用量逐渐减少。②国内主要生产厂家有上海施贵宝、华北制药集团、江苏常州制药厂等。

【贮存】 原料及片剂，遮光，密封保存；注射液遮光，密闭保存。

其他ACEI类抗高血压药见表14-7。

表14-7 ACEI类抗高血压药

药品名称	每天剂量(mg)（起始～足量）	每天服药次数	药物商品常见口服剂型(含复方制剂)及规格
卡托普利【典】【基】【医保(甲)】（开博通）Captopril	25～300	2～3	①片剂：每片12.5mg；25mg；50mg。②卡托普利10mg/氢氯噻嗪6mg
依那普利【基】【医保(甲)】（悦宁定）Enalapril	2.5～40	2	①片剂：每片2.5mg；5mg；10mg。②依那普利5mg/氢氯噻嗪12.5mg。③依那普利10mg/叶酸0.8mg

续表

药品名称	每天剂量(mg)(起始~足量)	每天服药次数	药物商品常见口服剂型(含复方制剂)及规格
赖诺普利[基][医保(乙)](捷赐瑞)Lisinopril	2.5~40	1	①片剂:每片(粒)5mg;10mg。②赖诺普利10mg/氢氯噻嗪12.5mg
培哚普利[医保(乙)](雅施达)Perindopril	2~8	1	①片剂:每片2mg;4mg。②精氨酸培哚普利10mg/苯磺酸氨氯地平5mg。③培哚普利4mg/吲达帕胺1.25mg
贝那普利[医保(乙)](洛汀新)Benazepril	10~40	1	①盐酸贝那普利片:每片5mg;10mg;20mg。②贝那普利10mg/氢氯噻嗪12.5mg。③氨氯地平5mg/贝那普利10mg;氨氯地平2.5mg/贝那普利10mg
福辛普利[医保(乙)](蒙诺)Fosinopril	10~40	1	福辛普利钠片:10mg
雷米普利[医保(乙)](瑞泰)Ramipril	1.25~5	1	片剂:每片1.25mg;2.5mg;5mg

3. ARB

阻断血管紧张素Ⅱ受体而发挥降压作用。ARB可降低有心血管病史（冠心病、脑卒中、外周动脉病）的患者心血管并发症的发生率和高血压患者心血管事件风险，降低糖尿病或肾病患者的蛋白尿及微量白蛋白尿。ARB尤其适用于伴左心室肥厚、心力衰竭、糖尿病肾病、冠心病、代谢综合征、微量白蛋白尿或蛋白尿患者以及不能耐受ACEI的患者，并可预防心房颤动。不良反应少见，偶有腹泻，长期应用可升高血钾，应注意监测血钾及肌酐水平变化。双侧肾动脉狭窄、妊娠妇女、高钾血症者禁用。

缬沙坦[典][基][医保(乙)] Valsartan

【商品名或别名】 代文。

【性状】 白色结晶或白色、类白色粉末；有吸湿性。

【作用及适应证】 为高选择性的血管紧张素Ⅱ受体阻滞药（ARB），对Ⅰ型受体（AT_1）有高度的亲和力和特异性，更充分有效地阻断血管紧张素Ⅱ的水钠潴留、血管收缩与组织重构作用，从而可降低血压，同时还可逆转肥大的心肌细胞，降低肾小球内压力，降低蛋白尿，具有保护心、肾的作用。用于轻中度原发性高血压、心力衰竭。

【不良反应】 常见的有头晕、头痛、腹痛、腹泻、乏力、中性粒细胞减少等。

【用药指导】 妊娠妇女和双侧肾动脉狭窄患者及对本品过敏者禁用。低钠和血容量不足的患者使用本品前应先纠正低血钠和低血容量状况。用药期间应慎用保钾利尿药与补钾药。

【药物商品】 ①缬沙坦胶囊。②缬沙坦氢氯噻嗪片（复代文）：每片含缬沙坦80mg、氢氯噻嗪12.5mg。③缬沙坦氨氯地平片：每片含缬沙坦80mg、氨氯地平5mg。

【商品信息】 2017年，进入药店零售市场的ARB类有7个单方制剂和8个复方制剂，其中诺华公司原研药品代文在市场销售中居首位。缬沙坦为新型长效ARB，不但有良好的降压作用，同时具有靶器官保护作用，是治疗高血压和心力衰竭的常用药物。其专利到期后，2017年仍占国内同类药品89%的市场。此外，缬沙坦/氨氯地平、缬沙坦/氢氯噻嗪、沙库巴曲/缬沙坦片3个缬沙坦复方制剂药店零售金额为1.8亿元，占ARB类零售额的11.36%，同比上一年增长了20%。

【贮存】 原料及胶囊遮光，密封，在30℃以下保存。

其他ARB类抗高血压药见表14-8。

表 14-8　ARB 类抗高血压药

药品名称	每日剂量(mg)(起始~足量)	每天服药次数	药物商品常见口服剂型(含复方制剂)及规格
氯沙坦【典】【医保(乙)】(科素亚)Losartan	25~100	1	①片剂:每片 50mg;100mg。②氯沙坦钾 50mg/氢氯噻嗪 12.5mg;氯沙坦钾 100mg/氢氯噻嗪 12.5mg;氯沙坦钾 100mg/氢氯噻嗪 25mg
缬沙坦【基】【医保(乙)】(代文)Valsartan	80~160	1	①片剂:每片 40mg;80mg;160mg。②缬沙坦 80mg/氢氯噻嗪 12.5mg。③氨氯地平 5mg/缬沙坦 80mg。④沙库巴曲 24mg/缬沙坦 26mg;沙库巴曲 49mg/缬沙坦 51mg;沙库巴曲 97mg/缬沙坦 103mg
厄贝沙坦【典】【医保(乙)】(安博维)Irbesartan	150~300	1	①片剂:每片 75mg;150mg;300mg。②厄贝沙坦 150mg/氢氯噻嗪 12.5mg
替米沙坦【典】【医保(乙)】(美卡素)Telmisartan	20~80	1	①片剂:每片 40mg。②替米沙坦 40mg/氢氯噻嗪 12.5mg;替米沙坦 80mg/氢氯噻嗪 12.5mg
坎地沙坦【医保(乙)】(必洛斯)Candesartan	4~32	1	①片剂:每片 2mg;4mg;8mg;12mg;16mg。②坎地沙坦酯 16mg/氢氯噻嗪 12.5mg
奥美沙坦酯【医保(乙)】(傲坦)Olmesartan Medoxomil	20~40	1	①片剂:每片 20mg;40mg。②奥美沙坦 20mg/氢氯噻嗪 12.5mg
阿利沙坦酯【典】【医保(乙)】(信立坦)Allisartan Isoproxil	240	1	片剂:每片 80mg;240mg

4. 利尿药

主要通过利钠排尿、降低容量负荷而发挥降压作用。用于控制血压的利尿药主要是噻嗪类利尿药,我国常用的噻嗪类利尿药主要是氢氯噻嗪和吲达帕胺。小剂量噻嗪类利尿药(如氢氯噻嗪 6.25~25mg)对代谢影响很小,与其他抗高血压药(尤其 ACEI 或 ARB)合用可显著增加后者的降压作用(见表 14-7 与表 14-8)。此类药物尤其适用于老年高血压、单纯收缩期高血压或伴心力衰竭患者,也是难治性高血压的基础药物之一。其不良反应与剂量密切相关,故通常应采用小剂量。噻嗪类利尿药可引起低血钾,长期应用者应定期监测血钾,并适量补钾,痛风者禁用。对高尿酸血症以及明显肾功能不全者慎用,后者如需使用利尿药,应使用袢利尿药,如呋塞米等。

保钾利尿药如阿米洛利、醛固酮受体拮抗药如螺内酯等也可用于控制难治性高血压。在利钠排尿的同时不增加钾的排出,与其他具有保钾作用的抗高血压药如 ACEI 或 ARB 合用时需注意发生高钾血症的危险。螺内酯长期应用有可能导致男性乳房发育等不良反应。其他利尿药具体参见第十七章第一节。

吲达帕胺【典】【基】【医保(甲、乙)】 Indapamide

【商品名或别名】　寿比山,纳催离。

【性状】　类白色针状结晶或结晶性粉末;无臭,无味。

【作用及适应证】　是一种磺胺类利尿药,具有利尿和钙拮抗双重作用,可抑制远曲小管近端 Na^+ 的重吸收,增加尿 Na^+ 排出,减少血容量和心排血量,同时可降低血管阻力和血管反应性而降低血压。该药降压作用强而利尿作用弱,小剂量降压,大剂量时利尿作用才明显。用于轻中度高血压,单独服用降压效果显著。

【不良反应】　不良反应发生率不高,少见有眩晕、头痛、失眠、恶心、腹泻及皮肤瘙痒、皮疹等，偶见血钾下降、血尿酸升高。

【用药指导】①用药期间应定期监测血钾、血钠及尿酸等。②伴有痛风、高脂血症及糖尿病的高血压患者应在专科医生指导下使用。③磺胺过敏、严重肝肾功能衰竭者、肝性脑病患者禁用。当肝功能受损时，噻嗪及其相关类利尿药可能引起肝性脑病。如果发生此病，应立即停止应用利尿药。④妊娠期和哺乳期妇女避免使用。

【药物商品】①吲达帕胺片。②吲达帕胺缓释片。

【商品信息】①本品由法国施维雅制药公司开发，其作用与噻嗪类利尿药相似，但不良反应较噻嗪类利尿药轻，对电解质的影响比较小，不影响血脂代谢，是目前应用比较广泛的强效、长效抗高血压药之一。②国内现有吲达帕胺生产企业30多家，其中天津力生制药的寿比山和法国施维雅制药公司的纳催离销量最大。

【贮存】原料及片剂遮光，密封保存。

5. β受体阻滞药

主要通过抑制过度激活的交感神经活性、抑制心肌收缩力、减慢心率发挥降压作用。选择性$β_1$受体阻滞药对$β_1$受体有较高选择性，因阻断$β_2$受体而产生的不良反应较少，既可降低血压，也可保护靶器官、降低心血管事件风险。β受体阻滞药尤其适用于伴快速型心律失常、冠心病、慢性心力衰竭、交感神经活性增高以及高动力状态的高血压患者。常见的不良反应有疲乏、肢体冷感、激动不安、胃肠不适等，还可能影响糖、脂代谢。二/三度房室传导阻滞、哮喘患者禁用。慢性阻塞性肺病、运动员、周围血管病或糖耐量异常者慎用。糖脂代谢异常时一般不首选β受体阻滞药，必要时也可慎重选用高选择性β受体阻滞药。长期应用者突然停药可发生反跳现象，即原有的症状加重或出现新的表现，较常见有血压反跳性升高，伴头痛、焦虑等，称之为撤药综合征。详见本章第一节。

其他常用抗高血压药

（1）哌唑嗪【典】【基】【医保(甲)】 Prazosin 为白色或类白色结晶性粉末；无臭，无味。为选择性突触后膜$α_1$受体阻滞药，直接松弛血管平滑肌，使动、静脉扩张，适用于中重度高血压，与利尿药合用效果更佳，也用于心衰患者。不良反应为首次给药常出现"首剂效应"即直立性低血压，表现为心悸、头晕、头痛、视力模糊等，严重者可致意识丧失。故首次剂量应减半并于睡前服用。

药物商品有盐酸哌唑嗪片。原料及片剂遮光，密封保存。

（2）利血平【典】【医保(甲)】 Reserpine 白色或淡黄褐色的结晶或结晶性粉末；无臭，几乎无味，遇光色渐变深。本品一方面能使交感神经末梢囊泡内的去甲肾上腺素释放增加，另一方面阻止它再摄入囊泡，囊泡内的神经递质逐渐耗竭，交感神经冲动传导受阻，血压下降。其降压特点缓慢、温和、持久。口服1周后显效，2~3周作用最强，停药后作用能维持3~4周。本品兼有安定镇静作用，精神紧张病例疗效尤好。用于轻至中度早期高血压，但对于中重度高血压，单用本品疗效较差，常与肼屈嗪、氢氯噻嗪合用。常见不良反应如鼻塞、腹泻、心率减慢、胃酸分泌增多等副交感神经功能亢进症状。长期服用可致嗜睡及精神抑郁症。

我国传统的单片复方制剂包括复方利血平（复方降压片）、复方利血平氨苯蝶啶片、珍菊降压片等，以当时常用的利血平、氢氯噻嗪、盐酸双肼屈嗪或可乐定为主要成分。此类复方制剂目前在基层仍广泛使用，尤以长效的复方利血平氨苯蝶啶片为著。复方利血平氨苯蝶啶是华润双鹤的独家品种，即20世纪90年代红极一时的北京降压0号。之后在CCB、ARB、ACEI类药物的竞逐下，北京降压0号医院份额逐年下滑，但在药店仍有一定的市场。

（3）硝普钠【典】【基】【医保(甲)】 Sodium Nitroprusside 红棕色结晶或粉末；无臭或几乎无臭；易溶于水。本品为强效、速效抗高血压药，能扩张动脉和静脉，降低外周血管阻力使血压下降,并有效地减轻心脏的前后负荷,增加心排血量,改善心功能。静脉滴注后 2～5min 即可起效,停药后作用可维持 2～15min。用于治疗高血压危象、高血压脑病、急进型高血压、脑出血、急慢性肾炎及嗜铬细胞瘤引起的高血压、急性左心衰竭和肺水肿。用药过程中可出现呕吐、精神不安、心动过速、头痛、肌肉痉挛、出汗等过度降压反应。连续使用超过 48～72h 或剂量过大可能引起氰化物蓄积中毒。

本品口服无效,只能静滴,小剂量开始,严密监护下根据血压调整滴速,如出现严重不良反应,可减量或慢滴,必要时停药。有条件的医院应使用微量泵。不与任何药物配伍。葡萄糖注射液稀释后立即使用,配制后超过 4h 未用应弃用。本药见光易被破坏,注射时应以黑布包严遮光滴注。药物商品为注射用无菌粉末。

案例 14-3

患者,男,65 岁,患高血压 10 年,糖尿病 2 年,近日乏力。查体:血压 130/85mmHg,心率 85 次/分,心脏叩诊心界向左下扩大,双肺呼吸音清,双下肢无水肿。血糖正常,血钾正常值低限。初步诊断:①原发性高血压。②2 型糖尿病。目前服药为吲达帕胺片 2.5mg(qd)、美托洛尔片 25mg(bid)、二甲双胍片 0.25mg(tid)。

诊疗策略

约 50% 的原发性高血压患者存在不同程度的胰岛素抵抗,胰岛素抵抗是指必须以高于正常的血胰岛素释放水平来维持正常的糖耐量。近年来认为胰岛素抵抗是 2 型糖尿病和高血压发生的共同病理生理基础。而 ACEI 具有改善胰岛素抵抗的作用,并可逆转高血压引起的心室肥厚,保护靶器官,在糖尿病和心、肾靶器官受损的高血压患者具有较好的疗效。而利尿药可引起电解质紊乱,造成患者乏力等。故该患者将吲达帕胺换成 ACEI 类药物比较好。

其他抗高血压药见表 14-9。

表 14-9 其他抗高血压药

药品名称	作用与适应证	药物商品	用药指导
硫酸镁【典】【基】【医保(甲)】 Magnesium Sulfate	适用于妊娠高血压,严重先兆子痫	注射液	当尿量＜600mL/d、呼吸＜16 次/分、腱反射消失时应及时停药
酚妥拉明【典】【基】【医保(甲)】 Phentolamine	为 α 受体阻滞药,诊断嗜铬细胞瘤及治疗其所致的高血压发作	①注射液。②注射用无菌粉末	心动过速、头痛、潮红
乌拉地尔【典】【基】【医保(乙)】 Urapidil	为 α 受体阻滞药,用于原发性高血压,肾性高血压,嗜铬细胞瘤引起的高血压	①缓释片(胶囊)。②注射液	低血压、头晕、恶心、疲倦
多沙唑嗪【典】【医保(乙)】 Doxazosin	为 α 受体阻滞药,不作为高血压治疗的首选药,适用于高血压伴前列腺增生症患者,也用于难治性高血压	缓释片(胶囊)	开始给药应在入睡前,以预防直立性低血压发生,使用中注意测量坐位、立位血压,最好使用控释制剂。直立性低血压者禁用。心力衰竭者慎用
波生坦【基】【医保(乙)】 Bosentan	适用于治疗 WHO 功能分级 Ⅱ级～Ⅳ级的肺动脉高压	片剂	最常见不良反应包括头痛、水肿/体液潴留、肝功能检查异常和贫血/血红蛋白减少

数字资源 14-5。

第五节　抗休克药

休克的治疗应根据休克的不同病因和不同阶段采取相应的措施。休克一旦发生，应立即就地抢救，多数情况下应首先补充血容量，同时进行病因治疗、纠正酸中毒、应用血管活性药物（血管收缩药和血管扩张药）以改变血管机能和改善微循环，维护重要脏器的功能，恢复各脏器组织的血液灌注和正常代谢。

> **知识拓展**
>
> **休克**
>
> 休克（shock）系各种强烈致病因素作用于机体，使其有效循环血量锐减，组织灌注不足所引起的细胞缺氧、代谢紊乱和功能受损的病理过程。休克的主要特征是微循环功能障碍，其主要临床表现为血压下降、呼吸急促、脉搏细速、表情淡漠、面色苍白、皮肤湿冷、尿量减少等。常见病因有创伤、烧伤、失血、感染、过敏、强烈的神经刺激及心脏疾病。根据病因可分为低血容量性休克、感染性休克、过敏性休克、神经源性休克和心源性休克。

在抗休克治疗中，习惯上认为休克时血管扩张是造成血压下降的重要因素，因而常使用血管收缩药，如肾上腺素、去甲肾上腺素、去氧肾上腺素、甲氧明等；毛细血管灌注不良也是产生休克的重要因素，因而常使用血管扩张药，如多巴胺、多巴酚丁胺、异丙肾上腺素、山莨菪碱等。下面重点介绍两类品种。

去甲肾上腺素【典】【基】医保（甲）　　Noradrenaline

【商品名或别名】　正肾上腺素，Norepinephrine。

【性状】　常用其重酒石酸盐，为白色或几乎白色结晶性粉末；无臭，味苦；遇光和空气易变质。在水中易溶。

【作用及适应证】　本品主要激动α受体，对β受体的激动作用很弱，除冠状动脉扩张外，几乎所有外周血管均出现强烈的收缩，可升高血压，增加冠状动脉血流量。静滴用于各种休克（如中毒性、心源性休克），以提高血压，保证对重要器官（如心、脑）的血液供应。稀释后口服可用于上消化道出血的治疗。

【不良反应】　①可有焦虑不安、头痛、心悸、眩晕、失眠、呕吐等。②有的甚至出现高血压、心律失常、呼吸困难、惊厥、高血糖等。③长时间用药可致急性肾功能衰竭。

【用药指导】　①使用时间不宜过长，否则可引起血管持续强烈收缩，使组织缺氧坏死。②滴注时严防药液漏出血管外。如一旦发现坏死，除使用血管扩张药外，应尽快热敷并给予普鲁卡因大剂量封闭。发现皮肤苍白、冷凉时，应立即停药并更换注射部位。③高血压、动脉硬化、无尿患者忌用。④一般不与其他药物混合滴注，不宜与偏碱性药物如磺胺嘧啶钠、氨茶碱等配伍注射，以免失效。⑤用药当中必须随时测量血压，调整给药速度，使血压保持在正常范围内。

【药物商品】　重酒石酸去甲肾上腺素注射液。

【商品信息】　①本品不宜口服，收缩血管与升压作用较强，皮下注射易引起局部组织坏死，一般采用静脉滴注法给药。②主要生产厂家有上海禾丰制药有限公司、武汉制药集团股份有限公司等。

【贮存】　原料遮光，充惰性气体，严封保存；注射液遮光，密闭，在阴凉处保存。

多巴酚丁胺【典】【基】【医保(甲)】　　Dobutamine

【商品名或别名】 杜丁胺，强心胺。

【性状】 常用其盐酸盐，为白色或类白色结晶性粉末；几乎无臭，味微苦。在水中略溶。

【作用及适应证】 为选择性 β_1 受体激动药，能增强心肌收缩力，增加心排血量和降低肺毛细血管楔压，但对心率的影响远小于异丙肾上腺素，较少引起心动过速。用于器质性心脏病时心肌收缩力下降所引起的心力衰竭和心源性休克，也用于外科手术引起的心排血量低的休克患者。

【不良反应】 用药后可有恶心、头痛、心悸、皮疹、胸痛、心绞痛等。偶可发生血压骤升和心率加快，应减量或停药。

【用药指导】 ①血容量不足者应在补充血容量后才可使用本品。②高血压、甲亢、急性心肌梗死、室性心律失常、失血性休克、动脉粥样硬化患者慎用。③未控制的心动过速、心房纤颤、心室纤颤、梗阻性肥厚型心肌病患者禁用。

【药物商品】 盐酸多巴酚丁胺注射液。

【商品信息】 本品是多巴胺衍生物，通过静脉滴注用于短期治疗心肌梗死或心脏手术后并发心力衰竭者。增加心排血量作用优于去甲肾上腺素，改善左心功能的作用优于多巴胺。

【贮存】 原料遮光，密封保存；注射液遮光，密闭保存。

其他抗休克药

肾上腺素【典】【基】【医保(甲)】（副肾素）Adrenaline　常用其盐酸盐和酒石酸盐，为白色或类白色结晶性粉末；无臭，味苦；难溶于水。遇氧化物、碱类、日光及热，都会分解变色。对 α 和 β 受体都有激动作用，使心肌收缩力加强，心率加快，心肌耗氧量增加，使皮肤、黏膜及内脏小血管收缩，但冠状血管和骨骼肌血管则扩张。此外还有松弛支气管和胃肠道平滑肌的作用。用于抢救过敏性休克、心脏骤停，治疗支气管哮喘，与局麻药合用减少手术部位的出血。常见副作用为心悸、烦躁、头痛，有时可引起心律失常，严重者可由于心室颤动而致死。注意用量不可过大。因易被消化液分解，故不宜口服。

药物商品有盐酸肾上腺素注射液。遮光，密闭，在阴凉处保存。

其他抗休克药见表 14-10。

表 14-10　其他抗休克药

名称	作用与适应证	药物商品	用药指导
去氧肾上腺素【典】【医保(乙)】 Phenylephrine	与去甲肾上腺素相似,但较弱而持久,毒性较小	注射液	高血压、动脉硬化、心动过缓及糖尿病患者慎用
异丙肾上腺素【典】【基】【医保(甲)】 Isoprenaline	为 β 受体激动药,其兴奋心脏的作用与肾上腺素相似,主要用于抢救心脏骤停、房室传导阻滞、感染性休克等	注射液	冠心病、心肌炎及甲状腺功能亢进症患者禁用
多巴胺【典】【基】【医保(甲)】 Dopamine	可激动 α、β 受体及多巴胺受体,临床用于各种类型休克	注射液	嗜铬细胞瘤患者禁用,使用本品前应首先补充血容量
间羟胺【典】【基】【医保(甲)】 Metaraminol	为 α 受体激动药,升压效果比去甲肾上腺素稍弱而持久	注射液	连续应用易产生快速耐受性

第六节　调脂及抗动脉粥样硬化药

人体血浆中所含的脂类物质统称为"血脂"，包括胆固醇（TC）、三酰甘油（TG）和磷脂。正常人体内的脂类物质的吸收、产生与消耗、转化维持动态平衡，所以血脂含量基本恒定不变。脂质不溶或微溶于水，必须与蛋白质结合以脂蛋白形式存在，胆固醇和三酰甘油与血浆蛋白结合成为乳糜微粒（CM）、极低密度脂蛋白（VLDL）、低密度脂蛋白（LDL）、高密度脂蛋白（HDL）。其中 HDL 可防止动脉粥样硬化的形成，而 LDL、VLDL 则是促使心血管疾病发生的"罪魁祸首"。直接损害是加速全身动脉粥样硬化、增加心脑血管病的发病率和死亡率。

血脂异常需要长期综合治疗，首先以治疗性生活方式改变为基础，包括减少饮食中的 TC 和饱和脂肪酸，适量增加不饱和脂肪酸、纤维素、新鲜水果和蔬菜。对体重超重的患者，应减少总热量的摄入，减轻体重，同时运动和积极的体育活动非常重要。另外还要控制血糖、戒烟、限酒。经上述治疗 3～6 个月后，未达到要求者，再根据脂代谢异常的类型选用不同效能的调血脂药。

知识拓展

高脂血症

高脂血症是指由于脂肪代谢异常使血浆中一种或几种脂质高于正常的疾病，可表现为高胆固醇血症、高三酰甘油血症或两者兼有（混合性高脂血症）。高脂血症一般分为下列几种类型：①Ⅰ型，三酰甘油特别高，胆固醇正常，此型罕见。②Ⅱa型，胆固醇显著增高，三酰甘油正常，较多见。③Ⅱb型，胆固醇显著增高，三酰甘油稍高，较多见。④Ⅲ型，胆固醇及三酰甘油均明显增高，少见。⑤Ⅳ型，三酰甘油显著增高，胆固醇正常或稍高，又称内源性高三酰甘油血症，较多见。⑥Ⅴ型，三酰甘油很高，胆固醇稍高，又称混合型高三酰甘油血症，少见。

人体血脂代谢途径复杂，有诸多酶、受体和转运蛋白参与。临床上可供选用的调脂药物可分为两大类：①主要降低 TC 的药物。②主要降低 TG 的药物。其中部分调脂药物既能降低 TC，又能降低 TG。对于严重的高脂血症，常需多种调脂药联合应用，才能获得良好疗效。

一、主要降低 TC 的药物

这类药物主要作用机制是抑制肝细胞内 TC 的合成，加速 LDL 分解代谢或减少肠道内胆固醇的吸收，包括他汀类、胆固醇吸收抑制药、普罗布考、胆酸螯合药等。

1. 他汀类（数字资源 14-6）

他汀类亦称 HMG-CoA 还原酶抑制药，能够抑制胆固醇合成限速酶 HMG-CoA 还原酶，以降低血清、肝脏、主动脉中的 TC 及 VLDL-C、LDL-C 水平为主，具有降血脂、保护血管内皮细胞功能、抗炎、稳定粥样斑块等作用。也能降低血清 TG 水平和轻度升高 HDL-C 水平。

辛伐他汀【典】【基】【医保(甲)】 Simvastatin

【商品名或别名】 舒降之，利之舒。

【性状】 白色至类白色粉末颗粒柱状物。

【作用及适应证】 为 HMG-CoA 还原酶抑制药。适用于高胆固醇血症、混合性高脂血症和动脉硬化性心血管疾病的防治，如降低冠心病死亡及非致死性心肌梗死的危险性，降低脑卒中和短暂性脑缺血的危险性等。

【不良反应】 较常见的有腹泻、腹胀、眩晕、头疼、皮疹等症状，偶见肌痛、肌炎、横纹肌溶解、转氨酶升高及肌酸磷酸激酶升高等。

【用药指导】 ①妊娠及哺乳期妇女、活动性肝炎或血清氨基转移酶（ALT、AST）水平持续升高者禁用，儿童不宜服用。②用药同时应接受标准的降胆固醇饮食并在治疗过程中维持。以小剂量开始为宜，推荐剂量范围为每天5～80mg，晚间一次服用，所用剂量应根据基础LDL-C水平、推荐的治疗目标和患者反应进行个体化调整。③用药应间隔4周或以上，在复查血脂后，根据血胆固醇水平调整剂量。④用药期间应注意监测肝、肾功能及血肌酸磷酸激酶（CK）水平。若氨基转移酶超过正常值3倍以上或持续升高，应停药；若CK显著增高或发生肌炎，应停药。⑤本品不宜与贝特类、环孢素及大环内酯类抗生素（如红霉素）及酮康唑等合用。服药期间不宜饮酒。

【药物商品】 辛伐他汀片。推荐的起始剂量为20～40mg/次，每晚1次，建议剂量范围为每天5～80mg。

【商品信息】 ①本品由美国默克公司开发，曾是销量最大的他汀类药物，鼎盛时期曾占据此类药物80%的市场份额。近年来由于同类新产品的不断出现，该药市场份额有所下降。目前国内市场上的主要品牌有舒降之、利之舒等。②他汀类药物问世在人类动脉粥样硬化疾病防治史上具有里程碑式的意义。本类药物是目前治疗高胆固醇血症的主要药物。研究表明，长期使用他汀类药物可明显降低心血管事件发生率及病死率，减慢动脉粥样硬化斑块的发展，甚至使斑块消退。

【贮存】 原料及片剂密闭，在30℃以下保存。

其他他汀类药见表14-11。

表14-11 其他他汀类药（数字资源14-7）

药品名称	药物商品	LDL-C降低/%	剂量/(mg/d)	用法用量/mg	注意事项
阿托伐他汀【基】【医保（乙）】（立普妥、阿乐、优力平）Atorvastatin	片剂：每片10mg；20mg；40mg	39	10	10～80；qn	①剂量应根据基础LDL-C水平进行个体化调整。调整剂量应间隔4周或以上。②肌病和肝脏不良反应，其他少见不良反应还有胃肠反应、皮肤潮红、头痛等
瑞舒伐他汀【基】【医保（乙）】（可定、瑞旨、托妥）Rosuvastatin	片剂（胶囊）：每片（粒）5mg、10mg、20mg	39～45	5～10	5～20；qn	
普伐他汀【医保（乙）】（普拉固、美百乐镇）Pravastatin	片剂：每片5mg；10mg	34	40	10～40；qn	
洛伐他汀【典】【医保（乙）】（明维欣、美降之、血脂康）Lovastatin	片剂：每片10mg；20mg；40mg	31	40	10～80；qn	
氟伐他汀【医保（乙）】（来适可）Fluvastatin	片剂（胶囊）：每片（粒）20mg；40mg	25～35	40～80	20～40；qn	
匹伐他汀【医保（乙）】（力清之、冠爽、邦之）Pitavastatin	片剂：每片1mg；2mg	25～50	2～4	1～4；qn	

注：LDL-C降低数据来自各药品说明书，从标准剂量起剂量每增加1倍，LDL-C水平降低6%

2. 胆固醇吸收抑制药

主要通过抑制肠道内饮食和胆汁中胆固醇的吸收达到降低血脂目的。主要适应证是不能耐受他汀类药物治疗或单用他汀类药物血脂不能达标者。目前临床上主要代表药物是依折麦布，10mg/次，每日1次，可在每天的任意时间服用，不受进食的影响。其安全性及耐受性较好，主要表现为头痛和消化道症状，与他汀联用也可发生转氨酶增高和肌痛等副作用，禁用于妊娠期和哺乳期。药物商品有复方制剂**依折麦布辛伐他汀片**。

3. 普罗布考

普罗布考通过掺入 LDL 颗粒核心中,影响脂蛋白代谢,使 LDL 易通过非受体途径被清除。普罗布考常用剂量为每次 0.5g,2 次/日。主要适用于高胆固醇血症,尤其是纯合子型家族性高胆固醇血症及黄色瘤患者,有减轻皮肤黄色瘤的作用。常见不良反应为胃肠道反应;也可引起头晕、头痛、失眠、皮疹等;极少少见严重不良反应为 Q-T 间期延长。室性心律失常、Q-T 间期延长、血钾过低者禁用。

4. 胆酸螯合药

胆酸螯合药为碱性阴离子交换树脂,可阻断肠道内胆汁酸中 TC 的重吸收。适用于对他汀类药物无效的患者或高胆固醇血症患者,但此类药物有胃肠道不适、便秘和影响某些药物吸收不良反应,临床较少用。代表药物有**考来烯胺**,4~8mg/次,每日 1~2 次。与他汀类联用,可明显提高调脂疗效。此类药物的绝对禁忌证为异常 β 脂蛋白血症和血清 TG>4.5mmol/L(400mg/dL)。

二、主要降低 TG 的药物

有三种主要降低 TG 的药物:贝特类、烟酸类和高纯度鱼油制剂。

1. 贝特类

常用的贝特类药物有非诺贝特、吉非贝齐、苯扎贝特。常见不良反应与他汀类药物类似,包括肝脏、肌肉和肾毒性等。贝特类可有效降低 TG 和 LDL-C 并升高 HDL-C,其与他汀联合应用与肌病的风险倍增相关,应谨慎。

非诺贝特【典】【基】【医保(乙)】 Fenofibrate

【商品名或别名】 力平之,利必非。

【性状】 白色或类白色结晶性粉末;无臭,无味。不溶于水。

【作用及适应证】 为贝特类降血脂药,用于高三酰甘油血症和以 TG 升高为主的混合性高脂血症。

【不良反应】 不良反应较轻微,耐受性较好,有胃肠道症状,偶见皮疹及白细胞减少,亦有出现血转氨酶和血尿素氮暂时轻度升高,停药后可恢复正常。

【用药指导】 ①宜饭前服用,若对胃有刺激,可与食物同服。②用药期间应定期检查血常规、肝肾功能、血脂、血肌酸磷酸激酶(CPK)。③孕妇及哺乳期妇女、对非诺贝特过敏者、有胆囊疾病史、患胆石症的患者禁用。严重肝、肾功能不全患者慎用。

【药物商品】 ①非诺贝特片。②非诺贝特胶囊。③非诺贝特分散片。④非诺贝特缓释胶囊。

【商品信息】 ①本品由法国利博福尼公司开发,是一种安全、高效、耐受性好的降血脂药。非诺贝特的降脂作用强于吉非贝齐,用量正逐年上升,但增长速度趋缓。②上海爱的发制药的利必非缓释胶囊,法国福尼尔制药的力平之胶囊,市场销售状况好。

【贮存】 原料、片剂及胶囊遮光,密封保存。

2. 烟酸类

烟酸【典】【医保(乙)】 也称作维生素 B_3,属人体必需维生素。大剂量时具有降低 TC、LDL-C 和 TG 以及升高 HDL-C 的作用。烟酸有普通和缓释两种剂型,以缓释剂型更为常用。缓释片常用量为每次 1~2g,1 次/日。建议从小剂量(0.375~0.5g/d)开始,睡前服用;4 周后逐渐加量至最大常用剂量。最常见的不良反应是颜面潮红,其他有肝脏损害、高尿酸血症、高血糖、棘皮症和消化道不适等,慢性活动性肝病、活动性消化性溃疡和严重痛风者禁用。由于在他汀基础上联合烟酸的临床研究提示与单用他汀相比无心血管保护作用,欧美多国已将烟酸类药物淡出调脂药物市场。

3. 高纯度鱼油制剂

鱼油主要成分为 ω-3 脂肪酸，主要用于治疗高 TG 血症。

多烯康 Fish Oil 为浓缩鱼油制剂，主要成分是二十碳五烯酸乙酯、二十二碳六烯酸乙酯。黄色油状液体。可降低血浆三酰甘油和总胆固醇，升高高密度脂蛋白胆固醇，具有扩张血管、抗动脉粥样硬化、抑制血小板聚集和延缓血栓形成等作用。用于治疗高脂血症，也用于防治冠心病和脑栓塞。不良反应较少，口服初始数日内打嗝后有鱼腥味。有出血性疾病患者禁用。

药物商品有多烯康胶丸。遮光，密封，于阴凉干燥处保存。

案例 14-4

一名 50 岁男性肥胖患者，胆固醇和三酰甘油均增高，经治疗性生活方式改变 3 个月无明显下降，为了尽快将血脂降至正常，目前用药为辛伐他汀片（10mg，qd）、非诺贝特片（100mg，tid）。

诊疗策略

辛伐他汀为高胆固醇血症的首选药物，而非诺贝特主要降低三酰甘油，但两药合用可增加肌炎发生的危险性。该患者应先停用其中一种药物，如停用非诺贝特，加用多烯康，以减少不良反应。

【本章小结】

1. 抗心绞痛药是一类能增加心肌供血、供氧，减少心肌耗氧，同时保护缺血心肌的药物，它是通过改善心肌氧的供需矛盾而缓解心绞痛发作的。

2. 抗心律失常药是一类通过阻滞心肌细胞膜上的 K^+、Na^+、Ca^{2+} 通道或阻断心脏 β 受体，改变心肌电生理特性的药物。由于抗心律失常药对心脏传导系统均有抑制作用，故在应用过程中要注意以下原则：①首先注意基础心脏病的治疗以及病因和诱因的纠正。②注意掌握抗心律失常药物的适应证，不是所有的心律失常都需要用抗心律失常药物。③不轻易采用联合用药，因联合用药可加重心脏的毒性反应。

3. 抗心力衰竭药是一类能增强心肌收缩力，减轻心脏负荷，增加心排血量，逆转心室重构的药物。首选减轻心脏负荷和逆转心室重构的药物。

4. 抗高血压药种类繁多，虽然它们作用于不同的部位、不同的环节，但主要是通过扩张血管、利尿及抑制交感神经而起作用。降压的主要目的是保护靶器官，降低心脑血管病的发生率和死亡率。

5. 休克的主要特征是微循环功能障碍，抗休克的血管活性药包括血管收缩药和血管扩张药。它们通过升高血压、改善微循环纠正休克。该类药物多为抢救用药。

6. 血脂调节药是一类能够降低血浆胆固醇和三酰甘油，预防心脑血管疾病的药物。其中他汀类药物是治疗高胆固醇血症的首选药物。

【思考题】

1. 简述抗高血压药物的合理应用原则。
2. 简述 RAAS 抑制药的种类及其在心室重塑和心衰的发展过程中所起重要作用。
3. 理解他汀类调血脂药物为何是冠心病治疗的一线药物。

【信息搜索】

上网搜索 ACEI、ARB、β 受体阻滞药、CCB、他汀类药物的发展。

【处方分析】

1. 患者，男，50岁，以"心慌、闷气、发作性心前区疼痛一天"为主诉来诊。查体：血压130/80mmHg，双肺呼吸音清，心率100次/分，心律不齐。心电图提示：频发房性早搏。患者既往有支气管哮喘病史。初步诊断：①冠心病合并心律失常，频发房性早搏。②支气管哮喘。处方如下，分析是否合理，为什么？若你认为不合理，请提出合理的建议。

　　Rp：硝酸异山梨酯片 5mg　×100
　　　　　　Sig　10mg　tid　po
　　　　普萘洛尔片 10mg　×21
　　　　　　Sig　10mg　Tid　po

2. 患者，男，60岁，以"头晕、心悸1周"为主诉来诊。查体：血压170/100mmHg，心率80次/分，律齐，双下肢轻度水肿，血钾4.5mmol/L（正常）。初步诊断：高血压病合并心功能不全。处方如下，分析是否合理，为什么？

　　Rp：缬沙坦片 80mg　×7
　　　　　　Sig　80mg　qd　po
　　　　氢氯噻嗪片 25mg　×21
　　　　　　Sig　25mg　tid　po

第十五章 呼吸系统用药

学习目标

知识目标：
- 明确痰、咳、喘、炎间的病理关系及药物选用方法。
- 掌握镇咳药、祛痰药、平喘药的概念、分类，熟悉常用品种。
- 掌握镇咳药、祛痰药、平喘药基本品种的品名、作用、用途、不良反应和用药方法及注意事项和商品特点。
- 熟悉常用感冒药及其应用。

能力目标：
- 能正确地向呼吸系统疾病患者推荐相关治疗药并指导其合理用药。

数字资源 15-1　祛痰药小结微课
数字资源 15-2　镇咳药小结微课
数字资源 15-3　警惕！隐藏在复方制剂背后的麻黄碱
数字资源 15-4　平喘药小结微课
数字资源 15-5　感冒治疗小知识

咳、痰、喘是呼吸系统的常见症状，三者常同时存在并相互影响，如不加以控制，长期反复发作，有发展成肺气肿和肺源性心脏病的可能。因此，呼吸系统疾病的用药环节包括在应用抗微生物药、抗寄生虫药、抗肿瘤药及抗过敏药进行对因治疗的同时，还应及时采用镇咳、祛痰、平喘药对症治疗，以消除或缓解呼吸道症状，减轻患者痛苦。呼吸系统疾病的病理及选药示意见图 15-1。

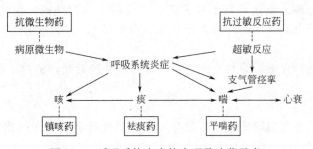

图 15-1　呼吸系统疾病的病理及选药示意

第一节　祛痰药

痰为呼吸道炎症等情况下的病理性分泌物，它的潴留可刺激黏膜下感受器引起咳嗽，加重呼吸道的感染症状；大量痰液还可阻塞呼吸道引起气急甚至窒息，因此，促进痰液的排出是呼吸系统对症治疗的关键。

祛痰药是一类能增加呼吸道分泌、使痰液稀释或能裂解痰中黏性成分，使其黏度降低而易于咳出的药物。根据作用机制的不同分为：①恶心性祛痰药和刺激性祛痰药；②黏痰溶解药。

一、恶心性祛痰药和刺激性祛痰药

恶心性祛痰药是通过刺激胃黏膜，引起轻度恶心，反射性地增加呼吸道腺体分泌，使痰液稀释而易于排出的药物，如氯化铵、阿桔片、碘化钾、愈创甘油醚等；刺激性祛痰药是一些挥发油，如桉叶油、安息香酊等，其蒸气对呼吸道黏膜有温和的刺激作用，使呼吸道分泌增加，痰液稀释而易排出。

氯化铵【典】 Ammonium Chloride

【商品名或别名】 氯化锭，卤砂。

【性状】 无色结晶或白色结晶性粉末；无臭，味咸，凉；有引湿性。在水中易溶。

【作用及适应证】 作用如下。①祛痰：口服后刺激胃黏膜的迷走神经末梢，引起轻度的恶心，反射性地引起气管、支气管腺体分泌增加。部分氯化铵吸收入血后，经呼吸道排出，由于盐类的渗透压作用而带出水分，使痰液稀释，易于咯出。②利尿：能增加肾小管氯离子浓度，因而增加钠和水的排出，具有利尿作用。③酸化体液和尿液。

临床用于：①多用于急性呼吸道炎症时痰黏稠不易咳出的病例，常与其他止咳祛痰药配成复方制剂应用。②纠正代谢性碱中毒。③增强四环素和青霉素的抗菌作用，还可促进碱性药物如哌替啶、苯丙胺的排泄。

【不良反应】 吞服片剂或剂量过大可引起恶心、呕吐、胃痛等胃刺激症状。

【用药指导】 ①肝、肾功能不全患者禁用。②应用过量或长期服用易致高氯性酸血症，代谢性酸血症患者禁用。

【药物商品】 ①氯化铵片，餐后服用。②喷托维林氯化铵糖浆。

【商品信息】 本品1936年用于临床，疗效确切。我国主要生产厂家有天津力生制药股份有限公司、西南药业股份有限公司、吉林益民堂制药有限公司等。本品的氯化铵片、口服液、复方甘草氯化铵糖浆、复方贝母氯化铵片均为甲类OTC药品。

【贮存】 原料及片剂密封，在干燥处保存。与铜器接触易变绿色，不可再供药用。

其他恶心性祛痰药和刺激性祛痰药

碘化钾【典】 Potassium Iodide 无色结晶或白色结晶性粉末；无臭，味咸带苦；微有引湿性。在水中极易溶解。碘化钾既是补钾药，也为刺激性祛痰剂，可使痰液变稀，易于咳出，并可增加支气管分泌。本品配成含碘食盐（含本品0.001%～0.02%）供食用，可预防地方性甲状腺肿。

药物商品有碘化钾片剂。原料遮光，密封保存；片剂遮光，密封，在干燥处保存。

二、黏痰溶解药

黏痰溶解药是一类能裂解痰中黏性成分，使其黏度降低而易于咳出的药物。如溴己新、乙酰半胱氨酸等。

氨溴索【典】【基】【医保(甲,乙)】 Ambroxol

【商品名或别名】 沐舒坦，美舒咳，兰勃素，安布索，溴环己胺醇。

【性状】 常用其盐酸盐。为白色或类白色结晶性粉，无臭。

【作用及适应证】 本品是溴己新在体内的活性代谢产物，作用似溴己新但显著超过溴己新，且毒性小，耐受性好。适用于急慢性支气管炎及支气管哮喘、支气管扩张症、肺气肿、肺结核、肺尘埃沉着病、手术后的咳痰困难等。

【不良反应】 较少，偶有胃部不适、胃痛、腹泻等。偶见皮疹等过敏反应。

【用药指导】 ①对本品过敏者禁用。②妊娠头3个月慎用。③避免与中枢性镇咳药（如右美沙芬等）合用，以免稀化的痰液堵塞气道。④与抗生素（阿莫西林、头孢呋辛、红霉素、多西环素）协同治疗可升高抗生素在肺组织的浓度。

【药物商品】 ①盐酸氨溴索片。②盐酸氨溴索胶囊。③盐酸氨溴索分散片。④盐酸氨溴索口服溶液。⑤盐酸氨溴索注射液。

【商品信息】 ①本品最早于20世纪80年代在德国上市，后来在法国、日本、意大利、西班牙等国家相继上市。②盐酸氨溴索一直是国内城市医院应用的镇咳药的主导产品，市场占有率一直很高。近年来，由于含磷酸可待因的止咳露、止咳糖浆等严格限购，且凭借媒体宣传，勃林格殷格翰公司大药厂的沐舒坦通过大量广告迅速建立知名度，市场地位上升迅猛，成为咳嗽类化学用药的排头军。

【贮存】 密封，在阴凉干燥处保存。

其他常用黏痰溶解药

(1) 乙酰半胱氨酸【典】【基】【医保(乙)】（痰易净，易咳净） Acetylcysteine 为白色结晶性粉末，有类似蒜的臭味，味酸，有引湿性。本品具有较强的黏痰溶解作用，能使双硫键断裂，降低痰的黏滞性，并使之液化。还能使脓性痰中的DNA双链断裂，不仅能溶解白色黏痰而且也能溶解脓性痰。适用于手术后、急性和慢性支气管炎、支气管扩张症、肺结核、肺炎、肺气肿等引起的痰液黏稠、咳痰困难、痰阻气管等。本品还可用于对乙酰氨基酚中毒的解毒。

因其特殊的蒜臭味，可引起恶心、呕吐，对呼吸道的刺激可能致咳呛甚至支气管痉挛等不良反应，与异丙肾上腺素合用或交替使用可减轻不良反应，并提高药效。用药应注意：①应用本品常直接滴入或注入呼吸道，但可迅速产生大量痰液，易堵塞气道，需用吸痰器吸引排痰。②支气管哮喘者禁用。③本品能减弱青霉素、四环素、头孢菌素类的抗菌活性，故不宜与这些药物并用，必要时可间隔4h交替使用。

药物商品有：①吸入用乙酰半胱氨酸溶液，雾化吸入。②乙酰半胱氨酸颗粒剂。原料密封；喷雾剂严封；均在凉暗处保存。本品需临用前配制，用剩的溶液应严封贮于冰箱中，48h内用完。不宜与金属、橡皮、氧化剂、氧气接触，故喷雾器必须用玻璃或塑料制作。

(2) 溴己新【典】【基】【医保(甲,乙)】（溴己铵，必消痰，必嗽平） Bromhexine 为白色或类白色结晶性粉末，无臭，无味。极微溶于水。本品具有溶解黏痰作用，主要作用于气管、支气管黏膜的黏液产生细胞，抑制痰液中酸性黏多糖蛋白的合成，并可使痰中的黏蛋白纤维断裂，因此使气管、支气管分泌的流变学特性恢复正常，黏痰减少，痰液稀释易于咳出。主要用于慢性支气管炎、哮喘等痰液黏稠不易咳出的患者。脓性痰患者需加用抗菌药控制感染。偶有恶心、胃部不适，减量或停药后可消失。胃炎或胃溃疡患者慎用，对本药过敏者禁用。因本品能增加阿莫西林、四环素类抗生素在支气管的分布浓度，故二者合用时，能增强此类抗生素的抗菌疗效。

药物商品有：①盐酸溴己新片。②盐酸溴己新注射液。原料密封保存，片剂密闭保存。

(3) 桉柠蒎【基】【医保(乙)】（切诺） Eucalyptol 本品为黏痰溶解性祛痰药，有改善气管黏膜纤毛运动，促进呼吸道腺体分泌的作用。还有抗炎作用，可减轻支气管黏膜肿胀，扩张支气管。用于急慢性鼻窦炎、急慢性支气管炎、肺炎、支气管扩张症、肺脓肿、慢性阻塞性肺病、肺部真菌感染、肺结核和硅沉着病等呼吸道疾病。亦可用于支气管造影术后促进对比剂的排出。不良反应轻微，偶有胃肠道不适及过敏反应，如皮疹、面部浮肿、呼吸困难和循环障碍。

药物商品有桉柠蒎肠溶软胶囊，餐前半小时用凉开水送服，不可打开或嚼破后服用。

(4) 羧甲司坦【典】【基】【医保(甲,乙)】（卡立宁） Carbocysteine 为黏痰稀释剂，主要在细胞水平影响支气管腺体的分泌，使低黏度的唾液黏蛋白分泌增加，而高黏度的岩藻糖黏蛋白产生减少，因而使痰液的黏滞性降低，易于咳出。用于慢性支气管炎、支气管哮喘等疾病引起的痰液黏稠、咳痰困难和痰阻气管等。亦可用于防治手术后咳痰困难和肺炎合并症。用于小儿非化脓性中耳炎，有预防耳聋效果。偶有轻头晕、恶心、胃部不适、腹泻、胃肠道出血、皮疹等不良反应。

药物商品有：①羧甲司坦片。②羧甲司坦颗粒。③羧甲司坦口服溶液。密封，置阴凉干燥处保存。

数字资源 15-1。

第二节 镇咳药

咳嗽为呼吸系统受到刺激时所产生的一种保护性反射，咳嗽动作的产生有利于痰液、呼吸道异物及其他病理性产物从气管、支气管中排出，使呼吸道清洁，呼吸顺畅。一般轻度咳嗽不需用镇咳药，但剧烈而频繁的咳嗽不仅影响睡眠和休息，而且还可以引起多种并发症，此时，需要使用镇咳药使之缓解。镇咳药按照作用部位的不同可分为中枢性镇咳药和外周性镇咳药两大类。

一、中枢性镇咳药

中枢性镇咳药是通过直接抑制延脑咳嗽中枢，降低其对呼吸道传入刺激的敏感性而产生镇咳作用的一类药物。多用于无痰的干咳。中枢性镇咳药分为麻醉性镇咳药和非麻醉性镇咳药两大类。

（一）麻醉性镇咳药

麻醉性镇咳药多为吗啡生物碱及其衍生物，镇咳作用强，是效果最好的一类，但在镇咳的同时抑制气管纤毛运动而影响痰液的排出，有较强的呼吸抑制作用，最主要的是久服有成瘾性，所以限制了其临床使用，其中不少药品必须按特殊药品管理。常用的药品有磷酸可待因、福尔可定、羟蒂巴酚等。

可待因【典】【基】【医保（甲，乙）】 **Codeine**

【商品名或别名】 甲基吗啡，Methylmorphine，Paveral。

【性状】 常用其磷酸盐，为白色细微的针状结晶性粉末；无臭；有风化性；易溶于水。

【作用及适应证】 本品通过直接抑制延髓咳嗽中枢而起效，止咳作用强大且迅速，作用强度约为吗啡的 1/4，耐受性及成瘾性较吗啡弱。也具有镇痛和镇静作用，其镇痛作用约为吗啡的 1/12～1/7，但强于一般解热镇痛药。临床适用于：①各种原因引起的剧烈干咳和刺激性咳嗽，尤其适用于伴有胸痛的剧烈干咳。②中度以上的疼痛。③镇静作用可用于辅助全麻或局麻。

【不良反应】 ①过量可引起兴奋、烦躁不安、瞳孔缩小、呼吸抑制、低血压、心率过缓。②长期应用可引起躯体依赖性。常用量引起便秘、呼吸抑制，依赖性的倾向均较其他吗啡类药物为轻。

【用药指导】 ①小儿过量可发生惊厥，以纳洛酮对抗。②长期用药可产生耐受性、成瘾性。③妊娠期应用可透过胎盘使胎儿成瘾，分娩期应用可致新生儿呼吸抑制。④多痰患者禁用。

【药物商品】 ①磷酸可待因片。②磷酸可待因糖浆剂。

【商品信息】 ①本品于 1832 年从阿片中提取分离得到，现多由吗啡的酚基甲基化而成。②本品的盐及其单方制剂应严格按"麻醉药品"管理，复方口服液体按"二类精神药品"管理。18 岁以下青少年禁用。③含磷酸可待因的止咳露、止咳糖浆等滥用现象严重，我国已实行严格限购。

【贮存】 原料及片剂遮光，密封保存；注射液遮光，密闭保存；糖浆剂遮光，密封置阴凉处保存。注射液久贮色逐渐变淡黄色甚至黄色，遇光变色加速，变色后不可供药用。

资料卡

止咳露事件

20世纪90年代末期，我国部分地区一些学生、青年人中，流行喝"止咳露"，声称喝过后可以起到兴奋、消除疲劳等效果。而饮用者中很多人已达到上瘾程度，严重影响身体、学习和工作。

止咳露事件被曝光后，我国政府一直密切监测该类药品的滥用情况，2000年以来多次采取措施加强对该类药品的管理，2005年更明确规定零售药店必须严格凭处方销售含可待因复方口服溶液。2008年11月，SFDA又规定：各药品批发企业只能将含可待因止咳口服溶液销售给具有合法资格的药品批发企业和医疗机构，不得销售给药品零售企业处方类药物，药店不得零售。

2015年4月3日，食品药品监管总局、公安部和国家卫生计生委联合发布了《关于将含可待因复方口服液体制剂列入第二类精神药品管理的公告》，自2015年5月1日施行。加强对含可待因复方口服液体制剂生产、经营和使用的监管，督促有关单位严格执行规定，保证医疗需求，防止流入非法渠道。

2018年9月，国家药品监督管理局发布《修订含可待因感冒药说明书的公告》，要求所有含可待因的感冒药必须标注"18岁以下青少年儿童禁用"。

(二) 非麻醉性镇咳药

本类药物常用的有喷托维林、右美沙芬、氯哌斯汀等。

喷托维林【典】【基】【医保(甲)】 Pentoxyverine

【**商品名或别名**】 维静宁，咳必清，托可拉斯，Toclase。

【**性状**】 常用其枸橼酸盐，为白色或类白色的结晶或颗粒粉末，无臭、味苦。易溶于水。

【**作用及适应证**】 本品能选择性地抑制咳嗽中枢，对呼吸道黏膜有局部麻醉和阿托品样解痉作用，大剂量可直接松弛支气管平滑肌及抑制呼吸道感受器而兼有外周镇咳作用，镇咳强度为可待因的1/3，但无成瘾性。适用于干咳及上呼吸道感染引起的咳嗽。

【**不良反应**】 可致轻度头晕、口干、恶心、腹胀、便秘及皮肤过敏等不良反应。

【**用药指导**】 ①青光眼患者、心功能不全者慎用。②痰多者应与祛痰药合用。

【**药物商品**】 ①枸橼酸喷托维林片。②喷托维林氯化铵糖浆。

【**商品信息**】 ①我国于1961年开始生产本品，是目前市场占有量较大的镇咳药品之一。②喷托维林片剂、糖浆剂、滴丸剂、喷托维林氯化铵糖浆、复方愈酚喷托那敏糖浆均为甲类OTC品种。

【**贮存**】 原料、片剂及滴丸密封，在干燥处保存。

其他常用非麻醉性镇咳药

右美沙芬【典】【医保(乙)】（右甲吗喃，美沙芬）Dextromethorphan（Romilar，Tussade） 本品的氢溴酸盐为白色或类白色结晶性粉末，无味或稍苦。可溶于水。本品的镇咳作用与可待因大致相等或略强，但无镇痛作用，治疗剂量不产生呼吸抑制。主要用于干咳，适用于感冒、急性或慢性支气管炎、支气管哮喘、咽喉炎、肺结核以及其他上呼吸道感染时的咳嗽。偶有嗜睡、头晕、便秘等不良反应。孕妇及痰多咳嗽者慎用。

药物商品有：①氢溴酸右美沙芬片。②氢溴酸右美沙芬缓释片。③氢溴酸右美沙芬糖浆。④氢溴酸右美沙芬颗粒剂。氢溴酸右美沙芬片剂、缓释片、咀嚼片、胶囊剂、糖浆剂、颗粒剂、口服溶液均为甲类OTC品种。密闭、干燥处保存。

数字资源15-2。

课堂活动 讨论中枢性镇咳药品的分类及特点。

二、外周性镇咳药

外周性镇咳药又称为末梢性镇咳药，是一类通过抑制咳嗽反射弧的任何一个环节而发挥镇咳作用的药物。常用药物有复方甘草、苯丙哌林、那可丁等。

复方甘草【典】【基】【医保(甲)】 Compound Licorice

【作用及适应证】 本药为复方制剂，其主要成分中的甘草为保护性镇咳祛痰药，其所含阿片粉或复方樟脑酊具有较强的镇咳作用；其中的樟脑、八角茴香油等能刺激支气管黏膜，反射性地增加腺体分泌，稀释痰液，使痰容易咳出。上述成分组成复方制剂，有镇咳、祛痰的协同作用，用于镇咳、祛痰。

【不良反应】 有微弱的恶心、呕吐反应。甘草有弱皮质激素样作用，长期、大剂量应用有引起水钠潴留和低血钾的假性醛固酮增多、高血压和心脏损害的危险性。

【用药指导】 ①口服或含化。②服用本品时注意避免同时服用强力镇咳药。③对本品成分过敏者禁用。④孕妇、哺乳期妇女及胃溃疡患者慎用。

【药物商品】 ①复方甘草片。②复方甘草口服溶液，服时振摇。

【商品信息】 本品疗效确切、价格低廉，为临床常用的传统镇咳药。复方甘草片按照"含特殊药品复方制剂"管理，应设置专柜。

【贮存】 密封，在干燥处保存；溶液在避光、阴凉处保存。

> **资料卡**
>
> **携复方甘草片 中国父女赴美被遣返**
>
> 据2014年2月21日成都商报报道：《世界日报》称，中国父女近日乘坐菲律宾航空公司的航班入境，所有乘客的行李都被检查，结果这对父女帮洛杉矶友人带了16瓶复方甘草片共计1600颗甘草片被没收，还被戴上手铐，关进小黑屋十几个小时。根据美国海关之后寄来的美国食品药品监督管理局（FDA）检验报告显示，复方甘草片里含有古柯碱（可卡因），属于违禁品，需销毁或邮寄回中国。后来海关判定，父女俩直接坐飞机被遣返回中国，并且5年内不得入境美国。
>
> 注：一般复方甘草片中不含可卡因，所含违禁成分应为阿片。

第三节 平喘药

> **知识拓展**
>
> **哮喘——世界公认的医学难题**
>
> 哮喘是呼吸道平滑肌痉挛和黏膜炎症引起腺体分泌物增加、黏膜水肿所致小气道堵塞的结果。临床表现为反复发作性伴有哮鸣音的呼气性呼吸困难、胸闷或咳嗽，可自行或治疗后缓解。哮喘被世界卫生组织列为疾病中四大顽症之一，被列为十大死亡原因之最。目前，全球哮喘患者约3亿人，中国哮喘患者约3000万人。本病一半在12岁前发病，20%有家族史。哮喘的病因机制较复杂，至今尚未完全明了。确定的致病因素包括遗传因素如家族过敏史；激发因素有主观因素包括遗传因素、免疫因素、精神因素、内分泌等和环境因素包括反应原、微生物、职业因素、气候、药物、运动、饮食等。

平喘药是指能作用于哮喘发病的不同环节，以缓解或预防哮喘发作的药物。现代医学认为：哮喘的病理基础是气道慢性变应性炎症，并对外界刺激很敏感。在治疗支气管哮喘时，不应一味舒张支气管，而应同时重视抗炎和降低气道反应性的治疗。随着治疗新观点的出现，哮喘治疗的重点也有所变化。现在，已把应用激素及抗炎药物控制炎症作为主要的治疗手段，而以往常规应用的支气管解痉药的治疗方法，只用来缓解症状，同时也采用抗过敏平喘，预防哮喘发作。近年更多的是通过联合用药（吸入型制剂或复方制剂）以增强呼吸道局部疗效，减少全身用药的不良反应。根据作用方式的不同，平喘药可分为如下几类。

（1）支气管扩张药
① β受体激动药：如沙丁胺醇、福莫特罗、麻黄碱等。
②茶碱类：如氨茶碱、茶碱、二羟丙茶碱等。
③抗胆碱药：如异丙托溴铵、噻托溴铵等。
（2）抗炎性平喘药（糖皮质激素）　如倍氯米松、布地奈德、氟替卡松等。
（3）抗过敏平喘药　如色甘酸钠、富马酸酮替芬等。
（4）影响白三烯的药物　孟鲁司特、扎鲁司特、齐留通。

【导课案例——药物性哮喘】

患者女，57岁。3年前，患者无明显诱因出现气喘症状，之后反复发作，春秋季节多见。支气管激发试验阳性。一直规律使用布地奈德吸入剂300μg，每天2次，必要时吸入沙丁胺醇以缓解症状。患者因牙痛自服阿司匹林肠溶片（0.3g/片）2片。用药半小时后出现胸闷气喘、干咳、呼吸困难、端坐呼吸、口唇发绀、焦躁不安。听诊：呼吸急促，30次/分，双肺弥漫性哮鸣音，心率130次/分，律齐。血氧饱和度85%。血气分析（吸空气）：pH 7.37，$PaCO_2$ 44mmHg，PaO_2 54mmHg。肺功能：FEV_1 为预计值的58%。患者有过敏性鼻炎，无其他基础疾病，对海鲜和花粉过敏。无烟酒等不良嗜好。诊断：①支气管哮喘急性发作（重度）；②阿司匹林哮喘。

处方：①立即停用阿司匹林。②吸氧。③甲泼尼龙琥珀酸钠注射液（40mg）+5%葡萄糖溶液100mL，每8h 1次，静脉滴注。④氨茶碱注射液0.5g+5%葡萄糖溶液500mL，每日2次，静脉滴注。⑤异丙托溴铵溶液0.5mg+沙丁胺醇溶液5mg+生理盐水2mL，每日4次，射流雾化吸入。

请结合上述案例：
1. 由经典的阿司匹林哮喘为例前后知识点衔接，预习了解哮喘的主要特征（注意慢性炎症和高反应性）有哪些？
2. 糖皮质激素的作用特点及注意事项（吸入、口服、静脉）有哪些？

一、支气管扩张药

（一）β受体激动药

沙丁胺醇【典】【基】【医保（甲，乙）】　**Salbutamol**

【商品名或别名】　万托林，爱纳灵，阿布叔醇，羟甲叔丁肾上腺素，Ventolin。
【性状】　白色或类白色粉末。易溶于水。
【作用及适应证】　本品为选择性$β_2$受体激动药，有较强的支气管扩张作用，具有起效快（口服15～30min，吸入1～5min生效）、作用持久（6h以上）的特点。对心血管系统影响很小（仅为异丙肾上腺素的1/10）。用于缓解哮喘或慢性阻塞性肺病患者的支气管痉挛及预防运动诱发的哮喘，或其他过敏原诱发的支气管痉挛。制止发作多用气雾剂，预防发作则用口服。

【不良反应】 有恶心、心悸、手指震颤、头痛、头晕、高血压、失眠等副作用。一般减量即可恢复。

【用药指导】 ①长期应用易产生耐药性。②甲亢、高血压、冠心病患者慎用。孕妇慎用。③普萘洛尔等β受体阻滞药能拮抗本品的支气管扩张作用，故不宜合用。

【药物商品】 ①硫酸沙丁胺醇片。②硫酸沙丁胺醇吸入气雾剂，气雾吸入。③硫酸沙丁胺醇注射液。

【商品信息】 ①本品由英国葛兰素公司1969年研发并投放市场，商品名为喘乐宁（Ventolin），因疗效肯定、较为安全而成为临床上治疗哮喘的一线药物。②近年有控释剂型和缓释剂型，可延长作用时间，适用于预防夜间突然发作。③本品的素片、控释片、缓释片、胶囊原为OTC类药物；2006年3月转为处方药。

【贮存】 原料及片剂遮光，密封保存；注射液遮光，密闭保存。

其他常用β受体激动药

（1）福莫特罗【医保(乙)】（奥克斯都保，盼得馨）Formoterol 本品为富马酸盐，白色或黄白色结晶状粉末。为长效选择性β_2受体激动药，对支气管的松弛作用较沙丁胺醇强且较持久，用于哮喘与慢性阻塞性肺病的维持治疗与预防发作，因其为长效制剂，特别适用于哮喘夜间发作患者，疗效尤佳。能有效地预防运动性哮喘的发作。偶见心动过速、室性期前收缩、面部潮红、胸部压迫感、头痛、头晕、发热、嗜睡、盗汗、震颤、腹痛、皮疹等。高血压、甲亢、心脏病及糖尿病患者慎用，妊娠及哺乳期妇女慎用，与肾上腺素及异丙肾上腺素等儿茶酚胺类合用时可诱发心律失常，甚至心脏骤停，应避免合用。

药物商品有：①富马酸福莫特罗片。②富马酸福莫特罗粉吸入剂。

（2）麻黄碱【典】【基】【医保(甲)】（麻黄素）Ephedrine（Ephetonin，Sanedrine） 其盐酸盐为白色针状结晶或结晶性粉末，无臭、味苦。易溶于水。本品能直接作用于α、β两种受体，发挥拟肾上腺素作用，也能促使肾上腺素能神经末梢释放出化学递质，间接地发挥拟肾上腺素作用。与肾上腺素相比，麻黄碱的特点是性质稳定、口服有效、作用弱而持久、中枢兴奋作用较显著，具有松弛支气管平滑肌、兴奋心脏、收缩血管、升高血压等作用。临床用于支气管哮喘、蛛网膜下腔麻醉或硬膜外麻醉引起的低血压和解除感冒、急性鼻窦炎引起的鼻黏膜充血、水肿。大量使用可引起震颤、焦虑、失眠、头痛、心悸、发热、出汗等。连续使用可发生快速耐受性。甲亢、高血压、动脉硬化、心绞痛等患者忌用。

药物商品有：①盐酸麻黄碱注射液。②含麻黄碱类（包括伪麻黄碱）的复方制剂有呋麻滴鼻液、盐酸麻黄碱滴鼻液等和新康泰克、白加黑、百服宁、氨酚伪麻片等感冒药近200多种，由于它们都含有合成冰毒的最主要原料，因此国际上按第一类易制毒化学品管制。我国对此类复方制剂实行严格管理、限量供应（数字资源15-3）。

另外由于服用麻黄碱后可以明显增加运动员的兴奋程度，使运动员不知疲倦，能超水平发挥，但副作用极大，因此，这类药品属于国际奥委会严格禁止的兴奋剂。

> **知识拓展**
>
> **麻黄碱的特殊管理**
>
> 2012年8月30日，国家食品药品监督管理局通知，要求原则上不再批准含麻黄碱类复方制剂仿制药注册；限制最小包装规格的麻黄碱含量。同时，销售含麻黄碱类复方制剂的药品零售企业应当查验、登记购买者身份证，每人每次购买量不得超过2个最小零售包装。

2012年12月6日，国家食品药品监督管理局再次发布公告，对氯雷伪麻缓释片、复方盐酸伪麻黄碱缓释胶囊、氨酚氯雷伪麻缓释片、那敏伪麻胶囊、扑尔伪麻片和复方布洛伪麻缓释片的说明书进行了核准，并在随后发布。按照修订后的说明书，这6类药品从非处方药变成处方药。

各种β受体激动药平喘作用的比较见表15-1。

表15-1 各种β受体激动药平喘作用的比较

品名	选择性作用	扩支气管作用	对心血管影响	应用	备注
沙丁胺醇	选择性β₂	较强、中效	很少	防治哮喘	
克仑特罗	选择性β₂	强（沙丁胺醇的100倍）、中效	小	防治哮喘	
特布他林	选择性β₂	中效	一定	哮喘	
氯丙那林	选择性β₂	中效	较小	哮喘	
福莫特罗	选择性β₂	长效		慢性哮喘、慢性阻塞肺病	
肾上腺素	非选择性（αβ₁β₂）	短暂	明显	控制哮喘急性发作	口服无效
异丙肾上腺素	非选择性（αβ₁β₂）	强大	严重心脏反应（β₁）	控制哮喘急性发作	口服无效 舌下、气雾
麻黄碱	非选择性（αβ₁β₂）	缓慢、温和、持久		轻症或预防哮喘发作	

（二）茶碱类平喘药

本类药品通过直接松弛呼吸道平滑肌而发挥平喘作用，作用机制仍未完全阐明。其作用机制比较复杂，过去认为是通过抑制磷酸二酯酶（cAMP），使细胞内cAMP含量提高所致。近来实验认为茶碱的支气管扩张作用部分是由于内源性肾上腺素与去甲肾上腺素释放的结果，此外，茶碱是嘌呤受体阻滞剂，能对抗腺嘌呤等对呼吸道的收缩作用，并有改善呼吸的功能。

氨茶碱【典】【基】【医保（甲）】 **Aminophylline**

【商品名或别名】 茶碱二乙胺盐，Aminodur.

【性状】 白色或淡黄色颗粒或粉末。易结块；微有氨臭，味苦。在空气中吸收二氧化碳，并分解成茶碱。可溶于水，水溶液呈碱性。

【作用及适应证】 本品为茶碱与乙二胺复盐，其药理作用主要来自茶碱，乙二胺使其水溶性增强。本品对呼吸道平滑肌有直接松弛作用；尚有微弱舒张冠状动脉、外周血管和胆管平滑肌作用；有轻微增加收缩力和轻微利尿作用。主要用于支气管哮喘、喘息型支气管炎、阻塞性肺气肿等。也可用于急性心功能不全和心源性肺水肿引起的哮喘及胆绞痛。

【不良反应】 常见有恶心、呕吐、腹泻等胃肠刺激症状和中枢神经系统兴奋症状，如头晕、烦躁、失眠等。

【用药指导】 ①不适用于哮喘持续状态或急性支气管痉挛发作的患者。②对本品过敏的患者、活动性消化溃疡和未经控制的惊厥性疾病患者禁用。肝肾功能不全、充血性心力衰竭、急性心肌梗死、低血压、甲亢及溃疡病患者及儿童慎用。③静滴过快或浓度过高可引起心律失常、惊厥和血压骤降，严重可致死。④本品有较强碱性，口服对胃刺激性大，应餐后服或服用肠溶片。肌内注射可引起局部红肿疼痛，已极少用。

【药物商品】 ①氨茶碱片。②氨茶碱注射液。③氨茶碱缓释片。

【商品信息】 ①本品于1907年合成并用于临床，是一个经典的平喘药，因可静脉用药、平喘作用快、疗效好、生产方便等特点而广泛应用。②市场上还有复方长效氨茶碱片、阿斯美胶囊、喘静片、止喘栓等本药的复方制剂。

【贮存】 原料及片剂遮光，密封保存；注射液遮光，密闭保存。本品遇热或空气易氧化，先变成淡黄色，后渐变为棕色，并有强烈的氨臭，不可使用。

其他茶碱类平喘药

茶碱【典】【基】【医保(甲)】（迪帕米）Theophylline 为白色或黄白色结晶粉末，几乎无味。作用及适应证同氨茶碱，多见有恶心、呕吐、易激动、失眠等不良反应。对本品过敏的患者、活动性消化溃疡和未经控制的惊厥性疾病患者禁用。低氧血症、高血压或者消化道溃疡病史的患者慎用本品。老年患者服后常感头晕，故口服时应多饮水。

药物商品有：①茶碱片。②茶碱缓释胶囊。③复方茶碱片，为茶碱、可可豆碱、咖啡因、麻黄素、非那西丁、氨基比林、苯巴比妥、颠茄浸膏的复方制剂。遮光，密封保存。

（三）抗胆碱平喘药（M胆碱受体阻断药）

异丙托溴铵【基】【医保(甲)】 Ipratropium Bromide

【商品名或别名】 异丙阿托品，爱全乐，爱喘乐。

【性状】 常用其溴化物，为白色结晶性粉末。可溶于水。

【作用及适应证】 本品是对支气管平滑肌有较高选择性的强效抗胆碱药，松弛支气管平滑肌作用较强，对呼吸道腺体和心血管系统的作用不明显。临床用于需要多种支气管扩张药联合应用的患者，用于治疗气道阻塞性疾病有关的可逆性支气管痉挛。

【不良反应】 常见口干、头痛、鼻黏膜干燥、咳嗽、震颤。偶见心悸、支气管痉挛、眼干、眼调节障碍、尿潴留。极少见过敏反应。

【用药指导】 ①对本药成分及阿托品类药物过敏者禁用。②青光眼、前列腺增生症患者慎用。③雾化吸入时避免药物进入眼内。

【药物商品】 ①异丙托溴铵气雾剂。气雾吸入。②吸入用异丙托溴铵溶液，通过合适的雾化装置吸入，不能口服或注射。

【商品信息】 异丙托溴铵气雾剂的生产厂家主要有上海勃林格殷格翰药业有限公司、北京海德润制药有限公司等，对于需要多种支气管扩张药联合应用的患者，可选择上海勃林格殷格翰药业有限公司生产的吸入用复方异丙托溴铵溶液（含异丙托溴铵和硫酸沙丁胺醇）。

【贮存】 密闭，在干燥处保存用。

其他抗胆碱平喘药

噻托溴铵【基】【医保(乙)】（思力华）Tiotropium Bromide 为季铵类抗胆碱药，可与支气管平滑肌上的M_3受体结合产生支气管扩张作用，作用时间较异丙托溴铵长。用于慢性阻塞性肺病（COPD，包括慢性支气管炎和肺气肿）及相关呼吸困难的维持治疗。改善COPD患者的生活质量，能够减少COPD急性加重。常见不良反应为上呼吸道感染、口干、声音嘶哑、鼻窦炎、咽炎、非特异性胸痛、泌尿道感染、消化不良。老年患者慎用。

药物商品有：①噻托溴铵粉吸入剂。②噻托溴铵喷雾剂。

二、抗炎性平喘药（糖皮质激素类平喘药）

本类药物为强大的抗炎、抗免疫、最有效抗变态反应药，但副作用多且重，另奏效慢，只用作预防或合用速效药用。为减少不良反应目前主要为局部应用即吸入给药，常用吸入一线平喘药有布地奈德、氟替卡松、倍氯米松等；而全身用药仅用于重症或其他药无效时，一一般是口服或注射泼尼松、地塞米松。

布地奈德【基】【医保(乙)】 Budesonide

【商品名或别名】 普米克，宝益苏。

【性状】 为白色或类白色粉末。几乎不溶于水。

【作用及适应证】 本品是局部应用的不含卤素的肾上腺糖皮质激素类药物。因与糖皮质激素受体的亲和力较强，故局部抗炎作用更强。用于肾上腺皮质激素依赖性或非依赖性支气管哮喘及喘息性支气管炎患者，可减少口服肾上腺皮质激素的用量，减轻肾上腺皮质激素的不良反应，也可用于慢性阻塞性肺疾病。

【不良反应】 ①吸入后偶见咳嗽、声音嘶哑和口腔咽喉部位念珠菌感染。②偶有过敏反应，表现为皮疹、荨麻疹、血管神经性水肿等。③极少数患者喷鼻后，出现鼻黏膜溃疡和鼻中隔穿孔。

【用药指导】 ①对本品过敏者、中度及重度支气管扩张患者禁用。②活动性肺结核及呼吸道真菌、病毒感染者慎用。③每次用药后漱口，不使药液残留于咽喉部，以减少念珠菌感染发生率。

【药物商品】 ①布地奈德气雾剂。②布地奈德粉吸入剂。③吸入用布地奈德混悬液，应经适当的雾化器给药。④布地奈德粉鼻喷雾剂，早晨一次或早晚分两次喷入。

【商品信息】 生产厂家主要有阿斯利康制药有限公司、上海信谊药厂有限公司等。阿斯利康的复方制剂布地奈德福莫特罗粉吸入剂（信必可都保）为慢性哮喘患者常用药。

【贮存】 密封，避光。

氟替卡松【基】【医保(乙)】 Fluticasone

【商品名或别名】 辅舒酮，辅舒良。

【作用及适应证】 本品为局部用强效肾上腺糖皮质激素药物。其脂溶性在目前已知吸入型糖皮质激素类药物中为最高，易于穿透细胞膜与细胞内糖皮质激素受体结合，与受体具有高度亲和力。本品在呼吸道内浓度和存留时间较长，故其局部抗炎活性更强。雾化吸入用于慢性持续性哮喘的长期治疗，亦可治疗过敏性鼻炎。

【不良反应】 同其他吸入性糖皮质激素类药物。

【用药指导】 同其他吸入性糖皮质激素类药物。

【药物商品】 ①丙酸氟替卡松吸入气雾剂。②丙酸氟替卡松乳膏。③丙酸氟替卡松鼻喷雾剂。④糠酸氟替卡松鼻用喷雾剂。

【商品信息】 氟替卡松生产厂家主要有重庆葛兰素威康制药有限公司、武汉诺安药业有限公司、Glaxo Operations UK Ltd.、GLAXO WELLCOME，S. A等。

【贮存】 不超过30℃贮存，避免受冻和阳光直射。

三、抗过敏性平喘药

本类药物能稳定肥大细胞膜，抑制过敏介质释放；对多种爆炸性细胞也有抵制作用。此外还可阻断引起支气管痉挛的神经反射，降低哮喘患者的气道高反应性。

(1) 色甘酸钠【典】【医保(乙)】 Sodium Cromoglicate 参见第二十章抗变态反应药。

(2) 富马酸酮替芬【典】 Ketotifen Fumarate 参见第二十章抗变态反应药。

(3) 曲尼司特【典】（肉桂氨茴酸，利喘平，利喘贝）Tranilast 为淡黄色或淡黄绿色结晶或结晶性粉末。不溶于水，可溶于碱性水溶液。本品能抑制肥大细胞脱颗粒，从而阻滞组胺、5-羟色胺等过敏介质的释放。临床用于支气管哮喘、过敏性鼻炎的防治，也可用于防治多种过敏性疾病。可见轻度肝功能异常，胃肠不适，红细胞和血红蛋白下降，头痛、眩晕、嗜睡及尿频、尿痛等不良反应。在应用本品的过程中，原使用的其他平喘药或糖皮质激素应缓慢减量，不可突然中止。本品对已发作症状不能迅速显效，一般在好发季节前半个月服才能起预防作用。

药物商品有曲尼司特胶囊。遮光，密封保存。

数字资源 15-4。

四、影响白三烯的药物

白三烯（LT）是花生四烯酸经 5-脂氧酶途径代谢产生的一组炎性介质。白三烯在哮喘时的气道炎症反应过程中起着重要作用。抗白三烯药物包括白三烯受体拮抗剂（如孟鲁司特、扎鲁司特）和 5-脂氧酶活性抑制剂（如齐留通）。前者与位于支气管平滑肌等部位上的受体选择性结合，竞争性地阻断半胱氨酸 LT（Cys-LT）的作用，进而阻断器官对 LT 的反应，后者则通过花生四烯酸的 5-脂氧酶途径而抑制 LT 的合成。作为较新的一代哮喘类用药，本类药物近年来受到临床的重视和使用，被称为当前哮喘治疗的新发展或可能是一种新趋势。

孟鲁司特【医保(乙)】（蒙鲁司特，顺尔宁）Montelukast 为高选择性半胱氨酰白三烯受体拮抗剂，可缓解白三烯介导的支气管炎症和痉挛状态，减轻白三烯所致的激惹症状，改善肺功能。用于 15 岁及以上成人哮喘的预防和长期治疗，包括预防白天和夜间的哮喘症状，治疗对阿司匹林敏感的哮喘患者以及预防运动诱发的支气管收缩。适用于减轻过敏性鼻炎引起的症状。有轻度头痛、头晕、嗜睡、兴奋、激惹、烦躁不安、失眠、感觉异常及较罕见的癫痫发作，恶心、呕吐、腹痛、转氨酶升高等反应。本品对哮喘急性发作无效，不可骤然使用本品取代吸入型或口服糖皮质激素。妊娠、哺乳期妇女及幼儿慎用。

药物商品有：①孟鲁司特钠片。②孟鲁司特钠咀嚼片。③孟鲁司特钠颗粒。

第四节 抗感冒药复方制剂

感冒是由多种细菌和病毒引起的常见呼吸道疾病，其中 30％～50％是由某种血清型的鼻病毒引起。感冒可分为普通感冒和流行性感冒。

由于感冒发病急促，症状复杂多样，因而至今没有一种药物能解决所有这些问题，因此，治疗感冒药多采用复方制剂。各种复方制剂常用的组方搭配如下。

（1）解热镇痛药　退热和缓解头痛、关节痛等症状，例如阿司匹林、对乙酰氨基酚、双氯芬酸等，其中尤以对乙酰氨基酚最为常用。

（2）鼻黏膜血管收缩药　减轻鼻窦、鼻腔黏膜血管充血，解除鼻塞症状，例如苯丙醇胺、麻黄碱、伪麻黄碱。

（3）组胺拮抗药　使上呼吸道的分泌物干燥和变稠，减少打喷嚏和鼻溢液，同时具有轻微的镇静作用，例如氯苯那敏（扑尔敏）和苯海拉明等。

（4）中枢兴奋药　有些制剂中含有咖啡因，一是为了加强解热镇痛药的疗效，二是抵消抗组胺药所引起的嗜睡作用。

（5）抗病毒药　抑制病毒合成核酸和蛋白质，并抑制病毒从细胞中释放，如金刚烷胺、吗啉胍。

另外，当感冒引起继发性细菌感染时，则需选用抗感染药物进行治疗，但不能随便滥用抗感染药物，以免损坏机体自身的免疫机能。

抗感冒药大多是一些 OTC 药，因此在使用中尤其要注意：①避免多品种合用，以免造成成分含量增加引起不良反应。②从事驾车和危险工作者不宜服用含有抗组胺类药。

目前常用感冒药根据药物来源主要分为三大类：①西药复方制剂，其重在抑制病菌，见效快，但副作用大，如康泰克、白加黑、感冒通、感康、严迪感冒片、日夜百服宁、泰诺感冒片、海王银得菲、快克、三九感冒、感诺、新速效伤风胶囊均为纯西药复方制剂。②中成药副作用小，但起效慢，如治疗风热感冒的有双黄连口服液、板蓝根冲剂、银翘解毒片、感冒清胶囊、999感冒灵颗粒等，治疗风寒感冒的有感冒清热颗粒、荆防颗粒等。③中西药结合的复方药，其综合以上两者的优点，如康必得、感康等。

感冒治理相关知识见数字资源15-5。

> **案例 15-1　　　　　　　　　合理使用药品**
>
> 　　驾驶员范某服用两粒速效感冒胶囊3h后，驾车至104国道至某县油站前，因"药性发作"，汽车失控直冲加油站，当场撞死加油站女工，车身随即翻入水沟内，酿成一起十分惨重的车祸。速效感冒胶囊的主要成分为乙酰氨基酚、咖啡因、氯苯那敏和人工牛黄。请分析事故原因。
>
> 　　速效感冒胶囊属于解热镇痛复方制剂，其复方成分中咖啡因有镇静催眠的作用、氯苯那敏有导致嗜睡的不良反应，所以服用此类复方制剂应避免机械驾驶。
>
> 　　请同学们通过本案例学习，加深对正确指导用药的理解。

常用抗感冒药复方制剂见表15-2。

表15-2　常用抗感冒药复方制剂

名称	成分	作用与适应证	药物商品	用药指导
复方盐酸伪麻黄碱(新康泰克)	盐酸伪麻黄碱、马来酸氯苯那敏内容物中既含有速释小丸，也含有能在一定时间内持续发挥作用的缓释小丸	可减轻由普通感冒及流行性感冒引起的上呼吸道症状和鼻窦炎、花粉症所致的各种症状，特别适用于缓解上述疾病的早期临床症状，如打喷嚏、流鼻涕、鼻塞等	胶囊；口服，成人每12h服1粒，24h内不应超过2粒，疗程不超过3~7天	①对本品过敏者、严重冠心病高血压患者、有精神病史者、驾驶机动车船、操作机器以及高空作业者工作期间禁用。②孕妇、哺乳期妇女、肝肾功能不全者慎用
酚麻美敏(泰诺，新帕尔克，雷蒙欣，日理达)	对乙酰氨基酚、盐酸伪麻黄碱、氢溴酸右美沙芬、马来酸氯苯那敏	适用于缓解由感冒或流感引起的发热、头痛、咽痛、肌肉酸痛、鼻塞流涕、打喷嚏、咳嗽等症状	①胶囊；②咀嚼片；③颗粒剂	①对本品过敏者禁用。②伴有高血压、心脏病、糖尿病、甲状腺疾病、青光眼、前列腺增生症引起的排尿困难、呼吸困难、肺气肿、长期慢性咳嗽或咳嗽伴有黏痰及肝肾功能不全患者慎用。③驾驶员、高空作业及操作机器者慎用
美息伪麻(白加黑,盐爽)	对乙酰氨基酚、盐酸伪麻黄碱、氢溴酸右美沙芬、氢溴酸右美沙芬、盐酸苯海拉明	适用于治疗和减轻感冒引起的发热、头痛、周身四肢酸痛、喷嚏、流涕、鼻塞、咳嗽等症状。日用片服后不会引起嗜睡；夜用片含适量的盐酸苯海拉明，可有助于患者睡眠	①片剂；日用片为浅色；夜用片为深色。②胶囊。③分散片	①夜用片用药期间可能引起头晕、嗜睡，故服药期间不宜驾车或高空作业、操作机器。②饮酒或服镇痛药、镇静药会加重嗜睡。避免同时服用抗高血压药、抗抑郁药、单胺氧化酶抑制药及饮酒
氨咖黄敏(速效伤风胶囊,海王感冒剂)	对乙酰氨基酚、咖啡因、人工牛黄、马来酸氯苯那敏	用于缓解普通感冒及流行性感冒引起的发热、头痛、鼻塞、咽痛等症状	①胶囊；②片剂；③胶囊	①对本品过敏者、孕妇、哺乳期妇女、活动性消化道溃疡患者禁用。②驾车或高空作业者慎用

续表

名称	成分	作用与适应证	药物商品	用药指导
复方美沙芬片（康得，帕尔克）	对乙酰氨基酚、氢溴酸右美沙芬、盐酸伪麻黄碱、马来酸氯苯那敏	用于治疗和减轻普通感冒或流行性感冒引起的发热、头痛、四肢酸痛、喷嚏、流鼻涕、鼻塞、咳嗽等	片剂	①服药后不宜驾车、操作机器及高空作业。②高血压、心脏病、糖尿病、哮喘、精神忧郁、青光眼或甲状腺疾病患者慎用。③对抗组胺药及对乙酰氨基酚过敏者忌用
复方氨酚葡锌（康必得）	对乙酰氨基酚、葡萄糖酸锌、盐酸二氧丙嗪、板蓝根浸膏粉	具有解热、镇痛、抗病毒和平喘作用。用于由普通感冒或流行性感冒引起的鼻塞、流涕、发热、头痛、咳嗽、多痰等的对症治疗	片剂	①本品不应与含有酒精的饮料以及巴比妥类、苯妥英、卡马西平及氯霉素等药物同服。②与其他解热镇痛药同服有增加肾毒性的危险
复方氨酚烷胺（快克，感康，克欣诺）	对乙酰氨基酚、盐酸金刚烷胺、人工牛黄、咖啡因、马来酸氯苯那敏	用于缓解普通感冒或流行性感冒引起的发热、头痛、鼻塞、咽痛等症状，也可用于流行性感冒的预防和治疗	①胶囊；②颗粒剂	①对本品成分过敏者，驾驶机、车、船，从事高空作业、机械作业者工作期间禁用。②肝肾功能不全者，孕妇及哺乳期妇女慎用。③服用本品期间禁止饮酒
维C银翘片	金银花、连翘、荆芥、淡豆豉、淡竹叶、牛蒡子、芦根、桔梗、甘草、马来酸氯苯那敏、对乙酰氨基酚、维生素、薄荷油	辛凉解表，清热解毒。用于流行性感冒引起的发热头痛、咳嗽、口干、咽喉疼痛	片剂	①用药期间不宜驾驶车辆、管理机器及高空作业等。②肝肾功能不全者慎用，或遵医嘱
999感冒灵	三叉苦、金盏银盘、野菊花、对乙酰氨基酚、马来酸氯苯那敏、咖啡因等	解热镇痛。用于感冒引起的头痛、发热、鼻塞、流涕、咽痛等	①胶囊；②颗粒剂	
感冒清	南板蓝根、大青叶、金盏银盘、岗梅、山芝麻、对乙酰氨基酚、穿心莲叶、盐酸吗啉胍、马来酸氯苯那敏	疏风解表，清热解毒。用于风热感冒、发烧、头痛、鼻塞流涕、喷嚏、咽喉肿痛、全身酸痛等症	①片剂；②胶囊；③颗粒剂	

【本章小结】

1. 呼吸系统疾病的用药环节包括抗感染药、抗肿瘤药、抗过敏药的对因治疗和镇咳药、祛痰药、平喘药的对症治疗。

2. 镇咳药分为中枢性镇咳药和外周性镇咳药。外周性镇咳药如苯丙哌林、那可丁、苯佐那酯、甘草制剂两大类。中枢性镇咳药又分为作用强、效果好、久用能产生依赖性的麻醉性镇咳药如磷酸可待因、福尔可定、羟蒂巴酚和非麻醉性镇咳药如喷托维林、右美沙芬等两类。

3. 祛痰药分为：①恶心性祛痰药（痰液稀释剂），如氯化铵、愈创木酚甘油醚；②黏痰溶解药，如溴己新、乙酰半胱氨酸；③刺激性祛痰药，如桉叶油、安息香酊、碘化钾三类。

4. 平喘药根据作用方式的不同可分为如下几类。（1）支气管扩张药：①β受体激动药，如沙丁胺醇、氯苯那林等。②茶碱类，如氨茶碱、二羟丙茶碱等。③抗胆碱药，如异丙托溴铵、噻托溴铵等。（2）抗炎性平喘药（糖皮质激素），如倍氯米松、布地奈德、氟替卡松等。（3）抗过敏平喘药，如色甘酸钠、富马酸酮替芬等。（4）影响白三烯的药，常用的有白三烯受体拮抗药（如孟鲁司特、扎鲁司特）和5-脂氧酶活性抑制药（如齐留通）等。

5. 抗感冒药复方制剂成分包括如下几类。①含解热镇痛成分的感冒药：主要治疗头痛、发热；②含减轻鼻腔充血成分的感冒药，主要为减缓感冒的鼻塞症状；③含抗组胺成分的感冒药，主要为使上呼吸道的分泌物干燥和变稠，减少打喷嚏和鼻溢液，同时具有轻微的镇静作用；④含中枢兴奋药，加强解热镇痛药的疗效，同时抵消抗组胺药所引起的嗜睡作用；⑤含抗病毒药，抑制病毒合成核酸和蛋白质，并抑制病毒从细胞中释放。

6. 抗感冒药大多是一些OTC药，在使用中要注意：①避免多品种合用；②从事驾车和危险工作者不宜服用含有抗组胺成分类药。

【思考题】

1. 叙述痰、咳、喘、炎的相互关系及如何选用相关药物。
2. 镇咳祛痰药物有几类？每类的作用特点是什么？应用时需注意些什么？
3. 根据祛痰药的作用机制比较祛痰药的应用特点。
4. 平喘药分为哪几类？每类药物的平喘作用机制是什么？

【信息搜索】

1. 祛痰药沐舒坦是何药的商品名，其作用特点是什么？
2. 复方镇咳药的主要成分及各成分的主要作用是什么？

【处方分析】

患者，男性，20岁，气喘复发3日，有8年气喘史。伴有轻度咳嗽，痰呈泡沫状，痰量不多。诊断为支气管哮喘。医生为该患者开了下列治疗处方，请分析是否合理？

Rp：醋酸泼尼松片　　5mg×30
　　Sig　　　　5mg　tid
　　氨茶碱片　　0.1g×20
　　Sig　　　　0.1g　tid
　　必嗽平片　　8mg×40
　　Sig　　　　16mg　tid

第十六章
消化系统用药

学习目标

知识目标：
- 了解消化系统疾病用药的类型。
- 掌握各类消化系统疾病用药的作用原理、分类。
- 掌握常用的抗酸抗溃疡病药、胃肠解痉药、胃动力药、泻药基本品种的品名、作用、用途、不良反应和用药方法及注意事项、商品特点。
- 掌握 H_2 受体拮抗药和质子泵抑制药的作用机制。
- 熟悉常用助消化药、止吐药及微生态药物的品种、用途、用药方法及用药注意事项。

能力目标：
- 能正确地向消化系统疾病患者推荐相关治疗药并指导其合理用药。

消化系统疾病是常见病、多发病，总发病率占人口的30%，各大医院门诊患者中有1/2是这个系统的疾病，其中需急诊入院治疗者约占急诊入院患者的25%；在世界范围内，因消化系统疾病死亡的人数，占总死亡人数的14%。常见的消化系统疾病有胃、肠、肝、胆及胰腺等器官的疾病，如消化性溃疡、炎症性肠病、胃食管反流病、急性应激性溃疡、肠易激综合征、慢性胰腺炎等，其中又以消化性溃疡病最为常见。消化系统用药庞杂，消耗量大，它与心血管用药、中枢神经系统用药、呼吸系统用药、抗微生物药一起被列为销量居前的五大类药品。本类的大多数也是药店营业额贡献率较大的一块。

第一节 抗酸及抗溃疡病药

【导课案例——消化性溃疡用药案例】

某女，60岁，需长期服用阿司匹林来预防脑卒中，可她肠胃不好，每次吃完阿司匹林都说胃不舒服，近期吃饭后1h左右都有明显的胃部灼痛感，现发展为拒绝服用阿司匹林。

请问：
1. 依据患者用药及症状判断可能为何种疾病？
2. 依据患者情况，你有何预防建议？

消化性溃疡的治疗环节在于降低胃酸（抗酸、抑酸分泌），增强胃、十二指肠防御功能（抗胃蛋白酶、保护胃黏膜）、根除幽门螺杆菌和缓解疼痛（胃肠解痉）。因此，治疗消化性溃疡药有抗酸药、胃酸分泌抑制药、胃黏膜保护药、抗幽门螺杆菌药和胃肠解痉药。

抗溃疡防治知识详见数字资源16-1。

数字资源16-1
反酸烧心、胃酸过多怎么办

一、抗酸药

本类药物为弱碱性无机化合物，口服后能直接中和胃酸，减轻或消除胃酸对溃疡面的刺激和腐蚀作用，从而缓解疼痛；同时能减弱胃蛋白酶的活性，降低胃液对溃疡面的自我消化，从而有利于溃疡愈合。

消化性溃疡

消化性溃疡是指发生在胃和十二指肠的慢性溃疡，是最常见的消化系统疾病，发病率约占人口总数的10%，男多于女。溃疡多发生在胃肠道接触胃酸和胃蛋白酶的部位，其发病机制较为复杂，目前认为溃疡的形成是胃酸、胃蛋白酶消化的结果，主要与损伤因素（"攻击因子"）作用增强（如胃酸、胃蛋白酶分泌增加，幽门螺杆菌的感染）及保护因素（"防御因子"）作用减弱（如胃肠黏膜、HCO_3^-的分泌和胃黏膜屏障功能不良、局部血液循环不畅）有关。可因情绪波动、过度劳累、饮食失调、吸烟、酗酒、某些药物的不良作用而诱发。其临床表现为饥饿不适、饱胀嗳气、泛酸和上腹部的周期性、节律性疼痛，严重时可有黑粪与呕血。一般经药物治疗后，症状缓解或消失。如无效，应进一步做X线钡餐及胃镜检查，以排除穿孔、梗阻或恶变的可能性。

复方氢氧化铝【基】【医保（甲）】 Compound Aluminium Hydroxide

【商品名或别名】 胃舒平。

【性状】 白色片。

【作用与适应证】 本品为抗酸药氢氧化铝、三硅酸镁与解痉药颠茄流浸膏组成的复方制剂。氢氧化铝、三硅酸镁有中和过多的胃酸、保护溃疡面、局部止血等作用，后者既能抑制胃液分泌，解除胃平滑肌痉挛，又可使胃排空延缓，有利于溃疡的愈合。用于缓解胃酸过多引起的胃痛、胃灼热感（烧心）、反酸，也可用于慢性胃炎。

【不良反应】 ①长期大剂量服用可致严重便秘，粪结块引起肠梗阻。②老年人长期服用，可致骨质疏松。③肾功能不全患者服用后，可能引起血铝升高。

【用药指导】 ①本品连续使用不得超过7d。②阑尾炎、急腹症患者禁用。③早产儿和婴幼儿不宜服用。④本品能妨碍磷的吸收，低磷血症（如吸收不良综合征）、骨折患者不宜服用本品。⑤服药后1h内应避免服用其他药物，因氢氧化铝可与其他药物结合而降低吸收，影响疗效。

【药物商品】 复方氢氧化铝片，每片含主要成分氢氧化铝，三硅酸镁，颠茄流浸膏。饭前半小时或胃痛发作时嚼碎后服。

【商品信息】 胃舒平由北京双鹤药业股份有限公司生产。本品为经典老药，疗效确切、价格低廉，既抗酸又解痉，在药价高挺的当今仍不失为一个价廉物美的选择。

【贮存】 密封，在干燥处保存。

铝碳酸镁【典】【基】【医保（乙）】 Hydrotalcite

【商品名或别名】 达喜，胃达喜，他尔特，碱式碳酸铝镁，Talcid。

【性状】 白色、可自由流动的静静性粉末；无臭，无味。几乎不溶于水。

【作用与适应证】 本品为一种新型结合胆酸药，是氢氧化铝、氢氧化镁、碳酸盐和水的化合物，其活性成分为水化碳酸氢氧化镁铝，其作用有：①中和胃酸作用（维持胃液pH值在3~5）。抗酸作用迅速，（约为氢氧化铝的9倍），温和，（可避免因胃内pH值过高引起的胃酸分泌加剧），持久（为碳酸氢钠的6倍）。②吸附和结合作用。可通过吸附和结合胃酸蛋白酶而直接抑制其活性,有利于溃疡面的修复;还能结合胆汁酸和吸附溶血磷酸酰胆碱,从而防止这些物质对胃黏膜的损伤和破坏。③黏膜保护作用(增加前列腺素 E_2 的合成)。适用于:①急慢性胃炎,胃溃疡、十二指肠溃疡,与胃酸有关的胃痛、胃灼热、酸性嗳气、饱胀等。②反流性食管炎及胆汁反流。

【不良反应】 偶见便秘、口干和食欲缺乏,大剂量服用可导致大便次数增多或糊状大便。

【用药指导】 严重心、肾功能不全者,高镁血症、高钙血症者慎用。

【药物商品】 ①铝碳酸镁咀嚼片,饭后 1~2h,睡前或胃不适时嚼碎后服下。②铝碳酸镁颗粒剂,直接口服或温水冲服。

【商品信息】 本品在中国公立医疗机构终端抗酸药竞争格局中稳坐抗酸药霸主宝座。1977 年,德国拜耳制药生产的"达喜"铝碳酸镁片在德国上市,1996 年,"达喜"进入中国市场,近年来在铝碳酸镁市场份额中连续保持冠军席位。重庆华森制药股份有限公司的主要产品威地美(铝碳酸镁片)为国内首仿,在国内生产厂家中排名第一位。

【贮存】 片剂密封贮存;颗粒剂遮光、密封贮存。

常用抗酸药作用特点比较见表 16-1。

表 16-1 常用抗酸药作用特点比较

药物	抗酸作用	保护胃黏膜	收敛	排便影响	产生 CO_2	碱血症
氢氧化铝【典】	慢、较强、持久	+	+	便秘	—	—
铝碳酸镁【医保(乙)】	快、较强、持久	+	—	轻泻	—	—
氧化镁【典】	缓慢、强、持久	—	—	轻泻	—	—
三硅酸镁【典】	慢、弱、持久	+	—	轻泻	—	—
碳酸氢钠【典】【基】【医保(甲)】	快、强、短	—	—	无影响	+	+
碳酸钙【典】【医保(乙)】	较快、强、持久	—	—	便秘	+	—

注:"+"表示作用强度;"—"表示无作用。

二、胃酸分泌抑制药

胃酸是由胃腺壁细胞所分泌的,已知壁细胞表面有三种受体,即组胺 H_2 受体、M_1 胆碱受体和胃泌素受体,它们分别被相应物质激活后分泌胃酸。本类药物能通过阻断以上不同受体和抑制胃壁细胞质子泵(H^+-K^+-ATP 酶)而抑制胃酸分泌,也称抑酸药,是治疗消化性溃疡的首选药。常用药物类型有 H_2 受体拮抗药、质子泵抑制药、胃泌素受体拮抗药(丙谷胺)。

(一)H_2 受体拮抗药

本类药通过选择性地抑制 H_2 受体而抑制胃酸分泌,降低胃酸和胃蛋白酶的分泌,如西咪替丁、雷尼替丁、法莫替丁和尼扎替丁等。

雷尼替丁【典】【基】【医保(甲)】 Ranitidine

【商品名或别名】 善胃得,甲硝呋胍,呋喃硝胺,胃安太定,Zantac。

【性状】 常用其盐酸盐,为类白色或淡黄色结晶性粉末;有异臭;味微苦带涩;极易潮解,吸潮后颜色变深。极易溶于水。

【作用与适应证】 本品为第二代 H_2 受体拮抗药,能显著抑制正常人和溃疡患者的基础和夜间胃酸分泌,以及五肽胃泌素、组胺和进餐引起的胃酸分泌。作用较西咪替丁强 5~8 倍,具有速效和长效的特点,副作用小而且安全,适用于胃溃疡、十二指肠溃疡、术后溃疡、反流性食道炎、卓-艾综合征及其他高胃酸分泌疾病。

【不良反应】 比西咪替丁轻。常见的有恶心、皮疹、便秘、乏力、眩晕、头痛及食欲缺乏等反应，一般不影响继续治疗。静注偶见心动过缓。有一定的肝毒性，但停药后即可恢复。

【用药指导】 ①对本品过敏者、8岁以下儿童、孕妇及哺乳期妇女禁用；肝、肾功能不全者慎用。②可降低维生素 B_{12} 的吸收，长期使用可致维生素 B_{12} 缺乏。

【药物商品】 ①盐酸雷尼替丁片（胶囊），一日2次，于清晨和睡前服用。②盐酸雷尼替丁注射液，用于上消化道出血。

【商品信息】 本品由英国葛兰素（Glaxo）公司开发，1981年以商品名"善胃得"上市，迅速风靡世界。自1988年以来，本品世界市场销售额一直名列畅销药品榜首。1995年作为非处方药在英国、美国、丹麦等国上市，后来随着其专利过期及质子泵抑制药的上市，市场开始萎缩。目前市场产品主要有赛诺菲（杭州）制药有限公司的兰百幸，丽珠集团丽珠制药厂的金得乐，佛山手心制药有限公司的雷立雅等。

【贮存】 原料、片剂及胶囊剂遮光，密封于凉暗干燥处保存；注射剂遮光，密闭保存。

法莫替丁【典】【基】医保(甲) Famotidine

【商品名或别名】 高舒达，捷可达，胃舒达，Gaster。

【性状】 白色或类白色结晶性粉末；无臭，味微苦。遇光色变深。极难溶于水。

【作用与适应证】 本品是继西咪替丁、雷尼替丁后出现的第三代的 H_2 受体拮抗药，其抑酸作用比西咪替丁强30~100倍，比雷尼替丁强6~10倍。还有保护胃黏膜不受损害，增强胃黏膜血流量和减少胃蛋白酶分泌的作用。适用于胃、十二指肠溃疡，吻合口溃疡，反流性食管炎，胃泌素瘤以及消化性溃疡出血。

【不良反应】 头痛、头晕、失眠、口干、便秘、腹泻，偶有白细胞减少、转氨酶升高。

【用药指导】 ①连续使用不得超过7d。②孕妇、哺乳期妇女禁用。

【药物商品】 法莫替丁剂型较多，有片剂、胶囊、颗粒剂、咀嚼片、分散片、口腔崩解片、注射液（主要用于消化道出血患者不宜经口给药时使用）。

【商品信息】 本品是日本山之内制药株式会社（现"安斯泰来制药"）研制开发的第3代 H_2 受体拮抗药，从1985年一上市就受到国内外医药界的关注，很快便成为世界畅销药品之一。我国于1989年批准法莫替丁进口产品上市，现安斯泰来制药（原沈阳山之内制药）公司生产的"高舒达"约占市场八成份额。国内仿制药厂家数量较多，竞争激烈，主要有上海信谊的信法丁，福建天泉的天泉维欣以及广东彼迪药业的法莫替丁。

【贮存】 原料、片剂及胶囊剂遮光，密封保存；注射剂遮光，密闭保存。

常用 H_2 受体拮抗药的作用比较见表16-2。

表 16-2 常用 H_2 受体拮抗药作用比较

品种	西咪替丁【典】	雷尼替丁【典】【基】医保(甲)	法莫替丁【典】【基】医保(甲)
INN 名	Cimetidine	Ranitidine	Famotidine
专利名	泰胃美(Tagamet)	善胃得(Zantac)	高舒达(Gaster)
其他名	甲氰咪胍	甲硝呋胍,呋喃硝胺,胃安太定,善胃得	捷可达,胃舒达
开发年代	第一代(1977年上市)	第二代(1981年上市)	第三代(1985年上市)
开发商	英国迪朗特合成,美国史克公司开发	英国葛兰素(Glaxo)	日本山之内制药株式会社

续表

品种	西咪替丁【典】	雷尼替丁【典】【基】医保(甲)	法莫替丁【典】【基】医保(甲)
作用强度	较强(1h)、维持(4h)、速效(30~90min)	强(5~8h)、长效(12h)、速效(30~90min)	更强(30~100h)、更长效(12h)、速效(30~90min)
不良反应	较多	一定肝毒性	少
抗雄性激素作用	有(治疗多毛症)	少	无
抑制肝药酶活性	有	无	无
复发率	较高(半年20%;1年85%)	较低(1年25%~30%)	
免疫增强作用	有	无	无

(二) 质子泵抑制药

胃壁细胞上的质子泵（H^+-K^+-ATP 酶）能直接调节胃酸的分泌，抑制这种酶就可以抑制胃酸分泌。能够抑制这种酶的药品被称为质子泵抑制药。质子泵抑制药对胃及十二指肠溃疡的治愈率明显高于 H_2 受体拮抗药，且具有长效、不良反应少等优点。现阶段抗溃疡用药中，质子泵抑制药占据消化性溃疡化学用药的半壁江山，中国公立医疗机构终端抗酸药及消化性溃疡和胃肠胀气用药化学药竞争格局中，市场份额前五大品种均为质子泵抑制药。常用的有奥美拉挫、艾司奥美拉唑、兰索拉唑、泮托拉唑、雷贝拉唑等。

奥美拉唑【典】【基】医保(甲,乙) Omeprazole

【商品名或别名】 洛赛克，奥克，渥米哌唑，沃必唑，亚砜咪唑，Losec。

【性状】 白色或类白色结晶性粉末，微溶于水而易溶于碱。

【作用与适应证】 本品特异性地作用于胃黏膜壁细胞，降低壁细胞中的 H^+-K^+-ATP 酶的活性，从而阻断胃酸分泌的最后步骤，使壁细胞内的 H^+ 不能转移到胃腔中，使胃液中的酸含量大为减少。对各种原因引起的胃酸分泌具有强而持久的抑制作用。适用于胃溃疡、十二指肠溃疡、应激性溃疡、反流性食管炎和卓-艾综合征（胃泌素瘤）；静注可用于治疗消化性溃疡急性出血；与阿莫西林、克拉霉素或甲硝唑、克拉霉素合用，可杀灭幽门螺杆菌。

【不良反应】 耐受性好，不良反应少。可见腹泻、头痛、恶心、腹痛、胃肠胀气及便秘，偶见血清氨基转移酶升高、皮疹、眩晕、嗜睡、失眠等，多为轻度和可逆。

【用药指导】 ①严重肾功能不全者及婴幼儿禁用。②抑制胃酸分泌的作用强，时间长，故应用本品时不宜同时再服用其他抗酸药或抑酸药。

【药物商品】 ①奥美拉唑肠溶胶囊（片），口服，不可咀嚼，每日晨起吞服或早、晚各1次。②奥美拉唑注射液，用于治疗消化性溃疡出血。

【商品信息】 本品是瑞典 Astra（阿斯特拉）公司研制开发的全球第一个质子泵抑制药，商品名"洛赛克"，被认为是继 H_2 受体拮抗药之后抗溃疡病药品领域取得的最大进步，自1988年上市以来，引起世界的极大关注，销售额连年攀升。2005年，"洛赛克"被 SFDA 批准为非处方药，成为在中国获批的第一个质子泵类 OTC 药。本品在 TOP10 抗消化性溃疡品种中位居第一，国内约100家生产企业参与瓜分这个市场，竞争异常激烈，主要有常州四药的奥克、康恩贝的金奥康、丽珠制药厂的丽奥佳等。

【贮存】 遮光，密封于干燥处保存。

其他常用质子泵抑制药

(1) 艾司奥美拉唑【典】医保(乙)（埃索美拉唑、耐信）Esomeprazole 本品是奥美拉唑的

S-旋光异构体，通过特异性抑制胃壁细胞质子泵减少胃酸分泌，其维持胃内 pH＞4 的时间更长，抑酸效率更高，个体差异少，与其他药物相互作用少，疗效优于前两代质子泵抑制剂。用于胃食管反流性疾病（GERD），包括糜烂性反流性食管炎的治疗，已经治愈的食管炎患者防止复发的长期维持治疗和胃食管反流性疾病的症状控制。本品与适当的抗菌疗法联合用药根除幽门螺杆菌，愈合与幽门螺杆菌感染相关的消化性溃疡，防止其复发。不良反应有头痛、腹痛、腹泻、腹胀、恶心、呕吐、便秘、胃肠胀气等。

药物商品有埃索美拉唑镁肠溶片。本品为占比最高的第二代质子泵抑制药，是全球首个异构体质子泵抑制药，市场上占八成的是来自阿斯利康制药的耐信，其次是重庆莱美药业股份有限公司的莱美舒。

(2) 兰索拉唑[典][医保(乙)]（达克普隆）Lansoprazole 本品由血液进入壁细胞内后，在酸性条件下被活化并与质子泵 ATP 酶的巯基结合，抑制酶的活性从而抑制胃酸的分泌。有优于奥美拉唑和法莫替丁的作用，对基础胃酸、应激性胃酸的分泌均有强烈而持久的抑制作用，同时对胃黏膜有保护作用。另对幽门螺杆菌有抑制作用。主要用于治疗十二指肠溃疡、胃溃疡、吻合口溃疡、反流性食管炎和卓-艾综合征（胃泌素瘤）。不良反应较轻有头痛、头晕、腹泻、皮疹、瘙痒等。

药物商品有兰索拉唑肠溶胶囊（片）。密闭，避光于阴凉干燥处保存。

三、胃黏膜保护药

枸橼酸铋钾[典][基][医保(甲)] Bismuth Potassium Citrate

【商品名或别名】 德诺，得乐，胶体次枸橼酸铋，胶体铋剂，Colloidal Bismuth Subcitrate。

【性状】 本品为一种组成不定的含铋复合物，无固定结构。白色粉末；其水溶液为胶体溶液，呈微碱性。

【作用与适应证】 ①保护胃黏膜。在胃酸条件下产生沉淀，形成弥散性的保护层覆盖于溃疡面上，促进溃疡黏膜再生和溃疡愈合。②降低胃蛋白酶的活性。增加黏蛋白分泌，促进黏膜释放前列腺素，从而保护胃黏膜。③对幽门螺杆菌具有杀灭作用。用于治疗胃溃疡、十二指肠溃疡、复合溃疡、多发溃疡及吻合口溃疡等。

【不良反应】 无明显不良反应。服药期间舌苔及大便呈灰黑色，停药后即自行消失。

【用药指导】 ①严重肾功能不全者、妊娠期妇女禁用。②抗酸药、高蛋白饮食（如牛奶等）、碳酸饮料及四环素可影响其作用，不宜同服。③服用本品期间不得服用其他铋制剂，且不宜大剂量长期服用，长期使用本药的患者应注意体内铋的蓄积。④应用于杀灭幽门螺杆菌时，需与两种抗生素合用，具体方案应遵医嘱。

【药物商品】 ①枸橼酸铋钾片（胶囊），早餐前半小时及睡前服用，因携带和服用方便且无舌、齿龈变黑的反应，更宜为患者接受。②枸橼酸铋钾颗粒剂，餐前半小时和睡前服用。

【商品信息】 ①本品为铋剂药品，因其除具保护胃黏膜作用外还兼有体内杀灭幽门螺杆菌作用而被广泛应用于幽门螺杆菌感染的三联、四联疗法，效果显著。②国际市场销售的商品是荷兰 Gist-Brocades 大药厂的"德诺"。国内生产该产品的有丽珠集团（丽珠得乐）、浙江众益（必诺）、江苏济川制药等。

【贮存】 ①原料、胶囊剂和颗粒剂：遮光，密封，在干燥处保存。②片剂：遮光，密封，在阴凉处保存。

其他常用胃黏膜保护药

见表 16-3。

表 16-3　其他常用胃黏膜保护药

名称	作用与适应证	药物商品	用药指导
胶体果胶铋【典】【基】医保(甲)(乙)(维敏) Colloidal Bismuth Pectin	口服后在胃内形成溶胶，该溶胶与溃疡面及炎症表面有很强的亲和力（枸橼酸铋钾的 7.4 倍），能形成保护膜，并有止血作用。该品尚能杀灭胃幽门螺杆菌，促进胃炎愈合。主要用于治疗胃及十二指肠溃疡、消化道出血及与幽门螺杆菌有关的浅表性胃炎和慢性萎缩性胃炎	胶体果胶铋胶囊、混悬剂，均在餐前半小时或临睡前服用	①服药期间大便呈黑褐色。②严重肾功能不全患者及孕妇禁用
硫糖铝【典】医保(乙)(胃溃宁) Sucralfate	本品能与胃蛋白酶络合，抑制该酶分解蛋白质；并能促进胃黏液的分泌，从而起保护作用和促进黏膜再生及溃疡愈合；还有制酸作用和收敛作用。用于胃、十二指肠溃疡及胃炎	①片剂、胶囊、口服混悬液，均在餐前 1h 及睡前空腹服用。②因本品安全、有效、价格低廉而一直被临床使用	①连续应用不得超过 8 周。②习惯性便秘患者禁用
瑞巴派特【医保(乙)】(惠宁) Rebamipide	该药可增加胃黏膜血流量、前列腺素 E_2 的合成和胃黏液分泌，促进表皮生长因子及其受体表达，具有预防溃疡发生和促进溃疡愈合的作用，用于胃溃疡、急性胃炎、慢性胃炎的急性加重期胃黏膜病变	①片剂。②胃黏膜保护药市场中居第二位的药物。1990 年作为胃溃疡和急慢性胃炎治疗药物首先在日本上市	若出现过敏、氨基酸转氨酶显著升高或白细胞减少、血小板减少应立即停药
吉法酯【医保(乙)】(惠加强-G) Gifarnate	具有加速新陈代谢，调节肠胃功能和胃酸分泌，加强黏膜保护等作用，用于治疗胃及十二指肠溃疡、急慢性胃炎、结肠炎、胃痉挛等	①片剂，餐后服用。②本品是由日本生晃荣养药品公司上市销售的药物，商品名为惠加强-G	①妊娠期妇女禁用。②按时服药不可提前中断疗程
替普瑞酮【医保(乙)】(施维舒) Teprenone	一种萜类物质，能促进胃黏膜、胃黏液中再生防御因子、胃黏膜修复因子、磷脂的合成从而提高黏膜的防御作用及组织修复作用。用于胃溃疡，也用于急性胃炎和慢性胃炎的急性加重期	①胶囊剂，餐后 30min 内服。②1984 年由日本卫材开发成功，1994 年获得 FDA 批准上市。2000 年进入我国用于临床，商品名为施维舒，2009 年批准由卫材（中国）药业独家生产	妊娠期妇女及儿童慎用

四、抗幽门螺杆菌药

消化性溃疡的病因以前认为主要是胃酸引起的，所以有"无酸无溃疡"的说法。但令人不解的是，经抗酸药或抑酸药的治疗虽可使溃疡愈合，复发率却极高（1 年内达 70%～100%），很难彻底治愈。目前大多数专家认为，HP（幽门螺杆菌）是消化性溃疡的主要原因（当然其他还有诸如吸烟、嗜酒、药物、胆汁反流等次要因素），故有"无 HP 无溃疡"的新提法。因此，对消化性溃疡的治疗，既应重视抗酸，也应重视抗菌，只有这样才能取得最佳疗效。

三联疗法被推荐作为根除幽门螺旋杆菌的一线方案，通常为一种质子泵抑制药（PPI）+克拉霉素+阿莫西林或甲硝唑，疗程一般为 7～14d。但随着近年来幽门螺旋杆菌耐药性的增加，根治率在下降（低于80%）。对于耐药性严重的情况可选用四联疗法，四联疗法中增加了铋剂，即PPI＋铋剂＋两种抗菌药，能较大程度克服耐药性。

> **知识拓展**
>
> **幽门螺杆菌**
>
> 幽门螺杆菌（Helicobacter Pylori）又称幽门弯曲杆菌（C. pylori），系革兰阴性厌氧菌，1982年首次被分离出来。研究证明，几乎所有的溃疡病和慢性胃炎患者都存在着幽门螺杆菌感染。该菌通常寄生在胃和十二指肠，可引起局部的慢性炎症和胃酸分泌增加，并削弱黏膜的防御功能，从而导致溃疡形成。根治此菌可使消化性溃疡面愈合，提高疗效，降低复发率。能杀灭此菌的药物有阿莫西林、克拉霉素、甲硝唑、喹诺酮类、呋喃唑酮及四环素等，但单用一种药物疗效差。近年来研究表明，消化性溃疡的药物治疗应包括胶体铋剂在内的多种抗菌药物的联合应用，既可获得满意的疗效，又能避免溃疡复发。

第二节 助消化药

助消化药主要是促进胃肠道消化过程、增强消化功能的药物，其中大多数助消化药本身就是消化液的主要成分，在消化液分泌不足时，可起到补偿作用。另外，有些药品能促进消化液的分泌，或制止肠内容物过度发酵，也用作消化不良的辅助治疗。常用品种有胃蛋白酶、胰酶、乳酶生、干酵母和多酶片等。

乳酶生【典】【基】【医保（甲）】 Lactasin

【商品名或别名】 表飞鸣，Biofermine。

【性状】 为白色或淡黄色干燥粉末；无臭，无味。难溶于水。

【作用与适应证】 本品为活的乳酸杆菌的干制剂，1g约含活乳酸杆菌1000万个。在肠内能分解糖类生成乳酸，使肠道内酸度增高，从而抑制腐败菌的生长繁殖，并能防止肠内发酵，减少产气，有促进消化和止泻的作用。用于消化不良、肠道菌群失调、腹胀及小儿饮食失调所引起的腹泻、绿便等，也可用作长期使用广谱抗生素所致的二重感染的辅助治疗。

【不良反应】 无明显不良反应。

【用药指导】 ①不宜与抗菌药、抗酸药或吸附剂合用，或分开服用（间隔2～3h）。②超过有效期、发霉、结块、松散、异臭，均不可供药用。

【药物商品】 乳酶生片。送服水温宜低于40℃。注意本品为活菌制剂，遇热易失效。

【商品信息】 国内多家企业生产如上海复星医药、桂林南药、山东绿菌药业等。

【贮存】 避光，密封，阴凉干燥处保存。

其他常用助消化药

见表16-4。

表16-4 其他常用助消化药

名称	作用与适应证	药物商品	用药指导
稀盐酸（Diluteacid Hydrochloric）	增加胃液酸度，增强胃蛋白酶活性；胃酸缺乏症	稀盐酸溶液：10%。饭前或饭时服用。稀释后服，以免刺激胃黏膜	常与胃蛋白酶同用

续表

名称	作用与适应证	药物商品	用药指导
胃蛋白酶【典】（胃液素，蛋白酵素，胃酶，酸䏡酶，百布圣）Pepsin	本品为一种消化酶，能使胃酸作用后凝固的蛋白质分解，并能水解多肽，但不能进一步使之分解成氨基酸。在pH 1.6～1.8的酸性条件下作用最强，用于因食蛋白性食物过多所致消化不良、病后恢复期消化功能减退所致食欲缺乏及慢性萎缩性胃炎、胃癌、恶性贫血所致的胃蛋白酶缺乏	①含糖胃蛋白酶粉：由胃蛋白酶用乳糖、葡萄糖或蔗糖稀释制得。②胃蛋白酶合剂：含胃蛋白酶、稀盐酸、单糖浆、橙皮酊及5%尼泊金乙溶液。③胃蛋白酶片：糖衣片。④胃蛋白酶颗粒，有水果香，味甜。均在饭前或饭时服用	①不宜与碱性药品、抑酸药合用。常与稀盐酸合用。②性质不稳定，遇热则凝固变性失效，调配时应注意。③片剂和合剂密封，在凉暗处保存
胰酶【典】【医保(乙)】（胰液素，胰酵素，胰消化素）Pancreatin	本品系从猪、羊或者牛胰腺中提取的多种酶的混合酶，主要有胰蛋白酶、胰淀粉酶和胰脂肪酶，有消化蛋白质、淀粉和脂肪的作用。主要用于消化不良、食欲缺乏及肝、胰腺疾病引起的消化障碍等	①胰酶肠溶片。②胰酶肠溶胶囊。饭时服。上述药物只能吞服，不可咬碎，以免被胃酸破坏	①不宜与酸性药物同服，与等量碳酸氢钠同服可增加疗效。②在干燥处保存。不宜久贮
多酶片 Multienzyme Tablets	由淀粉酶、胃蛋白酶和胰酶组成。具有消化蛋白质、淀粉和脂肪的作用。常用于多种消化酶缺乏的消化不良和增进食欲	多酶片：每片含淀粉酶、胰酶、胃蛋白酶。餐前服	密封，阴凉干燥处保存
干酵母【医保(乙)】（食母生，酵母）Dried Yeast	本品是啤酒酵母菌的干燥制剂，含有蛋白质、维生素B_1、维生素B_2、维生素B_6、维生素B_{12}、叶酸、肌醇、氨苯甲酸以及转化酶、麦芽糖酶等。用于营养不良、食欲缺乏以及B族维生素缺乏症（如脚气病、多发性神经炎、糙皮病等）的防治	①干酵母片。饭后嚼碎服用。②食生片。每片含干酵母、维生素B_1、维生素B_2、烟酸。嚼碎服用	①不宜与碱性药物合用，否则维生素可被破坏。②过量服用可致腹泻

第三节　胃肠解痉药及胃动力药

一、胃肠解痉药（抑制胃肠动力药）

胃肠道在正常情况下以一定的形式运动，使胃肠内容物顺利向前推进，其中的营养物质得以充分吸收。但在某些非生理情况下，胃肠道可出现一种较为强力的非推进性的运动，即痉挛，可因牵拉脏腹膜而产生疼痛，临床上除给予病因治疗外，还须应用解痉药以改善症状。胃肠解痉药主要是一些抗胆碱药，它们能解除胃肠痉挛、松弛平滑肌，缓解痉挛性疼痛，同时能抑制多种腺体（汗腺、唾液腺、胃液）分泌，减少刺激引起的疼痛。可用于胃酸过多、胃及十二指肠溃疡、胃肠痉挛、胃炎等的治疗，也可用于治疗胆道痉挛、胆石症、胰腺炎等。常用药物有：①颠茄生物碱，如阿托品、山莨菪碱、颠茄；②合成解痉药类，如溴丙胺太林、东莨菪碱等。

阿托品【典】【基】【医保(甲)】　Atropine

【商品名或别名】　颠茄碱，消旋莨菪碱，Aropt，Atroptol。

【性状】　常用其硫酸盐，为无色结晶或白色结晶性粉末；无臭。有风化性。极易溶于水。

【作用与适应证】　本品为典型的M受体拮抗药。作用广泛：①解除平滑肌痉挛。②抑制腺体分泌。③扩大瞳孔，升高眼压。④解除迷走神经对心脏的抑制，使心跳加快。⑤抗休克作用，大剂量时能扩张血管，解除微血管痉挛，改善微循环，并兴奋呼吸中枢。⑥可对抗体内蓄积的乙酰胆碱而解除有机磷农药中毒（主要解除 M 样症状）。临床用于：①各种内脏绞痛，如胃肠绞痛及膀胱刺激症状。对胆绞痛、肾绞痛的疗效较差。②抢救感染性休克。③锑剂中毒引起的心源性脑缺氧综合征。④解救有机磷酸酯类中毒。⑤全身麻醉前给药以减少支气管黏液的分泌。⑥眼科用药，散瞳、角膜炎、虹膜炎。

【不良反应】①常见有便秘、口鼻咽喉干燥、汗少、视物模糊、皮肤潮红、排尿困难（尤其是老年患者）。②过量可出现瞳孔散大、兴奋、烦躁、谵语、惊厥、心率加快。③严重中毒时，可由中枢兴奋转入抑制，产生昏迷和呼吸麻痹等。

【用药指导】①可分泌入乳汁，并有抑制泌乳作用，哺乳期妇女慎用。②老年人、婴幼儿慎用。③心动过速、胃食管反流病、青光眼及前列腺增生症患者禁用。

【药物商品】①硫酸阿托品片。②硫酸阿托品注射液。③硫酸阿托品眼膏（眼用凝胶）。

【商品信息】①本品于 1831 年在颠茄中分离获得。我国于 1958 年由杭州民生药厂从植物中分离成功，1965 年由北京制药厂合成。②目前生产厂家主要有天津医药集团、河南润弘制药、杭州民生药业、沈阳兴齐制药等。③本品按"医疗用毒性药品"严加管理。

【贮存】原料、片剂密封保存；注射液密闭保存。遇光易变色，水溶液遇碱性物质可引起分解。因本品易水解，故注射液贮存过久，虽外观正常，也应检验合格后方可使用。

其他胃肠解痉药

（1）颠茄【基】【医保（甲）】 Belladonna 系茄科多年生植物颠茄干燥全草粉碎而得，为灰暗色或淡绿色粉末，有特殊臭，味微苦。主要含莨菪碱，并含有东莨菪碱、颠茄碱及去水阿托品等生物碱类。作用同阿托品但药效较弱。解除内脏平滑肌的痉挛作用明显，尤其对胃肠道平滑肌痉挛缓解效果最好。主要用于胃、十二指肠溃疡，轻度胃肠绞痛等，还可用于胃肠炎症和痉挛引起的呕吐和腹泻及迷走神经兴奋导致的多汗、流涎、心率缓慢、头晕等。用后可有口干、皮肤潮红、干燥、便秘、呼吸道分泌物减少，严重时可引起心悸、视力模糊甚至神志不清等。青光眼和前列腺增生症患者禁用。不能与胃动力药合用。

药物商品有：①颠茄浸膏，灰绿色细粉。含生物碱以莨菪碱计为 0.95%～1.05%。②颠茄酊，为棕红色或棕绿色液体。③颠茄片，每片含颠茄流浸膏 8mg。密闭，干燥处保存。

（2）山莨菪碱【典】【基】【医保（甲）】（654，654-1，654-2）Anisodamine 系从茄科植物山莨菪根中提出的生物碱，可人工合成。为 M 胆碱受体拮抗药，作用与阿托品相似或稍弱。654-1 与 654-2 的作用与用途基本相同，后者的副作用略大。两者都可使平滑肌明显松弛，并能解除血管（尤其是微血管）痉挛，同时有镇痛作用，但扩瞳和抑制腺体（如唾液腺）分泌的作用较弱，且极少引起中枢兴奋症状。口服用于：①缓解平滑肌痉挛；②眩晕症；③微循环障碍及有机磷中毒等。注射可用于：①感染中毒性休克；②解救有机磷农药中毒；③缓解平滑肌痉挛；④眩晕症。本品与阿托品相比，具有选择性较高、毒副作用较低的优点。不良反应有口干、面红、轻度扩瞳、视近物模糊等，个别患者有心率加快及排尿困难等，长期使用不致蓄积中毒；颅内压增高、脑出血急性期及青光眼患者禁用。

药物商品有：①氢溴酸山莨菪碱注射液。②氢溴酸山莨菪碱片。密闭，干燥处保存。

其他常用胃肠解痉药见表 16-5。

二、胃动力药和止吐药

胃肠动力障碍主要包括非溃疡性消化不良、胃轻瘫和症状性胃食管反流，主要表现为胃肠道运动功能低下。其中非溃疡性消化不良的发病率较高。胃动力药是指可增强胃肠肌运动的药物。经过多年的发展，从第一代产品甲氧氯普胺、第二代产品多潘立酮（商品名为吗丁啉）、第三代产品西沙必利到第四代产品莫沙必利，其效果不断提升；目前，还有一种与现

表 16-5　其他常用胃肠解痉药

名称	作用与适应证	药物商品	用药指导
丁溴东莨菪碱【典】【医保(乙)】（溴化丁基东莨菪碱，解痉灵）Scopolamine Butylbromide(Buscopan)	本品平滑肌解痉作用较阿托品强，尚有阻断神经节及神经肌肉接头的作用，而兴奋心脏、扩瞳、抑制腺体分泌作用及中枢兴奋作用很弱。主要用于胃、十二指肠、结肠纤维内窥镜检查的术前准备或内镜逆行胰胆管造影以及胃、十二指肠、结肠的气钡低张造影和计算机腹部体层扫描的术前准备。也用于各种病因引起的胃肠道痉挛、胆绞痛、肾绞痛或胃肠蠕动亢进等	①丁溴东莨菪碱胶囊。②丁溴东莨菪碱注射液。③本品于1952年合成，我国于1973年研制成功	①拮抗胃动力药，不可同服。②不宜用于因胃张力低下和胃运动障碍（胃轻瘫）及胃食管反流所引起的上腹痛、胃灼热等症状。③青光眼、前列腺增生症、严重心脏病、器质性幽门狭窄、麻痹性肠梗阻患者及过敏者禁用
溴丙胺太林【典】【医保(乙)】（溴化丙胺太林，普鲁本辛）Propantheline (Pro-Banthine, Ketaman)	本品不易通过血脑屏障，故很少发生中枢作用。其对胃肠道平滑肌具有选择性，故解痉作用较强。主要用于胃及十二指肠溃疡的辅助治疗，也用于胃炎、幽门痉挛、胰腺炎、胆道运动障碍、结肠痉挛、多汗症及遗尿等	溴丙胺太林片；糖衣片	①手术前及青光眼和前列腺增生症患者禁用；②心脏病患者慎用；③不能与胃动力药合用以免产生拮抗作用
匹维溴铵【典】【基】【医保(甲)】Pinaverium Bromide	本品是对胃肠道有高度选择性解痉作用的钙通道阻滞药。用于治疗与肠易激综合征有关的腹痛、排便紊乱、肠道不适，以及与肠道功能性疾病有关的疼痛和钡灌肠前准备等	匹维溴铵片。切勿咀嚼或掰碎药片，宜在进餐时用水吞服	①儿童与妊娠期妇女禁用。②不要在卧位时或临睡前服用。③无明显抗胆碱能不良反应，可用于合并前列腺增生症、尿潴留和青光眼的患者

有药物作用机制不完全相同的新型促胃肠动力药——伊托必利。这类药物主要用于治疗胃食管反流病、功能性消化不良及糖尿病胃轻瘫，可缓解上腹饱胀不适、隐痛及胃灼热等症状。

> **知识拓展**
>
> 　　消化不良（FD）是消化内科的一种常见疾病，发病率高。这是一种由胃动力障碍所引起的疾病，也包括胃蠕动不好的胃轻瘫和食管反流病。主要分为功能性消化不良和器质性消化不良。西方国家报道占总人群的20%～40%，在我国社会人群调查中，消化不良占正常人群的18.9%，占消化内科患者数的40%左右，比国外略低。症状表现为断断续续地有上腹部不适或疼痛、饱胀、烧心、反酸、嗳气等。常因胸闷、早饱感、腹胀等不适而不愿进食或尽量少进食。

　　止吐药是通过抑制呕吐反射的不同环节或促进胃肠蠕动使胃排空而发挥止吐作用的药物。延髓的呕吐中枢可接受来自催吐化学感受区（CTZ）、前庭器官、内脏等的传入冲动，又通过传出神经引起胃肠道的蠕动和膈肌收缩而致呕吐。已知催吐化学感受区含有多巴胺、组胺、胆碱和5-羟色胺受体，通过中枢、外周部位与呕吐有关，故多巴胺受体拮抗剂如氯丙嗪、甲氧氯普胺，M受体阻断药如东莨菪碱，H_1受体拮抗药如苯海拉明及5-羟色胺受体拮抗药如莫沙必利、昂丹司琼等均具有止吐的作用。

甲氧氯普胺【典】【基】【医保(甲)】　Metoclopramide

【商品名或别名】　胃复安，灭吐灵，Primperan，Paspertin。

【性状】　白色结晶性粉末；无臭，味苦。几不溶于水。

【作用与适应证】　本品能抑制延脑催吐化学感受区的多巴胺受体，具有强大的中枢性镇吐作用和胃肠道兴奋作用。促进食管和胃蠕动，加速胃内容物排空，从而减少胆汁反流和胃泌素分泌。主要用于恶心、呕吐、嗳气、胃部胀满、胃酸过多，有利于溃疡愈合；也用于脑手术或外伤，肿瘤的放疗、化疗以及使用某些药物所引起的呕吐；还可用于治疗晕车，尚有催乳作用。

【不良反应】 ①主要有镇静作用：倦怠、头晕、头痛，还有便秘及腹泻。②反复用药或剂量过大，可致锥体外系反应，表现为肌震颤、手抖、下肢抽搐、发音困难和共济失调，尤以小儿和老年人长期用药时更易出现。

【用药指导】 ①不宜与抗胆碱药如阿托品等合用，因可产生拮抗。②不能用于胃肠道出血、机械性肠梗阻和穿孔者。③不宜与吩噻嗪类药物合用，因可加重锥体外系反应。④每日剂量一般不得超过 0.5mg/kg，否则易引起锥体外系反应。⑤过敏者、孕妇禁用。

【药物商品】 ①甲氧氯普胺片。用于晕车，在乘车前半小时服。②盐酸甲氧氯普胺注射液：为甲氧氯普胺加适量盐酸制成的灭菌水溶液，为无色澄明液体。

【商品信息】 ①甲氧氯普胺作为临床常用止吐药，适应证广泛且价格低廉。但需关注其锥体外系反应，2015 年 4 月 24 日国家食品药品监督管理局发布《警惕甲氧氯普胺引起的锥体外系反应》。②本品于 1962 年合成，我国于 1971 年在上海和河南投产，现国内市场主要生产厂家有上海现代哈森（商丘）药业有限公司、开封制药（集团）有限公司等，外资企业有大冢制药。

【贮存】 原料及片剂密封保存；注射液密闭保存。变色者不可药用。

多潘立酮[典][基][医保(甲,乙)] Domperidone

【商品名或别名】 吗丁啉，优玛琳，邦能，双咪酮，Motilium。

【性状】 白色或类白色粉末。几乎不溶于水。

【作用与适应证】 本品为可口服和静脉注射用的胃动力药，是强效的外周多巴胺受体拮抗剂，不易通过血脑屏障，故锥体外系反应少见。具有抗呕吐和促进胃排空的双重功效，其止吐效果较常用药甲氧氯普胺为优，并能有效地防止胆汁反流，不影响胃液分泌。适用于治疗慢性胃炎、胆汁反流性胃炎、反流性食管炎和饭后腹部饱胀等消化不良症状，各种原因引起的恶心、呕吐，胃轻瘫痪以及消化性溃疡的辅助治疗以消除胃窦部潴留。

【不良反应】 ①偶见腹泻、口干、皮疹、短时的腹部痉挛性疼痛、头痛及神经过敏。②长期大量使用，会出现惊厥、肌肉震颤、流涎、眩晕等症状。

【用药指导】 ①抗胆碱药可对抗本品的作用，二者合用会产生拮抗。②西咪替丁、雷尼替丁、法莫替丁可减少本品在胃肠道的吸收。③1 岁以下儿童及孕妇忌用。④胃肠道出血、机械性肠梗阻患者禁用。⑤心律失常患者慎用。

【药物商品】 ①多潘立酮片。饭前 15～30min 及睡前服用。②多潘立酮胶囊。

【商品信息】 1985 年西安杨森制药有限公司生产的吗丁啉在加拿大上市。1989 年在我国上市，其因疗效确切、不良反应少（但近年来国际上报道其会增加心律失常和心源性猝死风险）、服用方便、价格合理而受到临床广泛认可。作为有效的胃肠动力药，其在胃动力类药市场中一直雄踞首席，以一品之力统领 60% 的市场份额，其他品牌暂时无法撼动。国内主要厂家还有江西汇仁药业（邦能）、常州制药厂、青岛黄海制药等。

【贮存】 遮光，密闭保存。

其他胃动力药和止吐药

（1）莫沙必利[基][医保(甲)]（贝络纳）Mosapride 本品为强效选择性 5-HT$_4$ 受体激动药，没有多巴胺受体拮抗所引起的锥体外系综合征和扭转型室性心动过速等心血管不良反应。用于：①慢性胃炎或功能性消化不良引起的消化道症状，如上腹部胀满感、腹胀、上腹部疼痛；嗳气、恶心、呕吐；胃烧灼感等。②胃食管反流病和糖尿病胃轻瘫。③胃大部切除术患者的胃功能障碍。不良反应主要为腹泻、腹痛、口干、皮疹、倦怠、头晕、不适、心悸等。胃肠道出血、穿孔和刺激胃肠道可能引起危险的疾病禁用。

药物商品有莫沙比利片。餐前服用。

(2) 昂丹司琼【典】【医保(甲)】（枢夏宁，奥丹西龙）Ondansetron 本品为 5-HT$_3$ 受体拮抗药，对抗 5-HT$_3$ 受体作用是甲氧氯普胺的 70 倍，但没有显著的抗多巴胺作用，故本品不引起锥体外系反应，也无镇静作用。用于治疗由化疗和放疗引起的恶心、呕吐，也可用于预防和治疗手术后引起的恶心呕吐。常见不良反应有头痛、头部和上腹部发热感、静坐不能、腹泻、皮疹、机械型肌张力障碍、便秘等。胃肠道梗阻禁用。

药物商品有：①昂丹司琼注射液。避光保存。②昂丹司琼片。

三、其他胃肠道用药

二甲硅油【典】【医保(乙)】（二甲基硅油，二甲基聚硅氧烷，消胀片）Dimethicone 本品为无色澄明的油状液体，由于表面张力小，能清除胃肠道中的泡沫，使被泡沫潴留的气体得以排出，从而消除胀气，可用于各种原因（包括腹部手术）引起的胃肠道胀气，多于服药后 1h 左右见效。也用于胃肠镜检。

药物商品有：①二甲硅油片，每片含二甲硅油、氢氧化铝、葡萄糖，嚼碎服。②二甲硅油散，胃镜检查喷射麻醉剂前口服或灌注本品的水悬液。③二甲硅油口服乳液，饭后或两餐间口服。

第四节 泻药及止泻药

一、泻药

泻药是促进排便反射或使排便顺利的药品。主要用于治疗习惯性便秘，排除肠内毒物或在服用某些驱虫药后，用以排除肠内的虫体；也可用于痔疮和心肌梗死患者，使排便通畅。按不同作用机制可分为：①容积性泻药，如聚乙二醇、乳果糖、硫酸镁；②刺激性泻药，如酚酞、蓖麻油、比沙可啶、蒽醌、大黄；③润滑性泻药，如液状石蜡、甘油、山梨醇；④软化性泻药如多库酯钠。

> **知识拓展**
>
> 调研数据显示，我国便秘人群庞大，患病率较高，且呈增长趋势。其中中青年便秘发生率为 1%～5%，老年人为 5%～30%，长期卧床的老年人甚至高达 80%。便秘又可分结肠便秘和直肠便秘。老年人牙齿多不健全，喜吃低渣精细饮食，因而缺少纤维素对肠壁的刺激，使结肠运转粪便的时间延长；加之老年人运动少，肠肌收缩力普遍下降，均易促成结肠便秘。另外老年人提肛肌和肛门括约肌松弛无力，造成粪便嵌塞在直肠窝内而成直肠便秘。便秘也可由肛周疾病如痔、瘘、结肠癌、直疝或某些铁剂、铝剂、钙剂等引起。预防便秘应多吃蔬菜、治疗肛周疾病和酌情用通便药而不应长期服用泻剂易导致肠功能紊乱。

开塞露【基】【医保(甲)】 Enema Glycerini

【性状】 本品为甘油制剂或山梨醇与硫酸镁的复方制剂，无色糖浆状液体；味甜。

【作用与适应证】 本品为缓泻药类非处方药。作用机制是利用甘油和山梨醇等药的高浓度和高渗性的作用，让更多的水分渗入肠腔，从而软化大便，刺激肠壁黏膜，反射性地刺激肠蠕动，引起排便反应，再加上具有润滑作用，使大便容易排出体外。用于小儿及年老体弱者便秘的治疗。

【用药指导】 ①用时将容器顶端刺破，外面涂油脂少许，徐徐插入肛门，然后将药液挤入直肠内，引起排便。②对本品过敏者禁用，过敏体质者慎用。③性状发生改变时禁止使用。④开塞露不宜长期使用（经常刺激肠壁能引起结肠痉挛性便秘）；诊断未明确的腹痛患者也不宜使用开塞露。

【药物商品】 ①开塞露（含山梨醇、硫酸镁）：含山梨醇溶液45%～50%（质量分数）、硫酸镁10g/100mL。直肠给药，成人一次一支，儿童一次半支。②开塞露（含甘油）：52.8%～58.3%（质量分数）。用法用量同①。

【商品信息】 本品作用温和、快捷、方便、安全、有效，且价格便宜，被广泛使用，市场销售居前位。国内生产厂家主要有上海运佳黄浦制药、广东恒健制药、浙江遂昌惠康药业等。

【贮存】 遮光，严封保存。

乳果糖【基】【医保(乙)】 Lactulose

【商品名或别名】 杜密克，利动。

【性状】 乳果糖水溶液；澄明，无色或淡褐黄色的黏稠液体。

【作用与适应证】 一种合成的双糖，在结肠中被消化道菌群转化成低分子量有机酸，导致肠内pH下降，并通过保留水分增加粪便体积。能刺激结肠蠕动，保持大便通畅，缓解便秘，同时恢复结肠的生理节律。口服后48h内起效。另可抑制肠道细菌产氨，阻止氨的吸收，用于血氨增高的肝昏迷，也可用于肝功能受损并发的内毒素血症。

【不良反应】 可能引起胃胀气或绞痛等腹部不适。高剂量使用后偶见恶心和呕吐。长期大剂量服用，患者可能会因腹泻出现电解质紊乱。

【用药指导】 ①半乳糖血症、肠梗阻患者或低半乳糖饮食者禁用。②因制剂中含有少量半乳糖，对半乳糖不能耐受者和糖尿病患者慎用

【药物商品】 乳果糖口服溶液。本品宜在早餐时一次服用。

【商品信息】 本品在我国便秘药化学药医院市场中市场份额以32%左右排列第二，仅次于复方聚乙二醇电解质，国内市场主要有 Abbott Healthcare Product B.V. 生产的杜密克和北京韩美药品有限公司生产的利动。

【贮存】 避光，10～25℃保存。

他常用泻药

(1) 聚乙二醇【典】【基】【医保(甲)】 Polyethylene Glycol 本品为高分子量长聚乙二醇，不易吸收，由于其高渗性，可在粪便中保持大量水分而产生溶剂型和润湿性导泻作用。用于成人便秘的对症治疗和肠道手术前以及肠镜、钡灌肠和其他检查前的肠道清洁准备。过量可能导致腹泻。注意：①服用本品前1h口服的其他药物可能会从消化道冲走，影响吸收。②炎症性肠病、肠梗阻及未明确诊断的腹痛患者禁用。

药物商品有：①聚乙二醇4000粉剂。②复方聚乙二醇电解质散（含氯化钠，无水硫酸钠，氯化钾，碳酸氢钠，聚乙二醇4000）。本品在我国便秘用药化学药医院市场中，市场份额在40%左右排名第一。

(2) 硫酸镁【典】【基】【医保(甲)】 Magnesium Sulfate 本品因给药途径不同而呈现不同的药理作用。①导泻：口服用于清除肠道内毒物及用于全结肠镜或钡剂灌肠等检查前的肠道准备；也可与驱虫药合用排出虫体。②利胆：口服高浓度（33%）的硫酸镁或用导管直接注入十二指肠，用于胆囊炎、胆石症、阻塞性黄疸等。③注射硫酸镁液，可产生抗惊厥、子痫、破伤风尿毒症、高血压脑病及急性肾性高血压危象等。④外用热敷消炎去肿。注意，中枢抑制中毒患者不宜使用本品导泻排除毒物；孕妇、月经期妇女、急腹症及肠道出血患者禁用。

药物商品有：①硫酸镁粉，服用时需以400mL水稀释。②一、二、三灌肠剂，由50%硫酸镁30mL、甘油60mL、水90mL配成。注入直肠内导泻。③硫酸镁注射液。④开塞露，有含硫酸镁或含甘油两种不同配方的制剂，销售应用时应注意。若有结晶析出，隔水微热使

溶解后再用。原料及其他制剂密封保存；注射剂遮光，密闭保存。

其他常用泻药见表 16-6。

表 16-6 其他常用泻药

名称	作用与适应证	药物商品	用药指导
酚酞【典】（果导，非诺夫他林）Phenolphthalein	本品为刺激性泻药。口服后在肠道内遇胆汁及碱性肠液形成可溶性钠盐，刺激结肠黏膜，促进肠蠕动，并阻止肠液被肠壁吸收而起缓泻作用。作用温和，服药后 6～8h 排软便。主要用于习惯性顽固便秘。连用偶引起皮疹，也可出现过敏反应、肠炎、皮炎及出血倾向	酚酞片（果导片）。本品价格便宜，作用迅速，疗效显著。密封保存。本品及制剂若变黄色或红色则不可供药用	①过量可引起过度腹泻及腹绞痛，诱发心律失常、肌痉挛等，一般不能连续使用超过 3d。②本品由尿排出，若尿为碱性时则可呈红色。③婴儿禁用，幼儿及孕妇慎用
比沙可啶【典】（便塞停）Bisacodyl	通过与肠黏膜接触刺激其神经末梢，引起结肠反射性蠕动增强而导致排便。也可抑制结肠内离子和水分的吸收，增大肠内容积，引起排便反射。用于急、慢性便秘，腹部 X 线检查、内镜检查和术前肠道清洁	①片剂。整片吞服，每日 1 次。②栓剂。成人，一次一粒	①急腹症、炎症性肠病及电解质紊乱患者禁用。②不宜与阿片类止痛药、抗酸药合用
甘油【典】【医保（乙）】（丙三醇）Glycerol	①能润滑和刺激肠壁、软化粪便、产生缓和的泻下作用，且不影响营养物质的吸收，适用于妊娠期及月经期妇女、小儿、年老体弱者偶发的急性便秘。②口服有脱水作用，可降低颅内压、眼内压。③外用有吸湿性，并使局部组织软化，用于冬季皮肤干燥皲裂	①甘油栓：含甘油约 90%。直肠给药，一次 1 枚。密闭，在 30℃以下保存。②甘油溶液：包括 10% 甘油生理盐水溶液、10% 甘油葡萄糖溶液、10% 甘油甘露醇溶液和 50% 甘油盐水溶液。③开塞露（见前文）	①糖尿病、颅内活动性出血、完全无尿、严重脱水、严重心衰、急性肺水肿及头痛、恶心、呕吐的患者禁用。②贮存时受热或受潮易致变形，均影响使用

二、止泻药

止泻药是一类通过减少肠蠕动或保护肠道免受刺激而起止泻效果的药品。适用于慢性长期腹泻或剧烈腹泻，以防水和电解质紊乱。由于腹泻是多种疾病的症状，治疗时应首先考虑引起腹泻的原因，再适当配合止泻药。常用的止泻药如下。

蒙脱石【典】【基】【医保（甲、乙）】

【商品名或别名】 双八面体蒙脱石，思密达，Smectite，Smecta。

【性状】 类白色粉末，具有香兰素的芳香味。

【作用与适应证】 为天然蒙脱石微粒粉剂，具有层纹状结构和非均匀性电荷分布，对消化道内的病毒、病菌及其产生的毒素、气体等有极强的固定、抑制作用，使其失去致病作用；此外对消化道黏膜还具有很强的覆盖保护能力，修复、提高黏膜屏障对攻击因子的防御功能，具有平衡正常菌群和局部止痛作用。用于成人及儿童急慢性腹泻，还可用于食管、胃、十二指肠疾病引起的相关疼痛症状的辅助治疗。

【不良反应】 偶见便秘，大便干结，可减少剂量继续服用。

【用药指导】 ①治疗急性腹泻时首剂量应加倍。②本品可能影响其他药物的吸收，必须合用时应在服用本品前 1h 服用其他药物。

【药物商品】 蒙脱石散。食管炎患者宜于餐后服用，其他患者于餐前服用。服用时将本品倒入半杯温开水（约 50mL）中混匀快速服完。

【商品信息】 最初由 IPSENPHARMA（益普生药业）研发，于 1980 年 3 月在法国上市，商品名为思密达，现在国内占据近半市场。先声药业的"必奇"位列第二，市场份额为

15.51%，剩余市场被其他30多家企业瓜分。

【贮存】 密封，在干燥处保存。

其他常用止泻药

（1）洛哌丁胺【典】【基】【医保（甲）(乙)】（易蒙停，腹泻啶）Loperamide（Imodium，Blox） 本品为高效、速效、长效止泻药。能直接作用于胃肠壁，迅速抑制肠蠕动，从而产生止泻作用。用于急性腹泻及各种病因引起的慢性腹泻，尤其适用于临床上用其他止泻药效果不明显的慢性功能性腹泻。不良反应有皮疹、瘙痒、口干、腹痛、恶心、呕吐、头痛等。抗生素所致假膜性肠炎患者不宜应用，孕妇、哺乳期妇女、小儿慎用。禁用于2岁以下小儿。

药物商品有盐酸洛哌丁胺胶囊。口服本品后1h见效，止泻作用强于阿托品、阿片和地芬诺酯。原料遮光，密封保存；制剂密封，在干燥处保存。

（2）药用炭【典】【医保（甲）】（活性炭）Medicinal Charcoal（Activated Carbon） 黑色粉末；无臭，无味，无砂性。不溶于水。为吸附药，因颗粒小，分子间空隙多，比表面积大，而使本品具有强大的吸附力。能吸附肠内大量的化学物质、毒物及气体，具有止泻和阻止毒物吸收等作用。用于食物、药物中毒以及腹泻、胃肠胀气等。因能吸附维生素、抗生素、磺胺、生物碱、乳酶生、激素等药物及影响蛋白酶、胰酶的活性，故不宜同服；可影响小儿营养，禁止长期应用于3岁以下儿童的腹胀及腹泻。

药物商品有：①药用炭片，黑色片。②药用炭粉剂，将粉剂与膨润土或羧甲基纤维素调成混悬液服用，其解毒效果优于片剂。因受潮后吸附力下降，疗效下降，故应干燥密闭保存，严防受潮并与有气味的药品隔离存放。

（3）口服补液盐【典】【基】【医保（甲）】 Oral Rehydration Salt（ORS） 口服本品水溶液可补充体液，调节水、电解质和酸碱平衡。用于水、钠、钾丢失定失水及急性腹泻。详见本书第二十四章第一节。

第五节 微生态药物

人体肠道内栖息着1000种以上的细菌，其数量约为人体细胞总数的10倍。正常情况下，肠道菌群与人体相互依赖、相互制约，处于共生状态：一方面人体为肠道菌群提供生命活动的场所和营养，对其产生强烈的免疫反应；另一方面肠道菌群对人体发挥着必要的生理功能，包括生物拮抗（防御感染）、参与营养吸收及代谢、参与免疫系统成熟和免疫应答的调节等。

微生态制剂又称微生态调节剂，是指在微生态学原理指导下生产的能够调整肠道微生态失调，保持微生态平衡，提高人体的健康水平，增进健康状态的生理性（微生物）制剂；同时也包括这些菌体的代谢产物以及促进这些生理菌群生长繁殖的制品。微生态制剂的作用一是调整微生态和酶的平衡，二是提高免疫功能。

微生态制剂在20世纪70年代兴起时。近年来，其在调节肠道微生态，改善各种疾病等方面取得了可喜的进展，应用也越来越广泛。国际上把微生态药物分为益生菌、益生元和合生元三部分。临床常用的微生态药物有地衣芽孢杆菌制剂、双歧杆菌活菌制剂、枯草杆菌活菌制剂、嗜酸乳杆菌、酪酸菌制剂等。

（1）地衣芽孢杆菌【基】【医保（乙）】（整肠生）Live Bacillas Licheniformis 系采用我国首次分离的地衣芽孢杆菌制成的一种活菌制剂，能调整肠道菌群，有拮抗致病菌的作用。对葡萄球菌及酵母菌有抑制作用，对双歧杆菌、乳酸杆菌、拟杆菌、粪链球菌的生长则有促进作用。本品具有起效快、疗效高的特点，是治疗肠道感染或菌群失调的一种安全可靠的微生态制剂。适用于细菌与霉菌引起的急慢性腹泻及各种原因所致的肠道菌群失调的防治。服用本品时应停用其他抗菌药物，以免降低本品的药效；铋剂、鞣酸、药用炭、酊剂等能抑制或杀灭活菌故不应合用。

药物商品有整肠生胶囊剂：每粒0.25g（含2.5亿活菌）。冷暗处保存。

(2) 双歧杆菌活菌【基】【医保(乙)】（丽珠肠乐、科达双歧）Bifidobacterium areparation　本品口服后直接寄生于肠道，能够补充对人体有益的正常生理性细菌，重新建立或增强肠道内有益菌群优势，抑制致病菌生长，具有纠正肠道菌群失调、降低血内毒素水平、改善人体微生态环境的作用。用于肠道菌群失调引起的肠功能紊乱，如急慢性腹泻、便秘等。切勿将本品置于高温处；抗酸药、抗菌药与本品合用时可减弱其疗效，应分开服用；铋剂、鞣酸、药用炭、酊剂等能抑制、吸附或杀灭活菌，故不能合用。

药物商品有：①双歧三联活菌制剂，为长型双歧杆菌、嗜酸乳杆菌、粪链球菌复方胶囊剂，每粒20mg（含活菌大于或等于0.5亿个），40mg。②双歧四联活菌制剂，为口服双歧杆菌、乳杆菌、肠球菌、蜡样芽孢杆菌四联活菌片。阴凉、避光、密封保存。

(3) 枯草杆菌活菌制剂【基】【医保(乙)】（枯草杆菌二联活菌、美常安、妈咪爱）Live Bacillus Subtilis　本品有抑制肠道致病菌生长、改善肠道微生物环境的作用。适用于急性腹泻、某些肠道致病菌感染引起的轻中度腹泻以及肠道菌群失调所致的腹泻。注意：应按要求连续服用。使用期间暂停使用抗生素。

药物商品有：①枯草杆菌二联活菌胶囊剂，每粒0.25g（含活菌不低于0.25亿个）。②枯草杆菌二联活菌颗粒剂。勿与开水同服。

第六节　肝胆疾病辅助用药

治疗肝胆疾病的药品有百余种，按其药理作用可分为：抗肝炎病毒药、抗肝昏迷药、免疫调节药、抗肝细胞坏死和促进肝细胞修复药、解毒和保护肝脏药、利胆及溶解胆石药等。

由于很多肝胆疾病的病因或发病机制尚未完全了解，故肝胆疾病的治疗目前尚无特效药品。临床上用的多数药物仅具有辅助治疗作用，其中有些药品的疗效尚待评价。但本类药品临床用量很大，为医药商业经营的重要类别之一。

一、治疗肝昏迷药

肝昏迷（肝性脑病）的发病机制尚未完全阐明，一般认为是血氨升高所致，因而目前所用的抗肝昏迷药多属降血氨药，对血氨升高所致的肝昏迷有一定疗效，而对血氨不增高的肝昏迷则无效。常用药物见表16-7。

表16-7　治疗肝昏迷常用药物

名称	作用与适应证	药物商品	用药指导
谷氨酸【典】（麸氨酸）Glutamic Acid	本品可降低血氨，改善中枢神经功能，用于肝昏迷、重症肝炎、癫痫和大脑发育不全等	①片剂。②注射液：每支20mL：5.75g（钠盐）；20mL：6.3g（钾盐）	①钠盐剂量过大可致碱血症和低钾血症。伴有腹水及低血钾患者不可使用，应改用谷氨酸钾；但高血钾患者禁用钾盐。②肾功能不全的患者慎用
精氨酸【典】【医保(甲)】Arginine Hydrochloride	具有降低血氨作用。用于各种肝昏迷。特别适用于伴有碱中毒和禁钠患者	注射液	大量注射可引起高氯酸血症，肾功能不全者及无尿患者禁用
乳果糖【典】【医保(乙)】（半乳苷果糖）Lactulose	见本章第4节	见本章第四节	见本章第四节

二、治疗肝炎辅助药

见表 16-8。

表 16-8 治疗肝炎辅助药

名称	作用与适应证	药物商品	用药指导
联苯双酯【典】【基】【医保(甲)】Bifendate	为我国创制的降肝酶药物。能增强肝脏解毒功能，减轻肝脏的病理损伤，促进肝细胞再生并保护肝细胞，改善肝功能。用于慢性迁延型肝炎伴谷丙转氨酶升高者，也可用于化学毒物、药物引起的谷丙转氨酶升高者	①片剂。②滴丸；黄色糖衣丸	①合用肌苷，可减少本品的肝酶反跳现象。②肝硬化者、妊娠期及哺乳期妇女禁用；慢性活动性肝炎患者、老年患者慎用
水飞蓟宾【医保(乙)】（益肝灵，利肝隆）Silibinin	具有保肝、降血脂作用。用于急慢性肝炎、初期肝硬化、脂肪肝、中毒性肝损伤及高脂血症等的辅助治疗	糖衣片，片心显棕色	
促肝细胞生长素【医保(乙)】Hepatocyte Growth-promoting Factor	本品能刺激正常肝细胞 DNA 合成，促进肝细胞再生。对四氯化碳诱导的肝细胞损伤有较好的保护作用，促进病变细胞恢复。用于各种重型病毒性肝炎（急性、亚急性、慢性重症肝炎的早期或中期）的辅助治疗	①颗粒剂。②注射用促肝细胞生长素。	①个别病例可出现低热和皮疹，停药后即可消失。②对本品过敏者禁用
葡醛内酯【医保(乙)】（肝泰乐）Glucurolactone	进入机体后可与含有羟基或羧基的毒物结合，形成低毒或无毒结合物由尿排出，有保护肝脏及解毒作用。还可使肝糖原量增加，脂肪储量减少。用于急慢性肝炎的辅助治疗，对食物或药物中毒也有保护及解毒的辅助作用。	①葡醛内酯片。②注射液	①偶有面红、轻度胃肠不适，减量或停药后即可消失。②对本品过敏者禁用
多烯磷脂酰胆碱【医保(乙)】Polyene Phosphatidylcholine	可使干细胞膜组织再生，协调磷脂与细胞膜组织之间的功能，因而可有效地使肝脏的脂肪代谢、合成蛋白质及解毒功能等恢复正常。用于脂肪肝、急慢性肝炎，辅助改善中毒性肝损伤。	①胶囊剂。随餐服用，不要咀嚼。②注射剂	不得用于 12 岁以上儿童
辅酶 Q10【典】【医保(乙)】（癸烯酸，泛醌-10）Coenzyme Q_{10}	为非特异性免疫增强药，具有抗氧化和免疫增强作用。用于充血性心力衰竭、冠心病、高血压和急慢性肝炎等的辅助治疗	①片剂（或胶囊）。饭后服。②注射液。肌内注射	

知识拓展

慢性乙型肝炎

慢性乙型肝炎是一种由肝炎病毒（HBV）引起的慢性传染性疾病，病程超过半年或发病日期不明确而临床有慢性肝炎表现。临床表现为乏力、畏食、恶心、腹胀、肝区疼痛等症状。肝大，质地为中等硬度，有轻压痛。病情重者可伴有慢性肝病面容、蜘蛛痣、肝掌、脾大，肝功能可异常或持续异常。据世界卫生组织报道，全球约 20 亿人曾感染过 HBV，其中 3.5 亿人为慢性 HBV 感染者，80% 在亚、非、拉丁美洲。每年约有 100 万人死于 HBV 感染所致的肝衰竭、肝硬化和原发性肝细胞癌。

三、利胆药

见表 16-9。

表 16-9 利胆药

名称	作用与适应证	药物商品	用药指导
去氢胆酸【典】【医保(乙)】（脱氢胆酸）Dehydrocholic Acid (Dehydrocholin)	利胆药。具有促进胆汁分泌、消除胆汁淤滞及排结石作用。用于胆囊及胆道功能失调、胆囊切除后综合征、慢性胆囊炎、胆石症及慢性肝炎等	①去氢胆酸片。②复方去氢胆酸片；每片含去氢胆酸 0.25g，去氢脱氧胆酸 0.05g。作用、用途同去氢胆酸。③注射液	①胆道完全阻塞及严重肝、肾功能不全者禁用。②气喘及有过敏史者静注前后做皮试
苯丙醇【典】（利胆醇）Phenylpropanol(Livonal)	具有促进胆汁分泌、排除结石等作用。用于胆囊炎、胆道感染、胆结石、胆道术后综合征等	苯丙醇胶丸。饭后吞服	胆道阻塞性黄疸患者禁用
熊去氧胆酸【典】【基】【医保(甲)】（熊脱氧胆酸）Ursodeoxycholic Acid	是治疗胆固醇型胆结石的特效性药品。能抑制胆固醇的合成，促进胆结石溶解，并能收缩胆囊，松弛括约肌，促进胆汁的分泌和排出从而利胆。主要用于不宜手术治疗的胆固醇型胆结石；还可用于胆结石、胆囊炎、胆管炎、胆汁性消化不良、黄疸及肝中毒、超声碎石辅助溶石	片剂。利胆，一次 50mg，一日 150mg。溶胆石，一日 450～600mg，分 2 次服用	孕妇、重症肝炎、胆道阻塞患者禁用

第七节 治疗炎性肠病药

炎症性肠病是溃疡性结肠炎和克罗恩病的总称。溃疡性结肠炎是指发生于结肠的一种弥漫性、连续性、表浅性且局限于黏膜层的炎症，常见于直肠和乙状结肠，以腹痛、腹泻、黏液脓血便和里急后重为主要临床表现。克罗恩病是指发生于消化道任何部位（从口腔到肛门）的一种慢性、反复发作的跨膜性炎症，常见于回肠和结肠，病变呈节段性分布，以腹痛和腹泻为主要临床表现，并有很多肠外表现如发热、营养障碍等。主要治疗药物有 5-氨基水杨酸类（如柳氮磺吡啶、美沙拉嗪、巴柳氮钠、奥沙拉嗪）、糖皮质激素、抗生素和免疫抑制药。

（1）小檗碱【基】【医保(甲)】（黄连素）Berberine 是从中药黄连中分离的一种季铵生物碱，是黄连抗菌的主要有效成分。为黄色针状结晶，味苦。多用其盐酸盐。对细菌只有微弱的抑菌作用，但对痢疾杆菌、大肠埃希菌引起的肠道感染有效。近来还发现本品有阻断 α 受体、抗心律失常作用。口服不良反应较少，偶有恶心、呕吐、皮疹和药物热，停药后消失。对本品过敏者、溶血性贫血患者及葡萄糖-6-磷酸脱氢酶缺乏患者禁用。妊娠期头 3 个月慎用。

药物商品有盐酸小檗碱片：为黄色片或糖衣片。遮光，密封保存

（2）柳氮磺吡啶【典】【基】【医保(甲)】（柳氮磺胺吡啶，柳酸偶氮磺胺吡啶，水杨酸偶氮磺胺吡啶，水杨酰偶氮磺胺吡啶）Sulfasalazine 本品为磺胺类抗菌药。属口服不易吸收的磺胺药，吸收部分在肠微生物作用下分解成 5-氨基水杨酸和磺胺吡啶。5-氨基水杨酸与肠壁结缔组织络合后较长时间停留在肠壁组织中起到抗菌消炎和免疫抑制作用，本品对炎症性肠病产生疗效的主要成分是 5-氨基水杨酸。由本品分解产生的磺胺吡啶对肠道菌群显示微弱的抗菌作

用。主要用于炎症性肠病和溃疡性结肠炎。不良反应有：①过敏反应较为常见，可表现为药疹。②中性粒细胞减少或缺乏症、血小板减少症及再生障碍性贫血。③溶血性贫血及血红蛋白尿。对磺胺类药物过敏者、孕妇、哺乳期妇女、2岁以下小儿禁用。

药物商品有柳氮磺吡啶肠溶片。柳氮磺吡啶栓。遮光，密封保存。

【本章小结】

1. 消化性溃疡病的治疗手段如下。
（1）降低胃酸 ①抗酸药。②抑制胃酸分泌药：a. H_2 受体拮抗药；b. 质子泵抑制药；c. 胃泌素受体阻断药；d. M受体阻断药。
（2）增强胃十二指肠防御能力 ①抗胃蛋白酶药；②胃黏膜保护药。
（3）根除幽门螺杆菌 抗幽门螺杆菌药。
（4）胃肠解痉药。

2. 助消化药是一类通过补充消化液成分，促进消化功能的药物。

3. 解痉药是一类通过解除胃肠道痉挛，恢复胃肠道正常运动的药物。

4. 胃动力药是通过刺激胃肠，促进运动，加速排空，常用来治疗非溃疡性消化不良。

5. 泻药是通过刺激肠蠕动，增加粪便内水分，利于排便。用于习惯性便秘、排肠内毒素、排虫。

6. 止泻药通过减少肠蠕动、保护肠免受刺激，减少水分流失，防止水、电解质紊乱。

7. 微生态制剂是指能够调整肠道微生态失调，保持微生态平衡，提高人体的健康水平，增进健康状态的生理性（微生物）制剂；同时也包括这些菌体栽的代谢产物以及促进这些生理菌群生长繁殖的制品。微生态制剂的作用一是调整微生态和酶的平衡，二是提高免疫功能。

8. 护肝利胆药品种多，作用复杂，有保护肝脏、促进胆汁分泌的作用。

9. 炎症性肠病是溃疡性结肠炎和克罗恩病的总称。主要治疗药物有 5-氨基水杨酸类、糖皮质激素、抗生素和免疫抑制药。

【思考题】

1. 抗溃疡病药分哪几类？作用机制有何不同？
2. 简述开塞露的临床应用。
3. 简述胃黏膜保护药的作用机制。
4. 试述奥美拉唑的药理作用及临床应用。

【处方分析】

患者，女，67岁，慢性支气管炎十余年，近4天病情加重，因气喘、气急入院。体检：体温38℃，脉搏14次/分，呼吸28次/分，神清，半卧位，轻度发绀，颈静脉怒张，桶状胸，两肺底闻及中小水泡音。诊断：肺心病。经给氧、控制感染、止咳平喘治疗后症状稍有缓解，为了改善肺通气功能和肺部微循环，开出如下处方。

处方1：山莨菪碱 20mg ivgtt（置于盐水或葡萄糖液中）st

治疗结果：用药4h后，下腹胀痛，膀胱充盈，排尿滴淋状。医生认为可能是由于膀胱结石合并尿道炎症引起，开出如下处方。

处方2：阿托品 1mg im st

治疗结果：尿潴留越发加重，下腹疼痛难忍。

请分析用药是否何理，为什么？

【信息搜索】

1. 微生态药物发展新动向及市场新制剂有哪些？

第十七章
泌尿系统用药

学习目标

知识目标：
- 掌握泌尿系统用药的分类及各类药物的临床用途。
- 熟悉利尿药的分类、作用机制、作用特点及合理使用的原则。掌握呋塞米、氢氯噻嗪、螺内酯的作用、用途及主要不良反应。
- 熟悉良性前列腺增生用药的类型和常用品种。
- 脱水药的作用特点。

本类药品按其作用特点可分为利尿药、良性前列腺增生用药、脱水药及尿崩症用药等。

第一节 利尿药及良性前列腺增生用药

【导课案例——利尿药用药案例】

某男，21岁，3周前咽部不适，近1周感觉双腿发胀就诊。经医生检查发现他双下肢可凹性浮肿，双眼睑浮肿，晨起浮肿明显，伴尿量减少，尿色较红。经进一步化验检查诊断为：链球菌引起的急性肾小球肾炎。给予呋塞米静脉注射，口服卡托普利及注射青霉素治疗。

请问：
1. 使用呋塞米的目的是什么？
2. 依据患者情况，给予呋塞米后会有哪些预期的表现？

一、利尿药

利尿药是一类作用于肾脏，能促进体内电解质（以 Na^+ 为主）和水分排出而增加尿量的药物。通过影响肾小球的滤过、肾小管的重吸收及分泌等功能而实现其利尿作用，但主要是影响肾小管的重吸收。临床主要用于治疗各种水肿性疾病，或与抗高血压药合用治疗高血压，也常用于治疗慢性充血性心力衰竭；某些经肾脏排泄的药物发生中毒时，本类药物能加速这些物质的排泄而帮助排毒。利尿药的作用部位示意见图 17-1。

知识拓展

水肿

水肿（edema）系指血管外的组织间隙中有过多的体液积聚，为临床常见症状之一。与肥胖不同，水肿表现为手指按压皮下组织少的部位（如小腿前侧）时，有明显的凹陷。中医称为"水气"，亦称为"水肿"。水肿发病原因复杂，种类繁多。按水肿发生的范围来分，可分为全身水肿和局限水肿；按其发病部位来分，可分为脑水肿、肺水肿和皮下

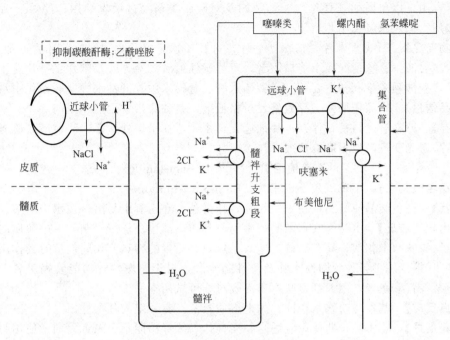

图 17-1 利尿药作用部位示意

> 水肿：按病因来分，最常见的水肿是肾性水肿、肝性水肿和心性水肿。水肿在治疗上除进行病因性治疗外，还多用利尿药、脱水药。

常用利尿药按其作用强度可分为以下几类。

(1) 高效利尿药　主要作用于髓袢升支粗段，如呋塞米、布美他尼、依他尼酸等。

(2) 中效利尿药　主要作用于远曲小管近端，如氢氯噻嗪等。

(3) 低效利尿药　作用于远曲小管远端和集合管，如螺内酯、氨苯蝶啶等。

(一) 常用利尿药

1. 高效利尿药

呋塞米【典】【基】【医保(甲)】　Furosemide

【商品名或别名】　呋喃苯胺酸，速尿，利尿灵，Lasix。

【性状】　白色或类白色结晶性粉末；无臭，几乎无味。不溶于水。

【作用与适应证】　本品作用于髓袢升支粗段髓质部和皮质部，能特异性地与 Cl^- 竞争 Na^+-K^+-$2Cl^-$ 共同转运系统的 Cl^- 结合部位，抑制 NaCl 再吸收而发挥强大的利尿作用。主要用于心性、肝性和肾性水肿，尤其是应用其他利尿药效果不佳时，应用本品仍可能有效；静注可有效地消除左心衰所引起的急性肺水肿，降低颅内压，消除脑水肿；预防急性肾功能衰竭和加速毒物的排泄；还可用于治疗高血压，尤其当伴有肾功能不全或出现高血压危象时，本品尤为适用。

【不良反应】　①电解质紊乱：可引起低血容量、低血钠、低血钾以及低血氯性碱中毒。②胃肠道反应：口服或静注可引起恶心、呕吐、腹痛、腹泻等消化道症状。③可引起耳鸣、听力减退、视觉障碍，偶可见皮疹和骨髓抑制。

【用药指导】　①应注意掌握剂量，长期使用应适当补充钾盐。②慎与链霉素等氨基糖苷类抗生素合用，以免增加其耳毒性。③孕妇及对磺胺类药物过敏者禁用；严重肝肾功能不全、糖尿病、痛风患者及小儿慎用。

【药物商品】 ①呋塞米片，口服 1-2 片，每日 1 次，必要时 6~8 小时后追加 1-2 片。②呋塞米注射液：紧急情况或不能口服者，可静脉注射。③复方呋塞米片：每片含主要成分为呋塞米，盐酸阿米洛利。主要用于心源性水肿、肾性水肿、肝性水肿（肝硬化腹水）。

【商品信息】 本品作用强、疗效好、价格低廉，是临床最常用的利尿药之一。

【贮存】 原料遮光，密封保存；片剂遮光，密封，在干燥处保存；注射液，遮光，密闭保存。本品遇光变色，但不影响疗效。

布美他尼【典】【医保(乙)】 Bumetanide

【商品名或别名】 丁苯氧酸，丁尿胺，Bumex，Aquazone。

【性状】 白色结晶或结晶性粉末；无臭，味微苦。在乙醇中易溶，在水中不溶。

【作用与适应证】 本品为呋塞米的衍生物，其作用部位、作用机制、对电解质的影响及作用特点均与呋塞米相似，具有高效、速效、短效和低毒的特点。相同剂量时其作用比呋塞米强 20~40 倍。用于各种顽固性水肿及急性肺水肿，对于急慢性肾功能衰竭患者，尤其适宜。对于某些肾衰患者，用大剂量呋塞米无效时，可试用本品。

【不良反应】 基本与呋塞米相同，如电解质紊乱，有一定的耳毒性。

【用药指导】 ①本品长期使用应适当补充钾盐。②肾功能不全患者大剂量使用时，可能发生皮肤、黏膜及肌肉疼痛，持续 1~3h 可自行消失，如疼痛剧烈或持久，则应停药。③避免与耳毒性药物同时使用。④本品可增强抗高血压药的作用，故治疗高血压患者水肿时，宜减少抗高血压药的剂量。

【药物商品】 ①布美他尼片。②布美他尼注射液。主要用于治疗水肿性疾病或高血压。

【商品信息】 本品在临床上可作为呋塞米的代用品，由于疗效好、毒性低、价格适中的特点，其销售量呈逐渐上升趋势。

【贮存】 原料及片剂遮光，密封保存；注射液遮光，密闭保存。

2. 中效利尿药

氢氯噻嗪【典】【基】【医保(甲)】 Hydrochlorothiazide

【商品名或别名】 双氢克尿噻，双氢氯噻嗪，Esidrex，Hydrodiuril。

【性状】 白色结晶性粉末；无臭，味微苦。不溶于水。

【作用与适应证】 本品作用于髓袢升支粗段皮质部（远曲小管近端），抑制 Na^+、Cl^- 在此处的重吸收，从而起到排钠利尿作用；抗利尿作用；尚有降压作用。用于治疗各型水肿（尤以对心性水肿较好）、尿崩症，配合其他抗高血压药降压。

【不良反应】 本品毒性较低，但长期应用可引起：①电解质紊乱，如低钾血症、低氯血症、低钠血症。还可出现口渴、乏力、肌肉痉挛、恶心、呕吐等电解质紊乱等临床常见症状。②潴留现象，如高尿酸血症、高钙血症。③代谢异常，如高血糖、高脂血症等。

【用药指导】 ①长期使用，应注意补充钾盐。②肝功能不全者及糖尿病患者慎用。③对磺胺类药物过敏及肾功能严重不全者禁用。

【药物商品】 ①氢氯噻嗪片。②缬沙坦氢氯噻嗪片（复代文）：每片含主要成分为缬沙坦，氢氯噻嗪。用于治疗单一药物不能充分控制血压的轻中度原发性高血压。

【商品信息】 本品是在研究磺胺药利尿作用过程中发现的利尿药。因服用方便、安全、价廉，应用于临床多年。目前不仅是最受患者欢迎、最常用的利尿药，而且也是广泛用于治疗高血压的基础抗高血压药，销售量较大。

【贮存】 原料及片剂遮光，密封保存。

3. 低效利尿药

螺内酯【典】【基】【医保(甲)】　Spironolactone

【商品名或别名】　安体舒通，螺旋内酯固醇，Antisterone。

【性状】　白色或类白色细微结晶性粉末；有轻微硫醇臭。不溶于水。

【作用与适应证】　本品化学结构与醛固酮相似，为醛固酮的拮抗剂，利尿作用弱而缓慢、持久。可与远曲小管和集合管靶细胞的醛固酮受体结合，从而对抗醛固酮的保钠排钾作用，呈现排钠留钾作用，使 Na^+、Cl^- 和水的排出增加而利尿。用于治疗与醛固酮增多有关的顽固性水肿或腹水，如慢性充血性心力衰竭、肾病综合征、肝硬化等引起的水肿或腹水；治疗原发性醛固酮增多症；可作为原发性或继发性高血压的辅助用药。

【不良反应】　①长期单独使用，因减少 K^+ 的排出，可引起高钾血症。②胃肠道反应，如恶心、呕吐。

【用药指导】　①严重肾功能不全、高钾血症者禁用。孕妇、哺乳妇女慎用。②与肾毒性药物合用时，肾毒性增加。③大剂量服用本品可引起嗜睡和运动失调，服药期间应避免驾车、开船和从事高空作业，以防意外。

【药物商品】　螺内酯片（胶囊）。

【商品信息】　临床较为常用，销售量较大。

【贮存】　原料密封保存；片剂及胶囊剂密封，在干燥处保存。

(二) 其他利尿药

(1) 依他尼酸【典】（利尿酸）Etacrynic Acid　为白色结晶性粉末；无臭，味微苦涩。几乎不溶于水。本品作用及机制、作用特点等均与呋塞米相似，属高效利尿药，用于各类水肿、急性肾衰。易引起电解质紊乱、耳毒性、肾毒性等不良反应，偶可引起永久性耳聋。组织学检查发现对耳蜗外毛细胞有损伤，也可能与内淋巴电解质成分的改变有关。应避免与氨基糖苷类抗生素合用，以免使耳毒性发生率增加。对磺胺类药物过敏者可选用本品。孕妇禁用。

药物商品有：①依他尼酸片，上午一次顿服，进餐或餐后立即服用。②注射用依他尼酸钠，遮光，密封保存。

(2) 氯噻酮【典】（海固通）Chlortalidone　为白色或类白色结晶性粉末；不溶于水。本品的药理作用与氢氯噻嗪相似，属中效利尿药，具有利尿及降压作用，但吸收较慢，作用维持时间较长。用于各型水肿、高血压和经前综合征。不良反应有恶心、头痛、心悸、眩晕和电解质紊乱，减量可消失；偶可引起高尿酸血症、高血糖、胰腺炎、粒细胞减少、血小板减少等。长期使用应适当补充钾盐。严重肝、肾功能不全的患者禁用，孕妇慎用。

药物商品有氯噻酮片，遮光，密封保存。

(3) 氨苯蝶啶【典】【基】【医保(甲)】（三氨蝶啶）Triamterene　为黄色结晶性粉末。溶于甲酸，不溶于水，其酸溶液显示蓝色荧光。本品属低效利尿药，利尿作用较弱，但作用较迅速。与其他利尿药如氢氯噻嗪合用时，能显著增强各自的利尿作用和减轻不良反应。临床可用于由心力衰竭、肝硬化及慢性肾炎等疾病引起的水肿或腹水。有头痛、口干、低血压、皮疹及胃肠道反应，长期使用可发生高钾血症。严重肝、肾功能不全及有高钾血症倾向者禁用，孕妇慎用。

药物商品有：①氨苯蝶啶片，饭后服，服药后多数患者出现淡蓝色荧光尿。本品应密封保存。②复方利血平氨苯蝶啶片，每片含主要成分氢氯噻嗪、氨苯蝶啶、硫酸双肼屈嗪、利血平。用于治疗轻中度高血压，对重度高血压需与其他抗高血压药合用。

(4) 乙酰唑胺【典】【医保(甲)】（醋唑磺胺）Acetazolamide　为白色针晶或结晶性粉末，味微苦。在沸水中溶解，在水或乙醇中极微溶。为磺胺类药物，属碳酸酐酶抑制剂，低效利尿药。本品可抑制肾脏碳酸酐酶，使相应细胞中 H^+ 产生减少，因而和管腔内 Na^+ 交换减少，表现为管腔内 Na^+ 的重吸收减少，故有利尿作用，但利尿作用不强，且易产生耐受性，很少应用。临床可用于治疗青光眼、心性水肿、脑水肿及癫痫小发作。常见的不良反应是嗜睡，面部和四肢麻木感，长期应用可致低钾血症和代谢性酸中毒，应加服氯化钾和碳酸氢钠。肝、肾功能不全者，糖尿病患者慎用，孕妇禁用。

药物商品有乙酰唑胺片，遮光，密封保存。

（5）阿米洛利【典】（氨氯吡咪）Amiloride　常用其盐酸盐，为淡黄色或黄绿色粉末；味苦。微溶于水。本品化学结构和作用均与氨苯蝶啶类似，但利尿作用比氨苯蝶啶强，为目前留钾利尿药中作用最强者。临床用于心、肝、肾疾病引起的水肿，也可治疗长期应用排钾利尿药引起的低血钾。本品可引起胃肠道反应及口渴、皮疹等。高血钾及严重肝、肾功能不全者禁用。本品一般不单独应用，多与氢氯噻嗪等利尿药合用，以增强疗效并减少钾的丢失。

药物商品有：①盐酸阿米洛利片，一次1片，一日1次，必要时1日2次，早、晚各1片，与食物同服。原料遮光，密封保存；片剂遮光，密闭保存。②复方盐酸阿米洛利片，每片含主要成分盐酸阿米洛利，氢氯噻嗪。用于高血压、心力衰竭、肝硬化等病所致的水肿和腹水。

二、良性前列腺增生用药

良性前列腺增生症（简称BPH）是前列腺尿道周围区细胞的良性腺瘤性增生，除症状严重需手术治疗外，轻中度增生及不宜手术者大多采用长期服药治疗。良性前列腺增生药能减轻或解除泌尿生殖系统平滑肌的痉挛，消除尿频、尿急、尿痛、尿失禁等症状。主要用于治疗膀胱炎、尿道炎、前列腺炎及良性前列腺增生症。根据临床资料统计，我国男性良性前列腺增生症（BPH）常发生在40岁后，60岁发病率大于50%，80岁达83%。随着我国人口老龄化的继续，该类药品的临床使用量会逐年上升。目前，列入国家基本药物目录的治疗良性前列腺增生症的药物有坦洛新（坦索罗辛、哈乐）、特拉唑嗪（高特灵、降压宁、马沙尼）、非那雄胺（非那甾胺、保列治）。常用的抗前列腺增生药物主要分为下列几类。

（一）泌尿道平滑肌解痉药

黄酮哌酯【典】【医保（甲）】（泌尿灵）Flavoxate　为乳白色粉末，无臭，味苦，可溶于水。本品对泌尿生殖系统的平滑肌具有选择性解痉止痛作用。对各种原因引起的尿频、尿急、尿失禁、尿不尽及尿道、膀胱平滑肌痉挛而引起的上耻骨疼痛有效。具有疗效确切、生物利用度高、副作用极小等特点，是目前治疗下尿道疾病的新药。临床用于由膀胱炎、前列腺炎、尿道炎等引起的尿急、下腹部疼痛等症状，也用于妇科痉挛性疼痛如痛经等，还可合并其他药品用于肾结石、尿道结石和下尿道手术后引起的各种疼痛。少数患者可出现恶心、呕吐、心动过速等现象。幽门梗阻、肠梗阻、胃肠道出血、青光眼患者及12岁以下小儿禁用；孕妇、驾驶员及机械操作人员慎用。

药物商品有黄酮哌酯片，密闭，阴凉干燥处保存。

（二）5α-还原酶抑制药

人体内的雄激素主要有睾酮和双氢睾酮两种，其中双氢睾酮增高会刺激前列腺组织增生。5α-还原酶抑制药主要是阻止睾酮转变成双氢睾酮，抑制前列腺体增生。在临床上，5α-还原酶抑制药代表性的药物为非那雄胺与依立雄胺。

非那雄胺【典】【基】【医保（乙）】（非那甾胺，保列治）Finasteride　本品是一种合成的4-氮甾体激素化合物，可选择性抑制5α-还原酶，使睾酮转化成5α-双氢睾酮的过程受阻，前列腺细胞内雄激素水平下降，血清中前列腺特异抗原降低，增大的前列腺体积缩小，尿流率增加，患者症状减轻。与其他抗雄激素相比本品没有抗雄激素效应和女性化的副作用，常见副作用是对性功能的影响。

药物商品有非那雄胺片（胶囊）。本品是美国、欧洲以及中国的三大指南都推荐使用的、临床最常用于治疗良性前列腺增生症的药物，虽属高价的前列腺增生药物，但销售额高居前列腺增生用药市场榜首。生产厂家为（浙江）默沙东中国制药公司。本品由默沙东公司（在美国和加拿大被称为默克）研发、生产，1994年获准在中国上市。

（三）α_1 受体阻滞药

α_1 受体阻滞药可舒张血管而降低血压，也具有抑制前列腺增生的作用，能很快地缓解排尿障碍症状，但不能减小前列腺的体积。对患有高血压的前列腺增生症患者较为适用。本类药在国外该类药物中占据良性前列腺增生用药市场60%以上的份额，在我国占30%左右，是前列腺增生用药市场中的主要品种之一。常用品种有特拉唑嗪、坦洛新（坦索罗辛、哈乐）、阿夫唑嗪。

特拉唑嗪【典】【基】【医保（甲）】 Terazosin 本品为选择性 α_1 受体阻滞药的代表药物，能改善良性前列腺增生症的尿流动力学和临床症状，虽对改善膀胱刺激症状的效果不如非选择性 α_1 受体阻滞药，但对心血管的不良反应轻微，适用于良性前列腺增生症伴有高血压的患者。本品也可用于降血压和降血脂。常见副作用有直立性低血压等。

药物商品有特拉唑嗪片（胶囊）。该药由美国雅培公司开发，商品名为高特灵。在我国，除美国雅培外，还有北京赛科制药、海南绿岛和江苏扬子江等10多个国内厂家生产。

（四）植物性药物

在欧洲，应用植物制剂治疗良性前列腺增生症有悠久的历史。美国的植物制剂目前也普遍用于临床良性前列腺增生症的治疗。此类药物可以缓解症状，且不良反应较少。植物药制剂包含花粉类制剂与植物提取物两大类。在市场中以花粉类制剂药物为主，常见品种有普适泰（舍尼通）、前列康（普乐安）。

（1）**普适泰**【典】【医保（乙）】（舍尼通）Prostat 本品是花粉中提取的有效成分EA-10（植物生长素）和P5（阿魏酸 ν-丁二胺），EA-10具有抗炎抗雄激的作用，P5具有抗前列腺细胞增生和扩张尿道平滑肌的作用。常用于良性前列腺增生症和慢性非细菌性前列腺炎。少见不良反应，长期服用对性功能亦无影响。对本品过敏者禁用。

药物商品有普适泰片（胶囊），本品为瑞典法玛西亚普强制药公司生产，分装厂家为南京恒生制药厂和南京美瑞制药。

（2）**前列康（普乐安）** 是我国开发的植物花粉提取物口服制剂，含有多种氨基酸、酶、维生素及微量元素，可明显改善由前列腺增生症引起的尿频、排尿困难、尿后滴沥、尿痛、尿急症状，可缩小前列腺体积，对前列腺炎亦有较好疗效，并且对老年人的养生保健有明显益处。

药物商品有前列康片，本品目前在市场上的生产厂家分别有浙江康恩贝制药、云南老拨云堂药业和昆明保健制药等，其中浙江康恩贝制药占了九成以上的市场份额。

第二节 脱水药及尿崩症用药

一、脱水药

脱水药是能迅速提高血浆渗透压使组织脱水的药物。由于有渗透利尿作用，又称渗透性利尿药。其药理作用完全取决于溶液中药物分子本身所发挥的渗透压作用。其应具备如下特点：①易经肾小球滤过；②不易被肾小管再吸收；③在体内不被代谢或少被代谢；④不易从血管透入组织液中。根据上述特性，这类药物在大量静脉给药时，可升高血浆渗透压及肾小管腔液的渗透压而产生脱水及利尿作用。常用者有甘露醇、甘油果糖、山梨醇和葡萄糖等。

甘露醇【典】【基】医保（甲,乙） Mannitol

【商品名或别名】 Manita，Osmitrol。

【性状】 白色结晶性粉末或颗粒；味微甜。易溶于水，其5.07%水溶液与血液等渗。

【作用与适应证】 临床常用其20%的高渗溶液静脉注射。因不易透入组织，能迅速提高血浆渗透压，可使组织液、脑脊液或房水中过多的水转移至血液而呈脱水作用；它从肾小球滤过后，几乎不被肾小管再吸收，可提高肾小管的渗透压，阻止水和电解质的再吸收，故而利尿。用于脑水肿，以降低颅内压，并可降低眼压而治疗青光眼，还用于预防急性肾功能衰竭。

【不良反应】 少见，但注射过快可引起一过性头痛、头晕、畏寒、视力模糊。

【用药指导】 ①快速静脉注射，可因血容量突然增加，加重心负荷，故心功能不全者慎用。颅内有活动性出血者禁用，以免因颅内压迅速下降而加重出血；另外肺水肿、充血性心力衰竭、严重失水者及孕妇禁用。②因本品排水多于排钠，故不适用于全身性水肿的治疗，仅作为其他利尿药的辅助药。③本品可加剧强心苷类药物的毒性作用。

【药物商品】 ①甘露醇注射液。②复方甘露醇注射液：含主要成分甘露醇、无水葡萄糖和氯化钠。

【商品信息】 ①本品临床常用，价格低廉，销售量也大。②寒冷地区冬季须防冻。气温较低时本品易析出结晶，可置热水（80℃）中使之完全溶解，否则不能使用。

【贮存】 原料遮光，密封保存；注射液遮光，密闭保存。

其他常用脱水药

(1) 甘油果糖【典】【基】医保（甲） Glycerin Fructose（固利压，布瑞得，甘果糖，甘瑞宁） 为无色澄明液体。本品为含有甘油、果糖和氯化钠的注射液，是安全而有效的渗透性脱水药。与甘露醇相比，本品有起效时间缓慢，维持作用时间较长，且无反跳现象，利尿作用小，对肾功能影响小，可为患者提供一定的能量等优点。用于治疗颅内压增高、脑水肿和青光眼等。不良反应少而轻微，大量、快速输入时可产生乳酸性酸中毒。遗传性果糖不能耐受者、低渗脱水症患者禁用。本品含氯化钠，对需要限制食盐摄取的患者，使用本品时应特别注意。

药物商品有甘油果糖氯化钠注射液。在凉暗处保存。

(2) 山梨醇【典】 Sorbitol（d-Sorbitol） 为白色结晶性粉末或颗粒；味微甜，有轻微引湿性。极易溶于水。其5.48%水溶液与血液等渗。本品为甘露醇的同分异构体，其作用和用途与甘露醇相似但效果较甘露醇差。但价格便宜，溶解度大，临床上常配成25%注射剂静注，用于治疗脑水肿和青光眼，也可用于心肾功能正常的水肿少尿；由于口服不吸收，还可作为缓泻药或供糖尿病患者作为口服蔗糖的代用品。心功能不全者慎用，口服过多会引起胃肠气胀和腹泻。

药物商品有山梨醇注射液。原料遮光，密封保存；注射液遮光，密闭保存。

(3) 葡萄糖【典】【基】医保（甲） 详见本书第二十四章第一节。

二、尿崩症用药

尿崩症是由于下丘脑垂体后叶病变致使血管升压素（抗利尿激素）分泌或释放减少引起的疾病，突出症状为多尿以及随之而来的烦渴及失水，凡能缓解这些症状的药物，均可称为抗尿崩症用药。

(1) 垂体后叶粉【典】【医保(甲)】（尿崩停）Powdered Posterior Pituitary　为淡黄色或淡灰色粉末；有特臭。在水中几乎不溶。本品系用猪、羊、牛等动物的脑垂体后叶经提取、精制、干燥而成，主要成分为抗利尿激素。有抗利尿兼升高血压作用，使尿量明显减少，口渴减轻。主要用于治疗尿崩症。

药物商品有垂体后叶粉鼻吸入剂：淡黄色或浅灰色粉末，用特制小匙，取出本品一小匙，倒在纸上，卷成纸卷。用左手压住左鼻孔，用右手将纸卷插入右鼻孔内，抬头轻轻将药粉吸进鼻腔内。吸入时应注意避免喷嚏，以保证疗效。吸入不宜过多、过猛、过深否则可引起气短、气闷、胸痛及腹胀痛等。呼吸道和副鼻窦疾病、哮喘患者禁用。本品疗效可靠、价廉。遮光，密闭，在凉处保存。

(2) 鞣酸加压素【典】【医保(乙)】（长效尿崩停）Vasopressin Tannate　临床使用的为鞣酸加压素的油制注射液，对肾有直接的抗利尿作用，也有收缩外周血管的作用，并可引起肠、胆囊及膀胱的收缩。临床用于诊断和治疗由于缺乏抗利尿激素而引起的尿崩症，也用于其他药物效果不佳的腹部肌肉松弛。其作用特点是吸收慢，维持时间长，可减少患者频繁注射的麻烦。主要用于中重型尿崩症。大剂量可引起恶心、皮疹、盗汗及过敏反应等。高血压、动脉硬化、冠状动脉疾病、心力衰竭患者及孕妇禁用。

药物商品有鞣酸加压素注射液。注射前必须摇匀。遮光，密闭于凉处保存。

【本章小结】

1. 利尿药可分为高效、中效、低效三类。高效利尿药通过抑制髓袢升支粗段 Na^+-K^+-$2Cl^-$ 的同向转运系统，促使各种离子和水排出，作用强大而迅速，用于严重水肿及急性肾衰；中效利尿药作用于远曲小管前部，抑制 Na^+、Cl^- 的重吸收，临床上用于各型水肿、高血压和尿崩症；低效利尿药通过对抗醛固酮受体而发挥作用，特点是排钠留钾。

2. 良性前列腺增生药能减轻或解除泌尿生殖系统平滑肌的痉挛，消除尿频、尿急、尿痛、尿失禁等症状。主要用于治疗膀胱炎、尿道炎、前列腺炎及良性前列腺增生症。

3. 脱水药的特点是不易被机体组织吸收代谢。其是通过提高血浆和肾小管液的渗透压而发挥脱水和利尿作用。

【思考题】

1. 利尿药分为哪几类？简述高效利尿药的作用原理及不良反应。
2. 试述氢氯噻嗪的药理作用、作用机制及不良反应。
3. 保钾利尿药有哪些？简述其临床应用。
4. 试述甘露醇的药理作用、机制及临床应用。
5. 利尿药和脱水药的药理作用和临床应用有何不同？

【处方分析】

患者，男，56岁，患有心力衰竭、肾功能不全合并泌尿道感染。处方如下，分析是否合理，为什么？

　　Rp：1. 硫酸庆大霉素注射剂　8万单位×6
　　　　　Sig　8万单位　bid　im
　　　　2. 呋塞米注射液　20mg
　　　　　5％葡萄糖氯化钠注射液　500mL
　　　　　Sig　qd　ivgtt

第十八章 血液系统用药

学习目标
- 掌握血液系统用药的作用特点。
- 掌握本类药品的常用品种及合理使用方法。
- 熟悉常见血液系统用药的复方制剂。
- 了解贫血类型及疾病常用的药物。

能力目标：
- 学会正确指导血液系统用药的使用。

血液系统疾病属常见病、多发病，以贫血为例，估计全世界有5亿～6亿人患铁缺乏症，其中近半数呈缺铁性贫血，全世界孕妇患缺铁性贫血占21.8%。

治疗血液系统疾病的药品包括抗贫血药、抗凝血药及溶栓药、抗血小板药、促凝血药、升白细胞药和血容量扩充药等。

> **知识拓展**
>
> 血液系统是机体维持正常新陈代谢、免疫系统、防止出血等功能的重要组成部分。血液性疾病涉及全身许多脏器，表现也多种多样。血液系统药品虽然应用范围较窄，所占药品市场份额较少，但由于其在临床的独特用途，所以是不可忽视的一类药品。
>
> 目前抗血栓形成药（抗凝血药）占该大类22%的份额，促凝血药（止血药）仅占此类用药10%左右的份额，但却是一个快速增长的品类。中药三七具有活血、止血和补血功能，被广泛用于心脑血管疾病的治疗。

第一节 抗贫血药

抗贫血药是用于缺铁性贫血和巨幼红细胞性贫血补充治疗的药物。

抗贫血药物的市场结构主要由化学药物、中成药和保健品构成。在我国抗贫血药物市场上，以非溶血性贫血药物为主，其主要品种为硫酸亚铁、右旋糖酐铁、琥珀酸亚铁、叶酸、维生素B_{12}、腺苷钴胺等；中成药主要品种为参芪扶正颗粒、扶正化瘀片、生血宝颗粒、补血益母颗粒、益气维血胶囊、复方阿胶浆等。保健品有太太血乐口服液、驴胶补血颗粒等。

> **知识拓展**
>
> **贫血**
>
> 贫血是指循环血液中的红细胞数或血红蛋白长期低于正常值的病理现象。贫血是常见病、多发病，临床常见的有缺铁性贫血、巨幼红细胞贫血和再生障碍性贫血。
>
> 贫血是不同原因或疾病引起的一系列共同症状，而不是一种疾病的名称，所以治疗贫血的原则是找出病因，然后针对病因进行处理。

硫酸亚铁【典】【基】【医保(甲)】　Ferrous Sulfate

【商品名或别名】　绿矾，硫酸低铁。

【性状】　为淡蓝绿色柱状结晶或颗粒；无臭，味咸涩，于干燥空气中即风化；在湿空气中即迅速氧化变质，表面生成黄棕色的碱式硫酸铁。易溶于水，不溶于乙醇；含铁量约为20%。

【作用与适应证】　铁为构成血红蛋白的主要成分之一，缺乏时可引起缺铁性贫血。本品为二价铁剂，服用后其吸收率较高。适用于低血色素性贫血与因红细胞大量遭到破坏、长期慢性失血及胃肠吸收发生障碍而引起的缺铁性贫血。

【不良反应】　有胃肠不适、腹痛、腹泻及恶心等，偶可引起便秘。

【用药指导】　①服用时忌茶及含鞣酸类药物，不能与四环素同时服用，以免影响铁的吸收。②宜同时服用稀盐酸或维生素C。③溃疡病、溃疡性结肠炎及肠炎患者慎用，对铁剂过敏患者忌用。④服药期间大便显黑色。⑤婴幼儿宜用2.5%硫酸亚铁合剂。

【药物商品】　①硫酸亚铁糖衣片^{OTC}。②硫酸亚铁糖衣片（缓释片）^{OTC}。③硫酸亚铁糖浆^{OT}，适用于小儿。④复方硫酸亚铁颗粒^{OTC}：每粒胶囊含硫酸亚铁50mg（相当于铁10mg），维生素C 30mg，并附1袋颗粒矫味剂（一次1粒胶囊加1袋颗粒矫味剂）。

【商品信息】　早在1832年法国科学家就用硫酸亚铁和碳酸钾制成复方制剂治疗贫血，我国于1930年已有生产。本品属低值产品，但属必备基本药物，不宜缺药。生产本品的企业有成都药业、民生药业、广州迈特新药业、上海黄海制药等。目前市场上用于缺铁性贫血的非处方药有许多复方制剂、中药制剂，如复方硫酸亚铁叶酸片、阿胶补血口服液等。市场上复方硫酸亚铁的商品名有益源生、福乃得等。另外还有一些非药品、"食准字"的补血口服液。

【贮存】　密闭保存。

知识拓展

在我国，缺铁性贫血最为常见。导致人体发生缺铁性贫血的病因主要有以下几个方面。

(1) 铁的丢失过多　钩虫病、长期痔疮出血、月经过多、胃溃疡等慢性出血。

(2) 铁的吸收障碍　胃大部分切除、萎缩性胃炎、慢性腹泻或胃肠功能紊乱等。

(3) 铁的摄入量不足　儿童在生长发育期、妊娠哺乳妇女等。

案例 18-1

程××，女，26岁，1997年7月12日初诊，患者近年来面色萎黄，心慌气促，低热。追问病史，一日三餐只吃素食，不爱吃肉类。化验检查：血红蛋白含量60g/L，白细胞计数、血小板计数正常，血清铁46μg/dL，骨髓中铁幼粒细胞为12%，骨髓小粒可染铁消失。诊断为缺铁性贫血。

诊疗策略

铁质补充、饮食治疗。口服复方硫酸亚铁颗粒、康血宁vi+康血宁辅药ix（加减太白洋参、太白米、扫帚七等），同时改变饮食习惯，并结合猪红瘦肉粥的饮食疗法。经治疗1个月后头晕、活动后气促、心慌逐渐改善，面色渐转红润，低热也逐渐消退，血红蛋白升至100g/L出院。出院3个月后来院复查血红蛋白130g/L。

叶酸【典】【基】【医保(甲,乙)】　Folic Acid

【商品名或别名】　维生素B_c，维生素M。

【性状】 为鲜黄色的晶体粉末,稍溶于热水,不溶于乙醇、乙醚及其他有机溶剂。

【作用与适应证】 与维生素 B_{12} 共同促进正常红细胞的增殖和成熟,治疗恶性贫血;能维护神经系统、肠、性器官、白细胞的正常发育;用于各种巨幼红细胞贫血,尤适用于营养不良或婴儿期、妊娠期。预防胎儿神经管发育缺陷。

【不良反应】 较少,罕见有过敏反应。①静注易致不良反应,故不宜采用。②大剂量叶酸能拮抗苯巴比妥、苯妥英钠和扑米酮的抗癫痫作用,并使敏感儿童的癫痫发作次数增多。③过量导致睡眠困难,胃肠道异常。

【用药指导】 ①营养性巨幼红细胞贫血常合并缺铁,应同时补铁,并补充蛋白质及其他 B 族维生素。②对恶性贫血,应以维生素 B_{12} 为主,或与维生素 B_{12} 合用。③孕妇叶酸缺乏直接导致胎儿的神经管畸形,孕妇和哺乳妇女尤其要注意增加摄取量。

【药物商品】 ①叶酸片[OTC]。②叶酸注射液。复方叶酸注射液:每支 1mL 含叶酸 5mg、维生素 B_{12} 30μg。

【商品信息】 ①本品最早是在 1941 年由 Mitchell 等人从菠菜叶中分离提取而得名,1946 年 Watson 等人证明治疗恶性贫血除了使用维生素 B_{12} 以外,还需要使用叶酸这种物质。②本品存在于动物肝、深绿色叶菜、胡萝卜、蛋黄、鱼肝油等食物内。③国外研究表明,在 3 岁以下的婴儿食品中添加叶酸,有助于促进其脑细胞生长,并有提高智力的作用。美国食品与药品管理局(FDA)已批准叶酸可添加于婴儿奶粉中作为一种健康食品添加剂。④本品市场保健食品众多,在国外,叶酸类功能保健食品的市场前景好,叶酸还作为强制性食品添加剂用于面包、饼干、麦片、大米等食物中。

【贮存】 遮光,密闭保存。

维生素 B_{12}【典】【基】【医保(甲)】 Vitamin B_{12}

【商品名或别名】 钴胺素,氰钴胺。

【性状】 为深红色结晶或结晶性粉末;无臭、无味;引湿性强,溶于水(呈红色液体)。

【作用与适应证】 促进红细胞的发育和成熟,使肌体造血功能处于正常状态;维护神经系统健康,是神经系统功能健全不可缺少的维生素;参与神经组织中一种脂蛋白的形成。①主要用于治疗巨幼红细胞贫血。②神经系统疾病,如多发性神经炎、神经痛、神经萎缩等。③用于对维生素 B_{12} 需求增加的情况:妊娠及哺乳妇女、长期素食者、反复发作的溶血性贫血等的治疗。

【不良反应】 ①可致过敏反应,甚至过敏性休克。②使血尿酸升高,诱发痛风发作。③恶性肿瘤患者禁用。

【用药指导】 ①遇维生素 C、重金属盐类失效。②用药期间应注意低血钾。③素食且不吃蛋和奶制品的人必须补充维生素 B_{12}。

【药物商品】 ①维生素 B_{12} 片。②维生素 B_{12} 注射液。③维生素 B_{12} 滴眼液。

【商品信息】 ①本品是最早于 1948 年由肝脏中提取出的一种含钴物质,也可由微生物的分泌物中提取。1963 年确定其结构式。1973 年完成人工合成。②近年来,国内外市场对维生素 B_{12} 的需求日益增长,我国的生产和出口量连年大幅增加,大力发展维生素 B_{12},市场前景十分广阔。③华北制药集团威可达公司的维生素 B_{12} 系列产品生产线顺利通过德国 GMP 官方认证专家组严格的现场审核,获得德国医药市场的"通行证"。④华北制药集团威可达药业生产的维生素 B_{12} 滴眼液为国家四类新药。

【贮存】 遮光、密封保存。

同类药物甲钴胺【典】【基】【医保(乙)】 Mecobalamin （弥可保）

甲钴胺属于维生素 B_{12} 的家族成员之一,是甲基化的维生素 B_{12}。两种区别在于:

(1) 作用形式不同 甲钴胺能够直接参与人体内的多种生化反应,被称作辅酶维生素

B_{12}；维生素 B_{12} 服用以后不能为人体所利用。维生素 B_{12} 进入血液循环以后需要甲基化，转化为有活性的维生素 B_{12}，才能被机体所利用。

(2) 作用效果不同　为内源性的维生素 B_{12}，存在于血液和骨髓。与维生素 B_{12} 相比，甲钴胺对神经组织具有良好的传递性，可促进核酸-蛋白-脂肪代谢，修复受损的神经组织，在临床上对由糖尿病引起的神经障碍、多发性神经炎等周围神经病变，尤其对麻木、疼痛和麻痹有明显的疗效。

(3) 临床应用不同　维生素 B_{12} 的适应证是巨幼红细胞贫血、神经炎的辅助治疗；而甲钴胺则用于周围神经病变和因缺乏维生素 B_{12} 引起的巨幼红细胞贫血。但在治疗周围神经病变方面，甲钴胺的临床应用疗效、安全性方面均优于维生素 B_{12}；

(4) 不良反应不同　维生素 B_{12} 常见的不良反应是低钾血症和高尿酸血症，甲钴胺片的常见不良反应是食欲不振、恶心、呕吐、腹泻等，偶有皮疹。

甲钴胺一般指的是国产药品，弥可保（甲钴胺片）是进口药品。

其他常用抗贫血药

(1) 右旋糖酐铁[典][基][医保(甲)]（葡聚糖铁）Iron Dextran　为深褐色至黑色无定形粉末；溶于水。5%水溶液为深棕色的胶体溶液。用于不宜口服铁剂或口服治疗无效的缺铁性贫血，以及需迅速纠正其缺铁状况的患者，如溃疡性结肠炎患者等，或对于口服铁剂有严重胃肠道反应者较为适宜。本品深部肌注及静注时药液外溢可引起注射部位疼痛、发炎或染成棕色；不良反应有面部潮红、头晕，严重者可有气促、胸部压迫感、大汗以致过敏性休克等。严重肝、肾功能不全者忌用；注射后未见血红蛋白升高时，即停用；出现轻度反应如注射局部痛感不影响继续使用。

药物商品信息：①剂型有右旋糖酐铁片[OTC]、右旋糖酐铁注射液。注射液供深部肌内注射。②遮光、密封保存。注射液冬季需防冻，出现棕黄色沉淀则不可药用。

(2) 腺苷钴胺[典][基][医保(甲,乙)] Cobamamide（辅酶维生素 B_{12}）为淡红色冻干块状物或疏松粉状物，易溶于水。用于维生素 B_{12} 缺乏所至的疾病，如营养不良性贫血、妊娠期贫血；也可用于营养型神经疾病以及放射线和药物引起的白细胞减少症。偶尔引起过敏反应。孕妇及哺乳期妇女应在医师指导下使用。

药物商品信息：①剂型为腺苷钴胺糖衣片，除去糖衣后显粉红色。②遮光，密封保存。

(3) 重组人促红素[典][基][医保(乙)]（红细胞生成素，利血宝，宁红欣，益比奥，济脉欣）Erythropoietin　本品注射液为无色透明生物制剂。可用于慢性肾性贫血，也用于多发性骨髓瘤相关的贫血和骨髓增生异常及骨癌引起的贫血。对结缔组织疾病所致的贫血亦有效。主要不良反应是血压升高，偶可诱发脑血管意外或癫痫发作。其他不良反应较小，如瘙痒、发热、恶心等。某些白血病、铅中毒患者，孕妇及对本品过敏者禁用。试用期间，因血红蛋白合成加速，应注意补充铁剂、叶酸或维生素 B_{12}。

药物商品信息：①剂型为红细胞生成素注射液。供静脉注射。②本品于1988年在瑞士首次上市之后以不同的商品名分别在美国、法国等国上市；目前我国市场上本品的商品名有上海凯茂生物医药生产的"怡宝"、沈阳产的"益比奥"、北京产的"环尔博"等。2~8℃暗处保存。避免冻结。

第二节　抗血小板药

血小板在止血、血栓形成、动脉粥样硬化等过程中起着重要作用。抗血小板药物主要通过抑制花生四烯酸代谢、增加血小板内环腺苷酸（cAMP）浓度等机制而抑制血小板的黏附、聚集和分泌功能，从而防止血栓形成，有助于防止动脉粥样硬化。主要代表药物有阿司匹林（详见第十一章第二节解热镇痛、抗炎、抗风湿药)、氯吡格雷、吲哚布芬、双嘧达莫等。

氯吡格雷【基】【医保(乙)】 Clopidogrel

【商品名或别名】 波立维，PLAVIX。

【性状】 常用其二硫酸盐，为白色粉末；无臭，不溶于水。

【作用与适应证】 本品是一种血小板聚集抑制剂。选择性地抑制二磷酸腺苷（ADP）与其血小板受体的结合，从而抑制血小板相互聚集。可用于防治心肌梗死、缺血性脑血栓、闭塞性脉管炎和动脉粥样硬化及血栓栓塞引起的并发症。应用于近期发生脑卒中、心肌梗死或确诊外周动脉疾病的患者，治疗后可减少动脉粥样硬化事件的发生（心肌梗死、脑卒中和血管性死亡）。

【不良反应】 常见的不良反应为消化道出血、中性粒细胞减少、腹痛、食欲减退、胃炎、便秘、皮疹等。偶见血小板减少性紫癜。

【用药指导】 对本品过敏者、溃疡病患者、颅内出血者禁用。

【药物商品】 硫酸氢氯吡格雷片。

【商品信息】 该药主要有由赛诺菲安万特（杭州）制药有限公司生产的进口商品（波立维）和深圳信立泰药业股份有限公司生产的国产商品（泰嘉），两者价格相差悬殊。

【贮存】 遮光、密闭，于阴凉处贮存。

其他常用抗血小板药

（1）吲哚布芬【基】【医保(乙)】（易抗凝）Indobufen 本品抑制血小板激活因子的释放而起抗血小板聚集的作用，但不影响血凝固的血浆参数、只延长出血时间，因而在达到治疗目的后停药可迅速恢复，使异常的血小板功能恢复正常。用于动脉硬化所致的缺血性心脑血管和周围血管疾病、静脉血栓形成、血脂代谢障碍等；也可用于体外循环手术时防止血栓形成。常见消化不良、腹痛、便秘、皮肤过敏反应、齿龈出血等。

药物商品有吲哚布芬片，口服，每日2次，每次100～200mg，饭后口服。

（2）双嘧达莫【典】【医保(甲)】（双嘧啶哌胺醇，潘生丁）Dipyridamole 本品为一具有抑制血小板凝集作用的选择性冠状动脉扩张药。能增加冠状动脉血流量，但不增加心肌耗氧量，并能减少血小板的凝聚性。临床用于冠状动脉供血不足或伴有心绞痛的患者，也可用于防治血栓形成。用后可有头痛、眩晕、恶心、腹泻、昏厥等不良反应。长期大量使用可导致出血倾向。低血压患者慎用，急性心肌梗死时不宜使用。

药物商品有：①双嘧达莫片；②双嘧达莫注射液。遮光、密闭保存。

相关链接

随着中国老龄化社会的到来，一方面血管栓塞性疾病的发生率逐年攀升；另一方面我国心血管和脑血管介入治疗等手术发展较快，在支架手术后抗凝、抗血小板和降血脂治疗同步跟进，推动了我国抗血栓药物市场的进一步扩容。

替格瑞洛（商品名为倍林达）是阿斯利康的独家品种，其临床疗效和安全性已得到血小板抑制和患者后果结局研究（PLATO研究）及其多项亚组研究的验证和支持，疗效明显优于氯吡格雷，被国内外多个指南列于一线推荐。本品于2011年在美国上市，2017年7月经医保谈判纳入国家医保目录，谈判后价格下降25%左右，日用药金额与波立维相当。

第三节 促凝血药

促凝血药（止血药）是能加速血液凝固或降低毛细血管通透性，使出血停止的药物。常用的促凝血药有维生素 K_1、氨甲苯酸、氨甲环酸、凝血酶、巴曲酶等。

> **知识拓展**
>
> **凝血功能障碍疾病**
>
> 此类疾病包括血管性血友病、弥散性血管内凝血、维生素 K 缺乏症等。
>
> (1) **血管性血友病** 是一种遗传性出血性疾病，其临床特点为自幼即有出血倾向，出血时间延长、血小板黏附性减低。
>
> (2) **弥散性血管内凝血** 是一组严重的出血性综合征，其特点是在某些致病因素作用下首先出现短暂的高凝状态，血小板聚集、纤维蛋白沉着，形成广泛的微血栓。
>
> (3) **维生素 K 缺乏症** 又称获得性凝血酶原减低症，是指由于维生素 K 缺乏导致维生素 K 依赖凝血因子活性低下，并能被维生素 K 所纠正的出血。

维生素 K_1【典】【基】【医保(甲,乙)】 Vitamin K_1

【**商品名或别名**】 甲萘醌，叶绿醌。

【**性状**】 为黄色至橙黄色透明黏稠的液体，为脂溶性维生素 K。

【**作用与适应证**】 本品参与肝脏合成凝血酶原，此外能促进凝血因子的合成，维持血液的正常凝血功能。适用于维生素 K 缺乏引起的出血，如梗阻性黄疸、胆瘘、慢性腹泻等所致出血，香豆素类、水杨酸钠等所致的低凝血酶原血症，新生儿出血以及长期应用广谱抗生素所致的体内维生素 K 缺乏。还可用于解救杀鼠药"毒鼠强"中毒。

【**不良反应**】 偶见过敏反应。静注过快，如超过 5mg/min，可引起面部潮红、出汗、支气管痉挛、心动过速、低血压等。严重肝脏疾病或肝功能不良者禁用。

【**用药指导**】 本品与苯妥英钠混合 2h 后可出现颗粒沉淀，与维生素 C、维生素 B_{12}、右旋糖酐混合易出现混浊。与双香豆素类口服抗凝血药合用，作用相互抵消。水杨酸类、磺胺、奎宁、奎尼丁等也影响维生素 K_1 的效果。

【**药物商品**】 ①维生素 K_1 片[OTC]：每片 5mg。②维生素 K_1 注射液：每支 1ml:10mg。

【**商品信息**】 ①维生素 K 是 1924 年 Dam 在研究胆固醇的生物合成时，以抽取脂肪的食物喂养鸡的过程中，研究证明的一种脂溶性维生素（天然品）。②富含维生素 K 的食物有苜蓿、胡萝卜、番茄、南瓜、菠菜、蛋黄、鱼、肝等。③维生素 K 最易被碱和酸、X 线、放射线、冷冻食品、阿司匹林、大气污染、矿物质油破坏。

【**贮存**】 遮光，防冻保存（如有油滴析出或分层，则不宜使用，但可在遮光条件下加热至 70～80℃，振摇使其自然冷却，如澄明度正常仍可继续使用）。

其他常用促凝血药

(1) **氨甲苯酸**【典】【基】【医保(甲)】 (止血芳酸，抗血纤溶芳酸，PAMBA) Aminomethylbenzoic Acid 为无色结晶性粉末，无臭无味，溶于水。临床用于纤维蛋白溶解过程亢进所致的出血，如肝、肺、胰、前列腺、肾上腺、甲状腺等手术时的异常出血；妇产科和产后出血以及肺结核咯血或痰中带血、血尿、前列腺增生症出血、上消化道出血等。此外，尚可用于链激酶或尿激酶过量引起的出血。有血栓形成倾向或过去有栓塞性血管病患者禁用或慎用。血友病患者发生血尿时或肾功能不全者慎用。

药物商品有：①氨甲苯酸片。②氨甲苯酸注射液。静脉注射或滴注。密闭保存。

(2) **氨甲环酸**【典】【基】【医保(甲)】 (止血环酸，凝血酸，抗血纤溶环酸) Tranexamic Acid 为白色结晶性粉末；易溶于水。临床用于：①急性或慢性、局限性或全身性原发性纤维蛋白溶解亢进所致的各种出血，如产后出血，肝、胰、肺、前列腺等手术后出血。②血友病患者发生活动性出血，可联合应用本药。③可治疗链激酶、尿激酶溶栓过量所致的严重出血。副作用尚有腹泻、恶心及呕吐；偶有药物过量所致颅内血栓形成和出血。有血栓形成倾向者禁用；肾功能不全者慎用。本品于1959年合成，我国于1968年研制并投入生产。

药物商品有：①氨甲环酸片（胶囊）。②氨甲环酸注射液。遮光密闭保存。

（3）凝血酶【典】【基】【医保(甲)】 Thrombin 从牛血或猪血浆中提取凝血酶原，然后经激活、精制得到的凝血酶无菌冻干品。主要用于结扎止血困难的小血管、毛细血管以及实质性脏器出血，包括脏器表面的渗血、上消化道出血、各种手术的小血管出血。必须直接与创面接触才能起止血作用。局部止血以干燥粉末或者溶液喷洒或喷雾于创伤表面，消化道出血口服或者局部灌注。本品为冻干粉针剂，于2~8℃避光保存和运输。

相关链接

20世纪90年代中期，瑞士素高药厂的血凝酶（巴曲酶）注射剂开始进入我国市场，商品名为"立芷雪"。近几年，国内促凝血市场发展较快，CFDA共批准了5家企业生产血凝酶。国产血凝酶注射剂主要有合肥兆科药业的蛇毒血凝酶"速乐涓"、锦州奥鸿药业的白眉蛇毒血凝酶"邦亭"、北京康辰药业尖吻蝮蛇血凝酶"苏灵"和山东北大高科华泰和蓬莱诺康药业的"巴曲亭"。

第四节 抗凝血药及溶栓药

抗凝血药是通过影响凝血过程中的某些凝血因子而阻止凝血过程的药物。溶栓药是纤维蛋白溶解药，激活纤溶酶，促进纤维蛋白溶解，对已形成的血栓有溶解作用。这类药物可用于防治血管内栓塞或血栓形成的疾病。常用的抗凝药物及溶栓药有肝素、华法林、达比加群酯、利伐沙班、尿激酶、重组人组织型纤溶酶原激酶衍生物等。

知识拓展

血栓

血栓是血流在心血管系统血管内面剥落处或修补处的表面所形成的小块血栓。造成血管部分或完全堵塞、相应部位血供障碍的病理过程。

存在高凝或血栓前状态的基础疾病有动脉粥样硬化、糖尿病、肾病、妊娠、易栓症、近期手术及创伤、长期使用避孕药等。

抗血栓疗法是运用溶栓药物、抗血小板药物和抗凝血药（数字资源18-1）。

数字资源18-1
时间就是大脑，溶栓治疗争分夺秒

肝素【典】【基】【医保(甲)】 **Heparin**

【商品名或别名】 肝素，Pularin。

【性状】 其钠盐为白色或类白色粉末；有引湿性。易溶于水。

【作用与适应证】 体内、体外均有迅速而强大的抗凝血作用。静注后10min内，血液凝固时间、凝血酶及凝血酶原时间均延长。其抗凝血作用极为复杂，对凝血过程的许多环节都有影响。主要用于防治各种原因引起的血栓形成与栓塞，如心肌梗死、肺栓塞、脑血管栓塞、外周静脉血栓、血管手术及各种原因引起的弥散性血管内凝血等，也可用于输血时代替枸橼酸盐或体外循环时作为体外抗凝血药。

【不良反应】 毒性较低，偶见过敏反应，如皮疹、哮喘、发热等。

【用药指导】 ①禁用于伴有血液凝固延缓的各种疾病、肝肾功能不全、严重高血压、脑出血、溃疡病、孕妇及产妇等。②用量过大，如有严重的自发性出血现象，可静注硫酸鱼精蛋白急救。③口服不吸收，肌内注射可产生组织刺激，局部血肿。

【药物商品】 ①肝素钠注射液。②肝素钙注射液。③肝素钠乳膏。用于早期冻疮、皲裂、溃疡、湿疹及浅表性静脉炎和软组织损伤。

【商品信息】 ①肝素是1916年研究凝血问题时从肝脏发现的，广泛分布于动物组织中。由于来自不同内脏的肝素的活性不同，故国外规定商品标签应注明提取物的来源。《中国药典》规定从猪或牛的肠黏膜中提取。②我国肝素钠肝素原材料资源丰富，作为出口商品远销日本、德国、法国、意大利和美国等地，到目前我国已成为全球最大的肝素原料药出口国。其中海普瑞属于龙头企业，是全球主要的肝素钠原料药供应商。③同类商品有低分子量肝素。

【贮存】 遮光、密闭，在阴凉处保存。

相关链接

低分子量肝素

低分子量肝素是新一代抗凝药物，为低分子量的硫酸氨基葡萄糖，平均分子量4000～6000。比起普通肝素，具有高抗血栓、低抗凝血作用、注射和口服吸收好、半衰期长、生物利用度高、出血少、无须实验室监测等优点，其在临床的应用不断扩大。目前中国市场上主要以达肝素钠、依诺肝素钠和那屈肝素钙为代表的低分子肝素类产品已逐步取代了普通肝素产品。

华法林【典】【基】【医保（甲）】 Warfarin（数字资源18-2）

【商品名或别名】 苄丙酮香豆素，华法令钠，华福灵，酮苄香豆素。

【性状】 为白色结晶性粉末；无臭、味微苦；易溶于水。

【作用与适应证】 本品是香豆素类抗凝血药的一种，在体内有对抗维生素K的作用。主要用于防治血栓栓塞性疾病，适应证同肝素。

【不良反应】 过量易引起自发性出血。如出血严重，可静脉注射维生素K对抗。

数字资源18-2
华法林，用药
有讲究

【用药指导】 ①禁忌证同肝素。②可以透过胎盘屏障，引起胎儿骨骼发育迟缓。③本品口服有效，价廉，作用时间长但起效慢，不易控制，因此治疗时先用肝素，再用华法林。④与阿司匹林、保泰松、甲苯磺丁脲等同服时宜减少华法林的使用剂量。⑤苯巴比妥、苯妥英钠、利血平等肝药酶诱导药可加速华法林的药物代谢，降低其抗凝作用。⑥与氯霉素、西咪替丁等肝药酶抑制药同时服用可增强华法林的抗凝作用。

【药物商品】 华法林钠片：糖衣片。

【商品信息】 ①本品是双香豆素抗凝血药中研究和使用最多的品种，已被十多个国家的药典收载。日本尚有本品的钠盐制剂。②本品也可用于毒杀鼠类。

【贮存】 遮光、密封保存。

尿激酶【典】【基】【医保（甲）】 Urokinase

【商品名或别名】 Uronase，UKIDANm，UK。

【性状】 为白色非结晶状粉末。能溶于水。

【作用与适应证】 可直接使纤维蛋白溶酶原转变为纤维蛋白溶酶，因而可溶解血栓。其对新鲜血栓效果较好。用于急性心肌梗死、肺栓塞、脑血管栓塞、周围动脉或静脉栓塞、视网膜动脉或静脉栓塞等，也可用于眼部炎症、外伤性组织水肿、血肿等。对陈旧性血栓无明显疗效。

【不良反应】 主要副作用为出血，少数有过敏反应、头痛、恶心、呕吐、食欲缺乏等应立即停药。

【用药指导】 严重高血压、严重肝病及出血倾向者慎用，低纤维蛋白原血症及出血性素质者忌用。只供静注和心内注射，不可作肌注或局部注射。

【药物商品】 注射用尿激酶无菌粉末；每支25万单位。静脉注射或滴注。

【商品信息】 ①尿激酶是从健康人尿中提取得到的一种蛋白水解酶，亦可由人肾细胞培养制取，无抗原性。1994年，洛欣（高纯度注射用尿激酶）上市。②我国生产的注射用尿激酶脂质体冻干品已经出口许多国家，其质量稳定可靠，达到了英、美药典标准。③生产厂家：广东天普生化制药有限公司，上海第一生化药业有限公司，丽珠医药集团股份有限公司等。

【贮存】 遮光，密封。冻干粉制剂在4～10℃保存。已配制的注射液在室温下（25℃）8h内使用；冰箱内（2～5℃）可保存48h。

其他抗凝血药及溶栓药

（1）达比加群酯【基】【医保(乙)】（泰毕全）Dabigatran Etexilate 本品为前药，可提供有效的、可预测的、稳定的抗凝效果，同时较少发生药物相互作用，无药物食物相互作用，无需常规进行凝血功能监测或剂量调整，是一种新型口服的直接凝血酶抑制剂。用于预防存在以下一个或多个危险因素的成人非瓣膜性房颤患者的脑卒中和全身性栓塞（SEE）。常见不良反应是出血，常见术后伤口出血、皮肤黏膜出血。本品为胶囊剂，口服，需终生服药。

（2）利伐沙班【基】【医保(乙)】（拜瑞妥）Rivaroxaban 本品是一种高选择性、剂量依赖性直接抑制因子Ⅹa的口服药物。用于：①接受髋关节或膝关节置换手术成年患者。②治疗成人静脉血栓形成（DVT）降低急性DVT后DVT复发和肺栓塞的风险。③具有一种或多种危险因素（如充血性心力衰竭、高血压、年龄≥75岁、糖尿病、脑卒中或短暂性脑缺血发作病史）的非瓣膜性房颤成年患者，以降低脑卒中和全身性栓塞的风险。主要不良反应是出血，常见术后伤口出血。另外有肝损害。

（3）重组人组织型纤溶酶原激酶衍生物【基】 Recombinant Human Tissue-type Plasminogen Activator Derivative 白色或类白色冻干粉针剂。由使纤维蛋白溶解酶原激活为有活性的纤溶蛋白溶解酶，以降解血栓中的纤维蛋白，发挥溶栓作用。适用于成人由冠状动脉梗死引起的急性心肌梗死的溶栓疗法，能够改善心肌梗死后的心室功能。本药应在症状发生后12h内尽可能早期使用，只能静脉使用。最常见的不良反应是出血。

第五节 血容量扩充药

在大量失血或失血浆而产生休克时，必需迅速恢复血容量。理想的做法是使用血液制品（全血、血浆），但来源有限，又不便久贮，故采用人工合成代用品——血容量扩充剂。

本类药品在临床上各科室均有较大用量，相对价格也比较高，是医药商业经营的主要品种之一。目前临床上常用的有羟乙基淀粉130/0.4、羟乙基淀粉200/0.5、右旋糖酐40、右旋糖酐70等。

羟乙基淀粉130/0.4【典】【基】【医保(甲)】 Hydroxyethyl Starch 130/0.4

【商品名或别名】 VOLUVEN，万汶，HES 130/0.4

【性状】 本品为无色或淡黄色略带黏性的澄明液体。

【作用与适应证】 本品为中分子量支链淀粉，主要用于低血容量性休克或手术创伤、烧伤等引起的显著低血容量患者。

【不良反应】 个别患者可能发生过敏反应。大剂量使用时，可能引起血液中凝血因子、血浆蛋白的稀释以及血细胞比容的下降。可能发生与剂量相关的血液凝结异常。

【用药指导】 ①同其他容量替代品一样，使用过量可能引起循环系统负荷过重（如肺水肿），应立即停药，必要时给予利尿药。特别是心功能不全、严重肾功能不全的患者，应调整剂量。严重肝脏疾病或严重凝血功能紊乱的患者慎用。②为防止重度脱水，使用本品前应先给予平衡电解质溶液。定期监测肾功能和液体平衡。密切监测血清电解质水平。

【药物商品】 羟乙基淀粉130/0.4氯化钠注射液：250mL：15g、500mL：30g。静脉注射。

【商品信息】 羟乙基淀粉130/0.4氯化钠注射液是最初由德国费森尤斯公司推出的优秀血浆代用品，商品名为VOLUVEN（万汶）。其平均分子量为13万，置换度为0.4，C2：C4为9：1。目前和其他规格的羟乙基淀粉相比，血浆扩容效力持久，蓄积倾向低、安全性高，对人体凝血作用的影响小。

【贮存】 密闭保存，不得冷冻。有效期36个月。

【本章小结】

1. 治疗血液及造血系统疾病的药品包括抗贫血药、抗凝血及溶栓药、促凝血药、升白细胞药、血容量扩充药。血液系统药品虽然应用范围较窄，所占药品市场份额较少，但由于其在临床的独特用途，所以是不可忽视的一类药品。

2. 抗贫血药，是用于缺铁性贫血和巨幼红细胞性贫血补充治疗的药物。服用铁剂时应注意：①忌茶及含鞣酸类药物，不能与四环素同时服用。②宜同时服用稀盐酸或维生素C。③对溃疡病、溃疡性结肠炎及肠炎患者慎用，对铁剂过敏患者忌用。④服药期间大便显黑色。

3. 抗血小板药物主要通过抑制花生四烯酸代谢、增加血小板内环腺苷酸（cAMP）浓度等机制而抑制血小板的黏附、聚集和分泌功能，从而防止血栓形成，有助于防止动脉粥样硬化。主要代表药物有阿司匹林、氯吡格雷、吲哚布芬、双嘧达莫等。

4. 促凝血药（止血药）是加速血液凝固或降低毛细血管通透性，使出血停止的药物。常用的促凝血药有维生素K_1、氨甲苯酸、氨甲环酸、凝血酶、巴曲酶等。

5. 抗凝血药是通过影响凝血过程中的某些凝血因子而阻止凝血过程的药物。溶栓药是纤维蛋白溶解药，能激活纤溶酶，促进纤维蛋白溶解，对已形成的血栓有溶解作用。这类药物可用于防治血管内栓塞或血栓形成的疾病。常用的抗凝药物有肝素、华法林、达比加群酯、利伐沙班等。常用的溶栓药有尿激酶、重组人组织型纤溶酶原激酶衍生物等。

【思考题】

1. 比较硫酸亚铁和叶酸的作用和适应证有何区别？
2. 口服硫酸亚铁时有哪些注意事项？
3. 机体在何种情况下会出现维生素K缺乏？维生素K有哪些临床作用？

【信息搜索】

上网搜索抗血栓药物近年来市场药品发展近况、新品种、新动向；口服抗缺铁性贫血药物主要集中销售力度和社会药房市场占有情况。

【处方分析】

1. 患者，女，25岁，因面色苍白、头晕、乏力1年余，加重伴心慌去医院检查，根据化验结果，诊断为缺铁性贫血。处方如下，分析是否合理，为什么？哪些药物可替代本处方中右旋糖酐铁的作用，此处方中维生素C的作用是什么？

  Rp：右旋糖酐铁片 25mg/片 口服，一次4片，一日3次，饭后服

    维生素C片 50mg/片 口服，一次1片，一日3次，同服

2. 患者，女，70岁，患慢性腹泻数月，现手脚麻木，并出现贫血症状，经医院化验诊断为缺叶酸性贫血。医生处方如下，分析是否合理，为什么？

  Rp：叶酸 10mg，每日3次，连服4周

    维生素B_{12} 100μg，肌注，每日1次，连用4周

第十九章 激素及影响内分泌类药

学习目标

知识目标：
- 掌握糖皮质激素类药的商业特点、作用机制、各类药物的特点（通性）、各类重点品种的名称、作用及适应证、不良反应、用药指导、贮存特点。
- 熟悉甲状腺激素及抗甲状腺类药的作用机制、常用品种的品名、作用特点、用药注意事项。
- 掌握胰岛素的商业特点、作用机制、不良反应、用药指导、贮存特点。掌握口服降血糖药物的分类、各类药物的作用机制（通性）、各类重点品种的名称、作用及适应证、不良反应、用药指导、贮存特点。
- 熟悉性激素类药的分类、作用机制、常用品种的品名、作用特点、用药注意事项。
- 熟悉目前常用的抗骨质疏松药品种及用药注意事项。

能力目标：
- 学会正确的糖皮质激素类药、降血糖药物用药指导。

【导课案例——糖皮质激素使用不良反应案例】

某女士，平时有频繁敷面膜的习惯。同一款面膜，她连续用了2年时间。但是用到最后，皮肤却变得越来越敏感，就医时整个面部涨红、发痒，稍微一晒或者情绪激动都会加重病情。

请问：
1. 导致这种现象的原因是什么？
2. 依据患者情况，你有何预防建议？

激素是由内分泌腺或内分泌细胞所分泌的具有特殊生理活性的化学物质。它们直接进入血管和淋巴管，随血液循环到全身，并且选择性地作用于一定的组织器官。各种激素的分泌量极小，但在体内的作用极为复杂，任何一种激素均具有多方面的作用。体内某种激素分泌不足或过多都会引起疾病的产生，应用激素类药物可以治疗这些疾病。

临床使用的激素类药物在初期是动物器官提取物，现在大多已人工合成。本类药物品种繁多，作用复杂，使用不当可导致许多药源性疾病，因此使用时应严格掌握适应证。

激素及影响内分泌类药按其作用特点可分为肾上腺皮质激素类药物、甲状腺激素及抗甲状腺药物、胰岛素及口服降血糖药物、性激素类药物。

第一节 肾上腺皮质激素类药物

肾上腺皮质激素是肾上腺皮质所分泌的激素的总称，属甾体类化合物。可分为：①盐皮质激素，由球状带分泌，主要引起水、钠潴留和排钾，包括醛固酮和9α-氟可的松等；②糖皮质激素，由束状带合成和分泌，主要影响糖的代谢，对脂肪和蛋白质代谢也具有调节作用，对电解质平衡影响较少，包括氢化可的松和可的松等。

一、糖皮质激素类药

糖皮质激素作用广泛而复杂，且随剂量不同而异，其主要药理作用包括抗炎、抗毒素、免疫抑制、抗休克等，对血液与造血系统、中枢神经系统、消化系统也有影响。

糖皮质激素类药物主要应用于：①急慢性肾上腺皮质功能减退症（包括肾上腺危象）、脑垂体前叶功能减退及肾上腺次全切除术后作替代疗法。②严重感染或炎症，如中毒性菌痢、暴发型流行性脑膜炎、中毒性肺炎等。但用后可降低机体的防御能力而使感染扩散，因此病毒性感染一般不用激素。③自身免疫性疾病（如风湿热、风湿性心肌炎、风湿性及类风湿关节炎等）及过敏性疾病（如荨麻疹、花粉症、支气管哮喘、过敏性休克等）。④抗休克治疗。⑤血液病，如急性淋巴细胞性白血病、再生障碍性贫血、粒细胞减少症等。⑥局部应用于接触性皮炎、湿疹、肛门瘙痒、牛皮癣等（见第三十章第一节）。

糖皮质激素类药物不良反应多，包括：①长期大量应用导致物质代谢和水盐代谢紊乱。易引起类肾上腺皮质功能亢进综合征，如满月脸、水牛背、向心性肥胖、皮肤变薄、痤疮、多毛、水肿、低血钾、高血压、尿糖等。停药后可自行消退，必要时采取对症治疗，如应用抗高血压药、降血糖药、氯化钾，低盐、低糖、高蛋白饮食等。②诱发或加重感染。③消化系统并发症，胃酸、胃蛋白酶分泌增加，抑制胃黏液分泌，降低胃肠黏膜的抵抗力，故可诱发或加剧胃、十二指肠溃疡，甚至造成消化道出血或穿孔。对少数患者可诱发胰腺炎或脂肪肝。④长期应用可引起高血压和动脉粥样硬化。⑤引起骨质疏松、肌肉萎缩、伤口愈合迟缓。另外，长期应用尤其是连日给药的患者，减量过快或突然停药时，可引起肾上腺皮质萎缩和功能不全。因此不可骤然停药，应待症状缓解后再逐渐减量、停药。

肾上腺皮质功能亢进症、严重高血压、糖尿病、精神病、癫痫、活动性消化性溃疡、骨折、创伤修复期、角膜溃疡、孕妇，抗菌药不能控制的感染如水痘、霉菌感染等都应避免使用糖皮质激素类药物。当适应证与禁忌证同时并存时，应全面分析，权衡利弊，慎重决定。病情危重的适应证，必须使用时，待危急情况过去后，应尽早停药或减量。

糖皮质激素类药物按作用维持时间长短可分为：①短效类，如可的松、氢化可的松等；②中效类，如泼尼松、氢化泼尼松等；③长效类，如地塞米松、倍他米松等。

氢化可的松【典】【基】【医保（甲）】 Hydrocortisone

【商品名或别名】 氢可的松，皮质醇，可的索，Cortisol。

【性状】 白色或几乎白色结晶性粉末；无臭。初无味，随后有持续的苦味；遇光易变质。不溶于水。其醋酸酯为白色或几乎白色结晶性粉末；无臭。

【作用与适应证】 本品抗炎作用为可的松的1.25倍，还具有免疫抑制作用及抗毒、抗休克等。此外，也有一定程度的盐皮质激素活性，具有水钠潴留及排钾作用。主要用于肾上腺皮质功能不足的补充替代疗法及自身免疫性疾病和过敏性疾病。

【用药指导】 ①不良反应及应用注意事项参见本类药品概述。②有中枢抑制症状或肝功能不全患者慎用，大剂量更应注意。③本品的醋酸酯注射液含50%乙醇，不能直接静注，只能充分稀释后静滴。

【药物商品】 ①氢化可的松片。②氢化可的松注射液：肌内注射应同时加用维生素C。③氢化可的松软膏：外用，用于过敏性皮炎、湿疹、神经性皮炎、脂溢性皮炎及瘙痒症等。④醋酸氢化可的松片及注射液。

【商品信息】 ①本品原是一种天然糖皮质激素，1937年自肾上腺分离得到，1950年化学合成，我国于1958年投产，片剂和注射液的主要生产厂家有哈药集团三精制药、郑州羚锐制药、葵花药业集团等。外用制剂主要有天津金耀药业的尤卓尔、浙江仙琚药业的仙琚，重庆华邦制药的邦力等，其中尤卓尔在外用药市场上销售一直名列前茅。②原料及制剂有氢化可的松和醋酸氢化可的松两种，购销及保管时勿混淆。

【贮存】 原料、片剂、注射液与滴眼液遮光，密封保存；软膏密闭，在凉暗处保存；眼膏密闭，在阴凉干燥处保存。

泼尼松【典】【基】【医保(甲)】 Prednisone

【商品名或别名】 强的松，去氢可的松，Meticorten，Deltacortone。

【性状】 常用其醋酸酯。为白色或几乎白色结晶性粉末；无臭，味苦。几乎不溶于水。

【作用与适应证】 本品具有抗炎及抗过敏作用，其水钠潴留及排钾作用比可的松小，抗炎及抗过敏作用较强。主要用于各种急性严重细菌感染、严重的过敏性疾病、胶原性疾病（红斑狼疮、结节性动脉周围炎等）、风湿病、肾病综合征、严重的支气管哮喘、血小板减少性紫癜、粒细胞减少症、各种肾上腺皮质功能不足症、剥脱性皮炎等。

【不良反应】 参见本类药物概述部分。

【用药指导】 ①已长期应用本药的患者，在手术时及术后 3～4d 内常需酌增用量，以防皮质功能不足。一般外科患者应尽量不用，以免影响伤口愈合。②本品及可的松均需经肝脏代谢活化为氢化泼尼松或氢化可的松才有效，故肝功能不良者不宜应用。③盐皮质激素活性很弱，故不适用于原发性肾上腺皮质功能不全症。

【药物商品】 ①醋酸泼尼松片。②醋酸泼尼松乳膏、眼膏。

【商品信息】 本品以醋酸可的松经化学或生物脱氢而成，我国于 1958 年在上海研制并投产，主要生产厂家有天津力生药业、浙江仙琚制药、西安利君制药等。

【贮存】 原料与片剂遮光，密封保存；软膏密闭，在凉处保存；眼膏密闭，在阴凉干燥处保存。

地塞米松【典】【基】【医保(甲,乙)】 Dexamethasone

【商品名或别名】 氟甲去氢氢化可的松，氟美松，Dexasone，Decadron，Oradexone。

【性状】 白色或几乎白色的结晶性粉末；无臭。几乎不溶于水。

【作用与适应证】 本品的糖代谢作用和抗炎作用比氢化可的松强 30 倍。主要用于抗炎抗过敏，如活动性风湿病、类风湿关节炎、全身性红斑狼疮等胶原性疾病，严重支气管哮喘、皮炎等。

【不良反应】 参见本类药物概述部分。

【用药指导】 ①较大量服用，易引起糖尿病及类库欣综合征。②长期服用，较易引起精神症状及精神病，有癔症史及精神病史者最好不用。③溃疡病、血栓性静脉炎、活动性肺结核、肠吻合手术后患者忌用或慎用。

【药物商品】 ①地塞米松片、醋酸地塞米松片。②醋酸地塞米松注射液。③醋酸地塞米松软膏：用于治疗皮炎等。④地塞米松磷酸钠注射液。⑤地塞米松磷酸钠滴眼液。⑥复方地塞米松乳膏：含醋酸地塞米松、樟脑、薄荷脑。

【商品信息】 本品于 1958 年合成并用于临床，我国 1968 年研制并投产。近年来，地塞米松磷酸钠用于治疗和预防各类中西药引起的药物过敏及治疗病毒性感冒引起的发热等症，使地塞米松临床用药量逐年增加，中国已成为世界上最大的地塞米松市场。国内生产厂家众多，主要生产厂家有天津力生制药、华润三九药业、广州白云山制药等。外用剂型中，复方地塞米松乳膏市场销售较好。

【贮存】 原料与片剂遮光，密封保存；软膏密闭，在凉处保存；眼膏密闭，在阴凉干燥处保存；注射液遮光，密闭保存；滴眼液密闭，在凉暗处保存。

其他糖皮质激素类药物见表 19-1。

表 19-1 其他糖皮质激素类药物

名称	作用与适应证	药物商品	用药指导
泼尼松龙【典】【医保(乙)】(氢化泼尼松,强的松龙)Prednisolone	疗效与泼尼松相当,抗炎作用较强,水盐代谢作用很弱。但其盐皮质激素活性很弱,不适用于原发性肾上腺皮质功能不全症。主要用于过敏性与自身免疫性炎症性疾病,胶原性疾病,如风湿病、类风湿关节炎、红斑狼疮、严重支气管哮喘、肾病综合征	①片剂。②注射液。③软膏	不良反应、注意事项同泼尼松
甲泼尼龙【基】【医保(甲,乙)】(甲强龙,甲基强的松龙)Methylprednisolone(Medronl)	抗炎作用较强,对钠潴留作用微弱,作用同泼尼松。但其盐皮质激素活性小,故不适用于原发性肾上腺皮质功能不全症	①片剂。②注射用甲泼尼龙琥珀酸钠	不良反应、注意事项同泼尼松
曲安奈德【典】【医保(乙)】(曲安缩松,去炎舒松,去炎松-A,确炎舒松-A)Triamcinolone Acetonide	抗炎和抗过敏作用较强且较持久。适用于各种皮肤病(如神经性皮炎、湿疹、牛皮癣等)、关节痛、支气管哮喘、肩周炎、腱鞘炎、急性扭伤、慢性腰腿痛和眼科炎症等	①软膏、乳膏和喷雾剂。②醋酸曲安奈德注射液。③复方醋酸曲安奈德溶液。④曲安奈德益康唑【基】软膏(派瑞松),在皮肤用药位居第一	①有全身荨麻疹、支气管痉挛、月经紊乱、视力障碍出现。②关节腔内注射可能引起关节损害。③病毒性、结核性或急性化脓性眼病忌用。④孕妇不宜长期使用
莫米松【基】【医保(乙)】(艾洛松,内舒拿)Mometasone	具有抗炎、抗过敏等作用,其特点表现在作用强度增加而副作用不成比例增加,且每天仅使用一次。用于湿疹、神经性皮炎、异位性皮炎及皮肤瘙痒症	①糠酸莫米松乳膏,凝胶,鼻喷雾剂。②本品由先灵葆雅研发,其中,糠酸莫米松凝胶增长迅速	①不良反应少,仅有烧灼感、瘙痒刺痛和皮肤萎缩等。②皮肤破损者禁用。孕妇及哺乳期妇女慎用。婴幼儿、儿童和皮肤萎缩的老年人慎用
倍氯米松【典】【医保(甲,乙)】(倍氯松,倍氯美松双丙酸酯,氯倍他美松二丙酸酯)Beclomethasone	为强效糖皮质激素类药,外用可治疗各种皮肤病如湿疹、过敏性皮炎、牛皮癣、瘙痒等。气雾剂可用于慢性及过敏性哮喘和过敏性鼻炎等	①丙酸倍氯米松软膏,乳膏。②气雾剂、吸入气雾剂、鼻喷雾剂	①气雾剂只用于慢性哮喘。②气雾剂对个别患者有刺激感,咽喉部出现白色念珠菌感染,可用局部抗真菌药控制感染。③不宜用于皮肤结核、疱疹、水痘、皮肤化脓性感染等。④不能用于眼科,孕妇及婴儿需慎用
倍他米松【典】【医保(乙)】(得宝松)Betamethasone	为长效糖皮质激素类药。外用治疗过敏性皮炎、湿疹、神经性皮炎、脂溢性皮炎及瘙痒症等。注射液用于多用于活动性风湿病、类风湿关节炎、红斑狼疮、严重支气管哮喘、严重皮炎、急性白血病等,也用于某些感染的综合治疗	①软膏。②片剂。③复方倍他米松注射液	①长期使用可引起局部皮肤萎缩,毛细血管扩张、色素沉着、毛囊炎、口周皮炎以及继发感染。②涂布部位如有灼烧感、瘙痒、红肿等,应停止用药,洗净。不宜长期使用,并避免全身大面积使用。③禁用于感染性皮肤病,如脓疱病、体癣、股癣等
哈西奈德【典】【医保(乙)】(氯氟轻松,哈西缩松)Halcinonide	为人工合成的强效糖皮质激素,有抗炎、止痒和血管收缩作用。抗炎作用强,局部应用不易引起全身性不良反应。对银屑病和湿疹性皮炎疗效突出	①软膏、乳膏。②溶液剂	①少数患者在涂药部位出现局部烧灼感、刺痛、暂时性瘙痒、粟粒疹、毛囊炎等。②不宜大面积或长期局部外用。③仅供外用,应避免接触眼睛

二、盐皮质激素类药

主要作用为促进钠的潴留及钾的排泄，对糖代谢几乎无作用。与糖皮质激素相比，商品品种少，主要有 9α-氟可的松。

9α-氟氢可的松 Fluorohydrocortisone 本品糖代谢及抗炎作用较氢化可的松强，但钠潴留作用为氢化可的松的 100 倍以上，在原发性肾上腺皮质功能减退症中，可与糖皮质激素一起用于替代治疗。也适用于低肾素低醛固酮综合征和自主神经病变所致直立性低血压等。本品内服易致水肿，故多外用，治疗湿疹、过敏性皮炎、接触性皮炎等。妊娠、肝病、黏液性水肿患者注意减少剂量。

药物商品有 9α-氟氢可的松片、软膏，密闭保存。

第二节 胰岛素及其他降血糖药

【导课案例——胰岛素使用过量案例】

王女士，57 岁，患 2 型糖尿病 10 年。半年前，王女士做了卵巢癌切除手术，术后改用预混胰岛素（诺和灵 30R）12～14 单位，早、晚餐前半小时注射，并一直定期化疗。一次，王女士不小心将一支笔芯胰岛素（诺和灵 30R 300 单位）当作升白细胞药物一次性皮下注射。幸好发现及时，于是就吃了大量的甜食来缓解，但是半小时之后，王女士出现头昏、心慌、出汗等不适。

请问：
1. 产生上述情况的原因是什么？应该采取何种措施？
2. 依据患者情况，对其使用降血糖药物你有何建议？

糖尿病可分为：①1 型糖尿病，胰岛 B 细胞破坏导致胰岛素绝对缺乏；②2 型糖尿病，胰岛素抵抗为主伴胰岛素相对性缺乏，或胰岛素分泌受损为主伴胰岛素抵抗；③其他特殊类型糖尿病，如 B 细胞功能遗传缺陷、内分泌腺疾病、药物或化学物诱导等；④妊娠糖尿病。

糖尿病是一种常见病、多发病，近年来发病率迅速增长。国际糖尿病联盟（IDF）发布的数据显示，2017 年，全球共有 4.25 亿成人糖尿病患者，每 11 位成人中就有 1 位糖尿病患者，预计到 2045 年糖尿病患者可能达到 6.29 亿。我国患者数达 1.14 亿人，居世界第一位，占全球成人糖尿病患者总数的 1/4 以上，2017 年中国有超过 84 万患者死于糖尿病。

糖尿病的流行带来了严重的社会及经济负担，2017 年全球约 400 万人死于糖尿病，糖尿病占全球死因的 10.7%，2017 年全球 20～79 岁人群糖尿病医疗支出高达 7270 亿美元；占所有医疗支出的 12%，2017 年中国有超过 84 万患者死于糖尿病。

越来越多的糖尿病患者和不断出现的新药推动糖尿病类药物市场的持续增长，2017 年全球糖尿病药物市场规模超过 700 亿美元，预计到 2022 年全球糖尿病市场规模将超 1240 亿美元。2017 年我国糖尿病药物的市场规模达到了 364 亿元，预计 2022 年将会达到 437 亿元，潜力巨大。

> **知识拓展**
>
> **糖尿病**
>
> 糖尿病是一种常见的内分泌系统疾病，是由于人体内胰岛素绝对或相对缺乏所致，以高血糖为主要特征，是一种终生疾病。糖尿病发生后，引起糖、蛋白质、脂肪、水和电解

质等一系列代谢紊乱。糖大量从尿中排出，并出现多饮、多尿、多食、消瘦、头晕、乏力等症状。进一步发展则引起全身各种严重的急慢性并发症，可导致眼、肾、神经、皮肤、血管和心脏等组织、器官的慢性并发症，以致最终发生失明、下肢坏疽、尿毒症、脑卒中或心肌梗死，严重威胁身体健康，成为继心血管疾病和肿瘤之后第三位"健康杀手"。

常用治疗糖尿病的药物包括胰岛素和口服及其他降血糖药。

一、胰岛素类药

胰岛素作为最重要的糖尿病治疗药物，占据了糖尿病治疗药物市场的半壁江山。诺和诺德、礼来、赛诺菲三家企业占据全球胰岛素市场90%以上的份额。

中国是全球胰岛素市场规模增长最快的地区之一，2017年，国内胰岛素市场规模为180亿元，诺和诺德占据55%以上的市场份额。国内胰岛素生产厂家主要有通化东宝生化制品、甘李药业、珠海联邦制药、江苏万邦生化医药等企业，虽然市场占有率不及外企，但各自已有主打产品逐步在第二代、第三代胰岛素市场与外企产品分庭抗礼，未来国产胰岛素替换进口产品是大势所趋。

根据来源，胰岛素可分为：①动物胰岛素，是从猪或牛的胰腺中提取的，其氨基酸结构与人胰岛素不完全相同，杂质含量多，效价低，抗原性强。在发达国家和地区动物胰岛素已经很少应用。②人胰岛素，利用基因重组技术生产的与人自身产生的胰岛素结构完全一样的胰岛素，不含杂质，效价高，抗原性弱，是目前国内应用最多的胰岛素，主要有诺和诺德的诺和灵系列、礼来公司的优泌林系列和甘李药业的甘舒霖系列。

根据制备工艺，胰岛素可分为：①经动物胰腺提取或纯化的猪、牛胰岛素。一般称之为第一代胰岛素。②半合成人胰岛素：以猪胰岛素为原料进行修饰得到的结构和人胰岛素相同的胰岛素。③生物合成人胰岛素：用基因重组技术生产的人胰岛素，又称重组人胰岛素，为中性可溶性单组分人胰岛素。使用较多的包括重组人胰岛素（优泌林）、精蛋白重组人胰岛素、低精蛋白重组人胰岛素（诺和灵、优泌林、甘舒霖）等。半合成人胰岛素和生物合成人胰岛素被统称为第二代胰岛素。④胰岛素类似物：通过基因重组技术，对人胰岛素氨基酸序列进行修饰得到的可模拟正常胰岛素分泌和作用的一类胰岛素。目前已用于临床的有门冬胰岛素（诺和锐）、赖脯胰岛素（优泌乐）、甘精胰岛素（来得时、长秀霖）、地特胰岛素（诺和平）、德谷胰岛素（诺和达）等。又被称为第三代胰岛素。

根据作用时间，胰岛素可分为以下几类。

(1) 超短效胰岛素（速效胰岛素类似物）　包括门冬胰岛素和赖脯胰岛素，皮下注射起效时间10~20min，最大作用时间为注射后1~3h，作用持续3~5h，餐前注射吸收迅速，达峰时间短，能更有效地控制餐后血糖。使用时间灵活，有利于提高患者的依从性，通常与中长效胰岛素合用。

(2) 短效胰岛素　包括动物来源的胰岛素（正规胰岛素、可溶性中性胰岛素）和重组人胰岛素（诺和灵R、优泌林R、甘舒霖R），是唯一可以静脉注射的胰岛素。皮下注射30min起效，2~4h达峰，作用持续6~8h。短效胰岛素一般在餐前30min皮下注射。

(3) 中效胰岛素（低精蛋白锌胰岛素）　包括动物来源的低精蛋白锌胰岛素和重组人胰岛素（诺和灵N、优泌林N、甘舒霖N）。中效胰岛素皮下注射后缓慢吸收，平均1.5h起效，4~12h达峰，作用持续时间18~24h，致低血糖的风险较短效胰岛素小。中效胰岛素常用于胰岛素强化治疗方案中的睡前给药，以控制夜间和清晨空腹血糖。

(4) 长效胰岛素［精蛋白锌胰岛素（动物来源）］　吸收更缓慢，作用持续时间更长，皮下注射 3～4h 起效，12～20h 达峰，作用维持 24～26h。其缺点是吸收不稳定，导致药效亦不稳定，目前已很少应用。目前使用最多的是胰岛素类似物，包括甘精胰岛素和地特胰岛素，皮下注射后可 24h 保持相对恒定浓度，无明显峰值出现。可在一天当中任何时间注射，起效时间为 2～3h，作用可平稳保持 24h 左右，更适合于基础胰岛素治疗，不易发生夜间低血糖，体重增加的不良反应亦较少。

（5）超长效胰岛素　德谷胰岛素（诺和达），半衰期接近 25h，稳态血药浓度作用时间超过 42h，每天 1 次注射便可发挥持久、稳定的降糖作用。

（6）预混胰岛素　双（时）相胰岛素，指含有两种胰岛素的混合物，可以是短效或超短效胰岛素与中效或长效胰岛素的混合。包括诺和灵 30R（30％的短效和 70％中效胰岛素）；诺和灵 50R（50％的短效和 50％中效胰岛素）；优泌林 70/30（30％的短效和 70％中效胰岛素）；诺和锐 30（30％门冬胰岛素和 70％与精蛋白门冬胰岛素的双时相混合物）；优泌乐 50（50％赖脯胰岛素和 50％精蛋白锌赖脯胰岛素）；优泌乐 25（赖脯胰岛素 25％和精蛋白锌赖脯胰岛素 75％）。制剂中的短效成分起效迅速，可以较好地控制餐后血糖，中长效成分缓慢持续吸收，主要起替代基础胰岛素分泌作用，其缺点是预混方案固定，难以满足特殊的混合要求。

根据制剂性状，胰岛素可分为：①溶液型，即胰岛素，为无色澄明的可溶性中性或酸性溶液，属于短效制剂。包括可溶性胰岛素、正（常）规胰岛素、未经修饰胰岛素，可在病情紧急时静脉输注。②混悬型，为延长胰岛素作用时间而对胰岛素进行结构修饰，外观为乳白色混悬液，属中、长效胰岛素制剂。如精蛋白锌胰岛素。

胰岛素【典】【基】【医保（甲）】　Insulin

【商品名或别名】　普通胰岛素，正规胰岛素，因苏林，Regular Insulin。

【性状】　白色或类白色结晶性粉末。几乎不溶于水，易溶于氢氧化钠溶液。

【作用与适应证】　本品可增加葡萄糖的利用，并能促进葡萄糖转变为脂肪，抑制糖原分解和糖异生，因而能使血糖降低。此外本品能促进脂肪的合成，抑制脂肪分解，使酮体生成减少，纠正酮症酸血症的各种症状；能促进蛋白质的合成，抑制蛋白质分解。本品和葡萄糖同用时，可促使钾从细胞外液进入组织细胞内。

主要用于糖尿病，特别是胰岛素依赖型糖尿病。①重型、消瘦营养不良者。②轻、中型经饮食和口服降血糖药治疗无效者。③合并严重代谢紊乱（如酮症酸中毒、高渗性昏迷或乳酸性酸中毒）、重度感染、消耗性疾病（如肺结核、肝硬化）和进行性视网膜、肾、神经等病变以及急性心肌梗死、脑血管意外者。④合并妊娠、分娩及大手术者。胰岛素也可用于纠正细胞内缺钾。

【不良反应】　①过敏反应：多数为使用牛胰岛素所致，一般反应轻微而短暂，偶可引起过敏性休克。可用与人胰岛素较为接近的猪胰岛素代替。②低血糖症：为胰岛素过量迅速降低血糖所致，长效胰岛素降血糖作用较慢，不出现上述症状，而以头痛和精神情绪、运动障碍为主要表现。③胰岛素耐受性。

【用药指导】　①需经常更换注射部位以减少注射部位局部反应。②低血糖、肝硬化、溶血性黄疸、胰腺炎、肾炎等患者忌用。③静注宜用注射用胰岛素，因注射液中多含有防腐剂，一般不宜用于静注，只在急症时（如糖尿病性昏迷）才用。

【药物商品】　①胰岛素注射液。②生物合成人胰岛素注射液（短效、中效、长效和预混）。

胰岛素注射有不同的给药装置，包括：普通注射液（西林瓶）、胰岛素笔芯（卡式瓶）、特充装置（钢笔形）、胰岛素持续皮下注射泵（或腹腔植入型泵）等。

【商品信息】　①胰岛素是两条肽链组成的一种多肽激素，从家畜的胰脏内提取。我国在

1965年首次人工合成具有生物活性的结晶牛胰岛素。目前可通过重组DNA技术利用大肠埃希菌合成胰岛素，还可通过猪胰岛素获得人胰岛素。②目前所有的胰岛素都通过注射给药。美国辉瑞公司的Exubera®，短暂上市后，由于安全性等原因被撤回。2019年9月，FDA正式批准诺和诺德Rybelsus（口服索马鲁肽，每日1次）的上市申请。另一种吸入胰岛素Afrezza也已被FDA批准其应用于1型和2型糖尿病，但使用前需要进行肺功能检查。以色列Oramed医药公司研发的口服胰岛素胶囊（ORMD-0801），与国内企业合肥天麦生物合作，将在中国开启临床试验。

【贮存】 原料遮光，密闭，在-15℃以下保存；注射液密闭，在冷处保存，避免冰冻。

其他胰岛素类药

（1）精蛋白锌胰岛素[典][医保(甲)]（精锌胰岛素，鱼精蛋白锌胰岛素，长效胰岛素）Protamine Zinc Insulin 为含有鱼精蛋白与氯化锌的胰岛素（猪或牛）的灭菌混悬液。本品为长效胰岛素制剂，吸收缓慢而均匀。用于轻型和中型糖尿病。

药物商品有精蛋白锌胰岛素注射液。密闭，在冷处保存，避免冰冻。

（2）低精蛋白锌胰岛素[医保(甲)]（中性精蛋白锌胰岛素，中效胰岛素）Isophane Insulin 为由胰岛素和适量的硫酸鱼精蛋白、氯化锌相结合而制成的中性灭菌白色混悬液。作用与胰岛素相同。低血糖反应多发生在午后，应注意。用于一般轻中度糖尿病。治疗重度糖尿病须与正规胰岛素合用，使作用出现快且维持时间长。也可与长效类胰岛素制剂合用以延长作用时间。对于血糖波动较大、不易控制的患者适合选用本品。

药物商品有低精蛋白锌胰岛素注射液。避光、热和避免冰冻，在2~10℃保存。

（3）人胰岛素[典][医保(甲)] Recombinant Human Insulin 本品为利用重组DNA技术生产的人胰岛素，与天然胰岛素有相同的结构和功能。可调节糖代谢，促进肝脏、骨骼和脂肪组织对葡萄糖的摄取和利用，促进葡萄糖转变为糖原贮存于肌肉和肝脏内，并抑制糖原异生，从而降低血糖。

药物商品有人胰岛素注射液。密闭，在冷处保存，避免冰冻。

（4）门冬胰岛素[医保(乙)] Insulin Aspart 本品为速效胰岛素类似物，用于控制餐后血糖，也可与中效胰岛素合用，控制晚间或晨起高血糖。于餐前15min至进餐开始时皮下注射1次。剂量因人而异，根据血糖情况调整剂量。

药物商品有门冬胰岛素注射液，一般皮下注射，可经胰岛素泵给药，如有必要，本品可由专业医务人员经静脉给药。避免高温和过度光照。正在使用的本品或随身携带的备用品不要放于冰箱中，可在室温下（不超过30℃）存放4周。

本品由诺和诺德公司研发，2010年进入中国市场，商品名为"诺和锐"，是国内销售的独家品种。

（5）甘精胰岛素[典][基][医保(乙)] Insulin Glargine 本品为通过基因重组技术生产的长效胰岛素类似物，作用机制与胰岛素相同。适用于胰岛素治疗的成人1型和2型糖尿病，青少年和年龄在6岁及以上儿童的1型糖尿病。本品具有长效作用，每天一次在固定的时间皮下注射给药。

药物商品有甘精胰岛素注射液，皮下注射。2~8℃贮藏。避光保存在外包装内，勿冰冻，注射装置切勿接触冰冻层或冰冻盒。

本品是全球最畅销的降血糖药之一，2002年赛诺菲的甘精胰岛素进入中国市场，商品名为"来得时"。2005年，甘李药业重组甘精胰岛素注射液"长秀霖"上市，珠海联邦的甘精胰岛素注射液"优乐灵"2016年获批上市，市场高度集中。

二、口服及其他降血糖药

传统的口服降血糖药主要包括：①促进胰岛B细胞分泌胰岛素的药物，有磺酰脲类

(如甲苯磺丁脲、格列本脲）和非磺脲类促泌剂餐时血糖调节剂（如瑞格列奈、那格列奈）。②促进外周组织增加葡萄糖利用的药物，有双胍类，如二甲双胍。③抑制肠道葡萄糖吸收的药物，有α-糖苷酶抑制剂，如阿卡波糖、伏格列波糖。④噻唑烷二酮类胰岛素增敏剂，如吡格列酮、罗格列酮。

随着对糖尿病研究的不断深入，新型药物已逐渐进入并占领市场，主要包括：①二肽基肽酶IV（DPP-IV）抑制剂，如西格列汀、沙格列汀。②胰高血糖素样肽1（GLP-1）受体激动药，如艾塞那肽、利拉鲁肽。③钠-葡萄糖协同转运蛋白2（SGLT-2）抑制剂，如达格列净、卡格列净。

（一）磺酰脲类

能直接刺激胰岛B细胞释放胰岛素，使内源性胰岛素增加，同时抑制细胞释放胰高血糖素。用于胰岛功能尚存的非胰岛素依赖型糖尿病且单用饮食控制无效者。对胰岛素产生耐受的患者用后可刺激内源性胰岛素的分泌而减少胰岛素的用量。

第一代磺酰脲类有甲苯磺丁脲、氯磺丙脲，由于服用剂量大，不良反应较多，现已很少应用于临床。以格列本脲、格列齐特、格列吡嗪为代表的第二代和以格列美脲为代表的第三代磺酰脲类药物先后被发现，由于对心血管系统影响很小，并具有安全长效的降糖特点，已成为口服降血糖药物的一线用药，其中格列美脲、格列齐特、格列喹酮市场份额常年位居降糖药市场前十。

格列齐特【典】【基】【医保（甲,乙）】 Gliclazide

【商品名或别名】 甲磺吡脲，达美康。

【性状】 为白色结晶或结晶性粉末；无臭。不溶于水。

【作用及适应证】 本品是第二代磺脲类降血糖药，作用较强，适用于2型糖尿病及糖尿病伴有肥胖症或伴有血管病变者。本品能降低血小板的聚集和黏附力，有助于防治糖尿病微血管病变。

【不良反应】 ①偶有轻度恶心、呕吐、上腹痛、便秘、腹泻、红斑、荨麻疹、血小板减少，粒性白细胞减少，贫血等，大多数于停药后消失。②肝、肾功能不全者禁用。磺脲药过敏者禁用。

【用药指导】 ①2型糖尿病患者在发生感染、外伤、手术等应激情况及酮症酸中毒和非酮症高渗性糖尿病昏迷时，应改用胰岛素治疗。②与抗凝血药合用时，应定期做凝血检查。③本品剂量过大、进食过少或剧烈运动时，应注意防止低血糖反应。④必须定期检查血糖、尿糖。⑤如某日忘记服用，第二日服药剂量不得增加。

【药物商品】 格列齐特片（胶囊）、缓释片，早餐时服用。

【商品信息】 1987年天津华津制药与原研厂家法国Servier合作生产格列齐特（商品名达美康），一直占据国内格列齐特市场大部分份额。余下市场竞争争激烈，主要生产厂家有施维雅（天津）制药，天津中新药业，上海亚东药业等。

【贮存】 遮光、密闭保存。

其他常用磺酰脲类药

（1）格列本脲【典】【基】【医保（甲）】（优降糖，达安疗）Glibenclamide 本品适用于单凭饮食控制疗效不满意的轻中度非胰岛素依赖型糖尿病，但患者胰岛B细胞需有一定的分泌胰岛素的功能且无严重的并发症。不良反应有腹泻、恶心、呕吐、头痛、胃痛或不适。少见而严重的有黄疸、肝功能损害、骨髓抑制、粒细胞减少、血小板减少症等。易产生低血糖反应，应从小剂量开始使用。孕妇及哺乳期不宜使用。1型糖尿病、2型糖尿病伴酮症酸中毒、昏迷、感染等应激情况及肝、肾功能不全者等禁用。用药期间应定期测血糖、尿糖、尿酮体、尿蛋白和肝、肾功能，并进行眼科检查等。

药物商品有格列本脲片，餐前服用。密闭保存。

(2) 格列吡嗪【典】【基】【医保(甲,乙)】（美吡达，迪沙，依必达）Glipizide　本品适用于单凭饮食控制疗效不满意的轻中度2型糖尿病患者，但患者胰岛B细胞需有一定的分泌胰岛素的功能且无严重的并发症。常见不良反应为胃肠道症状（如恶心、腹胀）及头痛。减少剂量即可缓解。个别患者出现皮疹。老年体弱患者、活动过度者、不规则进食或饮酒患者及肝肾功能损害的患者，使用本品偶可出现低血糖症。

药物商品有：①格列吡嗪片（胶囊）、缓释片，早餐前30min服用。②控释片，早餐时服用。遮光，密封，在干燥处保存。

(3) 格列喹酮【典】【基】【医保(甲)】（糖适平）Gliquidone　本品在磺酰脲类药物中引起严重而持久的低血糖危险性最小。糖尿病并发轻至中度肾功能不全者用本品比其他磺酰脲类药优越。主要用于2型糖尿病合并轻中度肾功能减退的患者。不良反应少而轻，少数患者有恶心、腹胀感等胃肠反应。

药物商品有格列喹酮片，餐前服用。密闭保存。

(4) 格列美脲【典】【基】【医保(甲)】（亚莫利）Glimepiride　本品与胰岛素受体结合及离解的速度较格列本脲为快，较少引起较重低血糖。主要用于节食、体育锻炼均不能满意控制血糖的2型糖尿病的治疗。本品可引起低血糖症，尤其老年体弱患者在治疗初期，不规则进食、饮酒及肝功能损害患者。常见不良反应有皮肤过敏，如瘙痒，皮疹，荨麻疹，消化系统症状如恶心、呕吐等。个别出现肝酶升高。

药物商品有，格列美脲片和分散片，早餐前服用或第一次正餐前服用。用水整片吞服，不得嚼碎。密封保存。

本品是由赛诺菲-安万特开发的第三代磺酰脲类药物，2000年后在中国上市后，市场不断扩大。赛诺菲的亚莫利占80%以上的份额，江苏万邦生化的万苏平、石药集团欧意药业的林美欣、山东新华制药的佳和洛、贵州天安药业的安多美等也占有一定市场。

(二) 双胍类

双胍类药物的作用方式不是促进胰岛素的释放，而是加强胰岛素的敏感性及其他一些效应。主要用于轻症糖尿病患者，尤其适用于肥胖者、单用饮食控制无效者。

二甲双胍【典】【基】【医保(甲,乙)】　Metformin

【商品名或别名】　甲福明，降糖片，格华止。

【性状】　常用其盐酸盐，为白色结晶或结晶性粉末；易溶于水。

【作用及适应证】　本品主要改善高血糖的作用机制包括：①作用于肝脏，抑制糖异生，减少肝糖输出；②作用于肌肉和脂肪，改善肌肉糖原合成，降低游离脂肪酸，提高胰岛素敏感性，增加对葡萄糖的摄取和利用；③作用于肠道，抑制二肽基肽酶-4（DPP-4）活性，增加胰高血糖素样肽-1（GLP-1）分泌，同时上调GLP-1受体表达。本品适用于单纯饮食控制及体育锻炼治疗无效的2型糖尿病，特别是肥胖的2型糖尿病。对于1型或2型糖尿病，本品与胰岛素合用，可增加胰岛素的降血糖作用，减少胰岛素用量，防止低血糖发生。与磺脲类口服降血糖药合用，具协同作用。

【不良反应】　①常见不良反应有恶心、呕吐、腹泻、口中有金属味。有时有乏力、疲倦、头晕，皮疹。乳酸性酸性酸中毒虽然发生率很低，但应予注意。临床表现为呕吐，腹痛、过度换气、神志障碍。②2型糖尿病伴有酮症酸中毒、肝及肾功能不全、肺功能不全、心力衰竭、急性心肌梗死、严重感染和外伤、重大手术以及临床有低血压和缺氧情况。糖尿病合并严重的慢性并发症、酗酒者、严重心、肺病患者、维生素B_{12}、叶酸和铁缺乏的患者禁用。

【用药指导】 ①口服本品期间，应定期检查肾功能，以减少乳酸性酸中毒的发生，尤其是老年患者更应定期检查肾功能。接受外科手术和碘剂 X 线摄影检查前患者应暂停口服本品。②应激状态：在发热、昏迷、感染和外科手术时，服用口服降血糖药患者易发生血糖暂时控制不良，在此时必须暂时停用本品，改用胰岛素。待应激状态缓解后恢复使用。

【药物商品】 ①盐酸二甲双胍片，二甲双胍缓释片（胶囊）：整片吞服，禁止嚼碎。进食时或餐后服用。②盐酸二甲双胍肠溶片（胶囊）：餐前服用，整片吞服。③作为 2 型糖尿病的基础用药，二甲双胍常与其他口服降血糖药物开发成复方制剂。包括二甲双胍/格列齐特、二甲双胍/格列吡嗪、二甲双胍/吡格列酮、二甲双胍/瑞格列奈、二甲双胍/西格列汀等。

【商品信息】 ①本品由美国百时美施贵宝公司开发，1957 年，在法国首次被获准作为降糖药物运用于临床，商品名为"格华止"。即便 2002 年专利到期、仿制药大量出现后，格华止也一直在二甲双胍市场上占有垄断地位。国产二甲双胍直到 20 世纪 90 年代中期才正式上市，目前国内产品有贵州天安药业的安多可、悦康药业的悦达宁、上海医药的美哒灵、华润双鹤的卜可等。②本品是全球应用最广泛的口服降血糖药之一，国内外主要糖尿病指南均建议，无论对于超重还是体重正常的 2 型糖尿病患者，除非存在禁忌证或无法耐受，否则都应从一开始就使用二甲双胍治疗，且联合治疗的方案中都应包括二甲双胍。

【贮存】 密封保存。

（三）其他降血糖药物

α-葡萄糖苷酶是糖在消化道内转化的必需物质，各种糖在消化道内经 α-葡萄糖苷酶水解成葡萄糖后，才能被人体吸收利用，因此抑制消化道内的 α-葡萄糖苷酶的活性，可阻断糖类吸收，在满足患者饮食生活的条件下起到与食物疗法相似的效果。代表药物有阿卡波糖、伏格列波糖等。

阿卡波糖【典】【基】【医保（甲）】　Acarbose

【商品名或别名】 拜糖苹，Glucobay。

【性状】 白色至淡黄色无定形粉末，无臭。本品在水中极易溶解。

【作用及适应证】 本品为 α-葡萄糖苷酶抑制药。通过减慢水解及产生葡萄糖的速度并延缓葡萄糖的吸收而降低血糖。配合饮食治疗，治疗 2 型糖尿病。

【不良反应】 ①常有胃肠胀气和肠鸣音，偶有腹泻和腹胀，极少出现腹痛。②对本品过敏者禁用，有明显消化和吸收障碍的慢性胃肠功能紊乱患者禁用。患有由于肠胀气而可能恶化的疾病（严重的疝、肠梗阻和肠溃疡）的患者禁用。严重肾功能损害禁用。

【用药指导】 ①在用药的头 6～12 个月定期检查肝功能，并避免大剂量用药。②如出现低血糖反应，不宜使用蔗糖，应使用葡萄糖。

【药物商品】 阿卡波糖片、咀嚼片和胶囊。餐前即刻整片吞服或与前几口食物一起咀嚼服用，剂量需个体化。

【商品信息】 本品由拜耳公司研发，1994 年在欧美国家上市，1995 年进入中国市场，多年稳居国内口服降血糖药市场份额第一。由于生产难度要求和生产成本高，因此竞争门槛较高，国内仅有原研厂家拜耳医药的拜糖平、杭州中美华东制药的卡博平和四川绿叶制药的贝希参与竞争，格局稳定。其中咀嚼片为华东制药独家产品。

【贮存】 密封，凉暗处保存。

噻唑烷二酮衍生物为胰岛素增敏剂，本类药物不刺激胰岛素的分泌，而是通过增强靶组织对胰岛素的敏感作用，促进外围组织中葡萄糖的利用，也可促使肌肉中非氧化葡萄糖代谢和抑制肝脏糖原异生而发挥作用，可有效地改善胰岛素抵抗性，纠正糖及脂质代谢紊乱。该类药物主要有曲格列酮、罗格列酮、吡格列酮和恩格列酮等。但曲格列酮因发生多例严重肝损伤甚至死亡而退市；罗格列酮因可增加心血管风险，被欧盟药品管理局退市，在美国、中国等国家也都对该类药品及其复方制剂发出了严重风险警告，限制其使用；而吡格列酮也存在膀胱癌风险，遭到了FDA风险警示。同时此类药物可能存在增加骨折的风险、长期使用可能增加结肠癌的风险等严重不良反应，限制了该类药物及其复方制剂的发展。

餐时血糖调节剂在结构上属于氨基酸类衍生物，作用于胰岛B细胞，特异性阻断钾通道，而使钙通道开放，促进细胞液中钙离子浓度增加，从而诱导胰岛素释放而起到降低血糖作用。口服后，可被迅速吸收，对胰岛素分泌的促进作用较快，但持续时间较短。该类药物主要有瑞格列奈、那格列奈等。

二肽基肽酶Ⅳ（DPP-Ⅳ）抑制剂通过抑制DPP-Ⅳ降解GLP-1的作用，从而提高体内GLP-1的浓度，延长GLP-1刺激胰岛素分泌的持续时间，以达到降糖效果。无论是单药、和其他口服降血糖药物联用或与胰岛素联用，均可持久稳定降糖，且总体安全性及耐受性良好。此外，在心血管保护、微血管并发症改善等方面具有一定优势。该类药物主要有西格列汀、维格列汀、沙格列汀、曲格列汀等。

胰高血糖素样肽-1（GLP-1）受体激动剂是一种GLP-1的类似物。GLP-1具有保护胰岛B细胞，促进胰岛素合成和分泌，抑制胰高血糖素分泌的作用，在调节血糖方面效果明显。代表药物有短效注射剂利拉鲁肽、艾塞那肽、度拉糖肽，长效注射剂艾塞那肽注射微球、索马鲁肽、洛塞那肽。以上药物均需皮下注射使用。2019年9月，诺和诺德口服索马鲁肽经FDA批准上市，成为全球首个口服胰高血糖素样肽-1受体激动剂。

钠-葡萄糖协同转运蛋白2（SGLT2）抑制剂通过与转运蛋白的葡萄糖结合端竞争性结合，从而阻断部分SGLT2转运体的作用，抑制葡萄糖的重吸收，使过多的葡萄糖从尿中排出。SGLT2抑制剂无论单用还是与传统降糖药合用，都能明显降低2型糖尿病患者的空腹血糖，糖化血红蛋白，兼具降低体重和血压的作用，并已被证实具有心血管和肾脏获益。SGLT2抑制剂并不会增加低血糖、乳腺癌、膀胱癌和心血管事件等风险。但尿路感染、生殖器感染与低血压的发生率可能增加。该类药物中主要有达格列净、卡格列净、恩格列净等。

其他降血糖药物见表19-2。

表19-2 其他降血糖药物

名称	作用与适应证	药物商品	用药指导
瑞格列奈【基】【医保（乙）】（诺和龙，孚来迪）Repaglinide	为短效促胰岛素分泌降糖药。通过刺激胰腺释放胰岛素使血糖水平快速地降低。适用于饮食控制、降低体重及运动锻炼不能有效控制血糖的2型糖尿病患者，与二甲双胍合用，对控制血糖有协同作用	①片剂，餐前服用。②诺和诺德公司和勃林格殷格翰公司联合开发，2000年进入中国市场，口服降血糖药市场中长期排名前五	①常见不良反应有低血糖、视觉异常、胃肠道反应及过敏反应等。②1型糖尿病患者，伴随或不伴昏迷的糖尿病酮症中毒患者，妊娠或哺乳期妇女，12岁以下儿童，严重肾功能或肝功能不全的患者禁用。③对衰弱与营养不良者应注意调整剂量，注意不要影响驾车和操作机器的能力。④与二甲双胍合用，会增加发生低血糖的危险

续表

名称	作用与适应证	药物商品	用药指导
吡格列酮【基】【医保(乙)】(艾可拓,瑞彤,卡司平,万苏敏)Pioglitazone	为胰岛素增敏剂,适用于2型糖尿病患者	①片剂、分散片、胶囊。②武田制药研发,1999年上市,2004年进入中国市场,近年来,销售有所下降	①常见不良反应有低血糖、贫血、水肿,也可导致心脏肥大。②孕妇、哺乳期妇女禁用,有心力衰竭病史者禁用;膀胱癌患者禁用
西格列汀【基】【医保(乙)】(捷诺维)Sitagliptin	为二肽基肽酶4(DPP-4)抑制剂,在2型糖尿病患者中可通过增加活性肠促胰岛激素的水平而改善血糖控制。配合饮食控制和运动,用于改善2型糖尿病患者的血糖控制	①磷酸西格列汀片。②由默沙东研发,2006年作为第一个DPP-4抑制剂上市,一直在同类产品中保持领先地位	①超敏反应,包括过敏反应、血管性水肿、皮疹、荨麻疹、皮肤血管炎以及剥脱性皮肤损害。②可见肝酶升高、胰腺炎、肾脏功能减退、上呼吸道感染、鼻咽炎、便秘、呕吐、头痛、关节痛等。③1型糖尿病及糖尿病酮症酸中毒禁用
艾塞那肽(百泌达)Exenatide	胰高血糖素样肽-1(GLP1)受体激动剂。用于改善2型糖尿病患者的血糖控制,适用于单用二甲双胍、磺酰脲类,以及二甲双胍合用磺酰脲类,血糖仍控制不佳的患者	①注射液、注射用艾塞那微球。早餐和晚餐前60min内皮下注射。勿餐后注射。②由Amylin和Lilly公司研发,2005年获批上市。2009年在中国上市,是当前研发热点之一	①常见胃肠道不良反应有腹胀、腹痛、嗳气、便秘、少见胃肠胀气,急性胰腺炎。②注射部位反应。③与磺酰脲类合用,低血糖发生率升高。可考虑减少磺酰脲类药物的剂量
达格列净【基】(安达唐)Dapagliflozin	为钠-葡萄糖协同转运蛋白2(SGLT2)抑制剂,在饮食和运动基础上,本品可作为单药治疗用于2型糖尿病成人患者改善血糖控制	①片剂;晨服,不受进食限制。②由阿斯利康研发,2012年上市。2017年在中国上市,增长势头迅猛	①可引起低血压,酮症酸中毒,急性肾损伤和肾功能损害,尿脓毒症和肾盂肾炎,与胰岛素和胰岛素促泌剂合用引起低血糖、生殖器真菌感染。低密度脂蛋白胆固醇升高等。②重度肾损害或需要透析的患者禁用。③治疗期间应监测低血压

知识拓展

2型糖尿病治疗路径

(1) 单药治疗　生活方式干预是2型糖尿病的基础治疗措施,应贯穿于糖尿病治疗的始终。如果单纯生活方式干预不能使血糖控制并达标,则开始单药治疗。首选口服药是二甲双胍,若无禁忌,二甲双胍应一直保留在治疗方案中。不适合二甲双胍治疗者,可选择α-糖苷酶抑制剂或胰岛素促泌剂。

(2) 二联治疗　如果单独使用双胍药治疗血糖仍未达标,则可进行二联治疗,加用胰岛素促泌剂、α-糖苷酶抑制剂、二肽基肽酶-4(DPP-4)抑制剂、噻唑烷二酮类药物(TZDs)、钠-葡萄糖协同转运蛋白2(SGLT-2)抑制剂、胰岛素(1～2次/天)或胰高血糖素样肽-1(GLP-1)受体激动剂。

(3) 三联治疗　如果二联治疗,血糖控制仍不达标,可联合使用3种不同机制的降血糖药物。

(4) 胰岛素多次注射　如三联治疗控制血糖仍不达标,则应将方案调整为多次胰岛素治疗,包括基础胰岛素加餐时胰岛素或预混胰岛素(2～3次/天)注射。采用多次胰岛素治疗时应停用胰岛素促分泌剂。

第三节 甲状腺激素及抗甲状腺类药

一、甲状腺激素类药

甲状腺激素（TSH）是由甲状腺滤泡上皮细胞合成、贮存、分泌的一种含碘激素，为碘化酪氨酸的衍化物。包括甲状腺素（四碘甲状腺原氨酸 T_4）和三碘甲状腺原氨酸（T_3）。T_3 是主要活性物质，T_4 转变为 T_3 才能发挥作用。

甲状腺激素类药物主要用作甲状腺功能低下的替代补充疗法。用于治疗呆小病、黏液性水肿及单纯性甲状腺肿。但使用过量可引起甲状腺功能亢进的临床表现。使用时，应注意用药高度个体化。老人和心脏病患者使用时，可能发生心绞痛和心肌梗死，应予注意。

常用甲状腺激素类药见表 19-3。

表 19-3　常用甲状腺激素类药

名　称	作用与适应证	药物商品	用药指导
左甲状腺素【典】【基】【医保（甲）】（优甲乐）Levothyroxine	为人工合成测四碘甲状腺原氨酸，常用其钠盐。用于甲状腺激素缺乏的替代治疗	①片剂。早餐前半小时，空腹将一日剂量一次性服用。②主要有默克公司的优甲乐，深圳中联制药的加衡和 Berlin-Chemie 的雷替斯	①长期过量服用可引起甲亢的临床表现。②老年，有心血管疾病患者，有心肌缺血或糖尿病患者慎用。③有垂体功能减低或肾上腺皮质功能减退者，如需补充甲状腺制剂，在给左甲状腺素钠以前数日应先用肾上腺皮质激素
甲状腺片【典】【基】【医保（甲）】Thyroid Tablets	用于各类甲状腺功能减退的替代治疗；作为良性甲状腺肿、甲状腺结节或甲状腺癌的抑制性治疗	片剂	①使用过量则引起类似甲状腺功能亢进症的症状。减量或停药可使症状消失。②对有冠状动脉病变的患者可加重症状，诱发心绞痛、心肌梗死甚至猝死

> **知识拓展**
>
> **甲亢与甲减**
>
> 甲状腺功能亢进症（简称甲亢）是指由各种原因导致甲状腺功能增强，甲状腺激素分泌过多或因甲状腺激素（T_3、T_4）在血液中水平增高所导致的机体神经系统、循环系统、消化系统、心血管系统等多系统的一系列高代谢症候群以及高兴奋症状和眼部症状，如心慌、心动过速、怕热、多汗、食欲亢进、消瘦、体重下降、疲乏无力及情绪易激动、性情急躁、失眠、思想不集中、眼球突出、手舌颤抖、甲状腺肿或肿大，也有一部分甲亢患者有甲状腺结节。我国甲亢总发病率高达 3%，女性患病率明显高于男性。
>
> 甲状腺功能减退症（简称甲减）是由于甲状腺激素缺乏，机体代谢活动下降所引起的临床综合征，成人后发病的称为成人甲减，重者表现为黏液性水肿，故又称为黏液性水肿，昏迷者称为黏液水肿性昏迷；胚胎期或婴儿期发病者，严重影响大脑和身体生长发育，成为痴呆侏儒，称呆小病或者克汀病。较轻者临床表现不明显，重度者可出现皮肤被黏多糖浸润而产生的特征性非凹陷性水肿，如特征性黏液性水肿面容、表情淡漠、反应迟钝、皮肤粗糙、面色苍白、眼睑、脸面浮肿、睁眼费力、唇厚舌大、毛发稀疏、干枯脱落，眉毛外 1/3 脱落，声音嘶哑、单调如蛙声，指甲脆而增厚，双下肢非凹陷性水肿，体重增加，跟腱反射迟缓等症状。

二、抗甲状腺类药

能暂时或长期消除甲状腺功能亢进症的药物称为抗甲状腺药物。常用的药物有：①硫脲类，如丙硫氧嘧啶、甲巯咪唑、卡比马唑等；②碘化物，如复方碘溶液；③放射性碘；④β受体阻滞药等。

丙硫氧嘧啶【典】【基】【医保(甲)】 Propylthiouracil

【商品名或别名】 丙基硫氧嘧啶。

【性状】 白色结晶或结晶性粉末；无臭，味苦。极微溶解于水，在氢氧化钠试液或氨试液中溶解。

【作用与适应证】 本品能抑制过氧化酶系统，使被摄入到甲状腺细胞内的碘化物不能氧化为活性碘，从而不能碘化酪氨酸，同时影响酪氨酸的缩合过程，使甲状腺素不能生成。适用于：①甲亢的内科治疗，用于轻症和不适宜手术或放射性碘治疗者；②甲状腺危象的治疗；③术前准备，减少麻醉和术后并发症，防止术后甲状腺危象。

【不良反应】 ①用药期间的第一、第二个月常见皮肤瘙痒、皮疹。②严重的不良反应为血液系统异常，因此服用期间应定期检查血象。

【用药指导】 ①本品不能直接对抗甲状腺激素，因此作用较慢。②用药剂量应个体化。③老年人，尤其肾功能减退者，应减少用量，并应加用甲状腺片，防止甲状腺功能减退。④孕妇使用时宜采用最小有效剂量，哺乳期不宜使用。

【药物商品】 丙硫氧嘧啶片和肠溶片。

【贮存】 遮光，密封保存。

其他抗甲状腺类药

(1) 甲巯咪唑【典】【基】【医保(甲)】（他巴唑）Thiamazole 本品作用强于丙硫氧嘧啶，且起效快，维持时间长。用药及注意事项同丙硫氧嘧啶。

药物商品有，甲巯咪唑片和肠溶片。密封保存。

(2) 卡比马唑【典】【医保(乙)】（甲亢平）Carbimazole 本品起效慢，维持时间较长。在疗效与不良反应方面优于其他硫脲类药物。但应注意，甲状腺危象时不宜使用。

药物商品有，卡比马唑片。遮光，密封保存。

(3) 碘和碘化物 Iodine and Iodides 本品作用时间短暂，且服用时间过长可使病情加重，因此不作为常规用药。主要应用于甲状腺功能亢进的手术前准备和甲状腺危象的治疗。少数对碘过敏者发生急性反应，主要表现为血管神经性水肿，上呼吸道水肿及严重喉头水肿。长期使用出现慢性碘中毒，表现为口腔及咽喉烧灼感、唾液分泌增多、眼刺激症状等。孕妇及哺乳期妇女慎用。婴、幼儿使用碘液易致皮疹，影响甲状腺功能，除缺碘患者外应禁用。有口腔疾病患者慎用。本品有刺激性，口服时宜用冷开水稀释后服用。大量饮水和增加食盐摄入，可加速碘的排泄。

药物商品有复方碘溶液（卢戈液 Lugol's Solution），含碘和碘化钾。遮光，密闭，置阴凉处保存。

第四节 性激素类药

性激素主要由性腺分泌，促进性器官的发育和副性征的形成。本类药品多为天然激素的人工合成品及其衍生物，一般包括雄激素及蛋白同化激素、雌激素、孕激素及促性腺激素。

一、雄激素和同化激素类药

(一) 雄激素

天然的雄激素主要是由睾丸间质细胞分泌的睾丸素,肾上腺皮质、卵巢也有少量分泌。除具有雄激素活性外,也有一定蛋白同化作用。临床上用于治疗睾丸功能不全、功能性子宫出血、晚期乳腺癌及再生障碍性贫血及其他贫血等。

目前,睾丸素已能人工合成,临床常用的雄激素包括甲睾酮、丙酸睾酮和苯乙酸睾酮等。

丙酸睾酮【典】【基】【医保(甲)】 Testosterone Propionate

【商品名或别名】 丙酸睾丸素。

【性状】 白色结晶或类白色结晶性粉末;无臭。不溶于水。

【作用与适应证】 本品主要用于原发性睾丸功能减退症的雄激素替代治疗,性器官发育不良,青春期发育延迟及侏儒症,各种慢性消耗性疾病等。

【不良反应】 ①大剂量可引起女性男性化、水肿、肝损害、黄疸、头晕等。②有过敏反应者应立即停药。③肝肾功能不全、前列腺癌患者及孕妇禁用。

【用药指导】 ①用于乳腺癌治疗时,治疗3个月内应有效果,若病情仍发展,应立即停药。②男性应定期检查前列腺。

【药物商品】 丙酸睾酮注射液。应做深部肌内注射,不能静注。

【商品信息】 生产企业主要有上海通用药业、广州白云山明兴制药、天津金耀氨基酸公司等。

【贮存】 遮光,密封保存。注射液如有结晶析出,可加温溶解后注射。

其他常用雄激素类药

(1) 甲睾酮【典】(甲基睾丸素,甲基睾酮) Methyltestosterone 本品作用与天然睾酮相同,能促进男性性器官及副性征的发育、成熟,对抗雌激素,抑制子宫内膜生长及卵巢、垂体功能;促进蛋白质合成及骨质形成;刺激骨髓造血功能,使红细胞和血红蛋白增加。用于男性性腺功能减退症、无睾症及隐睾症;妇科疾病,如月经过多、子宫肌瘤、子宫内膜异位症等;老年性骨质疏松症及小儿再生障碍性贫血等。长期用于女性患者可能引起痤疮、多毛、声音变粗等男性化表现。对肝脏有一定毒性,可引起黄疸。肝功能不全者慎用。前列腺癌患者、孕妇及哺乳期妇女禁用。有过敏反应应停药。

药物商品有:①甲睾酮片。②复方八维甲睾酮胶囊,含甲睾酮、炔雌醇、磷酸氢钙、肌醇、维生素A、人参总皂苷、L-盐酸赖氨酸、碘化钾等21种有效成分。原料与片剂遮光,密封保存。复方制剂密封,阴凉,干燥处保存。

(2) 达那唑【典】【医保(乙)】(炔睾醇,安宫唑) Danazol 本品为弱雄激素,兼有蛋白同化作用和抗孕激素作用,但无孕激素和雌激素活性。临床主要用于治疗子宫内膜异位症,也用于纤维性乳腺炎、男性乳房发育、乳腺痛、痛经、腹痛等及性早熟、自发性血小板减少性紫癜、血友病等。主要不良反应有体重增加、水肿、多毛、声粗、痤疮、头痛、肝功能障碍、焦虑等。多数妇女发生闭经,少数有不规则阴道出血。用药期间应定期检查肝功能。严重心、肾、肝功能不全,癫痫患者,孕妇及哺乳期妇女禁用。

药物商品有达那唑胶囊。遮光,密封保存。

(3) 十一酸睾酮【典】【基】【医保(乙)】 Testosterone Undecanoate 本品为睾酮的十一酸酯。可促进男性生长、男性第二性征和睾丸、副性腺结构的发育。促进蛋白质合成和减少分解,增强免疫功能,促进骨骼生长。促进红细胞生成,反馈性抑制促性腺激素分泌,抑制雌激素分泌。用于治疗原发性或继发性睾丸功能减退;男孩体质性青春期延迟;乳腺癌转移的姑息性治疗等。不良反应有多毛、痤疮、阴茎异常勃起、精子减少、精液量减少、水钠潴留。偶见胃肠不适或过敏反应。确诊及可能前列腺癌、乳腺癌患者禁用。青春期前男孩应慎用，以免骨骺早闭或性早熟。有水肿倾向的肾脏病、心脏病患者慎用。孕妇哺乳期妇女禁用。

药物商品有十一酸睾酮软胶囊和注射液。遮光，密封保存。

（二）同化激素类药

临床应用的雄性激素虽有较强的同化作用，但用于女性或非性腺功能不全的男性，常可出现雄激素作用，而限制了它的临床应用。因此，合成了同化作用较好，而雄激素样作用较弱的睾酮的衍生物，即同化激素，如苯丙酸诺龙、羟甲烯龙、司坦唑醇等。本类药物主要用于蛋白质同化或吸收不足，以及蛋白质分解亢进或损失过多等情况，如严重烧伤、手术后慢性消耗性疾病、老年骨质疏松和肿瘤恶病质等患者。

苯丙酸诺龙【典】（多乐宝灵，苯丙酸去甲睾酮）Bandrolone Phenylpropionate　本品的蛋白同化作用为丙酸睾酮的12倍，雄激素活性则较小，为后者的1.5倍。能促进蛋白质合成和抑制蛋白质异生，并有使钙、磷沉积和促进骨组织生长等作用。用于女性晚期乳腺癌姑息性治疗和伴有蛋白分解的消耗性疾病的治疗。有轻微男性化作用，妇女使用后，可能会长胡须，粉刺增多，多毛症，声音变粗，阴蒂肥大，闭经或月经紊乱等反应，应立即停药。男性长期使用可能会有痤疮、精子减少、精液减少。长期使用可能引起黄疸及肝功能障碍，也可能使水钠潴留而造成水肿，发现黄疸应立即停药。高血压、前列腺癌患者及妊娠期妇女禁用。儿童长期应用，可严重影响生长，可致早熟，应慎用。

药物商品有苯丙酸诺龙注射液，肌内注射。遮光，密闭保存。

知识拓展

蛋白同化制剂

蛋白同化制剂又称同化激素，俗称合成类固醇，是合成代谢类药物，具有促进蛋白质合成和减少氨基酸分解的特征，可促进肌肉增生，提高动作力度和增强男性性特征，常用于慢性消耗性疾病及大手术、肿瘤化疗、严重感染等对机体严重损伤后的复原治疗；肽类激素的作用是通过刺激肾上腺皮质生长、红细胞生成等实现促进人体的生长和发育。

滥用蛋白同化制剂会引起人体内分泌系统紊乱、肝脏功能损伤、心血管系统疾病甚至引起恶性肿瘤和免疫功能障碍等，在心理方面会引起抑郁情绪、冲动、攻击性行为等。此外，滥用这类药物还会形成强烈的心理和生理依赖；大量摄入肽类激素会降低自身内分泌水平，损害身体健康，还可能引起心血管疾病、糖尿病等，也同样会形成较强的心理和生理依赖等严重后果。

蛋白同化制剂已列入《2008年兴奋剂目录》。从2008年5月1日起，凡2007年10月1日后生产、进口的，未标注"运动员慎用"字样的含兴奋剂药品，药品零售企业都不能销售。零售企业应在店堂内醒目位置摆放"禁止销售蛋白同化制剂、肽类激素（胰岛素除外）""含兴奋剂药品运动员慎用"等中英文对照标识。

二、雌激素和孕激素类药

（一）雌激素类药

卵巢分泌的雌激素主要是雌二醇。从孕妇尿中提取出的雌酮和雌三醇等，多为雌二醇的代谢产物。雌二醇是传统的雌激素类药物，近年来以雌二醇为母体，人工合成出许多高效的衍生物，如炔雌醇、炔雌醚及戊酸雌二醇等。此外，也曾合成一些结构较简单的具有雌激素样作用的制剂，如己烯雌酚。

对未成年女性，雌激素能促使女性第二性征和性器官发育成熟。对成年妇女，除保持女性性征外，还参与形成月经周期。较大剂量时，可发挥抗排卵作用，并能抑制乳汁分泌，此外雌激素尚有对抗雄激素的作用。雌激素主要用于治疗绝经期综合征、卵巢功能不全和闭经、功能性子宫出血、乳房胀痛、青春期痤疮及晚期乳腺癌、前列腺癌；也是常用的避孕药。

雌二醇【典】【医保(乙)】 Estradiol

【商品名或别名】 求偶二醇，Estrofem，Oestrogel，Oestradiol。

【性状】 白色或乳白色结晶性粉末；无臭。不溶于水。

【作用与适应证】 本品是体内主要由卵巢成熟滤泡分泌的一种天然雌激素，能促进和调节女性性器官及副性征的正常发育。临床用于卵巢功能不全或卵巢激素不足引起的各种症状，如功能性子宫出血、原发性闭经、绝经期综合征以及前列腺癌等。

【不良反应】 可有恶心、呕吐、乳房胀痛、子宫内膜过度增生等。

【用药指导】 ①哺乳期妇女禁用，肝、肾功能不全者慎用。②凝胶剂不可口服，慎用于乳房、外阴和阴道黏膜。

【药物商品】 ①雌二醇控释贴片：外用，揭除贴片上的保护膜后立即贴于清洁干燥、无外伤的下腹部或臀部皮肤。②雌二醇凝胶剂：外涂于双臂、前臂和肩部，早、晚各一次。③复方雌二醇片、复方雌二醇贴片：含雌二醇和醋酸炔诺酮。④雌二醇屈螺酮片。

【商品信息】 主要有浙江亚太药业的伊尔、比利时法杏制药的爱斯妥、拜耳医药的安今益等。

【贮存】 遮光，密封保存。

己烯雌酚【典】【基】【医保(甲)】 Diethylstilbestrol

【商品名或别名】 乙蔗酚，人造求偶素，Stilbestrol。

【性状】 无色结晶或白色结晶性粉末；几乎无臭。在水中几乎不溶，在稀氢氧化钠溶液中溶解。

【作用与适应证】 本品为人工合成的非甾体雌激素，作用与雌二醇相似，口服作用为雌二醇的2~3倍。临床用于卵巢功能不全或垂体功能异常引起的各种疾病，如闭经、子宫发育不全、功能性子宫出血、绝经期综合征、老年性阴道炎及退奶等；也用于前列腺癌。

【不良反应】 ①可有不规则的阴道流血、子宫肥大、尿频或小便疼痛。②有时可引发血栓症、心功能不正常及肝功能异常、高脂血症、钠潴留。③引起恶心、呕吐、厌食、头痛等。

【用药指导】 ①应按指定方法服药，中途停药可导致子宫出血。②孕妇（可能引起第二代女性阴道腺病及腺癌发生率升高，男性生殖道异常及精子异常发生率增加）禁用，哺乳期妇女禁用。有血栓性静脉炎和肺栓塞性病史患者禁用。与雌激素有关的肿瘤患者及未确证的阴道不规则流血患者、高血压患者禁用。③长期使用应定期检查血压、肝功能、阴道脱落细胞，每年一次宫颈防癌刮片。

【药物商品】 己烯雌酚片和注射液。

【商品信息】 本品20世纪40年代末进入产科领域，用于治疗先兆性流产。后来发现本品可引起后代阴道癌发病率的增加，因而被多个国家禁用或限制使用。2017年，WHO将己烯雌酚认定为一类致癌物。目前己烯雌酚主要以治疗特定的激素依赖性肿瘤，如前列腺癌和绝经后乳腺癌而在使用。国内主要生产厂家有上海通用药业、北京曙光药业等。

【贮存】 原料遮光，密封保存；注射液遮光，密闭保存。

其他常用雌激素类药

（1）炔雌醇【典】【医保(甲)】 Ethinylestradiol 本品对下丘脑和垂体有正、负反馈作用。小剂量可刺激促性腺素分泌；大剂量则抑制其分泌，从而抑制卵巢的排卵，达到抗生育作用。用于补充雌激素不足，治疗女性性腺功能不良、闭经、更年期综合征等；用于晚期乳腺癌（绝经期后妇女）、晚期前列腺癌的治疗；与孕激素类药合用，能抑制排卵，可作避孕药。不良反应有恶心、呕吐、头痛、乳房胀痛、腹胀等。偶有阴道不规则流血、闭经、尿频、尿痛、头痛、血压升高、皮疹、乳腺小肿块等。与雌激素有关的肿瘤，如乳腺癌、子宫颈癌禁用（前列腺癌、绝经期后乳腺癌除外）、血栓性静脉炎、肺栓塞患者禁用。肝、肾、心脏病患者、子宫肌瘤、癫痫、糖尿病患者慎用。青春期前儿童慎用，以免早熟及骨骼早期闭合。孕妇及哺乳期妇女不宜使用。

药物商品有：①炔雌醇片。②炔雌醇环丙孕酮片（达英、美洁多）。遮光，密封保存。

（2）尼尔雌醇【典】【基】【医保(乙)】（戊炔雌二醇，澳依兰）Nilestriol 本品是雌三醇衍生物，为口服长效雌激素。其口服雌激素活性为炔雌醚的3倍，作用维持时间较长。特点与雌三醇相同，临床用于雌激素缺乏引起的绝经期或更年期综合征。不良反应有白带增多、乳房胀痛、恶心、头痛、腹胀等，除出血量过多时需停药外，一般不需停药。

药物商品有尼尔雌醇片。密封，在干燥处保存。

（二）孕激素类药

孕激素主要由卵巢黄体分泌，妊娠3～4个月后，黄体逐渐萎缩而由胎盘分泌代之，直至分娩。在近排卵期的卵巢及肾上腺皮质中也有一定量的孕激素产生。自黄体分离出的天然孕激素为黄体酮，含量很低。临床应用的是人工合成品及其衍生物，如甲羟孕酮、炔诺酮等。

孕激素主要促进子宫内膜生长，利于受精卵着床和发育。主要用于功能性子宫出血、痛经、子宫内膜异位症、先兆流产与习惯性流产及子宫内膜腺癌、前列腺增生症或前列腺癌，也是避孕药的主要成分（见第二十八章第一节）。不良反应较少，偶见头晕、恶心及乳房胀痛等。长期应用可引起子宫内膜萎缩、月经量减少，并易发阴道真菌感染。

黄体酮【典】【基】【医保(甲,乙)】 Progesterone

【商品名或别名】 孕酮，助孕素，Utrogestan，Progestin。

【性状】 白色或几乎白色结晶性粉末；无臭，无味。不溶于水。

【作用与适应证】 本品为天然黄体酮的合成代用品，具有孕激素的一般作用。临床主要用于先兆性流产、习惯性流产、子宫内膜异位症、功能性子宫出血、痛经、卵巢功能低下所致的闭经或闭经原因的反应性诊断等。可阴道给药代替口服，特别是对肝病患者。

【不良反应】 ①可有头晕、头痛、恶心、抑郁、乳房胀痛等。②长期应用可引起子宫内膜萎缩、月经量减少，并易发生阴道霉菌感染。

【用药指导】 ①肝病患者不能口服。②一日用量过高可能引起嗜睡，减量可避免。

【药物商品】 ①黄体酮胶囊、软胶囊。②黄体酮注射液。

【商品信息】 本品1934年从孕猪的卵巢中分离并确定结构，我国1958年投产。主要生产厂家有浙江仙琚制药的益玛欣、浙江医药集团新昌制药的来婷、广州白云山明兴制药等。

【贮存】 原料遮光，密封保存；注射液遮光，密闭保存。软胶囊密闭保存。

其他常用孕激素类药

（1）甲羟孕酮【典】【基】【医保(甲,乙)】（甲孕酮，安宫黄体酮）Medroxyprogesterone 本品为作用较强的孕激素，无雌激素活性，口服和注射均有效。其孕激素活性于皮下注射时为黄体酮的20～30倍，口服时为炔孕酮的10～15倍。临床用于痛经、功能性闭经、功能性子宫出血、先兆流产或习惯性流产、子宫内膜异位症等。也可用于晚期乳腺癌、子宫内膜癌、肾癌等激素依赖性肿瘤的治疗。大剂量可用作长效避孕针。但部分妇女使用后有阴道不规则出血等，应予注意。

药物商品有：①醋酸甲羟孕酮片、分散片，胶囊。②醋酸甲羟孕酮注射液。遮光，密封保存。

(2) **炔诺酮**【典】【医保(乙)】 Norethisterone 本品有较强的孕激素样作用，能使子宫内膜转化为蜕膜样变，其抑制垂体分泌促性腺激素作用呈明显剂量关系，并有一定的抗雌激素作用，具有较弱的雄激素活性和蛋白同化作用。宫颈黏液变稠，有利于精子穿透。用于月经不调、子宫功能出血、子宫内膜异位症等；单方或与雌激素合用能抑制排卵，作避孕药。主要不良反应为恶心、头晕、倦怠和突破性出血。重症肝肾病患者、乳房肿块者和孕妇禁用。妊娠头4个月内慎用，不宜用作早孕试验。心血管疾病、高血压、肾功能损害、糖尿病、哮喘病、癫痫、偏头痛、未明确诊断的阴道出血、有血栓病史（晚期癌瘤治疗除外）、胆囊疾病、和有精神抑郁史者慎用。长期用药需注意检查肝功能，特别注意乳房检查。妊娠期间不宜使用（可致女婴男性化）。

药物商品有炔诺酮片。遮光，密封保存。

三、促性腺激素类药

促性腺激素是由垂体前叶分泌的一组蛋白激素。主要用于治疗两性性腺功能不全所致的各种疾病，也可用于计划生育、妇产科疾病及抗肿瘤。

近年来，黄体生成激素释放激素（LHRH），即以促性腺激素释放激素（GnRH）结构为基础的人工合成的多肽类药物发展迅速，用于治疗一些激素依赖性疾病，如前列腺癌、子宫肌瘤、乳腺癌、子宫内膜异位症等，如戈那瑞林、亮丙瑞林、戈舍瑞林、曲普瑞林、丙氨瑞林等（见第二十一章）。

(1) **绒促性素**【典】【基】【医保(甲)】（绒膜激素，普罗兰）Chorionic Gonadotrophin 本品对雌性能促使卵泡成熟及排卵，并使破裂卵泡转变为黄体，促使其分泌孕激素。对雄性则具有促间质细胞激素的作用，使其产生雄激素，促使性器官和副性征发育、成熟，促使睾丸下降，并促进精子生成。临床用于不孕症、黄体功能不足、功能性子宫出血、先兆流产或习惯性流产、隐睾症、男性性腺功能减退症等。大剂量使用会引起卵巢过度肥大、腹痛、呕吐、发热和过敏反应。出现性早熟或性欲亢进则应停药。

药物商品有注射用绒促性素。密闭，凉暗处保存。

(2) **枸橼酸氯米芬**【典】【医保(乙)】（氯蔗酚胺，舒经芬，克罗米芬）Clomifene Citrate 本品具有较强的抗雌激素作用和较弱的雌激素活性。小剂量能诱发排卵；大剂量抑制垂体促性腺激素的释放。对男性则有促进精子生成的作用，本品适用于诱导下述情况妇女的排卵：下丘脑垂体功能障碍［包括多囊卵巢综合征（PCOS）］，诱导接受辅助受孕技术如体外受精而行超数排卵妇女的多卵泡发育。常见不良反应有卵巢增大和腹部/骨盆不适，血管舒缩性症状（非潮红）、恶心、呕吐、乳房不适和视觉症状。肝病和肝功能障碍、遗传性胆红素代谢缺陷、妊娠；子宫出血异常、卵巢囊肿（多囊卵巢综合征除外）、卵巢子宫内膜异位等禁用。运动员慎用。

药物商品有枸橼酸氯米芬片和胶囊。遮光，密闭保存。

第五节 抗骨质疏松药

骨质疏松症（OP）是一种由内分泌、营养、免疫、遗传多种复合因素引起的代谢性疾病，是没有感觉和明显临床症状的病症。它虽然可发生于任何年龄段，但发病率随年龄增大而增加，其主要特征是骨质在代谢进程中，骨组织微观结构变化，表现为骨矿含量减少，致使骨密度下降、骨骼脆性不同程度地增加。该病发展到一定程度后，易导致全身性骨骼疾病，造成骨骼持续疼痛、腰背畸形和脊柱变形，此外可引起椎骨及桡骨远端骨折，被称为吞噬老年人健康的"隐形流行病"。

全球约2亿人正在受骨质疏松的困扰和影响，导致每3s就有一例骨折发生，其中，全球50岁及以上人群里，每3位女性或每5位男性中就有一人因骨质疏松而骨折，仅在中国就约有9000万人口患有骨质疏松症，已是世界上拥有骨质疏松症患者最多的国家。我国50岁以上人群骨质疏松症患病率达19.2%，65岁以上人群患病率高达32%。骨质疏松症是一个世界范围的、越来越引起人们重视的健康问题。骨质疏松治疗的药物也引起关注与重视。

目前防治骨质疏松症的常用药如下。

（1）抑制骨吸收的药物　如双膦酸盐类（阿仑膦酸钠、唑来膦酸钠、伊班膦酸钠、依替膦酸二钠、氯膦酸二钠等）、降钙素等。

（2）促进骨形成的药物　甲状旁腺素、生长激素、骨生长因子等。

此外，钙制剂（如碳酸钙）、维生素D及其活性物如骨化三醇、阿法骨化醇、锶盐和维生素K_2等对抑制骨的吸收、促进骨的形成也起作用（详见第二十三章）。本节重点介绍骨吸收抑制剂。

骨吸收抑制剂通过减少破骨细胞的生成或减少破骨细胞活性来抑制骨的吸收，防止骨量过多丢失而用于治疗骨质疏松的药物。主要分为双膦酸盐、性激素替代疗法、选择性雌激素受体调节剂和降钙素等。

双膦酸盐类药物至今已发展成为最有效的骨吸收抑制药。从第一代依替膦酸钠，第二代氯膦酸钠、帕米膦酸钠已发展为最新一代阿仑膦酸钠、唑来膦酸钠、伊班膦酸钠等。

阿仑膦酸钠[典][基][医保(乙)]　Alendronate Sodium

【商品名或别名】　福善美，固邦，天可，Fosamax

【性状】　白色结晶性粉末；几不溶于水，可溶于热水，易溶于氢氧化钠溶液。

【作用与适应证】　本品为氨基双膦酸盐骨吸收抑制剂，能与骨内羟磷灰石有强亲和力，通过抑制破骨细胞的活性而发挥抗骨吸收作用。其特点是抗骨吸收活性强，无骨矿化抑制作用。用于治疗绝经后妇女的骨质疏松症，以预防腹部和脊柱骨折。也用于治疗男性骨质疏松以增加骨量。

【不良反应】　①本品具有良好的耐受性和较高的安全性，少数患者见胃肠道反应。②和其他双膦酸盐一样，本品可能对上消化道黏膜产生局部刺激可引起食管炎、食管溃疡和食管糜烂。

【用药指导】　①早餐前至少30min用200mL温开水送服。服药后应保持上身直立，卧床有可能引起食管刺激或溃疡性食管炎。②胃肠道紊乱、胃炎、食管不适、十二指肠炎、消化性溃疡病患者慎用。婴幼儿、青少年不宜服用。中重度肾功能不全患者不宜服用。肝病患者不能口服。

【药物商品】　①阿仑膦酸钠片。②阿仑膦酸钠肠溶片。

同类商品：阿仑膦酸钠维D_3（福美加），是我国第一个也是唯一一个骨质疏松药物和维生素D的单片复方制剂，默沙东公司研发，2013年在国内上市，市场潜力较大。

【商品信息】　本品由默沙东公司研发，1995年在美上市，是第一个被FDA批准用于预防骨质疏松症的非激素类药物，也是第一个被FDA批准用于治疗男性骨质疏松症的药物。

【贮存】　密封。

其他骨吸收抑制药

（1）唑来膦酸[医保(乙)]（密固达、择泰）Zoledronic Acid　本品通过对破骨细胞的抑制而抑制骨吸收。用于治疗绝经后妇女的骨质疏松症；治疗变形性骨炎，治疗恶性肿瘤溶骨性骨转移收起的骨痛。治疗恶性肿瘤引起的高钙血症（HCM）。常见肌痛、流感样症状、关节痛和头痛等不良反应。本品由诺华公司研发，2001年FDA批准上市，2004年，诺华的唑来膦酸钠粉针剂引入中国市场，商品名为"择泰"；2007年唑来膦酸注射液上市，商品名为"密固达"。

药物商品有：①唑来膦酸钠注射液；②注射用唑来膦酸钠。静脉用药。对于骨质疏松症的治疗，推荐剂量为一次静脉滴注5mg，每年一次。遮光、密闭、阴凉处保存。

（2）伊班膦酸钠【医保(乙)】（邦罗力、艾本）Ibandronate Sodium　为第三代双膦酸盐类骨吸收抑制剂。可能主要通过与骨内羟磷灰石结合，抑制羟磷灰石的溶解和形成，从而产生抗骨吸收的作用。主用于伴有或不伴有骨转移的恶性肿瘤引起的高钙血症，用于治疗恶性肿瘤溶骨性骨转移引起的骨痛。2005年，FDA批准每月使用一次的伊班膦酸钠在美上市，用于治疗骨质疏松症。2006年在中国上市，商品名为"邦罗力"，临床上应用广泛。

药物商品有伊班膦酸钠注射液。

【本章小结】

1. 肾上腺皮质激素类药物主要是指糖皮质激素类药，其主要作用有抗炎、抗毒素、免疫抑制、抗休克等，临床用途广泛。但多数药物只能缓解症状，不能根治疾病，且不良反应和严重并发症多，应用中应注意严格掌握适应证，防止滥用。

2. 治疗糖尿病的药物主要包括胰岛素和口服降血糖药。胰岛素可调节糖代谢，使葡萄糖利用增加而生成减少，用于各种糖尿病及并发症的治疗。口服降血糖药物主要包括磺酰脲类、双胍类、α-葡萄糖苷酶抑制剂、噻唑烷二酮衍生物、氨基酸衍生物、二肽基肽酶Ⅳ抑制剂、胰高血糖素样肽-1受体激动剂、钠-葡萄糖协同转运蛋白2抑制剂等。

3. 甲状腺激素类药用于甲状腺功能低下的替代补充治疗。抗甲状腺激素类药可抑制甲状腺激素的合成与释放，用于甲状腺功能亢进。

4. 性激素可促进性器官的发育和副性征的形成。性激素类药主要用于性激素分泌不足的补充治疗及治疗其他多种疾病。主要包括雄激素及蛋白同化激素、雌激素、孕激素及促性腺激素类药。

5. 目前防治骨质疏松症的常用药包括：①抑制骨吸收的药物，如双膦酸盐类（阿仑膦酸钠、唑来膦酸钠、伊班膦酸钠等）、降钙素等。②促进骨形成的药物，甲状旁腺素、生长激素、骨生长因子等。钙制剂（如碳酸钙）、维生素D及其活性物如骨化三醇、阿法骨化醇、锶盐和维生素K_2等对抑制骨的吸收、促进骨的形成也起作用。

【思考题】

1. 糖皮质激素用于治疗严重感染疾病的机制是什么，应注意哪些问题？
2. 胰岛素的适应证及不良反应有哪些？
3. 比较格列齐特、二甲双胍、阿卡波糖、吡格列酮、瑞格列奈的作用与适应证。
4. 性激素类药物包括哪些，各自用于治疗何种疾病？

【信息搜索】

1. 糖皮质激素类药物的发展有何新动向？
2. 胰岛素和口服降血糖药物有哪些新的研究进展？
3. 防治糖尿病在日常生活中应该注意哪些问题？

【处方分析】

1. 患者，男性，20岁，哮喘复发3天，有8年哮喘史。伴有轻度咳嗽，痰呈泡沫状，量不多。诊断为支气管哮喘。医生为该患者开出了下列治疗处方，试分析处方是否合理？为什么?

    Rp：醋酸泼尼松片   5mg×30   5mg/次，3 次/天

         氨茶碱片   0.1g×20   0.1g/次，3 次/天

         溴己新片   8mg×40   16mg/次，3 次/天

2. 患者，女，60 岁，近日来经常游走性关节疼痛，医生诊断为类风湿关节炎。处方如下，试分析处方是否合理？为什么？

    Rp：甲基泼尼松龙   1.0g   静脉滴注 1 次/天，3 天

         5%葡萄糖   500mL

         阿司匹林片   0.1g×100   0.2g/次，3 次/天

3. 患者，女，40 岁，主诉无力、心慌。检查：体形肥胖，血糖增高，医生诊断为 2 型糖尿病（肥胖型）。处方如下，试分析处方是否合理？为什么？

    Rp：格列齐特片   80mg×60   80mg/次，2 次/天（餐后 30min 服）

第二十章 抗变态反应药

学习目标

知识目标：
- 掌握抗变态反应药的商业特点、作用机制、药物的分类及特点，各类药物中重点品种的名称、作用及适应证、不良反应、用药指导、贮存特点。
- 熟悉抗变态反应药物的常用品种的品名、作用特点、使用注意事项。

能力目标：
- 学会正确的抗变态反应药物用药指导。

【导课案例——抗过敏药物使用案例】

出租车司机王先生3个月前突然感觉躯干、四肢皮肤剧烈瘙痒，身上起了大大小小的红色斑块，皮疹周围还绕有红晕。医生诊断荨麻疹，并给他开了氯苯那敏及一些外用的止痒药水。服药后王先生的不适症状基本上没再"光顾"。但自从服用氯苯那敏后，王先生变得一蹶不振，早上睡不醒，白天开车也常犯困，多次因精力不集中而险些酿成交通事故。

变态反应（又称过敏反应）是机体受抗原性物质（如细菌、病毒、寄生虫、花粉、食物、药物等）刺激后引起的组织损伤或生理功能紊乱。用于防治变态反应性疾病的药物称为抗变态反应药物，又称抗过敏药物。主要包括抗组胺药、过敏介质阻释药等。

据世界变态反应组织报告披露，全球有30%~40%的人被过敏症状所困惑。尤其是生活在沿海或高寒地区的人群，有数亿人患过敏性鼻炎或过敏性哮喘，且该病的发病率呈现出迅猛上升的趋势，WHO已把过敏性疾病列为21世纪需要重点研究和防治的三大疾病之一。近年来，随着大气环境的恶化、化学生活用品的增加及春季花粉的干扰，过敏性疾病日益凸显，常见的皮肤红肿、瘙痒、斑疹及呼吸系统多种过敏性炎症疾病多有发生。人们对此类疾病的重视逐渐提高，从而带动相关药物市场的增长。

一、抗组胺药

主要是组胺 H_1 受体拮抗药。本类药物能与组胺竞争效应细胞上的组胺 H_1 受体，使组胺不能与 H_1 受体结合，从而抑制其引起过敏反应的作用。抗组胺药对各种过敏性皮肤病效果突出，对过敏性鼻炎和花粉性鼻炎的疗效比支气管哮喘好。很多 H_1 受体拮抗药有不同程度的中枢抑制作用。多数药物尚有抗胆碱作用，可用于防治晕动病所致的恶心、呕吐、眩晕等。

抗组胺药物不良反应较少，最常见的不良反应为中枢抑制引起的镇静、思睡、疲倦等。另外有胃肠道反应，如口干、口苦、食欲减退等，此类不良反应随药物使用时间延长会减轻乃至消失。应用抗组胺药物时，应注意：①本类药物有引起各型过敏的可能，也有交叉过敏情况。②车、船、飞机的驾驶人员，精密仪器操作者工作期间应禁用有中枢抑制作用的抗组胺药物。③新生儿、早产儿不宜使用，孕妇及哺乳妇女慎用，老年人使用时应注意剂量。

抗组胺药物是目前应用最广泛的抗变态反应药物。第一代抗组胺药物起源于1937年，如盐酸苯海拉明、马来酸氯苯那敏、盐酸异丙嗪等，疗效确切，价格合理，但有中枢抑制作用，影响工作和日常活动。20世纪90年代初问世的第二代抗组胺药物如阿司咪唑、氯雷他定、特非那定、西替利嗪、咪唑斯汀、奥沙米特等，对中枢神经的抑制作用较轻或无镇静作用，且起效快、作用时间长，很少引起抗胆碱等不良反应，因而应用广泛。但第二代抗组胺药物逐渐被发现有心脏毒性，其中阿司咪唑、特非那定的心脏毒性较强，很多国家撤市或限制使用。近年来，第三代抗组胺药物如左旋西替利嗪（西替利嗪的单一光学异构体）、地氯雷他定（氯雷他定代谢物去乙氧羰基氯雷他定）、非索非那定（特非那定代谢物羧酸特非那定）等因口服吸收更快、起效更快、作用更持久、代谢率更低、不良反应更少，已逐渐成为市场主导。

苯海拉明【典】【基】【医保(甲)】 Diphenhydramine

【商品名或别名】 可太敏，苯那君，Benadryl。

【性状】 常用其盐酸盐，为白色结晶性粉末；无臭，味苦，随后有麻痹感。在水中极易溶解。

【作用与适应证】 本品能对抗或减弱组胺对血管、胃肠和支气管平滑肌的作用，对中枢神经系统有较强的抑制作用。适用于：①各种皮肤黏膜的变态反应性疾病，包括各种皮炎、湿疹、荨麻疹、药疹、过敏性鼻炎等。②不能耐受左旋多巴的老年帕金森病，或与中枢性抗胆碱药合用治疗其他类型的帕金森病。③乘车乘船引起的恶心呕吐。

【不良反应】 参见本类药品概述。

【用药指导】 ①有交叉过敏情况。②与酒精及其他中枢抑制药合用有相加作用。③因有刺激性，不能皮下注射。④其他参见本类药物概述。

【药物商品】 ①盐酸苯海拉明片：用于防治晕动病时，宜在旅行前1～2h，最少30min前服用。②盐酸苯海拉明注射液：深部肌内注射。③复方氨酚苯海拉明片：含乙酰氨基酚、咖啡因、盐酸苯海拉明和盐酸麻黄碱。④麻黄碱苯海拉明片。

【商品信息】 ①本品1944年合成，1946年首次在美国上市，我国于1957年开始生产。主要生产厂家有北京太洋药业、天津力生制药、江西制药等。②常与解热镇痛药组成复方制剂，用于缓解感冒引起的鼻塞、流涕、咳嗽等症状，但并无预防感冒或缩短病程的作用。③同类商品有茶苯海明片（乘晕宁）：为苯海拉明和8-氨茶碱的复合物，有较强的抗晕动作用，适用于防治晕动病引起的恶心、呕吐及眩晕等。

【贮存】 原料密封保存；片剂遮光，密封保存；注射液密闭保存。如有杂质，在日光中渐渐变为淡黄色，并有明显臭气。

氯苯那敏【典】【基】【医保(甲,乙)】 Chlorphenamine

【商品名或别名】 扑尔敏，马来那敏，氯屈米通，氯苯吡胺。

【性状】 其马来酸盐为白色结晶性粉末；无臭，味苦。易溶于水。

【作用与适应证】 本品抗组胺作用强，对中枢抑制作用较弱。适用于各种过敏性疾病、虫咬、药物过敏等，还可与解热镇痛药配伍用于解除感冒症状。

【不良反应】 较少，有胸闷、咽喉痛、疲劳、虚弱感、心悸或皮肤瘀斑、出血倾向，但少见。

【用药指导】 ①癫痫患者禁用。②可与牛奶同服，以减少对胃的刺激。③其他参见本类药品概述。

【药物商品】 ①马来酸氯苯那敏片、滴丸。②马来酸氯苯那敏注射液。

【商品信息】 ①本品1947年合成，由美国先灵公司生产，1949年首次上市，我国于1959年开始生产。主要生产厂家有北京双鹤药业、华中药业、天方药业等。②本品常与解热镇痛药组成复方制剂，如酚麻美敏片（泰诺）、复方氨酚烷胺胶囊（快克）、氨麻美敏片

（新康泰克Ⅱ）等（见第十五章第四节）。

【贮存】 原料及片剂遮光，密封保存；注射液遮光，密闭保存；滴丸遮光，密封，在凉处保存。

异丙嗪【典】【基】【医保(甲)】 Promethazine

【商品名或别名】 非那根，抗胺荨，普鲁米近，Phenergan。

【性状】 常用其盐酸盐，为白色或几乎白色粉末或颗粒；几乎无臭；味苦；在空气中日久变为蓝色。在水中极易溶解。

【作用与适应证】 本品作用比苯海拉明持久，亦具有明显的中枢安定作用，但比氯丙嗪弱；能增强麻醉药、局部麻醉药和镇痛药的作用，有降低体温、镇吐作用。适用于荨麻疹、哮喘等各种过敏症、乘车乘船等引起的眩晕呕吐等。亦可与氯丙嗪、哌替啶等配伍用于人工冬眠。

【不良反应】 偶有胃肠刺激症状、皮炎。其他参见本类药物概述。

【用药指导】 ①肝功能减退，有癫痫史者慎用。②避免与哌替啶、阿托品多次合用；不宜与氨茶碱混合注射。③可与食物或牛奶同时服，以减少对胃黏膜的刺激。④2006年FDA警告因可能引起小儿呼吸抑制，所有包含盐酸异丙嗪的药品禁止用于2岁以下儿童。⑤其他参见本类药品概述。

【药物商品】 ①盐酸异丙嗪片和盐酸异丙嗪注射液。②小儿盐酸异丙嗪片。

【商品信息】 本品1945年首先合成，美国威斯（Wyeth）公司生产，1951年首次上市，我国于1958年开始生产。生产厂家众多，主要有哈药集团、广东南国药业、天津金耀药业等。

【贮存】 原料及片剂遮光，密封保存；注射液遮光，密闭保存；片剂粘连、变色后不可供药用；注射液变紫色或蓝绿色不可供药用。

氯雷他定【典】【基】【医保(甲,乙)】 Loratadine

【商品名或别名】 开瑞坦。

【性状】 为白色结晶或结晶性粉末；无臭。几乎不溶于水。

【作用与适应证】 本品为强效及长效抗组胺药，无明显中枢镇静作用和抗胆碱作用。用于缓解过敏性鼻炎有关的症状，如喷嚏、流涕和鼻痒以及眼部瘙痒和烧灼感；也用于缓解慢性荨麻疹及其他过敏性皮肤病的症状。

【不良反应】 ①常见不良反应包括头痛、嗜睡、疲乏、口干等。②偶见视觉模糊、血压降低或高、心悸、晕厥、运动功能亢进、肝功能改变、黄疸、肝炎、肝坏死、脱发、癫痫发作、乳房肿大、多形性红斑及全身性过敏反应。

【用药指导】 ①对肝功能受损者，应减少剂量。②孕妇慎用；服药期宜停止哺乳。③在做皮试前约48h应中止使用本品，因抗组胺药能阻止或降低皮试的阳性反应发生。④其他参见本类药品概述。

【药物商品】 剂型较多，有片剂、分散片、咀嚼片、泡腾片、胶囊、颗粒剂、干混悬剂、糖浆剂等。

【商品信息】 本品最早由上海先灵葆雅制药生产，商品名为"开瑞坦"，1993年进入中国市场，其因长效、速效和不良反应小等特点，迅速占领市场。2003年专利期满后，大量价格较低的仿制药出现，市场竞争激烈。如北京双鹭的雷宁、海南万特的百为乐、扬子江上海海尼的雪苏、江苏亚邦爱普森药业的怡邦、深圳海王药业的海王抒瑞等。

地氯雷他定【医保(乙)】 氯雷他定的主要活性代谢产物。效果比氯雷他定更好，副作用更少。用于治疗慢性特发性荨麻疹，常年过敏性鼻炎及季节性过敏性鼻炎。但仅限12岁以上患者使用。市场上主要有原研厂家默沙东药业的恩理思、海南普利制药的芙必叮、深圳信立泰药业的信敏汀等。

枸地氯雷他定 在体内快速转变为地氯雷他定发挥作用，比地氯雷他定具有更强的抗组胺和全面的抗炎作用。用于治疗慢性特发性荨麻疹、常年过敏性鼻炎及季节过敏性鼻炎。南京海辰药业的胶囊恩瑞特和扬子江药业广州海瑞药业的片剂贝雪于2009年上市，发展速度较快。

【贮存】 遮光，密闭保存。

其他抗组胺药

(1) 赛庚啶【典】【基】【医保(甲)】 Cyproheptadine 本品为第一代抗组胺药物，H_1 受体拮抗作用较强，并具有轻中度的抗5-羟色胺作用以及抗胆碱作用。适用于荨麻疹、丘疹性荨麻疹、湿疹、皮肤瘙痒等过敏性疾病，对库欣病、肢端肥大症也有一定疗效。不良反应参见本类药品概述。服药时应避免酒精饮料。尿潴留、消化道溃疡、幽门梗阻患者禁用，孕妇、哺乳期妇女禁用。老年人及2岁以下小儿慎用。

药物商品有盐酸赛庚啶片和乳膏。遮光，密封保存。

(2) 西替利嗪【典】【医保(乙)】（仙特敏）Cetirizine 本品作用强而持久，无镇静作用。适用于季节性或常年性过敏性鼻炎、由过敏原引起的荨麻疹及皮肤瘙痒。肾功能损害者用量应减半，酒后避免使用。其他不良反应及用药注意事项参见本类药品概述。

药物商品有西替利嗪片、分散片、口腔崩解片、胶囊、糖浆、口服溶液和滴剂。遮光，密封保存。胶囊剂保存于干燥处。

本品20世纪中后期由比利时联合化工集团大药厂首次上市，1991年进入中国市场，国内产品主要有成都恒瑞制药的比特力、苏州东瑞制药的西可韦、广州健力宝药业的怡蒙等，印度太阳药业的赛特敏也有销售，市场竞争激烈。

左西替利嗪【医保(乙)】 西替利嗪的单一光学异构体，是第三代高效非镇静抗组胺药物。由比利时优时比公司研发，2001年在德国上市，2005年，以商品名"优泽"在中国上市。2004年，重庆华邦制药的西替利嗪片上市，商品名为"迪皿"。国内市场竞争激烈，主要有浙江海力生制药的强溢、苏州东瑞制药的西可新、湖南九典制药的畅然、浙江永宁药业的西替宁等。本品是国内抗组胺药物市场上增长率最高的药物之一。

(3) 咪唑斯汀【医保(乙)】（皿治林）Mizolastine 本品适用于季节性和常年性过敏性鼻炎、过敏性结膜炎、荨麻疹和其他过敏反应症状。无中枢镇静作用和抗胆碱作用。偶见思睡、乏力、头痛、口干、腹泻和消化不良等症状。其他不良反应及用药注意事项参见本类药品概述。妊娠及授乳期妇女应避免使用。

药物商品有咪唑斯汀缓释片。密闭保存。

本品由赛诺菲公司研发，1996年上市，2001年进入中国市场，商品名皿治林。咪唑斯汀在国内开发较早，2002年，北京红惠制药的咪唑斯汀缓释片上市，保护期后华润三九医药的奥尼捷进入市场，市场高度集中。

"斯汀"类药物具有抗组胺和抗炎症的双重作用，在治疗过敏性鼻炎、鼻塞方面优于其他抗组胺药物，对患者精神、技能行为及认知能力无明显影响，市场潜力巨大。同类药物还有依巴斯汀（开思亭），阿伐斯汀（欣民立），贝他斯汀（坦亮），依美斯汀（埃美丁）等。

各种抗组胺药及其作用比较见表20-1。

表20-1 各种抗组胺药及其作用比较

	药物	抗过敏作用	镇静、催眠	防晕止呕	口干	心律失常
第一代	苯海拉明【典】【基】【医保(甲)】Diphenhydramine	++	+++	++	有	无
	异丙嗪【典】【基】【医保(甲)】Promethazine	++	+++	++	有	无
	氯苯那敏【典】【基】【医保(甲,乙)】Chlorphenamine	+++	+	−	无	无
	赛庚啶【典】【基】【医保(甲)】Cyproheptadine	+++	+	+	有	无

续表

	药物	抗过敏作用	镇静、催眠	防晕止呕	口干	心律失常
第二代	氯雷他定【典】【基】【医保(甲,乙)】Loratadine	+++	-	-	无	无
	特非那定【典】Terfenadine	+++	-	-	无	有
	西替利嗪【典】【医保(乙)】Cetirizine	+++	++	+	有	无

注："+"表示作用程度;"-"表示无作用。

> **知识拓展**
>
> 荨麻疹（urticaria）是由于皮肤、黏膜小血管反应性扩张及通透性增加而产生的一种局限性水肿反应，主要表现为边缘清楚的红色或苍白色的瘙痒性风团。其病因复杂，多数患者找不到确切的过敏原。最常见的过敏原可为食物（如鱼、虾、蟹等）、药物（如青霉素、磺胺类等药物）、感染因素（如病毒、细菌等）、精神因素、内脏和全身性疾病等因素。
>
> 基本损害为皮肤出现风团。常先有皮肤瘙痒，随即出现风团，呈鲜红色或苍白色、皮肤色，少数患者有水肿性红斑。风团的大小和形态不一，发作时间不定。风团逐渐蔓延，融合成片，由于真皮乳头水肿，可见表皮毛囊口向下凹陷。风团持续数分钟至数小时，少数可延长至数天后消退，不留痕迹。皮疹反复成批发生，以傍晚发作者多见。风团常泛发，亦可局限。有时合并血管性水肿，偶尔风团表面形成大疱。部分患者可伴有恶心、呕吐、头痛、头胀、腹痛、腹泻，严重患者还可有胸闷、不适、面色苍白、心率加速、脉搏细弱、血压下降、呼吸短促等全身症状。

二、过敏介质阻释药

过敏介质阻释药是常用的抗变态反应药物，这类药物能稳定肥大细胞膜，阻止组胺及其他过敏介质（如慢反应物质、缓激肽）的释放，产生抗过敏效应。常用药物有色甘酸钠、酮替芬、曲尼司特、扎普司特、丁夫罗林等（见第十五章第三节）。

色甘酸钠【典】【医保(乙)】 Sodium Cromoglicate

【商品名或别名】 咽泰，咳乐钠，Cromolyn Sodium，Intal。

【性状】 白色结晶性粉末；无臭，初无味，后微苦；有引湿性；遇光易变色。易溶于水。

【作用与适应证】 本品本身不具有抗组胺和抗炎作用，但能稳定肥大细胞，抑制其脱颗粒，阻止组胺、5-羟色胺、慢反应物质、缓激肽等过敏介质的释放。适用于：①支气管哮喘，对外源性哮喘特别是季节性哮喘有效，对已发作的哮喘无效，也不适用于减轻急性哮喘的症状；②胃肠道变态反应、过敏性结膜炎、过敏性皮炎、季节性花粉症、感冒等过敏性疾病的治疗。

【不良反应】 干粉吸入时少数患者可见支气管痉挛、咳嗽、咽部刺激感、胸部紧迫感及恶心、鼻腔充血等副作用。

【用药指导】 ①由于只起预防作用，故治疗时不可骤然停药，以免引起哮喘复发。②孕妇、哺乳期妇女慎用；肝、肾功能减退者应减量。③对牛奶、乳制品过敏者与本品有交叉过敏。

【药物商品】 ①色甘酸钠吸入用胶囊：喷雾吸入。②色甘酸钠气雾剂。③色甘酸钠滴眼剂和滴鼻剂。

【商品信息】 本品1969年首先合成，由英国费森斯（Fisons）公司研制，我国于1974年开始生产，是目前预防哮喘发作的常用药物之一。主要生产厂家有上海信谊药金朱药业、沈阳圣元药业、山东博士伦福瑞达制药等。

【贮存】 原料及胶囊遮光，密封贮存；气雾剂密闭，在阴凉处保存；滴眼液遮光，密闭保存。滴鼻剂遮光，密封，在阴凉处保存。

酮替芬【典】【医保(乙)】 Ketotifen

【商品名或别名】 噻哌酮，甲哌噻庚酮，Ketofifen，Zadatin。

【性状】 类白色结晶性粉末；无臭，味苦。可溶于水。

【作用与适应证】 本品为强效口服过敏介质阻释药，能抑制肥大细胞释放组胺和过敏的慢反应物质，同时兼有强大的 H_1 受体拮抗作用。适用于多种类型的支气管哮喘，对过敏性哮喘疗效尤为显著，混合型次之，感染型约半数以上有效。

【不良反应】 ①早期使用偶见嗜睡、疲倦、恶心、口干、头晕等副作用，继续用药一般可消失。②儿童服用易见兴奋、易怒、失眠、神经质。③男性乳房女性化。

【用药指导】 ①对已发作的急性哮喘无效，对持续状态的哮喘也无帮助。服药数月后才能达到最大效果，少于4周的治疗基本无效。②其他参见本类药品概述。

【药物商品】 ①富马酸酮替芬片（胶囊）、溶液剂。②富马酸酮替芬滴鼻液。③富马酸酮替芬鼻喷雾剂、鼻吸入气雾剂。

【商品信息】 本品为20世纪70年代末第二个被临床接受的哮喘预防药，由瑞士山道士公司研制成功，剂型较多，使用方便。国内生产厂家有上海复旦复华药业、浙江莎普爱思药业、江西闪亮制药等。

【贮存】 片剂及胶囊遮光，密封保存；滴鼻液遮光，密闭保存。气雾剂、喷雾剂密封保存。

三、其他抗变态反应药

包括钙盐（如氯化钙）、脱敏制剂（如粉尘螨注射液）、糖皮质激素等。见表20-2。

表20-2 其他抗变态反应药

名称	作用与适应证	药物商品	用药指导
粉尘螨注射液 Dermafrophagoides Farinae Injection	是由粉尘螨提取的有效抗原，为一种强烈的过敏原，用于脱敏治疗，适用于吸入型哮喘、过敏性鼻炎、异位性皮炎等	为无色灭菌水溶液。每毫升相当于干尘螨0.1mg或0.2mg。皮下注射，每周1次	①注射前应进行皮试。注射后24h内有有局部红肿、皮疹等，下次注射剂量宜减半或不增。②有局部红肿、皮疹或轻微哮喘等反应。③严重心血管疾病和肾功能严重低下者禁用；6岁以下儿童不宜使用
组胺【典】Histamine	组胺是引起变态反应的重要介质，采用小剂量的组胺对患者进行反复递增注射，可提高患者对组胺的耐受性。适用于治疗各种经特异性检查过敏原因不明的患者	注射剂：分别配置成每毫升含0.1mg、0.01mg、0.001mg、0.0001mg、0.00001mg组胺的多种注射液。按要求浓度由低到高每日皮下注射，可达脱敏目的	①可能发生过敏反应。禁用于孕妇、支气管哮喘及有过敏史者。发生过敏性休克，可用肾上腺素解救。②用于脱敏的多次抽取用注射液，应酌加抑菌药

【本章小结】

1. 组胺 H_1 受体拮抗药是常用的抗变态反应药，能与组胺竞争组胺 H_1 受体，而抑制其引起过敏反应。常见的不良反应为中枢抑制。

2. 过敏介质阻释药能稳定肥大细胞膜，阻止组胺及其他过敏介质的释放，而产生抗过敏效应。

【思考题】
1. 比较盐酸苯海拉明、马来酸氯苯那敏、氯雷他定、西替利嗪的适应证与不良反应。
2. 色甘酸钠适用于何种哮喘，使用时应注意哪些问题？

【信息搜索】
1. 抗组胺药物有哪些新品种？
2. 常用的抗过敏食疗有哪些？

【处方分析】
患者，男，2岁，反复发作发热咳嗽，经检查为支原体感染。分析以下处方是否合理，其中富马酸酮替芬起何作用？

Rp：富马酸酮替芬片　　0.5mg　bid
　　孟鲁司特钠颗粒　　4mg　　qd
　　匹多莫德片　　　　0.2g　　bid
　　阿奇霉素干混悬剂　0.1g　　qd

第二十一章 抗肿瘤药

学习目标

知识目标：
- 掌握抗肿瘤药物的商业特点、分类、作用机制，各类药物的特点（通性），各类重点品种的名称、作用及适应证、不良反应、用药指导、贮存特点。
- 熟悉常用品种的品名、作用特点、用药注意事项。

能力目标：
- 学会正确的抗肿瘤药物用药指导。

【导课案例——《我不是药神》中的神药】

2018年，电影《我不是药神》火爆全国，一个交不起房租的保健品商人程勇从印度带回了天价药格列宁的仿制药"印度格列宁"，并私自贩卖，引起警方调查，一场关于救赎的拉锯战由此展开。

影片取材于真实事件，其中天价药"格列宁"的原型是诺华制药生产的"格列卫"。通用名为"甲磺酸伊马替尼片"，主要用于治疗慢性粒细胞白血病（CML）。

请问：

1. 伊马替尼有何作用，为何被称为"神药"？
2. 什么是分子靶向药物？

肿瘤是机体在各种致瘤因素作用下，局部组织细胞异常增生而形成的新生物。常表现为局部肿块。按其对人体的危害程度，可将肿瘤分为良性肿瘤和恶性肿瘤（通常所讲的"癌症"）两类。良性肿瘤对机体的影响一般较小，易于治疗，疗效较好。恶性肿瘤危害大，治疗效果不理想。良性肿瘤的命名一般是在组织来源后加"瘤"字，如骨瘤、纤维瘤等。恶性肿瘤中来源于上皮组织的称为癌；来源于间叶组织（包括结缔组织和肌肉）的恶性肿瘤称为肉瘤；来源于造血组织的称为白血病，如急性淋巴细胞白血病等。通常所讲的癌症指的是所有的恶性肿瘤，包括癌与肉瘤等。

世界卫生组织（WHO）和国际癌症研究机构（IARC）估计，全世界罹患癌症的人数在迅速增长，仅2018年一年就新增1810万病例，死亡人数高达960万，中国分别约占23.7%和30%，发病率和死亡率均高于全球平均水平。由于人口老龄化、工业化、城市化进程的加剧，生活方式的改变等原因，我国近十几年来恶性肿瘤的发病死亡均呈持续上升态势，每年新增超过300万恶性肿瘤患者人群，每年恶性肿瘤所致的医疗花费超过2200亿。

居高不下的患病率和死亡率，为肿瘤治疗性药物提供了广阔的市场。2013年全球抗肿瘤药物市场总额达960亿美元，2014年突破1000亿美元，截止到2017年全球抗肿瘤药物市场总额达到了1300亿美元，预测在2020年全球抗肿瘤药物市场总额将达到2000亿美元。

随着抗肿瘤药物纳入医保，2018年中国抗肿瘤药物市场规模达到1461亿元，增长率为14.1%，市场规模保持较快增长态势。与全球市场相比，国内抗肿瘤药物市场药品品种相对单一。国外目前以单抗药物、小分子靶向药物为主，而国内还是传统化药为主，抗代谢类、铂类、抗生素、植物药和烷化剂等传统非靶向药物仍然占据可观的市场规模。但随着肿瘤治疗方式的变化，药物的不断引进和自主研发，靶向药物市场规模预计将不断增长。

第一节 抗恶性肿瘤药的作用及分类

一、对生物大分子的作用及药物分类

（1）影响核酸（DNA、RNA）生物合成的药物　核酸是一切生物的重要生命物质，它控制着蛋白质的合成。核酸的基本结构单位是核苷酸，而核苷酸的合成需要嘧啶类前体和嘌呤前体及其合成物，所以这一类型的药物又可分为：①阻止嘧啶类核苷酸形成的抗代谢药，如氟尿嘧啶等；②阻止嘌呤类核苷酸形成的抗代谢药，如巯嘌呤等；③抑制二氢叶酸还原酶的药，如甲氨蝶呤等；④抑制 DNA 多聚酶的药，如阿糖胞苷；⑤抑制核苷酸还原酶的药，如羟基脲。

（2）直接破坏 DNA 并阻止其复制的药物　有烷化剂、丝裂霉素、博来霉素等。

（3）干扰转录过程阻止 RNA 合成的药物　有多种抗肿瘤抗生素，如放线菌素 D、柔红霉素、平阳霉素等。

（4）影响蛋白质合成的药物　可分为：①影响纺锤丝形成的药物，如长春碱类和鬼臼毒素类；②干扰核蛋白体功能的药物，如三尖杉酯碱；③干扰氨基酸供应的药物，如 L-门冬酰胺酶。

（5）影响激素平衡发挥抗癌作用的药物　如肾上腺皮质激素、雄激素、雌激素等。

二、对细胞增殖动力学的影响及药物分类

（1）周期非特异性药物　对肿瘤细胞整个增殖周期中的增殖细胞群各期和非增殖细胞群都有杀伤作用，如烷化剂。

（2）周期特异性药物　仅对增殖周期中的某一期有较强的作用，如抗代谢药。

三、按药物性质及来源分类

可将抗肿瘤药物分为：①烷化剂；②抗代谢药；③抗肿瘤抗生素；④抗肿瘤植物药；⑤激素类抗肿瘤药；⑥其他抗肿瘤药物（铂类、分子靶向药物等）。

第二节 常用抗肿瘤药

一、烷化剂

氮芥【典】【医保（甲）】　Chlormethine

【商品名或别名】　氮芥，恩比兴，Mustine, Nitrogen Mustard。

【性状】　常用其盐酸盐，为白色结晶性粉末；有引湿性与腐蚀性。极易溶解于水。

【作用与适应证】　本品为双功能烷化剂，主要抑制 DNA 合成，同时对 RNA 和蛋白质的合成也有抑制作用。属细胞周期非特异性药物。主要用于恶性淋巴瘤与肺癌、头颈癌、霍奇金病，腔内注射用于癌性胸腔积液。

【不良反应】　①骨髓抑制：可引起白细胞及血小板减少，甚至全血细胞减少。②注射后 3~6h 可出现恶心、呕吐，用前先使用镇静止吐药可减轻。③反复注射可引起血管硬化、疼痛及栓塞性静脉炎，药物外溢可引起组织及肌肉坏死。④可致生殖系统功能紊乱、头晕、乏

力和脱发等。⑤大剂量时可致中枢神经系统毒性，也可引起低钙血症及损害心脏。

【用药指导】 ①孕妇禁用。②长期使用易发生继发性肿瘤。③凡有骨髓抑制、感染、肿瘤细胞侵及骨髓、曾接受过多疗程化疗或放疗者应慎用。④对本品过敏者禁用。⑤应定期检查白细胞与血小板计数及肝肾功能。

【药物商品】 ①盐酸氮芥注射液。②盐酸氮芥酊和搽剂：外用治疗白癜风和皮肤蕈样霉菌病。③苯丁酸氮芥片、注射液。

【商品信息】 我国于1958年投产，主要生产厂家有河南天方药业、修正药业等。

【贮存】 原料遮光，密封保存；注射液遮光，密闭保存。

环磷酰胺【典】【基】【医保（甲）】 Cyclophosphamide

【商品名或别名】 环磷氮芥，癌得星，Cytoxan，Endoxan，CTX。

【性状】 白色结晶或结晶性粉末；失去结晶水即液化。可溶于水。

【作用与适应证】 本品为氮芥类衍生物，进入体内被肝脏活化，进而在肿瘤细胞内经非酶促反应，生成丙烯醛和磷酰胺氮芥等而起作用。为周期非特异性药物。对淋巴瘤、白血病、多发性骨髓瘤均有效，对乳腺癌、睾丸肿瘤、卵巢癌、肺癌等也有一定疗效。本品的免疫抑制作用常用于肉芽肿、红斑狼疮等的治疗。

【不良反应】 ①骨髓抑制最为常见，白细胞减少较为常见，最低值在用药后1～2周，一般维持7～10天，3～5周恢复正常。②胃肠道反应：食欲减退、恶心、呕吐等。③泌尿系统反应：可出现出血性膀胱炎。

【用药指导】 ①肝肾功能异常时毒性加强。②代谢物对尿路有刺激，应用时应鼓励患者多饮茶水。③用药期间应严格检查血象，肝、肾功能不全者及孕妇慎用。

【药物商品】 ①环磷酰胺片。②注射用环磷酰胺。③复方环磷酰胺片，含环磷酰胺和人参茎叶总皂苷。

【商品信息】 本品抗瘤谱广，是第一个所谓"潜伏化"广谱抗肿瘤药，疗效确切，毒性低，价格适中，目前应用广泛。我国1964年投产，主要有江苏恒瑞药业的匹服平、浙江海正药业、通化茂祥制药等。

【贮存】 原料及片剂遮光，密封保存；注射液遮光，密闭；均在30℃以下保存。水溶液不稳定，应在溶解后短期使用。

其他烷化剂

(1) 司莫司汀【典】【基】【医保（甲）】（甲环亚硝脲）Semustine 本品脂溶性强，可通过血脑屏障，进入脑脊液，常用于脑原发肿瘤及转移瘤。与其他药物合用可治疗恶性淋巴瘤、胃癌、大肠癌、黑色素瘤。不良反应主要为消化道反应及迟发的骨髓抑制，对肝肾功能也有影响。用药期间应定期检查血象。本品可抑制身体免疫机制，用药结束后3个月内不宜接种活疫苗。

药物商品有司莫司汀胶囊。每6～8周一次，睡前与止吐药、安眠药同服。遮光，密封，在冷处保存。

亚硝脲类化合物于1956年美国开始研发，主要有60年代中期上市的卡莫司汀，70年代上市的洛莫司汀、卡莫司汀，90年代上市的尼莫司汀（宁得朗）、福莫司汀（武活龙），雌莫司汀（艾去适）、倍他司汀（敏使朗）、即将在我国上市的苯达莫司汀（存达）等。

(2) 六甲蜜胺【典】【医保（乙）】Altretamine 本品抑制二氢叶酸还原酶，抑制DNA和RNA合成，为周期特异性药物。主要用于卵巢癌、小细胞肺癌、恶性淋巴瘤、乳腺癌等，也可用于治疗慢性粒细胞白血病，比较安全。

药物商品有六甲蜜胺片（胶囊），饭后1～1.5h或睡前服用能减少胃肠道反应。遮光，密封保存。

(3) 白消安【典】【基】【医保（甲,乙）】（白血福恩，马利兰）Busulfan 本品为细胞周期非特异性药物，主要用于治疗慢性粒细胞白血病。不良反应有消化道反应及骨髓抑制，可见白细胞、血小板减少等，久用偶见肺纤维化、皮肤色素沉着等。可致畸胎，孕妇禁用。慢性粒细胞白血病急性变时应停药。用药期间应严格检查血象。

药物商品有白消安片和注射液。原料密封保存；片剂密封，在干燥处保存。注射液 2～8℃保存。

二、抗代谢抗肿瘤药物

甲氨蝶呤【典】【基】【医保(甲)】 Methotrexate

【商品名或别名】 氨甲蝶呤，MTX。

【性状】 橙黄色结晶性粉末；几乎不溶于水；在稀碱溶液中易溶，在稀盐酸中溶解。

【作用与适应证】 本品抑制二氢叶酸还原酶，影响四氢叶酸合成，从而抑制 RNA、DNA 合成。对白血病有效，对实体瘤也有良好的疗效，为临床基本抗肿瘤药物之一。对急性白血病、绒毛膜上皮癌、骨肉瘤、乳腺癌、睾丸肿瘤等都有效，为联合化疗方案中常用的周期特异性药物。

【不良反应】 ①常见骨髓抑制、口腔炎、恶心呕吐、腹泻、皮疹、肝肾功能损伤、脱发、肺炎、吸收不良、骨质疏松、色素沉着等，妊娠早期可致畸胎。②少数患者有月经延迟及生殖功能减退。③鞘内注射剂量过高可引起抽搐。

【用药指导】 ①用药期间应严格检查血象。②肝、肾功能不全患者及孕妇禁用。③长期应用易产生耐药性。④常用甲酰四氢叶酸作为解毒剂。

【药物商品】 ①甲氨蝶呤片。②注射用甲氨蝶呤、甲氨蝶呤注射液。

【商品信息】 我国 1969 年投产，主要生产厂家有江苏恒瑞医药、浙江海正药业、上海信谊药厂、广东岭南制药等。

【贮存】 原料及片剂遮光，密封；注射液遮光，密闭，均在冷处保存。

氟尿嘧啶【典】【基】【医保(甲,乙)】 Fluorouracil

【商品名或别名】 5-氟尿嘧啶，5-FU。

【性状】 白色或类白色结晶性粉末。略溶于水，在稀酸或氢氧化钠溶液中溶解。

【作用与适应证】 本品需经过酶转化为 5-氟脱氧尿嘧啶核苷酸而具有抗肿瘤活性。通过抑制胸腺嘧啶核苷酸合成酶而抑制 DNA 的合成，对 RNA 的合成也有一定抑制作用。临床主要用于多种肿瘤如消化道肿瘤、乳腺癌、卵巢癌、绒毛膜上皮癌、子宫颈癌、肝癌、膀胱癌、皮肤癌（局部涂抹）、外阴白斑（局部涂抹）等。

【不良反应】 常见骨髓抑制、消化道反应，严重者可有腹泻，局部注射部位静脉炎，少数可有神经系统反应如小脑变性、共济失调，有的患者出现皮疹、色素沉着、甲床变黑等。

【用药指导】 ①用药期间应严格检查血象。②服药期间不宜饮酒和同用阿司匹林类药物，以减少消化道出血的可能。

【药物商品】 ①氟尿嘧啶注射液。②氟尿嘧啶软膏、氟尿嘧啶植入剂。③复方氟尿嘧啶口服溶液，含氟尿嘧啶、人参多糖、豆磷脂等。

【商品信息】 本品是第一个根据一定设想而合成的抗代谢药，也是目前临床上应用最广的抗嘧啶类药物，在肿瘤内科治疗中占有重要地位。我国 1965 年投产，主要有海南普利制药的扶时可、天津金耀集团的双燕、芜湖先声中人药业的中人氟安等。

【贮存】 原料遮光，密封保存；注射液、植入剂遮光，密闭保存；软膏密闭，在阴凉处保存。

其他常用抗代谢抗肿瘤药

(1) 阿糖胞苷【典】【基】【医保(甲)】 Cytarabine Hydrochloride（Cytosar） 本品为抗嘧啶药物，

主要通过与三磷酸脱氧胞苷竞争抑制 DNA 多聚酶，但对 RNA 和蛋白质的合成无显著作用。临床主要用于急性淋巴细胞及非淋巴细胞性白血病的诱导缓解期或维持巩固期、慢性粒细胞白血病的急变期，也可联合用于非霍奇金淋巴瘤。也用于病毒性眼病如树枝状角膜炎、角膜虹膜炎及流行性角膜、结膜炎等。不良反应常见骨髓抑制、消化道反应，少数患者可有肝功能异常、发热、皮疹。用药期间应严格检查血象。妊娠期禁用，如果哺乳期必须治疗，应停止喂乳。

药物商品有：①阿糖胞苷注射剂、注射用阿糖胞苷。②注射用盐酸阿糖胞苷。原料遮光、密封，在冷处保存。干燥的药粉在 22℃下可保存 2 年不变。配制好的注射液可在冰箱中保存 7d，室温下仅能保存 24h。注射用阿糖胞苷用含防腐剂的稀释液配制后，溶液可在规定的室温下贮藏 48h。

(2) 巯嘌呤【典】【基】【医保(甲)】（6-巯基嘌呤，乐疾宁）Mercaptopurine　本品对白血病和绒毛膜上皮癌有良好疗效，对急性白血病、绒毛膜上皮癌和恶性葡萄胎有效，对恶性淋巴病和多发性骨髓瘤也有一定疗效。常见不良反应为消化道反应及骨髓抑制。用药期间应严格检查血象。少数患者有肝功能损伤、皮疹及脱发。

药物商品有巯嘌呤片。遮光，密封保存。

(3) 羟基脲【典】【基】【医保(甲)】Hydroxycarbamide　本品为核苷酸还原酶抑制剂，抑制核糖核酸还原为脱氧核糖核酸。临床主要用于黑色素瘤和慢性粒细胞白血病，与放射线合并应用治疗脑瘤也有一定疗效。主要不良反应为骨髓抑制和消化道反应。孕妇禁用。用药期间应定期检查血象。水痘、带状疱疹及各种严重感染禁用。

药物商品有羟基脲片（胶囊）。遮光，密封保存。

(4) 吉西他滨【典】【基】【医保(乙)】Gemcitabine　本品主要作用于 DNA 合成期的肿瘤细胞，适用于治疗中、晚期非小细胞肺癌。不良反应主要有骨髓抑制、胃肠道反应及过敏反应等。孕妇及哺乳期妇女避免使用。肝、肾功能损害的患者应慎用。可引起轻度困倦，用药期间应禁止驾驶和操纵机器。

药物商品有注射用盐酸吉西他滨，静脉滴注。密闭，干燥处保存。

吉西他滨的市场销量增长迅速。江苏豪森的泽菲目前市场份额第一，誉衡药业的誉捷和原研厂家礼来占据了剩余的大部分市场份额，齐鲁制药的英择、浙江海正药业的甫安、奥赛康药业的奥海润也加入了市场竞争。同类产品还有卡培他滨（希罗达）、地西他滨（达珂，昕美）等。

(5) 培美曲塞【基】【医保(乙)】（力比泰）Pemetrexe　本品通过抑制叶酸代谢途径中多个关键酶的活性，从而影响嘌呤和胸腺嘧啶核苷的生物合成，进而影响肿瘤细胞 DNA 合成，抑制细胞增殖。主要与顺铂联合，适用于局部晚期或者转移性非鳞状细胞型非小细胞肺癌患者的一线化疗。常见不良反应有疲劳、恶心和食欲减退。本品与顺铂联合治疗时，有呕吐、中性粒细胞减少、白细胞减少、贫血、口腔炎/咽炎、血小板减少和便秘等。肝肾功能不良者慎用。

药物商品有注射用培美曲塞二钠。静脉滴注。室温保存（15～30℃）。

本品由礼来公司研发，2002 年在美国获批上市。2005 年在中国上市，用药需求较大。江苏豪森药业的普来乐、齐鲁制药的赛珍和礼来公司的力比泰占据市场前三位。

三、抗肿瘤抗生素

多柔比星【典】【基】【医保(甲)】Doxorubicin

【商品名或别名】　阿霉素，ADM。

【性状】　常用其盐酸盐，为橙红色结晶性粉末；易溶于水。

【作用与适应证】　本品为抗有丝分裂和细胞毒性药物。能成功地诱导多种恶性肿瘤的缓解，包括急性白血病、淋巴瘤、软组织和骨肉瘤、儿童恶性肿瘤及成人实体瘤，尤其用于乳腺癌和肺癌。

【不良反应】①骨髓抑制和口腔溃疡。②有心脏毒性，可表现为心动过缓，重者可出现心肌炎。③呕吐、恶心和腹泻等胃肠道反应也可发生。

【用药指导】①用药期间应严格检查血象、肝功能及心电图。②严重器质性心脏病和心功能异常及对本品及蒽环类过敏者禁用。③注射后可使尿液呈红色，尤其是在注射后第一次排尿，应告知患者。

【药物商品】①注射用盐酸多柔比星。②盐酸多柔比星脂质体注射液，为用于单剂量静脉滴注给药的浓缩液。

【商品信息】①本品1974年获批上市，由于减少了心脏毒性，1995年强生的多柔比星脂质体注射剂DOXIL（多喜）让老药焕发了青春。2009年，上海复旦张江生物医药自主创新的多柔比星脂质体里葆多上市，填补了国内空白。国内脂质体生产企业还有石药集团欧意药业、常州金远药业等。②1957年，第一个蒽环类抗肿瘤药物柔红霉素被分离，不久第二代产品多柔比星因具有抗菌谱广、疗效高的特点，临床得到广泛应用。同类产品还有表柔比星（表阿霉素）、吡柔比星（吡喃阿霉素）、阿柔比星（阿克拉霉素）、伊达比星（去甲氧柔红霉素）等。第三代产品氨柔比星（凯德，Calesd）2002年在日本获批上市，用于非小细胞肺癌及小细胞肺癌的治疗。

【贮存】原料及注射用药遮光，密封，在阴凉处保存。脂质体注射液未开封的药瓶应保存在2～8℃环境下，避免冷冻。

其他常用抗肿瘤抗生素

（1）**丝裂霉素**【典】【医保(甲)】（自力霉素）Mitomycin（MMC） 本品为细胞周期非特异性药物，用于治疗胃癌、肺癌、乳腺癌，也适用于肝癌、胰腺癌、结直肠癌、食管癌、卵巢癌及癌性腔内积液。不良反应主要为骨髓抑制、消化道反应。此外，对肾脏、肺亦有毒性，个别患者可引起发热、乏力、肌肉痛及脱发。用药期间应严格检查血象；对局部有刺激作用，不可漏于血管外。孕妇及哺乳期妇女禁用。用药期间禁用活病毒疫苗接种和避免口服脊髓灰质炎疫苗。水痘或带状疱疹患者禁用。

药物商品有注射用丝裂霉素，不可作肌肉或皮下注射。原料严封，在凉暗处保存；注射液遮光，密闭保存。

（2）**放线菌素D**【典】【医保(甲)】Dactinomycin（更生霉素，Actinomycin D，ACTD） 本品作用于mRNA干扰细胞的转录过程，抑制RNA的合成，为周期非特异性药物。对肾母细胞瘤、神经母细胞瘤及霍奇金病有效，对绒毛膜上皮癌及睾丸肿瘤也有一定疗效。常见不良反应有消化道反应、骨髓抑制，少数患者有脱发、皮炎、发热及肝功能损伤等。用药期间应严格检查血象。注射时防止药液漏出血管外。肝肾功能不全者、严重感染者及孕妇、哺乳期妇女慎用。有出血倾向者慎用或忌用，有患水痘病史者忌用。

药物商品有注射用放线菌素D。原料遮光，严封，在干燥处保存；注射液遇光不稳定，需遮光，密闭保存。

四、植物类抗肿瘤药

长春新碱【典】【基】【医保(甲)】 Vinblastine

【商品名或别名】醛基长春碱，新长春碱，VCR。

【性状】常用其硫酸盐，为白色或类白色结晶性粉末；无臭，有引湿性，遇光或热易变黄。易溶于水。

【作用与适应证】本品为细胞周期特异性药物，可抑制嘌呤、DNA、RNA合成。主要用于急性白血病及霍奇金病、恶性淋巴瘤、乳腺癌、支气管肺癌等。

【不良反应】 ①神经毒性，出现四肢麻木、腱反射消失等。②骨髓抑制轻，静脉注射后白细胞迅速下降，但2～3周后可恢复正常。③偶有恶心、呕吐等胃肠道反应及血栓性静脉炎。④长期使用可抑制睾丸或卵巢功能，引起精子缺乏或闭经。

【用药指导】 ①孕妇与哺乳妇女禁用。②骨髓抑制，有痛风史、肝功能损害、感染等患者慎用。③注射时药液外漏可引起局部组织坏死，应立即停止注射，并局部封闭。④不能作肌内、皮下或鞘内注射。

【药物商品】 硫酸长春新碱注射剂。

【商品信息】 ①本品是由夹竹桃植物长春花中提取的一种生物碱。我国1975年投产，主要有广东岭南制药的能达、深圳万乐药业、瀚晖制药等。同类药品有硫酸长春碱、重酒石酸长春瑞滨等。②长春花碱及植物制剂仍然是占据整个抗肿瘤药物市场较大份额的一类药物。但是近年来增速逐年放缓，长春新碱、长春瑞滨等老一代产品呈现负增长。多西他赛、紫杉醇、伊立替康等药物已经上市一段时间，稳定增长。

【贮存】 原料遮光，密封；注射液遮光，密闭；均在冷处保存。

紫杉醇【典】【基】【医保(甲)】 Paclitaxel

【商品名或别名】 泰素，紫素，特素。

【性状】 为白色结晶性粉末；无臭，无味。几乎不溶于水。

【作用与适应证】 紫杉类药物是由紫杉的树干、树皮或针叶中提取或半合成的有效成分，本品作用于微管蛋白系统，主要用于卵巢癌和乳腺癌，对肺癌、大肠癌、黑色素瘤、头颈部癌、淋巴瘤、脑瘤也有一定疗效。

【不良反应】 ①过敏反应：表现为支气管痉挛性呼吸困难，低血压，血管神经性水肿。常发生在用药后最初的10min内，与剂量无关。②骨髓抑制：主要为中性粒细胞减少。③神经系统毒性：周围神经毒性，指（趾）末端麻木和感觉异常等。④对心血管系统、肝胆也有影响，引起低血压、心动过缓等。

【用药指导】 ①严重骨髓抑制，感染忌用。②定期检查血象、心电图等。③治疗前需预防过敏反应，给药期间尤其输注开始前15min内密切观察有无过敏。④药液不能接触聚氯乙烯（PVC）器械，必须使用玻璃容器。

【药物商品】 ①紫杉醇注射液。②注射用紫杉醇（白蛋白结合型）

【商品信息】 ①紫杉醇最早于1992年在美国上市，商品名为泰素（Taxol）。进入中国市场后，成为抗肿瘤药物市场中的领头羊。国内仿制药较多，主要有海口制药的特素、北京协和药厂的紫素、江苏奥赛康药业的奥素等。②本品疗效显著，由于其副作用较大，逐步被后续上市的紫杉衍生物或者新剂型药物替代。其中纳米白蛋白紫杉醇是全球唯一应用白蛋白纳米微粒技术生产的靶向化疗药物，2010年正式在中国上市，商品名：Abraxane。我国仿制药江苏恒瑞医药、石药集团的艾克力2018年获批上市，激发了紫杉类市场规模的进一步扩大。此外南京绿叶思科药业自主研发的注射用紫杉醇脂质体（力扑素）是全球唯一上市的紫杉醇脂质体制剂。

【贮存】 遮光，密闭，25℃以下保存。注射液避光，密封，室温保存。注射用紫杉醇（白蛋白结合型）避光，2～8℃冰箱内保存。

其他常用植物类抗肿瘤药

（1）长春地辛【典】【医保(乙)】 Vindesine Sulfate 本品为细胞周期特异性药物。主要用于急性淋巴细胞白血病、慢性粒细胞白血病的突发性危象，也用于恶性黑色素瘤、霍奇金病和恶性淋巴瘤等。常见不良反应为骨髓抑制、胃肠道反应、神经毒性等，有生殖毒性和致畸作用，孕妇不宜使用。局部刺激，可引起静脉炎，应避免漏出血管外和溅入眼内。

药物商品有注射用硫酸长春地辛。遮光,密闭,冷处(2~10℃)保存。

(2) 依托泊苷【典】【基】【医保(甲、乙)】(鬼臼乙叉甙,足叶乙甙)Etoposide 本品为鬼臼脂的半合成衍生物,在同类药物中毒性较低,为常用抗肿瘤药物之一。主要用于治疗小细胞肺癌、淋巴瘤、睾丸肿瘤、急性粒细胞白血病,对卵巢癌、乳腺癌、神经母细胞瘤亦有效。骨髓抑制较明显,其他不良反应有消化道反应、脱发。药液外漏,可引起局部刺激。用药期间应定期检查周围血象和肝、肾功能。

药物商品有:①依托泊苷注射液。经0.9%氯化钠注射液稀释后的溶液只可静脉滴注给药,给药速度不可过快。②依托泊苷软胶囊。遮光、密闭保存。

(3) 高三尖杉酯碱【典】【医保(甲、乙)】 Homoharringtonine 本品能诱导细胞分化,抑制糖蛋白合成,为细胞周期非特异性药物。主要作用于急性非淋巴细胞白血病,对急性单核细胞性白血病及恶性淋巴瘤也有一定疗效。不良反应包括:①白细胞数下降,多数患者可以恢复。有时出现恶心、呕吐、厌食、口干等。②心脏毒性,引起心房扑动应立即停药。部分病例可见心肌损害。大剂量一次使用可发生呼吸抑制而致死,不宜静脉推注。严重或频发的心律失常及器质性心血管疾病患者禁用。肝肾功能不全患者慎用。用药期间定期检查血象、心脏功能。

药物商品有高三尖杉酯碱注射液和高三尖杉酯碱氯化钠注射液。原料遮光,密封;注射液遮光,密闭,均在阴凉处保存。

(4) 多西他赛【医保(乙)】(多烯紫杉醇)Docetaxel 本品为紫杉醇类抗肿瘤药,通过干扰细胞有丝分裂和分裂间期细胞功能所必需的微管网络而起抗肿瘤作用。适用于以顺铂为主的化疗失败的晚期或转移性非小细胞肺癌的治疗。常见不良反应包括骨髓抑制、过敏反应、皮肤反应及胃肠道反应等,还可出现体液潴留包括水肿、胸腔积液、腹水等。所有患者在接受多西他赛治疗前均必须口服糖皮质激素类药物如地塞米松,以预防过敏反应和体液潴留。肝功能有严重损害的患者禁用。

药物商品有注射用多西他赛。遮光,密闭,2~8℃保存。

本品由赛诺菲公司开发,商品名泰索帝。江苏恒瑞医药的艾素销售超过10亿,占据近半的国内市场份额,其他二十余家药企都有多西他赛产品,如山东齐鲁制药的多帕菲、深圳万乐药业的希存等。

(5) 羟喜树碱【医保(甲)】 Hydroxycamptothecine 本品为从珙桐科落叶植物喜树的种子或根皮中提出的一种生物碱。主要对肝癌、大肠癌、肺癌和白血病有效。常见不良反应包括胃肠道反应、骨髓抑制,少数患者有脱发、心电图改变及泌尿道刺激症状,但较喜树碱轻。

药物商品有羟喜树碱注射液。密闭避光,阴凉处保存。

同类产品中伊立替康(开普拓,艾力)、拓扑替康(艾拓,欣泽)等已广泛应用于胃癌、胰腺癌、肺癌、宫颈癌、乳腺癌等的治疗中。

五、激素类抗肿瘤药

激素类抗肿瘤药见表21-1。

表21-1 激素类抗肿瘤药

名称	作用与适应证	药物商品	用药指导
他莫昔芬【典】【基】【医保(甲)】(三苯氧胺)Tamoxifen(Nolvadex,TAM)	合成的抗雌激素药物,有抗雌激素的作用,主要用于乳腺癌	①片剂。②本品于1978年被FDA批准用于治疗乳腺癌,是乳腺癌内分泌治疗的重要药物	①常见不良反应有呕吐恶心、灼热感、血小板减少、头痛等。长期使用可导致视力障碍。②有类似更年期的紊乱症状,如发热、颜面潮红、阴道出血等。③用药期间应定期做妇科检查。孕妇禁用。肝、肾功能异常者慎用

续表

名　　称	作用与适应证	药物商品	用药指导
甲羟孕酮【典】【基】医保(甲、乙) Medroxyprogesterone Acetate	作用与黄体酮相似，主要用于治疗肾癌、乳腺癌、子宫内膜癌、前列腺癌及增强晚期癌症患者的食欲，改善一般状况和增加体重	①片剂，注射液。②常用孕激素类药物之一	①可引起黄体酮类反应如乳房疼痛、阴道出血、闭经、月经不调等。②可引起凝血功能异常，栓塞性疾病或在应用过程中有血栓形成的征象如头痛、视力障碍等应立即停药。③严重肝功能损害、高钙血症倾向的患者应禁用
来曲唑【典】医保(乙)（弗隆，芙瑞）Letrozol	通过抑制芳香化酶，使雌激素水平下降，从而消除雌激素对肿瘤生长得刺激作用。用于绝经后晚期乳腺癌，多用于抗雌激素治疗失败后的二线治疗	①片剂。②本品1997年在美国获批上市，商品名Femara；2003年获批进口，国内产品主要是江苏恒瑞制药的芙瑞和浙江海正药业的伊美舒	①以恶心、头疼、骨痛、潮热（和体重增加为主要表现，其他少见的还有便秘、腹泻、瘙痒、皮疹、关节痛、胸痛、腹痛、疲倦、失眠、头晕、水肿、高血压、心律不齐、血栓形成、呼吸困难、阴道流血等。②妊娠、哺乳期妇女和儿童禁用
亮丙瑞林医保(乙)（抑那通）Leuprorelin	能有效抑制垂体-性腺系统的功能。主要用于治疗子宫内膜异位症。对伴有月经过多、下腹痛、腰痛及贫血等的子宫肌瘤，可使肌瘤缩小和或症状改善。可用于前列腺癌	①注射用醋酸亮丙瑞林微球。②日本武田公司开发并于1994年获准上市，2000年进入中国。武田制药占据一半以上份额，其他生产厂家有北京博恩特和丽珠制药	①常见发热，颜面潮红，发汗，性欲减退，阳痿，男子女性化乳房，睾丸萎缩，会阴不适等现象。其他还有疼痛，肩腰四肢疼痛。排尿障碍，血尿。循环系统可见心电图异常。②注射局部可有疼痛，硬结，发红等。③孕妇或有可能怀孕的妇女，或哺乳期妇女；有性质不明的、异常的阴道出血者禁用
戈舍瑞林（诺雷得）Goserelinacetate	为合成的、促黄体生成素释放激素的类似物，用于治疗可用激素治疗的前列腺癌及绝经前和围绝经期的乳腺癌。也可用于子宫内膜异位症的治疗，如缓解疼痛并减少子宫内膜损伤	①醋酸戈舍瑞林缓释植入剂。②1987年英国首次上市用于前列腺癌治疗，2015年美国FDA批准用于晚期前列腺癌的姑息治疗、绝经前及绝经后晚期乳腺癌、子宫内膜异位和子宫纤维瘤的治疗。1996年进入中国市场	①偶有皮疹，注射位置上有轻度瘀血等。②男性患者副作用包括潮红和性功能下降，偶见乳房肿胀和触痛，女性患者副作用有潮红，多汗及性欲下降，也有头痛，情绪变化如抑郁，阴道干燥及乳房大小的变化。③孕期及哺乳期妇女禁用

六、其他抗肿瘤药

（一）铂类抗肿瘤药

顺铂【典】【基】医保(甲、乙)　　Cisplatin

【商品名或别名】　顺氯氨铂，DDP。

【性状】　亮黄色或橙黄色的结晶性粉末；无臭。微溶于水。

【作用与适应证】　本品能与DNA结合形成交叉键，从而破坏DNA的功能不能再复制；高浓度时也抑制RNA及蛋白质的合成。为细胞周期非特异性药物。本品对多种实体肿瘤均有效，如睾丸肿瘤、乳腺癌、肺癌、头颈部癌、卵巢癌、骨肉瘤及黑色素瘤等。

【不良反应】　①胃肠道反应：恶心、呕吐等。②骨髓抑制：主要为白细胞减少。③肾脏毒性。④听神经毒性：头昏、耳鸣、耳聋等。⑤过敏反应：出现颜面水肿、心动过速等。

【用药指导】　使用前，尤其是高剂量时，应先检查肾脏功能及听力，并注意多饮水或输液强迫利尿。肾功能不全者慎用。

【药物商品】 ①顺铂注射液和注射用顺铂（冻干型）。②顺铂氯化钠注射液。

【商品信息】 本品为第一代铂类药物，发现较早，治疗肿瘤疗效确切，因肾毒性较大、呕吐副作用较大而限制了临床的使用。近年来顺铂在联合用药方面进展较大，扩大了其应用范围。确切的疗效，相对较低的价格，顺铂仍是使用较多的品种。主要生产厂家有江苏豪森药业的诺欣、齐鲁制药、云南植物药业等。

【贮存】 原料遮光，密封保存；注射液遮光，密闭保存。

其他常用金属铂类药物

(1) 卡铂【典】【基】【医保（甲）】 Carboplatin 本品为第二代铂类药物，其化学稳定性高，溶解性较顺铂高16倍，毒副作用较顺铂低。对顺铂敏感的肿瘤一般也对卡铂敏感。主要用于实体瘤如小细胞肺癌、卵巢癌、睾丸肿瘤、头颈部癌及恶性淋巴瘤等均有较好的疗效。也可适用其他肿瘤如子宫颈癌、膀胱癌及非小细胞性肺癌等。不良反应为骨髓抑制，停药后可自行恢复。恶心呕吐较顺铂轻而少见。严重肾功能不全、严重骨髓抑制患者禁用。妊娠期及哺乳期妇女禁用。

药物商品有卡铂注射液和注射用卡铂。室温，避光保存。

(2) 奥沙利铂【典】【基】【医保（乙）】 Oxaliplatin 本品为第三代铂类药物，通过产生烷化结合物作用于DNA，形成链内和链间交联，从而抑制DNA的合成及复制。用于经氟尿嘧啶治疗失败后的结直肠癌转移的患者，可单独或联合氟尿嘧啶使用。有神经毒性，以末梢神经炎为特征的周围性感觉神经病变。有时可伴有口腔周围、上呼吸道和上消化道的痉挛及感觉障碍。有一定血液毒性，出现贫血、粒细胞减少、血小板减少等。可引起恶心、呕吐、腹泻，与氟尿嘧啶联合应用时，副作用显著增加。应给予预防性和（或）治疗性的止吐用药。妊娠期及哺乳期妇女禁用。用药期间，勿吃冷食，禁用冰水漱口。

药物商品有注射用奥沙利铂。遮光、密封保存。

本品为铂类药物的领头羊，由瑞士德彪公司研发，商品名为乐沙定，1998年进入我国市场，占据了大部分铂类药物的市场，国内仿制品较多，主要有江苏恒瑞医药的艾恒、齐鲁制药的齐沙、江苏奥赛康药业的奥正南等。第三代铂类药物还有洛铂、米铂等。

（二）分子靶向抗肿瘤药

以细胞受体、关键基因和调控分子为靶点研制出的抗肿瘤化合物被称为抗肿瘤分子靶向药物。它的目标是肿瘤细胞里属于某一蛋白家族的某部分分子，或者是一个核苷酸片段，或者是一种基因产物。分子靶向药物弥补了化疗药物毒性反应大和易产生耐药性的缺点，优势明显，发展迅速。

分子靶向抗肿瘤药物研发近年来取得突出进展，目前已上市靶向药物达百余种，涵盖27种常见癌症治疗，已成为市场上的主流药物。2017年全球前10大抗肿瘤药全部为靶向抗癌药，合计销售541亿美元，较上年增长33.4%，占2017年全球抗肿瘤市场份额达47.9%。目前全球有2000多个肿瘤治疗药品和疫苗正处于不同研发阶段，超过90%为靶向药物。

目前国内肿瘤领域的靶向药物数量不多，与欧美日等发达国家相比，临床可选择种类偏少。但是肿瘤靶向药物是目前新药研发最活跃的领域之一，数据表明目前正在申报临床、正在进行临床和正在申报生产的小分子靶向药物种类约有百种（其中包含国内原研、国外已上市和仿制药等）；大分子靶向药数十种。值得一提的是，2019年11月，我国百济神州自主研发的泽布替尼获FDA批准上市，成为第一个在美获批上市的中国本土自主研发的抗癌新药，也标志着中国创新药在走向全球的进程中又迈出了重要一步。

根据不同的作用环节，分子靶向抗肿瘤药物主要包括促分化和凋亡诱导剂、细胞信号转导分子抑制剂、新生血管抑制剂、靶向端粒酶抑制剂、针对肿瘤耐药的逆转剂等。

根据药物分子的大小，分子靶向抗肿瘤药物可分为：①大分子单克隆抗体类，如利妥昔单抗（美罗华）、曲妥珠单抗（赫赛汀）、贝伐珠单抗（安维汀）、尼妥珠单抗（泰欣生）等。②小分子化合物类，如伊马替尼（格列卫）、吉非替尼（易瑞沙）、阿帕替尼（艾坦）等。

利妥昔单抗【基】【医保(乙)】 Rituximab

【商品名或别名】 美罗华，Rituxan，Mathera。

【作用与适应证】 本品是一种嵌合鼠/人的单克隆抗体，该抗体与纵贯细胞膜的CD20抗原特异性结合，该抗原表达于95%以上的B淋巴细胞型的非何杰氏淋巴瘤。在与抗体结合后，CD20不被内在化或从细胞膜上脱落。CD20不以游离抗原形式在血浆中循环，因此，也就不会与抗体竞争性结合。利妥昔单抗与B淋巴细胞上的CD20结合，并引发B细胞溶解的免疫反应。适用于复发或耐药的滤泡性中央型淋巴瘤的治疗。

【不良反应】 ①不同程度的过敏反应，发热，寒战，发抖，多发生于首次滴注后30~120min内，以后的注射时减轻。②常见低血压、发热、畏寒、寒战、荨麻疹、支气管痉挛、舌或喉部肿胀感（血管性水肿）、恶心、疲乏、头痛、瘙痒、呼吸困难、鼻炎、呕吐、颜面潮红和病变部位疼痛等与利妥昔单抗输注有关，属输注相关综合征。多在首次注射时发生。

【用药指导】 ①有肺部疾病病史和心脏病病史的患者应密切监护。②禁用于已知对该产品的任何成分及鼠蛋白高敏感的患者。哺乳期妇女、儿童禁用。

【药物商品】 利妥昔单抗注射液。由于不含抗微生物的防腐剂或抑菌制剂，必须检查无菌技术。静脉使用前应观察注射液有无微粒或变色。不得与其他药物混用，不可静脉注射。

【商品信息】 本品由罗氏制药研发，1997年在美国上市，是全球第一个抗肿瘤单抗。自问世以来，利妥昔单抗和化疗药物的联用成为治疗某些特定类型的非霍奇金淋巴瘤的标准方案。2018年利妥昔单抗原研药中国销售额约20.7亿元，罗氏制药的美罗华独占市场。2019年2月，我国第一个仿制药，复宏汉霖的汉利康获批上市，这代表着国产生物类似药迎来重大进展。其他国内申报企业还包括信达生物、海正药业、丽珠集团等。

【贮存】 避光，2~8℃冷藏箱保存。

伊马替尼【基】【医保(乙)】 Imatinib

【商品名或别名】 格列卫，Glivic，Gleevec。

【性状】 常用其甲磺酸盐，为白色或微黄色结晶性粉末，易溶于水。

【作用及适应证】 本品能在细胞水平上抑制Bcr-Abl酪氨酸激酶，能选择性抑制Bcr-Abl阳性细胞系细胞、费城染色体阳性（Ph+）的慢性髓性白血病（CML）和急性淋巴细胞白血病患者的新鲜细胞的增殖和诱导其凋亡。主要用于治疗慢性粒细胞白血病。

【不良反应】 ①轻度恶心、呕吐、腹泻、肌痛、肌肉痛性痉挛及皮疹等。②常发生浮肿和水潴留，大多数患者的浮肿表现为眶周和下肢浮肿，也有胸腔积液、腹水、肺水肿和体重迅速增加发生，应停药或调整剂量。

【用药指导】 ①定期检查血象，定期监测体重。②心衰患者慎用。妊娠期，哺乳期妇女禁用。

【药物商品】 甲磺酸伊马替尼片（胶囊），在进餐时服药，并饮一大杯水。不能吞咽片（胶囊）的患者，可以将药片或胶囊内药物分散于水或苹果汁中（100mg约用90mL，400mg约用200mL）。应搅拌混悬液，一旦药片崩解完全应立即服用。

【商品信息】 本品是瑞士Novartis公司研发的全球第一个根据肿瘤细胞活动原理设计的酪氨酸激酶抑制剂。2001年诺华制药的伊马替尼（格列卫）在美国上市，2002年进入并垄断中国市场，2013年江苏豪森药业的昕维上市，2014年正大天晴药业的格尼可、石药集团欧意药业的诺利宁先后上市，有望打破格列卫的垄断局面。

【贮存】 遮光，密封，室温（10～30℃）保存。

(三) 其他抗肿瘤药

其他抗肿瘤药见表 21-2。

表 21-2 其他抗肿瘤药

名　　称	作用与适应证	药物商品	用药指导
门冬酰胺酶【典】【基】医保（甲）（欧文,埃希）Asparaginase	本品能使门冬酰胺水解,使肿瘤细胞缺乏门冬酰胺而抑制其生长。用于治疗急慢性淋巴细胞白血病、急性粒细胞白血病、急性单核细胞白血病、霍奇金病及非霍奇金病淋巴瘤等	注射用门冬酰胺酶	①常见不良反应有过敏反应、肝损害、胰腺炎、食欲减退,凝血因子Ⅴ、Ⅶ、Ⅷ、Ⅸ及纤维蛋白原减少等。少见血糖升高、高尿酸血症、高热、精神及神经毒性等。②对本品有过敏史或皮试阳性者;有胰腺炎病史或现患胰腺炎者;现患水痘、广泛带状疱疹等严重感染者禁用
维 A 酸【典】【基】医保（甲）Tretinoin	本品为细胞诱导分化药。用于癌的预防及治疗癌前病变,如口腔黏膜白斑、喉乳头状瘤等。也用于治疗急性早幼粒细胞白血病,并可作为维持治疗药物	片剂	①常见不良反应有唇炎、黏膜干燥、结膜炎、甲沟炎、脱发等。可出现头痛、头晕、口干、脱屑以及对光过敏、皮肤色素变化等。②可引起高血脂,多发生于治疗后 2～3 个月。③妊娠妇女、严重肝肾功能损害者禁用
亚砷酸【基】医保（乙）（三氧化二砷）Arsenious Acid	本品适用于急性早幼粒细胞白血病	①注射液。②亚砷酸氯化钠注射液	①常见食欲减退、腹胀或腹部不适、恶心、呕吐及腹泻等;皮肤干燥、红斑或色素沉着;肝功能改变。其他有关节或肌肉酸痛、浮肿、轻度心电图异常、尿素氮增高、头痛等。②服药期间避免使用含硒药品及食用含硒食品。③孕妇及长期接触砷或有砷中毒者禁用
亚叶酸钙【典】【基】医保（甲）Calcium Folinate	本品用作叶酸拮抗剂（如甲氨蝶呤啶）的解毒药。用于预防甲氨蝶呤啶过量或大剂量治疗后引起的严重毒性作用。由叶酸缺乏所引起的巨幼红细胞贫血。与氟尿嘧啶合用,用于治疗晚期结肠癌、直肠癌	①片剂、胶囊剂。②注射液	①偶见皮疹、荨麻疹或哮喘等过敏反应。②禁用于恶性贫血或维生素 B_{12} 缺乏所引起的巨幼红细胞贫血

> **知识拓展**
>
> **肿瘤免疫治疗**
>
> 2018 年,美国科学家詹姆斯．艾利森（Jim Allison）和日本科学家本庶佑（Tasuku Honjo）分享了当年度诺贝尔生理学或医学奖。这是对免疫治疗抗肿瘤最大的肯定。
>
> 19 世纪末,美国骨科医生 William B. Coley 意外发现手术后感染酿脓链球菌患者的癌症出现了缓解,第一次打开了免疫疗法治疗癌症的大门,他也被称作"肿瘤免疫疗法之父"。20 世纪 60 年代,澳大利亚免疫学家 Burnet 提出了"免疫监视理论",也成为免疫疗法治疗癌症提供了重要理论。
>
> 1987 年,来自法国的科学家团队发现了 T 细胞上的一个跨膜受体 CTLA 4。
>
> 1996 年,Jim Allison 在小鼠实验中首次发现,抑制 CTLA 4 能够激活 T 细胞持续地对癌症进行攻击。在随后的人体研究中,CTLA 4 抗体表现出色,为黑色素瘤患者带去了

希望。2011年3月25日，CTLA 4抗体制成的药物伊批抗体（Ipilimumab）经过FDA批准上市，用来治疗转移性黑色素瘤，成为第一个靶向T细胞抑制途径的药物。这是免疫疗法的一次胜利。

1992年，日本京都大学免疫学家本庶佑教授发现了另外一个位于T细胞上的重要免疫抑制受体分子PD-1。当PD-1与某些特定分子结合后，能迫使免疫细胞程序性"自杀"，从而终止正在进行的免疫反应。之后，其他科学家在肿瘤细胞中发现了一种能与PD-1特异结合的配体PD-L1。目前，以阻断程序性死亡蛋白1和阻断程序性死亡配体蛋白1（PD-1/PD-L1）的药物使用最为广泛。

免疫治疗作为一种创新的治疗方式，已成为肿瘤治疗研究领域的热点。目前国内上市的免疫治疗药物均为PD-1单克隆抗体。包括百时施贵宝的纳武利尤单抗注射液（Opdivo，欧狄沃，O药）、默沙东的帕博利珠单抗注射液（Keytruda，可瑞达，K药），君实生物的特瑞普利单抗注射液（拓益）、信达生物的信迪利单抗注射液（达伯舒）。

【本章小结】

抗肿瘤药物种类较多，主要通过对核酸生物合成、蛋白质合成、激素平衡等的影响而发挥作用。但大多数抗肿瘤药物对肿瘤细胞选择性差，不良反应广泛且严重，包括骨髓抑制、胃肠道反应、神经毒性、心脏毒性、肝肾毒性等。使用时应注意严格观察，做好用药指导。

【思考题】

1. 抗肿瘤药物的作用原理有哪些，常见的不良反应有哪些？
2. 比较环磷酰胺、甲氨蝶呤、丝裂霉素、紫杉醇、顺铂、利妥昔单抗的作用与适应证。

【信息搜索】

1. 抗肿瘤药物有哪些新发现？
2. 分子靶向抗肿瘤药物发展有哪些新的进展？

【处方分析】

患者，女，45岁，主诉无力，食欲减退，经胃镜检查，医生诊断为中期胃癌，后进行手术切除，发现部分淋巴结转移。处方如下，试分析该处方是否合理，为什么？

Rp: 西咪替丁　　　400mg/d　　静注至化疗后3天停止
　　卡铂　　　　　100mg　　　静脉滴注用1~5天
　　丝裂霉素　　　第1天20mg、第2天10mg　静注
　　化疗前后昂丹司琼　8mg/次，3次/天

第二十二章 免疫系统用药

学习目标

知识目标：
- 掌握免疫系统用药的分类及各类药物的品种。
- 熟悉免疫增强药常用品种的品名、作用特点、适应证和用药注意事项。
- 了解机体免疫系统的作用。

能力目标：
- 学会正确的免疫系统用药指导。

机体免疫系统主要具有免疫防御、免疫稳定和免疫监视三种功能。免疫系统包括参与免疫反应的各种细胞、组织和器官，如胸腺、淋巴结、脾、扁桃体以及分布在全身体液和组织中的淋巴细胞和浆细胞。这些细胞、组织和器官及其正常功能是机体免疫功能的基本保证。任何一方面的缺陷都将导致免疫功能障碍，丧失抵抗感染的能力或形成免疫性疾病。当免疫功能异常时，可引起机体生理功能紊乱或组织损伤的各种类型变态反应。由于免疫功能异常所致的疾病，称为免疫性疾病。因机体对自身组织、细胞或其中的成分产生免疫反应而造成的疾病，称自身免疫性疾病，如全身性红斑狼疮、类风湿关节炎等；因机体免疫系统发育不全或后天损伤所致免疫功能低下，可发生免疫缺陷病。治疗免疫性疾病，可用影响免疫功能的药物，以调节机体的免疫过程。能抑制免疫功能的药物称为免疫抑制药，能增强免疫功能的药物称为免疫增强药。

第一节 免疫抑制药

免疫抑制药是一类非特异性抑制机体免疫功能的药物，主要用于防治器官移植时的排斥反应和自身免疫性疾病。但对后者仅能缓解症状，不能根治。免疫抑制药在抑制异常免疫反应的同时，也抑制正常的免疫反应，对正常组织代谢过程也有影响，故不良反应较严重，往往损害免疫防御和免疫监视功能。长期用药除了各药特有的毒性外，还易出现降低机体抵抗力而诱发感染、抑制造血功能、肿瘤发生率增加及影响生殖系统功能等不良反应。常用免疫抑制药主要有以下几种。

> **知识拓展**
>
> **五类免疫抑制药**
>
> ① 糖皮质激素类，如可的松、泼尼松、泼尼松龙等。
> ② 微生物代谢产物，如环孢素和藤霉素等。
> ③ 抗代谢物，如硫唑嘌呤和巯嘌呤等。
> ④ 多克隆和单克隆抗淋巴细胞抗体，如抗淋巴细胞球蛋白和 OKT3 等。
> ⑤ 烷化剂类，如环磷酰胺等。

(1) 环孢素【典】【基】（环孢菌素 A）Ciclosporin　为白色或类白色粉末；无臭。几乎不溶于水。是从霉菌代谢产物中分离提取的一种脂溶性环状十一肽化合物,为新的抗生素类药,现已人工合成。主要用于防止异体器官或骨髓移植时排异等不利的免疫反应,是器官移植中抗排斥反应的首选药,常与肾上腺皮质激素合用,但不得与其他免疫抑制药合用。常见震颤、厌食、恶心、呕吐等不良反应,大量应用有肝、肾损害,在应用过程中宜监测肝、肾功能。

药物商品有环孢素口服溶液(淡黄色或黄色澄明油状液体)、注射剂(澄明油状液体)、胶囊剂、微乳化胶囊。原料遮光,密封保存;口服溶液遮光,密封,在阴凉处保存;注射液遮光,密闭保存。

(2) 雷公藤多苷【基】【医保(甲)】(雷公藤总苷)Tripterygium Glycosides 为从卫矛科植物雷公藤(*Tripterygium wilfordii*)的去皮根部提取的总苷。具有较强的抗炎及免疫抑制作用。在抗炎作用方面,能拮抗和抑制炎症介质的释放;在抑制免疫作用方面,能抑制 T 细胞功能,抑制延迟型变态反应,抑制白介素-1 的分泌,抑制分裂原及抗原刺激的 T 细胞分裂与繁殖。可用于类风湿关节炎、红斑狼疮、皮肌炎、白塞综合征、肾小球肾炎等。不良反应主要是胃肠道反应;偶见血小板减少,停药后可恢复。

药物商品有雷公藤多苷片。避光、密闭保存。

其他常用免疫抑制药见表 22-1。

表 22-1 其他常用免疫抑制药

名 称	作用与适应证	药物商品	用药指导
硫唑嘌呤【典】【基】【医保(甲)】 (依木兰)Azathioprine	本品对 T 淋巴细胞的抑制作用较强,对 B 淋巴细胞的抑制作用较弱。主要用于肾移植的排斥反应	片剂	①有皮疹、药物热、粒细胞减少等不良反应。②肾功能不良或肾移植者无尿期应适当减量,以免中毒
环磷酰胺【典】【基】【医保(甲)】 Cyclophosphamide	本品是目前应用的作用最强的免疫抑制药之一,能选择性地抑制 T、B 淋巴细胞,从而阻断体液免疫和细胞免疫反应。用于肉芽肿、红斑狼疮等	片剂	①不良反应有抑制骨髓、脱发。②过量引起膀胱炎或肾小管坏死
泼尼松【典】【基】【医保(甲)】 Prednisone	抑制淋巴细胞的合成,减少淋巴细胞的数量。主要用于自身免疫性疾病和过敏性疾病	片剂	①不良反应有诱发或加重感染、溃疡。②抑制儿童生长发育。③引起骨质疏松

第二节　免疫增强药

因大多数的免疫增强药可使过高的或过低的免疫功能调节到正常水平,故又称免疫调节剂。临床主要用其免疫增强作用,治疗免疫缺陷疾病、慢性感染和作为肿瘤的辅助治疗。近年来也发现人参、黄芪、五味子、枸杞、党参、冬虫夏草、灵芝和银耳等具有提高免疫功能的作用。常用的免疫增强药主要有以下几种。

三类免疫增强药

免疫增强药种类很多,按其作用可分为三类。

(1) 免疫替代药 用来代替某些具有免疫增强作用的生物因子的药物。按其作用机制可分为提高巨噬细胞吞噬功能的药物,提高细胞免疫功能的药物,提高体液免疫功能的药物等;按其作用性质又可分为特异性免疫增强药和非特异性免疫增强药;按其来源则可分为细菌性免疫增强药及非细菌性免疫增强药。

(2) 免疫恢复剂 能增强被抑制的免疫功能，但对正常免疫功能作用不大。

(3) 免疫佐剂 又称非特异性免疫增生剂。本身不具抗原性，但同抗原一起或预先注射到机体内能增强免疫原性或改变免疫反应类型。常用的佐剂可分为四类：无机佐剂、有机佐剂、合成佐剂和油剂。

(1) 左旋咪唑（左咪唑，LMS）Levamisole 为白色或类白色针状结晶，或呈结晶性粉末状，无臭。极易溶于水。本品是非特异性免疫调节药，对机体的免疫功能有调节作用。能使免疫功能低下患者的 T 淋巴细胞和巨噬细胞的功能恢复正常。用药后可使免疫功能恢复，抗病能力增强。临床用于免疫功能低下的患者，或用于肿瘤化疗、放疗、手术后的辅助用药。此外本品还通过增强抑制性 T 淋巴细胞功能，从而抑制体液免疫反应，可用于治疗自身免疫性疾病，如类风湿关节炎、红斑狼疮等。不良反应较少，久用有胃肠道反应，偶有头痛、乏力、粒细胞和血小板减少。肝肾功能不全者、孕妇禁用。

本品也是常用的驱虫药（见第九章）。

药物商品有盐酸左旋咪唑片、盐酸左旋咪唑颗粒、盐酸左旋咪唑搽剂。

(2) 人-干扰素【典】【基】【医保(乙)】（IFN）Interferon 本品能诱导宿主细胞产生抗病毒蛋白，从而抑制多种病毒繁殖。还有抗肿瘤、免疫调节作用。由于毒性低、抗原性弱，被认为是作用最佳的抗病毒、抗肿瘤药品。其口服无效，必须注射给药。对本品过敏者禁用。用药期间应监测血细胞变化。

药物商品有：①干扰素注射液，无色澄明液体。市售商品还有滴眼剂，用于治疗疱疹病毒性角膜炎、腺病毒结膜炎等。②干扰素长效制剂，聚乙二醇干扰素（PEG 干扰素、哌罗欣、佩乐能）是目前国际公认的最理想的乙肝治疗剂。本品及其制剂应按贵重药品进行保管。

(3) 丙种球蛋白【典】【医保(乙)】γ-Globulin 含有健康人血清中具有的各种抗体，有增强机体抵抗力的作用。主要用于预防麻疹、甲型肝炎、哮喘和过敏性鼻炎及用于提高机体的免疫功能状态。具体请参见第二十六章。

其他常用免疫增强药见表 22-2。

表 22-2 其他常用免疫增强药

名称	作用及适应证	药物商品	用药指导
卡介菌多糖核酸（卡舒宁，卡提素，唯尔本，卡介苗多糖核酸，斯奇康）BCG-Polysaccharide Nucleic Acid	本品作为一种新型免疫调节药，能调节机体免疫水平，增强机体的抗感染和抗过敏能力	注射剂	①偶见红肿、结节,热敷后 1 周内自然消退。②患急性传染病及对本品有过敏史者暂不宜使用。③本品不应有摇不散的凝块及异物,安瓿有裂纹或有异物者不可使用
卡介苗（结核活菌苗）B. C. G. Vaccine	原用于预防结核，后发现能刺激多种免疫活性细胞产生抗体，提高细胞免疫和体液免疫功能	注射剂,菌体,皮肤划痕接种	①不良反应有寒战、高热。②偶见过敏性休克样反应。③大剂量出现免疫抑制
胸腺素（胸腺肽）Thymosin	能调节机体免疫平衡,增强成熟 T 淋巴细胞对抗原的反应。主要用于细胞免疫缺陷性疾病、自身免疫性疾病、肿瘤和病毒感染等	注射剂	常见发热。偶见皮疹、头晕
转移因子 Transfer Factor	能增强受者的免疫功能。主要用于细胞免疫缺陷病、肿瘤等	注射剂	毒性低,副作用小

【本章小结】

1. 免疫抑制药种类繁多，主要用于器官移植排斥反应和自身免疫性疾病。对正常免疫反应和异常免疫反应均有抑制作用，故不良反应较严重，毒性较大。

2. 免疫增强药用于免疫功能低下或免疫缺陷疾病，具有调节免疫功能平衡、增强体质的作用。

【思考题】

1. 试述免疫抑制药的作用及不良反应。
2. 试述环孢素的药理作用。
3. 试述干扰素的用途。
4. 免疫增强药的临床用途有哪些？

【处方分析】

患者，男，46岁，因患白血病而进行了异基因造血干细胞移植术，为防止术后的排异反应，医生所开的处方如下，请分析是否合理，为什么？

Rp：环孢素软胶囊　50mg×50
　　　Sig　100mg　bid　po

第二十三章
维生素、矿物质及肠外营养药

学习目标

知识目标：
- 掌握维生素类药物、矿物质类药物的商业特点、作用机制，各类药物的特点（通性），各类重点品种的名称、作用及适应证、不良反应、用药指导、贮存特点。熟悉常用品种的品名、作用特点、用药注意事项。
- 了解肠外营养类药物的分类，重点品种的主要性状、商品信息，一般品种的品名、主要适应证。

能力目标：
- 学会正确的维生素类药物、矿物质类药物用药指导。

【导课案例——维生素及矿物质缺乏案例】

女婴，4个月，冬季出生，母乳喂养，未添加辅食及鱼肝油。1个月前无明显诱因出现烦躁不安，爱哭闹，睡前更明显。睡眠时间少，轻刺激即惊醒。常出现易惊，多汗。头发稀少且黄，枕秃明显。未出牙。

请问：
1. 依据患者情况判断可能为何种疾病，应使用何种药物进行治疗？
2. 依据患者情况，你有何预防建议？

第一节　维生素

维生素是维持机体正常代谢和功能所必需的低分子化合物，是人体营养要素之一。虽然人体一日对维生素的需要量很少，但维生素对机体起着十分重要的作用，它们参与机体的各项活动，包括矿物质、氨基酸和脂肪酸的利用，体内的各种代谢，中和细胞代谢产生的有害物质，清除自由基，维持消化系统、神经系统的正常功能。

大多数维生素在体内不能合成，也无一定的贮存，因此必须从食物中摄取。少数可在体内合成或由肠道细菌产生，并在体内有一定的贮存。在正常饮食情况下，无须另外补充维生素。但当摄入的食物中缺乏维生素，或由于疾病致维生素摄入不足，机体吸收维生素发生障碍，机体对维生素的需要量增加，以及某些药物的干扰作用导致维生素合成减少时，都会导致一类特殊的疾病，称为维生素缺乏症。此时则应适当给予相应的维生素进行防治或辅助治疗。

维生素现已成为国际医药与保健品市场的主要大宗产品之一。有关数据显示，全世界医药、营养保健品、食品、化妆品、饲料等行业每年消耗的各种维生素原料的市值已达25亿美元。维生素A、维生素E与维生素C是当今国际维生素市场上的三大支柱产品。我国是维生素的重要进出口国，是全球极少数能够生产全部维生素品种的国家之一，不少维生素品种产量居世界前列。目前全球维生素行业基本形成了以我国为生产中心，德国巴斯夫

(BASF)、荷兰帝斯曼（DSM）补充的三极生产格局。药品领域国内主要生产厂家包括东北制药、石药集团、华北制药、江山制药等。

维生素按照其溶解性可分为脂溶性维生素和水溶性维生素。

一、脂溶性维生素

脂溶性维生素易溶于大多数有机溶剂，不溶于水。在食物中常与脂类共存，脂类吸收不良时其吸收也减少，甚至发生缺乏症。常用的脂溶性维生素有维生素 A、维生素 D、维生素 E、维生素 K 等。

维生素 A【典】【医保(乙)】 Vitamin A

【商品名或别名】 维生素甲，视黄醇，抗干眼醇，Retinol。

【性状】 常温下为淡黄色油状物质，无败油臭。不溶于水。在空气中易氧化，遇光易变质。

【作用与适应证】 维生素 A 能促进生长，维持上皮组织结构完整，参与视紫红质的合成，增强视网膜感光能力，并参与体内许多氧化过程，尤其是不饱和脂肪酸的氧化。维生素 A 缺乏时，生长停止，骨骼成长不良，生殖功能衰退，皮肤粗糙、干燥，角膜软化，并发生干燥性眼炎及夜盲症等。本品适用于维生素 A 缺乏症，如夜盲症、干眼病、皮肤粗糙等。也可用于补充需要，如妊娠、哺乳、婴儿及长期发热、营养不良等所导致的维生素 A 缺乏。

【不良反应】 长期大剂量应用可引起维生素 A 过多症，甚至发生急性或慢性中毒，以 6 个月至 3 岁的婴儿发病率最高。急性中毒表现为异常激动、头晕、嗜睡、复视、呕吐、腹泻等，慢性中毒表现为食欲缺乏、皮肤发痒、毛发干枯、脱发、口唇皲裂、易激动等。停药 1~2 周后可消失。成人一次剂量超过 100 万单位，小儿一次超过 30 万单位，均可导致急性中毒。连续一日服用 10 万单位超过 6 个月，可导致慢性中毒。

【用药指导】 ①妊娠期间用量一日不超过 5000U。妊娠妇女过量服用，有潜在的致畸作用。哺乳期妇女慎用。②肾功能减退者慎用。③影响脂肪吸收的因素，均影响本品药物吸收。

【药物商品】 维生素 A 软胶囊（胶丸）。

【商品信息】 ①维生素 A 来源于体外。1891 年胡萝卜素被发现，1920 年发现人体可将胡萝卜素转化为维生素 A。几种活性物质如 β-胡萝卜素、α-胡萝卜素、视黄醇等均来自动物肝、脂肪、乳汁、蛋黄。②主要生产厂家有大连水产药业、浙江医药新昌制药厂、国药控股星鲨制药等。

【贮存】 纯品使用铝制或其他合适容器，充氮，密封，在凉暗处保存，制剂使用棕色瓶。胶丸、胶囊遮光，密封保存。

维生素 D Vitamin D

维生素 D 有多种，以维生素 D_2（多含于植物性食物中）和维生素 D_3（可由人体皮肤和脂肪组织在 7-脱氢胆固醇经过阳光照射合成）较为常见和重要。

【商品名或别名】 维生素 D_2【典】【基】【医保(甲)】：麦角骨化醇。维生素 D_3【典】【医保(甲)】：胆钙化醇。

【性状】 无色结晶性粉末；无臭，遇光或空气易变质。不溶于水。

【作用与适应证】 维生素 D 对钙磷代谢及小儿骨骼生长有重要影响，能促进钙、磷的吸收和贮存，调节血浆中钙、磷水平，并促进骨骼的正常钙化。维生素 D 缺乏时，成骨作用受阻，甚至骨盐再溶解，在儿童称佝偻病，在成人称骨软化症。本品主要用于预防和治疗佝偻病、骨软化症及婴儿手足搐搦症等。

【不良反应】 ①大剂量长期使用，可引起高血钙、食欲缺乏、呕吐甚至软组织异常钙化，肾功能下降，出现多尿、蛋白尿等。②孕妇使用过量，可致新生儿长期低血糖抽搐，应予注意。

【用药指导】 ①服用期间应同时补充钙剂。②动脉硬化、心功能不全、高胆固醇血症、高磷血症患者慎用。③市售鱼肝油制剂中，含大量维生素A，长期大量使用易引起维生素A慢性中毒，故用于治疗佝偻病时宜用纯维生素D制剂。④注射比口服易中毒。

【药物商品】 ①维生素D滴剂及滴剂（胶囊型）。②维生素D_2胶丸、注射液。③维生素D_3注射液。④常与维生素A一起用于预防和治疗维生素A及D的缺乏症，如佝偻病、夜盲症及小儿手足抽搐症：维生素AD滴剂、滴剂（胶囊型）、软胶囊等。

【商品信息】 ①维生素D及其衍生物存在于自然界或人工合成。包括维生素D_2、维生素D_3及维生素D的代谢活性物骨化二醇、骨化三醇等。②维生素D的生产厂家有青岛双鲸药业、厦门星鲨药业等。维生素AD制剂主要有山东达因海洋生物制药的伊可新、浙江海力生制药的贝特令等。

【贮存】 原料遮光，充氮，密封，在冷处保存；注射液及胶丸遮光，密封保存；滴剂遮光，密封，在阴凉干燥处保存。

其他维生素D属药物

（1）骨化三醇【医保（乙）】（罗盖全、钙三醇）Calcitriol 本品是人体内维生素D_3最重要的代谢活性产物之一，能促进肠道对钙的吸收，并且调节骨质的钙化。主要用于：①停经后及老年性骨质疏松症；②肾性骨营养不良症（如慢性肾功能衰竭患者，特别是需长期血液透析的患者）；③手术后、自发性或假性甲状旁腺功能低下者；④维生素D依赖性佝偻病及症等。不良反应与维生素D过量相似。治疗初期，应注意补钙。肾功能正常患者服用时需避免脱水，应保持适当的水摄入量。

药物商品有：①骨化三醇较胶丸。②骨化三醇注射液。密闭，在凉暗、干燥处保存。上海罗氏制药有限公司的罗盖全、青岛正大海尔制药的盖三淳、井田制药的海卡洛市场份额较大。

（2）阿法骨化醇【典】【基】【医保（乙）】Alfacalcidol 本品为骨化三醇的类似物。用于慢性肾衰合并骨质疏松症、甲状旁腺功能低下及抗维生素D的佝偻病患者。不良反应少，大剂量服用可见胃肠道反应，肝功能异常，精神和神经系统症状等。用药过程中应注意监测血钙、血尿素氮、肌酐以及尿钙、尿肌酐。

药物商品有：①阿法骨化醇片。②阿法骨化醇软胶囊。遮光，充氮，密封，在冷处保存。市场上主要有南通华山药业的法能、以色列/Teva Pharmaceutical Industries Ltd.的阿法迪三、青岛正大海尔制药的盖诺真、上海信谊延安药业的延迪诺等。

其他脂溶性维生素

维生素E【典】（生育酚）Vitamin E 为微黄色或黄色透明的黏稠液体；几乎无臭。遇光色泽变深，易被氧化，接触空气或紫外线照射则氧化变质。本品对生殖功能、脂质代谢均有影响，并有抗氧化作用，可增强皮肤毛细血管抵抗力，改善血流循环及抗衰老。缺乏时可影响动物生殖功能，致不易受精或习惯性流产。适用于补充营养及习惯性流产、不孕症的辅助治疗，也用于冠心病、动脉硬化、肌痉挛、红斑狼疮等。大剂量长期应用易引起血小板聚集和血栓形成，也有恶心、头痛、疲劳、眩晕、月经过多等反应，个别患者出现皮肤皲裂、口角炎、胃肠功能紊乱、肌无力等，停药后可逐渐消失。用药注意：①一日服用300mg以上且长期使用，可能引起出血、高血压、生殖功能障碍甚至乳腺癌。②可促进维生素A的吸收、利用和贮存，应注意防止维生素A过多症。

药物商品有：①维生素E片、软胶囊、胶丸、注射液。②维生素EC颗粒。③维生素E烟酸酯胶囊，用于高脂血症及动脉粥样硬化的防治。原料遮光，密封保存；片剂、胶丸剂遮光，密封，在干燥处保存。贮存时间过长，色泽变深，注意检查合格后再用。

二、水溶性维生素

水溶性维生素易溶于水。常用的水溶性维生素有 B 族维生素和维生素 C 等。

维生素 C【典】【基】【医保(甲,乙)】　Vitamin C

【商品名或别名】　抗坏血酸，维生素丙，Asorbinsaure。

【性状】　白色结晶性粉末，味酸，无臭；久置色变微黄，遇日光颜色变深。易溶于水。水溶液显酸性，不稳定，有还原性。遇空气或加热都易变质，酸性溶液中较稳定，碱性溶液中易氧化失效。

【作用与适应证】　维生素 C 参与氨基酸代谢、神经递质的合成、组织细胞间质的合成，能降低毛细血管的脆性，刺激凝血功能，加速红细胞的生长，并能促进体内抗体生成，增强机体的解毒功能及抵抗力。本品主要用于预防和治疗坏血病、各种急慢性传染性疾病或其他疾病以增强机体抵抗力，如病后恢复期、创伤愈合期及过敏性疾病的辅助治疗。

【不良反应】　①长期大量使用，可引起泌尿系尿酸盐、半胱氨酸或草酸盐结石。②过量服用（一日 1g 以上）可引起腹泻、皮肤红而亮、头痛、尿频、恶心、呕吐等。

【用药指导】　①长期大量服用后不可突然停药，宜逐渐减量停药，否则可引起停药后坏血病。②可破坏食物中维生素 B_{12} 与食物中的铜、锌离子络合，阻碍其吸收，进而产生维生素 B_{12} 及铜、锌缺乏症状。③孕妇服用过量可诱发新生儿坏血病。

【药物商品】　①维生素 C 片、咀嚼片、泡腾片、颗粒剂和注射液。②常用复方制剂有阿司匹林维生素 C 泡腾片（咀嚼片）、对乙酰氨基酚维生素 C 片（泡腾片）、维生素 C 钙胶囊等。

【商品信息】　①本品 1928 年首次分离获得，1933 年确定结构式并人工合成。我国于 1934 年小量生产，1975 年大量投产。国内生产厂家超百家，主要生产厂家有石药集团欧意药业、华润双鹤药业、云南白药集团等。②近年来，有实验表明大剂量注射维生素 C 可以提升肿瘤化疗效果、抑制白血病、杀死结肠癌细胞等，但临床疗效尚未明确。

【贮存】　原料、片剂遮光，密封保存；注射液遮光，密闭保存；颗粒剂遮光，密封，在干燥处保存。色泽变黄后不可应用。

B 族维生素

B 族维生素包括维生素 B_1、维生素 B_2、维生素 B_6、维生素 B_{12}、烟酸（维生素 B_3）、泛酸（维生素 B_5）、叶酸（维生素 B_9）等，它们是维持人体正常功能与代谢活动不可缺少的物质，人体无法自行制造合成，必须额外补充。由于其有很多共同特性（如都是水溶性，都以辅酶的形式参与体内糖、蛋白质和脂肪的代谢等）以及之间需要相互协同作用，因此被归类为一族。B 族维生素对神经系统、心血管系统、造血功能、生殖系统、视力、缓解压力、改善发质和皮肤等都有重要作用，如果 B 族维生素缺乏或补充不完全，极容易出现多种病症，如脚气病、癞皮病、舌炎、皮炎、湿疹、脱发、恶性贫血、极度疲劳、脂肪代谢障碍、食欲缺乏、恶心、抑郁、消化道溃疡等，包括目前经常提及的"隐性饥饿""营养不均衡性肥胖"等均与 B 族维生素缺乏关系密切。因此 B 族维生素的作用被人们重新认识，市场应用也越来越广泛。常用的有以下几种。

维生素 B_2【典】【基】【医保(甲,乙)】　Vitamin B_2

【商品名或别名】　核黄素，维生素乙。

【性状】　橙黄色结晶性粉末，微臭。溶液易变质。遇碱性溶液或遇光变质更快。

【作用与适应证】　参与体内生物氧化还原反应，是体内黄素酶类辅基的组成部分。主要用于补充营养、防止口角溃疡、唇干裂、舌炎、阴囊皮炎、结膜炎、脂溢性皮炎、眼睛角膜发红充血等，亦可用于难治性低色素性贫血。近年来，临床还开发了维生素 B_2 的许多新用途如治疗心绞痛、偏头痛、增强机体免疫功能甚至防癌抗癌等。

【不良反应】 正常肾功能状况下几乎不产生毒性,但大剂量服用时尿液呈黄色。

【用药指导】 ①小肠上部是本品体内的特定吸收部位,空腹服和因胃排空快而降低其生物利用度,故宜餐中或餐后服用。②宜同时与其他B族维生素同时使用。③本品容易被光、抗生素及酒精破坏、药品性状发生改变时禁用。

【药物商品】 ①维生素B_2片剂。②维生素B_2注射液。

【商品信息】 ①牛奶、动物肝脏与肾脏、酿造酵母、奶酪、绿叶蔬菜、鱼、蛋类等食物中富含维生素B_2。②本品因作用广泛、无毒价廉被广泛应用,尤其近年新功能不断被开发、宣传而备受关注。目前,本品的主要应用领域包括医药、化妆品、食品饮料以及饲料,其中,饲料工业所使用的维生素约占到维生素总消费量的70%,因此饲料维生素的应用主导了我国维生素市场的发展。③目前,全球维生素B_2主要生产企业有广济药业、巴斯夫、DSM。这三家企业产量占全球产量的80%。国内厂家主要有白敬宇制药、北京中新制药、成都第一药业、成都锦华药业、广东恒健制药等。

【贮存】 原料、片剂遮光,密封保存;注射液遮光,密闭保存。

其他B族维生素见表23-1。

表23-1 其他B族维生素

名 称	作用与适应证	药物商品	用药指导
维生素B_1【典】【基】【医保(甲、乙)】(盐酸硫胺)Vitamin B_1	是糖代谢所必需的辅酶。有维持心脏、神经、消化系统正常功能的作用。主要用于防治维生素B_1缺乏及各种疾病如高热、糖尿病的辅助治疗	①片剂。②注射液	①注射时偶见过敏反应,可发生过敏性休克。②不可盲目增加剂量。③一般可由正常饮食中摄取,较少发生单一缺乏症。如有缺乏症表现,宜用复合维生素B制剂
烟酰胺【典】【医保(乙)】(维生素PP,尼克酰胺)Nicotinamide	为辅酶Ⅰ和辅酶Ⅱ的组成部分。作用与烟酸相似,有参加机体代谢过程、促进生物氧化还原反应等作用。主要用于防治糙皮病及B族维生素缺乏所致的口炎、舌炎、肠炎等。此外尚有防治心脏传导阻滞作用	①片剂。②注射液	①个别可引起头晕、恶心、食欲缺乏等不适感觉,但停药后可消失。②妊娠初期过量服用可能致畸。③肌内注射可引起疼痛,故少用
烟酸【典】(维生素B_3,尼克酸)Nicotinic Acid	在体内转化为烟酰胺后成为辅酶Ⅰ和辅酶Ⅱ的组成部分,这些酶参与呼吸链中电子传递反应。用于防治糙皮病等烟酸缺乏症,也可用于高脂血症、动脉硬化等	片剂	①有扩张血管作用,可引起潮红、热感、晕厥等。②大剂量服用可导致腹泻、头晕、乏力、皮肤干燥、瘙痒等。③溃疡病、糖尿病、痛风、肝功能损害者慎用
维生素B_6【典】【基】【医保(甲)】(吡多辛)Vitamin B_6	参与许多代谢过程。用于预防和治疗维生素B_6缺乏症,长期大剂量服用抗结核药物等引起的周围神经炎,因放疗、抗癌药、妊娠等引起的恶心、呕吐、舌炎等	①片剂。②注射液	①长期大剂量使用可引起严重的周围神经炎。②孕妇大剂量长期使用可能引起新生儿维生素B_6依赖综合征

维生素复合制剂

维生素除制成单方制剂外,常相互组成复方制剂,近几年,维生素的混合使用已超过了单方使用,成为新的热销产品,常用维生素的复合制剂如下。

(1) 复合维生素B【医保(乙)】 Compound Vitamin B 本品由维生素B_1、维生素B_2、维生素B_6、泛酸钙、烟酰胺组成。主要用于B族维生素缺乏症所引起的多种疾病的辅助治疗。但大剂量使用可出现烦躁、疲倦、食欲减退等。个别患者出现皮肤潮红、瘙痒、头晕等。尿液可能呈黄色。

药物商品有：①复合维生素B片，含维生素B_1、维生素B_2、维生素B_6、泛酸钙、烟酰胺。②复合维生素B注射液，含维生素B_1、维生素B_2、维生素B_6、烟酰胺、右旋泛酸钠。

（2）多维元素 Multi Vitamin　本品含维生素A、维生素D、维生素K、维生素E、维生素C、维生素B_1、维生素B_2、维生素B_6、叶酸、烟酰胺、生物素、泛酸及钙、磷、碘、铁、镁、锌等，为人体补充正常代谢所必需的多种维生素及微量元素。用于防治因维生素和微量元素缺乏所引起的各种疾病。胃炎、溃疡病或哮喘患者应用含烟酸的制剂时，应慎用。

药物商品有：①多维元素片（29），如惠氏制药的善存；②多维元素片（25），如中美上海施贵宝的金施尔康；③多维元素片（21），如杭州民生药业的21金维他；④复方多维元素（23），如惠氏制药的玛特纳。

多维元素制剂根据不同人群特点常细分成成人、中老年人、儿童、孕妇等多个不同种类。如复方多维元素片（23）中惠氏制药的玛特纳、拜耳医药的爱乐维是孕妇和哺乳期妇女最常应用的品种。

知识拓展

隐性饥饿

世界卫生组织将"机体由于营养不平衡或者缺乏某种维生素及人体必需的矿物质，同时又存在其他营养成分过度摄入，从而产生隐蔽性营养需求的饥饿症状"称为"隐性饥饿"。简单来说，可以将营养不良、人体发育不全、体能下降等健康问题看作是"隐性饥饿"。

现代医学发现，70%的慢性疾病包括糖尿病、心血管疾病、癌症、肥胖症、亚健康等都与人体营养元素摄取的不均衡有关。"隐性饥饿"正成为人们健康的致命杀手。

最常见的隐性饥饿包括缺铁、缺碘、缺锌，缺乏维生素和矿物质。缺铁性贫血可使孩子的平均智商低5～8；缺碘可使孩子低平均智商低10～15；缺锌可导致偏食、复发性口腔炎、性发育迟缓、注意力不集中等；缺乏维生素A、维生素D可导致佝偻病；长期缺乏维生素A，眼睛容易疲倦、干涩；维生素B_1摄入不足会造成注意力不集中、忧郁以及记忆力衰退等；长期缺乏维生素、矿物质还可能引发心脏病及癌症。

调查显示，目前全世界处于"隐形饥饿"状态的人数已高达1/3。随着人们生活水平的提高和保健知识的普及，与膳食相关的慢性非传染疾病造成的危害不仅被国家、社会所重视，也引起了普通消费者的关注，"无病主动预防"的观念开始取代过去"有病被动治疗"习惯。

第二节　矿物质

矿物质是维持人体营养和机体所必需的无机化合物。有些矿物质需要量很大，在人体组织中占有较大比重，如钙、钾、磷、钠、镁和氯。有些则需要量较少，其含量占人体比重也很小，称为微量元素，如铁、锌、硒、锰、碘、铜等，但同样对人体有重要作用。

钙有多种生理作用，如参与骨骼的形成、骨折后骨组织的再建，参与肌肉收缩、神经传递、腺体分泌、视觉生理和凝血等。缺钙时，儿童易患佝偻病，青少年可导致骨骼生长不良，中老年人易出现骨质疏松、骨质增生等。

铁是血红蛋白和肌红蛋白的组成部分，参与O_2和CO_2的运输。对维持正常的生长发育和免疫功能有重要的作用。同时铁也是许多酶系的组成部分。铁缺乏时引起缺铁性贫血。

锌是人体必不可少的微量元素之一。机体的多种生化活动都有锌的参与，锌有免疫调节作用，同时也是核酸、碳水化合物和维生素 A 利用所必需的。锌缺乏时，儿童出现生长发育迟缓、味觉异常等。

磷对能量代谢、骨的正常矿物化有作用，并与钙的代谢有关。

铜是各种金属酶的成分，是氧化还原体系的有效催化剂，参与造血过程、骨的形成。

钾能维持体液和电解质的平衡及肌肉的正常功能。

镁能促进骨骼肌发育、DNA 合成、神经肌肉的信息传递、蛋白质的合成等，并维持许多酶的正常功能。

一、钙制剂

碳酸钙【典】【医保(乙)】 Calcium Carbonate

【商品名或别名】 沉降钙。

【性状】 白色极细微的结晶性粉末；无臭，无味。几乎不溶于水，在含铵盐或二氧化碳的水中微溶，遇稀醋酸、稀盐酸或稀硝酸即发生泡沸并溶解。

【作用与适应证】 本品为补钙剂，用于预防和治疗钙缺乏症，如骨质疏松、手足抽搐症、骨发育不全、佝偻病以及儿童、妊娠和哺乳期妇女、绝经期妇女、老年人钙的补充。

【不良反应】 ①常见嗳气、便秘等。②偶可发生奶-碱综合征，表现为高血钙、碱中毒及肾功能不全（因服用牛奶及碳酸钙或单用碳酸钙引起）。③长期大剂量服用可引起胃酸分泌反跳性增高，并可发生高钙血症。

【用药指导】 ①与氧化镁等有轻泻作用的制酸药合用或交叉应用，可减少嗳气、便秘等不良反应。②心肾功能不全者慎用。高钙血症、高尿酸血症、含钙肾结石或有肾结石病史者禁用。③含酒精和咖啡因的饮料、烟、富含纤维素的食物均会抑制口服钙剂的吸收。④合用含钾药物时，应注意防止心律失常。

【药物商品】 ①碳酸钙片、咀嚼片。②碳酸钙复合制剂：由碳酸钙与维生素 D 配制而成，以使钙在体内吸收和储留良好，有碳酸钙 D_3 片、碳酸钙 D_3 咀嚼片、小儿碳酸钙 D_3 颗粒等。③复方碳酸钙泡腾片，含碳酸钙，维生素 C。

【商品信息】 ①碳酸钙早期作为抗酸药使用，现多不用于抗酸，而用作补钙剂，并多作为复方成分使用。这些钙产品通常都有儿童和成人的不同系列。②近年来，复方碳酸钙维生素 D_3 销量持续增加，其中惠氏制药的钙尔奇 D、美国安士制药的迪巧、北京康远药业的朗迪占据市场大部分份额。

【贮存】 原料密封保存；片剂密封，在干燥处保存。

其他常用补钙剂

与碳酸钙等无机钙不同，有机酸钙因分子中有与钙结合的相当大分子量的有机基因存在，故含钙量较低；吸收较差。但较无机钙剂而言水溶性较好，胃肠刺激小。大部分有机酸钙的适应证、不良反应与碳酸钙相同。

(1) 葡萄糖酸钙【典】【基】【医保(甲、乙)】 Calcium Gluconates 本品口服吸收良好，口味好，其葡萄糖酸根可参与体内供能，口服液体制剂常用于儿童。糖尿病患者慎用。

药物商品有葡萄糖酸钙片、口含片、咀嚼片、口服溶液等。密封保存。

(2) 乳酸钙【典】 Calcium Lactate 本品吸收较一般钙剂好，吸收速率偏慢，适合慢性缺钙患者。有助于铁的吸收。

药物商品有乳酸钙片、咀嚼片和颗粒。密封保存。

(3) 枸橼酸钙【典】 Calcium Citrate 本品主要用于骨质疏松症的年长患者和绝经期后妇女。注意不宜与四环素类药物同服。

药物商品有枸橼酸钙片和咀嚼片。密封保存。

(4) 醋酸钙【医保(乙)】 Calcium Acetate 本品易溶解，无须胃酸可直接被消化道吸收，吸收率高。肾功能不全者慎用。

药物商品有醋酸钙片（胶囊）、颗粒。密封保存。

二、铁制剂

(1) 硫酸亚铁 见第十八章第一节。

(2) 富马酸亚铁【典】【医保(乙)】 Ferrous Fumarate 本品用于各种轻中度缺铁性贫血，防治因长期慢性失血、红细胞大量破坏等原因造成的缺铁性贫血。含铁量高于硫酸亚铁，且稳定，刺激性小而起效快。不良反应与硫酸亚铁相同，但较轻。

药物商品有富马酸亚铁片（胶囊）、咀嚼片、混悬液。遮光、密封保存。

(3) 葡萄糖酸亚铁【典】【医保(乙)】 Ferrous Glucose 本品主要用于缺铁性贫血。作用温和，铁利用率高，起效快，不良反应较轻。

药物商品有葡萄糖酸亚铁片、胶囊和糖浆。密封，遮光，在干燥处保存。

三、锌制剂

葡萄糖酸锌【典】 Zinc Gluconate

【性状】 白色结晶性或颗粒性粉末；无臭，味微涩。在沸水中易溶，在水中溶解。

【作用与适应证】 本品为补锌药，主要用于小儿及青少年因缺锌引起的生长发育迟缓、营养不良、厌食症、复发性口腔溃疡、皮肤痤疮等。对老年缺锌者亦可用，用后可增强其免疫功能。

【不良反应】 ①可出现胃部不适、恶心、呕吐等消化道反应。②过量锌进入体内可引起铅、铁、铜的缺乏。

【用药指导】 ①宜饭后服用，可减少胃肠刺激。②勿与牛奶同服。

【药物商品】 ①葡萄糖酸锌片、颗粒剂、口服液、糖浆剂。②葡萄糖酸锌喷鼻剂：用于缩短感冒病程和减轻感冒症状。

【商品信息】 本品1988年由安徽、广东等制药单位投产，主要生产厂家有哈药集团制药总厂、广州白云山星群药业、浙江杭康药业等。

【贮存】 遮光，密封保存。

第三节 肠外营养药

营养支持是临床危重患者处理中重要的治疗措施。主要目的是维持复杂的氮和能量平衡。营养支持主要包括供给氮（蛋白质和氨基酸）、供给能量（糖和脂肪）及补充液体、电解质和维生素等。

营养支持的途径有胃肠和胃肠外两种。消化道功能正常者，主要采用口服；昏迷或其他不能进食患者，可采用管饲；口服或管饲都有困难或不能满足营养要求时，采用肠外营养支持。

全胃肠外营养（total parenteral nutrition，TPN）是用完全的营养要素由胃肠外途径直接输入到血液中，起到营养支持作用。由氨基酸、糖、脂肪、维生素和微量元素组成。20世纪60年代以来的实验研究和临床应用已证实，此种营养方式可使不能正常进食或超高代谢及危重患者维持一般营养状态，纠正负氮平衡，促进伤口愈合，提高抵抗力和存活率。

全胃肠外营养制剂种类繁多，内含成分、量及渗透压各有差异，应特别注意静脉通路的选择。本节主要介绍氨基酸输液、静脉脂肪乳剂、微量元素和维生素制剂。

一、氨基酸输液

1. 一般氨基酸

氨基酸为 TPN 所必需，依含氮量、必需和非必需氨基酸种类、含量、渗透压、电解质种类和浓度的不同而有多种处方。一般营养用氨基酸注射液由 8 种必需氨基酸、2 种半必需氨基酸和多种非必需氨基酸及其他成分配合而成。其成分和比例近似优质蛋白质。通过静脉直接输入，可使因各种疾病不能进食或需要特殊高能量及氨基酸的患者获取全面的营养要素，提高机体防御能力，促进机体康复。主要用于慢性和消耗性疾病营养不良状态的营养支持，如急性胰腺炎、肠梗阻、创伤及手术前后的患者，促进伤口愈合及疾病康复。也可用于晚期癌症患者，以改善营养进而增强免疫力，增加对放疗及化疗的耐受力。

使用时应注意：①可有代谢方面的不良反应，如高渗压和高血糖引起的意识障碍、电解质异常和微量元素失调等。②静脉滴注过快可引起恶心、呕吐、心悸、胸闷、头痛等。③肝肾功能障碍及心力衰竭者慎用。④操作时应严格无菌，防止污染。⑤严格按贮存要求保存，注意温度变化。

一般营养用氨基酸注射液包括复方氨基酸注射液（18AA）、复方氨基酸注射液（14AA）、11 氨基酸注射液-833、复方结晶氨基酸注射液等。

2. 用于肾病的氨基酸制剂

慢性肾衰时，体内氨基酸代谢失调，血浆内组氨酸、酪氨酸及必需氨基酸总量等水平下降；氮代谢产物大量蓄积于体内，非必需氨基酸水平上升，使必需/非必需（E/N）比值下降，血浆和组织蛋白不足。尿毒症时患者利用尿素氮合成非必需氨基酸的能力比正常人高出若干倍，使体内的内源性尿素氮转变合成为非必需氨基酸而被利用。尿毒症时，输入此种复合氨基酸输液能减少尿内尿素含量，还可降低血清钾、镁和磷酸盐浓度，清除血中肌酸酐。

肾病专用复合氨基酸注射液的主要作用在于纠正蛋白质氨基酸的代谢紊乱，调整钙磷代谢，减轻肾小球的过滤负担。适用于急性和慢性肾功能不全患者的肠道外营养支持等。使用时应注意：①输液速度过快可引起恶心、呕吐和寒战。②患者应给予低蛋白、高热量饮食。③氨基酸代谢紊乱、严重肝功能损坏、心功能不全、水肿、低血钾、低血钠患者禁用。

用于肾病的氨基酸制剂主要包括复方氨基酸注射液（9AA）、复方氨基酸注射液（18AA-N）等。

3. 用于肝病的氨基酸制剂

肝昏迷患者普遍存在氨基酸代谢问题和营养补给问题。普通氨基酸溶液不仅不能纠正氨基酸代谢紊乱，相反会诱发和加重肝昏迷症状。在肝昏迷患者血清氨基酸谱中支链氨基酸（亮氨酸、异亮氨酸、缬氨酸）减少，芳香族氨基酸（苯丙氨酸、酪氨酸）、蛋氨酸、谷氨酸等增加。当血清中（亮氨酸＋异亮氨酸＋缬氨酸）/（苯丙氨酸＋酪氨酸）的比率增加时，肝昏迷症状改善。用于肝病的氨基酸制剂中此类氨基酸含量高。用于肝昏迷和严重肝功能不全的蛋白质营养缺乏症，以使血清氨基酸谱正常，改善症状。

使用时应注意：①静脉滴速过快可引起恶心、呕吐等不良反应。②氨基酸代谢失调、水肿、肾功能不全、严重心功能不全者慎用。③注意监测水电解质平衡。

用于肝病的氨基酸制剂主要包括复方氨基酸注射液（3AA）、复方氨基酸注射液（6AA）、14 氨基酸注射液-800 等。

4. 小儿用氨基酸注射液

氨基酸在婴幼儿与成人体内有不同的代谢作用，要用 L-氨基酸为氮源，配合葡萄糖、电解质及维生素等制成多种氨基酸静脉高能营养液。本类品种多为仿人奶氨基酸成分设计处方，主要用于 3 岁以下婴幼儿及早产儿，以满足其营养要求。

使用时应注意：①输注速度快时，易产生心率加快、胃肠道反应、发热等。②有时可引起代谢性酸中毒、血氨升高等。③氨基酸代谢失调、水肿、休克、肾功能不全、肝细胞损伤等患者禁用。④注意监测尿素氮、酸碱平衡、肝功能等。⑤应合并补充葡萄糖、脂肪和电解质。

小儿用氨基酸注射液主要包括小儿复方氨基酸注射液（18AA-Ⅰ、18AA-Ⅱ）等。

二、静脉脂肪乳剂

本品为植物油经卵磷脂乳化制成的无菌、无热源的脂肪乳剂，具有以下作用：①补充热量作用；②节约蛋白质作用，脂肪酸供能充分，抑制蛋白质及其他氮源消耗，促进氨基酸利用，改善氮平衡；③补充必需脂肪酸作用。本品适用于需要高热量的患者以及肾损害、禁用蛋白质、由于某种原因不能经胃肠道摄取营养的患者，以补充适当热量和必需脂肪酸。

常见不良反应如下。①即刻反应：注射当时发生，常见症状为发热、寒战及胸背痛，滴速过快可出现心悸、呼吸急促、胸闷、发绀、恶心等。②长期应用或大剂量时，发生"脂肪负荷过重综合征"，血脂增高、黄疸等。应每天检查脂肪清除情况。本品禁用于严重肝病、脂肪代谢紊乱及有出血疾病患者。

常见静脉脂肪乳制剂主要有脂肪乳注射液（$C_{14\sim24}$）、ω-3鱼油脂肪乳注射液、中/长链脂肪乳注射液（$C_{6\sim24}$）等。用药前应注意检查外观。不可直接加入电解质溶液，以防乳剂被破坏。启封后一次用完，可于4～8℃暂存，温度过高或过低均可导致乳剂被破坏。

三、其他肠外营养类药

其他肠外营养类药见表23-2。

表23-2 其他肠外营养类药

名称	作用与适应证	药物商品	用药指导
右旋糖酐40氨基酸注射液 Dextranand Amino Acid Injection	为营养性血容量补充药，用于治疗兼有蛋白质缺乏的血容量减少患者	注射液	①偶见过敏反应。②药液需澄清方可使用。开启后应一次用完。③遇冷易析出结晶，需经适当加温溶解后使用
木糖醇【典】Xylitol	能补充热量，改善糖代谢。可用作糖尿病患者糖的代用品，也用作糖尿病、手术麻醉时酮中毒的合并用药	注射液、木糖醇氯化钠注射液	①口服偶见肠鸣、腹泻。②静脉注射浓度过高、速度过快，可引起代谢性酸中毒，导致肾脏、大脑功能损伤。③胰岛素诱发的低血糖症禁用
多种微量元素注射液（Ⅱ）【医保（乙）】（安达美，来维）Multi-trace Elements Injection（Ⅱ）(Addamel)	为含电解质和微量元素的无菌浓缩注射液。提供钙、镁、铁、锌、铜、氟、碘和氯的每日正常需要量。用于成人长期肠外营养时补充电解质和微量元素	①注射液。②多种微量元素注射液（Ⅰ）（派达益儿）用于新生儿和婴儿	①用量范围窄，过量摄入有害。②必须稀释后应用。③输注时间不宜超过12h，以免发生污染。不可添加其他药物，以免发生沉淀。④肾功能不良及不能耐受果糖者慎用
脂溶性维生素注射液（Ⅱ）【医保（乙）】（维他利匹特）Fat-soluble Vitamin Injection (Vitalipid)	主要为长期肠外全营养患者补充需要量的脂溶性维生素A、维生素D、维生素E、维生素K	①注射液。②脂溶性维生素注射液（Ⅰ）适用于11岁以下儿童及婴儿	①须稀释后才可静脉滴注。②用前1h配制，24h内用完。③本品含有维生素K_1，不宜与双香豆素类抗凝血药合用。④2～8℃避光保存，不能暴露于阳光下

续表

名 称	作用与适应证	药物商品	用药指导
注射用水溶性维生素【医保(乙)】（水乐维他）Water-soluble Vitamine for Injection	用于长期肠外全营养患者补充需要量的水溶性维生素B_1、维生素B_2、维生素B_{12}、烟酸、维生素B_6、泛酸、叶酸等	注射用水溶性维生素：冻干粉	①使用前溶解，溶后需在24h内用完。②混合液应避光

【本章小结】

　　1. 维生素是维持机体正常代谢和功能所必需的物质。维生素类药主要用于各种维生素缺乏症的防治或辅助治疗。

　　2. 矿物质类药主要用于机体矿物质缺乏所导致的各种疾病的防治。

　　3. 全胃肠外营养是一类用完全的营养要素由胃肠外途径直接输入到血液中，从而发挥营养支持作用的药物。

【思考题】

　　1. 维生素如何分类，特点如何？

　　2. 维生素A、维生素D、维生素E、维生素C的作用与适应证各是什么？

　　3. 碳酸钙、葡萄糖酸锌常见的药物商品有哪些，在使用时应注意哪些问题？

【信息搜索】

　　1. 维生素类药物的发展有何新进展？

　　2. 用于补钙的药物有哪些新品种？

　　3. 调查富含钙、铁、锌的食物有哪些？

【处方分析】

　　请讨论下面的处方适用于哪一类人群并说明理由。

维生素A 4000U　　维生素D 400U　　维生素B_1 1.5mg　　维生素B_2 1.5mg

维生素B_6 1mg　　烟酰胺 15mg　　维生素C 40mg　　叶酸 360μg

硫酸亚铁粉 252mg　　碳酸钙 480mg

第二十四章
调节水盐、电解质及酸碱平衡药

学习目标

知识目标：
- 掌握调节水、电解质及酸碱平衡药的分类及各类药物的主要品种。
- 熟悉水、电解质平衡调节药的作用特点及其合理使用原则、注意事项。
- 熟悉酸碱平衡调节药的作用特点。

能力目标：
- 能正确的指导本类药物的使用。

水、电解质和酸碱平衡是人体细胞进行正常新陈代谢活动所需具备的基本条件，也是维持人体生命和各脏器生理功能所必需的条件。由于疾病、创伤、感染、物理化学因素及不恰当的治疗等原因所造成的平衡失调，可能出现水、电解质和酸碱平衡紊乱，从而影响机体细胞的正常代谢和各器官的正常生理功能。此时除了调整失衡，还必须针对其原发病进行治疗，但是当疾病发展到一定程度，水、电解质和酸碱平衡紊乱成为威胁生命的主要因素时，则必须及早纠正以挽救患者的生命。

本类药品多属于大输液品种，其用途非常广泛，临床各科室几乎都使用，是医药商业中不可缺少的重要商品类别之一。

相关链接

作为中国医药工业的五大制剂之一，大输液是医疗机构使用最普遍的药品制剂，市场需求量大，销量稳定。但随着"限抗令"发布以后，配合新版 GMP 认证的要求，我国超千亿大输液市场整合洗牌加速，市场集中度逐步提高。仅一年时间，我国输液行业企业数量就减少了 100 余家，而目前仍在运行输液厂商约为 30 家左右，企业数量大幅减少。在行业限制性政策的频繁发布下，大量中小企业死亡，行业资源向头部企业倾斜。目前我国三大输液巨头科伦药业、华润双鹤、石药集团已经占据行业份额的 70% 左右，其中科伦药业作为龙头企业，每年输液产量维持在 44 亿瓶/袋以上。

第一节 水、电解质平衡调节药

人体内所含的全部液体称为体液，体液总量约占体重的 60%。由水、无机盐、蛋白质、糖、脂肪、激素和酶等物质组成，其中水和无机盐离子对维持水、电解质和酸碱平衡起着重要作用。因此，体液中水、电解质和酸碱平衡的相对稳定是人体细胞进行正常代谢和维持各脏器生理功能不可缺少的条件。而许多疾病（如严重呕吐、腹泻、高热、创伤、感染等）可不同程度地引起水、电解质平衡紊乱，此时应及时补充水分和无机盐，以纠正水、盐代谢紊乱，防止意外发生。

> **知识拓展**
>
> **水、电解质代谢紊乱**
>
> 水、电解质代谢紊乱在临床上十分常见。许多器官系统的疾病，一些全身性的病理过程，都可以引起或伴有水、电解质代谢紊乱；外界环境的某些变化，某些医源性因素如药物使用不当，也常可导致水、电解质代谢紊乱。如果得不到及时的纠正，水、电解质代谢紊乱本身又可使全身各器官系统特别是心血管系统、神经系统的生理功能和机体的物质代谢发生相应的障碍，严重时常可导致死亡。因此，水、电解质代谢紊乱的问题，是医学科学中极为重要的问题之一，受到了医学科学工作者的普遍重视。

(1) **氯化钠**[典][基][医保(甲、乙)] （食盐）Sodium Chloride 为无色透明的立方形结晶或白色结晶性粉末；无臭，味咸。易溶于水。0.9%水溶液为等渗溶液。钠离子和氯离子都是体液的主要成分，其中钠离子是维持细胞外液渗透压和容量的主要成分。此外，钠离子对调节体液的酸碱平衡具有重要作用，体内钠大量丢失时可引起低钠综合征。本品用于各种缺盐性失水症（如严重呕吐、腹泻、大量出汗、大面积烧伤等），也可维持血容量，还可用于预防高温作业者中暑或用于清洗伤口、洗眼、洗鼻等。脑、肾、心功能不全及血浆蛋白过低者慎用，肺水肿患者禁用。

药物商品有：①生理氯化钠溶液，用于洗涤黏膜与伤口等。②氯化钠注射液。③浓氯化钠注射液：无色澄明高渗灭菌水溶液。④复方氯化钠（林格）注射液，灭菌溶液。原料、生理氯化钠溶液密封保存；氯化钠注射液、浓氯化钠注射液、复方氯化钠（林格）注射液，应密闭保存。夏季开瓶24h以后不宜再用。贮存稍久（一般9～12个月）的产品，应加强澄明度检查，如发生混浊、沉淀则不可使用。

(2) **氯化钾**[典][基][医保(甲)] Potassium Chloride 为无色长棱形或立方形结晶或白色结晶性粉末；无臭，味咸涩。易溶于水。钾离子是维持细胞内渗透压、酸碱平衡、新陈代谢、神经冲动传导、肌肉收缩及心肌收缩所必需的物质。主要用于各种低钾血症，也用于强心苷中毒引起的阵发性心动过速等。肾功能严重减退者尿少时慎用，无尿或血钾过高时禁用。由于本品对胃肠道有较强刺激，当患者出现腹部不适、疼痛等症状时，应防止发生胃肠溃疡、坏死等并发症。静滴过量时可出现高钾血症；静滴速度过快或溶液浓度过高，不仅可引起局部剧痛，还可导致心脏停搏。肾功能不全者慎用。

药物商品有：①氯化钾片，白色片或糖衣片。宜用多量水溶解或稀释于饮料中饭后服用，以减少对胃肠道的刺激性。②氯化钾缓释片，糖衣片。③氯化钾注射液。本品片剂、注射液均为临床常用药品，价格低廉，销售量大。原料密封保存；片剂、缓释片，密封，在干燥处保存；注射液密闭保存。

(3) **口服补液盐**[典][基] Oral Rehydration Salt（ORS） 为白色结晶性粉末。口服本品水溶液可补充体液，调节水、电解质和酸碱平衡。用于各种原因（如腹泻、呕吐）引起的轻中度脱水。心功能不全、高钾血症、急性与慢性肾功能衰竭少尿患者禁用。新生儿不用此法补液。当脱水得到纠正、腹泻停止时，应立即停用。

药物商品有：①口服补液盐Ⅰ，由大包（葡萄糖、氯化钠）和小包（氯化钾、碳酸氢钠）组成。临用前将大、小包药品同溶于500mL凉开水中，口服。②口服补液盐Ⅱ，主要成分含氯化钠、枸橼酸钠、氯化钾、无水葡萄糖。临用前取一包溶于500mL凉开水中，口服。本品易吸潮结块、变色，轻微吸湿而未变色者，仍可服用。密封，在干燥处保存。

(4) **葡萄糖**[典][基][医保(甲)] （右旋糖）Glucose 为无色结晶或白色结晶性或颗粒性粉末；无臭，味甜。有吸湿性。在水中易溶。本品为机体所需能量的主要来源形式之一。口服可作为营养剂，临床多为注射供给能量，补充体液，促进肝脏解毒能力，用于药物中毒、细菌毒素中毒、妊娠中毒、肝炎、肝昏迷等。50%的葡萄糖高渗溶液静注，可产生脱水及利尿作用而防治肺水肿、脑水肿或青光眼。与胰岛素合用治疗高钾血症。高血糖非酮症性高渗状态及重度心力衰竭并发肺水肿时禁用；心、肾功能不全患者慎用。

药物商品有：①葡萄糖注射液。②葡萄糖氯化钠注射液，主要成分为葡萄糖与氯化钠。静脉注射或滴注。高渗溶液应缓慢注射。颅内和脊柱内出血或脱水患者不能使用高渗溶液。本品有引湿性，且易生霉，在配制注射液时应注意无菌操作。溶液偏酸性，与碱性注射液配伍时可能出现沉淀。瓶装品不得横卧或倒置。③口服葡萄糖（粉剂）。原料密封保存；注射液密闭保存。

(5) 腹膜透析液【典】【基】【医保（甲）】 Peritoneal Dialysis Solution 为钠、钾、钙、镁、氯、缓冲物质（碱性基因）和葡萄糖等配制而成的澄明、无菌、无热源和 pH 值适宜的溶液。腹膜是一种生物半透膜，具有分泌、吸收、扩散和渗透作用。将本品通过透析管输入腹腔，则患者体内的氮质及其他代谢物通过腹膜，进入腹膜透析液；而透析液中的物质也通过腹膜进入体循环，形成物质交换，保持了体内水、电解质平衡，代替了肾脏的部分功能。可用于药品中毒、顽固性心力衰竭、电解质紊乱、急慢性肾功能衰竭等。严重肠胀气、腹腔内脏创伤或炎症、周围循环衰竭、肠粘连、腹部术后、肺部病变等患者禁用。

药物商品有腹膜透析液。应由医生根据患者年龄、病情、体重和分解代谢等情况制订透析方案。本品有醋酸盐及乳酸盐两种，目前多用乳酸透析液。使用前须用力挤压塑料袋，仔细检查有无渗漏、霉变及沉淀。使用过程中严防污染。密闭保存。

第二节　酸碱平衡调节药

正常人体血浆的 pH 值常稳定在 7.35～7.45，血浆的 pH 值保持相对的稳定对于维持机体正常生理功能是非常重要的，如血浆 pH 值小于 7.35 称为酸血症（酸中毒）；血浆 pH 值大于 7.45 称为碱血症（碱中毒）。临床代谢性酸血症较代谢性碱血症常见得多。在针对引起酸碱平衡紊乱的病因进行治疗的同时，尚应使用酸碱平衡调节药，与体内过多的酸或碱起中和反应，调节酸碱平衡。调节酸碱平衡药可分为：①纠正酸血症药。②纠正碱血症药。本节主要介绍纠正酸血症药品。

> **知识拓展**
>
> **酸血症**
>
> 酸血症是身体过酸化的一个倾向。其特点是血液中氢离子浓度上升、pH 值下降。诱发酸血症的原因有很多：各种疾病如休克、糖尿病、尿毒症、某些肾小管疾病、严重腹泻等；药物如氯化铵、水杨酸、维生素 C 等；饮食不当，营养不良等。酸血症的症状是生气、紧张及恐惧、厌食症、发热、经常叹气、失眠、水分滞留、眼睛凹陷、风湿性关节炎、偏头痛、不正常的低血压、粪便干硬、恶臭及肛门灼热，或便秘与下痢交替，吞咽困难、口腔或舌下灼热、牙齿对醋及酸性水果敏感，口腔上腭有小凸起。

(1) 乳酸钠溶液【典】【医保（甲）】 Sodium Lactate Solution 为无色或几乎无色澄明黏稠液体。能与水、乙醇或甘油任意混合。本品为弱碱性溶液，在有氧条件下经肝脏氧化、代谢，转化成碳酸根离子，纠正血中过高的酸度。临床用于纠正代谢性酸血症。但作用不如碳酸氢钠迅速，现已渐少用。但对于高钾血症或普鲁卡因胺等引起的心律失常伴有酸血症者，仍以应用本品为宜。本品应用过度会造成碱中毒。乳酸潴留所致的酸中毒禁用，肝病、休克缺氧、心功能不全者不宜使用。

药物商品有乳酸钠注射液。不宜用生理盐水或其他含氯化钠的溶液稀释本品，以免成为高渗溶液。溶液密封；注射液密闭，均遮光保存。

（2）乳酸钠林格注射液【典】【基】【医保（甲）】 Sodium Lactate Ringers Injection 为无色澄明灭菌水溶液。主要成分含乳酸钠、氯化钠、氯化钾、氯化钙。本品为体液、电解质、酸碱平衡调节药。可代替生理盐水使用，特别适用于酸中毒或有酸中毒倾向的脱水患者。乳酸血症患者禁用。心肾功能不全、重症肝功能不全、高渗性脱水症患者慎用。

药物商品有乳酸钠林格注射液。密闭保存。

（3）碳酸氢钠【典】【基】【医保（甲）】（小苏打，酸式碳酸钠）Sodium Bicarbonate 白色结晶性粉末；无臭，味咸；易溶于水并产生气体。本品为吸收性抗酸药，作用如下。①中和胃酸：口服作用迅速，减少胃酸对溃疡面的腐蚀和消化作用。但因作用弱且短暂，可引起腹胀、嗳气等，甚至引起溃疡穿孔或继发胃酸分泌，现已少用。②碱化尿液：与磺胺药同服，便尿中磺胺药溶解度增高，以防止磺胺药在泌尿道析出结晶；还能用于苯巴比妥、阿司匹林等中毒时加速其排泄。③纠正代谢性酸中毒：大量吸收，可引起碱血症。不宜与胃蛋白酶合剂、维生素C等酸性药物合用。因可能产生沉淀或分解反应，故不宜与重酒石酸间羟胺、庆大霉素、四环素、肾上腺素、多巴酚丁胺、苯妥英钠、钙盐等同瓶静注。充血性心力衰竭、水肿和肾功能衰竭的酸中毒患者慎用。

药物商品有：①碳酸氢钠片。②碳酸氢钠注射液，无色澄明灭菌水溶液。治疗代谢性酸中毒，静注，剂量视病情而定。原料药及片剂密封，在干燥处保存；注射液密闭保存。本品有供口服和注射用两种规格，二者价格、用途不同，验收保管时应注意，防止错收错发。

【本章小结】

1. 水、电解质平衡调节药是一类用来纠正机体因多种原因引起的水、电解质失衡所致疾病的药物，维护机体内环境相对稳定，为机体细胞和各器官提供进行正常新陈代谢的必备条件。

2. 酸碱平衡调节药是通过中和体内过多的酸或碱，调节酸碱平衡，使血浆 pH 值保持相对稳定，以维持机体正常生理功能。

【思考题】

1. 机体水、电解质及酸碱平衡被破坏会引起什么后果？
2. 简述氯化钠的作用及注意事项。
3. 简述乳酸钠林格注射液在使用时的注意事项。

【处方分析】

患者，女，38岁，发热数日，并出现代谢性酸中毒，处方如下，请分析是否合理，为什么？

Rp：青霉素钠注射液　800万单位×2
　　5%碳酸氢钠注射液 100mL×2
　　10%葡萄糖注射液　250mL×2
　　Sig　qd　ivgtt

第二十五章

解毒药

学习目标

知识目标：
- 了解解毒用药的定义及分类。
- 了解各类解毒药的作用原理、临床应用。

能力目标：
- 学会正确的解毒用药指导。

解毒药是指在理化性质上或药理作用上能对抗或阻断药物的毒性，用于解救急性中毒的药物。目前临床常用的解毒用药包括：①重金属、类金属中毒解毒药，如二巯基丙醇、依地酸钙钠、去铁胺、青霉胺等；②氰化物中毒解毒药，如硫代硫酸钠、亚甲蓝、硝酸钠、亚硝酸异戊酯等；③有机磷中毒解毒药，如氯解磷定、碘解磷定、戊乙奎醚、阿托品等；④亚硝酸盐中毒解毒药，如亚甲蓝；⑤阿片类中毒解毒药，如纳洛酮；⑥鼠药解毒药，如乙酰胺；⑦其他类，如氟马西尼、活性炭、精制抗蝮蛇毒血清等。本类药品的特点是"少了不行，多了没用，用则急需"，故应注意合理储备。

知识拓展

铅的危害

铅对全身各系统和器官均有毒性作用，涉及神经系统、造血系统、泌尿系统、心血管系统、生殖系统、骨骼系统、内分泌系统、免疫系统、酶系统等。儿童、妊娠妇女和老年人是最易感的基本人群。铅中毒轻者可以导致食欲缺乏、体重减轻、无力、四肢酸痛、面色苍白、经常头晕、恶心、呕吐、腹泻、腹胀、腹痛、便秘、消化不良、失眠、口有金属味、齿龈能够看见铅线。重者可能会导致明显贫血、神经系统器质性疾病、明显的肝肾疾病、心血管质性疾病及呼吸系统疾病，甚至智力下降，特别是儿童铅中毒会严重影响智商，孩子长大后的智商可能会低20%左右。

硫代硫酸钠【典】【基】【医保(甲)】 Sodium Thiosulfate

【商品名或别名】 大苏打，海波。

【性状】 无色、透明的结晶或结晶性细粒；无臭，味咸；在干燥空气中有风化性，在潮湿空气中有潮解性；水溶液显微弱的碱性反应。

【作用与适应证】 属供硫剂，为氰化物解毒药。能与体内游离的或高血蛋白结合的 CN^- 结合，转变成低毒不活动的硫氰酸盐随尿排出体外而起解毒作用。用于治疗氰化物中毒。常用于砷、汞、铅、铋等中毒的治疗。

【不良反应】 有头晕、乏力、恶心、呕吐。

【用药指导】 ①由于本品解毒作用较慢，必须先用作用迅速的亚硝酸钠或亚甲蓝等，然后在缓慢静注本品。②静脉注射速度宜慢，过快易引起血压下降。

【药物商品】 硫代硫酸钠注射用无菌粉末。

【商品信息】 ①江滨化工二厂生产的硫代硫酸钠、硫代硫酸铵两个产品，年产量均居全国之首,其中硫代硫酸钠年出口量达1万吨,占全国总出口量的60%以上。②成品的国内主要生产厂家有上海新亚药业有限公司。

【贮存】 本品原料密封保存;制剂密闭保存。

讨论如何预防铅中毒。

氯解磷定【基】【医保(甲)】 Pralidoxime Chloride

【商品名或别名】 氯化派姆,氯磷定。

【性状】 为白色结晶粉末;无引湿性,极易溶于水。

【作用与适应证】 为胆碱酯酶恢复剂,能与体内磷酰化胆碱酯酶中的磷酰基结合,从而将其中胆碱酯酶游离,并恢复活性;并能与有机磷酸酯类直接结合,成为无毒物质从尿中排出。可作为急性有机磷中毒的解毒药,作用比碘解磷定强。

【不良反应】 注射速度过快可引起视力模糊、复视、头晕、头痛、恶心、心动过速、血压升高,严重时可抑制呼吸。

【用药指导】 出现的不良反应,应注意与急性有机磷中毒的临床表现相鉴别;本品禁与碱性药物配伍。

【药物商品】 氯解磷定注射液。轻中度中毒者,肌内注射;重度中毒者,缓慢静注后改为静脉滴注。

【商品信息】 国内主要生产厂家有上海旭东海普、开封制药(集团)有限公司、成都力思特制药等。

【贮存】 原料遮光,密封保存;注射液遮光,密闭保存。

亚甲蓝【典】【基】【医保(甲)】 Methylene Blue

【商品名或别名】 次甲蓝,美蓝。

【性状】 为深绿色、有铜光的柱状结晶或结晶性粉末;无臭。

【作用与适应证】 本品属氰化物中毒解毒药,作用与用量密切相关。其为一氧化还原剂,高浓度时,直接将血红蛋白氧化为高铁血红蛋白;低浓度时,在还原型辅酶Ⅰ脱氢酶的作用下,本品还原为还原型的白色亚甲蓝,能将带三价铁的高铁血红蛋白还原为带二价铁的正常血红蛋白。故临床用于:①低浓度亚甲蓝用于治疗亚硝酸盐、氯酸盐、醌类、醌亚胺类、苯胺及硝苯等引起的高铁血红蛋白血症。②高浓度亚甲蓝可用于氰化物中毒。

【不良反应】 恶心、呕吐、头痛、眩晕、心前区痛、出汗和神志不清、腹泻、尿呈蓝色,大剂量可使全身发蓝。

【用药指导】 ①临用前以25%葡萄糖注射液稀释成1%后,于5min内缓慢注入。氰化物中毒解救时应与硫代硫酸钠液交替使用。②不能皮下、肌内或鞘内注射,前者引起坏死,后者引起瘫痪。③葡萄糖-6-磷酸脱氢酶缺乏患者和小儿应用本品剂量过大可引起溶血。

【药物商品】 亚甲蓝注射液。缓慢静脉注射。

【贮存】 密封保存。

相关链接

关于亚硝酸盐中毒

由亚硝酸盐引起食物中毒的概率较高。食入0.3~0.5g的亚硝酸盐即可引起中毒甚至死亡。亚硝酸盐中毒是由于食用硝酸盐或亚硝酸盐含量较高的腌制肉制品、泡菜及变质的蔬菜,或者误将工业用亚硝酸钠作为食盐食用而引起,也可见于饮用含有硝酸盐或亚硝酸盐的苦井水、蒸锅水后。亚硝酸盐能使血液中正常携氧的低铁血红蛋白氧化成高铁血红蛋白，因而失去携氧能力而引起组织缺氧。

纳洛酮【典】【基】【医保(甲)】 Naloxone

【商品名或别名】 苏诺。

【性状】 其盐酸盐为微灰白色粉末，溶于水。

【作用与适应证】 阿片受体拮抗剂。其化学结构与吗啡相似，与吗啡竞争同一受体，对阿片受体的亲和力比吗啡大，但几乎完全没有吗啡样激动作用，能阻断吗啡样物质与吗啡结合，消除吗啡样物质的中毒症状。主要用于麻醉镇痛药中毒、急性酒精中毒、脑梗死、休克及新生儿窒息等应激性疾病，还可用于阿片类药物依赖者的诊断和处理。

【不良反应】 偶见恶心、呕吐、头昏、困倦，个别人可见血压升高、呼吸加快，极少数人出现心动过速及肺水肿。

【用药指导】 高血压及心功能障碍患者慎用，使用时应严格遵照医嘱。

【药物商品】 盐酸纳洛酮注射液。

【商品信息】 国内主要生产厂家有辰欣药业、北京华素制药、灵康药业等。

【贮存】 密闭，在凉暗处保存。

乙酰胺【典】【基】【医保(甲)】 Acetamide

【性状】 无色、透明、针状结晶体。

【作用与适应证】 本品为有机氟杀虫药和杀鼠药氟乙酰胺等中毒的解毒药。

【不良反应】 本品对眼睛、皮肤、黏膜和上呼吸道有刺激作用。动物实验有致癌作用。

【用药指导】 遇明火、高热可燃。燃烧分解时放出有毒的氮氧化物气体。

【药物商品】 乙酰胺注射液。

【贮存】 密闭，在凉暗处保存。

氟马西尼【典】【基】【医保(甲)】 Flumazenil

【商品名或别名】 安易醒，莱意，必和，芬必清。

【性状】 为白色或类白色粉末，无臭，无味。

【作用与适应证】 是苯二氮䓬类药物的拮抗剂，它能竞争性抑制苯二氮䓬类药物与受体结合，以阻断其中枢作用。用于逆转全身麻醉手术后因使用苯二氮䓬类药物所致的中枢镇静和催眠。也可用于乙醇中毒的解救。

【不良反应】 有恶心、呕吐、颜面潮红，也可出现头昏、激越、精神错乱；对癫痫患者有可能引起发作；对已产生苯二氮䓬躯体依赖性的患者可能促发严重的戒断症状；对同时服用苯二氮䓬和三环类抗抑郁药的患者可能引发癫痫发作和心律失常。

【用药指导】 ①滴注快可出现焦虑、心悸、恐惧等不适感，少数可见血压升高、心率加快。②对本品过敏者禁用。妊娠、哺乳期妇女慎用。手术后外周肌松药作用消失前慎用。

【药物商品】 氟马西尼注射剂。

【商品信息】 国内有浙江奥托康制药集团股份有限公司、湖南正清制药、江苏恩华药业生产本品制剂。

【贮存】 遮光，密闭保存。

案例 25-1

宋某，男，每天喝高度酒 1 斤左右，早晨起床就开始喝，经常藏酒，一有机会就喝几口，酒后不吃饭，长期过量饮酒造成记忆力减退、健忘、反应迟钝、手抖、出虚汗、营养不良、极度消瘦，无法正常工作，有时清醒时非常后悔，但喝酒始终不能自制。诊断为慢性酒精中毒或酒精依赖。

诊疗策略

请同学们讨论解决治疗方案。

其他常用解毒药见表 25-1。

表 25-1 其他常用解毒药

名　称	作用与适应证
青霉胺【典】【基】【医保(甲)】Penicillamine	用于肝豆状核变性病（由于铜在各组织中沉积所引起），可使尿酮排出增加 5～20 倍。尚可治疗某些免疫性疾病如类风湿关节炎、与自身免疫有关的慢性活动性肝炎
依地酸钙钠【典】【医保(甲)】Calcium Disodium Edetate	能与多种金属离子结合成为可溶的金属络合物，从尿排出。用于金属中毒的解毒，为铅中毒解毒的首选药物
亚硝酸钠【典】【医保(甲)】Sodium Nitrite	为氧化剂，能使血红蛋白氧化为高铁血红蛋白。高铁血红蛋白与细胞色素氧化酶中的铁离子竞争性地与氰离子结合而解除氰化物中毒。临床主要用于氰化物中毒的治疗，但必须和硫代硫酸钠联合使用
贝美格(美解眠)【医保(甲)】Bemegride	呼吸中枢兴奋药。本品主要用于巴比妥类及其他催眠药如格鲁米特、水合氯醛等药物的中毒
药用炭【典】【医保(甲)】Medicinal Carbon	本品具有巨大的比表面积，能有效地从胃肠道中吸附肌酐、尿酸等有毒物质，使这些毒性物质不在体内循环，而从肠道中排出体外，使体内肌酐、尿酸积存量降低。用于腹泻、胃肠胀气、食物中毒等

【本章小结】

1. 解毒药是指在理化性质上或药理作用上能对抗或阻断药物的毒性，用于解救急性中毒的药物。

2. 常用的解毒药包括：①重金属、类金属中毒解毒药，如依地酸钙钠、二巯基丙醇、去铁胺等；②氰化物中毒解毒药，如硫代硫酸钠；③有机磷中毒解毒药，如碘解磷定、氯解磷定、戊乙奎醚、阿托品等；④亚硝酸盐中毒解毒药，如亚甲蓝；⑤阿片类中毒解毒药，如纳洛酮；⑥鼠药解毒药，如乙酰胺；⑦其他类，如药用炭、精制抗蝮蛇毒血清等。

【思考题】

纳洛酮可解救哪些药物的中毒？探讨其应用方向。

【信息搜索】

近年来我国发生的中毒事件有哪些？如何解救？

【处方分析】

病例：患者，男，误服农药出现瞳孔缩小、视力模糊、呼吸困难、抽搐等中毒现象。

处方：尼可杀米　　1.5mL　　im

　　　阿托品　　　1mL　　　iv

　　　碘解磷定　　2mL　　　im

请问该处方是否合理？说明原因。

第二十六章 生物制品

学习目标

知识目标：
- 掌握生物制品类药物的分类及常用品种。
- 熟悉常用品种的作用机制、作用特点、不良反应、合理使用的重要性及方法。
- 了解本类药物的保管及贮存特点。

能力目标：
- 能正确指导该类药物的使用。

第一节 概述

生物制品是用微生物（如细菌、噬菌体、立克次体、病毒等）、微生物代谢产物、动物毒素、人或动物的血液或组织等经加工制成，作为预防、治疗、诊断特定传染病或其他有关疾病的免疫制剂及血液制品。如抗生素、疫苗、免疫血清、重组 DNA 产品等。将人工免疫的抗原（如菌苗、疫苗和类毒素）接种于人体后，刺激机体自动产生免疫力，这类制剂称为自动免疫制剂，主要用于预防接种；将抗体（如抗毒素血清）注入体内后，机体很快获得免疫力，这类制剂称为被动免疫制剂，主要用于治疗。由于此类制品是动物血清，对人体而言是一种异性蛋白，注射后容易引起过敏反应，故用前必须做过敏试验，如皮试阳性又必须用药时，要用脱敏法注射。

相关链接

生物技术药物是目前世界上最畅销的医药产品。数据显示，全球生物技术公司总数已达 4000 多家，研制中的生物药物超过 2200 种，其中 1700 余种进入临床试验阶段。全球生物药市场在 2013 年至 2020 年期间实现了快速增长。在 2018 年的十大畅销药物中，8 种为生物药，其中包括 7 种抗体药物、1 种疫苗，该 8 种生物药的销售收入占 2018 年十大畅销药物总销售收入的 82.5%。

一、生物制品的分类

（1）菌苗 凡由细菌、螺旋体等制成的预防用生物制品称为菌苗。有死菌苗和活菌苗之分。死菌苗一般系选用免疫性好的菌种在适宜培养基上生长、繁殖后，将细菌处死即成，如霍乱菌苗、百日咳菌苗等。此类菌苗进入人体后，不能生长繁殖，对人体的刺激时间较短，产生的免疫力不高，如要使人体获得较高且持久的免疫力，则需多次重复注射；活菌苗一般选用无毒或毒力很低但免疫性很高的菌种培养繁殖后制成，如结核活菌苗、鼠疫活菌苗等。此类菌苗进入人体后，能生长繁殖，对人体刺激时间长。与死菌苗相比，活菌苗的优点是：①接种量少；②接种次数少；③免疫效果较好；④维持时间长。

（2）疫苗 将病毒、立克次体接种于动物、鸡胚或经组织培养后加以处理制成的预防用生物制品称为疫苗。习惯上，疫苗有时也包括菌苗在内。菌（疫）苗是通过预防接种建立起机体免疫力，属人工自动免疫范畴。疫苗有死毒疫苗（如乙型脑炎疫苗、狂犬病疫苗等）和减毒活毒疫苗（如小儿麻痹疫苗、麻疹疫苗等）两种。活疫苗的优点与活菌苗相同。

（3）类毒素　用细菌所产生的外毒素经甲醛脱毒后，变为无毒性但仍具有免疫性的制剂，称为类毒素，如吸附精制白喉类毒素、吸附精制破伤风类毒素等。通过预防接种，刺激人体产生免疫力，亦属人工自动免疫范畴。

（4）免疫血清　是抗毒、抗菌、抗病毒血清的总称。这类血清中含有大量抗体，受者在接受注射后，不用自身制造抗体，就能立即获得免疫力。但由于这种抗体不是自身产生的，故维持免疫的时间较短，如精制白喉抗毒素、精制破伤风抗毒素等。用含抗体的血清来防治疾病，属人工被动免疫范畴。其特点是所用的抗体血清是由其他动物或人体制备的。

（5）血液制品　是指从健康人血浆中或产妇胎盘血中提取的蛋白质。如冻干人血白蛋白、人血丙种球蛋白等。

（6）诊断用品　供诊断用，如结核菌素等。

（7）其他与免疫有关的制品　主要为一些免疫调节制剂，如精制人白细胞干扰素、注射用基因工程干扰素 α_1、促肝细胞生长素等。

二、生物制品的保管及使用注意事项

1. 生物制品的保管

生物制品多是用微生物或其代谢产物所制成，从化学性质看，一般都具有蛋白质的特性，而有的制品其本身就是活的微生物。所以，生物制品一般都怕热、怕光，有的还怕冻，保管条件会直接影响到制品质量，最适宜在 2~10℃ 干燥暗处保存。除冻干品外（如冻干麻疹活疫苗、冻干卡介苗等），其他制品均不能在 0℃ 以下保存，否则会因冻结而造成蛋白质变性，融化后发生大量溶菌或出现摇不散的絮状沉淀而影响质量导致不可使用。

2. 生物制品的使用注意事项

生物制品接种后，常发生各种反应，尤其是各种血清、类毒素、菌苗、疫苗等，反应较多。出现反应的原因，一般与以下因素有关。

（1）生物制品的质量　质量不好的制品会引起严重的反应。

（2）使用方面　生物制品不能正确地使用，也是引起不良反应的重要原因之一。

生物制品使用后发生的反应，可分为一般反应和异常反应两类。一般反应有局部反应（多在接种后 24h 出现，如红、肿、热、痛等）和全身反应（如发热、头痛、恶心、呕吐等，一般 1~2d 即消失）；异常反应有晕厥、过敏性休克、血清病（多发生在注射后 7~14d，表现为全身淋巴结肿大、肌肉关节痛）等。

为了预防严重异常反应的发生，应注意以下事项。

① 注射动物血清制品前，必须做过敏试验，阴性者可注射，阳性者必须进行脱敏后才可注射。

② 询问病史，有过敏史的患者要特别注意。

③ 如发生反应，应立即使患者平卧，保持安静，并皮下注射或静注 0.1% 的肾上腺素 0.3~0.5mL，必要时可重复注射，然后再根据反应的不同症状，进行必要的治疗。

④ 如标签不清、药液变色、有沉淀物，均不可使用。

⑤ 以下情况时不宜接种：发热及急性传染病，心血管系统疾病，肝、肾疾病，活动性肺结核，糖尿病等；孕妇（妊娠 3 个月内或 6 个月以上者）及经期妇女不宜接种；有湿疹化脓性皮肤病者禁种牛痘。

> **知识拓展**
>
> **影响生物制品应用和效果的因素**
>
> 影响生物制品应用和效果的因素有许多，包括以下几方面。①预防接种的对象：一般根据传染病的流行病学特征，如地区分布、年龄分布、免疫学特点确定预防接种的对象。②接种途径：不同的生物制品有不同的接种途径，接种途径可以直接影响免疫效果。③接种的剂量、次数、间隔与再接种：免疫力的形成必须有足够量的抗原刺激，剂量过大或不够都会影响免疫效果，所以每种制品都有一定的接种量，应按规定剂量、次数、间隔接种，有的还要再接种以巩固免疫力。

第二节 常用生物制品

重组乙型肝炎疫苗【典】【基】 Recombinant Hepatitis B Vaccine

【性状】 本品系由重组酵母或重组 CHO 工程细胞表达的乙型肝炎表面抗原，经纯化、灭活及加入佐剂吸附制成。为白色混悬液体，可因沉淀而分层，易摇散，不应有摇不散的块状物。

【作用与适应证】 接种本疫苗后，可刺激机体产生抗乙型肝炎病毒的免疫力，用于预防乙型肝炎。本疫苗适用于乙型肝炎易感者，尤其下列人员：①新生儿，特别是 HBsAg、HBeAg 双阳性母亲所生的新生儿；②从事医疗工作的医护人员及接触血液的实验人员。

【不良反应】 本品引起的不良反应较少，少数人可能有中低度发热或注射局部微痛，24h 内即自行消失。

【用药指导】 ①注射前要充分摇匀。②新生儿在出生后 24h 内注射第 1 针，1 个月及 6 个月后注射第 2、第 3 针；其他人群的免疫程序为 0、1 个月、6 个月。③患有发热、急性或慢性严重疾病者及对酵母成分过敏者不可注射。④应备有肾上腺素，以防有过敏反应发生时使用。

【药物商品】 重组乙型肝炎疫苗注射剂，内含乙型肝炎病毒表面抗原（HBsAg）。上臂三角肌肌内注射。

【商品信息】 本品有由重组酵母表达的乙型肝炎病毒表面抗原（HBsAg）经纯化制成的重组乙型肝炎疫苗（酵母）和由重组 CHO 细胞表达的乙型肝炎病毒表面抗原（HBsAg）经纯化制成的乙型肝炎疫苗两种不同来源的商品，规格有所不同。

【贮存】 2~8℃下避光保存和运输，严防冻结。有效期内使用。玻璃瓶破裂、有摇不散的块状物时不能使用。

人免疫球蛋白【典】【医保（乙）】 Human Normal Immunoglobulin

【商品名或别名】 人血丙种球蛋白。

【性状】 本品有冻干制剂和液体制剂两种。液体制剂为无色或黄色澄清液体，可带乳光；冻干制剂为白色或灰白色的疏松体。液体制剂和冻干制剂溶解后，溶液应为接近无色或淡黄色的澄明液体，微带乳光。但不应含有异物或摇不散的沉淀。本品含 90% 以上的丙种球蛋白。液体制品含少量硫柳汞防腐剂。

【作用与适应证】 本品为一种被动免疫制剂。含有健康人群血清所具有的各种抗体，因而有增强机体抵抗力以预防感染的作用。主要用于免疫缺陷病以及传染性肝炎、麻疹、水痘、腮腺炎、带状疱疹等病毒感染和细菌感染的防治，也可用于哮喘、过敏性鼻炎、湿疹等内源性过敏性疾病。若与抗生素合并使用，可提高对某些严重细菌及病毒感染性疾病的疗效。一次注射，预防效果通常为1个月左右。

【不良反应】 少数患者注射局部有发红、硬结、疼痛和暂时性体温升高。

【用药指导】 ①除专供静注用的制剂外，一般制剂不可静注。②本品疗效不及特异性免疫球蛋白（如乙肝免疫球蛋白、破伤风免疫球蛋白）。

【药物商品】 人免疫球蛋白注射液。

【商品信息】 ①本品是用健康人的血浆或血清，经低温乙醇法纯化制备而得的免疫球蛋白制剂。含有10%蛋白质，其中90%以上为丙种球蛋白。内含多种抗体（主要为IgG，IgA和IgM仅含微量）。②按球蛋白来源可分为两种：一种为健康人静脉血来源的丙种球蛋白制剂，按蛋白质含量有10%、16%、16.5%等数种（国内制品浓度在10%以上），其中丙种球蛋白占95%以上；另一种为胎盘血来源的丙种球蛋白（人胎盘血丙种球蛋白），即胎盘球蛋白，含蛋白质5%，其中丙种球蛋白占90%以上。胎盘球蛋白因丙种球蛋白含量以及纯度均较低，其用量应相应增大。

【贮存】 液体制剂在2～8℃暗处保存，冻干制剂保存于10℃以下干燥处。安瓿启开后，应一次用毕，不得分次使用。有摇不散的沉淀或异物者不可用。

其他常用生物制品

（1）乙型脑炎灭活疫苗【典】【基】 Inactivated Japanese Encephalitis Vaccine 本品系用流行性乙型脑炎病毒毒种，经地鼠肾单层细胞培养后，收取病毒液，用甲醛溶液灭活制成。为红色澄明液体，无异物，无沉淀。用于预防流行性乙型脑炎，安全有效，质量稳定。接种对象主要为6个月至10周岁儿童和由非疫区进入疫区的儿童和成人。发热、急性疾病、过敏性疾病等不可注射。

药物商品有流行性乙型脑炎灭活疫苗注射剂，上臂外侧三角肌附着处皮下注射，第1针与第2针间隔7～10d。为减少注射时的疼痛，在疫苗中加入适量亚硫酸氢钠液，疫苗由红色变为黄色，即可注射。2～8℃暗处保存。疫苗混浊、变色、曾经冻结、安瓿有裂纹、有异物者不可使用。

（2）麻疹减毒活疫苗【典】【基】 Measles Vaccine, Live 为稍带粉红色或乳酪色的疏松体，加入规定量的氯化钠溶液后可迅速溶解，溶解后为透明红色液体，无异物。本品系用减毒麻疹病毒株，接种在鸡胚细胞，经培养后，收取病毒液，加适宜的保护剂，经冷冻干燥制得。用于预防麻疹。主要供8个月以上的麻疹易感者。注射后一般局部无反应。在6～10d时少数人可能发热，一般不超过2d，偶有散在皮疹。患严重疾病、发热或有过敏史者不得接种。

药物商品有冻干麻疹减毒活疫苗注射剂，注射丙种球蛋白后1个月以上方可接种本疫苗。2～8℃暗处保存。有效期1.5年。有异物者，不可使用。

（3）口服脊髓灰质炎减毒活疫苗【典】【基】 Poliomyelitis Vaccine, Live（oral） 为橘红色澄明液体，无异物，无沉淀。本品系用具有高度免疫原性的脊髓灰质炎病毒Ⅰ、Ⅱ、Ⅲ型减毒株，分别接种猴肾或人二倍体细胞培养制成的单价或三价液体疫苗。主要用于2个月以上儿童预防脊髓灰质炎。发热、患急性传染病、免疫缺陷病、接受免疫抑制药治疗者及孕妇禁用。本品只供口服，不可注射。

药物商品有脊髓灰质炎活疫苗液体制剂，因本制品系活疫苗，切勿用热开水或热食物送服，以免失去效用。在-20℃暗处可保存2年，在2～8℃暗处可保存1年。

（4）人用狂犬病疫苗【典】【基】【医保（乙）】 Concentrated Rabies Vaccine for Human Use 为橘红色至紫红色的混悬液体，静置后有沉淀，经振摇后能均匀分散。冻干制剂为淡黄色疏松体。本品系以狂犬病固定毒（aG）适应株接种于原代地鼠肾单层细胞，经组织培养后收获病毒液，经甲醛溶液灭活浓缩后，再加氢氧化铝溶液制成液体制剂。原液灭活后经超滤浓缩冻干制成冻干制剂。用于预防狂犬病。凡被感染狂犬病病毒的动物如犬、猫等咬伤、抓伤时，应立即处理局部伤口（用肥皂水反复冲洗，再用碘酊消毒数次），并及时注射本疫苗。注射疫苗期间可照常工作，切忌饮酒、浓茶等刺激性食品及剧烈劳动与运动等，以避免引起反应。

药物商品有人用狂犬病冻干疫苗、人用狂犬病液体疫苗。上臂三角肌肌内注射，儿童应在大腿前内侧区肌内注射。2～8℃暗处保存。

（5）破伤风抗毒素【典】【基】【医保（甲）】 Tetanus Antitoxin　为无色或淡黄色澄明液体，不得含有渣粒或异物，久置可析出微量能摇散的沉淀。除血清本身及防腐剂的特有气味外，不得有其他气味。系用破伤风类毒素免疫马血浆所制得的抗毒素球蛋白制剂。能特异性中和破伤风杆菌所产生的外毒素，用于治疗和预防破伤风。有过敏反应，用前要做皮试。

药物商品有注射液和注射用冻干制剂，皮下、肌内注射无异常者方可静脉注射。2～8℃暗处保存。

同类商品有吸附破伤风疫苗，作用同上。

（6）多价精制气性坏疽抗毒素【典】【医保（甲）】 Mixed Purified Gas-gangrene Antitoxin　为无色或淡黄色澄明液体，久置可出现少量能摇散的沉淀。系用气性坏疽（威氏、水肿、脓毒、溶组织）类毒素免疫马，获得的血浆经胃酶消化后，用盐析法精制，并按一定抗毒素单位比例混合而成的液体或冻干四价抗毒素球蛋白。预防及治疗气性坏疽，用于严重外伤、认为有发生气性坏疽危险的患者或不能及时施行外科处置时的预防注射。可有过敏反应，用前要做皮试。

药物商品有注射液，皮下、肌内注射无异常者方可静脉注射。2～8℃暗处保存。

（7）精制肉毒抗毒素【典】【医保（甲）】 Purified Botulinum Antitoxin　本品分液体及冻干两种，前者为无色或淡黄色的澄明液体，久置可析出少量能摇散的沉淀。冻干制剂为白色或乳白色的疏松体，按要求量加入灭菌注射用水稀释溶化后，呈无色或淡黄色的澄明液体。系采用A、B、E型肉毒类毒素免疫马，获得的血浆经胃酶消化后，用硫酸铵盐析法制备而成。进入机体后，可很快地提供被动免疫，从而起到预防作用。大量注射可中和侵入机体的肉毒杆菌外毒素，从而起到治疗作用。用于肉毒毒素中毒的预防和治疗。可有过敏反应，用前要做皮试。

药物商品有注射液，皮下、肌内注射无异常者方可静脉注射。2～8℃暗处保存。

（8）精制抗炭疽血清【典】【医保（甲）】 Purified Anthrax Antiserum　本品分液体及冻干两种，前者为无色或淡黄色的澄明液体，无异物，长期贮存可有微量可以摇散的沉淀物。冻干制剂加入规定量的注射用水后，应在15min内溶解，溶解后的外观应和液体制剂相同。系用炭疽杆菌抗原免疫马，获得的马血浆经胃酶消化后，用硫酸铵盐析法制备而成的免疫球蛋白。人体注射后可及时快速地获得特异性的被动免疫，从而起到预防炭疽病的作用。大量注射可中和侵入机体的炭疽菌抗原，从而起到治疗作用。用于炭疽病的预防和治疗。可有过敏反应，用前要做皮试。

药物商品有注射液。预防用可作皮下或肌内注射，治疗用则可肌内或静脉注射。2～8℃暗处保存。

（9）精制抗狂犬病血清【典】【基】【医保（甲）】 Purified Rabies Antiserum　本品分液体和冻干两种，前者外观几乎为无色或淡黄色的澄明液体，不含渣粒及异物，长期贮存后可有微量可摇散的沉淀产生，除血清本身及防腐剂的特有气味外，无其他气味。冻干制剂为白色或乳白色的疏松体，按规定量加入灭菌注射用水溶化后，呈无色或微黄色澄明液体。系用狂犬病固定毒免疫马获得的抗血浆，经胃酶消化后用硫酸铵盐析法制成的液体或冻干免疫球蛋白。进入人体后，即可中和侵入的狂犬病病毒，能及时、快速地提供被动免疫，从而达到预防的效果。与狂犬病疫苗配合，用于预防或减轻狂犬病的发病。对已有狂犬病症状者使用无效。可有过敏反应，用前要做皮试。

药物商品有注射液，2~8℃暗处保存。

(10) **抗蛇毒血清**【典】【基】【医保（甲）】 Snake Antivenin 本品是某种蛇的蛇毒或脱毒蝮蛇毒免疫马所得的血浆，经胃酶消化后纯化制成的冻干制剂，可中和相应的蛇毒，用于毒蛇咬伤中毒的治疗。于2~8℃避光保存和运输。自分装之日起有效期为5年。

药物商品有：①抗蝮蛇毒血清注射液，用于治疗被蝮蛇咬伤者。对竹叶青和烙铁头蛇的毒液也有交叉中和作用。②抗五步蛇毒血清注射液，用于治疗被五步蛇咬伤者。对蝮蛇蛇毒也有交叉中和作用。③抗银环蛇毒血清注射液，用于治疗被银环蛇咬伤者。④抗眼镜蛇毒血清注射液，用于治疗被眼镜蛇咬伤者。对其他科毒蛇的蛇毒也有中和作用。

(11) **国家免疫规划疫苗** 见表26-1。

表26-1 国家免疫规划疫苗

疫苗	接种部位	接种途径	接种剂量/剂次	备注
乙肝疫苗	上臂三角肌	肌内注射	酵母苗 5μg/0.5mL，CHO苗 10μg/1mL，20μg/1mL	出生后24h内接种第1剂次，第1、第2剂次间隔≥28d。CHO疫苗用于新生儿母婴阻断的剂量为20μg/mL
卡介苗	上臂三角肌中部略下处	皮内注射	0.1mL	
脊灰灭活疫苗		口服	液体疫苗2滴，糖丸疫苗1粒	第1、第2剂次，第2、第3剂次间隔均≥28d
百白破疫苗	上臂外侧三角肌	肌内注射	0.5mL	第1、第2剂次，第2、第3剂次间隔均≥28d
白破疫苗	上臂三角肌	肌内注射	0.5mL	
麻风疫苗	上臂外侧三角肌下缘附着处	皮下注射	0.5mL	
麻腮风疫苗	上臂外侧三角肌下缘附着处	皮下注射	0.5mL	
乙脑减毒活疫苗	上臂外侧三角肌下缘附着处	皮下注射	0.5mL	
A群流脑疫苗	上臂外侧三角肌附着处	皮下注射	30μg/0.5mL	第1、第2剂次间隔3个月
A+C流脑疫苗	上臂外侧三角肌附着处	皮下注射	100μg/0.5mL	2剂次间隔≥3年；第1剂次与A群流脑疫苗第2剂次间隔≥12个月
甲肝减毒活疫苗	上臂外侧三角肌附着处	皮下注射	1mL	

第三节 诊断用生物制品

(1) **布氏菌素**【典】 Brucellin 本品系布氏菌培养物经杀菌后的滤过液，用于诊断布氏菌病、检测机体免疫反应及布氏菌接种前皮试。

注意事项：①有既往过敏史者、支气管哮喘病患者等不可使用；②部分人的阳性反应只有浮肿而不发红，因此检查反应结果时，必须用手指触摸注射处，探测其浸润的大小；③呈阳性反应者说明被试者曾患过布氏菌病或接种过布氏菌活菌苗，但患过布氏菌病或接种过布氏菌活菌苗的人，也有呈布氏菌阴性反应者，因此不能单独以皮肤变态反应作为诊断的唯一依据；④每次注射前必须详细询问并记录职业、健康状况、曾否患过布氏菌病、是否接种过布氏菌活菌苗、有无过敏史；⑤2～8℃暗处保存。

（2）结核菌素纯蛋白衍生物【典】【基】【医保(甲)】 Purified Protein Derivativeof Tuberculin 本品为无色澄明液体。系用结核杆菌经培养后的滤液提纯制成。用于结核病的临床诊断、卡介苗接种对象的选择及卡介苗接种后机体免疫反应的监测。

注意事项：①患急性传染病（如麻疹、百日咳、流行性感冒、肺炎等）、急性结膜炎、急性中耳炎、广泛性皮肤病者暂时不宜使用；②注射本品的针头不得作其他注射用；③2～8℃暗处保存。

【本章小结】

生物制品不同于一般医用药品，它是通过刺激机体免疫系统产生免疫物质来发挥其功效的。该类产品品种多，使用量逐年增加。生物制品在生产、使用、贮存和保管方面有特殊要求。

【思考题】

1. 根据生物制品的品种和用途，如何分类？
2. 试述乙型肝炎血源疫苗的作用及适应证。
3. 试述人血丙种球蛋白的用途及贮存条件。

第二十七章 放射诊断用药

学习目标

知识目标：
- 掌握各类对比剂的用药指导。
- 熟悉各类对比剂的适应证及不良反应。
- 了解各类对比剂的国内生产情况。

能力目标：
- 能够根据各类对比影剂的生产、使用情况开展有针对性的营销活动。

第一节 概述

随着我国放射诊断医疗设备的不断普及和发展，CT、MRI 等设备在大中城市医院的使用越来越普遍。为了适应这种新的形式，各种新型、特殊的对比剂也相继产生，并在临床中广泛使用。

一、对比剂的分类及其特点

1. 离子型对比剂

价格低、用途广。可用于脑、胸、腹部及四肢动静脉造影、CT 的增强扫描、胆系检查、尿路及瘘管造影等。但这类对比剂也存在较多和较严重的不良反应，如心血管系统可造成肺静脉压增高和损伤血管内膜，神经系统亦产生较大毒性等。

2. 非离子型对比剂

这是 20 世纪 70 年代后开发出来的新型对比剂。具有低渗性、低黏度、低毒性的特点。对心血管系统、中枢神经系统的毒副作用明显小于离子型对比剂，全身耐受性好。但价格较贵，一般是离子型对比剂的 10～20 倍，患者往往难以接受。

二、对比剂的毒副反应

对比剂的毒副反应与对比剂的种类有很大的关系，离子型对比剂由于渗透压高、电荷作用以及含有钙的螯合物可改变血钙浓度，可导致血容量增加、外周血管扩张、血压下降、心肺功能障碍等。具体可分为以下三种情况。

(1) 轻度反应　发热、恶心呕吐、面色苍白、局限性荨麻疹。

(2) 中度反应　频繁恶心、呕吐、泛发性荨麻疹、血压偏低、面部及声门水肿、呼吸困难、寒战高热、头痛及胸腹部不适等。

(3) 严重反应　血压急骤下降、晕厥、出现意识障碍、急性肺水肿、心律失常以致心跳、呼吸骤停。

三、对比剂毒副反应的预防

① 有碘过敏史或碘试验阳性者，禁用常规碘对比剂。

② 碘过敏但反应较轻者必须实行造影检查时，可采用非离子型对比剂，使用前先给予地塞米松 5～10mg，并做好抢救准备。

③ 高危患者难以耐受离子型对比剂的毒副反应，可选用非离子型对比剂，但仍不能放松对非离子型对比剂发生毒副反应的警惕性。

④ 造影患者均应于术前纠正脱水状态，保证充足的液体入量。

第二节　胆系、泌尿系、子宫输卵管、胃肠道对比剂

硫酸钡【典】【基】【医保(乙)】　Barium Sulfate

【性状】　白色，疏松，细粉末状；无臭，无味；不溶于水、酸或氢氧化钠溶液。

【作用与适应证】　硫酸钡本身无药理作用，在肠道中不被吸收，能保持高浓度，从而阻止 X 线通过，显影清晰。常用于上、下消化道 X 线造影。

【不良反应】　偶有排便困难（检查后应充分饮水，必要时可服缓泻药或用开塞露）。

【用药指导】　禁用于疑有消化道穿孔患者、肠梗阻患者、急性胃肠出血患者、全身衰弱患者，慎用于肠瘘管形成及容易产生穿孔的某些肠道病，如阑尾炎、窒息、溃疡性肠炎、寄生虫感染等。

【药物商品】　硫酸钡干混悬剂。临用时加水制成适当浓度的混悬液口服或灌肠。

【商品信息】　国内生产厂家中，原料药生产主要有青岛东风化工有限公司，成品生产有青岛东风化工、山东长清制药厂。

【贮存】　密封保存。

其他常用胆系、泌尿系、子宫输卵管、胃肠对比剂

(1) 胆影葡胺注射液【典】 Meglumine Adipiodone Injection　为白色或淡黄色至黄色的澄明液体。本品为 X 线诊断用阳性对比剂，属有机碘化合物。适用于胆管和胆囊造影，也可用于子宫、输卵管造影。本品还具有渗透性利尿作用。注射本品后可出现热感和皮肤潮红，偶见寒战、眩晕、头痛、恶心、出汗和流涎，还可出现胸闷、不安、呕吐、血压下降、瘙痒等反应，偶有抽搐、休克甚至死亡。

药物商品有胆影葡胺注射液。遮光，密闭保存。

(2) 碘番酸【典】 Iopanoic Acid　为类白色或略带微红色片剂；无臭，无味；在氢氧化钠溶液中易溶，在水中几乎不溶。本品为诊断用药，是有机碘化合物，口服吸收进入体内后比周围软组织结构吸收更多 X 线，在 X 线照射下形成密度对比而显影。本品口服后主要经肝分泌，流入具有浓缩功能的胆囊，经过浓缩后在 X 线下显示胆囊形态和功能。本品为 X 线诊断用阳性对比剂，适用于胆囊及胆管造影。不良反应可有恶心、呕吐、胃部烧灼感、腹绞痛、腹泻以及排尿灼痛或困难等症状，少数患者出现瘙痒、皮疹、荨麻疹、皮肤水肿以及其他碘过敏反应，偶见急性肾功能衰竭，有引起血小板减少和紫癜的报道。

药物商品有碘番酸片。遮光，密闭保存。

　讨论各胆系、泌尿系、子宫输卵管、胃肠道对比剂的适应证。

第三节　脊髓及其他体腔的对比剂

碘苯酯【典】　Iofendylate

【商品名或别名】　碘苯十一酸酯，碘芬酯。

【性状】　本品为无色或微黄色带黏性的油状液体；微有酯类的特臭。在脊髓蛛网膜下腔造影时可被吸收。

【作用与适应证】　本品为诊断用药，含碘，注入体内后由于其能比周围软组织结构吸收更多X线，从而在X线照射下形成密度对比，显出所在腔道的形态结构。主要用于椎管内蛛网膜下腔造影（脊髓造影），也用于脑室和脑池造影，以及瘘管造影、手术后T形管胆道造影及淋巴管造影。

【不良反应】　①少数患者出现过敏反应，常见为荨麻疹和血管神经性水肿等症状。②脑室造影后出现头痛、轻中度发热和呕吐等症状。③椎管蛛网膜下腔造影后可使原有神经症状加剧、坐骨神经痛、尿潴留、性功能减退等。

【用药指导】　①对碘发生过敏者、有脑脊髓疾病者、孕妇禁用。②本品注入血管内，可引起血管栓塞。③有哮喘史或其他过敏性疾病史者慎用。④本品对脑脊膜有慢性刺激，造影后要尽可能抽出药液。⑤腰椎穿刺时要尽量避免损伤血管，防止血液进入蛛网膜下腔内。

【药物商品】　碘苯酯注射液。椎管内蛛网膜下腔造影（脊髓造影），成人常用量：腰段，3～12mL；胸段，9～12mL；颈段，6mL。脑池造影：常用量，1～1.5mL。脑室造影：2～3mL。

【商品信息】　国内生产厂家有上海淮海制药厂、上海信谊药业有限公司。

【贮存】　遮光、密封保存。

其他脊髓及体腔的对比剂

（1）碘曲仑（伊索显、碘十醇）Iotrolan　为水溶性非离子型二聚体三碘环对比剂，各种浓度与体液接近等渗，有较好的神经耐受性且化学毒性也低。本品适用于脊髓造影（腰段、胸段和颈段造影）、脑室与脑池造影、其他体腔造影如关节腔造影等。用后可出现头痛、恶心呕吐、出汗、眩晕、呼吸困难、心律失常、颈项强直、腓肠肌痉挛、胸背痛、神经根性疼痛。有碘过敏史者与甲状腺功能亢进者禁用，妊娠及盆腔炎患者禁做子宫输卵管造影。

药物商品有碘曲仑注射液，分伊索显190、240与300三种。避强光保存。

（2）甲泛葡胺（室锥影）Metrizamide　为新型非离子型水溶性三碘环对比剂，其特点为低渗透压且无钠离子影响。36%溶液与脑脊液等渗，所以对脑室与脊髓造影更为安全。适用于脑室、脑池与锥管造影，也可用于CT增强扫描与其他造影。不良反应轻微，常见有发热、恶心、呕吐、穿刺点疼痛、荨麻疹等。有碘过敏者禁用，并忌与其他药物配伍。

药物商品有注射用甲泛葡胺，冷冻干结晶，另附0.005%碳酸氢钠注射液20mL。遮光，密封保存。

第四节　磁共振成像（MRI）的对比剂及CT增强扫描的对比剂

泛影葡胺注射液【典】【基】【医保（甲）】　Meglumine Diatrizoate Injection

【性状】　本品为无色至淡黄色的澄明液体。

【作用与适应证】　本品为诊断用药。注入体内后与周围组织在X线下形成密度对比而显影。用直接引入法造影时，将其直接注入血管或其他腔道后，能显示其管腔形态。用生理吸收法造影时，注入血管的对比剂可通过受损的血管内皮或受损的血脑屏障进入病变组织而显示病灶。经肾脏排泄时可显示尿路形态。

【不良反应】　可能出现恶心、呕吐、流涎、眩晕、荨麻疹等反应。

【用药指导】　①对碘过敏者、肝肾功能减退、活动性肺结核、多发性脊髓瘤及甲亢患者禁用。②高胱氨酸尿症者不宜做血管造影，否则会引起血栓形成或栓塞。③本品严禁注入脑室、颅内、椎管内蛛网膜下腔、与蛛网膜下腔交通的囊腔和瘘管。

【药物商品】 药物商品有复方泛影葡胺注射液：1mL∶0.3g（供试验用）；20mL∶12g（60%）；20mL∶15.2g（76%）。

【商品信息】 国内生产厂家有西安力邦制药、湖南汉森制药有限公司、上海旭东海普药业有限公司等。

【贮存】 遮光，密闭保存。

其他磁共振成像（MRI）的对比剂及CT增强扫描的对比剂

钆喷酸葡胺【典】【医保(乙)】（马根维显，磁显葡胺）Dimeglumine Gadopentetic 注射液为无色澄明液体，pH值为6.5～8.0。钆喷酸葡胺是一种用于磁共振成像的新型对比剂，它是一种含金属的复合盐类，由于具有顺磁性，静脉注射后可使中枢神经系统磁共振图像对比增强，信号强度增加。本品使颅脑和脊髓的MRI增强，有助于肿瘤转移、复发的鉴别诊断。全身MRI的增强，包括颌、面、颈、胸腔和腹腔、女性乳腺、盆腔及四肢的增强。不良反应可出现面部潮红、恶心呕吐、头痛、头晕、荨麻疹、呼吸困难、心悸、血清铁升高。注射太快可产生甜味觉等。过敏性体质和体弱者、严重肾功能障碍者及孕妇慎用。

药物商品为每支10mL、15mL、20mL。遮光、密封保存。

其他常用的MRI及CT对比剂见表27-1。

表27-1 其他常用的MRI及CT对比剂

名 称	作用与适应证	药物商品	用药指导
优维显（碘普罗胺）Ultravist	本品是一种低渗透压的非离子型对比剂。用于CT增强扫描、心血管造影、数字减影血管造影（DSA）等	注射液："优维显300"有20mL、50mL、75mL、100mL、200mL与500mL瓶装；"优维显370"有30mL、50mL、75mL、100mL与200mL瓶装	①可发生恶心呕吐、红斑、疼痛及温热感，亦可出现寒战、高热、出汗、头晕苍白、呼吸急促、荨麻疹、水肿等症状。严重时血压下降、呼吸困难、发绀及意识丧失、一过性轻瘫。②碘过敏史、肝肾心功能不全、甲亢患者慎用
碘海醇【典】【基】【医保(甲)】（碘海索、欧乃派克）Omnipaque	本品是一种含有三个碘分子的非离子型对比剂，毒性低。适用于脊髓、心血管、尿道造影及CT扫描等	注射液：1mL∶140mg/L（每瓶50mL）；1mL∶180mg/L（每瓶10mL、15mL、50mL）；1mL∶240mg/L（每瓶10mL、50mL）；1mL∶1300mg/L（每瓶10mL、50mL、75mL、100mL）；1mL∶350mg/L（每瓶50mL、100mL）	①可有恶心呕吐、温热感、皮肤瘙痒及荨麻疹。做脊髓造影后易出现头痛、头晕等，偶见无菌性脑膜炎。②有碘过敏史、哮喘、严重肝肾功能失调、甲状腺疾病、骨髓白血病者应慎用。③严重糖尿病与孕妇尽量避免使用

【本章小结】

1. 对比剂的分类、毒副反应及预防。

2. 胆系、泌尿系、子宫输卵管、胃肠道对比剂的作用与适应证、不良反应、用药指导、药物商品、商品信息。

3. 脊髓及其他体腔对比剂的作用与适应证、不良反应、用药指导、药物商品、商品信息。

4. 磁共振成像（MRI）的对比剂及CT增强扫描的对比剂的作用与适应证、不良反应、用药指导、药物商品、商品信息。

【思考题】

离子型对比剂的主要毒副作用有哪些？

【信息搜索】

近年来对比剂有哪些新的类型出现？

第二十八章 计划生育用药

学习目标

知识目标：
- 掌握各类常见的计划生育药物的用药指导。
- 熟悉各类常见的计划生育药物的适应证及不良反应。
- 了解各类计划生育药物的国内外生产情况。

能力目标：
- 能够根据各类常见计划生育药物的生产、使用情况开展有针对性的营销活动。

实行计划生育，降低人口的出生率，是我国的一项基本国策。而避孕药的使用是计划生育工作中行之有效的重要措施之一，也是目前一种安全、有效和使用方便的较理想的避孕方法。

生殖过程是一个复杂的生理过程，包括精子和卵子的形成与成熟、排卵、受精、着床、胚胎发育等环节，阻断其中的任何一个环节都能达到避孕或终止妊娠的目的。

避孕药是指能阻止受孕或防止妊娠的药物。这类药物能够干扰包括精子和卵子的形成与成熟、排卵、受精、着床及胚胎发育等多个环节的生殖过程，从而达到阻止受孕或防止妊娠的目的。因上述环节大多发生在女性体内，故目前常用的避孕药大多数属于女性避孕药。常用的避孕药如果坚持按规定使用，避孕率可达99%以上，停止用药后即可恢复生育能力，故应用广泛。生殖过程与计划生育用药的作用部位示意见图28-1。

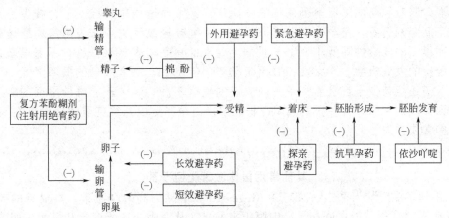

图 28-1 生殖过程与计划生育用药的作用部位示意
(−) 表示阻断或抑制

第一节 甾体激素类避孕药

复方左炔诺孕酮【典】【基】 Compound Levonorgestrel

【商品名或别名】 复方左旋甲炔诺酮，复方 D-甲炔诺酮，复方左旋 18-甲基炔诺酮。

【性状】 左炔诺孕酮和炔雌醇均为白色或类白色结晶性粉末；无臭。不溶于水。

【作用与适应证】 左炔诺孕酮为全合成强效孕激素，其孕激素作用约为炔诺酮的100倍，并有雄激素和抗雌激素活性，几乎不具有雌激素活性。抗排卵作用较炔诺酮强，还具有改变宫颈黏液稠度和抑制子宫内膜发育等作用。临床主要与炔雌醇组成复方短效口服避孕药，也可通过剂型改变用作长效避孕药，还可用于治疗痛经、月经不调。

【不良反应】 可有恶心、呕吐、头昏、乏力、嗜睡等类早孕反应及不规则出血，偶有乳房胀痛、皮疹、痤疮、体重增加，降低高密度脂蛋白。

【用药指导】 ①不能漏服，否则避孕会失效，如发生漏服，应在24h内补服。②如发生突破性出血，可加服炔雌醇每日0.005～0.015mg。③哺乳期妇女服药后乳汁可能减少，应于产后半年开始服药。④肝肾病患者、心血管疾病和血栓史、高血压、糖尿病、甲状腺功能亢进症、精神病或抑郁症、高血脂、子宫肌瘤、乳房肿块患者及孕妇禁用。

【药物商品】 ①复方左炔诺孕酮片：在月经来潮的第一天，服用标有相同日期的淡黄色药片，并按箭头方向每天服用一片。服完21片淡黄色药片后，再服用淡粉色药片。服完所有的淡黄及淡粉色药片（共28片），不管是否还在出血，第二天应开始服用新的一盒复方左炔诺孕酮片标有相应日期的淡黄色药片。如果按上述规定服用，从初次服药的第14天起就有避孕效果。最好在每天同一时间服用本品，如晚饭后或睡觉前服用。②复方左炔诺孕酮三相片：比单相片减少左炔诺孕酮40%，更接近女性正常激素分泌类型，不良反应少，月经控制也较好。从月经第5天开始服药，起始6天每天服棕色片一片。③复方左炔诺孕酮片滴丸：从每次月经来潮的第5日开始服药，每日1丸，连服22d，不能间断或遗漏，服完后等下次月经来潮的第5日，再继续服药。

【商品信息】 本品国内生产厂家有华润紫竹药业有限公司、南京白敬宇制药有限责任公司、上海信谊天平药业有限公司、华中药业股份有限公司。

【贮存】 遮光，密封保存。

知识拓展

常规口服避孕药能降低下列病症的发病率：①可通过调整月经周期，减少月经出血量。对有痛经的患者，避孕药抑制排卵后，痛经可减轻或消失。②服用常规避孕药能使女性患卵巢癌的危险性降低40%，长期服用时降低幅度高达80%。③口服避孕药还可以减少盆腔炎的发病机会。④女性在服用避孕药1年以后，患宫颈癌的概率降低一半。⑤口服避孕药还能减少子宫肌瘤和子宫内膜癌的发病率。⑥避孕药能维持平衡的雌激素水平，增强女性的骨质，许多研究表明，长期服用避孕药可以延缓甚至防止女性在50岁以后开始的骨质损失。

其他常用甾体激素类避孕药

（1）甲地孕酮【典】【基】【医保（甲）】（妇宁）Megestrol 本品为高效孕激素，有显著的抑制排卵作用，并能影响宫颈黏液稠度和子宫内膜正常发育，从而阻止精子穿透和影响孕卵着床。为短效口服避孕药及肌内注射长效避孕药的孕激素成分，也可用作探亲避孕药、事后避孕药，还可治疗功能性子宫出血、闭经、痛经、子宫内膜增生过长等。少数有头晕、恶心、呕吐，偶见不规则出血；肝、肾疾病患者忌用。

药物商品有：①醋酸甲地孕酮片、分散片、胶囊、软胶囊。②复方醋酸甲地孕酮片。③复方醋酸甲地孕酮注射液。本品均为国产，国内生产厂家众多，包括上海信谊天平药业有限公司、浙江仙琚制药股份有限公司、青岛国海生物制药有限公司等。本品应遮光，密封保存。

(2) 炔诺酮【典】【基】【医保(乙)】 Norethisterone 本品是一种口服有效的孕激素，能抑制卵巢排卵；改变子宫内膜的形态使其不利于受精卵着床；改变宫颈黏液的理化性质使其不利于精子穿透。主要与炔雌醇合用作为短效口服避孕药，也可用作探亲避孕药，还可治疗功能性子宫出血、不育症、痛经、闭经、子宫内膜异位症等。

药物商品有：①炔诺酮片、滴丸。②复方炔诺酮片。③复方庚酸炔诺酮注射液，本品用于健康育龄妇女避孕用，尤其适用于不能耐受或坚持服用口服避孕片以及放置宫内节育器易脱落者。

(3) 炔雌醇【典】【基】【医保(甲)】（乙炔雌二醇）Ethinylestradiol 本品为口服有效的强效雌激素，其活性为雌二醇的7～8倍、己烯雌酚的20倍。临床用于月经紊乱、绝经期综合征、子宫发育不全、前列腺癌等。与孕激素配伍，对抑制排卵有协同作用，增强避孕效果，为口服避孕药中最常用的雌激素。

药物商品有炔雌醇片，更多的是与孕激素配伍而成的复方制剂（片剂为主）。

(4) 左炔诺孕酮【典】【基】 Levonorgestrel 本品具有强效孕激素作用，并有雄激素、雌激素和抗雌激素活性。本品抗排卵作用较炔诺酮强，同时还能抑制子宫内膜发育、改变宫颈黏液稠度，使精子不易进入宫腔，从而达到避孕目的。主要用于女性紧急避孕，即在无防护措施或其他避孕方法偶然失误时使用。偶有轻度恶心、呕吐，一般不需处理，可自行消失。乳腺癌、生殖器官癌、肝功能异常或近期有肝病或黄疸史、静脉血栓病、脑血管意外、高血压、心血管病、糖尿病、高脂血症、精神抑郁症患者及40岁以上妇女禁用。不宜作为常规避孕药。

药物商品有左炔诺孕酮片、胶囊。知名度较高的商品名有毓婷、金毓婷、保仕婷、安婷、谊婷、丹媚、艾无忧等。避光，密封保存。

相关链接

口服避孕药的主要发展方向为：①降低剂量以减少副反应，减少对心血管、内分泌、肿瘤的影响；②改变剂型，有短效和长效口服制剂、针剂和缓释剂（如阴道环和皮下埋植剂等）；③研发新型孕激素，具有高活性的孕激素，提高生物利用度，降低个体差异等。未来的发展方向是降低雌孕激素剂量，改善配方，以小剂量达到避孕效果。

其他甾体避孕药简介见表28-1。

表 28-1 其他甾体避孕药简介

名称	作用与适应证	药物商品	用药指导
去氧孕烯炔雌醇【基】 Desogestrel Ethinylestradiol	本品为去氧孕烯和炔雌醇的复方口服制剂，用于避孕和月经周期调控	去氧孕烯炔雌醇片（妈富隆），口服	①可能出现乳房触痛、乳房疼痛、乳汁分泌、头痛、偏头痛，性欲改变，抑郁，戴隐形眼镜不适，恶心、呕吐，阴道分泌物改变，各种皮肤病，体液潴留，体重改变，过敏等不良反应。②循环系统疾病、肿瘤、肝病、原因不明的阴道出血、已知或怀疑妊娠，对本品有效成分或赋形剂过敏者应禁服或立即停止服用本品
屈螺酮炔雌醇【基】 Drospirenone Ethinylestradiol	本品为屈螺酮和炔雌醇的复方口服制剂，用于女性避孕	屈螺酮炔雌醇片（优思明）	①可能出现子宫不规则出血、恶心、情绪波动等不良反应。②循环系统疾病，偏头痛病史伴有局灶性神经症状，累及血管的糖尿病，胰腺炎或其病史并伴有重度高三酰甘油血症，存在或曾有严重的肝脏疾病史，只要肝功能指标没有恢复正常，应禁服或立即停止服用本品

续表

名称	作用与适应证	药物商品	用药指导
炔雌醇环丙孕酮【基】【医保(乙)】Ethinylestradiol Cyproterone Acetate	本品为醋酸环丙孕酮和炔雌醇的复方口服制剂,可用作口服避孕药,也用于治疗妇女雄激素依赖性疾病、妇女雄激素性脱发、轻型多毛症以及多囊卵巢综合征患者的高雄性激素症状	炔雌醇环丙孕酮片(达英-35,美洁多)	①可能出现乳房触痛、疼痛、增大、分泌异常,头痛、偏头痛,性欲改变,情绪抑郁/改变,恶心、呕吐,多种皮肤疾病(如皮疹、结节性红斑、多形性红斑),阴道分泌物改变,不耐受隐形眼镜,体液潴留,体重变化,过敏反应,肝功能异常,血清三酰甘油升高等不良反应。②作为避孕药,只要需要避孕而没有出现禁忌证,炔雌醇环丙孕酮片可以一直使用
复方庚酸炔诺酮【典】【基】Norethisteroni Enanthas Compositae	主要成分为庚酸炔诺酮和戊酸雌二醇的灭菌油溶液。适宜健康育龄妇女避孕用,尤其适用于不能耐受或坚持服用口服避孕片以及放置宫内节育器易脱落者	复方庚酸炔诺酮注射液【典】,肌内注射	①少数使用者可发生月经改变。偶有恶心、头晕、乳胀等。②急慢性肝炎、肾炎、高血压及有乳房肿块者忌用。③必须按时注射,并注意将药液抽取干净完全注入,作深部肌内注射。④本品在气温低时流动性差,置热水中温热,待恢复流动性后即可使用
壬苯醇醚【典】【基】Non-oxynol-9	本品为非离子型表面活性剂,具有较强的杀精子作用,是目前使用最普遍的一种外用杀精子药。用于阴道避孕	①壬苯醇醚栓【典】,外用。②壬苯醇醚膜【典】,外用	①在初用阶段,个别女性外阴和阴道及男性阴茎可有烧灼感,局部可出现充血、水肿。少数妇女阴道分泌物增多,但随时间延长,症状可减轻或消失。②使用海绵块可能出现阴道干燥,个别使用者外阴或阴道产生不适,且用后取出困难

 讨论如何合理选用甾体激素类避孕药。

第二节 其他计划生育用药

米索前列醇【基】【医保(甲)】 Misoprostol

【性状】 本品为白色片。

【作用与适应证】 终止早孕药。本品具有宫颈软化、增强子宫张力及宫内压作用。与米非司酮序贯合用可显著增高或诱发早孕子宫自发收缩的频率和幅度。本品具有 E 型前列腺素的药理活性,对胃肠道平滑肌有轻度刺激作用,大剂量时抑制胃酸分泌。本品与米非司酮序贯合并使用,可用于终止停经 49d 内的早期妊娠。

【不良反应】 部分早孕妇女服药后有轻度恶心、呕吐、眩晕、乏力和下腹痛。极个别妇女可出现潮红、发热及手掌瘙痒,甚至过敏性休克。禁忌证包括:①心、肝、肾疾病患者及肾上腺皮质功能不全者。②有使用前列腺素类药物禁忌者,如青光眼、哮喘及过敏体质者。③带宫内节育器妊娠和怀疑宫外孕者。

【用药指导】 ①本品用于终止早孕时,必须与米非司酮配伍,严禁单独使用。②本品配伍米非司酮终止早孕时,必须按医生处方,并在医生监管下由有急诊刮宫手术和输液、输血条件的单位使用,本品不得在药房自行出售。③服药前必须向服药者详细告知治疗效果及可能出现的不良反应。治疗或随诊过程中如出现大量出血或其他异常情况应及时就医。④服药后,一般会较早出现少量阴道出血,部分妇女流产后出血时间较长。少数早孕妇女服用米非司酮后,即可自然流产,约80%的孕妇在使用本品后,6h 内排出绒毛胎囊。约 10%的孕妇在服药后1周内排出妊娠物。⑤服药后8～15d应去原治疗单位复诊,以确定流产效果。必要时做B超检查或血HCG测定,如确认为流产不全或继续妊娠,应及时处理。⑥使用本品终止早孕失败者,必须进行人工流产终止妊娠。

【**药物商品**】 片剂,本品与米非司酮序贯合并使用,在服用米非司酮36～72h后,单次空腹口服米索前列醇0.6mg(3片)。

【**商品信息**】 本品国外生产厂家有辉瑞英国有限公司,商品名"喜克馈"。国内生产厂家有秦皇岛紫竹药业有限公司、华润紫竹药业有限公司、湖北葛店人福药业有限责任公司、上海新华联制药有限公司、浙江仙琚制药股份有限公司。

【**贮存**】 遮光,密封保存。

依沙吖啶【典】【基】【医保(甲)】 Ethacridine

【**商品名或别名**】 利凡诺,雷佛奴尔。

【**性状**】 黄色结晶性粉末;无臭,味苦。易溶于热水。

【**作用与适应证**】 本品经羊膜腔内给药和宫腔内给药。药物可引起子宫内膜组织坏死而产生内源性前列腺素,引起子宫收缩。依沙吖啶对子宫肌肉也有兴奋作用。临床用作中期妊娠引产药,终止12～26周妊娠。

【**不良反应**】 ①中毒时表现为少尿、无尿及黄疸,肝肾功能严重损害。②有3%～4%的孕妇发热,体温达38℃以上。③本品引产容易发生胎盘滞留或部分胎盘、胎膜残留而引起大量出血。

【**用药指导**】 ①有肝肾功能不全者严禁使用。②羊膜腔内注药不良反应轻,但必须在妊娠16周以后,经腹壁能注入羊膜腔内者才能使用此种给药途径。③用本品引产时,慎用其他引产药(如催产素静脉滴注),以免导致软产道损伤。

【**药物商品**】 依沙吖啶注射液,羊膜腔内给药或宫腔内羊膜腔外注药。

【**商品信息**】 本品国内生产厂家有华润双鹤药业股份有限公司。

【**贮存**】 遮光,密闭保存。

其他常用避孕用药

米非司酮(息隐,抗孕酮,RU-486)Mifepristone 本品为抗孕激素药,具有终止早孕、抗着床、诱导月经及促进宫颈成熟等作用。临床上米非司酮片与前列腺素药物序贯合并使用,用于终止停经49d内的妊娠。

可能的不良反应包括:①部分早孕妇女服药后,有轻度恶心、呕吐、眩晕、乏力、下腹痛、肛门坠胀感和子宫出血。②个别妇女可出现皮疹。③使用前列腺素后可有腹痛,个别人可发生呕吐、腹泻,少数有潮红和发麻现象。

药物商品有米非司酮片,用于无防护性生活或避孕失败后72h以内,空腹或进食2h后口服25mg(1片),服药后禁食1～2h,或遵循医嘱。

本品均为国产,国内生产厂家众多,包括上海新华联制药有限公司、北京法莫斯达制药科技有限公司、湖北葛店人福药业有限责任公司、广州朗圣药业有限公司、浙江仙琚制药股份有限公司等。

本品遮光,干燥处保存。

知识拓展

人工流产与药物流产比较

人工流产是用负压吸引的方法将胚胎组织吸出,这是一种安全、操作简便、时间短、出血少、效果好的方法。它的弊端是手术操作会使患者产生恐惧感,且可致不同程度的下腹疼痛。少数情况还可使慢性盆腔炎急性发作。药物流产是服药后使胚胎组织自行排出，其优点是没有手术的创伤，也没有手术造成的痛苦，其适应的范围是：停经≤49d、年龄≤40岁且没有心、肝、肾功能异常，没有内分泌疾病、血液病及血栓性病史等。其成功率在90%左右。失败者可继续妊娠，亦可致不全流产，大出血需做清宫手术。因此药物流产必须在医生的密切观察下施行，且患者需要复诊。

【本章小结】
1. 计划生育药物的分类，各类计划生育药物的避孕基本原理。
2. 各类常见计划生育药物的作用于适应证、不良反应、合理用药指导、药物商品知识及商品信息。

【思考题】
1. 各类常见计划生育药物如何因人而异地合理选用？
2. 抗早孕药物米非司酮在使用上应注意什么？

【信息搜索】
近年来我国使用避孕药具现状和趋势。

第二十九章
消毒防腐药

学习目标

知识目标：
- 掌握消毒药和防腐药的概念及分类。
- 熟悉常用消毒药防腐药的品种、作用原理、作用特点、应用范围和使用注意事项。

能力目标：
- 学会合理使用消毒药防腐药。

消毒药一般是指能迅速杀灭病原微生物的药物，防腐药则是指能抑制微生物繁殖的药物。这两类药物之间并没有严格的界限。消毒药在低浓度时也有抑菌作用，防腐药在高浓度时也能杀菌。因此，习惯上总称为消毒防腐药。广义而言，这类药也属于抗微生物药，但与抗生素或喹诺酮等药不同，它们没有严格的抗菌谱，在杀灭或抑制病原体的浓度下，往往也能损害人体，因此不作为全身抗感染用药，主要用于体表（皮肤、黏膜、伤口等）、器械、排泄物和周围环境的消毒或黏膜、创面、腔道的冲洗，以预防或治疗病原体所致的感染。

消毒防腐药的种类很多，它们的杀菌或抑菌机制也各不相同，主要为以下几方面。

①使病原体蛋白质凝固变性而发挥消毒防腐作用。如醇、酸、醛、酚及重金属盐类。
②干扰病原体重要的酶系统，影响菌体代谢功能。如染料类药和某些重金属盐类。
③氧化细菌体内的活性部分而产生杀菌作用。如过氧化物、高锰酸钾、卤素等。
④降低细菌表面张力，增加菌体细胞膜的通透性，使细胞分裂或溶解。如聚维酮碘和苯扎溴铵等表面活性剂。

本类药物许多以液态呈现，体积较大，利润偏低，且其中不少为易燃、易爆、腐蚀性品种，销售与保管时应注意该特点。本类药物用量颇大，是医疗和预防单位不可缺少的一类药物商品。常用的消毒防腐药如下。

乙醇[典]　Ethanol

【商品名或别名】　酒精，Ethyl Alcohol。

【性状】　无色澄明液体；微有特臭，味灼烈；易挥发，易燃烧，燃烧时显淡蓝色火焰；沸点78℃。可与水、甘油、甲醇、醚等任意混合。

【作用与适应证】　本品为最常用的中效消毒药，毒性小，使用广泛，能杀灭各种细菌繁殖体和结核杆菌。70%的乙醇溶液杀菌力最强，浓度过高可使菌体蛋白质凝结而妨碍乙醇渗透，使杀菌力减弱。主要用于皮肤及器械消毒，也是医药工业的重要溶剂之一。另40%～50%溶液用于涂擦皮肤，可使局部血管扩张，血液循环增加，用于久病卧床的患者以防止压疮；因本品有挥发性，用20%～50%乙醇溶液搽身，可用于高热患者的物理降温。

【不良反应】　未见明显的不良反应。本品的浓溶液对黏膜有刺激性，偶见过敏反应。

【药物商品】　稀乙醇：75%（体积分数）。皮肤消毒常用70%～75%（体积分数）的溶液。另外根据需要稀释成不同浓度应用。高热患者用20%～30%（体积分数）乙醇擦拭皮肤降温；预防压疮用40%～50%（体积分数）乙醇涂擦。

【商品信息】　①本品系交叉经营品种，应注意工业酒精与药用酒精的区别。②药物商品为乙类OTC品种。③运输和贮存应按危险品（一级易燃液体）处理。④国内主要生产厂家有新乡市先丰医药新材料有限公司。

【贮存】 遮光，密封保存，不可近火。

碘酊[典]　Iodine Tincture

【商品名或别名】 碘酒。

【性状】 本品为含碘、碘化钾的乙醇溶液。为红棕色的澄明液体，有碘与乙醇的特臭。

【作用与适应证】 本品中的碘为强氧化剂，具有强大的消毒防腐作用，对大部分细菌、真菌、病毒和阿米巴原虫均有杀灭作用。广泛应用于外科手术前、注射前皮肤的消毒，小切口、擦伤的处理，医疗器械及饮用水的消毒。

【不良反应】 对皮肤有强烈刺激作用，用本品消毒皮肤后，必须用70%的乙醇脱碘。

【用药指导】 ①不宜与红汞同用，以免产生碘化汞腐蚀皮肤。②不宜用于眼、口腔及黏膜的消毒。③碘过敏者禁用；新生儿慎用。

【药物商品】 碘酊，浓度为0.90%~10%。外用。

【商品信息】 ①本品已逐渐被聚维酮碘所取代。②本品对软木塞、橡皮塞、金属盖均有腐蚀作用。③国内主要生产厂家有云南白药集团股份有限公司、安徽国正药业股份有限公司、杭州华润老桐君制药有限公司、药都制药集团股份有限公司等。

【贮存】 遮光，密封，在凉处保存。

聚维酮碘[典]　Providone Iodine

【商品名或别名】 聚乙烯吡咯烷酮碘，碘伏，碘附，强力碘，Iodophor，Betadine。

【性状】 黄棕色至红棕色无定形粉末。可溶于水和乙醇。

【作用与适应证】 本品是以表面活性剂聚乙烯吡咯烷酮为载体的碘络合物，是一种灭菌谱广、杀菌力强、刺激性小、性质稳定的消毒剂。其对皮肤刺激性小，毒性低，作用持久。涂擦皮肤表面后能不断释放碘离子，这种滞留杀菌作用更适合术前洗手，可用于皮肤及黏膜消毒。

【不良反应】 偶见引起过敏性皮疹与皮炎。

【用药指导】 ①对碘过敏者、孕妇及哺乳期妇女禁用。过敏体质及甲状腺疾病患者慎用。②烧伤面积大者不宜局部使用。

【药物商品】 ①聚维酮碘溶液：红棕色液体。用于擦手、涂擦创面或浸泡器械。②聚维酮碘乳膏：为乳剂型基质的棕红色软膏。外用。③聚维酮碘栓：棕红色栓。阴道给药。④聚维酮碘凝胶：为水溶性红棕色稠厚液体。阴道给药，于睡前将凝胶置入阴道深部。栓剂和凝胶剂用于念珠菌性外阴阴道炎、细菌性阴道炎、混合感染性阴道炎及老年性阴道炎。

【商品信息】 ①本品已逐渐取代碘酊。②聚维酮碘乳膏及复方聚维酮碘搽剂（含聚维酮碘和阿司匹林）为乙类OTC品种，聚维酮碘溶液、聚维酮碘栓、聚维酮碘凝胶、聚维酮碘泡腾片为甲类OTC品种。③溶液配置后应测定游离碘浓度，稀释液稳定性差，不可用生理盐水稀释。④国内主要生产厂家有杭州民生药业有限公司、丽珠集团丽珠制药厂、广东科伦药业有限公司、云南金柯制药有限公司等。

【贮存】 原料遮光，密封，在阴凉干燥处保存；溶液和软膏遮光，密封，在凉处保存。栓剂遮光，密闭保存。

高锰酸钾[典][医保(乙)]　Potassium Permanganate

【商品名或别名】 过锰酸钾，灰锰氧，锰强灰，PP。

【性状】 黑紫色细长的菱形结晶；带蓝色的金属光泽，无臭。在水中溶解，水溶液不稳定，遇日光发生分解，生成二氧化锰灰黑色沉淀并附着于器皿上。

【作用与适应证】 本品为强氧化剂，遇有机物即放出新生态氧，具有杀灭细菌作用、杀菌力极强，但极易为有机物所减弱，故作用表浅且不持久。高锰酸钾在发生氧化作用的同时，还原生成二氧化锰，后者与蛋白质结合形成蛋白盐类复合物，此复合物和高锰离子都具有收敛作用。广泛用于皮肤、黏膜、食具、蔬菜和水果的消毒，也可用作除臭剂、水质净化剂。

【不良反应】 本品结晶和高浓度溶液对组织有刺激性腐蚀性，不可直接与皮肤接触。

【用药指导】 ①0.1％水溶液用于冲洗溃疡、鹅口疮、脓肿、创面及水果等食物的消毒。②0.125％水溶液用于冲洗阴道或坐浴，治疗白带过多、痔疮。③0.05％水溶液漱口用于去除口臭及口腔消毒。④1％水溶液用于冲洗毒蛇咬伤的伤口和治疗皮肤真菌感染。⑤0.02％水溶液用于洗胃（用于口服巴比妥、吗啡、生物碱、水合氯醛、氨基比林、有机磷农药等药物引起的中毒）。

【药物商品】 高锰酸钾片。外用。

【商品信息】 本品受潮湿、强热、摩擦、冲击或与易燃有机物、还原剂等接触，即能分解，引起燃烧和爆炸。运输和贮存应按危险品（一级无机氧化剂）处理。

【贮存】 原料密闭保存；外用片密封保存。

苯扎溴铵【典】 Benzalkonium Bromide

【商品名或别名】 新洁尔灭，新洁尔美，溴苄烷铵，BB, Bromogeraminum。

【性状】 常温下为黄色胶状体，低温时可逐渐形成蜡状固体；有芳香臭，味极苦，水溶液呈碱性反应，振摇时产生多量泡沫。易溶于水或乙醇。

【作用与适应证】 本品为阳离子型表面活性剂类广谱杀菌剂，但作用不及聚维酮碘。用于皮肤、黏膜、伤口和器械消毒，术前泡手、小面积烫伤、疣等。

【不良反应】 ①对皮肤、黏膜有微弱的刺激作用，严重者可发生皮疹，偶可致过敏反应。②对皮肤黏膜有脱脂作用，长期接触可产生干裂，宜涂擦护肤油膏。

【用药指导】 ①禁与肥皂及盐类消毒药合用。不宜用于膀胱镜、眼科器械及合成橡胶制品的消毒。②所用溶液剂浓度不超过5％（使用时应稀释），贴剂不超过0.11mg/cm^2。

【药物商品】 ①苯扎溴铵溶液。用于皮肤、创面、手术器械消毒。②苯扎溴铵贴剂。

【商品信息】 本品耐热，可贮存较长时间而效果不减。

【贮存】 原料遮光，密闭保存；遮光，密封保存。

氯己定【典】【医保(乙)】 Chlorhexidine

【商品名或别名】 双氯苯双胍己烷，洗必泰。

【性状】 白色或几乎白色的结晶性粉末；无臭，味苦；微溶于水。

【作用与适应证】 具有相当强的广谱抗菌作用，杀菌作用比苯扎溴铵和杜米芬强，刺激性与毒性均很小，国内外广泛用于皮肤、黏膜和伤口的消毒。

【不良反应】 未见明显的不良反应。本品的浓溶液对黏膜有刺激性，偶见过敏反应。

【用药指导】 不宜与肥皂、碱、碘酊、高锰酸钾及升汞等同用。

【药物商品】 ①醋酸氯己定软膏，用于伤口感染。②醋酸氯己定栓，用于阴道细菌、霉菌感染或宫颈糜烂。③醋酸氯己定含片，用于口腔黏膜杀菌消毒。④醋酸氯己定溶液，可于阴道冲洗用，也可用于口腔、皮肤黏膜消毒用。⑤醋酸氯己定痔疮栓，外用。

【商品信息】 本品国内生产厂家众多，包括很多醋酸氯己定复方制剂。

【贮存】 原料密闭保存，软膏密闭，在阴凉处保存。

其他常用消毒防腐药见表29-1。

表 29-1　其他常用消毒防腐药

名　　称	作用与适应证	药物商品	用药指导
过氧化氢溶液【医保(乙)】（双氧水）Hydrogen Peroxide Solution	常用于创面、脓窦的清洁、收敛。尤其适用于厌氧菌感染及破伤风菌感染的创面	溶液剂，外用	①本品有30%的浓溶液，应稀释后使用。②极易分解失效，应置遮光密闭容器中
过氧乙酸（过醋酸）Peracetic Acid	具有广谱、高效、快速的杀菌效果。一般用于疫点环境、隔离病房、检验室、门诊部等场所及污染物品的消毒，亦用于公共场所、环境、用具的预防性消毒	溶液剂，外用	①本品有刺激味，40%的原液为危险品，需低温保存。并避免接触皮肤、衣服和金属器械。②易挥发，稀释液需每日更换。③切勿与其他药物和有机物等混合
甲醛溶液【典】（福尔马林）Formaldehyde Solution	高效消毒剂。一般用于器械、手套、房间及家具的浸泡与熏蒸的消毒（用本品的2%溶液）。还可用于治疗多汗症（用3%~5%溶液涂于手足掌）	溶液剂，外用	①刺激性很强，不宜用于皮肤、黏膜、创面等的消毒；②使用时，应注意本品蒸气对眼及呼吸道的刺激
戊二醛【典】Glutaral	为广谱、高效、低毒的消毒剂。广泛用于医疗器械的消毒，也用于人造心脏瓣膜的消毒。还可用作药物牙膏的原料，可起到防止龋齿及牙垢形成的作用	溶液剂，外用	①重复使用可致皮肤过敏。②对人体组织具中等毒性。③有浓戊二醛（20%；25%）和稀戊二醛（2%）两种不同规格商品，勿混淆
苯酚【典】（石炭酸）Phenol	3%~5%水溶液用于外科器械、痰、脓、粪便等的消毒；外用可作止痒剂，也可用于中耳炎	①软膏，外用 ②苯酚溶液剂，外用 ③苯酚甘油，外用（滴耳）	①对皮肤与黏膜具有腐蚀性，皮炎患儿和6个月以下婴儿禁用。②破损皮肤或伤口不能使用
水杨酸【典】【基】【医保(甲)】（邻羟基苯甲酸，柳酸，撒酸）Salicylic Acid	具有抗菌、止痒、溶解角质等作用。常与水杨酸配成外用制剂，治疗多种慢性皮肤病	①水杨酸乳膏（或软膏），外用 ②水杨酸硬膏，外用 ③水杨酸凝胶，外用 ④溶液剂，外用	①可引起接触性皮炎。大面积使用吸收后，可出现水杨酸全身中毒症状。②糖尿病、四肢周围血管疾病者或婴幼儿慎用
苯甲酸【典】（安息香酸）Benzoic Acid	有消毒防腐和抗真菌作用，用于消毒防腐和头癣、脚癣；还可用作药剂或食品的防腐剂	①苯甲酸溶液，外用 ②复方苯甲酸酊，外用	①可致接触性皮炎。②本品常与水杨酸配成酊剂或软膏治疗手足癣

【本章小结】

　　消毒防腐药在低浓度时有抑菌作用，在高浓度时能杀菌。这类药也属于抗微生物药，但没有严格的抗菌谱，主要用于体表（皮肤、黏膜、伤口等）、器械、排泄物和周围环境的消毒或黏膜、创面、腔道的冲洗，以预防或治疗病原体所致的感染。

【思考题】

　　1. 消毒药、防腐药用于哪些领域？
　　2. 高锰酸钾如何用于消毒防腐？

【信息搜索】

　　近年来在我国发生的流感疫情中使用了哪些消毒防腐药？

【处方分析】
　　病例：患者，女，因几天前用刀不慎导致刀伤，伤口愈合迟缓，因天气炎热，出现炎症。
　　处方：阿莫西林胶囊　0.5g　tid　po
　　　　　聚维酮碘溶液 5％　bid　us ent
　　请问处方中的"tid""po""bid""us ent"是什么含义？该处方是否合理？说明原因。

第三十章 专科用药

学习目标

知识目标：
- 熟悉常用的皮肤科、眼科和耳鼻喉科用药品种、作用特点及使用注意事项。
- 了解妇产科用药品种及作用。

能力目标：
- 学会正确的皮肤科、眼科和耳鼻喉科用药指导。

第一节 皮肤科用药

作用和治疗皮肤疾病的药物称为皮肤科用药。包括外用和内服两个途径，其中外用药物在皮肤病治疗和预防上占有十分重要的地位，其可直接接触到皮肤的损害部位而发挥作用，局部药物浓度高，效果明显，也可避免口服用药的体内过程的不良反应，故其用量大。皮肤外用药市场产品近500种，主要可分为抗真菌类、激素类、抗细菌类、去头屑类、烧伤烫伤及其他类，前五类合计瓜分了整体市场的63%，其他类主要包括痤疮、防冻裂、去瘢痕、治癣等，相对较小。其中抗真菌药为皮肤病用药畅销药。据有关数据统计，皮肤外用药前五名领先品牌有金达克宁、达克宁乳膏、999皮炎平软膏、派瑞松乳膏、百多邦软膏，基本都是外资、合资企业。

咪康唑【典】【基】【医保（甲）】 Miconazole

【商品名或别名】 达克宁，酶康唑，酶可唑，密康唑，双氯苯咪唑硝酸盐。

【性状】 白色或类白色结晶性粉末，无臭或几乎无臭。不溶于水。

【作用与适应证】 为高效、安全的咪康唑类广谱抗真菌药，对致病性真菌几乎都有作用。用于念珠菌阴道炎、全身性念珠菌感染，或两性霉素B不能耐受的全身抗真菌治疗。还可用于皮肤病，如体癣、腹癣、手足癣、花斑癣、头癣、须癣、甲癣和口角炎、外耳炎等。

【不良反应】 消化道反应及皮肤反应，如皮疹、发红、烧灼感等。

【用药指导】 ①过敏体质首次应用本品时应严密观察，出现皮疹时宜停药。②静滴时，务必先将注射液稀释，并密切观察用药，因可致心脏骤停。③1岁以下儿童、孕妇、哺乳妇女禁用。

【药物商品】 ①硝酸咪康唑剂型较多，有软膏、乳膏、洗剂、栓剂、泡腾片、胶囊、注射液。②咪康唑氯倍他索乳膏含主要成分为硝酸咪康唑与丙酸氯倍他索。用于真菌引起的皮炎、湿疹、手足癣、股癣及过敏性皮炎。

【商品信息】 ①本品主要用于治疗深部真菌病，对耳鼻咽喉、阴道、皮肤等部位的真菌感染也有效。有多种剂型，但内服、注射相对少用。②西安杨森生产的达克宁在零售市场和医院市场上均占较大的市场份额，达克宁霜已垄断了90%以上的该类药品市场，居皮肤外用药销售金额前列。

【贮存】 原料、胶囊剂避光，密封保存；软膏密闭保存。

> **知识拓展**
>
> **癣**
>
> 癣是由真菌（即霉菌）引起的皮肤病。致病的真菌是浅部真菌，主要侵犯毛发、皮肤、指甲，如头癣、体癣、股癣、手足癣、花斑癣等。癣病好发于夏季，接触患癣的人或动物及公用生活用具，均可发生传染。此病与人体的抵抗力有较密切的关系。除头癣比较顽固，在医师指导下口服抗真菌药外，其余皆以局部治疗为主，选用外用抗真菌药。

维A酸【典】【基】【医保(甲)】 Tretinoin

【商品名或别名】 维甲酸，维生素A酸，维生素甲酸，全反式维A酸。

【性状】 黄色针状结晶或橘黄色结晶性粉末，微有鱼腥味，不溶于水。

【作用与适应证】 本品是维生素A在体内代谢的中间产物，具有维持皮肤、上呼吸道及泌尿生殖道正常上皮结构的作用。局部应用对皮肤穿透力强，能防止皮肤角化、促进上皮细胞代谢以及治疗痤疮等。用于寻常痤疮、扁平苔藓、黏膜白斑、多发性寻常疣、毛发红糠疹、毛囊角化病、牛皮癣、皮肤基底细胞癌、恶性上皮癌、皮肤角化异常等。

【不良反应】 口服可有头晕、头痛、口干、唇炎、皮肤脱屑等不良反应，偶有肝异常。外用可有局部刺激性。

【用药指导】 ①用于治疗痤疮，起初数周可暂加剧，仍应继续治疗6周以上才能达到最大疗效。②可能引起严重刺激或脱屑，开始治疗时可隔天用药或每3天用1次。③肝肾功能不良者、急性皮炎、湿疹及晒伤者慎用。对本类药过敏者禁用。④避免用于皮肤较薄的皱褶部位，治疗部位避免照射日光，以睡前外用为好。⑤孕妇或即将妊娠的育龄妇女禁用含维甲酸的化妆品及药品。

【药物商品】 维A酸剂型较多，有乳膏、霜剂、凝胶、片剂。用于痤疮、扁平苔藓、白斑、毛发红糠疹和面部糠疹等。

【商品信息】 近年来，维A酸已被国内外皮肤科医生广泛用于临床治疗各种皮肤病。含维甲酸的化妆品风靡国外。瑞士罗氏公司新开发研制的异维A酸，是众多维A酸类化合物中疗效高、耐受性好的皮肤病治疗药，市场销量高。国内主要生产厂家有上海罗氏制药有限公司、重庆华邦制药有限公司等。

【贮存】 原料避光，密封保存；片剂避光，密封在阴凉干燥处保存。

> **知识拓展**
>
> **痤疮**
>
> 痤疮俗称"粉刺""青春痘"，是一种常见的毛囊皮脂腺炎性疾病。痤疮的发生与多种因素有关，如饮食结构不合理、精神紧张、内脏功能紊乱、生活或工作环境不佳、某些微量元素缺乏、遗传因素等。但主要诱因是青春期发育成熟，体内雄性激素水平升高，进而刺激皮脂及毛囊脱落上皮细胞，聚集栓塞在毛孔内，即形成粉刺。皮脂、角质物滞留堵塞，再加上微生物（特别是痤疮丙酸杆菌）的作用，就形成了痤疮。

其他常用皮肤科用药

莫匹罗星【典】【基】【医保(乙)】（假单胞菌酸，百多邦）Mupirocin 本品为局部外用抗生素，是由荧光假单胞菌产生的一种物质，对与皮肤感染有关的格兰阳性球菌有很强的抗菌活性，对耐药金黄色葡萄球菌也有效。用于格兰阳性菌引起的皮肤感染和湿疹、皮炎、糜烂、溃疡等继发感染。一般无不良反应，偶见局部瘙痒或灼热感。

药物商品有莫匹罗星软膏。外用涂于患处。密封，室温保存。

其他常用皮肤科用药见表30-1。

表30-1 其他常用皮肤科用药

名　称	作用与适应证	药物商品	用药指导
阿昔洛韦【典】【基】【医保(甲)】（无环鸟苷）Aciclovir	抗病毒药。用于皮肤黏膜的单纯疱疹、带状疱疹病毒感染	软膏	①对本品有过敏者禁用。②肝、肾功能异常者需慎用
克霉唑【典】【基】【医保(乙)】（三苯甲咪唑，克癣净，妇康安）Clotrimazole	抗真菌药。用于皮肤念珠菌感染、体癣、甲癣、脚癣、花斑癣等；黏膜念珠菌感染，如唇部、口咽、肛门、外阴、指间感染及阴道念珠菌感染所致的阴道炎。对滴虫性阴道炎也有效	克霉唑剂型较多，有栓剂、片剂、洗剂、软膏、膜剂、喷雾剂	①少数患者可发生局部烧灼感。②只适用于干燥皮损。③不宜在眼部使用。④不宜长期、大面积用药。⑤12岁以下的儿童、妊娠和哺乳期妇女慎用
尿素软膏【典】【基】【医保(甲)】（治裂膏）Urea Ointment	为角质溶解药。用于皮肤皲裂、掌跖角化病、慢性湿疹、鱼鳞病、寻常型银屑病及手足癣、甲癣等	软膏	①对尿素过敏者、糜烂渗出性及分泌物较多的皮肤禁用。②涂后轻搓揉数分钟
鱼石脂【典】【基】【医保(甲)】（依克度，鱼石磺酸铵）Ichthammol	为角质溶解药，具有温和刺激性和消炎、防腐及消肿作用。用于疖肿	软膏	①对皮肤有轻微的刺激。②不宜用于已化脓的软组织炎症
水杨酸【典】【基】【医保(甲)】Salicylic Acid	为角质溶解药，用于银屑病、皮肤浅部真菌病、脂溢性皮炎、痤疮、鸡眼、疣和胼胝等的治疗	①水杨酸软膏。②搽头水。③脚癣水。④3%、5%、10%酒精溶液	孕妇及哺乳期妇女严禁大面积使用
氢化可的松【典】【基】【医保(甲)】Hydrocortisone	肾上腺皮质激素类药，用于过敏性皮炎、湿疹、神经性皮炎、脂溢性皮炎及瘙痒症等	软膏	①禁用于感染性皮肤病及对本品过敏者。②涂布部位如有灼烧感、瘙痒、红肿等，应停止用药，洗净

第二节　眼科用药

凡用于治疗眼部疾病的药物称为眼科用药。本类药物种类很多，包括全身用药和局部用药，绝大多数药物以普通剂量作全身应用时，不能使眼内的药物浓度达到有效水平，不能及时有效地控制疾病，故常采用局部用药。滴眼剂是最常用的眼科用药剂型，具有局部药物浓度高、使用方便等优点，应用广泛。目前我国眼科用药约有上百种，主要分为以下几类。

① 眼部抗感染和消毒药：是医院中用量及使用率最多的品种，从单一常用的氯霉素、四环素逐步发展到剂型齐全的氧氟沙星、环丙沙星系列品种等，抗病毒药和抗真菌药亦有不少表现良好的产品。

② 眼部用皮质类固醇激素：对轻度外眼感染，单独应用抗感染药即能控制感染，但对严重的细菌性角膜炎和眼内感染，应适当配合激素，有利于阻止炎症反应、变态反应所致的眼组织损伤，对加速愈合，保护视力有益，如地塞米松、醋酸可的松等。

③ 非甾体抗炎药：副作用较皮质激素少，临床将替代其部分应用，如氟比洛芬等。

④ 扩瞳药：主要用于眼底检查、角膜炎，如阿托品、后马托品、托吡卡胺等。

⑤ 白内障用药：用药品种较多，但目前尚无特效治疗药物，如卡他林、白内停等。

⑥青光眼用药：青光眼是一种表现为眼内压升高，视神经和视功能损害的眼病，外引流通道开放的称为开角型青光眼，所用药物有噻吗心安等。外引流通道被虹膜阻塞则被称为闭角型青光眼，所用药物有匹罗卡品等。

⑦其他眼部用药。

常用眼用制剂的使用方法见数字资源30-1。

数字资源30-1
眼用制剂的正确使用方法

> **知识拓展**
>
> 中国眼科市场规模庞大，由于人口老龄化加剧、过度使用数码产品等，导致眼科疾病的患病率不断提升，从而使患者人数增加并推动眼科用药的需求增长。根据有关资料显示，我国约有6亿近视、2200万青光眼、700万白内障以及1270万眼底新生血管疾病患者。目前，我国眼科用药市场尚处于发展阶段，2018年我国眼科药物行业市场规模约178.9亿元，比2017年的168亿元增长了6.49%。2019年，全球眼科用药市场规模达308亿美元。

毛果芸香碱【典】【基】【医保(甲)】　Pilocarpine

【商品名或别名】　硝酸匹罗卡品，复得灵，弗迪。

【性状】　常用其硝酸盐，无色结晶或白色结晶性粉末；无臭，遇光易变质，易溶于水。

【作用与适应证】　选择性激动M受体，通过收缩瞳孔括约肌，使周边虹膜离开房角前壁，开放房角，增加房水排出。同时还通过收缩睫状肌的纵行纤维，增加巩膜的张力，增加房水排出，降低眼压。用于各型青光眼。眼底检查后可用本品滴眼缩瞳以抵消睫状肌麻痹药或扩瞳药的作用。

【不良反应】　①眼刺痛，烧灼感，结膜充血引起睫状体痉挛，浅表角膜炎，颞侧或眼周头痛，诱发近视。②局部用药后出现全身毒副反应的情况罕见，但偶见特别敏感的患者。

【用药指导】　①长期使用本品可出现晶状体混浊。②瞳孔缩小常引起暗适应困难，需在夜间开车或从事照明不好的危险职业的患者应特别小心。③为避免吸收过多引起全身不良反应，滴眼后需用手指压迫泪囊部1～2min。④禁用于任何不应缩瞳的眼病患者，如虹膜睫状体炎、瞳孔阻滞性青光眼等；禁用于对本品过敏者。⑤哮喘、急性角膜炎患者慎用。孕妇及哺乳期妇女慎用。

【药物商品】　①硝酸毛果芸香碱滴眼液。②硝酸毛果芸香碱注射液。③硝酸毛果芸香碱片。用于各型青光眼；白内障人工晶体植入手术中缩瞳；阿托品类药物中毒的对症治疗。

【商品信息】　①本品特点是对眼和腺体的作用强，而对心血管系统无明显作用，是抗青光眼药物中用途最广、价格最便宜的药品。主要生产厂家有山东正大福瑞达制药等。②传统的匹罗卡品是治疗闭角型青光眼的首选滴眼剂；传统的噻吗洛尔能抑制房水生成，是治疗开角型青光眼的首选滴眼剂。

【贮存】　原料遮光，密封保存；滴眼液遮光、密闭，在凉暗处保存。

案例30-1　　　　　莫要滥用眼药水

老赵患开角型青光眼数年，一直用噻吗洛尔滴眼液，每次1滴，每天1次，眼压控制良好。但近日自觉眼压较平时增高，于是自行增加了点药次数，多时1日达10次。但令老赵没想到的是，症状不但没有缓解，反而出现了头晕、乏力、胸闷及心前区疼痛等症状。试分析原因？

其他常用眼科用药见表30-2。

表30-2 其他常用眼科用药

名 称	作用与适应证	药物商品	用药指导
阿托品【典】【基】【医保(甲)】Atropine	调节麻痹，用于角膜炎、虹膜睫状体炎	滴眼液	滴时按住内眦部，以免流入鼻腔吸收中毒。青光眼患者禁用。按"医疗用毒性药品"管理
氯霉素【典】【基】【医保(甲)】Chloramphenicol	用于结膜炎、沙眼、角膜炎和眼睑缘炎	①滴眼液。②眼膏	对本品过敏者禁用；孕妇及哺乳期妇女慎用
左氧氟沙星【典】【基】【医保(甲.乙)】Levofloxacin（可乐必妥）	适用于治疗敏感细菌引起的细菌性结膜炎、细菌性角膜炎	滴眼液	对喹诺酮类药物过敏者禁用；不能直接滴入眼睛前房内；不应长期使用
可的松【典】【基】【医保(甲)】Cortisone	用于虹膜睫状体炎、虹膜炎、角膜炎、过敏性结膜炎等	滴眼液	①长期频繁用药可引起青光眼、白内障。②单纯疱疹性或溃疡性角膜炎禁用
噻吗洛尔【典】【基】【医保(甲)】（噻吗心安）Timolol	为β受体阻滞药，用于原发性开角型青光眼	滴眼液	明显心衰、心源性休克、房室传导阻滞、窦性心动过缓者禁用
乙酰唑胺【典】【基】【医保(甲)】Acetazolamide	为碳酸酐酶抑制药，临床用于治疗各型青光眼、心脏性水肿、脑水肿等	片剂	不良反应见利尿药，可致畸胎，孕妇禁用
利福平【典】【基】【医保(甲)】Rifampicin	用于沙眼、结膜炎、角膜炎、麦粒肿等	滴眼液	对本品过敏者、严重肝功能不全患者、胆道阻塞患者禁用
红霉素【典】【基】【医保(甲)】Erythromycin	用于沙眼、结膜炎、睑缘炎及眼外部感染	眼膏，最后一次宜在睡前使用	偶见眼睛疼痛，视力改变，持续性发红或刺激感等过敏反应

第三节 耳鼻喉科用药

主要作用于耳部、鼻部、咽喉部的药物统称为耳鼻喉科用药。①耳部用药：主要用于耳道或外耳道感染（滴耳剂）。如氧氟沙星、环丙沙星等。其中氧氟沙星占了绝大市场份额，基本上替代了其他品种。使用滴耳剂时，患者头微侧，一般每次滴入滴耳剂5～10滴，每日2次。②鼻腔用药：主要用于防治鼻炎，如麻黄碱等。鼻除其外部为皮肤所覆盖外，鼻腔和鼻窦内部均为黏膜覆被，鼻腔又深又窄，滴鼻时应头往后仰，适当吸气，使药液尽量达到较深部位。鼻黏膜比较娇嫩，滴鼻剂必须对黏膜无刺激或较少刺激。该类药品不能连续使用超过3天，过度频繁使用或延长使用时间可引起鼻塞症状反复。通常每天3～4次，每次1～2滴。③咽喉部用药：主要用于咽喉部位感染，如复方硼砂等。在治疗期间要注意休息，多饮水，戒除烟酒，不吃刺激性大的饮食。常用药品如下。

(1) 盐酸地芬尼多【基】【医保(甲)】（眩晕停）Difenidol Hydrochloride 为白色结晶性粉末；无臭，味涩。在水中略溶。本品对血管痉挛有选择性的扩张作用，能改善椎底动脉的血液循环，通过调整前庭神经异常冲动、抑制呕吐中枢、改善眼球震颤等作用达到抗眩晕和止吐的效果。对各种中枢性、末梢性的眩晕和呕吐有治疗作用。用于各种原因引起的眩晕、呕吐、自主神经功能紊乱、晕车、晕船等。常见口干、心悸、头昏和轻度胃肠不适。用药期间避免从事驾驶、操作仪器等危险活动。孕妇、哺乳期妇女及6个月以内婴幼儿禁用。

药物商品有盐酸地芬尼多片，密闭、阴凉、干燥处贮存。

(2) 复方硼砂【医保(甲)】（多贝尔）Compound Borax 为无色带有酚臭的澄明液体。为消毒防腐剂。有微弱防腐、抗菌、消毒、收敛作用。对损伤皮肤、黏膜和伤口处的细菌、真菌有弱的抑菌作用，用于急慢性咽炎、扁桃体炎、口腔清洁等。不易穿透完整皮肤，吸收后排泄缓慢，反复应用可产生蓄积中毒。一般无不良反应。不应口服，以免中毒。切忌幼儿吞服。

药物商品有：①复方硼砂含漱片，每片含主要成分硼砂、碳酸氢钠、氧化钠、麝香草酚。②复方硼砂含漱液，主要成分含硼砂、碳酸氢钠、液化酚和甘油。用于口腔炎、咽炎等的口腔消毒防腐。

其他常用耳鼻喉科用药见表30-3。

表 30-3 其他常用耳鼻喉科用药

名　　称	作用与适应证	药物商品	用药指导
羟甲唑啉【典】【基】【医保(乙)】Oxymetzzoline	用于急慢性鼻炎、过敏性鼻炎、鼻窦炎、肥厚性鼻炎	①洗鼻剂液。②喷雾剂。	萎缩性鼻炎、鼻腔干燥音、孕妇及2岁以下儿童禁用，连续使用不得超过7天
氧氟沙星滴耳液【典】【基】【医保(乙)】Ofloxacin Ear Drops	用于细菌性中耳炎、外耳道炎、鼓膜炎	滴耳液	对本药有过敏史者禁用。炎症波及鼓室周围时，应加口服抗生素进行全身治疗
麻黄碱滴鼻液【典】【基】【医保(甲)】Ephedrine Nasal Drops	用于急慢性鼻炎、鼻窦炎或慢性肥大性鼻炎	滴鼻剂	麻黄碱是α及β受体激动药，对心脏和中枢神经系统副作用较多，因此高血压、冠心病、甲状腺功能亢进症、青光眼、前列腺增生症的患者应慎用
复方氯己定含漱液【医保(乙)】（洗必泰）Compound Chlorhexidine Solution for Gargle	外用消毒手、皮肤，冲洗创口。含漱剂用于口腔炎；栓剂用于细菌性阴道炎、痔疮	含漱剂，饭后含漱，每次含漱2～5min后吐弃	有刺激性，避免对眼直接使用，使用本品口腔制剂后至少需30min后才可刷牙

第四节　妇产科用药

妇产科用药包括产科用药和妇科用药。产科用药最常见的为子宫收缩和引产药，这是一类能选择性地兴奋子宫平滑肌的药物，使子宫产生节律性收缩的药物多用于引产或分娩时的催产，使子宫产生强直收缩的药物多用于流产和产后子宫复原。常用的子宫兴奋药有：①缩宫素（催产素），如垂体后叶素、缩宫素等。②麦角制剂，如马来酸麦角制剂等。③前列腺素，如卡前列甲酯等。据世界卫生组织的不完全统计，妇女中各种妇科疾病的发病率在65％以上；我国调查资料显示，育龄妇女妇科疾病发病率在70％以上。在零售药店销售的妇科外用药按用药功能划分，主要分为治疗炎症类、调经类和其他类，九成多都是用于治疗妇科炎症疾病。妇科外用药是近年来市场发展较快的药品品种，如滴虫性阴道炎常用甲硝唑、替硝唑等高效抗滴虫药治疗；念珠菌性阴道炎常用酮康唑、制霉素等治疗；宫颈炎、盆腔炎常选择抗生素药，如青霉素、头孢菌素、氨基糖苷类治疗或抗厌氧菌治疗。

（1）缩宫素【典】【基】【医保(甲)】（催产素）Oxytocin　为子宫收缩药。可兴奋子宫平滑肌的缩宫素受体，使子宫收缩力增强。小剂量（2～5U）在引起子宫体节律性收缩的同时，使子宫颈松弛，临床上用于催产及引产。大剂量（10U）可引起子宫强直性收缩而用于产后止血。滴鼻可促进排乳。偶见恶心、呕吐、心律失常反应。骨盆过窄、产道受阻、明显头盆不称及横位产者禁用；心脏病、有剖宫产史者、子宫肌瘤剔除术史及臀位产者慎用。用药过量可导致子宫持续性强直收缩，引起胎儿宫内窒息，甚至子宫破裂。用于催产、引产时必须严格掌握剂量和禁忌证。

药物商品有缩宫素注射液，密闭，在凉暗处保存。

(2) **垂体后叶**[典][基][医保(甲)]（必妥生，垂体后叶素，垂体素，催生针，脑垂体后叶素）Posterior Pituitary 本品含缩宫素和抗利尿激素。小剂量可增强子宫的节律性收缩；大剂量能引起强直性收缩，使子宫肌层内血管受压迫而起止血作用。作用较麦角新碱快但维持时间短。可用于：①产后出血、产后复旧不全，促进宫缩、引产。②治疗尿崩症。③肺咯血及门脉高压引起的消化道出血。④术后肠麻痹和尿潴留。用药后，如出现面色苍白、出汗、心悸、胸闷、腹痛、过敏性休克等，应立即停药。高血压、冠状动脉疾病、心力衰竭、肺源性心脏病患者忌用。凡胎位不正、骨盆过窄、产道阻碍等均忌用本品引产。因能被消化液破坏，故本品不宜口服。

药物商品有垂体后叶注射液，冷藏，避免冰冻。

(3) **甲硝唑**[典][基][医保(甲)] Metronidazole 本品属抗真菌药，用于各种厌氧菌感染，如用于盆腔感染、妇科感染等；有强大的杀灭滴虫作用，用于阴道滴虫；还用于治疗阿米巴痢疾和阿米巴肝脓肿（详见第九章）。

(4) **咪康唑**[典][基][医保(甲)] Miconazole 广谱抗真菌药，对致病性真菌几乎都有作用。用于念珠菌阴道炎、全身性念珠菌感染，或两性霉素B不能耐受的全身抗真菌治疗（详见本章第一节）。

其他常用妇产科用药见表30-4。

表30-4 其他常用妇产科用药

名称	作用与适应证	药物商品	用药指导
麦角新碱[典][基][医保(甲)] Ergometrine	为子宫兴奋药。用于月经过多、产后子宫复旧不良，预防流产后和产后子宫出血	注射液，片剂	如有感染，用药应慎重，用量不得过大，时间不宜过长
替硝唑[典][基][医保(乙)] Tinidazole	用于治疗滴虫性阴道炎及敏感厌氧菌所引起的细菌性阴道炎，还用于妇产科手术前预防用药	阴道泡腾片，栓剂	同甲硝唑
制霉素[典][医保(甲)] Nysfungin	抗真菌药，用于霉菌感染的念珠菌性阴道炎或滴虫感染	制霉素栓（片），用于阴道念珠菌病，每晚1粒	对深部真菌无效，个别患者可有白带增多现象

【本章小结】

1. 皮肤科用药。包括外用和内服两个途径，其中外用药物在皮肤病治疗和预防上占有十分重要的地位。皮肤科用药主要包括11大类，如抗真菌药、激素类药、消毒剂、皮肤病用抗生素、牛皮癣用药等。

2. 眼科用药常为局部用药。滴眼剂是最常用的眼科用药剂型。眼科用药主要用于：①眼部抗感染和消毒药，主要包括抗微生物药、激素类抗炎药。②扩瞳药，主要用于眼底检查、角膜炎，常用的有阿托品、后马托品、托吡卡胺等。③白内障用药，目前尚无特效治疗药物，常用卡他林、白内停等。④青光眼用药，常用药物有噻吗心安和匹罗卡品等。

3. 耳鼻喉科用药主要用于：①耳道或外耳道感染（滴耳剂）。②防治鼻炎。③咽喉部位感染。

4. 妇产科用药包括产科用药和妇科用药。产科用药最常见的为子宫收缩和引产药；妇科用药大多数属抗感染药、外科洗剂及阴道用栓剂等，适用于女性盆腔炎、阴道或外阴感染。

【处方分析】

李某，女，28岁，分娩后阴道流血不止，医生诊断为产后大出血。处方如下，分析是否合理,为什么?

　　Rp:缩宫素　　10U×1
　　　　Sig　10U　im　St!
　　　　麦角新碱　　0.2mg×1
　　　　Sig　0.2mg　im　St!
　　　　10%葡萄糖　　500mL
　　　　Sig　ivgtt

实 训 篇

- 实训一　药品知识
- 实训二　《中华人民共和国药典》查阅
- 实训三　各种剂型外用药物的使用
- 实训四　知名医药企业宣传及产品介绍
- 实训五　处方审查、调配操作训练
- 实训六　抗感冒药的用药咨询
- 实训七　药房调查
- 实训八　常用药品真伪外观鉴别
- 实训九　常见消化系统疾病用药咨询
- 实训十　维生素类及矿物质药物的用药咨询
- 实训十一　新药介绍
- 实训十二　药品陈列

实训一　药品知识

学习目标

能力目标：
- 熟悉剂型的定义，能够识别各种剂型。
- 能区分常见药物商品类别（剂型、OTC/R_x、特殊药品/普通药品、针/片/水/粉类、临床应用分类等），熟悉使用方法及药品贮存的基本知识。
- 通过观察药物商品的包装，能识别常见药品生产企业商标，准确说出药物商品的标签、说明书、批准文号、生产批号、有效期、条形码及其他常用标识的含义。

一、实训用品

1. 常用各种药物制剂（见下表）。
2. 特殊药品：如哌替啶、咖啡因、安钠咖、艾司唑仑、樟脑酊、阿托品等。
3. 几种药品的包装、标签及说明书等材料。

二、实验内容

（一）常用各种剂型

剂型概念：剂型是药物经过加工制成的应用于临床的适宜形式。

实际操作：将15～21种药品按剂型的分类填入下表中。

序号	剂型		药品名称
1	片剂	含片 咀嚼片 肠溶片	
2	注射剂	注射液 注射用无菌粉末 输液	
3	酊剂		
4	栓剂		
5	胶囊剂	硬胶囊（通称为胶囊） 软胶囊	
6	软膏剂、乳膏剂、糊剂		
7	眼用制剂	滴眼剂 眼膏剂	
8	丸剂	滴丸 糖丸 小丸（通称为丸）	
9	植入剂		
10	糖浆剂		
11	气雾剂、粉雾剂、喷雾剂		

续表

序号	剂型	药品名称
12	膜剂	
13	颗粒剂	
14	口服溶液剂、口服混悬剂、口服乳剂	
15	散剂	
16	耳用制剂	滴耳剂 耳用软膏剂
17	鼻用制剂	滴鼻剂 鼻用软膏剂
18	洗剂、冲洗剂、灌肠剂	
19	搽剂、涂剂、涂膜剂	
20	凝胶剂	
21	贴剂	

（二）认识特殊药品标识

（三）药品的包装、标签和说明书

观察上述药品，说出药物商品上的标签、商标、批准文号、药品生产批号、有效期及各种标识的含义。

三、评分标准

1. 抽样提问，讨论药品常见剂型、包装标签内容和学生实际观察所展药品的表现评分。
2. 根据实训报告评定。

【思考题】

1. 肠溶剂型的特点有哪些？红霉素肠溶制剂与阿司匹林肠溶制剂制作的目的有何区别？
2. 以环丙沙星滴眼剂与环丙沙星胶囊为例，解释"双跨药物"的特点？
3. 以力度伸泡腾片为例说明泡腾剂使用的特点及注意事项有哪些？
4. 小儿对乙酰氨基酚栓剂的作用及优点有哪些？
5. 药品批号的表示方法有哪些，药品批号与药品批准文号的意义及区别有哪些？
6. 详见胰岛素说明书中贮藏项下内容，说明生物制品保存的注意事项有哪些？

实训二 《中华人民共和国药典》查阅

学习目标

能力目标：

● 通过对《中华人民共和国药典》（简称药典）中有关内容的查阅练习，熟悉药典的基本结构和使用方法，提高获取药学基本信息的能力。

一、实训用品

《中国药典》一部、二部。

二、实训内容

按照下表项目，查阅 2020 年版《中国药典》，记录查阅结果。

顺　序	查阅项目	查阅结果
1	克霉唑（制剂及规格）	
2	注射用硫喷妥钠（英文名）	
3	石蜡、阿司匹林（性状）	
4	艾司唑仑（类别）	
5	青霉素及其制剂（贮藏方法）	
6	Fosfomycin Sodium for Injection（法定药名）	
7	地塞米松磷酸钠滴眼液（pH 值）	
8	Fluconazole Injection（中文名）	
9	鱼肝油（贮藏方法）	
10	酊剂（定义）	
11	葡萄糖（比旋度）	
12	试药（定义）	
13	高效液相色谱法	
14	颠茄酊的乙醇含量	
15	"易溶"（概念）	
16	制药用水（分类）	
17	氨制硝酸银试液的配制	
18	热源检查法	
19	"凉暗处"含义	
20	党参的性味	
21	异烟肼的化学名	

三、注意事项

1. 药品可在品名目次中，按药品名称笔画为序查阅（同笔画的字按起笔笔形的顺序）。也可在英文索引或中文索引（按汉语拼音的顺序）中查阅。

2. 制剂通则、一般鉴别试验、物理常数测定法、一般杂质检查法、分光光度法、色谱法等多种分析方法以及试液、试纸、指示液与指示剂、缓冲液等的配制、滴定液的配制及标定和指导原则等其他内容在附录中查阅。

3. 药典正文品种、附录及质量检定有关的共性问题如一些"标准规定"，可从凡例中查阅。

实训三　各种剂型外用药物的使用

学习目标

能力目标：
- 明确说明常见外用制剂的类别及使用步骤，可进行正确的外用制剂操作演示。
- 查阅常见的外用药品，深化对外用药品使用特点的了解。

一、常见外用制剂使用步骤

（一）滴眼剂

1. 成人使用步骤　①洗净双手，切勿接触滴眼剂的开口。②将头向后仰，将下眼睑下拉使成"沟"状，尽量使滴眼剂靠近"沟"，但不要碰到它或眼睛。③按处方量滴入"沟"中，注意不能将眼液直接滴到眼正中瞳孔上，以免刺激眼睛发生瞬目反应，使药液流到眼角外。④滴入眼液后，慢慢闭上眼睛1~3min，同时用一个手指轻轻按住靠近鼻侧的眼角，防止药液顺着鼻泪管流向鼻腔而降低药效。⑤用干净纸巾或毛巾擦掉多余的眼液。⑥如果认为眼液没有进入眼睛，可将以上过程再重复一遍。

2. 小儿使用步骤　①让儿童平直仰卧、闭眼。②从眼角滴入处方剂量的药液。③保持平直姿势1~3min。④擦掉过多的药液。

（二）眼膏剂（或眼用凝胶）

使用步骤：①洗净双手。不让管尖接触到别的东西。②将头稍向后倾斜，一手拿软膏，另一手拉下眼睑使成"沟"状。③将管尖尽量靠近"沟"处，挤出处方量的眼膏（或眼用凝胶）。④闭眼2min，不要揉眼。⑤用薄纸巾拭去过量的眼膏（或眼用凝胶），用另一薄纸巾清洁管尖。

（三）滴鼻剂

使用步骤：①清洁鼻腔后仰卧床上，将头垂于床沿外尽量后仰，使鼻部高度低于口和咽部。②在距鼻孔约2cm处滴入处方量药液（为防止对剩余药品造成污染，滴瓶不要接触鼻黏膜），使之顺鼻孔一侧腔壁慢慢滴入，让鼻腔侧壁起缓冲作用，以免药液直接流入咽部而味苦难忍。③滴药后轻按鼻翼约1min，使药液布满鼻腔即可。

（四）喷鼻剂

使用步骤：①擤鼻子，头稍向前倾坐着。②振摇喷鼻剂，将尖端塞入一鼻孔，塞住另一鼻孔并闭上嘴。③挤压药瓶喷药，同时慢慢地以鼻吸气，再用口呼气即可。在抽出喷雾剂之前，要始终按压喷雾器（以防鼻中的黏膜和细菌进入药瓶）。若需要，换另一鼻孔重复前过程。④用冷开水冲洗喷头。勿使用贮存过久的药物，开启后2周应弃掉。

（五）滴耳剂

使用步骤：①充分清拭外耳道分泌物，患耳向上侧卧或头部向侧倾。②把外耳道拉直（成人及3岁以上小儿耳郭向后上方牵拉；3岁以下小儿应稍向后下方牵拉）。③滴药时勿将滴管碰到外耳道，保持耳朵倾斜3~5min。④用干净的药棉置于耳部，侧头将流出的药液擦净。⑤拧紧瓶盖，以防污染及受潮。

（六）咽部气雾剂

使用步骤：①尽量将痰咳出，使用前将气雾剂摇匀。②头稍后倾，缓慢呼气，尽量让肺部气体排出。③双唇紧贴喷嘴，深吸气的同时揿气雾剂。④屏住呼吸10~15s。⑤温水清洗口腔（特别是糖皮质激素类药品）。

（七）栓剂

使用步骤：①洗净双手，移去外封物（若栓剂太软则应先冷却）。②若有较尖外缘可放在手中捂暖后再用冷水稍润湿栓剂。③侧躺下并使双膝屈起，轻轻将栓剂的球形端塞入直肠。④继续躺几分钟后起身洗手（第1小时内尽量不要解大便）。

二、实训用品

氯霉素滴眼液、氧氟沙星眼用凝胶、红霉素眼膏剂、麻黄碱滴鼻液、左卡巴斯汀鼻喷雾剂、复方新霉素滴耳液、沙丁胺醇喷雾剂、甘油栓剂。

三、实验内容

1. 要求选择一家药店，对常见外用制剂进行观察与调查。
2. 掌握常见外用制剂的种类及各类特点，展示外用制剂的使用步骤。
3. 学生分组模拟操作，讨论常见的外用制剂。

四、评分标准

1. 随机提问，讨论常见外用剂型的使用步骤，根据学生模拟操作表现评分。
2. 根据实训报告评定。

【思考题】

1. 外用眼药制剂现有眼药水、眼用凝胶、眼膏剂三种类型，请比较其特点各是什么？
2. 如果实际使用中遇到不只用到一种滴眼剂的情况该如何处理？眼用制剂的贮存需要注意什么？
3. 氢溴酸东莨菪碱透皮贴剂的使用步骤及作用特点是什么？
4. 请归纳常用滴鼻制剂的类型。其中麻黄碱滴鼻液的适应证有哪些？
5. 膜剂的特点有哪些？膜剂与涂膜剂的区别是什么？

实训四　知名医药企业宣传及产品介绍

学习目标

能力目标：

● 通过网络搜索世界知名医药企业，了解世界知名医药企业的企业历史，企业文化、理念、所研发、生产的医药产品品种以及与中国的合作情况。
● 通过制作幻灯片，掌握网络资料的收集、加工整理和制作幻灯片的基本技能。
● 通过代表某一知名企业作企业宣传及产品介绍，掌握药品销售业务员企业宣传、产品推广的技能技巧。

一、实训准备

电脑网络系统、会议厅（或课室）、多媒体投影设备。

二、实训内容

1. **任务布置**　教师提前安排学生通过网络或其他方式搜索世界知名医药企业的企业文化、理念等情况信息，所研发、生产的医药产品品种及其与中国的合作情况。

宣讲的企业参考名单：①美国葛兰素史克公司；②德国默克医药公司；③日本山之内制药株式会社；④瑞典阿斯特拉公司；⑤日本武田药品公司；⑥荷兰 Gist-Brocades 大药厂；⑦美国强生制药；⑧瑞士罗氏公司；⑨辉瑞制药有限公司；⑩美国雅培制药有限公司。

2. **信息搜索**　学生利用课余时间收集相关信息。
3. **确定发言稿**　各组需根据分配的任务，对拟介绍的企业情况及产品写出发言讲稿。
4. 根据所查资料信息制作幻灯片。
5. 模拟企业宣传及产品介绍。

三、评分标准

根据业务员能否做到言语清晰、谈吐自如、条理分明、言简意赅、突出重点，企业基本情况介绍及产品宣传是否准确、清楚、明白、有感染力以及服饰、仪态等综合评定（见下表）。

知名医药企业宣传及产品介绍（实训评分表）

出场序号 考核内容	一号组	二号组	三号组	四号组	五号组	六号组	七号组	八号组	九号组	十号组	备注
仪表仪态(5分)											
语言表达(5分)											
角色介绍和扮演(5分)											
时间把握(5分)											
企业介绍(30分)											
品牌介绍(30分)											
重点突出、条理清楚、(10分)											
PPT设计(5分)											
团队合作(5分)											
合计											

实训五　处方审查、调配操作训练

学习目标

能力目标：
- 熟悉处方结构，分析处方用药的合理性。

一、不合理的用药分析

1. 地高辛与硝苯吡啶

【病例】 患者，男，52岁，因出现胸骨后压榨性疼痛，被诊断为"心绞痛"，近日，又出现乏力、纳差、咳嗽、气急等心衰症状。

处方：硝苯吡啶片　5mg×40　10mg　tid
　　　地高辛片　　0.125mg×20　0.125mg　tid
　　　维生素C片　0.1g×100　0.2g　tid

【后果】 地高辛的血药浓度增高，经检查出现心律失常等强心苷中毒现象。

【分析】 硝苯吡啶为钙通道阻滞药，能作用于细胞膜上慢通道，抑制细胞的钙内流，抑制心肌收缩需氧量、扩张小动脉和冠脉，降低外周血管阻力，减轻心脏负荷。常用于心绞痛、心肌梗死、高血压等。但硝苯吡啶能改变肾小管对地高辛的分泌及重吸收，使地高辛血药浓度增加25%～45%。地高辛60%～90%以原型从尿排出，故合用影响地高辛的肾排出，且地高辛的治疗量与中毒量较接近，因此两药合用较易出现强心苷中毒。

【建议】 将地高辛减量为0.25mg，每日口服一次，以减少强心苷中毒的发生。

2. 苯妥英钠与西咪替丁

【病例】 患者，女，32岁，为预防癫痫大发作，常服用苯妥英钠，近日因胃溃疡经常胃痛、返酸及大便潜血，故除给予抗癫痫药外，加用治疗胃溃疡药物。

处方：苯妥英钠片　0.1g×100　0.1g　tid
　　　西咪替丁片　0.2g×100　0.2g　tid

【后果】　西咪替丁为组胺 H_2 受体拮抗药，由于化学结构与组胺相似，能竞争 H_2 受体，阻滞 H_2 受体兴奋时，环腺苷酸（cAMP）增加，进而减少胃酸分泌，可用于胃溃疡。西咪替丁片属咪唑类化合物，其咪唑环能与体内细胞色素 P450 结合，从而抑制对苯妥英钠的代谢，使后者血药浓度提高60%，苯妥英钠为抗癫痫药，安全范围小，两药合用，即易产生中毒症状。

【建议】　两药合用时减少苯妥英钠的用量，亦可以雷尼替丁代替西咪替丁，因该药不影响苯妥英钠的血药浓度。

3. 妊娠与利舍平

【病例】　患者，女，28岁；已孕40周，待产，妊娠期间出现妊娠高血压，为了避免产时血压过高发生意外，故于临产前注射利舍平。

外方：利舍平注射液　1mg×2　1mg　st　iv
　　　　　　　　　　6h后 1mg　iv

【后果】　注射后2h生产，新生儿开始呼吸尚佳，但不久即呼吸困难，面色青紫引起窒息。

【分析】　利舍平静注后1～3h起效，可延效4～12h，半衰期50～100h。利舍平大部分从肝脏代谢，仅约1%以原型从小便排出，利舍平较易通过胎盘进入胎儿体内。当胎儿在母体时药物可通过母体肝脏代谢，胎儿离开母体后，药物需靠胎儿自身肝脏代谢灭活，新生儿肝功能尚未成熟，肝内生物转化酶系统发育尚不完全，使利舍平在新生儿体内蓄积。利舍平可引起鼻塞、鼻黏膜充血肿胀、呼吸道阻塞等不良反应，而新生儿鼻及鼻咽腔短小，鼻通道狭窄，气管和支气管腔狭窄，肺弹力及呼吸肌发育均差，故应用利舍平后约10%胎儿出生后出现嗜睡、鼻塞甚至发生呼吸抑制。

【建议】　产前2周不可应用利舍平。

【思考题】

1. 阿司匹林与氯化铵是否可以合用？请分析原因。
2. 新生儿是否可以用氯霉素，为什么？
3. 妊娠期妇女是否可以用四环素？请分析原因。
4. 硫酸亚铁与鞣酸蛋白是否可以合用？请分析原因。

二、药物治疗方案分析

1. 十二指肠溃疡的分析

【病例】　患者，女，33岁，上腹痛一日余，空腹和夜间疼痛明显，伴返酸、嗳气，食欲正常，体重无明显减低。胃镜检查确诊为十二指肠溃疡伴幽门螺旋杆菌感染。

【治疗药物】
雷尼替丁　150mg　早、晚各1次
阿莫西林　0.5g　3次/日
胶体次枸橼酸铋　1包　3次/日，温水冲服

【分析与讨论】　（1）雷尼替丁为 H_2 受体拮抗药，具有较强的抑制胃壁细胞分泌盐酸的作用，减少胃酸对溃疡面的腐蚀，胶体铋剂与黏液内的糖蛋白作用形成不溶性保护膜，发挥屏障作用，防止胃酸、幽门螺旋杆菌对黏膜的侵袭，阿莫西林有抗幽门螺旋杆菌的作用，

三者合用使十二指肠溃疡愈合率提高，复发率降低。

(2) 治疗溃疡的药物有哪些？

2. 糖尿病的治疗

【病例】 患者，男，52岁；近一年来口干，多饮、多尿、多食，体重较前下降5kg，查尿糖+++，空腹血糖9.6mmol/L（正常值3.6～6.0mmol/L）诊断为2型糖尿病（非胰岛素依赖型糖尿病）。

【治疗药物】

苯乙双胍片　25mg　tid

或二甲双胍片　0.5g　tid

【分析与讨论】 (1) 口服降血糖药分为磺脲类和双胍类。磺脲类药主要用于饮食治疗及体育锻炼不能有效控制血糖的2型（非胰岛素依赖型）糖尿病无严重合并症和并发症者。其主要是促进胰岛B细胞分泌胰岛素，并加强胰岛素与受体的亲和力而降低血糖。双胍类降糖药适用于饮食治疗或单纯磺脲类胰岛素治疗不满意的患者。其主要通过抑制肠道对糖的吸收及糖化酶原异生，促进外周组织摄取葡萄糖，加速无氧糖酵解而降低血糖。磺脲类、双胍类可联合使用加强降糖效果，当用到最大量仍不能有效控制血糖时必须改用胰岛素治疗。

(2) 胰岛素应用的适应证是什么？

3. 支气管哮喘的治疗

【病例】 患者，男，20岁；因反复发作性喘息1年，呼吸困难，胸闷、咳嗽3d就诊，经检查诊断为"支气管哮喘"。

处方：沙丁胺醇喷雾剂　每次2喷　必要时

　　　氨茶碱片　0.1g　tid

　　　二丙酸倍氯米松喷雾剂　每次2喷　bid

【分析与讨论】 (1) 沙丁胺醇为短效β_2受体激动药，可舒张气道平滑肌，增强黏液纤毛清除功能，降低血管通透性，调节肥大细胞及嗜碱粒细胞介质的释放，其喷雾剂为定量雾化吸入器，吸入后5～10min见效，疗效维持4～6h。二丙酸倍氯米松为糖皮质激素，吸入用药主要作用于呼吸道局部，抑制支气管渗出，消除支气管黏膜肿胀，解除支气管痉挛。氨茶碱对呼吸道平滑肌有直接松弛作用。

(2) 糖皮质激素的基本生理作用及临床用途有哪些？

4. 肺结核的治疗

【病例】 患者，男，17岁；因反复咳嗽、咳痰伴咯血3周就诊，做胸部X线片检查，诊断为"肺结核"。

处方：异烟肼　0.3g　qd

　　　利福平　0.45g　qd

　　　乙胺丁醇　0.75g　qd

　　　肝泰乐　0.2g　qd

【分析与讨论】 (1) 抗结核治疗要坚持联合、适量、规律之全程使用敏感药物，并注意适当休息和营养。一般用异烟肼与利福平两种杀菌药联合。异烟肼可杀灭细胞内、外及繁殖期和静止期的结核杆菌，且不受环境酸碱度的影响。利福平除能杀死代谢旺盛、不断生长繁殖的结核杆菌外，也能杀灭从休眠状态突然苏醒的结核杆菌，且不受环境酸碱度影响。两药合用可能加重肝功能损害，故加用肝泰乐保护肝功能。肝泰乐能与肝内和肠内的毒物结合成无毒的葡萄糖醛酸结合物而排出，亦可降低肝淀粉酶活性，阻止糖原分解，使肝脂肪贮量减少，故有保肝及解毒作用。乙胺丁醇为抑菌药，对细胞内、外繁殖或静止状态结核菌均起作用。与其他抗结核药联用时，可延缓细菌对其他药物耐药性的产生。具体治疗方案：三药联合治疗 2 个月，然后异烟肼、利福平联合治疗 4 个月，全疗程为 6 个月。若 6 个月后病灶菌未完全稳定，可延长治疗 3 个月。

(2) 肺结核的其他治疗方案有哪些？怎样确定肺结核的病灶菌是否稳定？

实训六　抗感冒药的用药咨询

学习目标

能力目标：
- 实训人员能通过对患者症状的询问，准确地判断出患者是普通感冒或是流行性感冒。
- 实训人员应对目前常用的抗感冒药品种的特点有全面了解。
- 根据患者的病情和特征，有针对性地推荐相应的药品。

一、相关知识

1. 感冒　感冒是一种由多种病毒引起的上呼吸道感染的常见病，当过度疲劳、受惊、淋雨、受寒时，感冒病毒可迅速繁殖，释放毒素，引发鼻、咽、喉的炎症。此时人体抵抗力下降，口腔中一般不危害人体的细菌会乘势繁殖，引起继发感染。一般不发热，个别患者有发热，体温 37.2～37.3℃，全身症状为懒倦、肌肉酸痛、头痛、头晕，有腹痛、腹泻者，鼻腔部症状为流涕、鼻塞、喷嚏，咽部症状为咽干、咽痛、轻咳、有痰或无痰。典型者持续 3d 左右。

2. 流行性感冒　流行性感冒是由流感病毒引起的一种极易传染的呼吸道疾病。引起流行性感冒的病毒分甲、乙、丙三型，并有多种亚型，它是通过吸入空气中含病毒的小水滴，或通过接触流感患者污染的物品而受到传染。起病急骤、畏寒、高热（体温 38～39℃），咽痛、全身酸痛、乏力、鼻塞、打喷嚏、头痛。

二、实训准备

1. 由柜台和货架构成的模拟药店。
2. 抗感冒药数十种。复方抗感冒药：复方盐酸伪麻黄碱（新康泰克）、复方氨酚烷胺（快克、感康）、复方氨酚葡锌（康必得）、美息伪麻（白加黑）、酚麻美敏（泰诺）、氨咖黄敏（速效伤风胶囊）等。
3. 实训人员两人一组，抽签决定分别模拟营业员和患者。

三、实训操作

（一）普通感冒的用药咨询

【疾病问询】患者（#）主诉　近日因工作繁忙，过度疲劳，昨又淋雨，出现头痛、咽干、周身酸痛，请问是感冒吗？吃什么药？

营业员（*）问询　当患者来到柜台前时，首先应该查询患者本人的年龄、性别，然后进一步询问。

* 您发热吗？（普通感冒一般不发热，个别体温 37.2～37.3℃）
\# 不发热。
* 有哪些具体症状？（如全身酸痛、咽痛、流涕、鼻塞、打喷嚏，以便对症推荐药品）

\# 有头痛、身体懒倦、鼻塞、流涕、打喷嚏。

* 患者有无眼睛红、痒，鼻痒，突发性打喷嚏等情形？（患者只有这些症状而无其他感冒症状的话，则可能是过敏性鼻炎而非感冒）

\# 没有这些情况。

* 患者有无其他疾病如糖尿病、青光眼、心脏病、高血压、甲状腺疾病等？（有些抗感冒药对这些患者需谨慎应用）

* 症状持续多久了？（一般感冒持续3～7d即可痊愈，若超过7d仍未缓解反而加重，则可能有并发症产生，就建议患者就医）

【疾病评估】 可诊断为普通感冒。

【药品介绍】

1. 单方解热镇痛药 主要介绍阿司匹林、对乙酰氨基酚、布洛芬、萘普生、贝诺酯等。

2. 复方抗感冒药 主要介绍复方氨酚烷胺胶囊、复方盐酸伪麻黄碱缓释胶囊、复方氨酚葡锌片、美息伪麻片等。

【药品推荐】

1. 感冒初起，鼻塞、咽干、流涕、喷嚏等（临床称为卡他症状）可选用复方伪麻黄碱缓释胶囊（新康泰克）。

2. 畏寒、发热、头痛初起，伴有全身肌肉关节痛，可选用阿司匹林、对乙酰氨基酚、布洛芬、芬必得、萘普生、贝诺酯、牛磺酸等，复方制剂如复方对乙酰氨基酚片，处方药散利痛片等。

3. 感冒症状较重，发热、头痛、流涕、打喷嚏、鼻塞、咽痛、咳嗽、咳痰等，可选用含有伪麻黄碱、马来酸氯苯那敏、人工牛黄、右美沙芬等的复方抗感冒药。

【用药说明】

1. 服用抗感冒药时，要注意只用一种，不应重复用药，否则可对肝、肾功能造成损坏。

2. 应用含有伪麻黄碱的药品抗感冒时，老年人，有心脏病、高血压、甲亢、青光眼、前列腺肥大等患者谨慎使用。

3. 凡驾驶机、车、船人员或其他机械操作者，工作时间内禁用含有马来酸氯苯那敏、盐酸苯海拉明的抗感冒药，前列腺肥大患者也要谨慎使用。

4. 服用抗感冒药时，禁止饮酒。孕妇、哺乳期妇女慎用抗感冒药。服用本类药物。疗程为3～7d，症状不缓解的应建议患者去医院就医。

(二) 流行性感冒的用药咨询

【疾病问询】 患者（#）主诉 3d以来发热、全身酸软无力、头痛、恶心，有时发冷，拟购买一种退烧药。

营业员（*）问询问 患者来到柜台前主诉后，应先查询患者本人的年龄、性别和体重。然后进一步查询。

* 您是突然发热的吗？体温多少？（流行性感冒起病急骤，高热时体温可达39℃）

\# 超过了38℃。

* 您全身肌肉、关节酸痛吗？（流行性感冒发烧时伴头痛、全身酸痛）

\# 是的。

* 您有鼻塞、流涕、喷嚏等症状吗？（这些症状比全身酸痛症状出现较晚）

\# 有。

* 你发热较高，今天是第几天了？（流行性感冒一般发热持续3～5d）

* 您周围的同事或家人有发热吗？（流行性感冒很易传染别人）

#有。

【疾病评估】 符合流行性感冒的症状。

【药品推荐】

1. 对于流行性感冒患者，可重点选用含有金刚烷胺、人工牛黄、板蓝根浸膏、葡萄糖酸锌的复方制剂抗感冒药。

2. 患者如咽痛、咳黄痰，为预防细菌合并感染，可建议患者应用一些处方药抗菌药，如抗生素类的阿莫西林、罗红霉素等；喹诺酮类的诺氟沙星、氧氟沙星；磺胺类的复方磺胺甲噁唑等。

【用药说明】

1. 建议患者详细阅读药品说明书，因为说明书是指导患者安全用药的重要依据。

2. 如患者持续高热不退、咳嗽、有脓黄痰、咽痛、胸痛，应去医院就医。

3. 患有心脏病、高血压、慢性肺部疾病、甲状腺疾病、糖尿病的患者，以及老人、小儿、孕妇，要特别注意细菌继发感染，尤其是肺炎的发生。上述人群患流行性感冒，应建议去医院及时就医为好。

四、评分标准

教师在成绩评定时，应根据营业员问病的态度是否和蔼亲切，语言通俗；询问有无目的、层次、重点；是否诊断正确，选药合理；注意事项是否交代清楚明了等方面综合评定。

【思考题】

1. 普通感冒与流行性感冒在症状上有哪些主要区别？
2. 能不能同时使用几种感冒药？为什么？
3. 美息伪麻片（白加黑片）的白片和黑片在处方成分上有何区别？特点是什么？

实训七　药房调查

学习目标

能力目标：

● 熟悉对医药商品购销员仪容仪表仪态、服务用语的基本要求。了解商业服务中顾客的接待礼仪与技巧。

● 掌握医药商品销售服务工作的程序和操作要点，熟悉服务规范和应对技巧。了解顾客购物心理。

● 了解药店环境布置要求。

● 了解药品仓库的基本管理要求。

一、实训方法

选择一家药店（药房），进行观察与调查，注意以下方面。

1. 药店（药房）的环境：店堂装修、证照摆挂、药品的陈列、各种标识和警示语布置特点。

2. 营业员服务语言的使用，对不同顾客，营业员的接待技巧。

3. 药品展示和说明的方法和要点。

4. 药店销售药物商品基本程序。

5. 药品促销的方法和手段。
6. 药品仓库的环境，基本管理要求。
7. 药品主要剂型保管的要求。
8. 票据填制、记录与凭证流转的流程与要求。

二、要求

结合调查结果及相关知识，写一篇不少于1500字的调查报告。就药品销售过程中的某一环节或问题，阐述自己的想法。

实训八　常用药品真伪外观鉴别

学习目标

能力目标：
- 通过观察药物商品的外观性状、包装，学会鉴别真伪药品。

一、实训用品

胃苏冲剂、快克胶囊、康必得片、多潘立酮（吗丁啉）、阿莫西林胶囊、芬必得胶囊、三九皮炎平软膏、泰利必妥片、云南白药胶囊、息斯敏胶囊正伪品各三盒（瓶）。

二、药品外观鉴别的基本方法

（一）由外及里，掌握药品外观基本特征

1. 对药品包装的材质、几何形状、颜色，包装上直接印制的图案、文字等进行观察鉴别。
2. 药品包装相关物，如标签、说明书、合格证、封签等，可根据其材质、几何形状、颜色、印制内容、印刷质量、防伪标志、特殊标记进行观察鉴别。
3. 药品形状，包括其形态、颜色、气味、溶解度等进行观察鉴别。

（二）积累经验，综合分析

首先要充分运用视觉、味觉等感觉器官进行观察鉴别。其次由于药品外观鉴别技术主要建立在与相关物对照比较的基础上，所以参比物的收集很重要。主要应注意收集以下内容。

（1）药品生产企业防伪技术及药品包装、包装相关物、药物特征的信息。
（2）有鉴定结论的真伪样品及其相应的档案。
（3）其他单位对药品鉴别定性的假劣药信息，包括各类公告及有关样品。
（4）有关药品外观鉴别以及药品性质与药品外观联系的各类参考资料。

三、真伪药品鉴别举例

1. 胃苏冲剂真假鉴别

生产厂家：扬子江药业集团。

正品特征：包装盒和塑料袋印刷精致，防伪图案呈烟灰色，橄榄枝和手指轮廓清晰。冲剂呈棕色颗粒，均匀，有芸香科药材特有的香气，味苦。

伪品特征：包装盒印刷清晰度较差，防伪图案呈烟灰色偏黑，橄榄枝稍模糊，手指轮廓模糊，有阴影。塑料袋上防伪图案橄榄枝和手指轮廓清晰度差。冲剂呈棕黄色颗粒，不均匀

或细小，表面可见白色结晶物，有的可见黑色焦屑状物。无芸香科药材特有的香气，味甜，不苦。

2. 康必得片真假鉴别

生产厂家：河北恒利集团制药股份有限公司。

正品特征：包装盒纸质和印刷质量较好，批号字体大小一致、清晰、整齐。药片除去糖衣后显褐色，断面颜色均匀，味苦，室内放置，具有引湿性。

伪品特征：包装盒纸质和印刷质量较差，批号字体大小不一致。药片除去糖衣后显浅灰或灰黄色，断面不均匀，有的呈颗粒状，味不苦，室内放置，无引湿性。

3. 三九皮炎平软膏真假鉴别

生产厂家：三九医药股份有限公司。

正品特征：包装盒印刷精细，有明显的立体环形图案呈收放状变化，舌扣的切口为直角，批号字迹呈锐压。说明书上"999"及"注册商标"水印色深，字迹正确无误，印刷时无墨点飞溅痕迹。管口可见"999"字样，管口易被戳穿，内容物为白色乳剂型软膏，挤出成条状，膏质均匀，半透明，有樟脑味的芳香。

伪品特征：包装盒印刷质量差，有的有明显的色差，无立体环形图案，或呈收放状变不明显，舌扣有的切口为斜角，批号字迹为钝压。说明书上"999"及"注册商标"水印色深，字迹不清楚，有印刷时墨点飞溅痕迹。管口无"999"字样，管口不易被戳穿，内容物有的为白色乳剂型软膏，色不正，有的内容物稀，挤出不成条，有的膏质不均匀，可见白色颗粒，无樟脑味的芳香，或有脂香气。

4. 吗丁啉（多潘立酮）片真假鉴别

生产厂家：西安杨森制药有限公司。

正品特征：包装盒纸质较好，内面为白色，舌扣的切口为直角，切口长约为0.2cm，舌扣的边缘整齐，盒盖的折痕清晰规则并明显向内凸出，纸盒上批号为锐压，字迹轻细。说明书纸质较厚，为七折八面，边缘能对齐，下方有黑色长方形标记。铝塑板上批号打印清晰，药片表面光洁，味先微甜后微苦，入水后能较快崩解。

伪品特征：包装盒纸质较差，内面为灰白色，舌扣的切口常为斜角或为较浅的直角，边缘有毛刺，盒盖的折痕不规则，向内凸出不饱满，纸盒上批号有的为钝压。说明书纸质较薄，有的印刷质量差或为复印件，折叠不规范。铝塑板上批号打印清晰度不高，药片表面不光洁，有的味甜不苦、或苦而不甜、或无味，有的入水后不易崩解。

5. 阿莫西林胶囊真假鉴别

生产厂家：哈药集团制药总厂。

正品特征：包装盒舌扣的切口为直角。胶囊比较饱满，表面清洁，内容物为白色或类白色结晶性粉末，无滑腻感，有青霉素样特异臭味。

伪品特征：包装盒舌扣的切口为斜角。胶囊不饱满，表面有粉末状物，内容物多为白色的粉末，无青霉素样特异臭味。

6. 芬必得胶囊真假鉴别

生产厂家：中美天津史克制药有限公司。

正品特征：包装盒上字迹、图案清晰。说明书纸质有光泽，印刷清晰，标志线整齐。胶囊有光泽，印字清晰不易擦掉，内容物为白色半透明小丸，大小均匀，明亮，用手指甲压小丸，压碎时可听见清脆的响声。

伪品特征：包装盒上字迹、图案不清晰。说明书纸质差，印刷文字模糊，标志线不整齐。胶囊印字不清晰，易擦掉，内容物为白色不透明的小丸，大小不均匀，用手指甲压小丸，压碎时听不见清脆的响声。

四、练习

请你鉴别泰利必妥片、快克胶囊、云南白药胶囊、息斯敏胶囊的真伪。

实训九 常见消化系统疾病用药咨询

学习目标

能力目标：
- 要求实训人员通过对患者症状的询问，正确判断患者疾病类型。
- 实训人员应熟悉目前常用的各类抗消化系统药品类型常用品种及其特点，明确各类消化系统疾病的用药原则、用药方法、药物选用等。
- 根据患者的病情和特征，能针对性地推荐相应的药品，并指导患者正确用药。

一、相关知识

（一）胃炎及溃疡性疾病

1. 慢性胃炎的症状

慢性胃炎起病缓慢，早期症状多轻微，少数患者可无任何症状，部分患者有消化不良的表现，如：上腹部胀满不适，进餐后尤重，无规律性上腹隐痛，尤以进食油腻后明显，疼痛部位多在上腹偏左，范围较广泛，程度轻重不一，无局限性压痛，发作无一定规律，与饮食也无固定关系，常伴随嗳气、泛酸、恶心、呕吐、食欲缺乏、消瘦等症状。慢性胃炎通常病程较长，病变迁延日久，症状容易反复，使患者痛苦不堪。

2. 胃、十二指肠溃疡的症状

（1）上腹疼痛　此为消化性溃疡的主要症状，具有以下特点。

① 有疼痛病史：由于溃疡易反复发作，所以患者多上腹疼痛，屡犯屡愈。

② 周期性发作：尤以十二指肠溃疡更为突出，一般自秋季至次年早春，都是溃疡的发作季节。患者每有上腹疼痛，可持续数周之久，随后症状逐渐消失，状似痊愈；但间隔1～2个月往往再发。

③ 疼痛的性质：有压迫感或膨胀以至钝痛、灼痛、锥痛或剧痛；一般说来，患者多陈诉饥饿不适或疼痛，疼痛常局限于脐与剑突之间3～4cm直径的范围。

④ 疼痛的节律性：绝大多数无并发症者都有典型的节律性疼痛，其发生时间均在进食之后，疼痛可在餐后1h内，可持续达1～2h，逐渐消失，到下次进餐后上述节律可以重现，有的可在半夜发生疼痛。

（2）恶心与呕吐　溃疡高活动期，幽门梗阻时常有恶心、呕吐。

（3）嗳气与反酸　溃疡并发幽门梗阻时，嗳气与反酸尤为常见；十二指肠溃疡每有胃酸反流，提示胃酸分泌过多。

（二）消化不良

消化不良实际是所有胃部不适的总称。偶然的消化不良可以由进食过饱、饮酒过量、经常服用止痛药如阿司匹林等多种因素引起。慢性持续性的消化不良可以是神经性的，即精神因素引起的，也可以是某些器质性疾病如慢性胃炎、胃及十二指肠溃疡、慢性肝炎等消耗性疾病引起。不管哪种原因，都因为胃缺乏动力，不能正常进行工作，食物在胃内停留时间过长。其症状表现为食欲缺乏、进食后腹部饱胀，腹部有压迫感和（或）腹痛，可放射到胸部，呃气、烧心、轻度恶心、呕吐、舌苔厚腻等。

（三）腹泻

腹泻是消化系统疾病常见的临床症状，其发病基础是胃肠道的分泌、消化、吸收和运动等功能发生障碍或紊乱，以致分泌量增加，消化不完全，吸收量减少和（或）动力加速等，最终导致粪便稀薄，大便次数增加而形成腹泻。腹泻可由多种疾病引起，用药应针对病因。

（四）急性肠炎

急性肠炎是由于饮食不当，进食发酵分解或腐败污染的食物所致肠道的急性炎症。

1. 急性肠炎的病因

（1）暴饮暴食，进食过多的高脂高蛋白食物，饮酒、饮冰凉饮料过多，或受凉之后。

（2）进食腐败、污染的食物，如隔夜食物未加热消毒，臭鱼烂虾，不新鲜的螃蟹、海味，久存冰箱内的肉类食品，发酵变质的牛奶及奶制品。

（3）个别患者对食物产生过敏反应。急性肠炎夏季多发，与天气炎热、食物易腐败有关。

2. 急性肠炎的临床表现

（1）腹痛腹泻是主要特点。大多在肚脐周围痛，呈阵发性绞痛，引起排便感觉，排便后腹痛略有减轻。腹泻大多为稀水样便，含有不消化食物残渣，一般每日可排便7～8次，最多可达十几次。

（2）肠鸣音亢进。近患者身旁可清楚听见其腹内"咕咕"作响。

（3）个别严重患者伴低热，恶心呕吐，并发生脱水症状。

（4）急性肠炎要注意与其他疾病引起的腹泻鉴别。总的说来，腹泻中较轻的情况一般为急性肠炎。其他疾病需到医院进一步检查方能确诊。

3. 急性肠炎的处理和治疗

（1）**一般治疗** 尽量卧床休息，口服葡萄糖、电解质液以补充体液的丢失。

（2）**对症治疗** 如解痉药颠茄、阿托品、普鲁本辛等。止泻药：如思密达每次1袋，1日2～3次。

（3）**抗感染治疗** 抗生素对本病的治疗作用是有争议的。对于感染性腹泻，可适当选用有针对性的抗生素，如黄连素0.3g口服、1日3次，或庆大霉素8万单位口服、1日3次等。但应防止抗生素滥用。

（五）便秘

便秘是指大便次数减少或排出困难，也指粪便坚硬或排便不尽的感觉。根据有无器质性病变可分为器质性便秘与功能性便秘两种。器质性便秘可由多种器质性病变引起，如结肠、直肠及肛门病变；老年营养不良、全身衰竭、内分泌及代谢疾病等均可引起便秘。功能性便秘则多由功能性疾病（如肠道易激综合征），滥用药物及不良的饮食、排便、生活习惯所致。

1. 症状

便秘的主要表现是大便次数减少，间隔时间延长，或正常，但粪质干燥，排出困难；或粪质不干，排出不畅。可伴见腹胀、腹痛、食欲减退、嗳气反胃等症。

2. 治疗

（1）一般治疗：多吃蔬菜、水果、玉米、大豆等食物，增加膳食纤维摄取量，养成定时排便习惯，加强锻炼。

（2）积极治疗原发性疾病，如肛周疾病等。

（3）药物治疗。

① 润湿剂：辛丁酯碘酸钠，口服，每日50～200mg。用于粪便坚硬、排便无力、直肠

疾病及术后患者。

② 滑润剂：石蜡油，15～30mL睡前服，适用于肛门疾病所致大便干结。

③ 刺激性泻药：酚酞，0.1～0.2g/次。蓖麻油，10～30mL/次。

④ 容量泻剂：a.硫酸镁，每次10～20g。氧化镁：每次1～3g，适用于胃酸多并有便秘。b.镁乳，每次15mL。c.山梨醇，口服5～10g/次，2～3次/日。d.60%乳果糖，10～30ml/次，3次/日，适于肝昏迷并有便秘者。e.甲基纤维素，1.5～5g/d。

⑤ 栓剂及灌肠法：甘油栓，每次1粒，纳入肛内。开塞露，每次1支，插入肛门并药液挤入直肠。

二、实训准备

1. 由柜台和货架构成的模拟药店。
2. 消化系统用药（OTC）数十种。
3. 抽签确定各学习小组训练的内容，并写出该组实训演练稿本。
4. 各组实训人员分成多人演练组（人数自定），分别模拟营业员和患者，根据抽签结果，决定各组上场表演人员。

三、实训操作

抽签选定模拟问病给药的类型［胃炎和胃溃疡、消化不良、腹泻、便秘、急性肠炎（轻症）］。示例如下。

【疾病问询】

患者（#）主诉　近期以来上腹部疼痛，嗳气，烧心。该用什么药？

营业员（*）问询　当患者来到柜台前时，首先应该查询患者的年龄、性别，然后进一步查询。

【疾病评估】

根据患者主诉和营业员询问，可判断为胃溃疡。

【药品介绍】

1. 单方抗消化性溃疡药　①胃酸中和药：复方氢氧化铝片、凝胶剂。②H_2受体拮抗药：西咪替丁、雷尼替丁、法莫替丁片剂、胶囊等。③胃黏膜保护药：枸橼酸铋钾片、胶囊、颗粒剂；硫糖铝片、混悬剂等。④质子泵抑制药：奥美拉唑胶囊。⑤M受体阻断药：颠茄酊等。

2. 复方抗消化性溃疡药　复方氢氧化铝片、维仙U片、复方铝酸铋等。

【用药注意事项】

1. 配伍时注意胃黏膜保护药不宜与抗酸药同服。
2. 为增强疗效和防止复发，建议联合使用抗幽门螺杆菌药——甲硝唑或阿莫西林。
3. 患者应严格按疗程用药。如有呕血或呕吐咖啡样物、大便带血或柏油状大便，应马上就医。
4. 极度口渴或尿少，说明有脱水，应去医院就医，进行补液治疗。

四、评分标准

教师在成绩评定时，应根据各组稿本编写（占40%）；营业员问病态度是否和蔼亲切、语言通俗；询问有无目的层次重点；是否诊断正确，选药合理；注意事项是否交代清楚明了等方面综合评定。

【思考题】

1. 消化性溃疡应采取什么样的治疗方案？枸橼酸铋钾在用药期间出现舌、大便呈黑色是否正常？
2. 为什么使用胃肠解痉药的时间仅限定1d？

实训十　维生素类及矿物质药物的用药咨询

学习目标

能力目标：

● 要求实训学生能通过对患者症状的询问，准确地判断出患者是否为维生素类及矿物质缺乏症，并能初步判断患者所缺乏维生素及矿物质的种类。

● 实训学生应对目前常用的维生素类及矿物质药的品种和特点有全面了解。

● 根据患者的病情和特征，有针对性地推荐相应的药品。

一、相关知识

目前市场上常见的维生素及微量元素复方制剂品种及类型有以下几种。

(1) 脂溶性复方维生素制剂　复方维生素注射液、脂溶性维生素注射液，其商品名为维他利匹特（成人、儿童），主要成分为维生素A、维生素D、维生素E、维生素B。

(2) 水溶性复方维生素制剂　维乐生片、复合维生素B片（注射液）、维康福片、水溶性维生素冻干粉（水乐维他）、维安颗粒、注射用九维他等。

(3) 脂溶性和水溶性维生素混合复方制剂　小施尔康片、小施尔康滴剂、宝尔康口服液、维体康颗粒等。主要成分为脂溶性维生素A、维生素D、维生素E，B族维生素如维生素B_1、维生素B_2、维生素B_6、维生素B_{12}、烟酰胺及维生素C等。

(4) 维生素及微量元素复方制剂　善存片、善存银片、小儿善存片、小儿善存液、施尔康、金施尔康、安尔康、21金维他、维日强等。

合理选用口服维生素和微量元素复方制剂。

(1) 营养不良、厌食、脚气病等，可选用：①复合维生素B片；②维康福片。

(2) 用于儿童体内维生素补充，可选用：①小施尔康咀嚼片；②小施尔康滴剂，适用于0～2岁的幼儿，一日1次，每次按刻度吸管吸取0.5～1ml滴入口中或放入温水、牛奶或果汁中摇匀后服用。

(3) 用于动脉硬化、冠心病、胃肠溃疡、冻疮、坏血病、手足皲裂、手足麻木、皮肤色素沉着、牙龈出血、微血管出血等，遇此情况可选用维生素EC复合剂。

(4) 用于防治维生素和微量元素缺乏所引起的各种疾病，可选用：①21金维他；②施尔康、金施尔康；③善存片；④善存银片，用于50岁以上成人。

(5) 用于孕妇、哺乳期妇女的维生素和微量元素的补充，可选用：①安尔康；②玛特纳片；③21金维他。

(6) 儿童可选用：①小儿善存，4～12岁；②小儿善存液，用于0～2岁儿童，滴入口中或加入饮料中服用。

二、实训准备

1. 由柜台和货架构成的模拟药店。

2. 维生素类及矿物质药（OTC）数十种。
3. 实训人员两人一组，抽签决定分别模拟营业员和患者。

三、实训操作

【疾病问询】
患者（#）主诉　日常食欲不好，偏食、体质虚弱、不耐小劳，希望购买一些营养保健药品。
营业员（*）问询　顾客来到柜台前主诉后，应先查询患者的年龄、性别和职业，然后进一步查询。

【疾病评估】　根据患者主诉，若目前并无某种疾病的明显症状，主要是体质较差，可能是维生素与矿物质缺乏所致。

【药品推荐】
1. 钙缺乏症，目前常用的钙制剂有碳酸钙片及其复方制剂（钙尔奇D咀嚼片、碳酸钙-氧化镁片）、葡萄糖酸钙、氨基酸螯合钙（乐力）、枸橼酸钙等。
2. 若为维生素A缺乏引起的夜盲症、皮肤粗糙，可选用维生素A胶丸剂、维生素AD滴剂。
3. 若为B族维生素缺乏引起的脚气病、结膜炎、口角炎、舌炎、脂溢性皮炎、周围神经炎等，可对症选用维生素B_1片、维生素B_2片、维生素B_6片、烟酰胺片，或选用复合维生素B片。
4. 若为维生素C缺乏引起的坏血病以及机体免疫力下降，可选用维生素C片。
5. 若为维生素与矿物质广泛缺乏，则可选用多种维生素及矿物质制剂，含维生素A、维生素D、维生素E、维生素K、维生素B_1、维生素B_2、维生素B_6、维生素B_{12}、烟酰胺、叶酸、生物素、泛酸、钙、磷、氯、钾、镁、硼、铜、钒、碘、铁、锌、铬、硒、锰、钼、镍、锡、硅、赖氨酸、β-胡萝卜素等。因此此类制剂可用于体内需要增加、食物中摄入不足或吸收不良所致的维生素、矿物质缺乏引起的代谢紊乱。其剂型有片剂、颗粒剂、口服溶液剂、滴剂等。其常用的药品有善存、善存银、小儿善存液、维多宝、西福多维、玛特娜、克补片、小儿维生素咀嚼片（小施尔康）、施尔康、金施尔康、含铁多维片、乐力等。

【用药注意事项】　使用单方的钙制剂时，患者应配合使用维生素D以促进钙的吸收。而复方钙制剂中已含有维生素D，不必加服。长期大量服用含有维生素D的补钙制剂，可能引起维生素D中毒伴高钙血症。如出现便秘、腹泻、持续性头痛、食欲减退、金属味觉、恶心、呕吐、乏力等，应告诫患者立即停服。

四、评分标准

教师在成绩评定时，应根据营业员问病的态度是否和蔼亲切、语言通俗；询问有无目的、层次、重点；是否诊断正确，选药合理；注意事项是否交代清楚明了等方面综合评定。

【思考题】
1. 维生素类及矿物质药是否可以作为滋补药长期服用？
2. 缺钙的表现有哪些？

实训十一　新药介绍

学习目标

能力目标：
- 在掌握基本药理学知识的基础上，学会对新药相关资料的收集整理归纳。

一、实训内容

做好新药品种介绍工作是药品销售人员必须具备的基本功。要让一个刚问世的新药迅速占领市场,必须寻找懂得医药知识,对药物的使用有决策权的医生,医生的处方是新药走向市场的通行证。但是要让医生愿意使用一个新药,必须首先让医生了解这个新药,调查显示约54%的医生通过厂商的药品推广首次获得新药信息。

为了做好新药产品介绍工作,必须收集与新药有关的可靠资料,一般有以下几个途径可供选择:①本企业新药研究开发资料;②权威文献资料如中国医药信息网、中国医药情报杂志、国外医药杂志、中国新药杂志、新药与临床、医药技术年会专题报告等。

二、实训准备

以个人为单位,准备新药品种介绍讲稿及演示用幻灯。

三、评分标准

评分时,一般根据以下新药品种介绍内容进行综合评定。
1. 新药的名称:包括通用名、商品名、英文名。
2. 新药的作用与适应证。
3. 新药的作用机制。
4. 新药的疗效:包括体内活性、体外活性、临床试验数据等。
5. 新药的药代动力学数据:包括新药吸收、分布、代谢、排泄、半衰期、生物利用度等相关知识。
6. 新药的制剂和用法。
7. 新药的不良反应、注意事项及与其他药物的相互作用。
8. 市场前景展望。
9. 与同类旧品种相比有何特点(疗效、给药方法、不良反应等)。

实训十二 药品陈列

学习目标

能力目标:
- 能将药品(或保健品)分区分类整齐陈列并放上标签,根据需要放上标示牌。

一、知识要求

1. 药品摆放原则

在药品陈列中,为用药安全设置相应的摆放规定:处方药与非处方药分开,若遇到难以确认是否属于OTC药应查阅资料确认,单轨制处方药品设立专柜摆放;品名或外包装容易混淆的品种,应分区或隔垛存放;仓库中麻醉药品,一类精神药品可存放在同一专用库房内;毒性药品应专库(柜)存放;仓库中放射性药品应储存于特定的专用仓库内;药品中的危险品,应存放在专用仓库内;仓库中放射性药品,应存放在专用危险品库内,药品中不应陈列危险品,如需要必须陈列时,只能陈列代用品或空包装;药品中的拆零药品应集中存放于拆零专柜,并保留原包装的标签。陈列时,查看批准文号是否"国药准字××××"来确定是否药品，查看各种标记，通过标记能够将"OTC"与处方药分开，外用与内服药分开等。

2. 药品按药理作用分类

此种分类方式，优点是使不同疾病的药品名目清晰，方便经营，指导使用。缺点在于不同剂型混杂，不便于储藏管理。主要常用药品可分为：①抗微生物药；②消化系统用药；③解热镇痛抗炎用药；④呼吸系统用药；⑤循环系统用药；⑥泌尿系统用；⑦神经系统及精神障碍用药；⑧眼科用药；⑨维生素及矿物质缺乏用药；⑩抗寄生虫药；⑪抗过敏药类。

3. 正确摆放药品

（1）分区域摆放 ①药品与非药品分开，内服药与外用药分开、处方药与非处方分开区域；②需冷藏的药品与其他药品分开区域，特殊管理药品单独区域摆放，拆零药品单独区域摆放；③要求主要以作用用途进行分类、分区域摆放；④易混淆药品应分隔摆放；⑤在同一个区域内摆放的药品在分作用用途的基础上同时按剂型集中摆放；⑥同品名或同品种不同规格的分开摆放。

（2）整齐摆放 ①同一药品摆放在一起（前后摆放，但不得有间隙，且近效期在前）；②同品名或同品种不同规格相邻摆放，相邻品种间间隙不能过大（不超过二指距离，体积小品种以价签距离为准）；③商品正面向前（可立方，可平放），不能倒置；④50mL以上的液体制剂应立放，不能卧放。

药品陈列知识要求见数字资源实训12-1"药品陈列的方法及检查要点"。

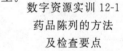

数字资源实训12-1
药品陈列的方法
及检查要点

二、实训内容

1. 工作准备

（1）常用40个西药（含部分保健品）为一组，药品最好包括不同的剂型。

（2）类别标签条和特殊标示牌四套，货架4个。

2. 工作程序

程序1 了解货架

关于货架的层数和分布进行详细了解，并设置非药品和药品区，内服药和外用药区，并保证有充足的空间。

程序2 查出非药品

按照药品和非药品分开，认真查看40个药品或非药品的批准文号并确认，把药品放在药品区，把非药品放在非药品区。

程序3 药品分类

按照药品药理作用不同进行分类。

放置时特别注意：①药品放置时，固体药品正面正置放置（面朝外）或正面朝上水平放置（与货架保持平衡），液体药品必须正面正置放置；②同一类可以紧密并排放置；③不同类之间需进行明显分开；④同一药品不同规格应分开摆放，同一品规不同批号根据有效不同前后排列，效期近的排面前；⑤具有印刷或包装混淆药品必须分开放置，以免混淆。

程序4 贴药品类别标签

根据基本药物目录，把各类分别药品逐个贴上类别标签条，要求把标签贴于一类药品中间处。按四分开原则分区放置的药品，都必须单独进行贴药品类别标签条；类别标签条应该整齐一致。

程序5 放置特殊药品的标识牌

对贮藏特殊要求的药品，如冷藏、防冻放上标示牌；注意放置要整齐。

程序6 贴药品价格标签

对每个药品进行贴加标签，注意统一品种不同厂家或规格价格；端正加贴。

程序 7　整理货架

做到上下左右的间距合理，药品分类准确，药品摆放整齐美观和规定，标签加贴准确，标示牌放置准确。

程序 8　总结点评

药品陈列需要有扎实的基础知识同时，还需要敏捷的思维，快速的判断能力，训练时需规定时间，一般要求内容准确完成，10min 内为优秀，10～12min 为良好，12～14min 为中等，14～15min 为及格。所以多加训练，熟能生巧。教师进行点评训练情况。

索 引

999感冒灵 194
9α—氟氢可的松 238
A+C流脑疫苗 305
A群流脑疫苗 305
阿苯达唑 108
阿法骨化醇 283
阿卡波糖 244
阿立哌唑 143
阿利沙坦酯 171
阿仑膦酸钠 254
阿罗洛尔 157
阿米卡星 86
阿米洛利 220
阿米替林 146
阿莫西林 81
阿莫西林克拉维酸钾 85
阿尼芬净 98
阿普唑仑 149
阿奇霉素 88
阿司匹林 121
阿糖胞苷 267
阿替洛尔 157
阿托伐他汀 177
阿托品 204,326
阿昔洛韦 99,324
艾塞那肽 246
艾司奥美拉唑 200
艾司西酞普兰 147
艾司唑仑 148
桉柠蒎 183
氨苯蝶啶 219
氨茶碱 189
氨磺必利 142
氨甲苯酸 229
氨甲环酸 229
氨咖黄敏 193

氨氯地平 158,168
氨溴索 182
胺碘酮 162
昂丹司琼 208
奥氮平 143
奥卡西平 133
奥美拉唑 200
奥美沙坦酯 171
奥沙利铂 273
奥沙西泮 149
奥司他韦 100
白破疫苗 305
白消安 266
百白破疫苗 305
胞磷胆碱 136
贝美格 299
贝那普利 170
倍氯米松 237
倍他米松 237
倍他司汀 135
苯巴比妥 133
苯丙醇 214
苯丙酸诺龙 250
苯酚 320
苯海拉明 258
苯海索 130
苯甲酸 320
苯妥英钠 132
苯溴马隆 126
苯扎溴铵 319
比沙可啶 210
比索洛尔 157
吡格列酮 246
吡喹酮 107
吡拉西坦 135
吡嗪酰胺 96

苄星青霉素 81
别嘌醇 126
丙泊酚 113
丙硫氧嘧啶 248
丙米嗪 146
丙酸睾酮 249
丙戊酸钠 133
丙种球蛋白 279
波生坦 173
伯氨喹 105
布比卡因 114
布地奈德 191
布洛芬 123
布美他尼 218
布氏菌素 305
茶碱 190
长春地辛 270
长春新碱 269
重组人促红素 227
重组人胰岛素 241
重组人组织型纤溶酶原激酶
　衍生物 232
重组乙型肝炎疫苗 302
垂体后叶 328
垂体后叶粉 223
雌二醇 251
促肝细胞生长素 213
醋酸钙 288
达比加群酯 232
达格列净 246
达那唑 249
单硝酸异山梨醇酯 155
胆影葡胺注射液 308
氮芥 265
低精蛋白锌胰岛素 241
地尔硫䓬 158

地高辛　165
地氯雷他定　259
地塞米松　236
地西泮　133，147
地衣芽孢杆菌　211
颠茄　205
碘苯酯　308
碘酊　318
碘番酸　308
碘海醇　310
碘和碘化物　248
碘化钾　182
碘曲仑　309
丁卡因　114
丁螺环酮　148
丁溴东莨菪碱　206
毒毛花苷K　166
度洛西汀　147
对乙酰氨基酚　122
多巴胺　175
多巴酚丁胺　175
多巴丝肼　130
多价精制气性坏疽抗
　毒素　304
多酶片　204
多潘立酮　207
多柔比星　268
多塞平　146
多沙唑嗪　173
多维元素　286
多西环素　87
多西他赛　271
多烯康　179
多烯磷脂酰胆碱　213
多种微量元素注射
　液（Ⅱ）　290
厄贝沙坦　171
二甲硅油　208
二甲双胍　243
法莫替丁　199
泛影葡胺注射液　309
放线菌素D　269
非布司他　126

非洛地平　158
非那雄胺　220
非诺贝特　178
芬太尼　119
酚麻美敏　193
酚酞　210
酚妥拉明　173
粉尘螨注射液　262
奋乃静　141
呋喃妥因　94
呋塞米　217
伏立康唑　98
氟胞嘧啶　98
氟伐他汀　177
氟奋乃静　141
氟桂利嗪　134
氟康唑　97
氟马西尼　298
氟尿嘧啶　267
氟哌啶醇　141
氟替卡松　191
氟西汀　145
福莫特罗　188
福辛普利　170
辅酶Q10　213
复方氨酚葡锌　194
复方氨酚烷胺　194
复方甘草　186
复方庚酸炔诺酮　314
复方磺胺甲噁唑　92
复方氯己定含漱液　327
复方美沙芬片　194
复方硼砂　326
复方氢氧化铝　197
复方盐酸伪麻黄碱　193
复方左炔诺孕酮　311
复合维生素B　285
富马酸酮替芬　191
富马酸亚铁　288
腹膜透析液　294
钆喷酸葡胺　310
干酵母　204
干扰素　279

甘精胰岛素　241
甘露醇　135，222
甘油　210
甘油果糖　222
肝素　230
感冒清　194
高锰酸钾　318
高三尖杉酯碱　271
戈舍瑞林　272
格列本脲　242
格列吡嗪　243
格列喹酮　243
格列美脲　243
格列齐特　242
谷氨酸　212
骨化三醇　283
癸氟奋乃静　142
过氧化氢溶液　320
过氧乙酸　320
哈西奈德　237
红霉素　88，326
华法林　231
环孢素　277
环丙沙星　94
环磷酰胺　266，278
黄体酮　252
黄酮哌酯　220
吉法酯　202
吉西他滨　268
己烯雌酚　251
脊灰灭活疫苗　305
甲氨蝶呤　267
甲苯咪唑　108
甲地孕酮　312
甲泛葡胺　309
甲肝减毒活疫苗　305
甲睾酮　249
甲泼尼龙　237
甲羟孕酮　252，272
甲巯咪唑　248
甲醛溶液　320
甲硝唑　105，328
甲氧氯普胺　206

甲状腺片 247
间羟胺 175
胶体果胶铋 202
结核菌素纯蛋白衍
　生物 306
金刚烷胺 130
精氨酸 212
精蛋白锌胰岛素 241
精制抗狂犬病血清 304
精制抗炭疽血清 304
精制肉毒抗毒素 304
枸地氯雷他定 259
枸橼酸铋钾 201
枸橼酸钙 287
枸橼酸氯米芬 253
聚维酮碘 318
聚乙二醇 209
卡比多巴/左旋多巴 129
卡比马唑 248
卡泊芬净 98
卡铂 273
卡介菌多糖核酸 279
卡介苗 279，305
卡马西平 133
卡托普利 169
咖啡因 137
开塞露 208
坎地沙坦 171
抗蛇毒血清 305
考来烯胺 178
可待因 184
可的松 326
克拉霉素 89
克林霉素 89
克仑特罗 189
克霉唑 324
口服补液盐 211，293
口服脊髓灰质炎减毒活
　疫苗 303
枯草杆菌活菌制剂 212
奎尼丁 163
喹硫平 143
拉贝洛尔 157

拉夫康唑 98
拉米夫定 100
拉莫三嗪 133
拉西地平 158
来曲唑 272
赖诺普利 170
兰索拉唑 201
劳拉西泮 148
雷公藤多苷 278
雷米普利 170
雷尼替丁 198
利多卡因 114，163
利伐沙班 232
利福平 95，326
利培酮 141
利妥昔单抗 274
利血平 172
联苯双酯 213
两性霉素B及衍生物 98
亮丙瑞林 272
磷霉素 91
硫代硫酸钠 296
硫利达嗪 141
硫喷妥钠 112
硫酸钡 308
硫酸镁 173，209
硫酸亚铁 225，288
硫糖铝 202
硫唑嘌呤 278
柳氮磺吡啶 214
六甲蜜胺 266
铝碳酸镁 197
氯胺酮 112
氯苯那敏 258
氯吡格雷 228
氯丙那林 189
氯丙嗪 140
氯氮平 143
氯化铵 182
氯化琥珀胆碱 115
氯化钾 293
氯化钠 293
氯己定 319

氯解磷定 297
氯喹 104
氯雷他定 259
氯霉素 90，326
氯米帕明 144
氯噻酮 219
氯沙坦 171
氯硝西泮 149
罗库溴铵 115
罗哌卡因 114
罗通定 119
螺内酯 219
洛贝林 136
洛伐他汀 177
洛哌丁胺 211
麻风疫苗 305
麻黄碱 188
麻黄碱滴鼻液 327
麻腮风疫苗 305
麻疹减毒活疫苗 303
吗啡 117
麦角新碱 328
毛果芸香碱 325
毛花苷丙 166
美洛昔康 124
美沙酮 119
美托洛尔 157
美西律 160
美息伪麻 193
门冬酰胺酶 275
门冬胰岛素 241
蒙脱石 210
孟鲁司特 192
咪达唑仑 148
咪康唑 98，322，328
咪唑斯汀 260
米氮平 145
米非司酮 315
米卡芬净 98
米力农 166
米索前列醇 314
莫雷西嗪 163
莫米松 237

莫匹罗星 323	羟甲唑啉 327	三硅酸镁 198
莫沙必利 207	羟喜树碱 271	色甘酸钠 191，261
木糖醇 290	羟乙基淀粉 130/0.4 232	沙丁胺醇 187
纳洛酮 298	青蒿琥酯 104	山莨菪碱 205
尼尔雌醇 252	青蒿素 105	山梨醇 222
尼可地尔 159	青霉胺 299	肾上腺素 175，189
尼可刹米 136	青霉素 80	十一酸睾酮 249
尼美舒利 124	氢化可的松 235，324	石杉碱甲 137
尼莫地平 134，158	氢氯噻嗪 218	舒必利 142
尼群地平 158	氢氧化铝 198	双氯芬酸钠 123
尿激酶 231	庆大霉素 85	双嘧达莫 228
尿素软膏 324	秋水仙碱 125	双歧杆菌活菌 212
凝血酶 230	巯嘌呤 268	水飞蓟宾 213
诺氟沙星 93	曲安奈德 237	水杨酸 320，324
帕利哌酮 143	曲马多 120	顺铂 272
帕罗西汀 146	曲尼司特 191	司可巴比妥 151
哌拉西林 81	屈螺酮炔雌醇 313	司莫司汀 266
哌替啶 118	去甲肾上腺素 174	丝裂霉素 269
哌唑嗪 172	去氢胆酸 214	四环素 87
培哚普利 170	去氧肾上腺素 175	羧甲司坦 183
培美曲塞 268	去氧孕烯炔雌醇 313	缩宫素 327
喷托维林 185	去乙酰毛花苷 166	索他洛尔 161
匹伐他汀 177	炔雌醇 251，313	他莫昔芬 271
匹维溴铵 206	炔雌醇环丙孕酮 314	坦度螺酮 149
泼尼松 236，278	炔诺酮 253，313	碳酸钙 198，287
泼尼松龙 237	人免疫球蛋白 302	碳酸锂 149
破伤风抗毒素 304	人用狂犬病疫苗 303	碳酸氢钠 198，295
葡醛内酯 213	壬苯醇醚 314	特比萘芬 98
葡萄糖 222，293	绒促性素 253	特布他林 189
葡萄糖酸钙 287	鞣酸加压素 223	特非那定 261
葡萄糖酸锌 288	乳果糖 209，212	特拉唑嗪 221
葡萄糖酸亚铁 288	乳酶生 203	替米沙坦 171
普伐他汀 177	乳酸钙 287	替普瑞酮 202
普鲁卡因 114	乳酸钠林格注射液 295	替沙康唑 98
普鲁卡因胺 163	乳酸钠溶液 294	替硝唑 106，328
普罗布考 178	瑞巴派特 202	酮康唑 98
普罗帕酮 161	瑞格列奈 245	酮替芬 262
普萘洛尔 157	瑞舒伐他汀 177	头孢氨苄 82
普适泰 221	塞来昔布 124	头孢呋辛 83
七氟烷 111	赛庚啶 260	头孢曲松 83
齐多夫定 100	噻吗洛尔 326	头孢他啶 84
前列康 221	噻托溴铵 190	万古霉素 90
羟基脲 268	三氟拉嗪 141	维 A 酸 275，323

维 C 银翘片 194	溴隐亭 129	乙型脑炎灭活疫苗 303
维拉帕米 158，162	亚胺培南西司他丁 84	异丙嗪 259
维生素 A 282	亚甲蓝 297	异丙肾上腺素 175，189
维生素 B_{12} 226	亚砷酸 275	异丙托溴铵 190
维生素 B_1 285	亚硝酸钠 299	异戊巴比妥 151
维生素 B_2 284	亚叶酸钙 275	异烟肼 95
维生素 B_6 285	烟酸 178，285	吲达帕胺 171
维生素 C 284	烟酰胺 285	吲哚布芬 228
维生素 D 282	盐酸地芬尼多 326	吲哚美辛 123
维生素 E 283	氧氟沙星滴耳液 327	优维显 310
维生素 K_1 229	氧化镁 198	右美沙芬 185
胃蛋白酶 204	药用炭 211，299	右旋糖酐 40 氨基酸注射液 290
文拉法辛 146	叶酸 225	
乌拉地尔 173	伊班膦酸钠 255	右旋糖酐铁 227
五氟利多 142	伊布利特 163	右佐匹克隆 151
戊二醛 320	伊伐布雷定 166	鱼石脂 324
西格列汀 246	伊马替尼 274	扎来普隆 151
西咪替丁 199	伊曲康唑 98	脂溶性维生素注射液（Ⅱ） 290
西酞普兰 146	依地酸钙钠 299	
西替利嗪 260	依那普利 169	制霉素 97，328
稀盐酸 203	依沙吖啶 315	注射用水溶性维生素 291
腺苷钴胺 227	依他尼酸 219	转移因子 279
硝苯地平 159	依托泊苷 271	紫杉醇 270
硝普钠 172	依折麦布辛伐他汀 177	组胺 262
硝酸甘油 155	胰岛素 240	左氨氯地平 158
硝酸异山梨酯 155	胰酶 204	左布比卡因 114
小檗碱 214	乙胺丁醇 96	左甲状腺素 247
缬沙坦 171	乙胺嘧啶 105	左炔诺孕酮 313
辛伐他汀 176	乙醇 317	左西替利嗪 260
新斯的明 131	乙肝疫苗 305	左旋咪唑 109，279
胸腺素 279	乙琥胺 133	左氧氟沙星 93，326
熊去氧胆酸 214	乙脑减毒活疫苗 305	佐匹克隆 151
溴吡斯的明 132	乙酰胺 298	唑吡坦 150
溴丙胺太林 206	乙酰半胱氨酸 183	唑来膦酸 254
溴己新 183	乙酰唑胺 219，326	